Keilschrifttexte aus Assur literarischen Inhalts
Band 6

Glossare zu den Bänden
Keilschrifttexte aus Assur literarischen Inhalts 1–3
Herausgegeben von Stefan M. Maul

Wissenschaftliche Veröffentlichungen der Deutschen Orient-Gesellschaft 142

Ausgrabungen der Deutschen Orient-Gesellschaft in Assur
E: Inschriften

IX

Keilschrifttexte aus Assur literarischen Inhalts

Im Auftrag der
Heidelberger Akademie der Wissenschaften,
der Deutschen Orient-Gesellschaft
und des Vorderasiatischen Museums
der Staatlichen Museen zu Berlin
Stiftung Preußischer Kulturbesitz

herausgegeben von Stefan M. Maul

Band 6

2015
Harrassowitz Verlag · Wiesbaden

Glossare zu den Bänden
Keilschrifttexte aus Assur literarischen Inhalts 1–3

Herausgegeben von
Stefan M. Maul

2015
Harrassowitz Verlag · Wiesbaden

Gedruckt mit Unterstützung der Heidelberger Akademie der Wissenschaften.

Bibliografische Information der Deutschen Nationalbibliothek
Die Deutsche Nationalbibliothek verzeichnet diese Publikation in der Deutschen Nationalbibliografie; detaillierte bibliografische Daten sind im Internet über http://dnb.d-nb.de abrufbar.

Bibliographic information published by the Deutsche Nationalbibliothek
The Deutsche Nationalbibliothek lists this publication in the Deutsche Nationalbibliografie; detailed bibliographic data are available on the internet at http://dnb.d-nb.de.

Informationen zum Verlagsprogramm finden Sie unter
http://www.harrassowitz-verlag.de

Gedruckt auf alterungsbeständigem Papier.
Druck und Verarbeitung: Memminger MedienCentrum AG
Printed in Germany
ISSN 0342-4464
ISBN 978-3-447-10407-4

Inhaltsverzeichnis

Vorwort des Vorsitzenden der Deutschen Orient-Gesellschaft und des Direktors des Vorderasiatischen Museums zu Berlin VII

Vorwort des Herausgebers IX

Glossar zu dem Band *Keilschrifttexte aus Assur literarischen Inhalts* 1
Nils P. Heeßel, Divinatorische Texte I. Terrestrische, teratologische, physiognomische und oneiromantische Omina 1

Logogramme 3
Akkadische Wörter 8
Wiederholungszeichen u. ä. 29
Zahlen 30
Götternamen 30
Ortsnamen 30
Personennamen 30

Glossar zu dem Band *Keilschrifttexte aus Assur literarischen Inhalts* 2
Daniel Schwemer, Rituale und Beschwörungen gegen Schadenzauber 31

Logogramme 33
Logogramme ohne sichere Lesung, Unsicheres 38
Akkadische Wörter 38
Sumerische Wörter 62
Rubra u. ä. 62
Zahlen 63
Götter- und Dämonennamen 63
Tempelnamen und Tempelbezeichnungen 64
Ortsnamen und Ethnika 64
Personennamen 64
Incipits von Gebeten und Beschwörungen 65

Glossar zu dem Band *Keilschrifttexte aus Assur literarischen Inhalts* 3
Eckart Frahm, Historische und historisch-literarische Texte 67

Logogramme 69

Logogramme ohne sichere Lesung 72

Akkadische Wörter 72

Zahlen 95

Götternamen 95

Tempel- und Palastnamen 96

Orts- und Flurnamen, Länderbezeichnungen und Ethnika 96

Flußnamen 99

Personennamen 99

Vorwort des Vorsitzenden der Deutschen Orient-Gesellschaft und des Direktors des Vorderasiatischen Museums zu Berlin

In diesem Band der *Keilschrifttexte aus Assur literarischen Inhalts* (KAL) werden Glossare vorgelegt, die den akkadischen und sumerischen Wortschatz jener wichtigen literarischen Keilschrifttexte erschließen, die in den ersten drei Bänden der Reihe veröffentlicht wurden. Damit sind nunmehr alle in den KAL-Bänden publizierten Texte in Wörterverzeichnissen erfaßt. Dies wird ohne Zweifel die Rezeption der aus Assur stammenden Quellen für die Gelehrtenkultur des Alten Orients beschleunigen. Unser Dank gilt all jenen, die das Erscheinen des Bandes möglich gemacht haben.

Prof. Dr. Markus Hilgert
Vorsitzender der *Deutschen Orient-Gesellschaft* und
Direktor des *Vorderasiatischen Museums zu Berlin*

Vorwort des Herausgebers

Die ersten beiden Bände der Reihe *Keilschrifttexte aus Assur literarischen Inhalts* (KAL) erschienen im Jahr 2007. Der dritte folgte 2009. Doch erst im vierten Band, der im Jahr 2010 vorgelegt wurde, war die endgültige Form der KAL-Bände gefunden. Dieser Band nämlich ist – anders als die vorangehenden – mit einem ausführlichen Glossar versehen, das nicht nur eine Aufstellung aller Logogramme enthält, die in den dort veröffentlichten Keilschrifttexten Verwendung fanden, sondern auch umfangreiche, mit Belegstellen versehene Wörterverzeichnisse, welche den akkadischen und sumerischen Wortschatz der in dem Band edierten Texte vollständig erschließen.

Der nicht unbeträchtliche Arbeitsaufwand, der mit dem Erstellen eines solchen Glossars verbunden ist, schien gerechtfertigt, da die neu bekannt werdenden Texte dank eines solchen Hilfsmittels wohl weitaus schneller rezipiert werden, als dies ohne Wörterverzeichnisse der Fall wäre. Auch für das rasche Auffinden von Parallelstellen und Duplikaten erweist sich ein solches Glossar als außerordentlich nützlich, denn es kann bei der Rekonstruktion der gelehrten Überlieferungen des Alten Orients, die nach wie vor zu den wichtigsten Aufgaben der Assyriologie zu zählen ist, substantielle Hilfestellung leisten. Daher sind KAL 5 und auch alle weiteren, in Zukunft erscheinenden Bände der Reihe mit entsprechenden Glossaren versehen.

Wolfram von Sodens *Akkadisches Handwörterbuch* liegt seit nunmehr 34 Jahren vor, und seit der Fertigstellung des *Chicago Assyrian Dictionary* ist bereits ein halbes Jahrzehnt vergangen. Beide Werke blieben, von Rezensionen einmal abgesehen, seit ihrer Vollendung ohne Ergänzungen und Nachträge, obgleich in der Zwischenzeit viele zuvor unbekannte Texte in babylonischer und assyrischer Sprache veröffentlicht wurden. So erweist es sich mit der Zeit als immer dringlicher, neues, in den Wörterbüchern nicht berücksichtigtes Textmaterial lexikalisch aufzuarbeiten. Die Glossare der KAL-Bände sollen auch hierzu einen namhaften Beitrag leisten.

Es wäre bedauerlich, wenn gerade der Wortschatz der wichtigen Omensammlungen, der umfangreichen Ritualbeschreibungen und Beschwörungen sowie der bedeutsamen historischen Keilschrifttexte aus Assur, die Nils P. Heeßel, Daniel Schwemer und Eckart Frahm in den ersten drei KAL-Bänden vorgelegt haben, nicht durch Glossare systematisch erfaßt wäre. Daher entschlossen wir uns in Rücksprache mit der Wissenschaftlichen Kommission unserer Forschungsstelle, die zugehörigen Glossare im Nachhinein zu erstellen und in einem gesonderten KAL-Band vorzulegen. Ganz bewußt sind die drei Glossare nicht zu einem einzigen zusammengeführt. Denn erst der Vergleich der unterschiedlichen Logogramm- und Wörterverzeichnisse ermöglicht es, die Feinheiten von gattungsspezifischen Ausdrucksweisen und Schreibkonventionen zu erkennen. Die in den KAL-Bänden vorgelegten Glossare sollen zu entsprechenden Studien anregen. Beim Durchblättern des vorliegenden Bandes wird beispielsweise schon auf den ersten Blick deutlich, daß der Bestand an logographischen Schreibungen in den historischen Inschriften aus dem dritten KAL-Band nur kaum mehr als halb so groß ist, wie der, der sich in den Omensammlungen (KAL 1) und den Beschreibungen von Verfahren zur Abwehr von Schadenzauber (KAL 2) findet. Dies mag daran liegen, daß die Schreiber der historischen Texte sich bemühten, einer breiten Schicht der Lesekundigen einen leichten Zugang zu diesen Zeugnissen zu ermöglichen, während Zeichendeuter und Heiler daran interessiert waren, daß ihr Schrifttum nicht in die Hände von Unbefugten geriet und diese Absicht dadurch untermauerten, daß sie ganz eigene gattungsspezifische Graphien verwendeten, die sich Unkundigen nicht ohne weiteres erschlossen.

Die Präsentation des in den Glossaren der KAL-Bände aufgeführten akkadischen Wortschatzes orientiert sich bis in Einzelheiten an den Lemmata des *Akkadischen Handwörterbuchs* (AHw). Dies dürfte sich als nützlich erweisen. Zum einen bleiben die KAL-Glossare in Anordnung und Form der Lemmata auf diese Weise stets untereinander und mit dem AHw kompatibel, zum anderen wird die durch das AHw festgelegte Norm einmal ermöglichen, ohne großen Aufwand ein Gesamtglossar der KAL-Bände zu erstellen und in den Wortschatz des AHw einzuarbeiten.

Gegenüber dem AHw wurden die Zitierformen der Wörterbucheinträge nur dann behutsam verändert, wenn sie wie in *šimī/ētān* I oder in *ḫa(j)jattu* I Schrägstriche oder runde Klammern enthielten. Um die Möglichkeit, die KAL-Glossare auch digital zu durchsuchen, nicht unnötig zu behindern, wurden Klammern und Schrägstriche weitgehend entfernt und die Wörterbucheinträge entsprechend aufgelöst. Aus *šimī/ētān* I wurde so *šimītān* I, *šimētān* I, und aus *ḫa(j)jattu* I wurde *ḫajjattu* I, *ḫajattu* I.

Bei der Angabe der Belegstellen bezeichnen die fettgedruckten Zahlen die im jeweiligen KAL-Band gebrauchten Textnummern. Eckige Klammern zeigen an, daß das Lemma an der entsprechenden Stelle ergänzt wurde.

Die Verzettelungsarbeit für die ersten beiden Bände der Reihe *Keilschrifttexte aus Assur literarischen Inhalts* haben deren Autoren Nils P. Heeßel und Daniel Schwemer geleistet. Daniel Schwemer wurde dabei auch von Charles Steitler M.A.

unterstützt. In Rücksprache mit Stefan M. Maul und dem Autor Eckart Frahm hat Saskia Baderschneider (Forschungsstelle *Edition literarischer Keilschrifttexte aus Assur*, Heidelberg) diese entsagungsvolle Arbeit für den dritten KAL-Band geleistet. Bei der notwendigen Vereinheitlichung der drei Manuskripte haben mich Adrian Heinrich und Lilian Balensiefen (Forschungsstelle *Edition literarischer Keilschrifttexte aus Assur*, Heidelberg) maßgeblich unterstützt. Lilian Balensiefen fertigte darüber hinaus die Druckvorlagen dieses sechsten Bandes der *Keilschrifttexte aus Assur literarischen Inhalts* an. Ihnen allen gilt unser aufrichtiger Dank!

Heidelberg, im Februar 2015 Stefan M. Maul

Glossar

zu dem Band

Keilschrifttexte aus Assur literarischen Inhalts 1

Nils P. Heeßel

Divinatorische Texte I

Terrestrische, teratologische, physiognomische und oneiromantische Omina

Logogramme

A(.MEŠ) → *mû* I
A.BA → *abu(m)* I
(^{lú})A.BA → *ṭupšarru(m)*
A.GÀR → *ugāru(m)*
A.GEŠTIN.NA → *ṭābātu(m)*
A.MA.RU → *abūbu(m)*
A.RA.ZU → *teslītu(m)*, *taṣlītu*
A.RÁ → *alaktu(m)*
A.ŠÀ → *eqlu(m)*
A.ZI.GA → *mīlu(m)*
Á → *idu(m)*
Á.ÁŠ → *ṣibûtu(m)*
Á.GÚ.ZI.GA → *šēru(m)* II
Á.ŠU.GÌR → *mešrêtu*
Á.TUK → *nēmelu(m)*
AB → *aptu(m)*
AB.SÍN → *šer'u(m)*
ÁB → *lītu(m)* II, *littu* I
ÁB.GU$_4$.ḪÁ → *lâtu* (siehe unter *lītu(m)* II, *littu* I)
ÁB.ZA.ZA → *apsasû(m)*
AD → *abu(m)* I
AD.ḪAL → *pirištu(m)*
^{d}AG → *Nabû*
AGRUN → *kummu(m)*
AKKIL → *ikkillu(m)* I
AL.BIR siehe BIR
AL.TI.LA → TI.LA
^{d}ALAD → *šēdu(m)* I
AMA → *ummu(m)* I
AMAR → *atmu(m)*
^{d}AMAR.UTU → *Marduk*
AMBAR → *appāru(m)*
AN → *šamû* I
AN.BAR$_7$ → *muṣlālu(m)*
AN.DUL$_7$ → *andullu(m)*
AN.TA → *elēnu(m)*
AN.TA → *elītu(m)* I
AN.TA → *elû(m)* II
AN.TA → *tappû(m)* I
ANŠE → *imēru(m)*
ANŠE.EDIN.NA → *serrēmu*
ANŠE.GÌR.NUN.NA → *kūdanu(m)*
ANŠE.KUR.RA → *sisû(m)*
^{giš}APIN → *epinnu(m)*
^{iti}APIN → *Araḫsamna*, *Araḫsamnu*
ARḪUŠ → *rēmu(m)* I
AŠ → *nadānu(m)* in Personennamen, siehe *Nabû–aḫa–iddin*
AŠ.ME → *šamšatu(m)*
AŠ.TE → *kussû(m)*
ÁŠ → *ṣibûtu(m)*

BA → *qiāšu(m)*, *qâšu* in Personennamen, siehe *Bāba–šuma–iqīša*
BA.AL.GIM^{ku_6} → *raqqu(m)* II
BA.AN.È siehe È
BABBAR → *peṣû(m)* I
BAD → *nesû(m)* II
BAD → *petû(m)* II
BAD$_4$ → *dannatu(m)*
BÁḪAR → *paḫāru(m)* I
BAL → *nabalkattu(m)*
BAL → *nabalkūtu(m)* II
BAL → *naqû(m)*
BAL → *nīqu(m)*, *niqû(m)*
BAL → *palû(m)*
^{uru}BAL.TIL(^{ki}) → *Aššur*
BAL.TIL^{ki} → *Aššur*
BAL.TIL → *aššurû*
^{giš}BANŠUR → *paššūru(m)*
BAR → *mišlu(m)*
BAR → (*w*)*uššuru(m)*, *muššuru*
BÁRA → *parakku(m)*
^{iti}BÁRA → *Nisannu(m)*, *Nisanu(m)*
BIL.ZA.ZA → *muṣa''irānu*
BÍL.ZA.ZA → *muṣa''irānu*
^{d}BÌL.GA.MEŠ → *Gilgameš*
BIR → *sapāḫu(m)*
BÚN → *napāḫu(m)*
BÚR → *pašāru(m)*
BÙR → *palāšu(m)*
BÙR → *pilšu(m)*
BURU$_5$ → *erbû(m)* I
BURU$_5$.BURU$_4$^{mušen}→ *āribu*
BURU$_5$.ḪABRUD.DA → *iṣṣūr ḫurri*

^{d}(Determinativ) siehe unten: Index der Götternamen; Index der Personennamen sowie: ^{d}AG; ^{d}ALAD; ^{d}AMAR.UTU; ^{d}BÌL.GA.MEŠ; ^{d}IM.DUGUD^{mušen}; ^{d}IŠKUR; ^{d}LAMMA; ^{d}MUATI; ^{d}NIN.KILIM; ^{d}ŠÀ.ZU; ^{d}UTU; ^{d}UTU.È; ^{d}UTU.ŠÚ.A; ^{d}XXX; ^{d}LX; *inanna*; *ištaru(m)*
DA → *idu(m)*
DAB → *ṣabātu(m)*
DAG$_4$.GI.A → *bābtu(m)* I
DAGAL → *rapāšu(m)*
DAGAL.LA *rapšu(m)* I
DAL.DAL → *naprušu(m)* II Ntn
DAM → *aššatu(m)*
DAM → *mutu(m)*
DANNA → *bīru(m)* IV, *bēru(m)* IV
DÀRA → *turāḫu(m)*
DÀRA.MAŠ → *ajjalu(m)* I
DÀRA.MAŠ.DÀ → *nālu(m)*, *najjalu*
DI → *dīnu(m)*
DIB → *etēqu(m)*
DIM$_4$ → *sanāqu(m)* I
DINGIR → *ilu(m)*
DINGIR.MAḪ → *Bēlet–ilī*
DU → *alāku(m)*
DÙ → *epēšu(m)*
DÙ → *kalû(m)* II
DÙ.A.BI → *kalâma*
DU$_6$ → *tīlu(m)* I, *tillu* II
DU$_8$ → *paṭāru(m)*
DU$_{10}$.ÚS.SA → *narmaku*
DU$_{14}$ → *ṣāltu(m)*
DUB → *ṭuppu(m)* I, *tuppu(m)* I
^{lú}DUB.DUB.BU → *tuppu* II
(^{lú})DUB.SAR → *ṭupšarru(m)*
DUG → *karpatu(m)*

^{dug}(Determinativ) siehe ^{dug}ÚTUL; *kallu(m)*; *namḫāru(m)*
DÙG(.GA) → *ṭiābu(m)*, *ṭâbu*
DÙG(.GA) → *ṭūbu(m)* in *ṭūb libbi* und *ṭūb ṣīri*
DUG$_4$ → *dabābu(m)* II
DUG$_4$.GA → *qabû(m)* II
DUGUD → *kabātu(m)*; *kabtu(m)*
DUL → *katāmu(m)*
^{iti}DUL → *Tašrītu(m)*
DUMU → *māru(m)*
DUMU.MUNUS → *mārtu(m)*
DUR → *riksu(m)*

E.SÍR → *sūqu(m)*
É → *bītu(m)*
^{é}(Determinativ) siehe ^{é}PA.PAḪ
É.DA → *edakku(m)*
É.GAL → *ekallu(m)*
É.GAR$_8$ → *igāru(m)*
É.GI$_4$.A → *kallātu(m)*
É.NUN siehe AGRUN
É.PA.PAḪ siehe ^{é}PA.PAḪ
È → *(w)aṣû(m)*
È → *barû(m)* I
E$_{11}$ → *elû(m)* IV
EDIN → *ṣēru(m)* I
EGIR → *(w)arkatu(m)*
EGIR → *(w)arki*
EME → *lišānu(m)*
EME.DIR → *ṣurārû*, *ṣurāru(m)*
EME.SIG → *karṣu(m)*
EN → *adi*
EN → *bēlu(m)*
EN → *bêlu(m)*
EN.LÍL^{ki} siehe NIBRU^{ki}
EN.NU.UN → *maṣṣartu(m)*
EN.NUN.AN.ÚSAN → *barārītu(m)*
EN.NUN.MURUB$_4$.BA → *qablītu(m)*
EN.NUN.UD.ZAL.LE → *šāt urri*
EN.TE.NA → *kūṣu(m)*, *kuṣṣu(m)*
ÉN → *šiptu(m)*
ÉR → *bakû(m)*
ÉR → *bikītu(m)*
ÉRIN → *ummānu(m)*
ÉSAG → *qarītu(m)* I

GABA → *irtu(m)*
^{túg}GADA → *kitû(m)*
^{giš}GAG → *sikkatu(m)*
GAL → *rabû(m)*
GÁL → *bašû(m)*
GAM → *palāšu(m)*
^{iti}GAN → *Kislīmu(m)*, *Kisilīmu*
GAR → *šakānu(m)*
GAZ → *dâku(m)*
GAZ → *ḫepû(m)* II
GE$_6$ → *mūšu(m)*
GE$_6$ → *ṣalmu(m)* I
GE$_6$ IGI → *ṣulum pānī*
GÉME → *amtu(m)*
GÉME → *amūtu(m)*

^{giš}GEŠTIN → *karānu(m)*
GEŠTUG → *uznu(m)*
(^{giš})GI → *qanû(m)* I
^{gi}(Determinativ) siehe ^{gi}PISAN
GI.NA → *kânu(m)*
GI.NA → *kīnu(m)*
GI.ŠUL.ḪI → *qan šalāli*
GI$_6$.PÀR → *gipar(r)u*
GIB → *parāku(m)*
GÍBIL → *šarāpu(m)*
GÍD.DA → *arāku(m)*
GIDIM → *eṭemmu(m)*
GIDIM$_4$ → *eṭemmu(m)*
^{giš}GIDRU → *ḫaṭṭu(m)* II
GIG → *marāṣu(m)*
GIG → *marṣiš*
GIG → *marṣu(m)*
GIG → *murṣu(m)*
GIL → *kapāpu(m)*
GIM → *kīma*
GÍR.TAB → *zuqaqīpu*
GÌR → *šēpu(m)*
^{giš}(Determinativ) siehe ^{giš}APIN; ^{giš}BANŠUR; ^{giš}GAG; ^{giš}GEŠTIN; ^{giš}GI; ^{giš}GIDRU; ^{giš}GIŠIMMAR; ^{giš}GIŠIMMAR.TUR.TUR; ^{giš}GU.ZA; ^{giš}IG; ^{giš}KIRI$_6$; ^{giš}KUN$_4$; ^{giš}LE.U$_5$.UM; ^{giš}MÁ; ^{giš}MÁ.DIRI.GA; ^{giš}MÁ.U$_5$.TUŠ.A; ^{giš}NÁ; ^{giš}SAG.KUL; ^{giš}ŠINIG; ^{giš}TUKUL; ^{giš}UD.SAL.ḪÚB
GIŠ.ÙR → *gušūru(m)*
^{giš}GIŠIMMAR → *gišimmaru(m)*
^{giš}GIŠIMMAR.TUR.TUR → *suḫuššu(m)*
GIZKIM → *ittu(m)* II
GU → *qû(m)* I
^{giš}GU.ZA → *kussû(m)*
GÚ → *kišādu(m)*
GÚ.DA.RI → *edēru(m)* N
^{túg}GÚ.È – *naḫlaptu(m)*
GÚ.MUR → *ur'udu(m)*
GÚ.ZI → *kāsu(m)*
GÙ → *rigmu(m)*
GÙ → *šasû(m)*
GÙ.DÉ → *šasû(m)*
GU$_4$ → *alpu(m)* I
^{iti}GU$_4$ → *Ajjaru(m)* II, *Ajaru(m)* II
GU$_4$.UD → *šaḫāṭu(m)* II
GU$_4$.UD → *šiḫṭu* I
GU$_7$ → *akālu(m)*
GUB → *izuzzum*, *uzuzzu(m)*
GÙB → *šumēlu(m)*
GÙN → *burrumu*
GUR → *kurru(m)* I
GUR → *târu(m)*
GURUN → *inbu(m)*

ḪA.LA → *zittu(m)*
ḪABRUD(.DA) → *ḫurru(m)*
ḪAR → *šemeru*
^{na4}ḪAR.ḪAR → *erû(m)* III
ḪE.ḪE → *balālu(m)*
ḪI.A → *mâdu(m)* I, *ma'ādu*

Ḫl.GAR → *bārtu(m)*
ḪUL → *lemēnu(m)*
ḪUL → *lemnu(m)*
ḪUL → *lemuttu(m)*
ḪUL → *lumnu(m)*

I.BÍ.ZA → *ibissû(m)*
Ì → *šamnu(m)*
Ì.DUB → *našpaku(m)*
Ì.UDU → *lipû(m)*
ÍB → *qablu(m)* I
IBILA → *aplu(m)* I
ÍD → *nāru(m)* I
IDIM → *kabtu(m)*
^{giš}IG → *daltu(m)*
IGI → *amāru(m)*
IGI → *īnu(m)*
IGI → *pānu(m)* I
IGI.BAR → *palāsu(m)*
IGI.DU$_8$ → *amāru(m)*
IGI.KÁR → *barû(m)* I
ÍGIRA^{mušen} → *igirû(m)*
ÍL → *našû(m)* II
ILLAT → *tillatu(m)*
ILLU → *mīlu(m)*
IM → *šāru(m)* I
IM → *ṭīdu(m), ṭīṭu, ṭiddu(m), ṭiṭṭu(m)*
IM → *ṭuppu(m)* I, *tuppu(m)* I
IM.BABBAR → *gaṣṣu(m)* III
^{d}IM.DUGUD^{mušen} → *Anzû*
IM.GI → *ḫammāʾu(m)*
IM.GÍD.DA → *imgiddû*
IM.SI.SÁ → *ištānu(m)* I, *iltānu(m)*
IM.ŠÈG → *zunnu(m)*
IM.ŠU.RIN.NA → *tinūru(m)*
IM.U$_{18}$.LU → *šūtu(m)* II
^{ú}IN.NU.UŠ → *maštakal*
INIM → *awātum, amātu* I
INIM.GAR → *egerrû*
ÌR → *(w)ardu(m)*
IR$_7$.SAG^{mušen} → *uršānu(m)* II
^{d}IŠKUR → *Adad*
ITI → *(w)arḫu(m)*
^{iti}(Determinativ) siehe ^{iti}APIN; ^{iti}BÁRA; ^{iti}DUL; ^{iti}GAN; ^{iti}GU$_4$; ^{iti}KIN; ^{iti}NE; ^{iti}SIG$_4$; ^{iti}ŠE; ^{iti}ŠU; ^{iti}ZÍZ
IZ.ZI → *igāru(m)*
IZI → *išātu(m)*
IZI.GAR → *dipāru(m)*

KA → *pû(m)* I
KA×MI → *adāru(m)* N
KÁ → *bābu(m)* I
KÁ.(AN.)AŠ.A.AN → *bābu kamû*
KÁ.DINGIR.RA^{ki} → *Bābilu*
KÁ.GAL → *abullu(m)*
KA$_5$.A → *šēlebu(m)*
KALA.GA → *dannatu(m)*
KALA.GA → *dannu(m)* I
KAR → *arbūtu(m)*
KASKAL → *ḫarrānu(m)*
KAŠ → *šikāru(m)*
KAŠ.SAG → *šikāru(m)*
KÀŠ → *šīnātu(m)*
KI → *ašru(m)* III
KI → *itti*
KI → *qaqqaru(m)*
^{ki}(Determinativ) siehe (^{uru})BAL.TIL^{ki}; KÁ.DINGIR.RA^{ki}; NIBRU^{ki}; ŠEŠ^{ki}; TIN.TIR^{ki}; URI^{ki}
KI.GAR → *kullatu(m)* II
KI.ḪUL → *kiḫullû*
KI.LAM → *maḫīru(m)*
KI.MAḪ → *kimaḫḫu(m), kimaḫu(m)*
KI.MIN siehe Index der Wiederholungszeichen u.ä.
KI.NÁ → *majjālu(m)*
KI.NE → *kinūnu(m)*
KI.ŠÚ → *kīlu*
KI.TA → *šaplānu(m)*
KI.TA → *šaplu(m)* II
KI.TA → *šaplû(m)*
KI.TUŠ → *(w)ašābu(m)*
KI.TUŠ → *šubtu(m)* I
KI.UŠ → *kabāsu(m)* I
KI.UŠ → *kibsu(m)* I
^{iti}KIN → *Elūnu(m), Elūlu(m), Ulūlu*
^{giš}KIRI$_6$ → *kirû(m)*
KIŠI$_8$ → *kulbābu*
$^{\text{na}_4}$KIŠIB → *kunukku(m)*
KÙ → *ellu(m)* I
KÙ.BABBAR → *kaspu(m)*
KÙ.GI siehe KÙ.SI$_{22}$
KÙ.SI$_{22}$ → *ḫurāṣu(m)*
KU$_4$ → *erēbu(m)*
KU$_4$ → *erbu(m)* I, *irbu*
KU$_4$ → *nērebu(m)*
KU$_6$ → *nūnu(m)* I
$^{\text{ku}_6}$(Determinativ) siehe BA.AL.GIM$^{\text{ku}_6}$; SUḪUR$^{\text{ku}_6}$
KUD → *nakāsu(m)*
KUN → *zibbatu(m)*
(^{giš})KUN$_4$ → *askuppu(m), askuppatu*
KUR → *kašādu(m)*
KUR → *mātu(m)* I
KUR → *šadû(m)* I
KÚR → *nakāru(m)* I
KÚR → *nakru(m)*
^{kuš}(Determinativ) siehe ^{kuš}LU.ÚB

LA → *lalû(m)* I
LAGAB → *šibirtu(m)*
LAḪTAN → *laḫtānu(m)*
LAL → *maṭû(m)* II
LAL → *šuqallulu(m)*
^{d}LAMMA → *lamassu(m)*
^{giš}LE.U$_5$.UM → *lēʾu(m)*
^{šim}LI → *burāšu(m)*
LI.DUR → *abunnatu(m)*
^{kuš}LU.ÚB → *luppu(m)*
LÚ → *awīlum, amīlu, amēlu*
^{lú}(Determinativ) siehe ^{lú}A.BA; ^{lú}DUB.DUB.BU; ^{lú}DUB.SAR; ^{lú}LUNGA; ^{lú}NAGAR; ^{lú}SANGA; ^{lú}ŠÀ.SIPA; ^{lú}ŠÁMAN.LÁ; *šamallû(m), šamlû*

LUGAL → *šarru(m)* I
LUGAL(-*tV*) → *šarrūtu(m)*
LÚGUD.DA → *karû(m)*
^{lú}LUNGA → *sirāšû(m)*

^{giš}MÁ → *eleppu(m)*
^{giš}MÁ.DIRI.GA – *nēberu(m)*
^{giš}MÁ.U$_5$.TUŠ.A → *Maʾutuša*
MAN → *šanû(m)* IV, *šanāʾu(m)* III
MAN → *šarru(m)* I
MAR.TU → *Amurru*
MAŠ.DÀ → *ṣabītu(m)*
MAŠ.EN.GAG → *muškēnu(m)*
MAŠ.TAB.BA → *māšu(m)*, *maš(š)u* II
MAŠKIM → *rābiṣu(m)*
ME → *meʾatu(m)*
MÈ → *tāḫāzu(m)*
MIN siehe Index der Wiederholungszeichen u.ä.
MU → *šattu(m)* I
MU → *šumu(m)*
^{d}MUATI → *Nabû* in Personennamen, siehe *Nabû–aḫa–iddin*; *Nabû–šuma–ibni*
MUL → *kakkabu(m)*
MUNUS → *sinništu(m)*
^{munus}(Determinativ) siehe ^{munus}UŠ.BAR sowie ferner MUNUS.ḪUL MUNUS.KALA.GA; MUNUS.LUḪ; MUNUS.SIG$_5$
MUNUS.ḪUL → *lemuttu(m)*
MUNUS.KALA.GA → *dannatu(m)*
MUNUS.LUḪ → *galātu(m)*
MUNUS.SIG$_5$ → *damiqtu(m)*
MUNUS.UŠ.BAR → ^{munus}UŠ.BAR
MURUB$_4$ → *qablītu(m)*, *qablu(m)* I
MUŠ → *ṣerru(m)* I
MUŠ.DÍM.GURUN.NA → *piṣallurtu*, *piṣalluru*, *pizallurtu*, *pizalluru*
MUŠ.ḪUŠ → *mušḫuššu(m)*
MUŠ.LÚ.U$_{19}$.LU → *mušlullû*
MUŠEN → *iṣṣūru(m)*
^{mušen}(Determinativ) siehe BURU$_5$.BURU$_4$^{mušen}; ÍGIRA^{mušen}; ^{d}IM.DUGUD^{mušen}; IR$_7$.SAG^{mušen}; SIM^{mušen}; SIPA^{mušen}; SÚR.DÙ^{mušen}; Ù.KU.KU^{mušen}; Ù.KU.KU.BA.ÚŠ^{mušen}; UGA^{mušen}
MUŠEN.ḪABRUD.DA → *iṣṣūr ḫurri*

NA → *awīlum*, *amīlu*, *amēlu*
NÁ → *nâlu(m)* I
NÁ → *rabāṣu(m)*
^{giš}NÁ → *eršu(m)* IV
^{na4}(Determinativ) siehe ^{na4}ḪAR.ḪAR; ^{na4}KIŠIB; ^{na4}UR$_5$
NAGA.SI → *uḫūlu qarnānu*
^{lú}NAGAR → *nagāru(m)* I
NAM → *šīmtu(m)*
NAM.BÚR.BI → *namburbû*
NAM.ÉRIM → *māmītu(m)*
NAM.LÚ.LU → *awīlūtum*, *amīlūtu*, *amē$^{!}$lūtu*
^{iti}NE → *Abu(m)* II
NIBRU^{ki} → *Nippur(u)*
NIDBA → *nindabû(m)*
NÍG.BA → *qīštu(m)*
NÍG.GA → *namkūru(m)*
NÍG.GIG → *ikkibu(m)*
NÍG.GIG → *maruštu(m)* I
NÍG.ḪA.LAM.MA → *šaḫluqtu(m)*
NÍG.ME.GAR → *išdiḫu(m)* I
NÍG.NA → *nignakku(m)*, *nignaqqu(m)*
NÍG.SA.SA → *mutḫummu*
NÍG.SIG$_5$ → *damqu(m)*
NÍG.ŠU → *būšu(m)* I
NÍG.TUK → *mašrû(m)*, *mešrû*
NÍG.TUK → *šarû(m)* I
NIGIN → *lawûm*, *lamû* II
NIGIN → *paḫāru(m)* II
NIGIN → *saḫāru(m)*
NIM.GÍR → *birṣu(m)*
NIN → *aḫātu(m)* I
NIN → *bēltu(m)*
^{d}NIN.KILIM → *šikkû(m)*
NINDA → *akalu(m)*, *aklu(m)*
NIR.DA → *nerṭû*, *nerdû*
NITA → *zikaru(m)* II
NUMUN → *zēru(m)* II
NUN → *rubû(m)* I
NUNUZ → *pelû(m)* II

PA → *aru(m)* I
^{é}PA.PAḪ → *papāḫu(m)*
PÀ → *zakāru(m)*, *saqāru(m)* I
PA$_5$ → *palgu(m)*
PAP → *aḫu(m)* in Personennamen, siehe *Nabû–aḫa–iddin*
PAP → *naṣāru(m)* in Personennamen, siehe x–*šuma–uṣur*
PAP.ḪAL → *purīdu(m)*
PAP.ḪAL → *pušqu(m)*
PÉŠ → *ḫumṣīru*
PÉŠ.GIŠ.ÙR → *arrabu(m)*
^{gi}PISAN → *pisannu(m)* I, *pišannu(m)* I
PÚ → *būrtu(m)*

RA → *raḫāṣu(m)* I
RI.RI.GA → *miqittu(m)*

SA.A → *šurānu(m)*
SA.A.RI → *muraššû*
SÁ.DUG$_4$ → *šattukku(m)*, *sattukku*
SÁ.SÁ → *kašādu(m)*
SA$_5$ → *malû*
SA$_5$ → *sāmu(m)*
SA$_9$ → *mišlu(m)*
SA$_{10}$ → *šīmu(m)* I
SAG → *rēšu(m)*
SAG-*tuk* → *šattukku(m)*, *sattukku*
SAG.DU → *qaqqadu(m)*
SAG.ḪUL.ḪA.ZA → *mukīl rēš lemutti*
SAG.KAL → *ašaredūtu(m)*
(^{giš})SAG.KUL → *sikkūru(m)*
SAG.PA.LAGAB → *nissatu(m)*
SAG.UŠ → *kajjānu(m)*
SAḪAR → *epru(m)*
SAḪAR.ŠUB.BA → *saḫaršubbû*, *saḫaršuppû*
(^{lú})SANGA → *šangû(m)*

SAR → *šaṭāru(m)* II
^{šim}SES → *murru* I
SI → *qarnu(m)*
SI → *qarnû*
SI.GAR → *šigaru(m)*
SI.SÁ → *ešēru(m)*
SIG → *(w)ēdû(m)*, *ēdu* II
SIG → *qatānu(m)*
SÌG → *maḫāṣu(m)*
SIG$_4$ → *libittu(m)*
^{iti}SIG$_4$ → *Simānu(m)* II, *Simannu* III
SIG$_4$.AL.ÙR.RA → *agurru(m)*
SIG$_5$ → *damāqu(m)*
SIG$_5$ → *damiqtu(m)*
SIG$_5$ → *damqu(m)*
SIG$_5$ → *dumqu(m)*
SIG$_7$ → *(w)arqu(m)*
SÍK → *šārtu(m)*
SILA → *sūqu(m)*
SILA.DAGAL(.LA) → *rebītu(m)*
SILA.LÍM → *sūq erbetti*
SILIM → *šalāmu(m)* II
SILIM → *šalmu(m)* I
SIM^{mušen} → *sinuntu*
SIPA^{mušen} → *rē'û(m)*
SU → *zumru(m)*
SU.GU$_7$ → *ḫušaḫḫu(m)*
SÙ → *rīqu(m)*
SÙ → *rūqu(m)*
SÙḪ → *tēšû(m)* I
SUḪUR^{ku_6} → *purādu(m)*
SUḪUŠ → *išdu(m)*
SUKKAL → *sukkallu(m)*, *šuk(k)allu(m)*
SUKUD → *mēlû(m)*
SUM → *nadānu(m)*
SUMUN → *labāru(m)*
SUMUN → *labiru(m)*, *labīru(m)*, *laberu(m)*, *labēru(m)*
SÚN → *rīmtu(m)*
SUR → *zanānu(m)* I
SÚR.DÙ^{mušen} → *surdû*

ŠÀ → *libbu(m)*
ŠÀ → *qerbu(m)* II
ŠÀ.ḪUL → *lumun libbi*
ŠÀ.ḪÚL(.LA) → *ḫūd libbi*
^{lú}ŠÀ.SIPA → *rē'û(m)*
^{d}ŠÀ.ZU → *Marduk*
ŠAḪ → *šaḫû(m)* I
^{lú}ŠÁMAN.LÁ → *šamallû(m)*
ŠAPRA → *šaprû(m)*
^{iti}ŠE → *Addaru*, *Adaru*
ŠE → *še'u(m)*
ŠE.GA → *magāru(m)*
ŠE.GA→ *magru*
ŠE.GIŠ.Ì → *šamaššammū*
ŠE.PAD → *še'u(m)*
ŠE$_{10}$ → *zû(m)*
ŠEN → *ruqqu(m)* I
ŠEŠ → *aḫu(m)* I
^{šim}ŠEŠ siehe ^{šim}SES
ŠEŠ^{ki} siehe *inanna*
ŠÉŠ → *pašāšu(m)*
ŠID → *manû(m)* V
^{šim}(Determinativ) siehe ^{šim}LI; ^{šim}ŠEŠ
^{giš}ŠINIG → *bīnu(m)*
ŠU → *qātu(m)*
^{iti}ŠU → *Du'ūzu*
ŠU.BI.AŠ.ÀM siehe Index der Wiederholungszeichen u.ä.
ŠU.BI.GIM.NAM siehe Index der Wiederholungszeichen u.ä.
ŠU.NAM.ÉRIM.MA → *šunam(e)rimmakku*
ŠU.SAR → *pitiltu(m)*
ŠU.TI → *leqû(m)* II
ŠUB → *maqātu(m)*
ŠUB → *miqittu(m)*
ŠUB → *nadû(m)* I
ŠUB → *nadû(m)* III
ŠUK → *kurummatu(m)*
ŠURUN → *kabūtu(m)*

TA → *ištu*
TAG → *lapātu(m)*
TAG$_4$ → *ezēbu(m)*
TAR → *parāsu(m)* I
TE → *lētu(m)* I, *lītu* III
TE → *ṭeḫû(m)* I
TÉŠ.BI → *ištēniš*
TI → *balāṭu(m)* II
TI → *balṭu(m)*
TI → *leqû(m)* II
TI → *ṣēlu(m)*
TI.LA → *balāṭu(m)* II
TI.LA → *balṭu(m)*
TI.LA → *bulṭu(m)*
TIL → *gamāru(m)* II
TIL → *taqtītu(m)*
TIN.TIR^{ki} → *Bābilu*
TU$_5$ → *ramāku(m)*
TÚG → *ṣubātu(m)*
^{túg}(Determinativ) siehe ^{túg}GADA; ^{túg}GÚ.È
TÚG.SAG.ÍL.EZEN.NITA → *upur zikari*
TUK → *rašû(m)* I
^{giš}TUKUL → *kakku(m)*
TÙM → *(w)abālu(m)*
TUR → *ṣeḫēru(m)*
TUR → *ṣeḫru(m)* I
TÙR → *tarbaṣu(m)*, *tarbāṣu(m)*
TUŠ → *(w)ašābu(m)*

^{ú}(Determinativ) siehe ^{ú}IN.NU.UŠ
Ú.KI.SÌ.GA → *qinnu(m)*
Ù.KU.KU^{mušen} → *ṣallalu*, *ṣallallu*
Ù.KU.KU.BA.ÚŠ^{mušen} → *ittīl–imūt*
Ù.SAG → *nukuššû*, *nukušû*
Ù.TU → *(w)alādu(m)*
U$_4$ → *ūmu(m)*
U$_4$.SAKAR → *uskāru(m)*, *usqāru(m)*, *askāru*, *asqāru*
U$_4$.ŠÚ.UŠ → *ūmišam*
U$_5$ → *rakābu(m)*
U$_{18}$.LU → *alû* II
^{giš}UD.SAL.ḪÚB → *kūtu(m)*, *kuttu(m)*, *kutû*

UDU(.NÍTA) → *immeru(m)*
UDUN → *utūnu(m)*
UGA^{mušen} → *āribu*
UGU → *eli*
UGU → *elû(m)* II
UGU → *muḫḫu(m)*
UGULA → *(w)aklu(m)*
ÚḪ → *ruʾtu(m)* I
UKKIN → *puḫru(m)*
ÚKU → *lapānu(m)*
ÚKU → *lapnu(m)*
ÚKU → *lupnu(m)*
UM.ME.A → *ummiānu(m)*, *ummânu*
UMBIN → *ṣupru(m)*
UN → *nišū*
UR.A → *kalab mê*
UR.BAR.RA → *barbaru(m)*
UR.GI$_7$ → *kalbu(m)*
UR.MAḪ → *nēšu(m)* I
UR.ME → *sāsu(m)*
ÚR → *sūnu(m)* I
ÙR → *ūru(m)* I
UR$_5$ → *šuāti*, *šuātu* I
^{na_4}UR$_5$ → *erû(m)* III
URI^{ki} → *Akkad*
URU → *ālu(m)* I
^{uru}(Determinativ) siehe ^{uru}BAL.TIL(^{ki})
ÚS.SA.DU → *itû(m)*
US$_5$.UDU.ḪÁ → *ṣēnu(m)* III
UŠ → *redû(m)* I
UŠ → *ridûtu(m)*
^{munus}UŠ.BAR → *išpartu(m)*, *ušpartu(m)*
ÚŠ → *mâtu(m)*
ÚŠ → *mītu(m)*
ÚŠ → *mūtu(m)*
ÚŠ.MEŠ → *mūtānū*
^{d}UTU → *Šamaš*
^{d}UTU.È → *ṣīt šamši*
^{d}UTU.ŠÚ.A → *ereb šamši*
^{dug}ÚTUL → *diqāru(m)*
ÙZ → *enzu(m)*
UZU → *šīru(m)*
UZU.DIR → *kamūnu* II

ZABAR → *siparru(m)*
ZAG → *imittu(m)*
ZAG.DU$_8$ → *sippu(m)*
ZAG.GAR.RA → *aširtu(m)* I
ZAG.MU → *zagmukku(m)*, *zammukku*
ZÁḪ → *ḫalāqu(m)*
ZÁḪ → *nābutu(m)* II
ZÁLAG → *nawāru(m)*, *namāru*
ZÁLAG → *nūru(m)*
ZI → *nasāḫu(m)* I
ZI → *tebû(m)*
ZI → *tību(m)*
ZI → *tibûtu(m)*, *tebûtu(m)*
ZI.GA → *ṣītu(m)* I
ZI.GA → *tebû(m)*
ZI.GA → *tību(m)*
ZI.KU$_5$.RU.DA → *zikurrudû*, *zikurudû*
ZÌ.MA.AD.GÁ → *maṣḫatu(m)*
^{iti}ZÍZ → *Šabāṭu* I
ZU → *edû(m)* III, *idû(m)*

15 → *imittu(m)*
150 → *šumēlu(m)*
XX → *Šamaš*
XXX → *Sîn*
^{d}XXX → *Sîn*
^{d}LX → *Ea*

Akkadische Wörter

abālu(m) I, trocknen, austrocknen: G: **28**, Vs. 3 (*ib-b[a-lu]*); **39**, Vs. 5' (*i-bal*).11' (*i-ib-bal-ma*)

abu(m) I, Vater: **6**, iv 21' (A[D.A.NI]); **35**, Rs. 9 (AD).14 (A.BA); **39**, Rs. 4' (AD-*šú*).7' (*a-ba-šu*)

Abu(m) II, der 5. Monat des babylonischen Kalenders: **10**, Vs. [19']; **14**, i 20' (^{iti}NE)

abūb šadî, 'Gebirgsflut', eine Krankheit (?): **22**, Vs. 20-21 (jeweils A.MA.RU KUR-*i*)

abullu(m), Stadttor (Schreibung KÁ.GAL): **13**, Rs. 14; **21**, Vs. 1-3.6; **43**, Vs. 4'

abunnatu(m), Nabel: **54**, ii 23' (LI.DU[R).24' (LI.D[UR)

adāru(m), sich ängstigen: G: **11**, Vs. 3 (*i-˹ta˺-dar*); **14**, ii 8 (*i-ta-˹dar˺*)
  D: **1-2**, Vs. 9' (*ud-du-ru*)
  Dt: **9**, ii 10' (˹*ú-ta-dar*)
  N: **16-17**, Vs. 21 (KA×MI)

Addaru, *Adaru*, der 12. Monat des babylonischen Kalenders: **9**, i [3'] (^{iti}ŠE)

adi, bis, solange (Schreibung EN): **7**, Vs. 5'; **13**, Vs. 6; **16-17**, Rs. 12'.20'.54'; **35**, Rs. [10]

adirtu(m), Befürchtung: **9**, ii 9' (*a-d[i-ra-tu-šú*); **11**, Vs. 2 (*a*]-*di-ra-tu-šú*); **14**, ii 7 (*a-di-ra-tu-šú*); **65**, ii 4' (*a-di-ra-t*[*u-šu*)

aganutillû, Wassersucht: **5**, iii 14' (*a-ga-nu-ti-<la>*)

agappu(m), Flügel: **16-17**, Rs. 60' (*a-gap-pi*)

agurru(m), gebrannter Lehmziegel, Backstein: **38**, 1. Seite 11' (SIG$_4$.AL.ÙR.RA).15' (SIG$_4$].AL.ÙR.RA)

aḫāmiš, einander; gegenseitig: **21**, Rs. 70 (*a-ḫa-meš*)

aḫātu(m) I, Schwester: **35**, Rs. 6 (NIN.A].NI).[7].9 (NIN.A.NI)

aḫītu(m), Seite: **21**, Vs. 25 (*a-ḫe-e-ti*$^{!}$)

aḫu(m) I, Bruder: **14**, iii 16' (ŠEŠ.MEŠ).18' (ŠEŠ-*šú*); **21**, Vs. 10 (ŠEŠ ŠEŠ).37 (*a-ḫu a-ḫa*).59 (ŠEŠ ŠEŠ-*šú*).81 (ŠEŠ ŠEŠ).Rs. 66 (ŠEŠ ŠEŠ); **35**, Rs. 11 (ŠEŠ.A.NI).13 (˹ŠEŠ˺-*šú*).15 (ŠEŠ-*šú*)

ajjalu(m) I, Hirsch: **55**, ii [8]

Ajjaru(m) II, *Ajaru(m)* II, der 2. Monat des babylonischen Kalenders: **10**, Vs. [11'.16']; **14**, i [13'].17' (^{iti}GU$_4$)

aḫû(m) I, fremd, ungewöhnlich: **21**, Vs. 87 (*a-ḫe-e*)

ajjumma, wer auch immer; irgendeiner; jemand: **9**, v 34' (*a-[a-um-m]a*); **12**, Rs. [16]

akalu(m), *aklu(m)*, Brot: **5**, ii 18' (NINDA); **9**, i 15' (NINDA); **16-17**, Vs. 41-42 und 48 (NINDA)

akālu(m), essen, fressen, verzehren; wüten: G: **9**, i 15' (G[U]$_7$).iii 22' (GU$_7$).<v 15> (GU$_7$).vi 19' (˹GU$_7$˺); **11**, Vs. 18 (*i*]*k-kal*).57-58 (jeweils GU$_7$).Rs. 24 (GU$_7$); **12**, Vs. [16']; **13**, Vs. 3 ([GU]$_7$).11 (*i-kal*).16 und 22 (jeweils GU$_7$); **14**, iii 18' (GU$_7$/GU$_7$.MEŠ).20' (GU$_7$); **16-17**, Vs. 11 und 15 (jeweils GU$_7$).Rs. 24' (GU$_7$-*ma*); **18**, ii 2 (GU$_7$); **20**, Rs. 13 (*i-kul*); **21**, Vs. 32 (*i-ka-lu*); **22**, Rs. 32 (*i-*[*kul*); **24**, 8' (GU$_7$).9 (*i-kul*); **59**, Vs. 9' (GU$_7$); **65**, ii 2' (G]U$_7$-*šú*)

Gt: **14**, iii 16' (*i-tak-ka-lu*)

N: **9**, iv 35 (GU$_7$)

alaktu(*m*), Weg; Zugang: **9**, v [31'].v 33' (*a-*ʳ*lak*ʾ-[*ta*); **12**, Vs. 29' (*a-lak-ta*).Rs. 10 (*a-lak-*[).13 (*a-la*]*k-ti*).[15]; **21**, Vs. 3 (A.RÁ.MEŠ).24 (A.RÁ-*ú*).Rs. [59]

alāku(*m*), gehen: G: **9**, iii [14'].v 13 (DU-[*a*]*k*).[32']; **11**, Rs. 16 (DU-*ak*); **13**, Rs. 42 (DU-*a*[*k*); **16-17**, Vs. 37 (DU-*ak*).Rs. 17'-18' (jeweils DU-*šú*).21' (DU-*ku-ma*/DU-*ma*).53' (DU-*ku-ma*).54' (DU-*ak*); **18**, ii 5 (DU); **21**, Vs. 11 (DU-*kam*).21 (*il*!*-la-ku*).22 (DU-*ak*).63 (DU-*ku*).80.83 (jeweils DU-*ak*).Rs. 39 (DU.MEŠ); **22**, Vs. 3 (D[U!-*ak*).22 (DU-[*ak*).Rs. 17 (DU-*ak*); **28**, Vs. 4 (D[U-*ka*).9 (D[U).Rs. 9' (DU-*ka*); **30**, i 3 (DU-[*ak*). ii 4 (*ina*! DU!-*šú*); **32**, Vs. 11'-13' (jeweils DU-*ak*); **33**, l. Kol. 3' (ʳDUʾ-*ak*); **35**, Vs. 5' (D]U).9' (DU).10' (DU-*ik*).11'.13' (jeweils DU).16' (D]U).18' (DU).21' (D]U).Rs. 2.5-7 (jeweils DU).11 (DU/DU-*ku*).13 (DU)

Gtn: **9**, vi 20' (DU.DU); **11**, Vs. 40.46 (jeweils DU.DU-*ak*); **12**, Vs. [13'].Rs. 14 (DU-[*ak*); **13**, Vs. 12 (DU-*ku*); **14**, ii [19]; **16-17**, Vs. 50.59.Rs. 6' (jeweils DU.DU-*ak*).13'-14' (jeweils DU.DU); **18**, v 12' (DU.DU); **21**, Vs. 89 (DU.D]U-*ku*).Rs. 5 (DU.MEŠ); **32**, Vs. [5']; **35**, Vs. 26' (DU.D[U).Rs. [5]

alālu(*m*) II, aufhängen: G: **9**, v 33 (*i-lu-lam-*ʳ*ma*ʾ); **12**, Rs. 15 (*i-lu-l*[*am-ma*)

almānūtu, Witwenschaft: **6**, iv 9' (*al-ma-nu-ta*$_5$); **21**, Vs. 22.83 (*al-ma-nu-ta*$_5$); **22**, Vs. 3 (*al-ma-nu-ta*$_5$)

alpu(*m*) I, Rind: **6**, iv 2' (G[U$_4$).[3'.7'].28'-30' (jeweils G]U$_4$).31' (GU]$_4$).v 9' (GU$_4$); **7**, Rs. 5.6 (jeweils GU$_4$); **10**, Vs. 7' (ʳGU$_4$ʾ); **38**, 1.Seite 14' (ʳGU$_4$ʾ); **47**, Rs. 5' (GU$_4$); **55**, ii 16 (GU$_4$)

ālu(*m*) I, Stadt: **6**, iv 16' (URU); **11**, Rs. 43 (U[RU); **13**, Vs. 17 (ʳURUʾ).38 (URU).Rs. 12-13 (URU/URU BI).14-15 (jeweils URU).16 und 19 (URU/URU BI); **20**, Vs. 3' (U]RU/URU BI).6' (UR[U); **21**, Vs. 2 und 4-6 (jeweils URU).7 (URU/URU BI).11 (URU).12 (URU/URU BI).13-15 (jeweils URU BI).25 (URU BI).26 (URU/URU BI).27 (URU BI).Rs. 70 (URU/URU *šu-a-tu*$_4$).71 (URU/URU BI).83 (URU); **22**, Rs. 16 (URU-*šu*); **24**, 3'-4' (jeweils URU); **27**, 9' (URU); **28**, Vs. 1-2 und 5-6 (jeweils URU).7 (URU BI).8 (URU).10-11 (jeweils URU BI).12 und 15 (jeweils URU).Rs. 2' (URU/URU B[I).4'-5' (URU/URU BI).9'-10' und 14' (URU); **30**, ii 5 (URU ʳBIʾ).6 (URU/URU [BI); **33**, l. Kol. 8' (URU-*šú*); **37**, Rs. 11 (URU).12 (UR]U/URU); **43**, Vs. 3' (URU B[I).4' (URU); **63**, Vs. 11 (URU-*ia*$_5$); **64**, Seite B 6'-7' (jeweils URU)

ālu(*m*) II, Widder: **47**, Rs. 2' (*a-lim*)

alû II, ein Dämon: **32**, Vs. [6']

amāru(*m*), sehen, anschauen; erfahren: G: 1. Schreibung IGI: **7**, Vs. 12'.13'; **8**, Vs. [5-7]; **9**, i 1'.[3'].ii 8'.11'.iii 8'; **10**, Vs. [12'].14'.[18'.24']; **11**, Vs. [1].4; **13**, Vs. 7.Rs. 39; **14**, i [13'].16'.ii 9; **16-17**, Vs. [31].54.Rs. 25'; **18**, ii 13.v 10'-11'; **22**, Vs. [26-27]; **28**, Vs. 13; **35**, Rs. 2

2. Schreibung IGI-*ma*: **9**, [i 4'.6'].ii 9'.10'.[13'].vi 16'.17'; **11**, Vs. 2.3.5; **13**, Rs. 40; **14**, ii 7-8; **15**, i 1'; **16-17**, Rs. 12'; **21**, Rs. 67; **39**, Vs. 3'

3. Schreibung IGI-*mar*: **6**, iv 6'.9'.11'; **9**, iii 10'.22'.vi 14'; **11**, Vs. 14.65.Rs. 24; **13**, Vs. 23.Rs. [19.43]; **16-17**, Vs. 9-10.12-13.Rs. 28'-29'.[39']; **19**, Rs. 5; **21**, Rs. 19; **22**, Vs. [34].Rs. [2.25]; **50**, i 3'; **62**, l. Kol. 6'-7'

4. Schreibung IGI.DU$_8$: G: **14**, i [13'].19'-22'.23'; **16-17**, Rs. 17'-18'.19' (IGI.DU$_8$-*šu-nu-ma*).20'

5. Schreibung IGI.MEŠ: G: **14**, ii 13; **22**, Vs. [36]

6. sonst: **9**, iv 11 (IGI.MEŠ-*šú*); **11**, Vs. 27 (I[GI.MEŠ-*šú*).29 (IGI.MEŠ-*šú*).36 (IGI.MEŠ-*šú-nu-ti-ma*).Rs. 41 (IGI.MEŠ-ʳ*šú*ʾ); **21**, Rs. 10 (*i-*ʳ*mur*ʾ)

N: 1. Schreibung IGI: **5**, iii 4'; **6**, v 8'-10'.13'; **8**, Vs. 1; **9**, iii [12'-14'].v 11; **10**, Vs. [4']; **11**, Vs. 30.Rs. 10.12. [15-16].18; **12**, Vs. 11'; **13**, Vs. 15.Rs. 17.19-21.24; **14**, iii 18'; **18**, v 13'-14'.16'; **21**, Rs. [11]; **22**, Vs. 26-28.29-30.Rs. 18.[30]; **28**, Vs. 9.11.15.Rs. 4'; **39**, Vs. 6'-8'.11'-15'; **41**, Rs. 7'.8'

2. Schreibung IGI-*ir*: **6**, v 2'; **9**, iii 16'; **12**, Rs. 10; **13**, Vs. 44-45; **14**, iii 12' (IGI-*ir-ma*); **39**, Vs. 4'; **43**, Vs. 3. Schreibung IGI-*mar*: **58**, Vs. 3'.4'

4. Schreibung IGI.DU$_8$: **5**, ii 2'.5'.11'.iii 16'-19'; **8**, Vs. 2; **16-17**, Vs. 56.64; **18**, v 8'; **21**, Vs. 28; **39**, Vs. 10'

5. Schreibung IGI.MEŠ: N: **13**, Rs. 42; **21**, Vs. 23-24.26.29.41.43-44.52.58.62.63.64.65-75.85.87-88. Rs. 6-9.12-13.15-22.24-27.41.58.62-66.77.82

6. sonst: **13**, Vs. 5 (IGI.MEŠ-*ma*); **21**, Vs. 21 (*in-nam-ru-ma*).Rs. 1.78 (jeweils *in-nam-ru*)

Ntn: **11**, Vs. 28 (IGI.[MEŠ-*ma*); **13**, Rs. 11 (IGI.MEŠ); **21**, Vs. 25 (*it-tan-ma-ru*).27 ([I]GI.IGI.MEŠ).31 (*it-ta*]*-an-ma-ru*).42.56 (jeweils *it-tan-ma-ru*).60 (*it-*[*tan-mar*); **39**, Vs. 5' (*it-ta-an-mar*)

āmeru, Beobachter: **16-17**, Rs. 53' (*a-mi-ru*)

amtu(*m*), Sklavin: **14**, ii 14 (GÉME); **16-17**, Vs. 38.52 (GÉME)

amūtu(*m*), Omen: **47**, Vs. 3'.9' (GÉME)

ana, nach, zu: *passim*

andullu(*m*), Schutz: **13**, Vs. 3 (AN.DUL$_7$)

annû, dieser: **37**, Rs. 8 (*an-na-a*)

aplu(*m*) I, Erbsohn (Schreibung IBILA): **7**, Rs. 8; **9**, v 15; **11**, Vs. 55; **12** ,Vs. 17'; **21**, Vs. 65; **33**, l. Kol. 6'; **46**, 11'

appāru(*m*), Röhricht (Schreibung AMBAR): **28**, Vs. 3-4; **39**, Vs. 5'.[6'].7'-16'

apsasû(*m*), Zebu (?): **47**, Rs. 13' (ÁB.ZA.ZA)

apsû(*m*), unterirdisches Süßwassermeer, Grundwasser: **37**, Vs. 5' (ʳ*ap*ʾ-[*si-i*)

aptu(*m*), Fenster: **9**, v 36'-39' (jeweils *ap-ti*); **5**, ii 15' (A[B); **22**, Vs. 24 (*ap-ti*).25 (ʳ*ap*ʾ-*ti*).[31-33]

Araḫsamna, *Araḫsamnu*, der 8. Monat des babylonischen Kalenders: **10**, Vs. [22']; **14**, i [23'] (itiAPIN)

arāku(*m*), lang sein bzw. werden: G: **13**, Rs. 4 (GÍD.DA.MEŠ), 34 (ʳGÍDʾ.D[A-*ik*); **14**, ii 1 (GÍD.DA.MEŠ), 2 (GÍD.DA.ME); **16-17**, Vs. 50 (GÍD.DA.MEŠ), Rs. 22' (GÍD.DA.MEŠ), 38' (GÍD.DA.[MEŠ); **18**, v 12' (GÍD.DA.MEŠ); **41**, Rs. 5' (GÍ[D.DA)

arbūtu(*m*), Verödung: **9**, v 13 (ʳKARʾ-*ta*$_5$).[32']; **12**, Vs. 13' (KAR-*t*[*a*$_5$).Rs. 14 (*ar-bu*]*-ta*$_5$).42 (*ar-bu-ta*$_5$); **16-17**, Vs. 37 (KAR-*ta*$_5$); **18**, ii 5 (ʳ*ár*ʾ-*bu-ta*$_5$); **21**, Vs. 80 (*ar-bu-ta*$_5$); **22**, Vs. 22 (*ár-*ʳ*bu*ʾ-*ta*$_5$).Rs. 17 (*ár-bu-ta*$_5$)

arḫiš, schnell: **10**, Vs. [4']; **22**, Vs. 35 (*ár-ḫiš*); **24**, 11' (*ár-ḫiš*); **39**, Rs. 7' (*ar-ḫi-iš*)

āribu, Krähe, Rabe: **30**, ii 2 (BURU$_5$.BU[RU$_4$^{mušen}).3 (BURU$_5$.BURU$_4$^{mušen}); **47**, Rs. 14' (UGA^{mušen})

arnu(*m*), Sünde, Schuld: **13**, Vs. 9 (*ár-ni*); **39**, Rs. 4' (*ar-nam*); **55**, ii 20 (*ár-ni*)

arrabu(*m*), Dachmaus: **19**, Rs. 7 (PÉŠ.GIŠ.ÙR)

aru(*m*) I, Zweig, Wedel: **29**, 3' (PA)

arû IV, (sich) erbrechen: G: **16-17**, Rs. 18' (*i-ʾa-ru-ma*)

askuppu(*m*), *askuppatu*, Türschwelle: **6**, v 4' (^{giš}KUN$_4$); **16-17**, Vs. 64 (KUN$_4$); **21**, Rs. 9.58.80 (jeweils KUN$_4$); **35**, Vs. [5'.7'-8']

asu(*m*) II, Bär: **47**, Rs. 18' (*a-su*)

asurrû(*m*), Abflußrohr: **5**, ii 15' (*a-sur-re*); **9**, iii 25'-27' (*a-sur-re-e*); **11**, Rs. 27 (*a-sur-re*]-*e*).28 (⸢*a*⸣-[*sur-re*]-*e*).28 (⸢*a*⸣-⸢*sur*⸣-*r*[*e-e*)

ašaredūtu(*m*), führende Position: **9**, iii [14'] (SAG.KAL-*ta*$_5$); **11**, Rs. 16 (*a-šá-ri*]-*du-ta*$_5$)

aširtu(*m*) I, Heiligtum: **3**, Vs. 9' (ZAG.GAR.RA)

ašru(*m*) III, Ort: **9**, i [16'].iv 10 (*a-šar*).22 (KI); **11**, Vs. 27-29. [30.31] (*a-šar*).41 (⸢*a*⸣-*šar*); **13**, Vs. 12 (KI); **14**, ii 13-14 (jeweils *a-ša*]*r*); **21**, Vs. 23 (KI-*šú*).29 (*a-šar*); **35**, Rs. 11 (*a-šar*); **58**, Vs. 11' (*a-šar*); **65**, ii 8' (KI-*šú*)

aššatu(*m*), Ehefrau: **7**, Rs. [12]; **9**, iv 13 (DAM LÚ).17 (DAM *u* DAM).v 8 (DAM NA).9 (DA]M ⸢LÚ⸣).12 (DAM LÚ); **10**, Vs. [2']; **11**, Vs. [19].25 (DAM *u* DAM).26 (DAM *u* DAM).49 (DA[M LÚ).Rs. 42 (DAM NA); **12**, Vs. 6' (⸢DAM⸣ NA).9' (DA]M NA).12' (DAM NA).Rs. 4 (⸢DAM⸣ *u* DAM); **14**, ii 25 (DAM *u* D]AM); **20**, Vs. 9' (⸢DAM⸣ ⸢É⸣).10' (DAM NA).Rs. 10 (DAM LÚ); **21**, Vs. [62].66 (DAM LÚ).82 (DAM É).Rs. 32 (⸢DAM⸣ *u* ⸢DAM⸣).60 (DAM É).63 (DAM LÚ); **22**, Vs. 4 (DA]M É).[37].Rs. 28 (DAM [*u* DAM); **24**, 10' (DAM LÚ); **35**, Rs. 7 (D]AM.A.NI).15 (DAM ŠEŠ-*šú*); **39**, Rs. 3' (DAM-*su*)

aššurû, assyrisch: **6**, vi 3' (*aš-šu-r*]*u-ú*); **13**, Rs. 47 (BAL.TIL-*u*)

awātum, *amātu* I, Wort, Äußerung; Gerücht; Prozeß, Nachricht (Belege für die Verbindung *bēl amāti* finden sich unter *bēlu*(*m*)): **7**, Vs. 2' (INIM-*šu*); **9**, ii [17'].iii 22' (INIM-*šú*); **11**, Vs. 9 (INIM-*šú*); **13**, Rs. 29 (INIM); **16-17**, Vs. 12 (INIM SIG$_5$).20 (INIM NU ZU).50 (INIM SIG$_5$-*tì*).Rs. 12' (INIM); **18**, ii 10 (INIM *ki-num*).11.13 (jeweils INIM ḪUL-*te*).v 6' (INIM S[IG$_5$).7' (INIM ⸢ḪUL⸣).12' (INIM SIG$_5$).13' (INIM); **21**, Vs. 9 (INIM KÚR).76 (INIM NÍG.SIG$_5$).82 (*a-wa-ti*).Rs. [35].76 (INIM); **55**, iii 8' (INIM ⸢ŠE⸣.⸢GA⸣)

awīlum, *amīlu*, *amēlu*, Mann (Belege für die Verbindung *bīt amēli* finden sich unter *bītu*(*m*)): 1. Schreibung LÚ: **1-2**, Vs. 4'.7'; **6**, iv [6'.7'].8'.9'-11'.[25']; **7**, Rs. [12]; **9**, i 6'.20'.ii 5'.6'.iv 13.20.21.v 9.11.12.vi 10'.21'; **10**, Vs. [1'.5'-7']; **11**, Vs. 1.7.42 (LÚ.MEŠ).43.[49].52.55. Rs. 4.20.35; **13**, Rs. 20; **14**, i [13'].17'-22'.23'.ii [1].2-4.6-8.10.26.iii 12'-13'.15'.18'.23'; **16-17**, Vs. 34; **20**, Vs. 11'-12'.Rs. 6.10; **21**, Vs. 36.62.66.Rs. 52.54.78; **24**, 9'-10'.12'; **31**, Vs. [1'].2'-3'.5'-8'.10'-14'.15'. 17'-19'.[20']; **33**, l. Kol. 6'.r. Kol. 3'-8'.[9']; **34**, Vs. 1'-2'.4'-5'.[6'-7']; **39**, Vs. 2'.Rs. 1'-3' (L]Ú$^?$). [6'-8'.10'-13']; **40**, iii 1'.2'.3'.4'; **57**, Vs. 1'-4'; **61**, Rs. 4'.5'; **62**, l. Kol. 8'; **65**, iii 3

2. Schreibung NA: **6**, iv 32'; **7**, Rs. [6].8; **9**, i [1'.3'.4'.6'].13'. ii [3'].7'-10'.12'.14'.15'-20'.iii [3'].5'.[18'].iv 3.13-16.[18.23].27.v 2.8.15.vi 12'.13'.14'-17'; **10**, Vs. [6'.7'.12'.16'-18'.24']; **11**, Vs. 1.2.3.5.6.8-13.15-17. [19].38.41.Rs. [7].42; **12**, Vs. 6'.9'.12'.17'.Rs. 10; **13**, Vs. 32.Rs. 5-8.7.[8].9-10.24.30-31.33-35.43; **14**, ii 10; **16-17**, Vs. 2.[3-7].8.[9-10].11-34.50.68-69.70. Rs. 2'-5'.9'.11'-21'.23'.25'.27'.29'.31'.33'.35'; **18**, ii 11.iii 12.13.v 12'; **20**, Vs. 10'.13'.Rs. 1.3-4.12; **21**, Vs. 65.Rs. 67; **22**, Vs. [34-35.38].Rs. 6.10.11.13.22.24. [28-30]; **23**, Vs. 5'-6'.7'.8'.10'-13'.16'; **30**, ii 4.15; **35**, Vs. [5'.9'-11'.13'.16'].18'.Rs. [5-7.9.11].13.15 .17; **38**, 1. Seite 15'; **41**, Rs. 10'; **50**, ii 3'.8'.10'; **52**, Vs. 1

3. *awīlum*, *amīlu*, *amēlu* in der Verbindung LÚ BI: **6**, iv [23']; **9**, v 11; **10**, Vs. [6'].12'.15'; **11**, Vs. 7.43.Rs. [12.15].35; **13**, Vs. 6; **14**, i [13'].14'.[15'].16'.17'.ii 6-7.9.20.22.23.iii 8'.9'.10'-11'; **15**, i [3']; **16-17**, Vs. 49; **21**, Rs. 53.74; **24**, 7'; **31**, Vs. 16'; **32**, Vs. 1'.2'-3'.5'.7'; **35**, Vs. 13'

4. *awīlum*, *amīlu*, *amēlu* in der Verbindung NA BI: **9**, ii 4'.9'.11'.[15'.17'].iii 7'.10'.13'.18'.iv 3.15.16.26.36. v 2.3-4.vi 14'.16'; **10**, Vs. [13'-15']; **11**, Vs. 4.5. [9.17.18].41.46.60.Rs. [9].20; **12**, Vs. 11'; **13**, Rs. 5.29.43; **15**, i 5'; **16-17**, Vs. 11-15.20.34-35.44.67.69-70 .71.Rs. 13'-14'.16'.18'.22'-23'.29'.34'.39'.56'; **18**, ii 13.v 18'; **20**, Vs. 14'; **21**, Vs. 30.Rs. 52; **22**, Vs. 34.38. Rs. 19.25.26; **23**, Vs. 5'; **25**, l. Kol. 2'; **30**, ii 15; **35**, Vs. 20'; **38**, 2. Seite 3'-4'.6'-7'.8'.9'.10'.12'-15'; **46**, 7'-8'; **55**, ii 10 (N]A$^?$ BI); **58**, Vs. 3'-4'.6'.9'-10'.11'; **60**, Vs. 5'-9'.10'-11'.12'-13'.16'.18'

awīlūtum, *amīlūtu*, *amēlūtu* Menschheit: **39**, Vs. 12' (NAM. LÚ.LU)

awirānu(*m*), *amirānu*, stehendes Gewässer: **39**, Vs. 10' (*a-wi-ra-an-šu*)

azû(*m*), seufzen: G: **5**, ii 10' (*i-ʾa-az-zu*)

bābtu(*m*) I, Stadtviertel: **5**, ii 16' (DAG$_4$.GI.A)

bābu(*m*) I, Tor (Schreibung KÁ): **5**, ii 4'.7'.13'; **7**, Vs. 1'; **8**, Vs. 4; **9**, iv 30-32.v 13.31'.[33'].35'; **11**, Vs. 62.66; **12**, Vs. 13'.Rs. 1-2.5.7.12.[15]; **13**, Vs. 10.39; **18**, ii 6; **20**, Vs. 9'.Rs. 2.10; **21**, Vs. 16.Rs. 36.39.46-47.60; **23**, Vs. 2'-4'; **27**, 7'.17'; **35**, Vs. [7']

bābu kamû, Außentor: **3**, Vs. 1' (K[Á.AN.AŠ.A.AN).2' (KÁ.A[N.AŠ.A.AN).4' (KÁ.AN.[AŠ.A.AN); **12**, Rs. 5.7 (jeweils KÁ *ka-me-e*); **21**, Rs. 6 (K[Á.AŠ].⸢A⸣.AN). 7-9 (jeweils KÁ.AŠ.A.AN).58 (⸢KÁ⸣.AŠ.A.AN).59 (KÁ.AN.AŠ.A.AN).80 (KÁ.AŠ.A.AN); **26**, Vs. 5 (KÁ *ka-mi*).6 (KÁ *k*[*a-mi*); **35**, Vs. [5'].8' (KÁ.AŠ.A].AN)

bakû(*m*), weinen, greinen: G: **22**, Rs. 3.14 (jeweils *ib-ki*).16 (*i-bak-ki*); **31**, Vs. 19' (*i-bak-ki*)

Gtn: **7**, Rs. 4 (*ib-ta-nak-ki*); **22**, Vs. 14-21 (jeweils ÉR.MEŠ)

balālu(*m*), vermischen: G: **21**, Rs. 80 (ḪE.ḪE-*ma*)

balāṣu, hervortreten: D: **32**, Vs. 2' (*bu-ul-lu-ṣ*]*a*)

balāṭu(*m*) II, leben, überleben: G: **9**, ii 21' (TI-*uṭ*).iv 24 (TI-⸢*uṭ*⸣); **10**, Vs. 2' (T]I.MEŠ); **11**, Vs. 12 (TI-*uṭ*).18 (TI).27 (TI-*uṭ*).29 (TI-[*u*]*ṭ*).38 (*ba-l*[*a*$^?$-*ṭ*]*i*); **13**, Vs. 6 (TI.LA); **14**, i 3.15' (jeweils TI-*uṭ*).ii 13 (<TI$^?$>-*uṭ*$^?$).iii 8'.12' (jeweils TI-*uṭ*); **15**, i 10' (⸢TI$^!$⸣-⸢*uṭ*⸣); **16-17**, Rs. 12'.20' (jeweils TI); **21**, Vs. 57 (⸢AL⸣.TI.[LA); **30**, ii [10]; **39**, Rs. 12' (TI-*uṭ*)

balṭu(*m*), lebend, gesund; Lebender: **5**, ii 11'-13' (jeweils TI.LA); **13**, Rs. 31.33 (jeweils TI)

barāqu(*m*), blitzen: G: **30**, ii 4 (*ib-riq*)

barārītu(*m*), erste Nachtwache: **6**, iv 23' (EN.NUN.AN.ÚSAN)

barbaru(*m*), Wolf: **6**, iv 15'-17' (UR.BAR.RA); **55**, ii [1].19 (UR.BAR.RA)

bārtu(*m*), Aufstand, Empörung: **6**, v 13' (ḪI.GAR)

barû(m) I, schauen; kollationieren: G: **6**, vi 1' (*ba-rì*); **11**, Rs. 43 (IGI.KÁR); **13**, Rs. 46 (*bà-rì*); **21**, Rs. 84 (BA.AN.È)

bašālu(m), kochen, verbrennen: G: **16-17**, Vs. 36.39-40 (jeweils *ib-šal*)

bāštu(m), Scham: **35**, Vs. 25' (*ba-áš-tu*)

bašû(m), vorhanden sein, erscheinen (sofern nicht anders angegeben, Schreibung GÁL-*ši*): G: **3**, Vs. 6'.7'.9' (*i[t-tab-ši*).10' (*it-tab-ši*).11' (⸢*it*⸣-⸢*tab*⸣-*š[i*); **5**, iii 11'-15'.20'-23' (jeweils GÁL.MEŠ); **6**, iv 2'.14'.[25']; **11**, Vs. 21.22; **13**, Vs. 19 (⸢GÁL⸣); **16-17**, Vs. 43 (GÁL-*ši-šu*).46.51.65-67.Rs. 54' (NU GÁL-*e*).60' (GÁL-*šú*); **18**, v 13'.15' (GÁL-[*ši*); **20**, Vs. [3'].Rs. 9 (GÁL); **21**, Vs. 10 (GÁL).11-15.17 (GÁL.MEŠ).18-19 (jeweils GÁL).33.35.37.76 (G[ÁL).77-78.81 (GÁL).Rs. 59-61 (jeweils GÁL.MEŠ).70 (GÁ[L-*ši*).74-75 (jeweils GÁL).76; **22**, Vs. [35]; **27**, 14' (GÁL-[*ši*).16'.17' (G]ÁL-*ši*); **28**, Rs. 13'; **39**, Rs. 9' (*i-ba-ši*); **61**, Rs. 1' (GÁL-⸢*ma*⸣).3'.5' (GÁL)

N: **13**, Rs. 15-16 (*it-tab-ši*); **16-17**, Vs. 55 (*it-tab-ši*); **21**, Vs. 1.3 (*it-tab-šu-ú*).30 (*it-*[*tab*]-*ši*)

bâʾu(m), entlanggehen, überziehen: G: **13**, Vs. 18 (*i-ba-ʾa*)

bēltu(m), Herrin: **6**, iv [19']; **7**, Rs. [7]; **14**, ii 14 (NIN É$^{!}$); **22**, Vs. 15 (NIN É).Rs. 16 (NIN ⸢É⸣)

bēlu(m), Herr: **5**, iii 10' (EN *mìn-du*); **6**, iv 15' (⸢EN⸣); **9**, v 16 (EN-*šú*).[34']; **12**, Rs. [16]; **13**, Rs. 27 (EN AŠ.TE); **16-17**, Rs. 6' (EN).44' (EN ^{giš}GU.ZA); **22**, Rs. 25 (⸢EN⸣ ⸢NÍG⸣.⸢GIG⸣-*šú*).Rs. 29 (EN KI.NÁ-*šú*); **30**, ii 7 (EN); **35**.Vs. 5' (EN SIL[A); **39**, Rs. 5' (EN-*šu*); **40**, i 3'.5' (EN TÙR)

bēl bīti, Herr des Hauses (Schreibung EN É): **1-2**, Vs. 11'; **5**, iii 7'.10'; **6**, iv 12'.18'.20'.[26']; **7**, Vs. 1'.Rs. 7; **8**, Vs. [7]; **9**, ii 13'.iii 6'.14'.19'.iv 18.27-29.v 6.32'; **11**, Vs. 5.[31-32].64.Rs. 8.[16].21; **12**, Vs. 4'; **13**, Vs. 25.[26].47.48; **14**, ii 14; **15**, i [1']; **16-17**, Vs. 58.65.Rs. 8'; **18**, ii 6; **21**, Vs. 28.44.52.55.58.62-63.67.74-75.77-81.83.88-89.Rs. 10.19.25.39-40.41.45.64.82; **22**, Vs. 15-16.32-33.Rs. 16; **30**, ii 11; **41**, Rs. 8'.10'

bēl amāti, Prozeßgegner (Schreibung EN INIM): **7**, Vs. 2'; **9**, ii [17'].iii 22'; **11**, Vs. 9.57.65.Rs. 3.24; **14**, ii 3.iii 20'; **15**, [i 6']; **16-17**, Vs. 5.7.Rs. 14'.28'.34'; **35**, Vs. 24'

bēl lemutti, Gegner, Feind (Schreibung EN ḪUL): **14**, iii 5'.6'; **41**, Rs. 8'

bêlu(m), beherrschen: G: **16-17**, Rs. 17' (EN-*el*); **22**, Vs. 13 (*i-be-*[*el*)

bennu, eine Form der Epilepsie: **35**, Vs. 11' (*be-en-nu*)

bêšu(m), sich entfernen, verschwinden: G: **11**, Vs. 51 (⸢*i*⸣-*be-eš*); **21**, Vs. 83 (*i-bi-iš-šu*)

biātum, *bâtu*, die Nacht verbringen: Š: **9**, i [10']

biblu(m), Flut: **27**, 5' (*bi*]-*ib-lu*$_4$); **28**, Rs. 6' (*bi-ib-lu*$_4$)

bikītu(m), Weinen, Beweinung: **3**, ii 13 (ÉR)

bīnu(m), Tamariske(nholz): **9**, i 8' (^{giš}ŠINIG)

bīri-, zwischen: **11**, Vs. 27 (*ana b*]*i-ri-šú-nu*).31 (*ana* ⸢*bi*⸣-*ri-šú-nu*).38 (*be-*⸢*ri*⸣-⸢*šu*⸣-*nu*$^{?!}$); **14**, ii 13 (*a-na bi-ri-šú-nu*).14 (*ana bi-ri-šú-nu*)

birītu(m) I, Zwischenraum, zwischen: **11**, Vs. 23.24 (*ana bi-rit*); **14**, ii 11-12 (*ana bi-rit*); **20**, Rs. 8.12 (*ina bi-rit*)

birku(m), Knie: **12**, Vs. 20' (*ana bir-*⸢*ki*⸣-[*šá*).21' (TA *bir-ki-šá*); **14**, iii 23' (*bi-ir-ka-šu*); **16-17**, Vs. 17 (*bir-ki*)

birṣu(m), Blitz: **30**, ii 4 (NIM.GÍR); **49**, Vs. 2 (NIM.GÍR)

bīru(m) IV, *bēru(m)* IV, Meile, Doppelstunde: **37**, Vs. 9' (1-DANNA)

bītu(m), Haus, Haushalt; Tempel (sofern nicht anders angegeben, Schreibung É; Belege für die Verbindung *bēl bīti* finden sich unter *bēlu(m)*): **1-2**, Vs. 13' (S]IG$_4$ ⸢É⸣); **5**, ii [2'].3' (⸢É⸣).4'.5' (⸢É⸣/ BI[R-*aḫ* É).6'.7' (⸢É⸣).11' (É/ BIR-*aḫ* ⸢É⸣).12'-14'.15' (A[B] É).iii 3' (É$^{?}$.MEŠ-*šú*).5'.6' (ZA]G É).7' (GÙ]B É).8' (MURUB]$_4$ É).9' (EGIR] É).10' (É].GAR$_8$ É); **6**, iv [19'].20' (B[IR-*aḫ* É).v 1' (⸢É⸣).3'-4' (jeweils *e-neš* ⸢É⸣).5'-6' (*e-neš* É).7' (⸢É⸣.MEŠ/*e-neš* ⸢É⸣).12' (⸢*na*⸣-*zaq* ⸢É⸣); **7**, Vs. 2' (DUR É).3' (ÍB É).Rs. 1.7 (⸢É⸣); **8**, Vs. [3].4 (⸢É⸣).5-6.7 (⸢É⸣); **9**, i 7' (⸢É⸣ ^{d}AMAR.UTU).iii 3'-4' (ŠUB É).v [36'].iv 39 (⸢É⸣$^{?}$-*su*).v 3 (MURUB$_4$ É).5 (É KI.NÁ *u* É KI.TUŠ).7 (MURUB$_4$ É).[8].14.16.33'-34' (⸢É⸣); **10**, Vs. 10'; **11**, Vs. 40 (ŠU[B]-*e* [É).44 (É.GAR$_8$).45 (É.GAR$_8$$^{!}$ É).51 (ŠUB-*e* É).63.66.Rs. 4 (⸢É⸣); **12**, Vs. 3' (É K]I.⸢NÁ⸣ *u* É KI.⸢TUŠ⸣).14' (*ana* É TA É).18' (É-*šú*).Rs. 1 (⸢ŠUB⸣-⸢*e*⸣ [É).[15].16 (⸢É⸣); **13**, Vs. 8 (É ⸢DINGIR⸣/É DINGIR$^{!}$).9 (É [DINGIR).10 (É ⸢DINGIR⸣/É DINGIR).11 (É DINGI]R).12 (É ⸢DINGIR⸣).13-14 (É DINGIR).31 (⸢É⸣).Rs. 1-3 (É DINGIR BI).11 (É DINGIR); **14**, ii 14.iii 2'-4'.12' (⸢É⸣$^{?}$); **16-17**, Vs. 16.55 (*e-neš* É).57 (ŠUB É).60 (ŠUB-*di* É).61-62.63 (ŠUB-*di* [É).Rs. 1' (⸢É⸣).26'.49' (É-*šú*).51'.59' (É/ŠUB É).61' (⸢É⸣/ŠUB É).62' (*ḫa-rab* É).63' (BIR É).64' (ŠUB É).66'; **18**, ii 8 (*e*$^{!}$-*peš* É).18 (⸢É⸣$^{?}$).iii 16.iv 4'-5'; **20**, Vs. 2' (⸢É⸣$^{?}$).9' (⸢É⸣).Rs. 10 (⸢É⸣); **21**, Vs. 15 (É DINGIR).16-20 (É DINGIR/É DINGIR BI).21.40 (⸢É⸣).41.45 (ŠUB-*e* É).54 (ŠUB [É).82.Rs. 6 (ŠUB É).8-9 (BIR É).12.14 (ŠUB-*e* É).[26].35-36.[48-49].50.[53].60.61.63.68 (É$^{!}$-*šú*).78 (É-*šú*); **22**, Rs. 16 (⸢É⸣).21 (*na-zaq* É).23 (*na-zaq* ⸢É⸣); **24**, 11' (É); **25**, l. Kol. 4' (É); **27**, 7'.9' (É.MEŠ).10' (É DINGIR).16' (⸢É⸣); **30**, ii 11 (É); **33**, l. Kol. 10'; **35**, Rs. 14 (É A.BA); **37**, Rs. 5 (É-⸢*šú*⸣); **39**, Rs. 5' (É EN-*šu*).8' (É-*šú*).11' (⸢É⸣$^{?}$ [KI.M]AḪ); **42**, Rs. [2'-4']; **47**, Vs. 4' (⸢É⸣); **54**, ii 17' (É-⸢*su*⸣)

in der Verbindung É BI: **1-2**, Vs. 8'-9'.10'; **3**, Vs. 3'; **5**, ii 14'.17'.iii 6'.8'.16'-20'.21'; **6**, v 2'.8'-10'.13'.14'; **7**, Vs. 1'.12'-14'.Rs. 3-4.10; **9**, ii 13'.iii 9'.14'.[15'].19'-20'.23'.29'.30'.iv 18.27.28.36.37.v 6.7.13-14.32'.34'; **10**, Vs. 2'.4'; **11**, Vs. 21 (É B]I).32.44.50 (⸢É⸣ BI).53-54.56.58.Rs. 2.8.[11.16].17.21-22.25.30-31.[32]; **12**, Vs. 4'.5'.7'.13'.15'.29'.Rs. 2.6.[14.16]; **13**, Vs. 1-4.16.21-26.44.45.47-48.Rs. 18.42; **14**, ii 19.21.28.iii 14'.16'-17'.22'; **16-17**, Vs. 23.37.39.45.47-48.54-56.58.64-66.Rs. 58'.60'; **18**, ii 2.5.14.17.iii 9.v 16'; **20**, Rs. 11.14.15; **21**, Vs. 28.31-32.43.44.50.52.55-56.58.63-64.66.68-75.77-81.83-87.89.Rs. 4-5.11.13.15.19.20.25.34.37-42.43.[44].45-51.59.64-65.74-75.77.82; **22**, Vs. [1].3.5.16.24-25.32-33.Rs. 1-5.7.14.17-18.21-24.31; **24**, 6'; **30**, ii [8].14.17-18; **41**, Rs. 5'.6'.9'; **43**, Vs. 5'; **54**, ii 22'

bīt amēli (Schreibung É LÚ): **1-2**, Vs. 8'.9'.[10']; **3**, Vs. 9'; **5**, ii 17'.18'-21'.iii 11'; **6**, iv 5'; **7**, Vs. 1'.4'.6'-9'.[10'].Rs. 2-4; **8**, Vs. [1-7]; **9**, iii [31'].v 11; **10**, Vs. [4']; **11**, Vs. 39-44.46-63.Rs. [7-11.15-17].18-28.30-32; **14**, ii 18.[19-20].iii 11'.14'.16'-17'.19'-22'; **20**, Rs. 9.10; **21**, Vs. 51.88.Rs. [1-3].4-22.24-39.40-44.[46-52.54-55].57.60.62-66.68.74-78.82; **22**, Rs. 20; **24**, 6'-11'; **26**, Vs. 1-4 *bīt amēli* (Schreibung É NA): **3**, Vs. 5'-8'; **5**, ii 2'.iii 2'.4'-10'; **6**, iv 18'-31'.v 2'-13'; **9**, ii 12'.iii 2'-9'.[12'-19']. 20'-26'.29'.30'.iv 28-29.31-32-35.38.v 3.7.12.[31']; **11**, Vs. 5; **12**, Vs. 5'.11'-12'.Rs. 11.13; **13**, Vs. 1-5.16.19-22. [23].41-43.[44-45].Rs. 17.37.40.42; **16-17**, Vs. 46.51-55. 57.60-67.Rs. 6'.26'.47'.57'.60'; **18**, ii 1-2.5-6.13-16.iv 6'.v 4'.8'.13'-14'.[15'].16'.17'; **19**, Rs. 7; **20**, Vs. 4'-9'. Rs. 11.13; **21**, Vs. 27-28.30.31.32.53-60.62-87.[89]. Rs. [2].7.9.12.26.[30.32.58]; **22**, Vs. [1.9-11].12-20. 23-25.26-33.Rs. [1-3].4.[7].14-20.21; **23**, Rs. 2'; **30**, ii 8-9.10-14; **42**, Rs. 6'; **44**, 2'-3'; **45**, Vs. 2'-3'; **47**, Vs. 5'

bulṭu(m), Leben: **10**, Vs. [13']; **14**, i [14']; **35**, Rs. 10 (T]I.LA-*šú*)

būlu(m), Vieh: **9**, vi 18' (*bu-lim*); **21**, Vs. 36 (*bu-lim*).Rs. 67 (*bu-*[*lim*)

buppānī-, auf das Gesicht von: **31**, Vs. 13' (*bu-up-pa-*[*ni-šú*)

burāšu(m), Wacholder: **9**, i 9' (^{šim}LI); **21**, Rs. 81 (^{šim}LI)

burrumu, bunt: **21**, Vs. 26-29.67 (GÙN.MEŠ).Rs. 1 (GÙN. MEŠ).68-69 (jeweils GÙN.GÙN)

būrtu(m), Brunnen: **9**, i [7']; **21**, Rs. 80 (PÚ); **24**, 4' (P]Ú); **38**, 1. Seite 11' (PÚ)

buṣīnum, *buṣinnu*, Docht: **20**, Rs. 5 (*bu-ṣi-ni nu-ú-ri*)

būšum I, *bušû*, Besitz: **9**, i 2' (NÍG.ŠU]-*ši-na*).14' (N]ÍG.ŠU-*šú*).[15'].v 8.12 (NÍG.ŠU-*šú*); **10**, Vs. [24']; **12**, Vs. 7' (NÍG.Š]U-⸢*šú*⸣).12' (NÍG.ŠU-*šú*); **16-17**, Rs. 17' (NÍG.⸢ŠU⸣).54' (⸢NÍG⸣.⸢ŠU⸣)

buʾʾuru, Fang: **9**, iii 4' (⸢*bu*⸣*-ú-ra*); **30**, ii 9 (*bu-ú-ra*)

dabābu(m) II, reden: G: **11**, Vs. 28.30 (*i-dab-bu-bu*); **13**, Vs. 7 (DUG$_4$-*ub*); **35**, Vs. 20' (⸢*i*⸣*-dab-bu-bu*)

dâku(m), töten: G: **9**, i [6'.11'].ii 9' (GAZ-*šú*).iii 18' (GAZ).21' (GAZ).v 6 (G]AZ-*šú*).15 (GAZ-*ma*).vi 16' (GAZ.MEŠ-*šú-nu-ti*).17' (GAZ-*ma*); **11**, Vs. 2 (GAZ-*šú*).24 (⸢GAZ⸣-*šú*).57 (GAZ-*ma*).59 (GAZ-[*š*]*ú*).60 (GA[Z-*šú*/⸢GAZ⸣-⸢*šú*⸣).61 (G[AZ]-*šú*).62 (GAZ]-*šú*).63 (GAZ-*ma*).Rs. 20.23 (GAZ); **12**, Vs. 4' (G]AZ-*šú*).24' (GAZ-*šú*); **13**, Vs. 3 (GAZ-*ma*).5 (GAZ-*šú-nu-ti*).22 (GAZ-*ma*); **14**, ii 7.12 (GAZ-*šú*).iii 5' (GAZ-*šú*).6 (GAZ-*šu*).14' (GAZ).18' (GAZ-*ma*).19' (GAZ).21' (GAZ-*šú*).iv 1' (GAZ]-⸢*ma*⸣).2' (G]AZ-*ma*).3'-22' (GAZ-*ma*).23' (⸢GAZ⸣-[*ma*); **16-17**, Rs. 20' (GAZ.MEŠ-*šú-nu-ti*).58' (GAZ-*šú-nu-ti*); **18**, v 10' (GAZ$^!$-*ma*).11' (GAZ-*ma*); **19**, Rs. 7 (GAZ); **21**, Vs. 10 (*i-duk-ku*).29 (GAZ.ME-*ma*).33-35 (*i-duk-ku*).36 (*i-duk-ku-ma*).37 (*i-da-ak*).46 (*i-da-a*[*k*).52 (*i-duk-ku-šu-ma*).59 (GAZ).76-81 (*i-duk-ku*).Rs. 1 (*i-duk-ku*).66 (G[AZ$^?$).70 (*i-duk-ku*); **22**, Rs. 7 (GAZ); **38**, 1. Seite 9' (GAZ-*šú-ma*).15'-16' (GAZ); **62**, l. Kol. 4' (⸢GAZ⸣).5'.8' (GAZ); **65**, ii 4' (⸢GAZ⸣-*š*[*ú*).5' (GAZ-*šú*-⸢*ma*⸣)

Gtn: **9**, iii 9' (⸢*id*⸣*-da-na-ak*); **11**, Rs. [11]

N: **13**, Rs. 29 (GAZ)

dalāḫu(m), aufstören: D: **11**, Vs. 33 (*ú-dal*("ḪU")*-liḫ-ši-na-ti*); **14**, ii 15 (*ú-dal-li-iḫ-ši-na-tì*)

dalālu(m) II, lopreisen: G: **37**, Vs. 11' (*luá-lul*)

dalāpu(m), aufstören, schlaflos sein: Gtn: **39**, Vs. 10' (*id-da-na-lip-ma*)

dalīlu(m) I, Lobpreis: **37**, Vs. 11' (*dà*-⸢*lí*⸣-⸢*lí*⸣*-ku-nu*)

daltu(m), Tür: **11**, Vs. 56 ([^{giš}]IG)

dâlu(m), umherlaufen, umherwandern: G: **16-17**, Vs. 69 (*i-du-ul*); **18**, ii 2 (*i-du-la*)

damāmu(m), jammern: G: **9**, iii 7' (⸢*i*⸣*-dam-mu-um*); **11**, Rs. [9]; **14**, iii 22' (*i-dam-mu-um*); **22**, Rs. 20 (*i-dam-*[*m*]*u-um*)

damāqu(m), gut, günstig sein bzw. werden; gutgehen: G: **9**, i 5' (SIG$_5$).ii 11' (SIG]$_5$-*iq*).iv 30 (SIG$_5$); **10**, Vs. 14' (SI]G$_5$); **11**, Vs. 4 (SIG$_5$-*iq*); **14**, i [15']; **59**, Rs. 13' (SIG$_5$).14' (S]IG$_5$)

damiqtu(m), Gutes, Glück: **9**, ii [15'.18']; **11**, Vs. 7 (*ana* SIG$_5$-*tì*).14 (MUNUS.SI]G$_5$); **13**, Vs. 24 (*ana* SIG$_5$-*ti*); **15**, i [3'].7' (SI]G$_5$.GA); **35**, Vs. 22' (MUNUS.SIG$_5$-*tì*)

damqu(m), gut: **13**, Rs. 7 (SIG$_5$); **16-17**, Vs. 12 (SIG$_5$).50 (SIG$_5$-*tì*); **18**, v 6' (S[IG$_5$).10' und 12' (jeweils SIG$_5$), **21**, Vs. 76 (NÍG.SIG$_5$); **22**, Vs. 30 (S]IG$_5$-[*tì*).Rs. [1]

danānu(m) I, Stärke, Gewalt: **11**, Rs. 49 (*da*[*n-n*]*a-ni*)

dannatu(m), Not, Elend, Bedrängnis: **1-2**, Vs. 10' (*dan-n*[*a-tu*); **6**, iv 2' (BA]D[$_4$).[26']; **7**, Rs. [3]; **9**, ii [17'].v 32' (⸢MUNUS⸣.KALA.GA).vi 11' (BAD$_4$).14' (BAD$_4$); **10**, Vs. 15' (MUNUS.KALA.GA); **11**, Vs. 9 (BAD$_4$); **13**, Rs. 31 (MUNUS.KALA.GA); **14**, iii 10' (MUNUS. KALA.GA); **15**, i 5' (MUNUS.KALA.GA); **16-17**, Vs. 10 (KALA.GA-*su*).Rs. 13'.56' (MUNUS.KALA.GA); **21**, Vs. 58 (BA[D$_4$).60 (BAD4).Rs. 19 (*dan-na-tas*$_5$). [60]; **22**, Vs. 26 (BAD$_4$).Rs. 13 (⸢BAD$_4$⸣); **28**, Vs. 13 (*dan-na-tas*$_5$); **49**, Vs. 7 (MUNUS.KALA.GA); **55**, iii 3' (MUNUS.KA]LA.GA)

dannu(m) I, schwer, stark, heftig: **10**, Vs. 16' (KALA.GA); **11**, Vs. 36 (*dan-nu*); **13**, Vs. 18 (*dan-nu*); **14**, ii 16 (*dan-nu*); **16-17**, Rs. 17' (KALA.GA); **41**, Rs. 3' (*dan-*[*nu*); **47**, Rs. 6' (*dan-nu*)

dannūtu(m), Stärke: **12**, Rs. 13 (*dan-nu-t*[*ú*)

dīnu(m), Rechtsstreit, Gerichtsverfahren: **9**, ii 5' (⸢*di*⸣*-na*).6' (*di-n*[*a*); **13**, Rs. 39 (*di-nu*); **14**, ii 1 (*di-na*]/DI BI).2 (*di-na*/DI BI).3-4 (DI); **16-17**, Vs. 8 (*di-ni-šu*).34 (*di-ni*/*di-ni-šú*).Rs. 15' (⸢*di*⸣-⸢*nim*⸣)

dipāru(m), Fackel: **16-17**, Vs. 37 (IZI.GAR)

diqāru(m), Topf: **16-17**, Vs. 46 (^{dug}ÚTUL)

dullu(m), Mühsal, Elend: **9**, iii 7' (*du*]*l-la*); **10**, Vs. 6' (*dul-l*[*um*); **11**, Rs. 9 (*dul-l*]*a*); **14**, iii 11' (NU *dul-lu*).22' (*dul-la*)

dumqu(m), Gutes, Wohltat: **9**, ii 11' (SIG$_5$); **11**, Vs. 4 (⸢SIG$_5$⸣); **14**, ii 9 (SIG$_5$); **22**, Vs. 27 (SIG$_5$), 32 (SI[G$_5$), 34-35 (jeweils SIG$_5$); **35**, Vs. 26' (SIG$_5$-*šú*); **39**, Rs. 9' (*du-muq*)

dūtu(m), Zeugungskraft, Männlichkeit: **9**, iii 18' (*d*[*u*]*-u*[*s-su*); **11**, Rs. 20 (*du-us-su*); **52**, Vs. 2 (*du-us-*[*su*)

Duʾūzu, der 4. Monat des babylonischen Kalenders: **10**, Vs. [18'] **14**, i 19' (^{iti}ŠU)

ebēru(m) I, überschreiten: G: **37**, Vs. [8']

edakku(m), Seitenflügel: **3**, Vs. 10' (É.DA.ḪÁ)

edēru(m), umfassen, umarmen: N: **16-17**, Rs. 25' (GÚ. DA.RI-*ma*)

edû(m) III, *idû(m)*, wissen, kennen: G: **13**, Rs. 19 (ZU-*šú*).28 (ZU); **16-17**, Vs. 20.Rs. 15'-16' (jeweils NU ZU).21' (*me-di-šu*); **21**, Rs. 76 (ZU-*ú*); **28**, Rs. 8' (ZU-*šu*); **47**, Rs. 8' (*ša* NU ZU); **55**, ii 14 (NU ZU$^?$); **55**, ii 21-22 (jeweils ZU)

Š: **10**, Vs. [14']; **14**, i [15']

eʾēlu(m), (an)binden: Št (Hände) verschränken, falten: **31**, Vs. [15'.17']

egerrû, Leumund: **13**, Rs. 7 (INIM.GAR SIG$_5$); **16-17**, Vs. 30 (INIM.[GAR SIG$_5$)

egēru(m), sich quer legen: G: **6**, v 12' (⸢*i*⸣*-gi*[*r*]); **13**, Rs. 30 (*i-gi-ir*); **14**, iii 13' (*i-gir*); **58**, Vs. 2' (*i-gi-ir*)

Gt: **13**, Vs. 17 (*it-gu-ru-ma*); **38**, 1. Seite 7' (*it-gu-ru-m*[*a*) *ekallu(m)*, Palast: **9**, iii 20' (É.GA[L), iv 37 (⸢É⸣.[GA]L); **11**, Rs. 22 (É.GAL); **13**, Vs. 8 und Rs. 25-26 (jeweils É.GAL); **14**, iii 14' (É.GAL); **21**, Vs. 44 (É.GAL), Rs. [25]; **22**, Vs. 22 (É.GAL); **27**, 10' und 13' (jeweils É.GAL); **41**, Rs. 6' (É.GAL)

ekēmu(m), wegnehmen: G: **11**, Rs. 49 (*e-kim-[mu*)

ekletu(m), Dunkelheit: **9**, i 3' (*e]k-let*)

elēnu(m), oben, oberhalb: **9**, ii 12' (AN.TA-*nu*).iv 23 (AN.TA-*nu*).38 (AN.[TA-*nu*)

eleppu(m), Schiff: **21**, Rs. 80 (^{giš}MÁ); **35**, Vs. 13' (^{giš}MÁ), siehe auch Vs. 14; **36**, Vs. 4' (^{giš}MÁ)

eli, auf, über: **16-17**, Vs. 5 (UGU).Rs. 14'.37' (jeweils UGU); **18**, v 5' (UGU); **20**, Vs. 13' (⸢UGU⸣); **21**, Vs. 21 (*e-li-šú-nu*).57 (*ana* UGU$^!$).Rs. 79 (UGU); **27**, 6' (*ina* UGU); **35**, Vs. 24' (UGU); **39**, Rs. 9' (UGU-*šú*); **55**, ii 23 (UGU).iii 7' (UG[U]$^!$-*šú*)

elītu(m) I, Oberseite: **35**, Vs. 19' (AN.TA-*tu*$_4$)

ellu(m) I, rein: **13**, Vs. 10 (KÙ)

elû(m) II, oben, oberer, Oberseite: **1-2**, Vs. 5' (UGU-*šu*); **16-17**, Rs. 13' (AN.TA$^!$); **21**, Rs. 8 (AN.TA); **26**, Vs. 7 (AN.T[A); **28**, Vs. 3 (AN.TA-*ma*); **38**, 2. Seite 11' (AN.TA)

elû(m) IV, aufsteigen, hochschlängeln, hochkriechen, klettern: G: **9**, v 4 (*i-li*).14 (E$_{11}$); **11**, Vs. 44-45 (jeweils E$_{11}$); **12**, Vs. 14' (E$_{11}$-x).16' (E$_{11}$-*ma*); **14**, ii 21 (E$_{11}$.MEŠ); **16-17**, Vs. 13.22 (jeweils E$_{11}$).24.27 (jeweils E$_{11}$-*ma*).30 (E$_{11}$).31.69 (jeweils E$_{11}$-*ma*).71 (⸢E$_{11}$⸣).Rs. 4' (E$_{11}$); **18**, v 6' (*e-⸢li⸣*).7' (*e-li*); **20**, Vs. 13' (*i-li*); **21**, Vs. 8 (*i-lu-ú*).54 (*e-lu-nim-ma*).Rs. 34.37 (*i*]*l-lu-ú*); **22**, Vs. 34 (E$_1$]$_1$).Rs. 28 (E]$_{11}$); **39**, Vs. 14' (*e-li-a-am-ma*)

Gt: **21**, Vs. 20 (*i-te-lu-ni*); **37**, Vs. 10' (*l*]*i-tel-li*)

Elūnu(m), *Elūlu(m)*, *Ulūlu*, der 6. Monat des babylonischen Kalenders: **10**, Vs. [20']; **14**, i 21' (^{iti}KIN); **37**, Rs. 8 (^{iti}KIN)

emā, wo immer: **9**, iv 20 (*e-ma*)

emēdu(m), anlehnen: G: **5**, iii 5' (*e-⸢mi⸣-⸢id⸣*).9' (*e-mi-id*); **64**, Seite A 6' (*e-mi-i[d*)

N: **55**, iii 7' (*in-né-mid*)

emēqu(m) I, weise sein: Št, anflehen: **14**, ii 3.iii 5' (*uš-te-me-eq-šú*)

emētu(m), Schwiegermutter: **35**, Rs. 5 (*e-me*]-⸢*ti*⸣-*šú*)

enēšu(m), schwach sein bzw. werden; verfallen: G: **6**, v 3'-7' (jeweils *e-neš* É); **16-17**, Vs. 55 (*e-neš* É); **39**, Rs. 7' (*in-ni-i[š*$^?$])

enūma, als, wenn: **15**, ii 3' (*e-nu-[ma*)

enzu(m), Ziege: **41**, Rs. 4' (ÙZ)

epēšu(m), machen, tun, durchführen, bauen: G: **4**, 3'-4' (jeweils DÙ-*uš*); **5**, iii 10' (DÙ-*uš*); **9**, iii 3'-4' (jeweils DÙ-*uš*); **13**, Rs. 16 (DÙ-*uš*); **16-17**, Vs. 16 (DÙ-*uš*); **18**, ii 8 (*e*$^!$-*peš* É); **21**, Vs. 10 (*ip-pu-šu*).37 (DÙ-*ma*).59 (DÙ.MEŠ-*ma*).82 (*ip-pu-šu*).Rs. 5 (*i-pu-šu*); **22**, Vs. [11]; **30**, ii 9 (DÙ-*u[š*); **35**, Vs. [7']

N: **37**, Rs. 10 (*in-né-p[u-uš*)

epinnu(m), Pflug: **7**, Rs. 6 (^{giš}AP[IN)

eperu(m), *epru*, Staub: **21**, Rs. 80 (SAḪAR); **35**, Vs. [7']; **38**, 1. Seite 13' (SAḪAR)

eqlu(m), Feld: **7**, Rs. 11 (⸢A⸣.[ŠÀ); **28**, Vs. 11 (A.Š]A)

erbe, vier: **28**, Rs. 12' (*er-bé*)

erbu(m) I, *irbu*, Ertrag: **9**, iv 32.34 (jeweils *ir-bu*); **16-17**, Vs. 39 (KU$_4$-*ba*).Rs. 58' (*ir-bu*); **21**, Rs. 47 (*ir*$^!$-*bu*)

erbû(m) I, Heuschrecke: **61**, Rs. 6' (BURU$_5$.ḪÁ)

ereb šamši, Westen: **21**, Vs. 4 (^{d}UTU.ŠÚ.A).Rs. 43 (^{d}[UTU.ŠÚ.A)

erēbu(m), eintreten: G: 1. Schreibung KU$_4$: **5**, ii 17'; **6**, iv 20'-22'.31'; **7**, Vs. 4'; **9**, i 11'.iii 17'.30'.iv 28-29.32-34; **11**, Vs. 35.37.Rs. 19.31; **13**, Rs. 12.14; **16-17**, Rs. 57'; **20**, Vs. 11'; **21**, Rs. 30; **22**, Rs. 31; **30**, Vs. ii 13; **41**, Rs. 8'

2. Schreibung KU$_4$-*ma*: **6**, iv 19'.29'-30'; **9**, iii 29'; **11**, Vs. 30; **16-17**, Vs. 23.28.32.42.49; **20**, Vs. 12'; **21**, Rs. 73; **22**, Rs. 3.14; **30**, ii 10

3. Schreibung KU$_4$-*ub*: **6**, iv 18'.28'; **13**, Vs. 10; **16-17**, Rs. 9'-10'.11'.52'.58'; **30**, Vs. ii 12; **40**, ii 10'

4. sonst: **1-2**, Vs. 8' (*e-ri*]*b*).[9'.10']; **11**, Vs. 66 (KU$_4$-*am*); **13**, Vs. 1 (K[U$_4$]-*ib*).2 (KU$_4$-*ib*).8 (KU$_4$.ME-*ni*); **16-17**, 31'-32' (KU$_4$.MEŠ-*ma*); **20**, Vs. 7' (KU$_4$.M[EŠ]-*ni*). Rs. 10 (KU$_4$.MEŠ); **21**, Vs. 7 (KU$_4$.MEŠ-*ni-ma*). Rs. 47 (KU$_4$.MEŠ-*ni*/KU$_4$).50 (KU$_4$.MEŠ); **28**, Vs. 2.5 (KU$_4$-*am*).Rs. 2' (KU$_4$-*am*); **35**, Vs. 23' (KU$_4$-*ib*); **63**, Vs. 5 (⸢KU$_4$⸣-*bu*).8-9 (KU$_4$-*bu*).11-12 (⸢KU$_4$⸣-*bu*)

Gtn: **28**, Rs. 5' (*e-te-ru-bu*)

Š: **21**, Rs. 48.50 (*ú-še-ri-bu*); **35**, Vs. 24' (*ú-še-rib*)

erēšu(m) II, verlangen: G: **1-2**, Vs. 6' (*ir-ri*$^?$-*šu*); **11**, Rs. [50]; **12**, Vs. 25' (*er-šú*)

eršu(m) IV, Bett (Schreibung ^{giš}NÁ): **5**, ii 10'; **9**, iv 3-4.13-16.17. [18.20].v 17; **11**, Rs. [35-36].42; **12**, Vs. 20'; **13**, Vs. 46.Rs. 31.33; **16-17**, Vs. 29-33.Rs. 23'; **22**, Rs. 12.24.[26-27]; **23**, Vs. 10'.11'-13'.Rs. 4'.5'; **31**, Vs. 1'.2'-3'.5'-8'; **49**, Vs. 4; **55**, ii 8

êru(m), wach sein bzw. werden: G: **32**, Vs. 6' (*ina* ŠÀ-*šú e-er*)

erû(m) III, (unterer) Mühlstein III: **16-17**, Vs. 58 (^{na4}UR$_5$).Rs. 63' (*ḫa-ru-ur* ^{na4}UR$_5$); **21**, Rs. 16 (^{na4}ḪAR.⸢ḪAR⸣); **42**, Rs. 7' (^{n}]^{a4}UR$_5$); **47**, Vs. 3' (^{na4}U[R$_5$)

eserū(m) II, einschließen: Dt: **13**, Rs. 26 (*ú*]-*ta-sar*)

eṣēru(m), zeichnen: G: **5**, ii 20'-21' (*e-ṣir*)

ešēru(m), in Ordnung sein, kommen; zugehen auf: G: **6**, v 11' (SI.SÁ); **10**, Vs. 3' (SI.S[Á); **11**, Vs. 48 (SI.SÁ); **14**, ii 24 (SI.SÁ).iii 12' (NU SI.SÁ); **18**, ii 17 (SI.SÁ); **21**, Vs. 28 (SI.SÁ).74 (SI.[SÁ).Rs. 20 (SI.[SÁ); **22**, Vs. 29 (S[I. SÁ-*ir*); **37**, Rs. 5 (*iš-še-er*); **55**, ii 6 (SI.SÁ); **61**, Vs. 3 und Rs. 5' (jeweils SI.SÁ)

Št^1: **1-2**, Vs. 7' (*uš-te-eš-ši-⸢ru⸣*)

ešû(m) V, verwirren: N: **13**, Rs. 27 (*in-neš-ši*)

etēqu(m), vorbeigehen, vorübergehen: G: **9**, ii 18' (D[IB-*iq*). [19']; **11**, Vs. 10-11 (DIB-*iq*).13 (DIB-*iq-šu*); **14**, iii 9' (<DIB>-*iq-šú*); **15**, i 11' (DIB$^!$-⸢*iq*⸣-*šú*); **20**, Rs. 7 (*i-ti-iq*).12 (DIB)

Š: **37**, Vs. 4' (*šu-tiq-an-ni-ma*)

ētiqu, Vorübergehender, Passant: **39**, Rs. 6' (*e-ti-iq-ta*$_5$)

eṭemmu(m), Totengeist: **5**, ii 5' (GIDIM$_4$).6' (GID[I]M$_4$).7' (GIDIM$_4$).8' (G[ID]IM$_4$).9' (⸢GIDIM$_4$⸣).10' (G[IDIM]$_4$); **6**, iv 18'-27'.v 14'-16' (GIDIM)

eṭēru(m) I, wegnehmen, rauben; retten: N: **9**, iii [18']; **11**, Rs. 20 (KAR-*ir*); **13**, Rs. 29 (KAR-*ir*); **16-17**, Vs. 58 (KAR). Rs. 30' (KAR-*ir*); **52**, Vs. [2]

ezēbu(m), verlassen: G: **9**, i 14' (TAG$_4$-*šú*).iii 9' (TAG$_4$-*š[ú*); **11**, Rs. 11 (TAG$_4$-*šú*); **22**, Rs. 28 (TAG$_4$); **31**, Vs. [12']

Št: **9**, vi 13' (*uš-te-ez-zib*$^?$)

N (oder Gt$^?$): **9**, iv 5.7.17 (jeweils TAG$_4$.MEŠ); **11**, Vs. 25 (⸢TAG$_4$⸣.[M]E).27 (TAG$_4$].ME[Š).28 (TAG$_4$.ME) 29 (TAG$_4$.ME[Š).30 (TAG$_4$.MEŠ).Rs. 37 (TAG$_4$.[MEŠ); **14**, ii 13 (TAG$_4$).25 (TAG$_4$.ME); **21**, Vs. 85.88 (TAG$_4$)

gab(a)rû, Vorlage: **21**, Rs. 84 (GABA.RI)
galātu(m), zittern, sich erschrecken: G: **9**, i [4']; **12**, Vs. 21' (*ig-lut-ma*); **13**, Rs. 28 (*ig-lut-ma*); **16-17**, Vs. 19 (MUNUS. LUḪ).Rs. 36' (⸢MUNUS⸣.LUḪ)
D: **9**, ii 7' (*ú-gal-lit*).ii 10' (*ú-gal-lit-su-[ma*).iii 29' (*ú-gal-lit-su-ma*).vi 14' (*ú-ga[l-l]it-ma*).15' (*ú-gal-lit-ma*); **11**, Vs. 3 (*ú-gal-l[it-su-ma*).15 (*ú-gal-lit*).16 (*ú-gal-lit-ma*).42 (*ú-gal-lit*).Rs. 30 (*ú-gal-lit]-su-ma*); **14**, ii 8 (*ú-gal-lit-su*); **16-17**, Rs. 25' (*ú-gal-lit-su-nu-te*)
Dtn: **5**, ii 9' (*ug-d[a-n]a-la-su*)
gamālu(m), verschonen: G: **35**, Rs. 8 (*i-gam-[mi-lu-šú*)
gamāru(m) II, vollenden, beenden, zu Ende bringen: N: **14**, ii 2 (TIL-*ár*)
gamlu(m), Krummholz: **49**, Vs. 5 (*gam-lim*$^!$)
ganānu, einschließen: G: **21**, Vs. 38 (*i-ga-an-na-nu*)
gaṣṣu(m) III, Gips: **21**, Rs. 79 (IM.BABBAR$^!$)
gerru(m) I, Pfad: **13**, Rs. 5 (*g]ir-ri*)
gerû(m), prozessieren, (Rechtsstreit) führen: G: **9**, ii 5' (*di-na g[i-ru-ú*).[6']; **14**, ii 1 (*di-na gi-r]u-ú*).3-4 (jeweils DI *gi-ru-ú*); **16-17**, Vs. 8 (*a-na di-ni-šu i-ger-ru-šu*).34 (*a-na di-ni i-ger-ru-šu*)
ginâ, ständig: **9**, ii 14' (*gi-na-a*); **11**, Vs. 6 (*gi-⸢na⸣-a*); **14**, ii 10 (*gi-na-a*)
gipar(r)u, ein Wohnbereich: **21**, Rs. 27 (GI$_6$.PÀR)
gišimmaru(m), Dattelpalme: **29**, 3' (^{giš}GIŠIMMAR)
gubbuḫu, kahlköpfig: **5**, iii 17' (*gub-bu-ḫu*)
gullubu(m) II, rasieren: D: **10**, Vs. 13' (*ú-gal-la[b*); **14**, i [14']
gušūru(m), Dachbalken, Pl. Dachgebälk: **9**, v 9 (G]IŠ.ÙR. MEŠ).10 und 14 (jeweils GIŠ.ÙR.MEŠ); **12**, Vs. 8' (GIŠ.ÙR.MEŠ).10' (⸢GIŠ⸣.⸢ÙR⸣.MEŠ).14' (GIŠ. ÙR).19' (GIŠ.ÙR.MEŠ); **13**, Rs. 38 (GIŠ.ÙR.MEŠ); **16-17**, Rs. 7' und 26' (jeweils GIŠ.ÙR.MEŠ); **21**, Rs. 17 (GIŠ.Ù[R].MEŠ).37-38 (jeweils GIŠ.Ù[R); **26**, Vs. 10 (GIŠ.Ù[R)

ḫabābu(m), murmeln, zirpen, zwitschern: D anzischen: **9**, ii 16' (*ú-ḫab-ba-b[a*); **11**, Vs. 8 (*ú-ḫab-ba-ab*)
ḫadû(m), sich freuen III: G: **1-2**, Vs. 8' (*ḫa-du-ú*)
ḫaḫḫūru(m), Rabe: **30**, ii 3 (⸢*ḫa*⸣-⸢*aḫ*⸣-[*ḫu*]-⸢*ra*⸣)
ḫalālu(m) IV, schleichen: G: **9**, i [14']
ḫalāqu(m), zugrunde, verloren gehen: G: **6**, iv 2'-3' (ZÁḪ KUR); **9**, v 16 (ZÁ[Ḫ).[34'].vi 17' (⸢ZÁḪ⸣); **12**, Rs. [16]; **14**, ii 16 (*iḫ-lu-qú*); **16-17**, Vs. 4 (ZÁḪ).18 (ZÁ]Ḫ); **19**, Rs. 5 (ZÁ]Ḫ); **21**, Vs. 59 (ZÁ]Ḫ).[72]; **22**, Vs. 23 (*i-ḫa-[liq*). Rs. 13 (ZÁḪ); **39**, Vs. 15' (ZÁḪ); **62**, l. Kol. 11' (ZÁḪ); **65**, ii 7' (*ḫa-li-iq*)
D: **18**, ii 7 (*ú-ḫal-laq*)
ḫaliqtu(m), Verlorenes: **9**, iv 33 (*ḫa-liq-ta-šú*)
ḫallu(m) I, Schenkel: **35**, Vs. 18' (*ḫal-l[i-š]a*)
ḫallulāja, ein Dämon: **5**, ii 14'-16' (*ḫal-lu-la-a-a*)
*ḫammā*ʾ*u(m)*, Rebell: **61**, Vs. 4 (⸢IM⸣.[GI)
ḫanāṣu, reiben: D: **38**, 2. Seite 2' (*ú-ḫa-⸢na⸣-a[ṣ*).5' (*ú-ḫa-na-⸢aṣ⸣*).8' (*ú-ḫa-na-aṣ*)
ḫantiš, schnell: **11**, Rs. 50 (*ḫa-an-ṭiš*); **35**, Vs. 23' (*ḫa*]-*an-⸢ṭiš⸣*)
ḫarābu(m) I, wüst werden: G: **5**, ii 14'.16' (*i-ḫar-ru-ub*); **6**, v 2' (*i-ḫa[r-ru-ub*).8' (*i-ḫar-ru-[u]b*).9' (*i-ḫar-ru-ub*).13' (*i-ḫar-ru-[ub*); **12**, Rs. 2 (⸢*i*⸣-*ḫar*-⸢*ru*⸣-⸢*ub*⸣); **16-17**, Rs. 62' (*ḫa-rab* É); **42**, Rs. 3' (*ḫa-ra-ab* [É)
ḫarāru(m) I, einschneiden, aushöhlen: D: **10**, Vs. 13 (*ú-ḫar-ra-a]r*); **14**, i [14']
ḫarāsu, ?: D: **13**, Vs. 21 (*ú-⸢ḫar⸣-ri-su*)

ḫarrānu(m), Weg, Straße, Reise: **13**, Rs. 6-9 (KASKAL); **16-17**, Vs. 27 (KASKAL); **21**, Vs. 4-5 (KASKAL).29 (*ḫar-ra-an-šú-nu*).30 (*ḫar-r]a-an-šu-nu*).57 (KASKAL. MEŠ).58 (KASKAL.MEŠ-*šú-nu*).60 (KASKAL-*šú-nu*).Rs. 36 (KAS]KAL-*šú-nu*).41 (KASKAL]-*šú-nu*).42-44 (⸢KASKAL⸣-*šú-nu*).[45].73 (KASKAL. MEŠ-*šá*); **30**, ii 4 (KASKAL); **60**, Vs. 14' (KASKAL)
ḫarūru I, ein Teil einer Mühle: **9**, iii 23'-24' (*ḫa-ru-ri*); **11**, Rs. 25-26 (*ḫa-ru-ri*); **16-17**, Vs. 62 (*ḫa-ru-ur*).Rs. 63' (*ḫa-ru-ur*^{na4}UR$_5$); **47**, Vs. 3' (*ḫa-ru-⸢ur⸣* ^{na4}U[R$_5$)
ḫašāḫu(m), begehren, benötigen, auf etwas aus sein: G: **10**, Vs. [13']; **14**, i [14']; **16-17**, Vs. 47 (*i-ḫa-šaḫ*)
ḫātu(m), Schrecken: **55**, ii 21 (*ḫa-tu*$_4$)
ḫaṭṭu(m) II, Stab: **43**, Vs. 1' (^{giš}GIDRU)
ḫepû(m) II, zerschlagen, zerstören: N: **10**, vi [2'], 4' (GAZ$^?$)
ḫimētu(m), Butter(schmalz): **21**, Vs. 51 (GIM ⸢*zu*⸣-*um-bu ḫi-mi-[ti*)
ḫīpu(m), Bruch, siehe Index der Wiederholungszeichen u.ä.
ḫīṭu(m), Verfehlung: **6**, v 13' (*ḫ[i*$^?$-*ṭu*$^?$)
ḫūd libbi, Herzensfreude: **22**, Rs. 12 (ŠÀ.ḪÚ]L); **35**, Vs. 1' (⸢ŠÀ⸣.⸢ḪÚL⸣.[LA)
ḫumṣīru, Maus: **13**, Vs. 2 (PÉŠ)
ḫupšu(m), eine militärische (Arbeits-)Truppe: **28**, Vs. 2 (*ḫu-up-ši*)
ḫurāṣu(m), Gold: **9**, i [8']; **11**, Vs. 64 (KÙ.GI)
ḫurru(m), Loch, Erdloch, Nest (siehe auch: *iṣṣūr ḫurri*): **9**, i 11' (ḪABR]UD.DA).16' (ḪABRUD); **12**, Vs. 23'-24' (ḪABRUD.DA); **13**, Vs. 19-20 (ḪABRUD); **21**, Vs. 84 (⸢ḪABRUD⸣-*šú-nu*).85-88 (ḪABRUD-*šú-nu*).Rs. 1 (ḪABRUD].DA).2 (*ḫu-ur-ru-šú-nu*).40 (⸢ḪABRUD⸣-⸢*šú*⸣$^!$-*nu*).48 (ḪABRUD).79 (*ḫur-ri-šú-nu*)
ḫuṣābu(m), Kleinigkeit: **18**, ii 6 (*ḫu-ṣa-ba*)
ḫušaḫḫu(m), Hungersnot: **9**, vi 18' (SU.GU$_7$); **11**, Vs. 21 (S]U.G[U]$_7$).63 (SU.GU$_7$); **20**, Vs. 3' (⸢SU⸣.GU[$_7$); **47**, Rs. 8' (SU.GU$_7$); **60**, Vs. 15' (⸢SU⸣.GU$_7$)

ibissû(m), finanzieller Verlust: **16-17**, Rs. 38' (⸢I⸣.⸢BÍ⸣.ZA); **21**, Rs. 76 (I.BÍ.Z[A); **35**, Rs. 2 (I.⸢BÍ⸣.ZA)
idirtu(m), Trübsal: **9**, iii 12' (*i-dir-t[u*); **11**, Rs. 14 (*i*]-*dir-tu*$_4$); **55**, iii 5' (*i-dir-tu*$_4$)
idu(m), Arm, Seite: **18**, ii 5 (DA$^?$); **35**, Rs. 12 (Á-*ia*$_5$)
igāru(m), Wand: **5**, ii 19'-20' (jeweils É.GAR$_8$).21' (⸢É⸣.⸢GAR$_8$⸣). iii 10' (É].GAR$_8$); **11**, Vs. 44 (É.GAR$_8$).45 (É.GAR$_8$$^!$); **16-17**, Vs. 14 (É.GAR$_8$); **21**, Vs. 8-9 (jeweils É.GAR$_8$). Rs. 31-35 (jeweils IZ.ZI).71 (É.GAR$_8$)
igirû(m), Reiher: **28**, Vs. 2 (ÍGIRA^{mušen})
ikkibu(m), Tabu: **22**, Rs. 32 (NÍG.GIG ^{d}⸢A⸣-*nim*)
ikkillu(m), Wehklage: **14**, iv 20' (AKKIL); **39**, Rs. 11' (*ik-ki-l[i*$^!$)
ilu(m), Gott(heit) (sofern nicht anders angegeben, Schreibung DINGIR; Belege für die Verbindung *bīt ili* finden sich unter *bītu(m)*): **5**, ii 17'; **6**, iv [25']; **7**, Rs. 4 (DINGIR-*šu*); **9**, ii [15'.20'].iii 28'.iv 3.15 (DINGIR-*šú*).19.21.vi 19'.20'; **11**, Vs. 7 (DINGIR-*šú*).12.Rs. 29.35 (DINGIR-*šú*); **12**, Vs. 29'; **13**, Vs. 9.11.21 (DINGIR.BI).Rs. 3 (DINGIR.MEŠ-*šú*).10.24 (DINGIR.MEŠ).29; **14**, iii 8'.15'; **15**, [i 3'.10']; **16-17**, Vs. 43; **18**, iii 8; **20**, Rs. 12; **22**, Rs. 15 (DINGIR-[*š*]*u*).Rs. 16 (DINGIR URU-*šu*).18; **23**, Vs. 14' (DINGIR.[M]E); **31**, Vs. [18']; **35**, Vs. 13' (DINGIR-*šu*).Rs. 6.7 (DINGIR-*šú*).12.15; **36**, Vs. 7' (DINGIR.MEŠ).9' (DINGIR.M[EŠ); **39**, Rs. 1' (DINGIR-*šú*).8' (DINGIR).9' (DINGIR URU-*šú*); **55**, ii 5.19 (DINGIR-*šú*).iii 9' (DINGIR$^!$-*šú*)

imēru(m), Esel: **6**, iv 2' (ANŠE).[8']; **22**, Vs. 12 (ANŠE); **47**, Rs. 4' (ANŠE); **55**, ii [3]
imgiddû, längliche Tontafel: **37**, Rs. 13 (IM.G]ÍD.DA)
imittu(m), rechte Seite: **3**, Vs. 6' (ZAG).8' (ZAG *u* GÙB); **5**, iii 6' (ZA]G); **9**, ii 18' (TA 15 NA *ana* 150 NA).ii 19' (TA 150 NA *ana* 15 NA).[20']; **10**, Vs. [6'.7']; **11**, Vs. 10 (TA ZAG NA *ana* GÙB NA).11 (TA GÙB NA *ana* ZAG NA).12 (15); **13**, Rs. 8 (TA ZAG N[A *ana* GÙB NA).9 (TA GÙB NA ⸢*ana*⸣ Z[AG NA); **16-17**, Vs. 15.18 (ZAG). Rs. 30' (ZAG *u* GÙ[B).35' (ZAG); **20**, Rs. 1 (⸢15⸣).6 (ZAG); **23**, Vs. 6' (ZAG); **31**, Vs. 10' (Z[AG); **32**, Vs. 9' (ZAG-*šú*).12' (ZAG); **35**, Vs. [7']; **37**, Rs. 7 (15 *u* GÙB); **38**, 2. Seite 1' (ZAG-[*šú*).5'-7' (ZAG-*šú*).15' (ZA]G$^?$-*šú*); **40**, iii 7' (ZAG); **52**, Vs. [1]; **53**, 1' (ZAG).4'.7' (ZA]G); **54**, ii 4'.7'.9'.13'.16'.19' (ZAG); **64**, Seite B 3'-4' (ZA]G).5'-8' (Z]AG).9' (ZA]G).10' (Z]A[G)
immeru(m), Schaf, Widder: **6**, iv 5' (UDU.N]ÍTA).6' (UDU]. NÍTA); **55**, ii 17 (UDU)
ina, in, für, zu: *passim*
inanna, jetzt, sogleich: **22**, Vs. 38 (⸢*i*⸣-⸢^{d}⸣*n*[*anna*(ŠEŠ^{ki})-*ma*)
inbu(m), Frucht: **24**, 5' (GURUN); **37**, Rs. 10 (GURUN)
īnu(m), Auge: **9**, i 19' (IGI-*šú*); **11**, Rs. 47 (IGI.II.MEŠ-*šú*); **18**, v 7' (IGI-*šú*); **32**, Vs. [2'.4'-6'].8' (IGI GÙB-*šú*).9' (IGI ZAG-*šú*).[10']; **38**, 2. Seite 1' (IGI ZAG-[*šú*).2'-4' (jeweils IGI GÙB-*šú*); **39**, Vs. 12' (IGI); **55**, ii 17 (IGI. II.MEŠ)
irbu siehe *erbu(m)* I, *irbu*
irtu(m), Brust: siehe unter *mīli irti*
iṣṣūru(m), Vogel: **9**, iv 36 (MUŠEN); **28**, Rs. 7'.10' (MUŠEN KUR.RA).12' (MUŠEN.MEŠ); **30**, ii 6 (MUŠEN *ki-di*)
iṣṣūr ḫurri, ein Höhlenvogel (sofern nicht anders angegeben, Schreibung MUŠEN.ḪABRUD.DA): **27**, 9'-13'; **29**, 8' (BURU$_5$.ḪAB[RUD].DA); **30**, ii 7
īṣu(m), wenig: **35**, Rs. 4 (*i-ṣu-t*[*i*)
išātu(m), Feuer: **16-17**, Vs. 35-36 (jeweils IZI); **24**, [3'-11']; **39**, Rs. 8' (IZI)
išdiḫu(m) I, Gewinn: **5**, iii 6' (*iš-di-*[*ḫa*); **21**, Rs. 27-28 (jeweils NÍG.[ME.GAR)
išdu(m), Fundament, Boden: **5**, iii 9' (SUḪUŠ.ÀM *ki-na-a-tu*$_4$); **16-17**, Vs. 28 (SUḪUŠ.BI [NU GI.NA).29 (SUḪUŠ.BI [GI.NA); **35**, Vs. 14' (*i-šid*); **36**, Vs. 8' (SUḪ]UŠ KUR N[U GI.NA)
išpartu(m), *ušpartu(m)*, Weberin (sofern nicht anders angegeben, Schreibung ^{munus}UŠ.BAR): **11**, Vs. [33].35.37; **14**, ii 15.16 (^{munus}UŠ.B]AR.MEŠ/MUNUS.UŠ.<BAR>. MEŠ)
ištānu(m) I, *iltānu(m)*, Nordwind, Norden: **21**, Rs. 32 (IM.SI.SÁ)
ištaru(m), Göttin: **35**, Rs. 7 (^{d}*iš*$_8$-*tár-šú*)
ištēn, eins, eine: **7**, Vs. 5' (U$_4$ 1-KÁM); **9**, vi 17' (1); **10**, Vs. 11' (U$_4$ 1-KÁ]M); **16-17**, Rs. 23' (MU 1-KÁM).30' (1-*en*).37' (U$_4$ 1-KÁM); **40**, i 2' (1-*ma*)
ištēniš, zusammen, miteinander: **38**, 1. Seite 7' (TÉŠ.<BI>$^?$)
ištu, von (sofern nicht anders angegeben, Schreibung TA): **5**, Vs. [11']; **9**, iv 23.38.v 10.14.18'.36'-39'; **11**, Vs. 5; **12**, Vs. 10'.28'; **13**, Vs. 1.11.19-20.Rs. 18; **14**, i 11'.12'; **16-17**, Vs. 14.Rs. 4'.7'.26'; **18**, iii 17; **35**, Rs. 9 (*iš-tu*); **37**, Vs. 4' (*ul-tú*)
  TA ... *ana*: **9**, ii 12'.18'.19'; **10**, Vs. [6'.7']; **11**, Vs. 10.11; **12**, Vs. 14'.19'-21'; **13**, Rs. 8-9.38; **16-17**, Vs. 11.13; **20**, Rs. 1.10; **21**, Rs. 36.39.40
  TA ... EN: **7**, Vs. 5'
itti, mit: **31**, Vs. [18']; **55**, ii 19 (KI-*šú*)
ittīl–imūt, eine Eule: **28**, Vs. 10 (⸢Ù⸣.⸢KU⸣.KU.BA.ÚŠ^{mušen})
ittu(m) II, Vorzeichen: **9**, iii 8' (GIZKIM); **11**, Vs. 13 (GIZKIM-*š*]*u*).Rs. 10 (GIZK]IM); **14**, iii 9' (GIZKIM); **15**, i [11']; **18**, v 10'-11' (jeweils GIZKIM); **39** Vs. 4' (GIZKIM); **46**, 2' (GIZKIM)
itû(m), Nachbar; Grenze: **24**, 7' (ÚS.SA.⸢DU⸣)
itūlu(m). *utūlu(m)*, liegen: G: **9**, iv 15 (*it-til*)
izbu(m), Mißgeburt, Anomalie: **48**, Rs. 1' (*i*]*z*-⸢*bu*⸣).2' (*i*]*z-bu*). 3'-5' (jeweils *iz-bu*)
izuzzum, *uzuzzu(m)*, stehen: G: **9**, v [31'].vi 14' (GUB-*iz*); **11**, Vs. 27 (GUB.ME[Š).29 (GUB-*zu*); **14**, ii 13 (GUB.MEŠ); **21**, Vs. 53-54 (jeweils GUB.M[EŠ); **30**, ii 15 (GUB); **35**, Vs. 10' (*ú-zu-uz-za-ta*).24' (G[UB-*az*); **39**, Rs. 8' (GUB)
  Gtn: **7**, Vs. 1' (G]UB.⸢GUB⸣-⸢*az*⸣).2' (GUB.GUB-*zu*).3' (GUB.GUB-*a*[*z*$^?$); **11**, Vs. 43 (GUB.MEŠ-*az*); **12**, Rs. 12 (*iz-ziz-*[*ma*); **14**, ii [20]; **16-17**, Vs. 5.Rs. 14' (jeweils GUB-*az*)

jâti, mich, meiner: **16-17**, Rs. 11' (*ia-a-ti-ma*)

kabāsu(m) I, treten: G: **9**, ii [10'].20' (*ik-bu-us-ma*); **11**, Vs. 3 (⸢*ik*⸣-*bu-us-ma*).12.14 (jeweils *ik-bu-us-ma*); **14**, ii 8 (*ik-bu-us-ma*); **16-17**, Rs. 15' (KI.UŠ-*ma*).16' (KI.⸢UŠ⸣)
kabātu(m), schwer, angesehen sein bzw. werden: **21**, Rs. 82 (DUGUD-*it*); **22**, Rs. 4.24 (DUGUD-*s*[*u*); **43**, Vs. 2' (DUGUD); **64**, Seite B 4' (*ka-bit*)
kabtu(m), schwer, umfangreich; wichtig: **9**, i 11' (DUGUD); **11**, Vs. 59 (IDIM); **13**, Vs. 19 (DUGUD).Rs. 29 (IDIM); **21**, Rs. 51 (*kab-tu*)
kabūtu(m), Kot: **6**, iv 29' (ŠURUN-*su*); **11**, Vs. 48 (*ka-bu-us-su*)
kajjānu(m), dauernd, ständig: **11**, Vs. 28 (SAG.[U]Š-*nu*); **22**, Rs. 8 (*k*]*a-a-a-an*)
kakkabu(m), Stern: **9**, i [10']; **30**, ii 20 (MU[L).21 (MUL)
kakku(m), Waffe (Schreibung ^{giš}TUKUL): **13**, Vs. 15.18; **21**, Vs. 52; **47**, Rs. 7'
kalâma, alles, ganz, vollständig: **9**, ii 14' (DÙ.A.BI); **11**, Vs. 6 (DÙ.A.BI)
kalbu(m), Hund: **6**, iv 4' (UR.GI$_7$).5' (UR].⸢GI$_7$⸣).[10'].12' (⸢UR⸣.[GI$_7$).[14']; **7**, Rs. 3-4 (jeweils UR.GI$_7$); **22**, Vs. 10 (U]R.⸢GI$_7$⸣).Rs. 33 (UR.GI$_7$.MEŠ); **55**, ii [2].20 (UR.GI$_7$)
kalab mê, Otter: **5**, ii 21' (⸢UR⸣.[A)
kalītu(m), Niere: **54**, ii 19' (*ka-lit*)
kallātu(m), Schwiegertochter: **9**, v [16] (É.GI$_4$.A); **12**, Vs. 17' (É.GI$_4$$^!$.A)
kallu(m), Schüssel: **16-17**, Vs. 26 (^{dug}<*kal*>-*li*)
kalû(m) II, alles, ganz: **5**, ii 16' (*ka-la u*$_4$-*mi*); **9**, iv 9 (*kal u*$_4$-*mi*); **10**, Vs. 11' (*ina ka*-⸢*la*⸣ *u*$_4$-*m*[*i l*]*u ina* [*ka-la* GE$_6$]); **11**, Rs. 40 (⸢*ka*⸣-*la u*[$_4$-*mi*); **14**, i [13'].ii 10 (*ka-la-šu*); **16-17**, Vs. 51 (*ina* DÙ *u*$_4$-*me*)
kalūmu(m), Lamm, Brut (?): **39**, Vs. 11' (*ka-lu-me-šu*)
kamû(m) III, binden: N: **6**, iv 8' (⸢*ik*⸣-*kam-mu*)
kamû II siehe *kawû(m)* I
kamūnu II, ein Schwamm: **21**, Rs. 75-76 (jeweils UZU.DIR)
kanānu(m), (sich) einrollen: G: **11**, Vs. 17 (⸢*ik*⸣-*nun-ma*).55 (*ik-nun*)
kânu(m), fest sein bzw. werden: G: **21**, Vs. 34 (GI.N[A)
kapālu(m), einrollen: Gt, einander umwinden: **9**, vi 16' (*ik-tap-pi-lu-ma*); **13**, Vs. 4 (*ik-tap-pi-lu*)

kapāpu(m), beugen: G: **38**, 1. Seite 16' (GIL-*ip*)
kapātu(m): D zusammenbringen, zusammenrollen: **16-17**, Vs. 37 (*ku-pu-ut*)
kappu(m) I, Flügel: **21**, Vs. 11 (*kap-pi*).[41].48 (*k*[*ap-pi*).51 (*kap-pa*).64-66.70.75 (*kap-pi*).87 (*kap-p*]*a*)
karābu(m) II, beten: G: **1-2**, Vs. 10' (*i-k*]*ar-ra-bu*); **35**, Vs. 13' (*ka-rib*)
karānu(m), Wein: **55**, iii [8']
karmu(m) II, Öde: **41**, Rs. 9' (*kar-mi*[!])
karpatu(m), Gefäß, Krug: **16-17**, Vs. 43 (DUG A.GEŠTIN. NA).44 (DUG A/DUG KAŠ).45 (DUG *nàr-ṭa-bi*).Rs. 8' (DUG ⌈GIŠ⌉.Ì.MEŠ); **18**, ii 8 (DUG A.GEŠTIN.NA).9 (DUG KAŠ).10 (DUG A.MEŠ).11 (DUG Ì); **21**, Rs. 22 (DUG *ši-iq-qí*).24 (DUG A.GEŠTIN.NA).25 (DUG A)
karṣu(m), Verleumdung: **16-17**, Rs. 20' (EME.SIG)
karšu(m), Magen; Gemüt, Verstand: **14**, ii 6 (*kár-šu*)
karû(m) II, kurz sein bzw. werden: G: **10**, Vs. 9' (LÚGUD.DA); **50**, ii 5' (LÚGUD.DA); **59**, Vs. 2' (LÚG]UD.DA.MEŠ)
Gtn: **11**, Vs. 28 (*i*]*k-tá*[*r-r*]*u*)
kaspu(m), Silber, Geld: **9**, i [8'], iv 13 (KÙ.BABBAR); **11**, Vs. 61 (KÙ.[BABBAR).Rs. 42 (⌈KÙ⌉.BAB[BAR); **13**, Vs. 11 (KÙ.BABBAR); **16-17**, Vs. 16 (KÙ.BABBAR. MEŠ)
kāsu(m), Becher: **55**, iii [5'-6']
kaṣāru(m), knoten, verbinden, fest fügen: G: **22**, Rs. 31 (ZAG.D]U$_8$[!] *kaṣ-ru*); **23**, Vs. 15' (*ik-ṣur*)
kašādu(m), erreichen; besiegen, erobern: G: **6**, iv [8'.24']; **9**, ii [16'.17'].iii 20' (KUR-*su*).iii 21' (KUR-*ád*).iv 36 (*ka-šad-s*[*u*).v 10 (KUR-⌈*ád*⌉).16 (KUR-*ád*).34' (KUR-⌈*su*⌉).vi 15' (KUR-*ád*); **10**, Vs. 4' (KUR-*su*); **11**, Vs. 8 (SÁ.SÁ).9 (KUR-*ád*).[16].Rs. 22 (KUR-*su*).23 (KUR-*ád*); **12**, Vs. 10'.18'.27' (jeweils KUR-*ád*).Rs. [16]; **13**, Vs. 12.14 (jeweils KUR-*ad*).Rs. 12.32 (jeweils KUR-*su*); **14**, iii 19' (KUR-*ad*); **15**, i 4' (SÁ.SÁ).6' (KUR-*ád*); **16-17**, Vs. 6-7.15 (jeweils KUR-*ad*).[20]. Rs. 21' (KUR-*du*).34' (KUR-*ad*); **18**, ii 3-4 (jeweils KUR-*ad*).22 (KUR]-⌈*ad*⌉); **21**, Rs. [45]; **22**, Vs. 7 (KUR-*a*[*d*); **31**, Vs. [10'.18']; **35**, Vs. 9' (KUR-⌈*ád*⌉-*s*[*u*).16' (KUR-*s*[*u*).20' (⌈KUR⌉-*á*[*d*).22' (*ka-šad*).Rs. [13]; **37**, Vs. 7' (KUR-*an-ni*); **38**, 1. Seite 3'-4'.6'-10'.14'-15' (jeweils SÁ).16' (KUR).17' (KU]R); **41**, Rs. 6' (KUR-*su*); **50**, i 2' (KUR-*su*); **54**, i 11' (KUR. MEŠ).14' (⌈KUR⌉.MEŠ); **55**, ii 5 (KUR.MEŠ-*šú*); **58**, Vs. [10']
kašdu(m), erfolgreich: **9**, i 18' (*kaš-du*); **14**, i [15']; **20**, Vs. 7' (*ka*[*š*]-⌈*du*⌉)
kašūšu, entscheidende Niederlage: **11**, Vs. 22 (*ka-šú-*[*šú*)
katāmu(m), bedecken: G: **32**, Vs. 8'-9' (DUL-*at*[!])
D: **38**, 2. Seite 3' (*ú-kàt*-⌈*tam*⌉)
kawû(m) I, *kamû* II, äußerer (siehe auch: *bābu kamû*): **12**, Rs. 3 (⌈*ne*⌉-⌈*reb*⌉ *ka-me-e*).9 (*k*]*a-mi-e*)
kerru(m) III, *kirru(m)* II, Schlüsselbein: **50**, ii 10' (*kir-*[*ri*[?]]-*šu*)
kī, wie: **16-17**, Rs. 11' (*ki-i*); **21**, Rs. 83 (*ki-i* KA)
kīam, folgendermaßen: **35**, Rs. 12 (*ki*-⌈*a*⌉-*am*)
kibru(m), Rand, Pl. Weltgegenden: **22**, Vs. 13 (*k*[*i*]*b*-⌈*ra*⌉-⌈*a*⌉-*ti*)
kibsu(m) I, Fußspur, Weg (Schreibung KI.UŠ): **5**, ii 1'; **6**, v 8'-10'; **16-17**, Rs. 13'
kīdu(m), Außenseite, Feld: **13**, Rs. 12-14 (jeweils *ki-di*); **21**, Vs. 6-7 (jeweils *ki-di*); **30**, ii 6 (*ki-di*); **55**, ii 7 (*ki-di*);
kiḫullû, Trauerriten: **16-17**, Rs. 9' (KI.ḪU[L); **21**, Vs. 79 (KI. ḪUL)
kilallān, *kilallū(n)*, beide: **21**, Rs. 81 (*ki-lal-le-e*)
kīlu, Gefängnis(aufenthalt): **9**, ii [3'].4' (⌈*ki*⌉-*l*[*i*).[20']; **10**, Vs. 14' (⌈KI⌉.Š[Ú]).16' (KI.ŠÚ); **11**, Vs. [12].13 (KI.ŠÚ); **14**, i [15'].ii 6 (KI.ŠÚ/KI.ŠÚ-*šu*); **14**, iii 8'-9'.12' (jeweils KI.ŠÚ); **15**, i 9' (K[I.ŠÚ); **16-17**, Vs. 34 (KI.ŠÚ).35 (KI.ŠÚ-*šu*).Rs. 29' (KI.ŠÚ).35' (⌈KI⌉.ŠÚ *dan-nu*)
kīma, wie: **5**, ii 11'-13' (jeweils GIM TI.LA); **8**, Vs. [1-2].3.4 (jeweils G]IM TI); **11**, Vs. 22 (GIM UR.MAḪ).Rs. 43 (GIM *la-bi-ri-šú*); **13**, Rs. 46 (GIM SUMUN-*šú*); **16-17**, Rs. 6' (*ki-ma* ŠU.S[AR); **21**, Vs. 51 (GIM ⌈*zu*⌉-*um-bu ḫi-mi-*[*ti*); **22**, Vs. 10 (GIM U]R.⌈GI$_7$⌉).11 (G]IM ŠAḪ).12 (GIM ANŠE).13 (GIM ANŠE.KUR.RA); **27**, 4' (GI[M); **31**, Vs. 14' (GIM *un-ni-*[*ni*); **37**, Vs. [10' (*kīma qutri*)]; **40**, iii 6' (GIM); **41**, Rs. 4' (⌈GIM⌉ SI ÙZ); **49**, Vs. 1 (GIM LAGAB).2 (GIM NIM.GÍR).3 (GIM U$_4$.SAKAR).4 (GIM AŠ.ME).5 (GIM *gam-lim*[!]).6 (GIM *ša-ḫar-ri*).7 (GIM *tu-*[*š*]*a-ri*).[8]; **50**, ii 2' (GI[M[?])
kimaḫḫu(m), *kimaḫu(m)*, Grab: **4**, 3'-5' (jeweils K]I.MAḪ); **21**, Vs. 78 (KI.MAḪ)
bīt kimaḫḫi, Grabbau, Gruft: **39**, Rs. 11'(⌈É⌉[!?] [KI.M]AḪ)
kīnu(m), fest, dauerhaft: **5**, iii 9' (SUḪUŠ.ÀM *ki-na-a-tu$_4$*); **16-17**, Vs. 28 (SUḪUŠ.BI [NU GI.NA).29 (SUḪUŠ.BI [GI.NA); **18**, ii 10 (INIM *ki-num*); **36**, Vs. [8']
kinūnu(m), Kohlenbecken, Ofen: **16-17**, Vs. 35-36 (jeweils KI.NE); **21**, Rs. 29-39 (jeweils KI.NE); **39**, Rs. 8' (*ki-nu-ni-šu*)
kirru siehe *kerru(m)* III, *kirru(m)* II
kirû(m), Garten: **24**, 5' ([gi][š]]KIRI$_6$); **37**, Rs. 9 ([giš]KIRI$_6$)
Kislīmu(m), *Kisilīmu*, der 9. Monat des babylonischen Kalenders: **10**, Vs. [23'] ([iti]GAN)
kišādu(m), Nacken; Ufer: **16-17**, Rs. 12' (GÚ); **37**, Rs. 9 (GÚ ÍD); **50**, ii 3' (GÚ).4' (⌈GÚ⌉-⌈*su*⌉)
kiššātu(m), Schuldknechtschaft: **11**, Vs. 53 (*kiš-šá-ti*)
kiššūtu, Vormachtsstellung: **13**, Rs. 16 (*kiš-šú-ta$_5$*); **36**, Vs. [2']
kitpulu, umeinander gewunden: **13**, Vs. 5 (*kit-pu-lu-te*); **16-17**, Rs. 3'.5' (jeweils *kit-pu-lu-ma*).7' (*kit-pu-lu-su-nu*).27' (*kit-pu-lu-ma*)
kitû(m), Leinenkleid: **18**, v 7' ([túg!]GADA)
kūdanu(m), Maulesel: **55**, ii [6]
kulbābu, Ameise (Schreibung KIŠI$_8$): **21**, Vs. 1-21.23-32. [33-42].43-51.53-60.62-84.[85-89].Rs. [1-12].13-25. [26-30].31-33.35-41.[42-55].56.[57].58-66.68-79
kullatu(m) II, Tongrube: **18**, ii 19 (KI.GAR)
kullu(m) II, festhalten: D: **32**, Vs. 1' (⌈*ú*⌉-*kal*)
kulūlu, Sims: **12**, Vs. 28' (*ku*-⌈*lu*⌉-*li*)
kummu(m), Heiligtum: **21**, Rs. 28 (AGRUN [= É.NUN][?])
kunukku(m), Siegel: **39**, Rs. 12' ([na4]KIŠIB-[*šu*)
kurbu, Segen: **39**, Rs. 8' (*k*]*ur-bi*)
kurru(m) I, Getreidemaß: **13**, Rs. 19 (GUR); **21**, Vs. 39 (*kùr-ru*)
kurummatu(m), Kost, Verpflegung: **11**, Rs. 11 (ŠUK)
kussû(m), Stuhl, Thron: **9**, iv 20 ([giš]GU].ZA).22 ([giš]GU.ZA). [23].27 ([g]][iš]GU.ZA); **11**, Vs. 38 ([giš⌈]GU⌉.ZA); **13**, Rs. 27 (AŠ.TE); **16-17**, Vs. 21-24.Rs. 44' (jeweils [giš]GU.ZA); **22**, Rs. 25 ([⌈giš⌉]⌈GU⌉.⌈ZA⌉)
kūṣu(m), *kuṣṣu(m)*, Kälte; (Abend)kühle; Winter: **6**, iv 27' (EN. TE.NA); **9**, i [1']; **10**, Vs. [24']
kuštru(m), Erfolg: **16-17**, Vs. 17 (*ana ku-širi* ŠID); **32**, Vs. 5' (*ina la ku-ši-ri*)
kutallu(m), Rücken: **13**, Vs. 33 (*ku-tál-la-šu*)
kūtu(m), *kuttu(m)*, *kutû*, eine Kanne: **5**, ii 19' ([giš]UD.SAL.ḪÚB)

labāru(m), alt werden: Dt: **5**, iii 8' (*ul-tab-bar*).19' (*ul-*[*tab-bar*); **6**, iv [23']; **21**, Vs. 63 (*u*[*l-tab-bar*).Rs. 77 (*ul-tab-ba*[*r*); **22**, Vs. 33 (SUMUN-*b*[*ar*); **55**, ii 16 (*ul-tab-bar*)

labiru(m), *labīru(m)*, *laberu(m)*, *labēru(m)*, alt; (alte) Textvorlage: **11**, Rs. 43' (*la-bi-ri-šú*); **13**, Rs. 46 (SUMUN-*šú*)

labû I, *lebû*, brummen, zischeln: G: **7**, Rs. 5 (*il-bu*).9 (*il-bu-ú*); **11**, Vs. 49 (*il-bu*); **22**, Rs. 17 (*il-bu*)

laḫannu(m), Flasche: **40**, iii 3' (*la-ḫ*[*a-an-nu*/*na*).4' (*la-ḫa-an-*[*nu*/*na*)

laḫtānu(m), Bierbottich: **21**, Rs. 26 (LAḪTAN.MEŠ)

lalû(m) I, Fülle, bestes Mannesalter: **14**, i 7 (*la-li-šu*); **35**, Rs. 3 (L[A-*šú*)

lamāmu, kauen, zerkauen: D: **29**, 4' (*ú-lam*$^{!}$*-ma-a*[*m*)

lamassu(m), weiblicher Schutzgeist: **16-17**, Vs. 71 (^{d}LAMMA); **35**, Rs. 6 (^{d}LAMMA); **39**, Rs. 10' (^{d}LAMMA); **41**, Rs. 2' (^{d}LAMMA)

lapānu(m), arm sein bzw. werden: G: **9**, iii 5' (⸢ÚKU⸣$^{!}$-*in*).iv 30 (ÚKU); **10**, Vs. 1' (ÚK]U); **11**, Rs. [7]; **21**, Vs. 31 (*i-lap-pi-in*).40 (*la-pa-an*).69.73 (ÚK[U-*in*).Rs. 10 (ÚKU).48 (Ú]KU$^{!}$).74 (ÚKU)

lapātu(m), berühren: G: **16-17**, Vs. 10 (TAG).20 (TAG-*su*); **39**, Rs. 6' (*il-pu-ut*)

lapnu(m), arm, Armer: **11**, Rs. 30 (ÚKU)

lâṭu(m), umschlingen: G: **9**, iii 20' (*i-lu-uṭ*); **11**, Rs. 22 (*i-lu-uṭ*); **13**, Vs. 16 (*il*$^{?}$-⸢*uṭ*⸣-⸢*ma*⸣); **16-17**, Rs. 19' (*la-it-ma*)

lawûm, *lamû* II, herumwinden, umkreisen, umzingeln: G: **9**, ii 15' (N[IGIN); **11**, Vs. 7 (NIGIN).56 (NIGIN-*ma*); **14**, iii 10' (NI]GIN).11' (NIGIN); **16-17**, Rs. 12' (NIGIN).23' (NIGIN-*šú*); **28**, Vs. 10 (NIGIN-*ma*)

lemēnu(m), übel, böse sein bzw. werden: G: **9**, ii [16']; **11**, Vs. 8 (Ḫ[UL-*ma*); **15**, i 4' (ḪU]L-*ma*); **60**, Vs. 21' (ḪUL-*ma*)

lemnu(m), übel, böse: **14**, ii 22 (ḪU[L); **18**, v 11' (ḪUL)

lemuttu(m), Böses, Schlechtes, Unglück, Unheil: **7**, Vs. 6' (MUNUS.ḪUL); **9**, ii [19'].iv 1 (MUNUS].Ḫ[UL).16 (MUNUS.ḪUL); **11**, Vs. 11 (⸢MUNUS⸣.⸢ḪUL⸣).Rs. 33 (MUNUS.ḪUL); **13**, Vs. [46].Rs. 11 (ḪUL-*ta*); **15**, i 8' (MUNUS.ḪUL); **16-17**, Rs. 55' (ḪUL-*ti*).56' (ḪUL); **18**, ii 11.13 (jeweils ḪUL-*te*).v 7' (⸢ḪUL⸣); **41**, Rs. 8' (ḪUL-*šú*)

leqû(m) II, nehmen: G: **9**, i [11']; **16-17**, Vs. 34 (TI-*qé*); **18**, v 10'-11 (jeweils ⸢*il*⸣*-te-qú*); **21**, Vs. 61 (ŠU.T[I); **30**, ii 10 (T[I-*qé*); **35**, Vs. 7' (*te-leq-qú*).12' (TI-⸢*qé*⸣); **36**, Vs. [2']
  N: **9**, v 8 (T[I-*qé*).12 (T[I]-*qé*); **12**, Vs. 7' (⸢TI⸣-*qé*).12' (TI-*q*[*é*)

lētu(m) I, *lītu* III, Wange: **10**, Vs. 13' (TE.[M]EŠ-*šú*); **14**, i [14'].iv 8' (TE-[*šú*).9' (TE-*š*[*ú*); **34**, Vs. 6' (TE [Z]AG-*šú*).7' (⸢TE⸣ ⸢GÙB⸣-*šú*)

lēʾu(m), Holztafel: **21**, Rs. 83 (^{giš}LE.U$_5$.UM)

leʾû(m), vermögen; überwinden: G: **16-17**, Rs. 15' (⸢*i*⸣*-le-ʾe*)

libbātu(m), Zorn: **35**, Vs. 13' (*lib-ba-ti-šú*)

libbu(m), Herz, Inneres, Gemüt (siehe auch: *ḫūd libbi*; *lumum libbi*; *nīš libbi*; *pappān libbi*; *rēš libbi*; *ṭūb libbi*): **1-2**, Vs. 8' (ŠÀ.[BI); **5**, iii 7' (*ina* ŠÀ-*šú*/ŠÀ); **6**, v 11' (ŠÀ.BI); **9**, i 9' (*ana* ŠÀ).16' (*ina* ŠÀ).iv 26 (*ina* ŠÀ); **10**, Vs. 9' (*ina* ŠÀ).12' (*ina* Š[À); **11**, Vs. 34 (ŠÀ-*bi*).35 (*ana* ŠÀ).36 (Š[À]-*bi*).37 (*ana* ŠÀ/ŠÀ.BI).42 (*ina* ŠÀ-*šú-nu*).63 (⸢*ana*⸣ ⸢ŠÀ⸣); **13**, Rs. 8 (ŠÀ.BI).9 (ŠÀ.BI); **14**, i 14' (*ina* ŠÀ).16 (*ana* ŠÀ).ii 15 (ŠÀ.BI).17 (ŠÀ).26 (ŠÀ-*šú*); **16-17**, Vs. 32 (ŠÀ.BI).58 (*ina* ŠÀ).Rs. 10' (*ana* ŠÀ).38' (ŠÀ.BI); **18**, ii 10 (*ina* ŠÀ-*šú*).14 (ŠÀ-*šú*).iii 14 (*ina* ŠÀ); **21**, Rs. 77 (ŠÀ); **27**, 15' (*ana* ŠÀ); **28**, Vs. 2.5 (jeweils *ana* ŠÀ).8 (*ina* ŠÀ).12 (*ina*] ⸢ŠÀ⸣).Rs. 2' (*a*]*na* ŠÀ).5'.9'-10' (jeweils *ana* ŠÀ); **30**, ii 6 (*ana* ŠÀ); **31**, Vs. [11'.15']; **32**, Vs. 3' (ŠÀ.BI); **35**, Rs. 5 (ŠÀ); **54**, ii 12' (ŠÀ); **55**, iii 9' (ŠÀ-*š*]*ú*); **58**, Vs. 9' (ŠÀ-*š*[*ú*); **60**, Vs. 19' (ŠÀ-*šú*).20' (ŠÀ.BI)

libittu(m), Ziegel, Lehmziegel: **1-2**, Vs. 13' (S]IG$_4$ ⸢É⸣)

liʾbu(m), eine Krankheit: **55**, ii 22 (⸢*li*⸣*-ʾi-bu* KUR-*i*)

lipû(m), Fett, Talg: **55**, ii 15 (Ì.U]DU)

lišānu(m), Zunge; Nachrede: **13**, Vs. 41 (⸢EME⸣).42-43 (2 EM[E).44-45 (jeweils ⸢EME⸣.II-*šú*); **16-17**, Rs. 12'.20' (jeweils EME); **23**, Vs. 9' (EME); **25**, r. Kol. 6' (⸢2⸣ EME.MEŠ-*šú*)

lītu(m) II, *littu* I, Pl. *lâtu*, Kuh: **12**, Vs. 26' (ÁB.GU$_4$.ḪÁ-*šú-nu*); **35**, Vs. 12' (ÁB.GU$_4$.ḪÁ); **40**, ii 1'.4'.7'.9' (jeweils ÁB).11' (⸢ÁB⸣)

lū, oder: passim

lū ... *lū* (... *lū*), entweder ... oder: **10**, Vs. 11'; **11**, Vs. 23.44; **13**, Rs. 25; **14**, i [13'].18'; **16-17**, Vs. 56.Rs. 35'; **21**, Rs. 80; **28**, Vs. 1.Rs. 6'

lumnu(m), Böses, Unheil: **6**, iv 6' (ḪUL I[GI-*mar*); **7**, Vs. 13' (ḪUL IG[I); **9**, i 12' (ḪUL-*šú*).ii 9' (Ḫ]UL-⸢*šú*⸣).vi 13' (ḪUL-⸢*šú*⸣); **10**, Vs. [15']; **11**, Vs. 2 (⸢ḪUL⸣-⸢*šu*⸣).24 (ḪU]L-⸢*šu*⸣).Rs. 36 (ḪUL); **13**, Vs. 7 (ḪUL); **14**, i [16'].ii 7 (ḪUL-*šú*).12 (ḪUL-*šu*); **16-17**, Vs. 9-10 (jeweils ḪUL); **21**, Vs. 33 (ḪUL).Rs. 54 (ḪU[L).78 (ḪUL/ḪUL-*šú*).81 (ḪUL-*šú*); **31**, Vs. [12']; **35**, Rs. 9 (*lum-ni-šú*); **37**, Vs. 6'.Rs. 6 (jeweils ḪUL-*šú*); **59**, Vs. 7' (⸢ḪUL⸣)
  lumun libbi, Trauer: **16-17**, Vs. 59 (ŠÀ.ḪUL); **22**, Vs. 36 (ŠÀ.ḪUL).Rs. 12 (ŠÀ.Ḫ[UL); **37**, Vs. 4' (ŠÀ.ḪU[L); **49**, Vs. 5 (ŠÀ.ḪUL)

lupnu(m), Armut: **55**, iii 5' (ÚKU$^{!}$)

luppu(m), Ledertasche: **16-17**, Vs. 49 (^{kuš}LU$^{!}$.ÚB)

mādu(m), viel, zahlreich: **1-2**, Vs. 1' (*ma-da*); **16-17**, Rs. 33' (ḪI.A/A.ḪI); **20**, Vs. 3' (*ma*-⸢ʾ⸣*a*⸣-⸢*da*⸣*-tu*$_4$).35 (*ma-at-tu*$_4$).81 (*ma-*[*a*]*t-tu*$_4$); **21**, Rs. [45].63-64 (jeweils *ma-ʾa-du-tu*); **22**, Vs. 14 (*ma-ʾa-da-tu*); **28**, Rs. 10' (*ma-da-tu*).14' (*ma-a-du*)

mâdu(m) I, *maʾādu*, viel, zahlreich sein bzw. werden: G: **16-17**, Vs. 53 (ḪI.A).Rs. 59' (*i-mi-du*); **18**, ii 1.v 17' (ḪI.A); **21**, Vs. 2 (*ma-a-du*).7 (*i-ma-ad*).19 (*i-mi-du*).55 (*ma-a-du*).82 (*i-mi-du-ma*).Rs. 2 (*i-mi-du*).70-71 (*i-mi-du-ma*).72 (*im-i-da*); **37**, Rs. 10 (*ma-ʾa-da*)
  Gt: **21**, Vs. 16.18 (*im-te-du*)

magal, sehr, viel: **11**, Vs. 39 (*ma-gal*); **13**, Vs. 8 (*m*[*a-g*]*al*); **14**, ii [18]; **16-17**, Vs. 53.63 (*ma-gal*).Rs. 26' (*ma-gal*); **18**, v [17']; **21**, Vs. 55-56 (*ma-gal*).[89]

magāru(m), günstig sein bzw. werden: G: **7**, Vs. 14' (ŠE.⸢GA⸣); **9**, i 4' (ŠE.GA).vi 12' (ŠE.⸢GA⸣); **13**, Vs. 13 (ŠE.GA-*at*/*ma-ag-rat*); **21**, Rs. [5]; **35**, Vs. 4' (ŠE.GA)
  N: **55**, iii 4' (*im-ma-gar*-⸢*šu*⸣$^{?}$)

magru, günstig: **55**, iii 8' (⸢ŠE⸣.⸢GA⸣)

maḫāru(m), gegenübertreten; empfangen, annehmen: G: **22**, Rs. 19 (*i-maḫ-ḫar*-⸢*šú*⸣$^{!}$); **37**, Vs. 3' (*muḫ-ri*); **49**, Vs. 2 (⸢*i*⸣*-m*[*aḫ-ḫar-šu*)

maḫāṣu(m), schlagen: G: **9**, iii 8' (*ma-ḫa-ṣi*); **11**, Rs. [10]
  Gt: **20**, Vs. 7' (⸢*im*⸣-⸢*taḫ*⸣*-ṣa-ma*).8' (*im-taḫ-ṣa*-⸢*ma*⸣).9' (⸢*im*⸣*-taḫ-ṣa-ma*).Rs. 10 (*im-taḫ-ṣa-ma*)
  Gtn: **38**, 1. Seite 4' (S]ÌG.SÌG-*ma*)

maḫīru(m), Handel, Markt(wert), Preis: **6**, iv 4' (⸢KI⸣.LAM); **9**, i 2' (KI.LAM); **10**, Vs. [24']; **21**, Vs. 34 (KI.LAM); **61**, Vs. 3 (KI.⸢LAM⸣)

māḫiru(m), Gegner, Rivale: **9**, i 11' (GABA.RI); **55**, ii 18 (GABA.RI)

maḫru(m) II, Vorderseite: **37**, Vs. 15 (*ina ma-ḫar*)

majjālu(m), Schlafstelle (Schreibung KI.NÁ): **5**, ii 10'; **9**, v 5; **12**, Vs. 3'; **18**, iii 10; **20**, Rs. 3.4; **21**, Rs. 53; **22**, Rs. 26-27.[28-29].29; **31**, Vs. 10'-11'; **35**, Vs. 12'

mala I, entsprechend, wie (siehe auch: *mimma mala*): **58**, Vs. 5' (*ma-⸢la⸣*)

malāḫu IV, herausreißen: G: **12**, Vs. 23' (*im-lu-ḫu*$^{?}$)

malû, voll: **16-17**, Vs. 47 (SA$_5$); **21**, Rs. 18 (SA$_5$.MEŠ); **23**, Vs. 4' (SA$_5$); **55**, iii 6' (SA$_5$)

malû, Trauer(haartracht): **22**, Vs. 14 (*ma-la-[a*)

malû(m) IV, voll sein bzw. werden; sich füllen: G: **5**, iii 11'-15' (jeweils SA$_5$); **9**, iii 7' (*i-ma-al-la*); **11**, Rs. 9 (*i-ma-al-la*); **13**, Vs. 8 (SA$_5$); **21**, Vs. 8 (*ma-lu-ú*).Rs. 71 (*ma-lu-ú*); **52**, Vs. 4.6 (jeweils ⸢SA$_5$⸣); **53**, 3' (S]A$_5$.MEŠ)

D: **9**, i 7' (SA$_5$-*ma*); **14**, iii 22' (SA$_5$)

māmītu(m), Eidfluch: **11**, Vs. 43 (NAM.ÉRIM); **14**, ii 20 (NAM. ÉRIM)

mamman, irgendjemand, neg.: niemand: **13**, Rs. 19 (*ma-a*]*m-⸢ma⸣*); **28**, Rs. 7' (*man-ma-an*); **39**, Rs. 14' (*m*]*a-am-ma-an*)

mannu(m), wer? (Fragewort): **16-17**, Rs. 11' (*ma-nu-me-e*)

manû(m) V, zählen, übergeben: G: **11**, Vs. 53 (ŠI]D-*nu*); **16-17**, Vs. 17 (ŠID); **37**, Rs. 1 (ŠID-*n*]*u-⸢ma⸣*).4 (ŠID-*nu*)

manzāzu(m) siehe *mazzāzu(m)*, *manzāzu(m)*

maqātu(m), fallen, herunterfallen; einstürzen: G: 1. Schreibung ŠUB: **9**, iii 5'.iv 4-5.27.v 38'; **10**, Vs. [2'-3']; **11**, Vs. 25.65.Rs. [7].39; **12**, Vs. 3'; **13**, Vs. 40; **14**, ii 6; **16-17**, Rs. 41'; **18**, v 18'; **23**, 2'-6'.7'.8'-9' (jeweils ŠUB-*ma*).10'; **28**, Vs. 10.Rs. 9'

2. Schreibung ŠUB-*at*: **9**, iii 22'; **11**, Vs. 65.Rs. 24.36-37; **16-17**, Rs. 28'; **21**, Vs. 9.79.Rs. 35

3. Schreibung ŠUB-*ma*: **9**, iv 9.10.v 17; **11**, Vs. 24.26.27. 29.33.35.38.46.Rs. 38.40.41; **12**, Vs. 11'.20'-21'; **13**, Rs. 38; **14**, iii 21'; **18**, ii 8-12

4. Schreibung ŠUB-*ut*: **9**, ii [3'.12'].iv 8.16-17.22.25.v 7-8.10.11.12; **10**, Vs. [1'.16'].17'; **11**, Vs. 5.23.36-37; **12**, Vs. 5'.6'.10'.12'.21'.Rs. 1.6; **13**, Vs. 12.13.14.Rs. 31.33-36.38; **14**, i 17'.[18'].ii 1-3.6.11.14; **16-17**, Vs. 3-8.11.15-19.21.25-26.33.34.41.43-48.Rs. 2'.5'.8'; **20**, Rs. 11; **30**, ii 8.11

5. Schreibung ŠUB-*ut-ma*: **9**, iv 6.v 3.5.vi [12'].13'; **13**, Rs. 29.41; **14**, ii 12-13.15-16; **16-17**, Vs. 9.10.20.29.35-40

6. Schreibung ŠUB.MEŠ-*ma*: **16-17**, Rs. 27'-30'. 33'-34'.35'.37'.39'.41'.48'

7. sonst: **11**, Vs. 15.16 (jeweils ŠUB-*šú*); **21**, Vs. 82 (*ma-qa-at*); **28**, Rs. 10' (ŠUB.MEŠ-*ni*); **39**, Vs. 2' (ŠUB-*tu*); **47**, Rs. 7' (*i-ma-q*[*u-tu*)

Gtn: **9**, vi 18' (ŠUB.ŠUB); **11**, Vs. 39 (ŠUB.ŠUB); **13**, Vs. 8 (ŠUB.ŠUB.MEŠ-*ni*); **14**, ii 18 (ŠU]B.[Š]UB-*ut*); **16-17**, Vs. 63.Rs. 7'.26' (jeweils ŠUB.MEŠ-*ni*); **39**, Rs. 12' (*i*]*m-ta-na-qú-ut*)

D: **21**, Vs. 81 (ŠUB-*ut*)

marāṣu(m), krank sein bzw. werden: G: **10**, Vs. 5' (GI]G); **21**, Rs. 52 (G[IG$^{!?}$); **30**, ii [10]

marṣiš, kränklich, gequält: **11**, Vs. 49 (GIG)

marṣu(m), krank, beschwerlich, bitter; Kranker: **10**, Vs. 6'.14' (⸢GIG⸣); Vs. 13 (NÍG.GIG); **13**, Rs. 34-35 (jeweils GIG); **14**, i 16' (GIG); **16-17**, Vs. 33 (GIG); **21**, Vs. 57 (GIG/⸢GIG⸣ ⸢BI⸣).Rs. [35]; **23**, Rs. 4' (GI[G$^{?}$); **28**, Vs. 7 (GIG); **30**, ii 4 (GI[G).[10]

mārtu(m), Tochter: **6**, iv 22' (DUMU.MUNUS-*šú*); **7**, Rs. 9 (DUMU.MUNUS.MEŠ); **8**, Vs. 6 (DUMU.MUNUS É); **16-17**, Vs. 16 (DUMU.MUNUS.MEŠ-*šú*); **35**, Rs. 9 (DUMU].MUNUS TUR).11 (DUMU].MUNUS); **55**, ii 11 (DUMU.⸢MUNUS⸣-*su*)

mārat mārti, Enkelin: **35**, Rs. 13 (DUMU.MUNUS DUMU. MUNUS)

māru(m), Sohn, Kind: **6**, iv 21' (DUMU-*šu*); **7**, Rs. 2 (DUMU).9 (DUMU.MEŠ); **8**, Vs. [5]; **9**, i [2'].iv 13 (DUMU.MEŠ-*šá*); **10**, Vs. [24']; **11**, Vs. 58 (⸢DUMU⸣.MEŠ-*šú*).60 (DUMU.MEŠ-[*šú*).Rs. 42 (DUMU.MEŠ-*šá*); **13**, Rs. 47 (DUMU); **14**, ii 14 (DUMU.MEŠ).iii 18' (DUMU.ME-*ši-na*); **16-17**, Vs. 17 (DUMU-*šú*).31 (DUMU.MEŠ). Rs. 22' (DUMU); **21**, Vs. 64 (DUMU-*šú*).Rs. [85]; **61**, Vs. 1 (DUMU.MEŠ)

maruštu(m) I, Leid (Schreibung NÍG.GIG): **6**, iv 9'.11'; **9**, ii 13'. iii 10'; **11**, Vs. 5.Rs. 12; **13**, Rs. 43; **15**, i 1'; **21**, Vs. 58; **22**, Rs. 25.30; **49**, Vs. 2

masḫatu(m), Röstmehl, Mehl(opfer): **21**, Vs. 16.18-20 (jeweils ZÌ.MA.AD.GÁ)

maṣṣartu(m), Wache: **16-17**, Vs. 21 (EN.NU.UN [u_4-*me*)

maškadu I, eine Krankheit: **35**, Vs. 2' (⸢*maš*⸣-*ka-*[*dù*)

mašqû(m), Wasserstelle: **16-17**, Vs. 45 (*maš-qa-a*)

mašrû(m), *mešrû*, Reichtum: **16-17**, Rs. 18' (⸢NÍG⸣.TUK); **22**, Rs. 5 (NÍG.TUK).21 (NÍG.TUK-*šú*); **61**, Rs. 4' (NÍG. TUK)

maštakal, ein Seifenkraut: **6**, i 8' (^{ú}IN.NU.UŠ)

māšu(m), *maš(š)u* II, Zwilling: **16-17**, Vs. 59 (MAŠ.TAB.BA); **28**, Rs. 14' (MAŠ.⸢TAB⸣.⸢BA⸣.MEŠ)

mašû(m) II, vergessen: Š: **11**, Rs. 50 (*ú-šam*]-*šu-u*)

mātu(m) I, Land (sofern nicht anders angegeben, Schreibung KUR): **6**, iv 2'.3'.10'; **7**, Vs. 13'; **10**, Vs. 6'; **11**, Vs. 21.[22]; **13**, Vs. 17-18.Rs. 4.11; **16-17**, Rs. 25'; **20**, Rs. 9; **22**, Vs. 7-11.14.17-19.26-30; **28**, Rs. 7' (*ma-ti-ma*); **30**, ii 19; **36**, Vs. [2'.5'.7'].8'.[9']; **39**, Vs. 15'.16'; **47**, Rs. [5']

mâtu(m), sterben: G: 1. Schreibung BA.ÚŠ: **10**, Vs. 5'; **11**, Vs. 55.Rs. 50; **14**, i 4.7.9.14'.ii 18.iii 17'; **16-17**, Vs. 36.Rs. 24'; **18**, ii 12; **21**, Vs. 64.65.66.[67]; **22**, Rs. 22; **24**, 10'; **33**, l. Kol. 6'-7'; **41**, Rs. 10'; **55**, ii 7.11; **59**, Vs. 3'

2. Schreibung ÚŠ: **6**, iv [18'.19'.21'.22']; **7**, Vs. 1'.2'. Rs. 7.8; **9**, ii 12'.13'.iii 6'.8'.[19'].iv 18.26.28.31.36.v 4.6.8.11.[15.16].vi 2'.16'; **10**, Vs. 7'.[9'].12'; **11**, Vs. 5.17.[32].39.46.50.62.64.Rs. 8.10.21; **12**, Vs. [4'.11'].12'.17'; **13**, Vs. 15.[37.40]; **15**, i 1'; **16-17**, Rs. 15'-16'.20'; **18**, ii 8-11.v 18'; **20**, Rs. [13]; **21**, Vs. 31.62.Rs. 10.[40-41.43].67.74; **22**, Vs. 15.[25.31].Rs. [29]; **25**, l. Kol. 4'; **27**, 9'.13'; **35**, Vs. 11'.Rs. [3]; **47**, Rs. 5'; **61**, Rs. 4'

3. Schreibung ÚŠ-*ma*: **6**, iv 7'; **9**, iv 27.v [15]; **12**, Vs. [6'].17'.25'; **14**, ii 14; **16-17**, Vs. 56.Rs. 19'; **21**, Vs. 44.55.75.83.88-89.Rs. 25-26; **22**, Vs. 16

4. Schreibung ÚŠ.MEŠ **6**, iv 13'; **7**, Rs. 9; **11**, Vs. 35 (ÚŠ.M[EŠ]); **27**, 12' (ÚŠ.ME[Š)

5. sonst: **9**, iii 8' (⸢*im*⸣-*tu-ut*); **9**, iii 19' (⸢*i*⸣-*mu-ut*); **11**, Rs. [10].21 (*i-mu-ut*); **13**, Vs. 46 (Ú]Š-*ut*).49 (ÚŠ-*ut*).Rs. 1 (ÚŠ-*ut*).2 (Ú]Š-*ut*); **14**, ii 16 (BA.ÚŠ.ME); **16-17**, Rs. 8'-9' (jeweils BA.ÚŠ-*ma*); **22**, Rs. 16 (ÚŠ.[M]E$^{?}$); **39**, Rs. 5' (*im-tu-ut*)

Š: **11**, Vs. 60 (ÚŠ.M[EŠ-*šú*)

maṭû(m) II, gering, weniger sein bzw. werden; schrumpfen: G: **9**, ii 14' (L]AL); **11**, Vs. 6 (LAL-*ṭi*); **12**, Rs. 8 (⸢LAL⸣-*ṭi*); **14**, ii 10 (LAL-*ṭi*); **15**, i 2' (LAL$^{!}$-*ṭi*); **16-17**, Vs. 54 (LAL); **18**, v 16' (LAL); **21**, Rs. 12 (*ma*$^{!}$-*ṭe*$^{!}$-*e*$^{!}$); **53**, 7' (*im-ṭ[ú-ú*)

Maʾutuša, Prozessionsschiff Marduks: **36**, Vs. 4' (^{giš}MÁ. U_5.TUŠ.A)

mazzāzu(m), *manzāzu(m)*, Position: **32**, Vs. [4']

meʾatu(m), hundert: **22**, Rs. 30 (1 ME)

mēlû(m), Höhe: **9**, iv 12 (SUKUD); **11**, Rs. 43 (S]UKUD-⸢*e*⸣); **21**, Rs. 83 (SUKUD-*e*); **37**, Rs. 11 (SUKUD-*e*)

mēlulu(m), spielen: **18**, ii 16 (*im-me-lil-ma*); **20**, Rs. 11 (*im-[me-li]l-*⸢*la*⸣$^{?}$)

mēneštu, Schwäche: **7**, Vs. 12' (*me*]-*niš-ta*$_5$)

mēreštu II, Verlangen, Wunsch: **47**, Rs. 4' (*me-er-eš-t[i*)

mēseru(m), Gefangenschaft: **16-17**, Rs. 35' (*m*]*e-se-ru*); **35**, Vs. 18' (*mi-si-ru*); **49**, Vs. 1 (*me-sír*)

mesû(m) II, waschen: G: **39**, Rs. 9' (*im-su-ú*)

mešrētu, Gliedmaßen, Extremitäten: **9**, iv 28 (⸢Á⸣.<ŠU>.GÌR)

mīlu(m), Hochwasser: **21**, Vs. 11 (ILLU); **28**, Vs. 4 (A.ZI.GA).9 (ILLU).Rs. 9' (A.ZI.GA); **62**, l. Kol. 2' (ILLU)

mīli irti, Erfolg, Stolz: **40**, i 3' (*mi-li* GABA).ii 3' (*mi-li* [GABA)

mimma, irgend etwas; alles: **9**, iv 31-32 (*mim-ma*).33 (*m*]*im-ma*); **11**, Vs. 47 (*mim-ma*); **12**, Vs. 25' (*mim-ma*); **16-17**, Vs. 14.17 (*mìm-ma*); **18**, ii 7 (*mim-ma*); **21**, Vs. 6-7 (*mim-ma*).Rs. [46-49].61 (⸢*mim*⸣-*m[a*); **29**, 4' (*mim-ma*); **30**, ii 10 (*mim-ma*); **35**, Rs. 13 (*mi[m-m]a*)

mimma mala, alles, was: **2**, Vs. 6' (*mim-ma ma-la*); **5**, Vs. 20' (*mim-ma ma-la*)

mimmû, alles, irgend etwas von: **16-17**, Vs. 4 (*mim-mu-šú*).18 (*mim-mu-šu*); **21**, Vs. 59 (*mim*]-*mu-šú*).61 (*mim-[mu-šú*).85.88 (*mim-mu-šú*).Rs. 11 (*mim-mu*).[13].15 (*mim-mu-šú*).21 (*mim*$^{!}$-*m[u-šú*).68 (*mi-im-mu-ú*); **22**, Rs. 13 (⸢*mim*⸣-[*mu*]-*šú*)

mindu II, Quartier (?): **5**, iii 10' (EN *mìn-du*)

miqittu(m), Fall, Niederlage, Heimsuchung: **11**, Vs. 57 (ŠUB-*ti*); **14**, iii 20' (ŠUB-*ti*); **16-17**, Vs. 51 (ŠUB-*tu*$_4$).68 (ŠUB-*ti*); **18**, v 15' (*mi-qit-tu*); **21**, Vs. 10.35 (jeweils RI.RI. GA).36 (ŠUB-*ti*).37.81 (jeweils RI.RI.GA).Rs. 67.70 (jeweils RI.RI.GA); **28**, Vs. 2 (ŠUB-*ti*)

mišertu(m), ein Sandsturm (?): **39**, Vs. 6' (*me-še-er-tu*$_4$)

mišlu(m), Hälfte: **9**, iv 35 (BAR-*šú*); **39**, Vs. 9' (SA_9-*šu*)

mītu(m), tot, Toter, Todgeweihter (sofern nicht anders angegeben, Schreibung ÚŠ): **5**, ii 11'-13' (jeweils *mi-tu*$_4$); **8**, Vs. [1-4].5.6.[7]; **9**, ii 12'.iii 8'.iv 31.[35]; **11**, Vs. [5].39.50.62.Rs. 10; **12**, Vs. 17'; **13**, Rs. 37.40; **14**, ii 18.iii 17'; **16-17**, Vs. 36.54 (*mi-it-tu*$_4$); **18**, v [16']; **20**, Rs. 13; **21**, Vs. 31.Rs. 10.26.[43].74; **22**, Vs. 2.25.31; **39**, Rs. 11' (*mi-tì*)

mû I, Wasser: **9**, i [7'].8' (⸢A⸣ ÍD); **16-17**, Vs. 44.56 (jeweils A); **18**, ii 10 (A.MEŠ); **21**, Rs. 25.80 (jeweils A); **28**, Vs. 3 (A); **30**, ii 7 (A.MEŠ); **37**, Rs. 7 (A.MEŠ)

mūdû(m), wissend: **9**, iii 27' (*la mu-de-e*); **11**, Rs. 29 (*la m*]*u-d[e-e*)

muḫḫu(m), Schädel, Oberseite: 1. im präpositionalen Ausdruck *ina muḫḫi*, auf: **9**, iv 3-4.8.13-16.[17.18.20.27].v 31'; **11**, Vs. 38.Rs. [35.36].42; **12**, Rs. 7.12 (*a*/*ina*] UGU); **13**, Rs. 28 (*ina* ⸢UGU⸣-*šú*); **16-17**, Vs. 50; **18**, v 12'; **21**, Rs. 13; **22**, Rs. 11-13.22; **23**, Rs. 5'; **26**, Vs. 9; **28**, Vs. 6; **30**, ii 15 (*i*/*ana*] UGU); **39**, Vs. 3'; **54**, ii 12'

2. im präpositionalen Ausdruck *ana muḫḫi*, auf: **9**, ii 3'.iii 5', iv 5-7.9.[23].25 (*ana* UGU-*šú*).v 1.2.8; **10**, Vs. [16']; **11**, Vs. [33].35.37.Rs. [7.37.38].39.[40]; **12**, Vs. 6'.Rs. 1-3.5.12 (*a*/*ina*] UGU); **13**, Vs. 12.Rs. 31.33-35.36.38; **14**, i 17'.ii 1.2-3.5.[15-16]; **16-17**, Vs. 11-16.18-19.21-22. 24-27.29-31.33-34.[69]. Rs. 2'-5'.21'.27'.29'.35'; **22**, Vs. [34-38].Rs. 26.[30]; **23**, Rs. 3'-4'; Vs. 6; **30**, ii 15 (*i*/*ana*] UGU); **38**, l. Seite 19'; **39**, Vs. 2'

mukīl rēši, Schutzgeist: siehe **11**, Vs. 38

mukīl rēš lemutti, ein Dämon: **32**, Vs. 2' (⸢SAG⸣.⸢ḪUL⸣.Ḫ[A.ZA)

muraššû, Wildkatze: **22**, Rs. 18 (SA].⸢A⸣.RI).19-20 (jeweils ⸢SA⸣.⸢A⸣.[RI).21 (S]A.⸢A⸣.[RI).22 (S]A.[A.RI).[23-32]

murru I, Myrrhe; ein Aroma: **21**, Rs. 81 (^{šim}ŠEŠ)

murṣu(m), Krankheit: **13**, Vs. 48 (GI[G *da*]*n-nu*).Rs. 34 (GIG-*su*).36 (GIG *dan-nu*); **16-17**, Vs. 26 (GIG).33 (GIG-*su*); **21**, Vs. 61 (GIG); **35**, Vs. 6' (*mu-ru-uṣ* [)

musukku(m), kultisch Unreiner: **39**, Rs. 6' (*m*]*u-su-uk-ka-ta e-ti-iq-ta*$_5$)

muṣaʾʾirānu, Frosch: **39**, Vs. 1' (BIL.ZA.[ZA); **47**, Rs. 15' (BÍL.ZA.ZA)

muṣlālu(m), Mittag, Mittagszeit: **6**, iv 26' (AN.BAR_7)

mušḫuššu(m), eine Schlange, Schlangendrache: **13**, Rs. 11 (MU]Š.ḪUŠ)

mušītu(m), Nacht: **39**, Vs. 10' (*m*]*u-ši-a-te*)

muškēnu(m), Armer (Schreibung MAŠ.EN.GAG): **9**, i [12'].iii 5'.29'.iv 30; **10**, Vs. 1'; **11**, Rs. 7; **35**, Rs. 3

mušlullû, Schlangenmensch: **5**, iii 16' (MUŠ.LÚ.U_{19}.LU)

mūšu(m), Nacht: **10**, Vs. [11']; **14**, i [13']; **16-17**, Vs. 52.68 (jeweils GE_6); **18**, v 7' (GE_6)

mūtānū, Seuche: **22**, Vs. 9 (ÚŠ.MEŠ)

mutḫummu, Gartenfrucht: **37**, Rs. 10 (NÍG.SA.SA.ḪÁ)

muttabbiltu, ein Gefäß: **16-17**, Vs. 61 (*mut-tab-bíl-ti*); **21**, Rs. 13 (*mut-tab-bil-ti*).14 (*mut-tab-bi*]*l-ti*); **47**, Vs. 4' (⸢*mu*⸣-*tab-*⸢*bíl*⸣-*ti*)

mutu(m), Ehemann: **9**, iv 17 (DAM *u* DAM); **10**, Vs. [2']; **11**, Vs. 25.26 (jeweils DAM *u* DAM); **12**, Vs. 25' (⸢DAM⸣-*sa*). Rs. 4 (⸢DAM⸣ *u* DAM); **21**, Rs. 32 (⸢DAM⸣ *u* ⸢DAM⸣); **22**, Vs. [37].Rs. 28 (DAM [*u* DAM)

mūtu(m), Tod: **13**, Rs. 38 (ÚŠ); **21**, Vs. 78 (ÚŠ); **41**, Rs. 7' (*mu-tu*$_4$)

nabāḫu, bellen: G: **22**, Vs. 9 (⸢*im*⸣-*bu-uḫ*).10 (⸢*i*⸣-*nam-bu-uḫ*)

nabalkattu(m), Rebellion: **36**, Vs. 6' (B[AL-*tu*$_4$)

nabalkutu(m) II, überschreiten: N: **27**, 6' (BA]L).7' (BAL); **37**, Vs. 8' (*li-bal-*⸢*kit*⸣)

nābutu(m) II, fliehen: N: **12**, Vs. 18' (Z[ÁḪ); **14**, ii 11 (*i+na-bút*)

nadānu(m), geben: G: **5**, ii 18' (*na-din*); **9**, iv 13 (SUM-*in*); **11**, Vs. 56 (SUM-*in*).Rs. 42 (SUM); **55**, ii [1-11].13 (SU]M-⸢*šú*⸣).14-23 (jeweils SUM-*šú*).iii 4' (⸢SUM⸣-[*šú*).5'-7' (jeweils SUM-*šú*).8' (S]UM-*šú*).9' (SUM-*š*]*ú*)

nadāru(m), wild, rabiat sein: N: **9**, ii 15' (*in-na-dir-ma*).iii 18' (*in-na-dar*).vi 20' (*in-na-ad-ru-ma*); **11**, Vs. 7 (*in-*⸢*na*⸣-*dír-ma*).Rs. 20 (*in-na-dar*$^{!}$)

nadû(m) I, aufgegeben, verlassen: **9**, iii [15'].16' (ŠUB]-⸢*i*⸣). 17' (ŠU]B).iv 35 (ŠUB).38 (ŠU]B); **11**, Rs. [17].18 (⸢ŠUB⸣-⸢*i*⸣).19 (ŠUB-*i*); **21**, Rs. 61 (*na-di-i*)

nadû(m) III, werfen, aufgeben: G: 1. Schreibung ŠUB-*di*: **9**, iv 18; **11**, Vs. 54; **16-17**, Vs. 53.60.63.Rs. 26'; **21**, Vs. 12-15.26.[55-56].64.87.89.Rs. [44]; **22**, Rs. [31]; **27**, 3'; **30**, ii 17; **59**, Rs. 3'

2. Schreibung ŠUB-*e*: **6**, iv 28'; **9**, iii 2'.3'.4'.v [36']; **11**, Vs. 40.51; **12**, Rs. 1; **13**, Rs. 15; **21**, Vs. 2.4.45.54.Rs. 3.14; **42**, Rs. 2'.4'

3. sonst: **4**, 5' (ŠUB-*ma*); **9**, i 9' (ŠUB-*ma*).iv 20 (⸢ŠUB⸣-[*ma*).27.35 (jeweils ŠUB); **11**, Vs. 48 (*id-di*).63-64 (jeweils ŠUB-*šu*).Rs. [4].11 (Š]UB); **15**, i 9' (⸢ŠUB⸣); **16-17**, Vs. 57 (ŠUB É).Rs. 59'.61'.64' (jeweils ŠUB É); **18**, v 17' (ŠUB É); **21**, Rs. 6 (ŠUB É).[36]; **28**, Rs. 14' (ŠUB URU); **30**, ii 12 (ŠUB); **36**, Vs. [4']; **38**, 1. Seite 13' (ŠUB-⸢*ma*⸣)

Gtn: **16-17**, Vs. 51-52.68 (ŠUB.ŠUB-*di*); **18**, v 15' (ŠUB.ŠUB-*di*)

Š: **32**, Vs. 4' (ŠUB.ŠUB)

N: **9**, ii [3'.20']; iii 9' (ŠUB).iii 30' (ŠUB-⸢*di*⸣).iv 7 (ŠUB-*ma*); **11**, Vs. [12].Rs. 31 (ŠUB-*di*); **13**, Rs. 13 (ŠUB-*di*); **14**, ii 19 (Š]UB-*di*).iii 8'.17' (jeweils ŠUB-*di*); **16-17**, Vs. 34 (ŠUB-*ú*); **21**, Rs. 38 (⸢AL⸣!.[ŠUB).69 (*in-na-an-[di*).75 (ŠUB-*di*); **22**, Rs. [3]; **28**, Vs. 7 (Š[UB?).11 (Š[UB).Rs. 5' (Š[UB); **39**, Vs. 10' (ŠUB-*di*).13' (ŠUB-*ma*)

nagāgu(*m*), schreien: G: **22**, Vs. 12 (*i-nam-gag*)

nagāru(*m*) I, Zimmermann: **56**, ii 2' (^{lú}⸢NAGAR⸣).3'-4' (jeweils ^{lú}NAGAR).5' (⸢^{lú}⸣⸢NAGAR⸣)

nagāšu(*m*), hingehen: Gtn: **22**, Vs. 22 (*it-ta-nam-gi-šú*)

naḫāru II, schnarchen: G: **31**, Vs. 18' (*i-iḫ-ḫu-ur*)

naḫāsu(*m*), zurückweichen, zurückgebildet sein bzw. werden: G: **40**, i 6' (⸢*na*⸣*-aḫ-su*)

naḫlaptu(*m*), Gewand: **35**, Vs. 17' (^{túg}GÚ.È-*šú*)

nakāru(*m*) I, fremd, feindlich sein bzw. werden; sich verändern: G: **5**, iii 3' (KÚR-*ir*).10' (KÚR-*ir*); **9**, ii 17' (KÚR-*ma*). iv 29 (*ina-kir*).vi 21' (KÚR-*ir*); **11**, Rs. 36 (KÚ[R-*ir*); **13**, Rs. 21 (KÚR-*ir*).35 (KÚR-*ma*); **14**, iii 18' (*i+na-kir*); **16-17**, Rs. 12' (KÚR-*ir*); **47**, Rs. 5' (KÚR-*m*[*a*)

Gt: **21**, Vs. 86 (*it-ta-kir*)

Gtn: **11**, Vs. 9 (KÚR.KÚR-*ma*); **50**, ii 4' (KÚR.KÚR-⸢*ma*⸣)

D: **5**, ii 10' (*nu-kúr*); **6**, iv 17' (*nu-kúr*); **13**, Vs. 46 (*nu*!*-kúr*); **21**, Rs. 29 (*nu-*[*kúr*)

nakāsu(*m*), abschneiden, zerschneiden: Dt: **11**, Vs. 33 (KUD. ME[Š).34.36 (jeweils *ut-ta-ka-as*); **14**, ii 15 (*ut-ta-ka-as*).17 (KUD.KUD)

nakkamtu(*m*), Vorratshaus; Vorräte: **21**, Vs. 39-40 (jeweils *na*]*-kám-ta-šú-nu*)

naklu, kunstvoll; besonders: **16-17**, Vs. 55 (*na-kíl-tu*)

nakru(*m*), *nakiru*(*m*), Feind, feindlich: **9**, v 16 (⸢KÚR⸣).34' (KÚR); **10**, Vs. 6' (KÚR); **11**, Vs. 53 (KÚR); **12**, Vs. 18'.27' (jeweils KÚR).Rs. [16]; **13**, Vs. 12 (KÚR-*šú*!). Rs. 12 (KÚR); **16-17**, Vs. 23 (KÚR!).Rs. 12' (KÚR SÙ).19' (KÚR-*šu*); **20**, Rs. 9 (K]ÚR); **21**, Vs. 9-10 (jeweils KÚR); **22**, Vs. 7 (KÚR-*šá*); **23**, Rs. 3' (KÚR); **28**, Vs. 10 (KÚR); **58**, Vs. 4' (KÚR-*šú*)

nālu(*m*), *najjalu*, Reh: **55**, ii [10]

nâlu(*m*) I, sich hinlegen: G: **9**, i [14']

namāru siehe *nawāru*(*m*), *namāru*

namburbû, ein Löseritual: **9**, i 10' (NAM.BÚR.BI); **21**, Rs. 78 (NAM.BÚR.BI)

namḫāru(*m*), ein Gefäß: **9**, i 7' (^{dug}*nam-ḫa-ru*)

namkūru(*m*), *namkurru*, Eigentum, Besitz: **16-17**, Rs. 24' (NÍG. GA); **21**, Vs. 5-6 (jeweils NÍG.GA URU); **62**, l. Kol. 6' (N]ÍG.GA)

nammaštû(*m*), Getier: **9**, iii 9' (*nam-maš-t*]*i*); **11**, Rs. [11]

namû siehe *nawû*(*m*) I, *namû*(*m*) II

nanmurtu(*m*), Konfrontation: **21**, Rs. 71 (*na-an-mur-ta-šu-nu*)

napāḫu(*m*), anzünden; zischen: G: **11**, Vs. 50 (BÚN-*uḫ*); **13**, Vs. 20 (*ina-pu-uḫ*)

D: **13**, Vs. 23 (*ú-nap-paḫ*)

Ntn: **39**, Rs. 8' (*it-ta-na-an-pa-aḫ*)

napāṣu(*m*) I, zappeln (?): Gtn: **16-17**, Vs. 9' (*it-tap-pi-iṣ*)

naprušu(*m*) II, fliegen: N: **28**, Rs. 8' (*ip-pár-ša-am-ma*)

Ntn: **16-17**, Rs. 60' (*it-ta-nap-ra-šú*) **21**, Vs. 52 (DAL. DAL-*ma*).Rs. 30.58 (jeweils DAL.DAL).68-69 (jeweils *it-tap-ra-šu*)

napšu(*m*), reichlich, im Überfluß: **9**, i 15' (*nap-šá*)

naqāru(*m*), abreißen, einreißen: G: **12**, Vs. 24' (*iq-qur-ru-ma*)

N: **11**, Vs. 54 (*in-na-*⸢*qar*⸣); **21**, Vs. 8 (*in-na-qar*).[68]. 69 (*ina-qar*).71 (*ina-q*[*ar*).73 (*in-na-qar-ma*).74.87 (jeweils *ina-qar*).Rs. 34 (*ina-*[*qar*)

naqû(*m*), libieren, opfern: **37**, Rs. 2 (BAL-*qí*).7 (BAL)

narbû(*m*), Größe, Pl. Großtaten: **37**, Vs. [11']

narmaku, Badebecken: **21**, Rs. 15 (DU_{10}].⸢ÚS⸣.SA)

narṭabu(*m*), Bierwürze: **16-17**, Vs. 45 (*nàr-ṭa-bi*)

nāru(*m*) I, Fluß: **9**, i 8' (ÍD); **21**, Rs. 80 (ÍD); **28**, Rs. 11' (ÍD); **30**, ii 7 (ÍD); **36**, Vs. [4'].6' (⸢ÍD⸣); **37**, Vs. 8' (⸢ÍD⸣).Rs. 9 (ÍD)

nasāḫu(*m*) I, herausreißen: G: **14**, iii 23' (*i-suḫ*); **33**, l. Kol. 9' (ZI-*aḫ*)

N: **32**, Vs. [4']

nasāku(*m*), flach hinwerfen: G: **58**, Vs. 6' (⸢*is*⸣*-suk*)

našāku(*m*) I, beißen: G: **9**, ii 17' (*iš-š*[*uk-šú*).iii 29' (*iš-šuk-šú*); **11**, Vs. 9 (*iš-šuk-*[*šú*).Rs. 30 (*iš-šuk-šú*); **13**, Rs. 37.40 (jeweils *iš-šuk-šú*); **14**, ii 4 (*iš-šu-uk-šu*).iv 12' (*iš-*[*šuk*)

Gtn: **21**, Rs. 52 (*it-ta-ša-ak*)

našāqu(*m*), küssen: G: **35**, Vs. 19' (*ina-šiq-ma*)

našpaku(*m*), Speicher Vorratskrug: **16-17**, Vs. 47-48 (jeweils Ì.DUB); **18**, ii 12 (Ì.DUB); **21**, Rs. 18-20 (jeweils Ì.DUB)

našû(*m*) II, heben, tragen: G: **9**, iv 32 (⸢ÍL⸣-⸢*ma*⸣).33 (*n*[*a*]-⸢*ši*⸣-[*ma*).34 (*na-*⸢*ši*⸣-⸢*ma*⸣).36 (*na-ši*); **11**, Vs. 19 (*na-š*[*i*).20 (*na-ši-ma*)

N: **9**, iv 38 (ÍL-*ma*); **13**, Vs. 1 (ÍL).2.30 (ÍL-*ma*); **16-17**, Rs. 10' (ÍL-*ma*); **22**, Vs. 14 (⸢ÍL⸣-⸢*ši*⸣); **29**, 2' (ÍL).[3']

natāku(*m*), tropfen: Št: **38**, 2. Seite 14' (*uš-t*]*a-at-ta-ak*)

Štn: **38**, 2. Seite 12' (*uš-ta-*[*na*]*-ta-*⸢*ak*⸣)

nawāru(*m*), *namāru*, hell sein bzw. werden: G: **9**, i 3' (*nam-rat*); **37**, Rs. 7 (ZÁLAG-*ir*); **55**, ii 3 (*i-*ZÁLAG-*i*[*r*)

nawû(*m*) I, *namû*(*m*) II, Steppe: **6**, iv 8' (*n*]*a-me-*⸢*e*⸣)

nazāqu(*m*), niedergeschlagen sein, Kummer haben; knarren: G: **6**, iv [2'].3' (*na-zaq* [KUR).v 4'-5' (jeweils *iz-zi-iq*).12' (⸢*na*⸣*-zaq* ⸢É⸣); **9**, ii [8'].iv 2 (*ina-an-*[*zi*]*q*); **11**, Vs. 1 (*n*]*a-za-*⸢*qu*⸣).Rs. 34 (*ina-an-ziq*); **12**, Rs. 4 (⸢*na*⸣*-zaq*); **13**, Rs. 14 (*na-zaq*).30 (*ina-an-ziq*); **14**, iii 13' (*ina-an-ziq*); **16-17**, Vs. 25 (*ina-*[*an-ziq*).44.49 (jeweils *ina-ziq*); **22**, Rs. 21.23 (jeweils *na-zaq*); **55**, iii 10' (*ina-*[*an*]*-zi*[*q*)

Š: **22**, Rs. 26 (*ú-*[*šá-zaq-šú*)

nazāzu(*m*), grunzen: G: **7**, Rs. 7 (*im-zu-zu*).10 (*i-na-zu-uz*)

Gtn: **20**, Vs. 5' (*it-ta-na-*⸢*sa*⸣*-a*); **22**, Vs. 11 (*i-nam-zu-uz*)

nēberu(*m*), Fähre: **35**, Vs. 14' (^{giš}MÁ.DIRI.GA)

nēmelu(*m*), Gewinn (Schreibung Á.TUK): **9**, vi 15'; **13**, Rs. 17; **16-17**, Vs. 13.15.17.Rs. 16'; **21**, Rs. [4]; **22**, Rs. 10; **35**, Vs. 23'.Rs. 1.14

nēpešu(*m*), Ritual: **37**, Rs. 8 (*né-pe-šam an-na-a*)

nērebu(*m*), Eingang: **3**, Vs. 1' (⸢*ne*⸣-⸢*reb*⸣ K[Á.AN.AŠ.A.AN).2' (*ne-reb* KÁ.A[N.AŠ.A.AN).4' (*ne-reb* KÁ.AN. [AŠ.A.AN); **9**, v 31' (⸢*ne*⸣*-reb* K[Á); **12**, Vs. 28' (*né-re-bi*).Rs. 1-2 (jeweils ⸢*ne*⸣*-reb* KÁ).3 (⸢*ne*⸣-⸢*reb*⸣ *ka-me-e*).5 (*n*[*e-re*]*b* KÁ *ka-me-e*).7 (*n*[*e*]-⸢*reb*⸣ KÁ *ka-me-e*).

12 (*ne-reb*$^!$ KÁ); **13**, Vs. 10 (KU$_4$ KÁ); **21**, Vs. 1 (*ne-⸢reb⸣* KÁ.GAL).2-3 (jeweils *ne-reb* KÁ.GAL).15 (KU$_4$ É ⸢DINGIR⸣$^?$).Rs. 6 (KU$_4$ K[Á.AŠ].⸢A⸣.AN)

nerṭû, *nerdû*, Verfehlung: **5**, iii 11' (NIR.DA); **13**, Vs. 8 (NIR. DA-*a*)

nesû(m) II, sich entfernen: G: **36**, Vs. [9']; **37**, Vs. [9']

nēšu(m) I, Löwe (Schreibung UR.MAḪ): **5**, ii 20'; **6**, iv 16'.17'; **11**, Vs. 22; **47**, Rs. 6'; **55**, ii 18

nezû, verspritzen, koten: G: **20**, Vs. 15' (*iz-z[i*); Rs. 4 (*iz-[zi*); **22**, Rs. 10 (*i-⸢te⸣-ez-zi*).13 (*iz-zí*)

niāku(m), *nâku*, illegitimen Geschlechtsverkehr haben: Gtn: **11**, Vs. 49 (*i]t-ta-na-⸢a⸣-a-ku*); **20**, Vs. 10' (*it-ta-na-a-[a-ku*). Rs. 10 (*it-[ta-na-a-a-ku*$^?$)

nīdi ṭēmi, *nīd ṭēmi*, Kleinmut: **5**, ii 8' (*ni-di [ṭē-mi*)

nignakku(m), *nignaqqu(m)*, Räuchergefäß: **21**, Rs. 81 (NÍG.NA)

nikpu(m), Stoß: **10**, Vs. 7' (*ni-kip* ⸢GU$_4$⸣)

nindabû(m), *nid(a)bû*, Brotopfer: **13**, Rs. 1-2 (NIDBA-*šú*); **21**, Vs. 17 (NIDBA); **30**, ii 16 (NIDBA).18 (NID[BA)

nīqu(m), *niqû(m)*, Opfer: **37**, Vs. 3' (BAL KAŠ.SAG)

Nisannu(m), *Nisanu(m)*, der 1. Monat des babylonischen Kalenders (Schreibung ^{iti}BÁRA): **7**, Vs. 5'; **10**, Vs. [1'-7'.11']; **14**, i 11'.12'.13'

nissatu(m), Wehklage, Jammer: **3**, Vs. 5' (SAG.PA.LAGAB); **22**, Vs. 1 (⸢SAG⸣.PA.LAGAB)

niṣirtu(m), Geheimnis: **13**, Rs. 45 (*ni-ṣir-ti*)

nišū, Leute: **9**, i [2'].v 16 (UN.M]EŠ-⸢*šú*⸣); **10**, Vs. [24']; **11**, Vs. 18' (UN.MEŠ-*šú*); **13**, Vs. 17 (UN.MEŠ); **14**, iii 18' (UN.MEŠ)

nīš libbi, Begierde, sexuelle Erregung: **35**, Vs. 23' (*ni-iš* ŠÀ)

niziqtu(m), Trauer: **5**, ii 22' (*ni*]-*zíq-tu*$_4$); **10**, Vs. 17'-23' (jeweils *ni*$_5$-*zíq-tu*$_4$); **11**, Vs. 52 (*ni-ziq-tu*$_4$); **16-17**, Vs. 3.27' (jeweils *ni-zíq-tu*$_4$); **22**, Rs. 2 (*ni-[ziq-ta*).6 (*ni-[ziq-tu*$_4$). 8 (*ni-z[iq-tu*$_4$).11 (*n*]*i-ziq-[tu*$_4$)

nukuššû, *nukušû*, Türzapfen: siehe **26**, Vs. 7-8 (Ù.SAG)

nūnu(m) I, Fisch: **25**, r. Kol. 3'-7' (jeweils KU$_6$); **39**, Vs. [5'].6'-7' (jeweils ⸢KU$_6$⸣).8'-9'.11'-14'.16' (jeweils KU$_6$); **47**, Rs. 16' (KU$_6$)

nuppulu I, zertreten (?): **16-17**, Vs. 64 (*nu-pùl-tu*)

nūru(m), Licht; Lampe: **20**, Rs. 5 (*nu-ú-ri*); **28**, Vs. 5 (ZÁLAG)

paḫāru(m) I, Töpfer: **39**, Vs. 3' (BÁḪAR$^!$)

paḫāru(m) II, sich versammeln, ansammeln: G: **14**, ii 14 (NIGIN. MEŠ); **16-17**, Rs. 24' (NIGIN-*ru*); **21**, Rs. 51 (*paḫ-ru*)

Dt: **21**, Vs. 21 (*up-taḫ-ḫi-[ru-m]a*$^?$), 83 (*up-taḫ-ḫa-ru-ma*)

palāḫu(m), (sich) fürchten: G: **39**, Rs. 7' (*i-pa-la-aḫ*)

palāsu(m), hinsehen: N, ansehen: **13**, Vs. 17 (IGI.BAR).21 (IGI-*su*)

palāšu(m), durchbohren; einbrechen: N: **16-17**, Rs. 49' (GAM-*aš*); **21**, Vs. 86 (BÙR$^!$-*aš*)

palgu(m), Kanal: **27**, 6' (PA$_5$)

palû(m), Amtsperiode, Regierung(szeit): **6**, iv 10' (BAL-*e*)

pānu(m) I, Vorderseite; Pl. Gesicht: **9**, ii 14' (*ana* IGI).iv 13 (IGI.MEŠ-*šá*).v 3 (IGI).vi 12' (*ana*] ⸢IGI⸣).14' (⸢*ana*⸣ IGI).15' (*ana* IGI); **10**, Vs. [17']; **11**, Vs. 6.13.41.65 (jeweils *ana* IGI).Rs. 42 (IGI.MEŠ-*šá*); **13**, Vs. [13].32 (IGI).33 (*ana* IGI).Rs. 5-7.10.43 (jeweils *ana* IGI); **14**, i 18' (*ana* IGI).ii 10 (*a-na* IGI).iii 15' (*ana* IGI).23' (IGI.MEŠ-*šú*).iv 17' (IGI.MEŠ-*š[ú*); **16-17**, Vs. [5].Rs. 21'.23' (jeweils *ana* IGI-*šú*).28' (*ana* IGI); **18**, ii 3-4.11 (jeweils *ana* IGI); **22**, Rs. 10 (*ana* IG[I); **23**, Vs. 5'-6' (jeweils IG]I).7' (IGI); **28**, Rs. 12' (*ina pa-an*); **30**, ii 4 (*ana* IGI-*šu*); **34**, Vs. 2' (IGI.MEŠ-*š[ú*).4' (IGI.MEŠ-*šú*).5' (IG[I]$^!$.MEŠ-*šú*); **35**, Vs. 9' (IGI-*šú*).12' (IGI); **36**, Vs. 9' (IGI-*š]á*); **38**, 1. Seite 8' (*ana* IGI-*šú*).12' (*a*]*na* IGI-*šú*).13'-14'.16'-17' (*ana* IGI-*šú*).18' (*ana* ⸢IGI⸣).19'-20' (*ana* IGI); **40**, iii 5' (*ana* IGI)

papāḫu(m), Cella: **3**, Vs. 11' (⸢^{é}⸣⸢PA⸣$^!$.⸢PAḪ⸣$^!$)

papān libbi, Bauchwölbung: **31**, Vs. 15' (*p[a-pa-an* ŠÀ-*šú*); **54**, ii 21' (*pa-pa-an* ŠÀ)

parādu(m) I, erschrecken: Dtn: **5**, ii 3' (*up-ta-⸢na⸣-[ra-ad*).6' (*up-ta-na-ra-ad*).12' (*up-ta-na-rad*); **8**, Vs. 3 (*up-ta-nar-[rad*); **11**, Vs. 54 (*up-ta-nar-rad*)

parakku(m), Kultsockel; Heiligtum: **5**, iii 4'-10' (jeweils BÁRA); **13**, Vs. 11 (*pa-rak-ki*); **21**, Vs. 13 (BÁRA)

parāku(m), sich quer legen: G: **11**, Vs. 13.41 (jeweils GIB); **12**, Rs. 7 (*ip-rik*); **13**, Vs. 10 (GIB).Rs. 5-9 (jeweils GIB).10 (GIB.MEŠ).14 (*ip-rik*); **18**, ii 3.11.19 (jeweils GIB); **21**, Vs. 21 (GIB); **35**, Vs. 3' (*ip-rik-ma*); **38**, 1. Seite 8'.11'-13' (jeweils GIB); **46**, 1'-2' (jeweils ⸢GIB⸣)

Gtn: **9**, ii [14'].iii 10' (*ip-ta-na-r*]*ik*); **11**, Vs. 6 (*ip-t[a-na-rik*); **14**, ii 10 (*ip-ta-na-ar-rik*).iii 15' (GIB.GIB)

parāru(m), sich ablösen: D: **9**, iv 6 (*ú-⸢par⸣-⸢ri⸣-ir-šú-nu-ti*).7.9 (jeweils *ú-par-ri-ir-šú-nu-ti*); **11**, Rs. 38 (*ú-par-ri-ir-šú-nu-ti*).40 (*ú-par-ri-⸢ir⸣-⸢šú⸣-nu-ti*)

parāsu(m) I, trennen, versperren: G: **9**, v [31'.33']; **12**, Vs. 29' (⸢TAR⸣-[*u*]*s*).Rs. 13 (TAR-*us*).[15]; **21**, Vs. 1 (TAR-⸢*as*⸣).30 (TA]R-*as*); **39**, Rs. 12' (*ip-r*]*u-us-ma*).13' (*ip-ru-u*]*s-ma*)

D: **65**, ii 5' (*ú-par-ri-su*).6' (*ú-par-⸢ri⸣-⸢su⸣*)

N: **9**, iv 8-9.11 (jeweils TAR.MEŠ); **10**, Vs. [2']; **11**, Vs. 23 (TAR.MEŠ).30 (⸢TAR⸣.MEŠ).Rs. 39 (TAR.[MEŠ). [40-41]; **13**, Vs. 20.Rs. 1 (jeweils TAR-[*as*); **14**, ii 11.iii 16' (jeweils TAR.MEŠ); **21**, Vs. 3 (TAR-*s[a*]).16-17.20 (jeweils TAR-*as*).[53].84 (TAR-*as*).Rs. [2.27-28.59].68 (TAR-[*as*)

parû III, sich erbrechen: G: **22**, Vs. 23-24 (jeweils *ip-ru*)

Gtn: **19**, Rs. 5 (*i*]*p-ta-nàr-*⸢x⸣); **22**, Vs. 25 (⸢*ip*⸣-*ta-nàr-ru*).Rs. 22 (*ip-ta-nar-⸢ru⸣*)

pašāqu(m), eng, beschwerlich sein bzw. werden: Št: **10**, Vs. 13' (*ul-ta-nap-šá-a[q-ma*); **14**, i 15' (*uš-ta-pa-šaq-ma*).iii 12' (*uš-ta-pa-šaq-ma*)

pašāru(m), lösen: G: **7**, Rs. 13 (BÚ]R)

pašāšu(m), salben, einreiben: G: **35**, Vs. 12' (ŠÉŠ-*ma*)

pašāṭu(m), tilgen: G: **11**, Rs. 48 (*ta-pa-šiṭ*)

paššūru(m), Tisch: **16-17**, Vs. 25-28 (jeweils ^{giš}BANŠUR); **21**, Rs. [51]

patālu(m), drehen, wickeln: G: **16-17**, Rs. 6' (*pat-lu-ma*)

paṭāru(m), lösen: G: **16-17**, Rs. 19' (DU$_8$-*šú-nu*-<*ti*>).20' (DU$_8$.MEŠ).25' (DU$_8$].MEŠ).27' (DU$_8$.MEŠ).28'-32' (jeweils DU$_8$.MEŠ-*ma*).33'-34' (jeweils DU$_8$.MEŠ). [35'].36'-37'.39'-40' (jeweils DU$_8$.MEŠ).48' (DU$_8$. MEŠ).58' (D]U$_8$-*ma*); **18**, v 4' (DU$_8$); **21**, Rs. 81 (DU$_8$-*šú*); **22**, Rs. 13 (DU$_8$-*su*)

N: **7**, Rs. [6].10 (DU$_8$); **9**, i 12' (DU$_8$).ii [19']; **10**, Vs. [15']; **11**, Vs. 11 (DU$_8$-*ár*).24 (⸢DU$_8$⸣-*i[r*); **13**, Vs. 2 (DU$_8$-*á[r*$^?$), **14**, i [16'].ii 12 (DU$_8$-*ir*); **15**, i 8' (⸢DU$_8$⸣-⸢*ar*⸣); **21**, Vs. 39 (*ip-[paṭ-ṭar*]

pelû(m) I, rot: **21**, Vs. 60 (*pe-lu-tu*$_4$)

pelû(m) II, Ei: **9**, iv [18].27 (N[UN]UZ-*šú*); **29**, 9' (⸢NUNUZ⸣)

peṣû(m) I, weiß: **20**, Vs. 3' (BABBAR.MEŠ); **21**, Vs. 57 (BABBA[R.ME(Š)$^{?}$).58.69-73 (jeweils BABBAR. MEŠ).78 ([BABBAR].MEŠ).79 (BABBA]R.MEŠ). [88]; **22**, Vs. 26 (BABBA]R); **26**, Vs. 1.4 (BABBAR); **39**, Vs. 11' (BABBAR)

petû(m) I, geöffnet; entjungfert: **32**, Vs. 9' (*pe-ti-t*]*i*).10' (*pe-t*]*i-ti*)

petû(m) II, öffnen: G: **11**, Vs. 56 (*ana* BAD-*ti*); **21**, Vs. 78 (BAD-*te*).Rs. [42].43 (⸢*pé*⸣-⸢*tu*⸣-⸢*ú*⸣); **32**, Vs. 4' (BAD.MEŠ]-⸢*ma*⸣).5' (BAD.ME]Š-*a*).7' (BAD).10' (⸢*pe*⸣-*ti-a-ma*)

Gtn: **21**, Vs. 84 (*it-te-né-ep-ti*).Rs. 44 (*it-t*]*e-né-ep-ti*).45 (*i*]*t-te-né-ep-ti*); **55**, iii 9' (BAD-[*šú*)

D: **38**, 2. Seite 11' (*ú-pa-at-t*[*a*).12' (*ú-pa-at-ta*)

pilšu(m), Loch: **21**, Vs. 86 (BÙR).Rs. 79 (*pi-il-ši-šú-nu*)

pirištu(m), Geheimnis: **13**, Rs. 45 (AD.ḪAL)

pisannu(m) I, *pišannu(m)* I, Kasten, Korb: **16-17**, Vs. 41-42 (jeweils ^{gi}PISAN NINDA)

pisiltu(m), Fehlschlag: **13**, Vs. 14 (⸢*pí*⸣-*is-la-tu*); **16-17**, Vs. 10 (*pí-is-la-at*)

piṣallurtu, *piṣalluru*, *pizallurtu*, *pizalluru*, Gecko: **39**, Vs. 2' (MUŠ.DÍ]M.⸢GURUN⸣.⸢NA⸣)

pitiltu(m), Seil, Strick: **16-17**, Rs. 6' (ŠU.S[AR)

pû(m) I, Mund, Maul: **9**, i 16' (KA-[*š*]*u*).iv 33-34 (jeweils KA-*šú*).35 (KA).36 (KA-*šú*); **11**, Vs. 19 (K[A]-*šú*).20 (⸢KA⸣-*šú*); **13**, Vs. 1 (KA-*šú*).2 (KA-*šu*).Rs. 44 (*pi-i*); **18**, v 15' (K]A-⸢*šu*⸣$^{?}$); **21**, Rs. 83 (*ki-i* KA); **32**, Vs. [1'].4'.6' (KA-*šú*).7' (KA)

puḫpuḫḫû, *puḫpuḫḫu*, Gezänk: **1-2**, Vs. 9' (*pu-uḫ-p*[*u-uḫ-ḫu-ú*); **5**, ii 17' (*pu-uḫ-pu-ḫu-u*)

puḫru(m), Versammlung: **10**, Vs. [3']; **14**, iii 7' (UKKIN-*ši-na*)

purādu(m), Euphrat-Karpfen: **39**, Vs. 15' (SUḪUR^{ku_6})

purīdu(m), Oberschenkel; Schoß (Schreibung PAP.ḪAL): **9**, ii 12'; **11**, Vs. 5; **16-17**, Rs. 13'; **20**, Rs. 12

purqidam, auf dem Rücken: **31**, Vs. 12' (*pur-qí-d*[*am*$^{!}$)

purussû(m), (rechtliche) Entscheidung: **39**, Rs. [12'-13']

pušqu(m), Not: **9**, vi 14' (PAP.ḪAL); **10**, Vs. 15' (PAP.ḪA[L); **14**, iii 10' (*pú-uš-qí*); **16-17**, Rs. 13'.56' (jeweils PAP. ḪAL); **28**, Vs. 13 (*pu-uš-q*]*a*$^{?}$)

pūtu(m), Stirn: **16-17**, Vs. 20 (*a-na pu-ut*)

qabaltu(m), Mitte: **13**, Rs. 19 (*qab-lat*)

qablītu(m), Mittleres, Rumpf; mittlere Nachtwache: **6**, iv 24' (EN.NUN.⸢MURUB$_4$⸣.BA); **54**, ii 16' (MURUB$_4$-*ti*)

qablu(m) I, Mitte: **5**, iii 8' (MURUB]$_4$); **7**, Vs. 3' (ÍB); **9**, v 3.7 (jeweils MURUB$_4$); **10**, Vs. [2'-3']; **11**, Vs. 25-26 (jeweils MURUB$_4$); **12**, Vs. 5' (MURUB]$_4$).22' (MURUB$_4$); **13**, Vs. 17 (MURUB$_4$); **23**, Vs. 13' (MU]RUB$_4$); **26**, Vs. 10 (MURUB$_4$); **28**, Rs. 4' (M]URUB$_4$); **36**, Vs. 7' (MURU]B$_4$-*šá*); **38**, Rs. 13' (*ana* MURUB$_4$-*ši-na*); **40**, iii 1' (MU[RUB$_4$).2' (MURUB$_4$); **52**, Vs. 3 (*ina* MURUB$_4$)

qabû(m) II, sprechen, sagen: G: **13**, Rs. 28 (*iq-bu-šum-ma*); **16-17**, Rs. 11' (*i-qab-be*); **35**, Rs. 12 (DUG$_4$.GA); **39**, Rs. 13' (*iq-ta-bi*); **55**, iii 4' (DU[G$_4$.GA-*ma*)

qalālu(m) I, leicht, wenig, minderwertig, gering geachtet sein bzw. werden: G: **6**, v 3' (*iq-li-la*); **13**, Rs. 5 (*i-qal-lil*)

qalû(m) II, verbrennen: G: **35**, Vs. 17' (⸢*i*⸣-*qal-lu-ma*)

qanānu(m) I, Nest bauen, nisten: G: **9**, v 9 (*iq-nun-ma*); **12**, Vs. 8' (⸢*iq*⸣-<*nun-ma*>); **26**, Vs. [9-10]; **28**, Vs. 3-4 (jeweils *iq-nun*).8 (*iq-n*[*un*); **30**, ii 6, 14.16-17 (jeweils *iq-nun*)

qanû(m) I, Rohr, Röhricht: **28**, Vs. 3 (^{giš}GI); **29**, 2' (GI)

qan šalāli, ein Rohr: **9**, i [9'] (GI.ŠUL.ḪI)

qaqqadu(m), Kopf: **9**, ii [10'].iii [14']; **10**, Vs. [13']; **11**, Vs. 3 (SAG.DU-*s*[*u*).12 (S]AG.DU).14 (SAG.DU).Rs. [16]; **12**, Vs. 19' (S]AG.⸢DU⸣).20' (SAG.⸢DU⸣-*šá*).23' (S[A]G.DU-*su*); **13**, Vs. 20 (SAG.DU-*su*); **14**, i [14']. ii 8 (SAG.DU-*su*).iv 14' (SAG.DU-*s*[*u*); **16-17**, Rs. 2'-5' (jeweils SAG.DU.MEŠ-*šú*); **25**, r. Kol. 4' (⸢SAG⸣. DU).5' (2 SAG.DU); **39**, Vs. 7'-8' (jeweils SAG. DU.MEŠ-*šú*); **52**, Vs. 3 (SA[G.DU).4 (SAG.DU.BI)

qaqqaru(m), Erde, Erdboden: **6**, iv 7' (KI); **12**, Vs. 21' (KI); **13**, Rs. 18.29 (jeweils KI); **16-17**, Vs. 13 (⸢KI⸣).Rs. 4' (KI); **32**, Vs. 11' (K]I).[12'-13']; **39**, Vs. 9' (*qá-qá-r*[*i*).14' (*qá-qá-ri*)

qarāru, sich schlängeln, sich winden, sich ängstlich verkriechen: G: **18**, ii 20 (*iq-ru-ur*)

N: **9**, iv 25 (*iq-qa*-⸢*ri*⸣$^{?}$-⸢*ru*⸣$^{?}$)

Ntn: **9**, vi 19' (*it-ta-naq-ra-ar-ru*)

qarītu(m) I, Kornboden, Speicher: **23**, Vs. 3' (ÉSAG SÙ).4' (ÉSAG SA$_5$); **46**, 4'-5' (jeweils ÉSAG BI)

qarnu(m), Horn: **6**, iv 31' (SI); **38**, 1. Seite 3' (SI.ḪÁ).14' (SI ⸢GU$_4$⸣); **41**, Rs. 4' (SI-*šú*/SI)

qarnû, gehörnt: **13**, Rs. 17 (MUŠ SI)

qatānu(m), schmal sein bzw. werden: G: **50**, ii 7' (SIG-*un*)

qātu(m), Hand (siehe auch: *šunam(e)rimmakku*): **6**, iv [8']; **7**, Vs. 7'-8' (jeweils ŠU); **9**, iii 20' (ŠU KUR-*su*).vi 9' (ŠU-*šú*); **11**, Rs. 22 (ŠU KUR-*su*); **16-17**, Vs. 14 (ŠU-*su* KUR-*ad*).15-16 (jeweils ŠU NA).Rs. 19' (ŠU KÚR-*šu*); **21**, Rs. 45 (Š[U KUR-*su*).64 (ŠU KUR-[*su*); **31**, Vs. 15'.17' (jeweils ŠU.MEŠ-*šú*); **35**, Vs. 20' (ŠU-⸢*su*⸣).Rs. 13 (Š[U-*su*); **39**, Rs. 9' (ŠU.II-*šú*); **41**, Rs. 6' (ŠU); **49**, Vs. 6 (ŠU).8 (ŠU-*s*[*u*)

Spezifische 'Hände': **7**, Vs. 3'.4' (jeweils ŠU ^{d}*Iš*$_8$-*tár*).9' (ŠU ^{d}[).10'-14' (jeweils ŠU ^{d}*Iš*$_8$-*tár*).Rs. 2 (ŠU ^{d}[).3 (ŠU ^{d}*Iš*$_8$-*tár*).4 (ŠU DINGIR-*šu*).5-6 (jeweils ŠU ^{d}*Nin-gír-su*).7 (ŠU ^{d}*Gu-la*).8 (ŠU ^{d}*Nin*-É-NIM-MA).10 (ŠU ^{d}*Iš-tár ša* AN-*e*).11 (ŠU ^{d}IŠKUR).12 (ŠU ^{d}XXX).13 (ŠU ^{d}IŠKUR); **10**, Vs. [4' (ŠU ^{d}AMAR.UTU)]; **11**, Vs. 43 (ŠU DINGIR-⸢*šu*⸣).Rs. 50 (ŠU ^{d}⸢AG⸣); **13**, Rs. 32 (ŠU LUGAL); **16-17**, Rs. 23' (ŠU ^{d}UTU); **20**, Rs. 12 (ŠU DINGIR/ŠU L[UGAL); **22**, Rs. 15 (ŠU DINGIR-[*š*]*u*).16 (ŠU DINGIR URU-*šu*).17 (ŠU ^{d}UTU); **31**, Vs. 9' (ŠU *Iš*$_8$-*tár*); **35**, Vs. 16' (ŠU DINGIR/ŠU LUGAL); **55**, iii 7' (ŠU MAN)

qatû(m) II, beenden: G: **21**, Vs. 11 (*i-qat-ti*$^{!}$)

qebēru(m), begraben: N: **6**, iv 7' (*iq-qe*[*b-bir*)

qerbēnu(m), innen: **11**, Vs. 45 (*qer-bé-nu*)

qerbu(m) II, Mitte, Inneres; Pl. Eingeweide: **6**, vi 7' (⸢*qé*⸣-*reb*); **9**, i [1']; **10**, Vs. [24'!]; **48**, Rs. 2' (Š[À.MEŠ).3'-4' (ŠÀ.M[EŠ).5' (*qer-bé-*[*šú*$^{?}$)

qerēbu(m), sich nähern, herantreten: G: **37**, Vs. 7' (*iq-ri-ba*)

D: **28**, Vs. 12 (*ú-qar-ri-*[*ba*)

qerītu(m), Gastmahl: **5**, ii 17' (*qé-re-ti*); **31**, Vs. 4' (*qé-*[*re-e-ti*)

qibītu(m), Ausspruch, Befehl: **13**, Vs. 13 (*qí-bit-su*); **37**, Vs. 6' (⸢*qí*⸣-*bi-ti-ku-nu*)

qinnu(m), Nest; Familie: **6**, iv 12' (*ina qin-ni-šu*); **9**, v 9 (*qin-na*); **12**, Vs. 8' (⸢*qin*⸣-<*na*>).16' (*qin-ni*); **28**, Vs. 3-4.8 (jeweils Ú.KI.SÌ.GA); **30**, ii 6.14.16 (jeweils *qin-na*)

qīpūtu(m), Verwaltung; mit Ämtern betraute Personen: **13**, Rs. 26 (*qí-pu-tú*)

qīštu(m), Geschenk: **16-17**, Vs. 43 (NÍG.BA)
qītu, Ende: **5**, ii 9' (*qi-ti* u_4*-m*[*i*]); **31**, Vs. 16' (*qí-ti*)
qû(m) I, Faden: **11**, Vs. 35 (⸢GU⸣-⸢*e*⸣); **14**, ii 16 (GU-*e*)
qutru(m), Rauch: **37**, Vs. [10']

rabāṣu(m), sich lagern: G: **9**, iii 24'.26' (jeweils NÁ-*iṣ*).iv 13 (NÁ-*iṣ*).v 9 (N[Á]-⸢*iṣ*⸣); **11**, Vs. 17 (NÁ-[*iṣ*).20 (NÁ-*iṣ*).38 (NÁ-⸢*iṣ*⸣).Rs. 26.28 (jeweils NÁ-*iṣ*).[32].35 (NÁ-*iṣ*).42 (N[Á]-*iṣ*); **12**, Vs. 8' (NÁ-[*iṣ*); **13**, Vs. 7 (*ina* NÁ).47 (*ir*]-⸢*bi*⸣-⸢*iṣ*⸣).48 (*ir-bi-iṣ*); **16-17**, Vs. 23-24.27-29.31-32.42.49 (jeweils *ir-bi-iṣ*); **20**, Rs. 3 (⸢NÁ⸣-[*iṣ*); **22**, Rs. 11 (*ir*-⸢*bi*⸣-⸢*iṣ*⸣).12 (*ir*-[*bi-iṣ*).25 (N]Á-*iṣ*)
rābiṣu(m), Lauerer, ein Dämon: **55**, ii 9 (MA]ŠKIM)
rabû(m) I, groß: **16-17**, Vs. 11 (GAL); **21**, Vs. 10 (GAL).50-51.70 (jeweils GAL.MEŠ).Rs. 57 (⸢GAL⸣.MEŠ)
radādu, verfolgen: G: **12**, Vs. 22' (*ir*-⸢*du*⸣-*du-šú-ma*)
raḫāṣu(m) I, überschwemmen, verwüsten: G: **7**, Rs. 11 (^{d}IŠKUR R]A-*iṣ*); **22**, Vs. [19]
rakābu(m), fahren, reiten: Gt, einander begatten: **13**, Vs. 9 (*ir-ta-ka-bu*); **14**, iii 17' (*ir-tak-ka-bu*); **16-17**, Rs. 20' (U_5).25' (U_5.MEŠ)
ramāku(m), waschen, baden: G: **9**, i 10' (TU_5*-ma*); **30**, ii 7 (*i-ra-muk*)
ramāmu(m) I, brüllen; stöhnen: G: **11**, Vs. 22 (*i-ra*[*m-mu-u*]*m*); **31**, Vs. 20' (*i-r*]*a-mu*-⸢*um*⸣)
ramānu(m), selbst: **11**, Vs. 18 (*ra-man-šú*); **21**, Vs. 38 (*r*]*a-ma-an-šu-nu*)
rapāsu(m), schlagen: G: **9**, iv 2 (*ir-pis-su*), **11**, Rs. 34 (*ir*]-⸢*pis*⸣-[*su*)
rapāšu(m), breit sein bzw. werden; anwachsen: D: **11**, Vs. 56 (DAGAL-*iš*); **13**, Rs. 2 (DAGAL-[*iš*).4 (DAGAL-*eš*); **45**, Vs. 2' (DAGA[L)
rapšu(m) I, breit: **21**, Vs. 21 (DAGAL.LA)
raqādu(m), hüpfen: Gtn: **18**, ii 14 (*ir-da-na-qu-ud*)
raqqu(m) II, Schildkröte: **47**, Rs. 8' (⸢BA⸣.AL.GIM^{ku6})
rašû(m) I, bekommen (einige der durchweg logographisch geschriebenen Belege könnten auch zu *išû* „haben" zu stellen sein): G: **5**, iii 6' (TUK-*š*]*i*).10' (TUK-*ši*).16'-17' (jeweils TUK-[*ši*); **7**, Vs. 9' (⸢TUK⸣); **9**, i 11' (TUK-*ši*).17' (TUK-⸢*ši*⸣).ii [18'].iii 28' (TUK-*ši*).29' (⸢TUK⸣-*ši*); iv 3 (TU[K-*š*]*ú*).15 (TUK-*šú*).24 (T]UK-*ma*).v 15 (TUK); **11**, Vs. 10 (TUK-*ši*).38 (⸢TUK⸣-⸢*ši*⸣).Rs. 29 (TUK-[*ši*); **12**, Vs. 17' (TUK).29' (TUK-*ši*); **13**, Vs. 26.Rs. 17 (jeweils TUK-*ši*); **14**, ii 23 (TUK-*ši*!); **15**, i 7' (TUK-*ši*); **16-17**, Vs. 15.17 (jeweils TUK-*ši*).[19].59 (TUK-*ši*).Rs. 16'.18'.22'.36'(jeweils TUK-*ši*); **18**, ii 17 (TUK-*ši*); **21**, Rs. [4.61]; **22**, Vs. [1.30.32].Rs. [1.5].10 (TU[K-*ši*).18 (TU]K-*ši*).21 (TUK-*ši*); **32**, Vs. [2']; **33**, 1. Kol. 11' (TUK-*ši*); **35**, Vs. 22' (TUK).23' (TUK-*ši*).Rs. 1 (T]UK-[*ši*).6 (TUK-[*ši*).14 (TUK-*ši*); **39**, Rs. 10' (TUK-*ši*); **55**, ii 18 (TUK-*ši*).iii 3' (TUK-[*ši*).6' (TUK-*ši*); **59**, Vs. 11'-12' (TUK-*ši*)
rebītu(m), Platz: **9**, i 1' (⸢SILA⸣.⸢DAGAL⸣.⸢LA⸣); **10**, Vs. [24']; **13**, Rs. 20 (SILA.DAGAL.LA).21(SILA.DAGAL.⸢LA⸣); **14**, iii 18' (SILA.DAGAL.LA); **21**, Vs. 25 (*re-bi-ti*); **27**, 11'.14' (jeweils SILA.DAGAL.LA); **30**, ii 5 (SILA. DAGAL.LA); **38**, 1. Seite 13' (SILA].DAGAL-*tì*)
redû(m) I, führen, verfolgen; konfiszieren: G: **9**, iii [20'].31' (UŠ-*d*]*i*).iv 21 (UŠ-*ma*).33 (UŠ-[*šú*).37 (⸢UŠ⸣-[*d*]*i*); **11**, Rs. 22 (UŠ-*d*[*i*); **14**, iii 14' (UŠ-*di*); **16-17**, Rs. 20' (UŠ-*šú-ma*).21' (*ir-di-šú-ma*); **21**, Vs. 44 (U[Š-*di*).52 (*i-re*[*d-du-ú*).85 (UŠ-*ma*).Rs. [25]
Gtn: **9**, ii 15' (UŠ].⸢MEŠ⸣-[*š*]*ú*), **11**, Vs. 7 (UŠ.MEŠ-*šú*); **13**, Vs. 6 (UŠ.MEŠ-*šú*).Rs. 10 (UŠ.UŠ); **14**, iii 15' (UŠ. UŠ-*di*); **15**, i 3' (UŠ.UŠ-*šu*)
N: **11**, Rs. 32 (UŠ-*de*-⸢*e*⸣?)
rēmu(m) I, Erbarmen: **6**, iv [25]
rēšu(m), Kopf; Spitze: **9**, ii 20' (SAG); **11**, Vs. 17 (SAG); **14**, ii 29 (SAG-*su-nu*); **18**, iii 12 (SAG.MEŠ); **21**, Rs. 29-30 (jeweils *ina* SAG); **23**, Vs. 10' (S]AG?); **52**, Vs. 1 (*ina* SAG)
rēš libbi, Epigastrium: **54**, ii 11' (SAG ⸢ŠÀ⸣)
rē'û(m), Hirte; ein Vogel: **7**, Vs. 3' (^{lú}ŠÀ.SIPA!); **28**, Vs. 1 (SIPA^{mušen})
ridûtu(m), Nachlaß: **9**, iii [31'].iv 37 (UŠ-*su*); **11**, Rs. 32 (⸢UŠ⸣-*ut*); **14**, iii 14' (UŠ-*su*); **21**, Vs. 52 (*ri-du-us-su*).85 (UŠ-*su*)
rigmu(m), Geschrei: **11**, Vs. [17-18]; **16-17**, Vs. 46 (GÙ).51-52.68 (jeweils GÙ-*šú*).Rs. 60' (GÙ-*mu*); **21**, Vs. 78 (GÙ).79 (GÙ-*mu*); **22**, Rs. 19 (GÙ); **28**, Vs. 7 (GÙ GIG); **39**, Rs. 11' (*ri-gim-šú*)
riḫṣu(m), Überschwemmung: **28**, Rs. 13' (*ri-iḫ-ṣu*)
riksu(m), Band, Fügung: **7**, Vs. 2' (DUR É)
rīmtu(m), Wildkuh: **47**, Rs. 9' (SÚ]N)
rīqu(m), leer; arbeitsfrei: **9**, ii 8' (u_4*-mi ri-qí*); **16-17**, Vs. 48 (SÙ); **21**, Rs. [18]; **23**, Vs. 3' (SÙ); **55**, iii 5' (S]Ù)
rittu(m), Handgelenk, Klaue: **11**, Vs. 22 (*rit-ti*)
riṭibtu(m), Bewässerung: **13**, Vs. 23 (*ri-ṭib-tu*)
rubû(m) I, Fürst: **13**, Rs. 29 (NUN); **22**, Vs. 22 (⸢NUN⸣?)
rugbu(m), Dachgeschoß: **21**, Rs. 33 (*rug-bu*!)
rukūbu(m), Barke: **35**, Vs. 14' ($^{giš.má}$*ru-ku-b*[*i*)
ruqqu(m) I, Kessel: **16-17**, Vs. 59 (ŠEN)
rūqu(m), fern: **16-17**, Vs. 27 (SÙ-*te*).Rs. 12' (SÙ)
ru'tu(m) I, *rūtu(m)* II, Speichel: **32**, Vs. 11'-13' (jeweils ÚḪ-*ta-šú*)

sadāru(m), beständig sein bzw. werden: G: **1-2**, Vs. [9']; **3**, Vs. 5' (⸢*sad*⸣?-[*rat*?); **5**, ii 17' (*sa-dir*).22' (*sad-rat-su*).23' (*s*]*a-dir-šu*); **9**, iii 11' (*sa-da-ru*); **11**, Vs. 13 (*sa-d*]*a-ru*); **13**, Vs. 10 (⸢*sa*⸣-*dir-ma*); **21**, Vs. 24 (*sad*-⸢*rat*⸣!).63 (*sa-da-ru*).Rs. [31.33]; **22**, Vs. 24 (*sad-rat*-[*su*); **39**, Rs. 8' (*sad-rat*); **59**, Rs. 1' (*sa-dír*)
sadriš, beständig: **22**, Vs. 33 (*sad*]*-riš*)
saḫāpu(m), überwältigen, umkippen: G: **32**, Vs. [6']; **36**, Vs. 6' (*is-ḫu-up*)
saḫaršubbû, *saḫaršuppû*, eine Hautkrankheit: **5**, iii 12' (SAḪAR.ŠUB.BA)
saḫāru(m), sich umdrehen, zuwenden: G: **9**, ii [20']; **10**, vi [6'.7']; **11**, Vs. 12 (NIGIN).[14]; **14**, iii 8' (⸢NIGIN⸣/NIGIN-*ma*); **16-17**, Rs. 23' (*is-ḫur is-ḫur*); **37**, Rs. 7 (*lis-ḫur*)
D: **9**, ii 21' (⸢*ú*⸣-⸢*saḫ*⸣-[*ḫa*]*r-ma*); **11**, Vs. 12 (*ú-saḫ-ḫar-ma*); **15**, i [10']
N: **35**, Vs. 21' (*is-sà-ḫa*[*r*)
sakālu II, herausspringen, abgleiten: G: **36**, Vs. [4']
salāḫu(m) I, ausgießen, versprengen: G: **21**, Rs. 79-80 (*ta-sal-làḫ*)
salāmu(m), freundlich sein bzw. werden: G: **31**, Vs. [18']
salā'u(m) I, besprengen; infizieren; überschütten: N schwer erkranken: **9**, iv 23 (⸢*is*⸣-[*sal-la-'*]*a*); **10**, Vs. 5' (*is-sa-láḫ-ma*); **16-17**, Vs. 22 (*is-sa-la*-['*a*); **22**, Vs. 20 (*is*-[*sa-la-'a*).21 (⸢*is*⸣-[*sa-la-'a*); **46**, 6' (*is*]*-sa-la-'a*)

sāmu(m), rot, rötlich: **9**, iii [13'] (SA_5); **11**, Rs. [15]; **21**, Vs. 12-17 (jeweils SA_5.MEŠ).[33].34 (SA_5.MEŠ).47-51.53-61 (jeweils SA_5.MEŠ).66.71-72 (jeweils SA_5.MEŠ).73 (S[A_5.M]EŠ).76 (SA_5.MEŠ).77 (S[A_5].MEŠ).78.80 (jeweils SA_5.MEŠ); **22**, Vs. [28]; **26**, Vs. 3 (SA_5)

sanāpu(m), anbinden: G: **5**, ii 19' (*sa-ni-ip*)

sanāqu(m) I, nahe sein, herankommen: prüfen: G: **13**, Vs. 4 (*sà-níq-š[ú]*); **21**, Rs. 84 (DIM_4); **37**, Vs. 7' (*is*]-*niq-qá*)

sapāḫu(m), zerstreuen, auseinandertreiben: G: 1. Schreibung: BIR-*aḫ* É: **5**, ii [2'].5' (BI[R-*aḫ* É).11' (BIR-*aḫ* ˹É˺); **6**, iv 20' (B[IR-*aḫ* É); **8**, Vs. [3.4]; **16-17**, Vs. 61.62 (BIR-*aḫ* ˹É˺); **21**, Vs. 8; **22**, Rs. 20

2. sonst: **9**, iii 31' (BIR-*a*[*ḫ*); **11**, Vs. 63 (BIR É); **16-17**, Rs. 63' (BIR É); **21**, Vs. 41 (BIR É).Rs. 8.9 (jeweils BIR É)

D: **6**, iv 5' (˹BIR˺.˹BIR˺ ˹É˺); **13**, Rs. 41 (*ú-sa-pi-iḫ-ši-na-ti*)

N: 1. Schreibung: E BI BIR: **9**, iv 27 (É BI B[I]R).36; **11**, Rs. 32 (É BI] BIR); **13**, Vs. 44 (É B]I BIR).45 (˹É˺ [B]I BIR); **14**, iii 16'; **16-17**, Rs. 60'; **21**, Vs. 75 (É BI B[IR); **22**, Rs. 23

2. Schreibung: E BI BIR-*aḫ*: **9**, iii 20'.23' (É BI BIR-[*a*]*ḫ*).29'.v 7 (É [BI BIR-*a*]*ḫ*).[8].14 (É BI BIR-[*a*]*ḫ*); **11**, Vs. 21 ([É B]I BIR-*aḫ*).32.44.50 (˹É˺ BI BIR-*aḫ*) 58 (É BI BIR-˹*aḫ*˺).Rs. 22.25; **12**, Vs. 5' (É B[I BIR-*aḫ*).7' (É.[B]I BIR-[*aḫ*).15' (É BI BIR-*a*[*ḫ*]).Rs. 6 (É B[I] BIR-*aḫ*); **13**, Rs. 18; **14**, i 8 (É B]I BIR-*aḫ*).ii 21.28; **21**, Vs. 32.50 (É] BI BIR-*a*[*ḫ*).56; **22**, Vs. 16 (É ˹BI˺ BIR-[*aḫ*); **30**, ii 18

3. sonst: **7** Vs. 10'-11' (jeweils B[IR).Rs. [4]; **10**, Vs. 3' (AL.BIR); **11**, Rs. 30 (AL.B[I]R); **14**, ii 14 (É BIR).iii 7' (BIR-*aḫ*).14' (É BI BIR-*ma*); **21**, Vs. 25.27 (jeweils URU BI BIR-*aḫ*).43 (É BI BIR-*ma*).[66].70 (A[L.BIR.RE).Rs. [26].37. (˹AL˺!.[BIR.RE).[53].66 (BIR.MEŠ); **22**, Rs. [7]; **47**, Rs. [5']

sapānu(m), niederwalzen: G: **58**, Vs. 4' (*i*-*sa-pan*)

saqāru(m) I siehe *zakāru(m)*

sāsu(m), Motte: **21**, Rs. 82 (UR.ME)

sekēru(m), absperren: N: **28**, Rs. 11' (*is-se-kir*)

serrēmu, Wildesel: **55**, ii [6']

sīḫu(m) I, Rebellion: **13**, Rs. 25 (*si-ḫu*)

sikkatu(m), Pflock: **56**, ii 2' (˹giš˺˹GAG˺).3' (gišGAG).4' (gišGAG.M[EŠ?)

sikkūru(m), Riegel, Türriegel: **6**, v 5' ([gi]šSAG.KUL); **11**, Vs. 56 (gišSAG.K[U]L); **26**, Vs. 9 (SAG.KU[L)

siliʾtu(m), *silītu(m)* II, Infektion, Krankheit: **55**, ii 1 (˹*si*˺-˹*li*˺-˹*iʾ*˺-[*ti*)

Simānu(m) II, *Simannu* III, der 3. Monat des babylonischen Kalenders: **10**, Vs. [17']; **14**, i 18' (itiSIG_4)

sinništu(m), Frau: **9**, iii 27' (MUNUS).iii 28' (MUNUS BI). iv 4-11 (jeweils NITA *u* MUNUS).17 (˹NITA˺ *u* MUNUS).v [17]; **11**, Vs. 23-24.27-29 (jeweils NITA *u* MUNUS).30 (NIT]A *u* MUNUS).Rs. 29 (MUNUS/MUNUS BI).36 (NI]TA *u* MUNUS).37 (NITA *u* MUNUS).[38].39 (NITA *u*] MUNUS/˹NITA˺ *u* ˹MUNUS˺).40-41 (jeweils NITA *u* MUNUS); **12**, Vs. 19' (MUNUS).24' (MUNUS BI); **14**, ii 11-12 (jeweils NITA *u* MUNUS).13 (N]ITA *u* MUNUS); **16-17**, Vs. 59 (MUNUS/MUNUS BI).Rs. 9' (MUNUS BI); **22**, Vs. 11 (MUNUS).[36]; **35**, Vs. [5'-6'].7'.[9'-11'].13'.Rs. 2 (jeweils MUNUS BI).9 (MUNUS)

sinuntu, Schwalbe (Schreibung SIMmušen): **9**, v 15; **12**, Vs. 16'; **26**, Vs. 1-11.12; **29**, 9'

siparru(m), Bronze: **31**, [Vs. 9']

sippu(m), Laibung: **9**, v 33' (ZAG.˹DU_8˺).35' (ZAG.DU_8); **12**, Rs. [15]; **21**, Rs. 6 (*sip-pí*).81 (ZAG.DU_8); **22**, Rs. 31 (ZAG.D]U_8!); **26**, Vs. 6 (ZAG.DU_8)

sirāšû(m), Brauer: **6**, vi 6' (lúLUNGA)

sisû(m), Pferd (Schreibung ANŠE.KUR.RA): **6**, iv 3'.9'.v 8'; **7**, Rs. 11; **22**, Vs. 13; **47**, Rs. 3'; **55**, ii [5]

suḫuššu(m), junge Dattelpalme: **9**, i [9']

sukkallu(m), *šukkallu(m)*, *šukallu(m)*, Wezir: **12**, Vs. 18' (SUKKAL)

sunqu(m), Hungersnot: **13**, Rs. 19 (*su-u*[*n-qu*); **14**, iii 17' (<*su*>-*un-qu*)

sūnu(m) I, Schoß: **16-17**, Rs. 9'.11'.31' (jeweils ÚR); **20**, Vs. 11'-12' (jeweils Ú]R)

sūqu(m), Straße: **9**, vi [12'.13'].14' (SI]LA).15'-20' (jeweils SILA).21' (SI]LA SILA); **10**, Vs. [5-7]; **13**, Vs. 1 (SILA).Rs. 20 (SILA ˹SILA˺); **14**, iii 18' (SILA/SILA SILA); **16-17**, Rs. 17'-19'.28' (jeweils SILA); **18**, ii 3-4 (jeweils SILA); **21**, Vs. 14 (SILA).23-24 (jeweils E.SÍR).Rs. 69 (E.SÍR/SILA BI), 72 (SILA).73 (SILA/E.SÍR); **22**, Vs. 21 (SILA *ana* SILA); **35**, Vs. 5' (SIL[A); **37**, Rs. 6 (E.SÍR)

sūq erbetti, Kreuzung: **27**, 12' (SILA.LÍM)

surdû, Falke (Schreibung SÚR.DÙmušen): **9**, iv 35.38; **29**, 5'-7'; **30**, ii 8-9.10

sūtu(m), Maßgefäß: **16-17**, Vs. 57 (*sa-at* É NA)

ṣabāru I, rascheln: G: **9**, ii 6'.7' (jeweils *iṣ-bur-ma*); **14**, ii 3.5 (jeweils *iṣ-bur-ma*)

ṣabātu(m), ergreifen; angreifen: G: **1-2**, Vs. [10']; **6**, iv [26']; **7**, Rs. [3]; **9**, ii 17'.iii 27' (jeweils DAB-*su-ma*).v 32' (DAB-*su*).vi 4' (D]AB-*bat*); **10**, Vs. 16' (DAB-*su*); **11**, Vs. 9 (DAB-*su-ma*).43 (˹DAB˺-˹*su*˺).Rs. 29 (DAB]-*su-ma*); **12**, Rs. 13 (˹DAB˺-[*su*); **13**, Vs. 9 (DAB-*su*).48 (DAB-[*su*).Rs. 31 (DAB-*su*).36 (D[AB?-*su*?).39 (DAB-[*su*); **14**, i 5 (DAB-*su*).ii 20 (DAB-*su*).iii 11' (DAB-*su*); **16-17**, Vs. [26].Rs. 20' (DAB-*su-nu-ti-ma*).31'-32' (jeweils DAB-*bat*).35' (DAB-*su*); **18**, ii 21 (DAB-*at*); **21**, Vs. 4-5 (jeweils *ṣa-ab-tu₄*).58 (DAB-[*su*).60 (DAB-[*su*).61 (DAB-*su*).Rs. [60]; **25**, l. Kol. 1' (DAB-*bat*); **32**, Vs. [1']; **33**, l. Kol. 8' (DAB-*su*); **35**, Vs. 11'.18' (jeweils DAB-*su*); **37**, Rs. 6 (DAB-*tú*/*i-ṣa-bat*); **55**, ii [1].8 (DAB).9 (DAB-˹*su*˺).17.20 (*ṣa-bat*).21 (DAB-˹*su*˺).22 (DAB-[*su*)

ṣabītu(m), Gazelle: **6**, iv 15' (MAŠ.DÀ); **55**, ii [11]

ṣalālu(m), schlafen: G: **31**, Vs. [10'-15'.17']; **39**, Rs. 10' (*i-ṣal-lal*)

ṣallalu, *ṣallallu*, ein Nachtvogel: **28**, Vs. 8 (Ù.KU.KUmušen)

ṣalmu(m) I, schwarz: **21**, Vs. 3 (GE_6.ME).11.29 (jeweils GE_6.MEŠ).33 (˹GE_6˺.MEŠ).34 (G]E_6.MEŠ).62-68 (jeweils GE_6.MEŠ).76-77.79 (jeweils GE_6.MEŠ).88 (GE_6].MEŠ).Rs. 1 (GE_6.MEŠ).76 (GE_6).77 (GE_6.MEŠ); **22**, Vs. [27]; **26**, Vs. 2 (GE_6); **28**, Vs. 15 (GE_6)

ṣalmu(m) II, Bildnis, Statue: **35**, Vs. 7' (*ṣa-lam*)

ṣāltu(m), Zwietracht: **5**, ii 17' (*ṣal-tu₄*); **14**, iii 21' (DU_{14}); **21**, Rs. 31-32.63 (jeweils DU_{14})

ṣâlu(m), *ṣêlu(m)*, streiten: Gt: **35**, Rs. [17]

ṣeḫēru(m), klein, weniger sein bzw. werden; vermindern: G: **6**, iv 4' (T[UR-*er*).5' (TUR).10' (T[UR]-*i*[*r*); **13**, Rs. 19 (TUR), **21**, Rs. 62.74 (jeweils TUR-*er*); **61**, Vs. 3 (TUR-*er*) *ṣeḫru(m)* I, klein, jung: **11**, Rs. 44 (*ṣe-*⌜*eḫ*⌝*-ru*); **21**, Vs. 65 (TUR. MEŠ).72-73 (jeweils T]UR.MEŠ).Rs. 5.62 (jeweils TUR.MEŠ); **35**, Rs. 9 (TUR); **61**, Rs. 7' (TUR)

ṣēlu(m), *ṣīlu(m)*, Rippe: **54**, ii 13' (⌜TI⌝)

ṣêlu(m) siehe *ṣâlu(m)*, *ṣêlu(m)*

ṣēnu(m) III, Kleinvieh, Schafe und Ziegen: **12**, Vs. 26' (US$_5$. UDU.ḪÁ-*šú-nu*); **35**, Vs. 12' (US$_5$.UDU.ḪÁ)

ṣerru(m) I, Schlange (Schreibung MUŠ): **9**, i [1'.3'.4'.6'.11']. 13'.16'.ii [1'].3'.5'-7'.8'-9'.10'.12'.14'-19'.20'.iii 2'. 3'-8'.9'.[12'-23'].24'-27'.29'.30'.iv 1-10.13-15.[16-18. 20.22-23].25.[27-35].34.[38].v [1-4].5.[7-12].13.14. [15].31'.33'.35'-39'.vi [12'-15'].16'-20' (jeweils MUŠ.MEŠ); **10**, Vs. [1'-7'.12'.16'-18'.24']; **11**, Vs. 1-3.5-12.14-19.20.22-28.[29-31.33].35.37-63.Rs. [7-11.15-25].26-36.[37-38].39.40.41.[42]; **12**, Vs. [3'. 5'-6'].8'-14'.16'.28'.Rs. 1-2.3.5.7.[12.15]; **13**, Vs. 1-3.4-5 (jeweils MUŠ.MEŠ).7.8-11 (jeweils MUŠ. MEŠ).12-17.19-22.23.[42-45].Rs. [1-3.5-7].8-15.[16]. 17.[19.25].28.30-31.33-40; **14**, i [13'].17'.ii 1-8.10.11. [12-16.18-20].iii 5'.[11'-13'].14'-16'. 17' (MUŠ.MEŠ). 18'-23'.iv [1'-2'].3'-24'; **15**, ii 2'.5'.7'.8'.12'; **38**, l. Seite 9'; **47**, Rs. 17'

ṣerru(m) II, Polschuh: siehe **26**, Vs. 7-8 (Ù.SAG)

ṣeršu, Beule: **5**, iii 15' (*ṣer-šá*)

ṣēru(m) I, Steppe: **7**, Rs. [11]

ṣibûtu(m), Wunsch, Vorhaben: **6**, iv [24']; **9**, iii 21' (⌜Á⌝$^{?}$.[ÁŠ).v 10 (Á].⌜ÁŠ⌝); **11**, Vs. 16 (Á].ÁŠ).Rs. 23(Á.ÁŠ); **12**, Vs. 10' (Á.Á[Š); **13**, Vs. 14 (ÁŠ); **14**, iii 19' (Á.ÁŠ); **16-17**, Vs. 6 (Á.ÁŠ); **18**, ii 3-4.22 (jeweils ÁŠ); **31**, Vs. [10'.18']; **35**, Vs. 9' (Á.ÁŠ).10' (Á.ÁŠ-*su*).22' (*ṣi-bu-t*[*i*); **38**, l. Seite 3'-4' (jeweils ÁŠ).5' (Á]Š).6'-9' (jeweils ÁŠ).10' (ÁŠ-*su*).12'.14'-17' (jeweils ÁŠ); **53**, 5' (Á.Á[Š).8' (Á.ÁŠ); **58**, Vs. 10' (ÁŠ-*su*)

ṣīru(m) I, erhaben: **37**, Vs. 6' (*ṣir-ti*)

ṣītu(m) I, Ausgang, Verlust (Schreibung ZI.GA): **6**, iv 12'; **9**, ii 10'.iv 31; **11**, Vs. 4.52.59.61; **13**, Rs. 37; **14**, ii 8; **16-17**, Vs. 40.56; **18**, ii 9.13; **21**, Rs. 7.9.33.[42].46.58; **22**, Vs. 24.Rs. 15

ṣīt šamši, Osten: **21**, Vs. 5 (^{d}UTU.È).Rs. 42 (^{d}UTU.⌜È⌝)

ṣubātu(m), Gewand(stück): **11**, Vs. 33 (TÚG ⌜BI⌝).34 (⌜TÚG⌝ ⌜BI⌝$^{?}$).36 (TÚG BI).37 (TÚG *šu-a-tu*$_4$); **14**, ii 15 (TÚG BI).[17]; **37**, Rs. 3 (TÚG-*s*]*u*)

ṣulum pānī, Zorn: **14**, iii 21' (GE$_6$ IGI)

ṣupru(m), Kralle: **18**, ii 18 (U]MBIN.MEŠ)

ṣurārû, *ṣurāru(m)*, Eidechse (Schreibung EME.DIR): **13**, Vs. 1; **16-17**, Vs. [3-19].20.21.22-60.61.62.63.64.[65-71].Rs. [1'-5'].6'.7'-17'.19'-21'.23'.25'-33'.34'.[35'-36'].48'

ša, der, die, das (Determinativ-Pronomen): *passim*

Šabāṭu I, der 11. Monat des babylonischen Kalenders: **9**, i [1']; **10**, Vs. [24']

šabrû(m) siehe *šaprû(m)*

šadû(m) I, Berg: **13**, Rs. [19]; **22**, Vs. 20-21 (jeweils KUR-*i*); **28**, Rs. 7.10' (jeweils KUR.RA); **37**, Vs. 8' (KUR-*a*); **55**, ii 22 (KUR-*i*)

šagāmu(m) II, schreien: G: **7**, Rs. 8 (*i-šag-gu-mu*)

šaḫarru(m) II, Netz: **49**, Vs. 6 (*ša-ḫar-ri*)

šaḫāṭu(m) I, anspringen, angreifen: G: **13**, Vs. 31 (*iš-ḫi-iṭ*).Rs. 18 (*iš-ḫi-ṭam*$^{!}$); **16-17**, Vs. 12 (GU$_4$.UD$^{!}$-*iṭ*).14.70 (jeweils GU$_4$.UD-*iṭ*).Rs. 13' (GU$_4$.UD-*iṭ*).21' (GU$_4$.UD-*ma*).22' (GU$_4$.UD-*iṭ*); **18**, ii 16 (GU$_4$.UD); **21**, Vs. 22 (*iš-taḫ*$^{!}$*-ḫi-iṭ-ma*); **22**, Vs. 36 (GU$_4$.UD).37 (GU] $_4$.UD).Rs. 26 (GU$_4$.UD)

šaḫāṭu(m) II, abstreifen, herunterreißen: G: **37**, Rs. 3 (*i-šá-ḫaṭ*).4 (*áš-ḫu-uṭ*)

šaḫluqtu(m), Vernichtung: **16-17**, Rs. 25' (NÍG.ḪA.LAM.MA)

šaḫû(m) I, Schwein (Schreibung ŠAḪ): **6**, iv 11'.12'.[14']; **7**, Rs. 7-9 (jeweils ŠAḪ.MEŠ).10; **22**, Vs. 11; **29**, 2'.3'; **39**, Vs. 13'; **47**, Rs. 7'

šakānu(m), setzen, legen: G: **3**, Vs. 3' (GAR-*šú*).8' (GAR); **5**, iii 6'-8' (jeweils GAR); **9**, iv 12 (GAR); **11**, Vs. [17-18].22 (GAR-*ma*).Rs. 43 (⌜GAR⌝-⌜*in*⌝); **12**, Vs. 23' (GAR-*ma*).25' (GAR-*šú*); **13**, Rs. 11 (GAR-*an*).25.28.43 (jeweils GAR-*ma*); **14**, i 6 (GAR-*an*).ii 29 (GAR); **16-17**, Vs. 50 (GAR-*šu*).Rs. 50' (G]AR-*an*).60' (GAR-*nu*); **18**, v 12' (⌜GAR⌝-*š*[*ú*); **20**, Vs. 2' (⌜GAR⌝-*an*/⌜GAR⌝-⌜*ma*⌝); **21**, Vs. 11.41 (jeweils GAR-*nu*).[48].51.57 (jeweils GAR-*nu*).64-66 (jeweils GAR-*nu*).70 (GAR. ME).75 (GAR.MEŠ).79 (GAR-*an*).87 (GAR-*nu*).Rs. 36.53 (jeweils GAR-*nu*).81 (GAR-*an-ma*).83 (GAR-*in*); **31**, Vs. [9']; **35**, Vs. 9' (GAR-*nu*).18' (GAR-*an*-[*šú*).Rs. 15 (GAR-*su*); **36**, Vs. [6']; **37**, Rs. [11]; **39**, Vs. 3' (GAR).12' (*šá-ak-nu*); **47**, Rs. 1' (⌜GAR⌝).2'-14' (jeweils GAR).[15']; **50**, i 2' (GAR-*šu*); **52**, Vs. [1.3]; **53**, 1'-2'.4'-5'.7'-8' (jeweils GAR).9' (⌜GAR⌝); **54**, i 13' (GAR.MEŠ).ii 4' (⌜GAR⌝).5'-6' (jeweils GAR).7' (⌜GAR⌝).[8'].9' (⌜GAR⌝).10'-13'.15'.16'.18' (jeweils GAR).19' (⌜GAR⌝).20' (G[AR).21' (⌜GAR⌝).[23'-24']; **59**, Vs. 4' (GAR-*šu*).6' (GAR-*nu-šú*); **60**, Vs. 13' (GAR-*in*/GAR-*un*$^{?}$); **62**, l. Kol. 9' (G]AR.MEŠ).13' (GAR)

Gtn: **18**, ii 18 (GAR.GAR-*ma*)

šalāmu(m) II, gesund sein bzw. werden: D: **9**, ii 11' (*ú-ša*[*l-lam-ma*); **11**, Vs. 4 (*ú-šal-la-*[*am-ma*); **13**, Vs. 29 (SILIM-*im*); **14**, ii 6 (SILIM).9 (*ú-šal-la-ma*); **37**, Rs. [10]

šalāṭu(m) II, einschneiden: G: **9**, iv 28 (*iš-lu-uṭ-ma*).29 (*iš-lu-uṭ*-⌜*ma*⌝)

šalimtu(m), Wohlbehaltenheit: **14**, iii 15' (*ša-lim-tú*)

šalmu(m) I, heil, sicher: **16-17**, Rs. 13' (SILIM)

šalputtu, Zerstörung: **36**, Vs. [7']

šalû(m) II, (Erde) aufwerfen: G: **16-17**, Rs. 29' (*iš-lu-*⌜*ú*⌝)

šalummatu(m), Ausstrahlung: **9**, i 6' (*šá-lum-*⌜*mat*⌝)

šamallû(m), *šamlû*, junger Schreiber, Schreiberlehrling: **6**, vi 2' (^{lú*}ŠÁMAN.LÁ); **11**, Rs. 44 (^{l}]^{ú}*ša*[*m*]*-lu-ú ṣe-*⌜*eḫ*⌝*-ru*); **61**, Rs. 7' (⌜*šam*⌝*-lù-*⌜*ú*⌝ TUR)

šamāru(m) I, wüten, sich aufbäumen: Gt: **22**, Vs. 13 (*iš-tam-mar*$^{!}$)

šamaššammū, Sesam: **21**, Rs. 19 (ŠE.GIŠ.Ì)

šamnu(m), Öl, Fett: **16-17**, Rs. 8' (Ì.MEŠ); **18**, ii 11 (Ì); **21**, Rs. 20 (Ì).79 (Ì DÙG.GA); **55**, ii [1-3.5-11]

šamšatu(m), Sonnenscheibe: **49**, Vs. 4 (AŠ.ME)

šamû I, Himmel: **7**, Rs. [10]; **11**, Vs. 5 (AN-*e*); **16-17**, Vs. [11]; **21**, Vs. 41 (AN-⌜*e*⌝); **28**, Rs. 12' (AN-*e*); **37**, Vs. 10' (AN-*e*)

šamû(m) II, Regen: **28**, Vs. 14 (*ša-mu-ú*)

šangû(m), Priester: **6**, vi 4' (^{lú*}SANGA$^{!}$).[5']; **7**, Vs. 9' (SANGA)

šanû(m) IV, *šanāʾu(m)* III, sich ändern: G: **13**, Rs. 26 (MAN. MEŠ).27 (MAN-*ni*); **16-17**, Rs. 44' (MAN-*ni*)

šaplānu(m), unten, untere: **16-17**, Vs. 57-58 (jeweils KI.TA-*nu*)

šaplu(m) II, Unterseite, unter (Schreibung KI.TA): **5**, ii 10'; **9**, i 13'; **16-17**, Vs. 23.28.32.Rs. 14'; **28**, Vs. 4; **29**, 6'.7'

šaplû(m), unterer: **26**, Vs. 8 (KI.T[A); **38**, 2. Seite 13' (K[I].⌜TA⌝)
šaprû(m), ein Priester: **7**, Vs. 8' (ŠAPRA)
šaptu(m), Lippe: **38**, 2. Seite 11' (*ša-pa*]*t-su* AN.TA).12' (*ša-pat*]*-su* K[I].⌜TA⌝)
šaqû(m) II, hoch sein bzw. werden: G: **40**, iii 7' (*šá-qa-*⌜*a*⌝).8' (*šá-qa-a*)
D: **5**, iii 10' (*šu-uq-qú-ma*)
šār, *šāru* II, 3600: **37**, Vs. 9' (*šar*$_5$)
šarāku(m) I, schenken: G: **36**, Vs. [7']
šarāpu(m), verbrennen: G: **61**, Vs. 2 (GÍBIL-*pu*)
šarāqu(m) I, entwenden, stehlen: G: **11**, Rs. 49 (*i-šar-*[*r*]*i-qu*)
šarru(m) I, König (sofern nicht anders angegeben, Schreibung LUGAL): **7**, Vs. 10'-11'; **9**, vi 13'; **13**, Vs. 12.[13].14 (MA]N).15.Rs. 25.[26].27.29.32; **16-17**, Vs. 58; **20**, Rs. 12; **22**, Vs. 12-13.Rs. 4.24.26; **36**, Vs. 2'; **37**, Vs. 5' (⌜MAN⌝); **47**, Rs. 5'.6'.7'; **55**, ii 5.iii 7' (MAN); **61**, Vs. 1.4
šarrūtu(m), Königtum: **22**, Vs. 11 (⌜LUGAL⌝-⌜*tu*⌝)
šārtu(m), Haar: **14**, iv 18'-19' (jeweils SÍK)
šāru(m) I, Wind, Luft: **28**, Vs. 14 (⌜IM⌝).Rs. 6' (IM); **32**, Vs. 4' (⌜IM⌝); **54**, ii 14' (IM)
šarû(m) I, reich, Reicher (Schreibung immter NÍG.TUK): **9**, iii 5'.iv 30; **10**, Vs. [1']; **11**, Rs. [7]; **13**, Vs. 7
šarû(m) II, reich sein bzw. werden: G; **9**, iii 5' (*i-šár-rù*).13' (*i-šar-*[*ru*); **11**, Rs. 7 (*i-šár-*[*r*]*ù*).15 (*i-šár-rù*); **13**, Vs. 25 (*i-šarru*); **16-17**, Rs. 11' (*i-šár-ru-ma*[!]).22' (*i-šár-rù-ma*).46' (*i-šár-ru*); **21**, Vs. 28 (*i-šár-rù*).Rs. 49-59 (jeweils *i-šár-*[*rù*); **22**, Vs. 28 (*i-šár-*[*ru*).34 (*i-šár-ru*). [38]; **35**, Rs. 14 (⌜*i*⌝-[*šár-rù*)
šasû(m), schreien: G: **5**, ii 8' (*is-si-*[*m*]*a*); **6**, iv 23' (⌜GÙ⌝-*s*[*i*). [24'].25' (G[Ù-*si*).30' (GÙ-*s*[*i*).v 6' (*is-si*); **9**, vi 15' (GÙ); **11**, Vs. [16].50 (GÙ-*si*); **20**, Vs. 4' (GÙ-⌜*si*⌝).14' (*is-si*); **22**, Rs. 15 (*il-si*); **38**, 1. Seite 6' (*i*]*s-si*).7' (*is-si*); **42**, Rs. 3' (*i*]*s-si*)
Gtn: **5**, ii 4' (G[Ù].GÙ-*si*).7' (GÙ.GÙ-*si*).13' (GÙ.GÙ-*si*); **6**, iv 19' (GÙ.MEŠ).26' (GÙ.⌜DÉ⌝.MEŠ).27' (GÙ.⌜DÉ⌝.M[EŠ).14' (G]Ù.⌜GÙ⌝-*si*); **8**, Vs. 4 (⌜GÙ⌝. [DÉ.DÉ); **11**, Vs. 51-53 (jeweils GÙ.GÙ-*si*); **13**, Vs. 7 (GÙ.GÙ-*si*); **16-17**, Rs. 61' (GÙ.DÉ.DÉ).62' (GÙ. MEŠ-*si*); **22**, Rs. 2 (GÙ.D]É.⌜DÉ⌝).8 (GÙ.DÉ.DÉ).19 (GÙ.⌜DÉ⌝.DÉ); **28**, Vs. 6 (GÙ.GÙ.MEŠ-[*su*).Rs. 13' (GÙ.GÙ.MEŠ); **39**, Rs. 11' (*iš-ta-na-si*); **63**, Vs. 6-7 (jeweils GÙ.D]É.MEŠ).10 (GÙ.DÉ.MEŠ)
šâṣu, weniger werden, abnehmen: G: **21**, Rs. 13 (*i-šá-a-aṣ*).15 (*i-š*[*á*[?]*-a-aṣ*)
šatānu, urinieren siehe *šiānum*, *šânu* Gt
šattu(m) I, Jahr: **6**, iv 4' (MU.MEŠ); **9**, ii [20'].iv 26 (MU. BI); **10**, Vs. 9' (MU.B[I).12' (⌜MU⌝ BI); **11**, Vs. 12 (MU 3-K[ÁM) **13**, Vs. 15 (MU <<*u*>> BI).18 (3] M[U. ME]Š); **14**, i 14' (MU.BI).iii 8' (MU 3-KÁM); **15**, i 9' (MU] 3-KÁM); **16-17**, Rs. 23' (MU 1-KÁM); **21**, Rs. 67 (MU BI); **55**, ii 3 (MU 1-KÁM).8 (⌜MU⌝ ⌜1⌝-⌜KÁM⌝)
šattukku(m), *sattukku*, regelmäßige Lieferung: **9**, ii 14' (S]Á.DUG$_4$-*šú*); **11**, Vs. 6 (SÁ.DUG$_4$-*šú*); **14**, ii 10 (SAG-*tuk*); **15**, i 2' (SÁ.DUG$_4$-*š*]*ú*)
šāt urri, letzte Nachtwache: **6**, iv 25' (EN.NUN.UD.ZAL.⌜LE⌝)
šaṭāru(m) II, schreiben: G: **6**, vi 1' (SAR-*ma*); **11**, Rs. 43 (*šà-ṭir*).48 (*šaṭ-ru*); **13**, Rs. 46 (SAR-*ma*); **21**, Rs. 84 (⌜AB⌝.SAR)
šawirum siehe *šemeru*
šebēru(m), zerbrechen: N: **36**, Vs. 7' (*iš-še-bir*).9' (⌜*iš*⌝*-še-bir*)
šebû(m) I, sich sättigen: G: **16-17**, Vs. 48 (*i-šeb-bi*)
šēdu(m) I, männlicher Schutzgeist (Schreibung ^{d}ALAD): **5**, ii 2'-4'; **7**, Vs. 9'; **14**, ii 23; **16-17**, Vs. 71; **41**, Rs. 2'
šegû(m) II, wild sein bzw. werden: Ntn: **22**, Rs. 33 (*it-te-né-eš-gu-*⌜*ú*⌝)
šeḫṭu(m) I, *šiḫṭu(m)* I, Angriff: **18**, ii 16 (GU$_4$.UD)
šēlebu(m), Fuchs: **6**, iv 4' (⌜KA$_5$⌝.A)
šemeru, Ring: **31**, Vs. 9' (ḪAR [ZABAR)
šemû(m) I, hören: G: **5**, ii 8' (*še-mu-u iš-me-šu*); **16-17**, Rs. 12' (*i-šem-me*)
šēnu(m), Schuh: **14**, iii 11' (*še-ni-šú*)
šēpu(m), Fuß; Zugang: **6**, iv 32' (GÌR.II-*šú*); **9**, iv 29 (GÌR.MEŠ); **13**, Vs. 20 (GÌR); **14**, iv 10' (GÌR.MEŠ-*š*[*ú*); **16-17**, Vs. 18-19 (jeweils GÌR).19 (GÌR.MEŠ-*šu*).Rs. 35' (GÌR NA ZAG).36' (GÌR.MEŠ).57' (GÌR); **18**, iii 13 (GÌR. MEŠ); **21**, Vs. 1 (GÌR.⌜II⌝).30 (G[ÌR).84 (G[ÌR).Rs. 2 (GÌR.II).30 (GÌR); **23**, Vs. 11' (GÌR.II.MEŠ); **31**, Vs. 2' (G[ÌR ZAG-*šu*).3' (G[ÌR GÙB-*šu*).5' (G[ÌR.MEŠ-*šu*).6' (GÌR [ZAG-*šu*).7' (GÌR [GÙB-*šu*).8' (GÌR.[MEŠ-*šu*)
šerru(m), Baby, Kleinkind: **39**, Rs. 3' (*še-er-ru*).4' (⌜*še*⌝*-er-ru-šu*)
šēru(m) II, Morgen: **9**, i 10' (Á.GÚ.Z]I.GA); **10**, Vs. [14']; **14**, i [15']
šerʾu(m), Saatfurche: **27**, 4' (AB.SÍN)
šeʾu(m), Gerste; Getreide: **9**, ii [10'].iii 9' (ŠE.PAD); **11**, Vs. 4 (*še-am*).61 (ŠE); **14**, i 8 (*še-im*); **16-17**, Vs. 47 (*še-am*). 55 (ŠE); **21**, Rs. 18 (ŠE); **22**, Vs. 23 (*š*[*e*]*-im*)
šeʾû(m), suchen: G: **10**, Vs. [15']; **14**, i 16' (*i-*[*še-ʾ-ú-ma*).iii 9' (*i-še*[!]*-ú*[!]*-ma*)
Gtn: **11**, Vs. 13 (*iš*]*-t*[*e-né-ʾe-ma*)
šiānum, *šânu*, urinieren: Gt: **9**, i 16' (*i*]*š-tin-nu*); **22**, Vs. 31 (⌜*iš*⌝-⌜*tin*⌝).38 (*iš-ti*]*n*).Rs. 29 (*iš-tin*).30 (*i*]*š-tin*)
šibirtu(m), Klumpen: **49**, Vs. 1 (LAGAB)
šībtu(m), Greisin: **35**, Rs. 17 (*šib-tì*)
šigaru(m), Türschloß: **21**, Vs. 17-20 (jeweils SI.GAR)
šiḫṭu(m) siehe *šeḫṭu(m)* I, *šiḫṭu(m)* I
šikāru(m), Bier: **16-17**, Vs. 44.56 (jeweils KAŠ); **18**, ii 9 (KAŠ); **37**, Vs. 3' (KAŠ.SAG)
šikkû(m), Mungo (Schreibung ^{d}NIN.KILIM): **11**, Vs. 61; **13**, Vs. 3; **19**, Rs. 7; **20**, l. Rd. 1; **22**, Rs. 7; **30**, ii 13
šīmtu(m), Schicksal: **16-17**, Rs. 12' (NAM)
šīmu(m) I, Kaufpreis: **14**, iii 18' (SA$_{10}$)
šina I, die genannten, diese: **11**, Vs. 35 (*ši-na*), **14**, ii 16 (*ši-na*)
šīnātu(m), Urin: **9**, i [16'] (KÀŠ); **22**, Vs. 31 (⌜KÀŠ⌝-⌜*šú*⌝).[38]. Rs. 29 (KÀŠ]-*šú*).[30]
šinūnūtu(m), Schwalbe: **20**, Rs. 13 (*ši-nu-nu-ti*)
šiptu(m), Beschwörung: **20**, l. Rd. 3 (ÉN); **37**, Vs. 11' (⌜ÉN⌝). Rs. 4 (É]N)
šiqqu(m), Fischsauce: **21**, Rs. 22 (*ši-iq-qí*)
šīru(m), Fleisch (siehe auch: *ṭūb šīri*): **39**, Vs. 9' (UZU)
šū, er; der genannte, dieser: **16-17**, Rs. 12' (*šu-ma*)
šuāti, *šuātu* I, ihn, sie, seiner, ihrer: **11**, Vs. 37 (*šu-a-tu*$_4$); Rs. 47 (UR$_5$-*ta*$_5$) **21**, Rs. 70 (*šu-a-tu*$_4$); **35**, Rs. 13 (*šu-a-tu*$_4$)
šubtu(m) I, Wohnsitz, Wohnbereich (Schreibung KI.TUŠ): **9**, v 5; **11**, Vs. 42.Rs. 36; **12**, Vs. 3'; **13**, Rs. 35; **21**, Vs. 77.Rs. [29]
šuklulu(m) II, vollenden: Št: **35**, Vs. 6' (*uš-tak-la*]*l*)
šumēlu(m), linke Seite: **3**, Vs. 7' (GÙB).8' (ZAG *u* GÙB); **5**, iii 7' (GÙ]B); **9**, ii 18' (TA 15 NA *ana* 150 NA).19' (TA 150 NA *ana* 15 NA); **10**, Vs. [1'.6'-7']; **11**, Vs. 10 (TA ZAG NA *ana* GÙB NA).11 (TA GÙB NA *ana* ZAG NA).14 (150); **13**, Rs. 8 (TA ZAG N[A *ana* GÙB NA).

8 (TA GÙB NA ⸢*ana*⸣ Z[AG NA); **16-17**, Vs. 16.19 (GÙB).Rs. 30' (ZAG *u* GÙ[B); **20**, Rs. 1 (150).7 (GÙB); **23**, Vs. 7' (GÙB); **31**, Vs. 11' (GÙ[B); **32**, Vs. 8' (GÙB-*šú*).13' (GÙB); **35**, Vs. 7' (15] *u* 150); **37**, Rs. 7 (15 *u* GÙB); **38**, 1. Seite 18' (GÙB-*šú*).2. Seite 2'-4'.8'-10' (jeweils GÙB-*šú*); **40**, iii 8' (G]ÙB); **53**, 2' (GÙB).5'.8' (GÙ]B); **54**, ii 5'.8'.10' (jeweils ⸢GÙB⸣).15'.18' (jeweils GÙB).20' (⸢GÙB⸣)

šumma, wenn: **10**, Vs. [13']; **14**, i 14' (⸢*šum*$_4$⸣-⸢*ma*⸣); **18**, v 10'-11' (jeweils *šum*$_4$-*ma*); **19**, Rs. 3 (*šum*$_4$-*ma*); **32**, Vs. 7'-9' (jeweils *šum*$_4$-*ma*); **35**, Vs. 9' (*šum-ma*); **65**, ii 1' (*šum*$_4$-[*ma*)

šumma als Einführung einer alternativen Apodose): **9**, iii 6'.29'; **11**, Vs. 21 (*šum*$_4$]-⸢*ma*⸣).43.Rs. 8 (*šum*$_4$]-*ma*).30; **21**, Rs. 10 (*šum*$_4$-*ma*); **38**, 1. Seite 14'.16'-17' (jeweils *šum-ma*); **39**, Rs. 5' (*šu*]*m-ma*); **61**, Vs. 1 (*šum*$_4$-*ma*)

šumma ... šumma, entweder ... oder: **10**, Vs. 5' (*šum*$_4$-*ma*] ... *šum*$_4$-*ma*).7' (*šum*$_4$-*ma* ... [*šum*$_4$-*m*]*a*); **11**, Rs. [7]; **14**, iii 17' (*šum*$_4$-*ma* ... *šum*$_4$-*ma*); **21**, Vs. 60-61 (jeweils *šum-ma* ... *šum-ma*); **30**, ii 15 (*šum*$_4$-*ma* []; **35**, Vs. 11' (*šum*$_4$-*ma* ... *šum*$_4$-*ma* ... *šum*$_4$-*ma*).16' (*šum*$_4$-*ma* ... *š*[*um*$_4$-*m*]*a*)

šumu(m), Name; Eintrag; Nachkomme: **5**, iii 16' (MU TUK-[*ši*); **9**, i 17' (MU NU TUK-⸢*ši*⸣).ii [18'-19'].iv 3 (MU TU[K-*š*]*ú*).12 (MU.BI.IM).15 (MU TUK-*šú*).v 15 (MU TUK); **11**, Vs. 10 (MU S[I]G$_5$-*ti* TUK-*ši*).11 (MU-*šú*).Rs. 35 (MU TUK-*š*[*ú*).48 (*šu-mi*); **12**, Vs. 17' (MU TUK); **14**, ii 22 (MU-*šú*$^{!?}$); **15**, i [7'-8']; **22**, Vs. 30 (M[U S]IG$_5$-[*ti* TUK-*ši*).Rs. 1 (M[U SIG$_5$-*ti* TUK-*ši*); **36**, Vs. 3' (MU.BI].IM); **39**, Vs. 13' (*šum-šu*); **55**, ii 6 (MU$^!$-*šú*).iii 6' (⸢MU⸣); **59**, Rs. 11'-12' (jeweils MU)

šunam(e)rimmakku, Eidfluch-Krankheit: **7**, Rs. 5 (ŠU.NAM.ÉRIM.MA)

šunūti, die genannten, diese: **14**, i [14']

šuqallulu(m), hängen, baumeln: **9**, iv 14 (LAL-*la*).35 (LAL-*m*]*a*).v 1-2 (jeweils LAL-*la*).4 (*iš-qá*-⸢*li*⸣-*la*).13.36' (jeweils ⸢*uš*⸣-*qa-li-la*); **12**, Vs. 13' (*uš-qa-li-la*).28' (*uš-qa-li-lam-ma*).Rs. 2-3 (jeweils LAL-*la*).5 (LA]L-*la*); **13**, Vs. 11 (*u*[*š*$^!$-*q*]*a-li-la-la*); **23**, Vs. 5'-7' (jeweils *uš-qa-lal*).8' (⸢*uš*⸣-*qa-lal*)

šuqammumu, ganz still sein bzw. werden: **6**, v 7' (*uš-qa-ma-am-ma*)

šurānu(m), Katze (Schreibung SA.A): **11**, Vs. 59; **13**, Vs. 21.22; **22**, Vs. [1.9-13].14.15-24.[25-38].Rs. [1-8].10-17

šurqu(m), Diebstahl: **11**, Rs. 49 (*šur-q*]*í*)

šurru(m) I, sich hinabbeugen, herausbeugen; hineinlehnen: D: **22**, Vs. 32 (⸢*ú*⸣-*ši-ir*); **38**, 1. Seite 11' (*ú-šar-m*[*a*$^?$)

Dtn: **5**, ii 14' (*uš*-⸢*ta*⸣-*na-ar*); **13**, Vs. 19 (*ul-ta-na-ra*); **22**, Vs. 33 (*uš-ta-nar*)

šūtu(m) II, Südwind, Süden: **21**, Rs. 31 (IM.U$_{18}$.LU)

tabāku(m), aufhäufen: G: **21**, Vs. 39 (*i-tab-ba-ku*); **22**, Vs. 31 (⸢*it*⸣-⸢*bu*⸣-⸢*uk*⸣)

Dt: **14**, iii 23' (*ut-tab-ba-ka*)

tabālu(m), forttragen, fortnehmen: G: **9**, i 6' (*i-tab-bal*).ii 9' (*i*[*t-bal*).iii 6' (⸢*i*⸣-*tab-bal*); **11**, Vs. 2 (⸢*it*⸣$^?$-⸢*bal*⸣$^?$).Rs. [47-48]; **14**, ii 7 (*it-bal*); **39**, Rs. 4' (*i-tab-*[*bal*)

tabrītu(m), *tebrītu(m)*, das Schauen: **28**, Vs. 5 (*te-eb-ri-it*)

tādirtu, Depression: **16-17**, Rs. 37' (*ta-dir-ti*)

tāḫāzu(m), Schlacht (Schreibung MÈ): **21**, Vs. 10.59.82.Rs. 5

taḫû III, Seite: **21**, Rs. 21 (*ta-ḫe-e*)

takālu(m), vertrauen: G: **11**, Rs. 45 (⸢*tak*⸣-*l*[*u*$_4$)

takāpu(m), stoßen: Gt: **30**, ii 5 (*it-tak-ki-pu*)

tallaktu(m), Korridor, Weg, Geschäftstätigkeit: **16-17**, Vs. 60 (*tal-lak-ti*); **21**, Vs. 53 (*tal-lak-tu*$_4$).Rs. 2 (*tál-lak*$^!$-*ti*).12 (*tál-lak-ti*)

tāmartu(m), Erscheinen: **36**, Vs. 3' (*t*[*a-mar-ti*)

tamṭītu(m), Mangel: **21**, Vs. 68.74 (jeweils *tam-ṭa-a-tu*$_4$); **35**, Rs. 11 (*tam-ṭa-a-*[*tu*$_4$)

tappû(m) I, Freund, Gefährte; Geschwistertier: **9**, iii 20'-22' (jeweils AN.TA-*šú*).iv 10-11 (jeweils *tap-pu-ú*); **11**, Vs. 25 (*tap-pu-ú*).Rs. 22-24 (jeweils AN.TA-*šú*).41 (*t*[*ap-p*]*u*-⸢*ú*⸣); **13**, Vs. 16 (*tap-pa-šú*); **14**, iii 14'.19'-20' (jeweils *tap-pa-šú*)

taqtītu(m), Ende: in *taqtīt palê*, Ende der Herrschaft: **6**, iv 10' (TIL BAL-*e*); in *taqtīt ūmē*, Ende der Tage: **6**, iv [24'] (TIL *u*$_4$-*me*)

tarbaṣu(m), *tarbāṣu(m)*, Viehhürde (Schreibung TÙR): **6**, iv 5'; **18**, ii 1; **40**, i 3'.5'.7'

târu(m), sich umwenden, umkehren: G: **9**, iv 13 (GUR.MEŠ-*ma*); **11**, Rs. 42 (GUR.MEŠ-*ma*); **13**, Rs. 3 (GUR.M[EŠ); **14**, iii 12' (GUR-*ru*); **16-17**, Rs. 13' (GUR-*ma*); **21**, Vs. 23 (GUR); **22**, Rs. 13 (GUR); **38**, Rs. 6' (GUR$^!$-*ma*).12' (GUR$^!$); **41**, Rs. [9']

Tašrītu(m), der 7. Monat des babylonischen Kalenders: **10**, Vs. [21']; **14**, i 22' (^{it}]^{i}DUL)

tazzimtu(m), Klage: **13**, Vs. 9 (*ta-zi-im-tú*)

tebrītu siehe *tabrītu(m)*, *tebrītu(m)*

tebû(m), sich erheben; eine Erektion bekommen: G: **7**, Vs. 7'-11' (jeweils ZI.GA).12' (Z]I.GA).13' (ZI.G]A).Rs. 2 (ZI.⸢GA⸣).3 (ZI.GA); **9**, iv 1 (ZI-*š*]*ú*).16 (ZI-*šú*).22 (ZI); **11**, Rs. 33 (ZI.G[A-*šú*).36 (ZI-*šú*); **13**, Vs. [47]; **16-17**, Vs. 56 (ZI-*šu*); **18**, ii 1 (*te-bé*).iii 16 (ZI); **20**, Vs. 6' (*te-bé-e*); **28**, Rs. 6' (ZI-*b*[*i*); **47**, Rs. [5']

Gtn: **21**, Vs. 53 (*it-te*-⸢*né*⸣-*bu-ú*)

temēru(m), vergraben; begraben: G: **21**, Rs. 79 (*te-te-mer*); **35**, Vs. 8' (*te-te-mer-ma*)

teslītu(m), *taṣlītu*, Gebet: **13**, Vs. 13 (A.RA.ZU)

tešmû(m), Erhörung: **13**, Vs. 26 (*téš*$^!$-*mu-u*)

tēšû(m) I, Verwirrung: **16-17**, Vs. 3.Rs. 27' (jeweils SÙḪ); **24**, 2' (SÙḪ)

tību(m), Aufstand; Angriff; Aufkommen: **5**, ii 17' (*ti-bu*); **9**, i 18' (ZI-*b*]*u kaš-du*).iv 1 (ZI-*ib*).iv 16 (ZI.GA); **10**, Vs. [14']; **11**, Vs. 36 (ZI-*bu dan-nu*).Rs. 33 (ZI-*ib*).36 (ZI); **13**, Vs. 19 (ZI.GA).46 (ZI.G[A); **14**, i [15'].ii 16 (*ti-bu dan-nu*).iii 21' (ZI); **16-17**, Vs. 38.52 (jeweils ZI.GA).Rs. 55' (ZI$^!$.GA); **20**, Vs. 7' (ZI-*bu ka*[*š*]-⸢*du*⸣).8' (ZI-*b*[*u*); **21**, Vs. 10 (ZI).29 (*ti-bu*); **27**, 8' (ZI-*ib*); **41**, Rs. 3' (ZI.GA *dan-*[*nu*)

tibûtu(m), *tebûtu(m)*, Aufstand, Angriff: **61**, Vs. 4 (Z]I-*ut*).Rs. 6' (ZI-*ut*)

tillatu(m) I, Truppen, Hilfstruppen: **1-2**, Vs. 2' (ILLAT); **12**, Vs. 27' (ILLAT.MEŠ-*šú-nu*)

tīlu(m) I, *tillu* II, Ruine: **41**, Rs. 9' (DU$_6$)

tinūru(m), Ofen: **16-17**, Vs. 38-40 (jeweils IM.ŠU.RIN.NA)

tubqu(m), Ecke: **21**, Rs. 7 (*tu-bu-qat*)

tukultu(m), Vertrauen: **35**, Rs. 16 (*tu-kul-ta-šú*)

tumurtu, Ausgegrabenes: **21**, Rs. 4 (*tu-mu-ur-ta-šu-nu*)

tuppu II, ein Körpermal, Menschen mit *t.*-Körpermalen: **7**, Vs. 2' (^{lú}D[UB$^?$.DU]B$^?$.BU)

turāḫu(m), Steinbock: **47**, Rs. 1' (DÀRA); **55**, ii [9]

tušaru, Tasche: **49**, Vs. 7 (*tu-*[*š*]*a-ri*)

ṭābātu(m), Essig (Schreibung A.GEŠTIN.NA): **6**, v 3'; **16-17**, Vs. 43; **18**, ii 8; **21**, Rs. 24

ṭābu(m), gut: **1-2**, Vs. 8' (ŠÀ.[BI DÙG.GA); **5**, iii 7' (ŠÀ NU ⌜DÙG⌝.⌜GA⌝); **6**, v 11' (ŠÀ.BI DÙG.GA); **11**, Vs. 37 (ŠÀ.BI DÙG.GA); **13**, Rs. 8 (ŠÀ.BI DÙG.GA); **14**, ii 15 (ŠÀ.BI NU DÙG.GA).17 (ŠÀ BI NU DÙG.GA); **16-17**, Vs. 32 (ŠÀ.BI [DÙG.GA).Rs. 38' (ŠÀ.BI DÙG.GA); **31**, Vs. [11']; **32**, Vs. 3' (ŠÀ.BI [DÙG.GA)

ṭeḫû(m) I, sich nähern, sich sexuell nähern: G: **6**, iv 2' (TE-*ḫi*).3'-4' (jeweils T]E-*ḫi*).5' (TE-[*ḫ*]*i*).6' (TE-⌜*ḫi*⌝).7'-9' (jeweils TE-*ḫi*).10'-11' (jeweils T]E-*ḫi*).[12'].14'-17' (jeweils TE-*ḫi*); **9**, ii [9']; **11**, Vs. 2 (TE.MEŠ-*šú*); **14**, ii 7 (TE-*šú*); **16-17**, Vs. 27 (TE-*a*); **21**, Rs. [78]; **33**, l. Kol. 10' (TE); **35**, Vs. [7'-8'].12' (T]E-*e*).[14'].15' (TE-*š*[*ú*).17' (TE-*ḫ*[*i*]).19' (TE-*š*[*ú*).Rs. 9 (TE).12 (TE-*e*).17 (⌜TE⌝); **37**, Vs. 6' (⌜TE⌝-⌜*a*⌝).Rs. 6 (TE-*šú*)

ṭiābu(m), *ṭâbu*, gut, angenehm sein bzw. werden: G: **5**, ii 24' (DÙG.GA); **18**, ii 10 (NU DÙG).14 (DÙG); **21**, Rs. 79 (DÙG.GA); **50**, i 5' (DÙG.GA)

Š: **13**, Vs. 16 (*šu-ṭúb*^{ub})

ṭīdu(m), *ṭīṭu*, *ṭiddu(m)*, *ṭiṭṭu(m)*, Ton: **21**, Rs. 80 (IM)

ṭūb libbi, gute Gemütsverfassung: **11**, Vs. 34 (*ina* NU ⌜DÙG⌝-⌜*ub*⌝ ŠÀ-*bi*).36 (*ina* NU ⌜DÙG⌝-⌜*ub*⌝ Š[À]-*bi*) **13**, Rs. 9 (NU DÙG.GA ŠÀ.BI); **35**, Rs. 5 (*ina* NU DÙG.GA ŠÀ)

ṭūb šīri, Wohlsein: **9**, i 4' (NU DÙG.⌜GA⌝! ⌜UZU⌝).ii [8']; **11**, Vs. 1 (⌜NU⌝ ⌜DÙG⌝.⌜GA⌝ UZU); **35**, Vs. 18' (NU DÙG.GA UZU)

ṭuppu(m) I, *tuppu(m)* I, (Ton-)Tafel: **9**, iv 12 (DUB 21-KÁM.MA); **11**, Rs. 43 (DU]B ⌜24⌝-K[ÁM).[47]; **21**, Rs. 83 (DUB 35-KÁM).84 (IM); **37**, Rs. 11 (DUB 210-KAM)

ṭupšarru(m), *tupšarru(m)*, Schreiber: **11**, Rs. 46 (DU]B.[S]AR); **13**, Rs. 46-47 (jeweils A.BA); **21**, Rs. 84 (^{lú}DUB.SAR).85 (^{lú}A.BA)

u, und: passim

ugāru(m), Feld, Flur: **28**, Vs. 11 (A.GÀR)

uḫūlu qarnānu, 'gehörntes' Alkali: **9**, i 9' (NAGA.SI); **21**, Rs. 79 (NAGA.SI)

ūlū, *ū lū*, oder: **14**, ii 8 (*ú-lu*).13 (*ù-lu*); **28**, Vs. 9 (*ù-lu*); **33**, l. Kol. 6' (⌜*ù*⌝-⌜*lu*⌝)

umāmu(m), Getier, Wildtier: **21**, Rs. 70 (*ú-ma-mu*); **55**, ii 21 (⌜*ú*⌝-*ma-me* ZU).22 (*ú-ma*]-*me* NU ZU)

ūmišam, täglich: **11**, Vs. 53 (*u*$_4$-*me-šam*); **13**, Vs. 6 (U$_4$.ŠÚ.UŠ-*šam*); **35**, Rs. 17 (*u*$_4$-*mi*-[*šam*)

ummānu(m), Heer: **21**, Vs. 10 (ÉRIN)

ummiānu(m), *ummânu*, Gelehrter: **13**, Rs. 44 (UM.ME.⌜A⌝).45 (UM.ME.A)

ummat erî, unterer Mühlstein: **21**, Rs. 16 (*um*-[*mat*] ^{na4}ḪAR.⌜ḪAR⌝)

ummu(m) I, Mutter: **6**, iv 22' (A[MA.A.NI); **39**, Rs. 4' (AMA-*šú*)

ummu(m) II, Hitze: **39**, Rs. 9' (*um-mu*)

umṣatu(m) I, ein Hautmal: **5**, iii 13' (*um-ṣa-ti*); **52**, Vs. 1 (*um-ṣa*]-⌜*tu*$_4$⌝).3 (*u*]*m-ṣa-tu*$_4$)

ūmu(m), Tag: **4**, 4' (U$_4$.MEŠ-*šú*); **5**, ii 9' (*u*$_4$-*m*[*i*); **7**, Vs. 5' (TA U$_4$ 1-KÁM EN U$_4$ 30-KÁM); **9**, i 13' (U]$_4$).ii 8' (*u*$_4$-*mi ri-qí*).iv 23 (U$_4$ 1-KÁM ⌜U$_4$⌝ ⌜2⌝-KÁM); **10**, Vs. 11' (U$_4$ 1-KÁ]M *lu ina ka*-⌜*la*⌝ *u*$_4$-*m*[*i*).13' (U$_4$ 1-KÁM); **11**, Vs. 1 (⌜*u*$_4$⌝-[*mi*] ⌜*ri*⌝-*q*[*í*).52 (U$_4$ 6-KÁM ⌜U$_4$⌝ 7-KÁM).Rs. 40 (*u*[$_4$-*mi*); **13**, Rs. 4 (U$_4$.M[EŠ]-*šú*); **14**, i 12' (U[$_4$ 1-KÁM).[13']; **16-17**, Vs. [21].50 (U$_4$.MEŠ-*šú*).51 (*ina* DÙ *u*$_4$-*me*).Rs. 22' (*u*$_4$-*me-šú*).37' (U$_4$ 1-KÁM).38' (U$_4$.MEŠ-*šú*); **18**, ii 15 (2 U$_4$ 3 U$_4$ 4 U$_4$ 5 U$_4$ 6 U$_4$ 7 U$_4$ U$_4$.ME).v 12' (U$_4$.MEŠ-*šu*).[15']; **22**, Rs. 30 (1 ME *u*$_4$-*mi*); **28**, Rs. 12' (*u*$_4$-*mi er-bé*); **33**, l. Kol. 7' (*ina la*] *u*$_4$-*mi-šú*); **35**, Rs. 4 (U$_4$.MEŠ-*šú*); **37**, Rs. 7 (<*ina*> *u*$_4$-*mì-šu-ma*).8 (U$_4$ 2-KÁM); **39**, Rs. 6' (6 *u*$_4$-*me*); **41**, Rs. 5' (U$_4$.MEŠ-*šú*); **59**, Vs. 8' (U$_4$.ME).15' (U$_4$.MEŠ); **61**, Rs. 5' (U$_4$.ME)

unnīnu(m) I, *unnēnu(m)* I, Gebet: **31**, Vs. 14' (GIM *un-ni-*[*ni*)

upur zikari, eine Haartracht: **16-17**, Rs. 10' (TÚG.SAG.ÍL.EZEN.NITA)

uršānu(m) II, Wildtaube: **28**, Vs. 5 (IR$_7$.SAG^{mušen}).6 (IR$_7$.SAG^{mušen}.MEŠ)

uršu(m) I, Schlafzimmer: **21**, Rs. 60 (*ur-ši*)

ūru(m) I, Dach: **13**, Vs. 11 (ÙR); **14**, ii 21 (ÙR); **21**, Rs. 39-40 (jeweils Ù[R); **24**, 10' (Ù]R?)

urû(m) I, Stall: **35**, Vs. 11' (*ú-re-e*)

ur'udu(m), Luftröhre: **50**, ii 8' (GÚ.M[UR?-*šu*).9' (GÚ.MU[R?-*šu*)

uskāru(m), *usqāru(m)*, *askāru*, *asqāru*, Mondsichel: **49**, Vs. 3 (U$_4$.SAKAR)

usukku(m) I, Wange: **38**, 2. Seite 5' (*ú-su-uk*)

ušallu(m), Aue: **21**, Rs. 80 (*ú-šal-li* ÍD)

utnēnu(m) II, *utnennu(m)*, Gebet: **9**, i 13' (*ut-nen-nu*)

utūnu(m), Ofen: **18**, v 5' (UDUN); **39**, Vs. 3' (UDUN)

uznu(m), Ohr; Sinn: **6**, iv 20'-22' (GEŠTUG); **14**, iv 11' (GEŠTUG-*šú*); **35**, Rs. 15 (*uz-na*)

(w)abālu(m), tragen, bringen, wegnehmen: G: **9**, i [15']; **27**, 5' (*ub-bal*)

(w)aklu(m), Aufseher: **7**, Vs. 10' (UGU]LA)

(w)alādu(m), gebären, kalben; (bei Reptilien) ein Gelege ablegen (sofern nicht anders angegeben, Schreibung Ù.TU): G: **9**, iii [15'].23'.25'.v [9]; **11**, Vs. 19.Rs. [17].25 und 27; **12**, Vs. 9'; **16-17**, Vs. 57-62.Rs. 17'; **18**, ii 5; **21**, Vs. 3.Rs. 14; **22**, Vs. 4-6.Rs. 21 (Ù.TU-*m*[*a*).23 (Ù.TU-*ma*).24.27; **39**, Rs. 3' (*ul-du-šu*); **40**, ii 4'.7'.9'.11'

(w)apû(m), sichtbar sein bzw. werden: Š: verherrlichen: **37**, Vs. 11' (*l*]*u-šá-pi*)

(w)aqāru(m), rar sein bzw. werden: G: **9**, i 14' (*iq*-⌜*qir*⌝-*šú*); **16-17**, Vs. 41.55 (*i-qir-šu*)

(w)arādu(m), herabsteigen, hinunterlaufen: G: **11**, Vs. 44 (*ur-rad*).45 (*ur*-⌜*rad*⌝-⌜*ma*⌝); **21**, Vs. 9 (*ur-ra-du-ni*).Rs. 35.38 (jeweils *ur-r*]*a-du-ni*).39 (*ur-ra-du-ni*)

Š: **37**, Vs. 5' (*šu-rid-di*)

(w)ardu(m), Sklave: **14**, ii 14 (ÌR); **16-17**, Vs. 38.52 (jeweils ÌR)

(w)arḫu(m), Monat: **11**, Vs. 35 (ITI 3-KÁM).[37]; **14**, i 2 (IT]I 3-KÁM).[14'].ii 16 (*ana* 2 ITI); **38**, 1. Seite 10' (ITI 5-KÁM)

(w)arkatu(m), Rückseite, Erbe; Nachlaß: **9**, vi 17' (⌜EGIR⌝-*su*); **21**, Vs. 72 (EGIR).Rs. 65 (EGIR-*su*).66 (EGIR.MEŠ-*šú*)

(w)arki, hinter: **9**, iv 10 (EGIR-*šú-nu*).vi 13' (*a*]*na* EGIR); **10**, Vs. [17']; **11**, Rs. 41 (*ana* EGIR-*šú-nu*); **12**, Vs. 22' (E]GIR-*šú*); **13**, Vs. [14].40 (E]GIR-*šú*).Rs. 43 (*ana* EGIR); **14**, i 18' (*ana* [EGIR); **16-17**, Vs. [9-10].Rs. 21' (EGIR).32' (EGI[R); **23**, Vs. 8' (⌜EGIR⌝).12' (EGIR); **38**, 1. Seite 8' (*ana* ⌜EGIR⌝-[*šú*).9'.12' (*ana* EGIR-*šú*); **39**, Rs. 11' (*a*]*r-ki*); **58**, Vs. 7' (EGIR-*šú*)

(*w*)*arqu*(*m*), gelb-grün: **21**, Vs. 68.74-75 (jeweils SIG$_7$.MEŠ).80 (SIG$_7$.MEŠ); **22**, Vs. [30]

(*w*)*aṣābu*(*m*), hinzufügen: Dt: **1-2**, Vs. 4' (*ú-ta-aṣ-ṣa-bu*)

(*w*)*aṣû*(*m*), herausgehen, herauskommen, entkommen (sofern nicht anders angegeben, Schreibung È): G: **7**, Rs. 11; **9**, ii [4'].iii 2'.3'.iv 30.v 3 (⸢È⸣-*šú*).vi 17'; **10**, Vs. 15'; **11**, Vs. 24 (⸢È⸣-*ma*).26.59.62 (È-*šú*); **13**, Rs. 13; **14**, ii 6 (È-*ma*).12.iii 10' (È-*ṣi*).21' (È-*ma*); **16-17**, Vs. 34-35.38.40 (È-*šu*).Rs. 13' (È-*ma*).29'.56'; **18**, ii 6.9.13; **20**, Vs. 8' (⸢È⸣.MEŠ).9' (È.ME[Š).12' (⸢È⸣-*a*). Rs. 2 (È-*ma*); **21**, Vs. 6 (È.MEŠ).Rs. [7].9.12.[42].46 (È.MEŠ/È); **22**, Rs. [15]; **30**, ii 18; **33**, l. Kol. 8'; **39**, Rs. 2' (*a-ṣi-am-ma*)

Š: **9**, i 2' (È-*a*).iii 31; **10**, Vs. 24' (⸢È⸣-*a*); **11**, Vs. 66 (⸢È⸣-*šú*). Rs. 4 (⸢È⸣); **13**, Vs. 20 (È-*ma*); **21**, Vs. 39 (*ú-še-*⸢*ṣu*⸣-*nim-ma*).40 (*ú-še-ṣu-ni*).Rs. 4 (*ú-še-ṣú-ni*).49 (*ú-še-ṣu-ni*).51 (È-[*šú*)

Štn: **11**, Vs. 47 (*uš-te-né-eṣ-ṣi*)

N: **21**, Vs. 5-6 (jeweils È)

(*w*)*ašābu*(*m*), sitzen, wohnen: G: **5**, iii 7' (TUŠ-*ab*); **9**, iii [15']. iv 10 (*áš-bu*).iv 20 (TUŠ).22 (TUŠ).v 17 (*áš-bat*); **11**, Vs. 27 (KI.TUŠ.MEŠ).28 (KI.TUŠ.MEŠ-*ma*).30 (TUŠ.MEŠ-*ma*).Rs. 17 (TUŠ-*ab*).40-41 (jeweils *áš-bu*); **12**, Vs. 20' (*áš*]-*bat*); **13**, Vs. 11 (*a-šib*).27 (*aš-bu*).49 (TUŠ-⸢*ab*⸣).Rs. 43 (TUŠ); **14**, ii 13 (KI.TUŠ. MEŠ); **16-17**, [Vs. 23].Rs. 14'.28' (TUŠ); **21**, Rs. 61 (TUŠ.A-⸢*ma*⸣$^{?}$).77 (TUŠ.A); **38**, 1. Seite 8' (TUŠ. MEŠ)

Š: **16-17**, Rs. 23' (TUŠ-*su-ma*)

(*w*)*atmu*(*m*), Junges: **9**, v 15 (AMAR.MEŠ-*šá*); **12**, Vs. 16' (AMAR.MEŠ-*šá*)

(*w*)*ēdû*(*m*), *ēdu* II, hochgestellt, bedeutend: **9**, v 11 (SIG-⸢*ú*⸣); **12**, Vs. 11' (SIG-*ú*)

(*w*)*uššuru*(*m*), *muššuru*, loslassen: **9**, iii 27' (BAR.MEŠ-*šú*); **11**, Rs. 29 (BAR-*šú*)

zabālu(*m*), tragen: G: **22**, Rs. 23 (*iz-bi-il*)

D: **10**, Vs. 6' (*ú-za-bal*)

zagmukku(*m*), *zammukku*, Neujahrsfest: **10**, Vs. [11']; **14**, i 13' (ZAG.MU)

zakāru(*m*), *saqāru*(*m*) I, aussprechen, nennen, reden: G: **16-17**, Vs. 17 (PÀ)

N: **14**, ii 22 (*iz-za-kar*)

zanānu(*m*) I, regnen: G: **21**, Vs. 11 (*za*$^{!}$-*na-an* IM.ŠÈG).38 (*zu-un-nu* S[UR-*nun*).41 (SUR AN-⸢*e*⸣)

Š: **5**, ii 15' (*ú-ša-az-na-an*)

zaqāpu(*m*), aufrichten: G: **21**, Rs. 65-66 (jeweils *za-aq-pu-ma*)

D: **38**, 2. Seite 1' (*ú-z*[*aq-qap*).4' (*ú-zaq-qap*).7' (*ú-za-qap*). 10' (*ú-za-q*[*a*]*p*^{ap})

N: **13**, Vs. 17 (*i*[*z-za*]*q-pu-ma*)

zâzu(*m*), teilen: G: **11**, Vs. 25 (*i-*[*z*]*u-zu*)

zenû, zornig, erzürnt: **11**, Vs. 23 (⸢*ze*⸣-[*nu*]-*ti*); **13**, Rs. 3 (*ze-nu-ti*); **14**, ii 11 (*ze-nu-ti*)

zenû(*m*) II, zürnen: G: **13**, Rs. 24 (*i-ze-en-nu*); **55**, ii 19 (*ze-*⸢*ni*⸣)

zēru(*m*) II, Same, Nachkomme: **55**, iii 6' (NUMUN)

zibbatu(*m*), Schwanz: **11**, Vs. 19 (KUN-⸢*su*⸣).20 (⸢KUN⸣-⸢*su*⸣); **14**, iv 15' (KUN-*s*[*u*); **18**, v 8' (KUN.MEŠ-*šá*/KUN-[*sa*$^{?}$). 13' (K]UN.MEŠ-*šá*).14' (K]UN.[MEŠ]-*šá*); **39**, Vs. 6' (KUN.MEŠ-*šú*); **40**, ii 8' (KUN.MEŠ-*šú*)

zikaru(*m*) II, Mann, männlicher Nachkomme: **5**, iii 17' (NITA).v [9]; **9**, iv 4-11 (jeweils NITA *u* MUNUS).17 (⸢NITA⸣ *u* MUNUS).v [17]; **11**, Vs. [19].23-24.27-29 (jeweils NITA *u* MUNUS).27.29 (jeweils NITA).30 (NIT]A *u* MUNUS).Rs. 36 (NI]TA *u* MUNUS).37 (NITA *u* MUNUS).[38].39 (NITA *u*] MUNUS).40-41 (jeweils NITA *u* MUNUS); **12**, Vs. 9' (NITA); **14**, ii 11-13 (jeweils NITA *u* MUNUS).13 (NITA); **22**, Vs. [36]; **35**, Vs. 2 (NITA)

zikurrudû, *zikurudû*, 'Halsabschneidung', eine Form der Zauberei: **7**, Vs. 6' (ZI.KU$_5$.RU.DA)

ziqtu(*m*) I, Stich: **10**, Vs. 7' (*zi-qít* GÍR.TAB)

zittu(*m*), Erbteil, Anteil: **16-17**, Vs. 11 (ḪA.LA); **58**, Vs. 5'-6' (ḪA.LA)

zû(*m*), Kot (Schreibung ŠE$_{10}$): **13**, Rs. 31.33-36; **20**, Vs. 15'.Rs. 4; **22**, Rs. 13

zubbu(*m*), *zumbu*, Fliege: **21**, Vs. 51 (⸢*zu*⸣-*um-bu ḫi-mi-*[*ti*)

zummû(*m*) II, beraubt sein, entbehren: D: **16-17**, Vs. 39 (*ú-za-am-ma*).45 (*ú-za-am*$^{!}$-*ma*)

zumru(*m*), Körper, Leib: **14**, iv 12' (SU-*šú*); **36**, Vs. [9']; **37**, Vs. 9' (SU-*ia*$_5$)

zunnu(*m*) I, Regen: **21**, Vs. 11 (IM.ŠÈG).38 (*zu-un-nu*)

zuqaqīpu, Skorpion: **11**, Vs. 60 (G]ÍR.TAB); **30**, ii 5 (GÍR. TAB)

Wiederholungszeichen u.ä.

ḫīpu(*m*), Bruch (als Hinweis auf eine beschädigte Textvorlage): **7**, Vs. 4' (*ḫi-pí*); **21**, Vs. 37 (*ḫi-*[*pí*).42 (⸢*ḫi*⸣-[*pí*).43 (*ḫi-*⸢*pí*⸣) 45.49.59-60 (*ḫi-pí*).Rs. [20].71-73 (*ḫi-*[*pí*)

KI.MIN: **1-2**, Vs. [10']; **3**, Vs. 1'.2'.4'.6'-9'.10'.[11']; **5**, ii [3'-4'].6'-7'.12'-13'.15'-16'.18'.19'.20'.21'.iii 12'-15'; **6**, v 10'; **9**, i 15'.iii 18'.iv 14.36.v 7.8.11-13. [14].vi 17'; **10**, Vs. [1'-7'].14'; **11**, Vs. 13.34.36.56.60. Rs. 20; **12**, Vs. [5'-6'].11'-14'; **13**, Rs. 17; **14**, i [15']. ii 5; **16-17**, Rs. 28'-31'.32'.33'-36'.[37']; **18**, v 14'; **20**, Vs. 3'.4'.5'-7'.8'.9'.11'.Rs. 1.2.3-12.[13]; **21**, Vs. 8.15; **22**, Rs. 27; **24**, 4'.8'-9'; **35**, Vs. 22'.Rs. 4.16; **36**, Vs. [6'-7'.9']; **39**, Vs. 9'.Rs. 13'; **40**, iv 1'.2'-4'; **42**, Rs. 6'.7'; **52**, Vs. 2; **63**, Vs. 4

MIN (als Wiederholungszeichen): **7**, Rs. 5-10.[11]; **10**, Vs. [19'-23']; **13**, Rs. 16; **16-17**, Rs. 18'-21'. 23'.25'.28'-34'.35'.[36'].60' (MIN$^{?}$).63'; **18**, ii 2-6. 8-11.12.14-15.[18].iii 4.6.8.10.11-15.17.19.iv 1'.4'-6'. [7'-8'].v [8'].12'-13'.[14'-17']; **28**, Vs. 3-4.10.[12]; **37**, Rs. 4; **38**, 1. Seite 14'-15'.2. Seite 2'-4'.6'-9'.10'.12'. [14']; **42**, Rs. 7'; **47**, Rs. 1'-7'.[8'-11'].12'.13'-17'.18'; **55**, ii [16].17-19.20.[21-22]

ŠU.BI.AŠ.ÀM, desgleichen: **9**, iii [16'.17'].24'.25'-26'.iv 6; **11**, Rs. 18-19.26.27.28.38; **14**, ii 5-6; **21**, Rs. 16-17.24; **22**, Vs. 37

ŠU.BI.GIM.NAM, dasselbe: **16-17**, Vs. 42

Glossenkeil 𒑲: **6**, iv [24']; **9**, i 5'.14'.ii 21'.iii 9'.iv 4; **11**, Vs. 63.72.Rs. 11.32.[36]; **13**, Rs. 7.17; **21**, Vs. 9.10.56.62.87; **22**, Vs. 34.Rs. 12.21.33; **35**, Rs. 10; **61**, Rs. 6'

Glossenkeil 𒑱: **9**, iii 3'; **12**, Vs. 23'

Zahlen

2: **9**, iv 23 (⸢U$_4$⸣ ⸢2⸣-KÁM); **12**, Vs. 22' (2-*šú*); **13**, Vs. 42-43; **14**, ii 16; **16-17**, Rs. [2'].3'-5'; **18**, ii 15 (2 U$_4$).v 8'.13'; **22**, Vs. 15; **25**, r. Kol. 5'-7'; **37**, Rs. 8 (U$_4$ 2-KÁM); **39**, Vs. 6'.7'

3: **6**, iv 4'; **9**, ii [20']; **12**, Vs. 22' (3-*šú*); **13**, Vs. [18]; **14**, i [14'].iii 8' (MU 3-KÁM); **18**, ii 15 (3 U$_4$).v [14']; **20**, Rs. 16 (3-*šú*); **22**, Vs. 16; **37**, Rs. 4 (3-*šú*); **39**, Vs. 8'; **60**, Vs. 9'

4: **18**, ii 15 (4 U$_4$); **20**, Rs. 16 (4-*šú*); **22**, Vs. 17; siehe auch: *erbe*

5: **18**, ii 15 (5 U$_4$); **20**, Rs. 17 (5-*ma*); **22**, Vs. 18; **38**, l. Seite 10' (ITI 5-KÁM)

6: **11**, Vs. 52 (U$_4$ 6-KÁM); **18**, ii 15 (6 U$_4$); **22**, Vs. 19; **39**, Rs. 6' (6 *u$_4$-me*)

7: **9**, iii [14']; **11**, Vs. 52 (U$_4$ ⸢7⸣-KÁM).Rs. [16]; **16-17**, Rs. 25'; **18**, ii 15 (7 U$_4$); **22**, Vs. 20

8: **20**, Rs. 16 (8-*šú*); **22**, Vs. 21

9: **20**, Rs. 16 (9-*šú*)

21: **9**, iv 12 (DUB 21-KÁM.MA)

24: **11**, Rs. 43 (DU]B ⸢24⸣-K[ÁM)

30: **7**, Vs. 5' (U$_4$ 30-KÁ[M)

35: **21**, Rs. 83 (DUB 35-KÁM); **36**, Vs. [3']

100: **22**, Rs. 30 (1 ME)

114: **9**, iv 12 (1 UŠ 54-ÀM)

210: **37**, Rs. 11 (DUB 210-KAM)

3600: **37**, Vs. 9' (*šar$_5$*)

Götternamen

Adad: **7**, Rs. 11 (^{d}IŠKUR).13 (⸢^{d}⸣⸢IŠKUR⸣); **22**, Vs. 19 (^{d}IŠKUR)

Anu(m): **22**, Rs. 32 (^{d}⸢*A*⸣-*nim*); **37**, Vs. 10' (^{d}*A-nim*)

Anzû: **6**, v 10' (⸢^{d}⸣IM!.DUGUD^{mušen})

Baba: **6**, vi 5' (^{d}]*Ba-ba$_6$*)

Bēlet-ilī: **7**, Rs. 9 (DINGIR.MAḪ)

Damkina: **11**, Rs. 47 (^{d}*Dam-ki-na*)

Ea: **11**, Rs. [47]; **20**, l. Rd. 3 (^{d}*É-a*); **37**, Vs. 5' (^{d}LX)

Enlil: **13**, Rs. 11 (^{d}+*En-líl*)

Erra: **13**, Vs. 18 (^{d}*Èr-ra*)

Gilgameš siehe unter Personennamen

Gula: **7**, Rs. 7 (^{d}*Gu-la*)

Ištar (Schreibung ^{d}*Iš$_8$-tár*): **7**, Vs. 3'.4'.10'-14'.Rs. 3; **24**, 2'; **31**, Vs. 9'

Išum: **35**, Vs. 5' (^{d}*I-šum*)

Marduk: **6**, vi 8' (⸢^{d}⸣ŠÀ.ZU); **9**, i 7'.ii 11' (jeweils ^{d}AMAR.UTU); **10**, Vs. [4'.14'-15']; **11**, Vs. 4 (⸢^{d}⸣AMAR.UTU).13 (^{d}AMA[R.UTU); **14**, i [15'].16' (^{d}AMAR.UTU).ii 9 (^{d}AMAR.UTU).iii 9' (^{d}AMAR.UTU); **36**, Vs. [3'].4' (^{d}AMAR.UTU)

Nabû: **11**, Rs. 45 (^{d}AG).50 (^{d}⸢AG⸣)

Nin-Enimma: **7**, Rs. 8 (^{d}*Nin*-⸢É⸣-⸢NIM⸣.MA)

Ningirsu: **7**, Rs. 5 (^{d}*N*[*in-gír-su*).6 (^{d}*Nin-gír-su*)

Sîn: **7**, Rs. 12 (^{d}XXX); **35**, Vs. 13' (^{d}XXX); **37**, Rs. 7 (XXX)

Šamaš: **22**, Rs. 17 (^{d}UTU); **37**, Rs. 7 (XX)

Tašmētu: **11**, Rs. 45 (^{d}*Taš-me-tum*)

^{d}... : **20**, l. Rd. 3 (^{d}[)

Ortsnamen

Akkad: **21**, Rs. 83 (URI^{ki})

Amurru: **7**, Vs. 7' (MAR.TU)

Aššur: **6**, vi 5'.7' (jeweils ^{uru}BAL.TIL); **11**, Rs. 46 (^{uru}BAL.TIL^{k}[^{i}); **21**, Rs. 85 (BAL.TIL^{ki})

Bābilu: **21**, Rs. 84 (KÁ.DINGIR.RA^{ki}); **37**, Rs. 12 (T[IN.TIR^{ki})

Nippur(u): **37**, Rs. 12 (⸢EN⸣.LÍL^{ki})

Personennamen

Amēl–Papsukkal: **13**, Rs. 44 (^{I}LÚ–^{d}*Pap-sukkal*)

Bāba–šuma–iqīša: **6**, vi 2' ($^{I.d}$*B*]*a-ba$_6$*–MU–BA-*šá*)

Gilgameš: **47**, Rs. 3' (^{d}B[ÌL.GA.MEŠ).9' (^{d}BÌL.G[A.MEŠ)

Mušēzib–x: **11**, Rs. 44' (⸢^{I}⸣⸢*Mu*⸣-*še-z*[*ib*$^{?}$]–^{d}[x])

Nabû–aḫa–iddin: **13**, Rs. 46 ($^{I.d}$MUATI–PAP–AŠ); **21**, Rs. 84 ($^{I.d}$MUATI–PAP–AŠ)

Nabû–šuma–ibni: **13**, Rs. 47 ($^{I.d}$MUATI–MU–*íb-ni*); **21**, Rs. 85 (^{I}·[^{d}MUATI–M]U–*íb*-[*ni*)

Šulgi: **13**, Rs. 44 (^{I}*Šul-gi*)

Taqīša: **13**, Rs. 44 (^{I}*Ta-qí-ša*)

x–*šuma–uṣur*: **6**, vi 4' (^{I}x]–⸢MU⸣–PAP)

Glossar

zu dem Band

Keilschrifttexte aus Assur literarischen Inhalts 2

Daniel Schwemer

Rituale und Beschwörungen gegen Schadenzauber

Logogramme

A → *māru(m)*
A(.MEŠ) → *mû* I
A.AB.BA → *tiamtu(m), tâmtu(m)*
A.BÁR → *abāru(m)* I
A.GA.NU.TIL.LA → *aganutillû*
(^{dug})A.GÚB.BA → *agubbû, egubbû*
A.LÁ → *alû*
^{ú}A.ZAL.LÁ → *azallû*
^{lú}A.ZU → *asû(m)* I
A.ZU → *asûtu(m)*
Á → *aḫu(m)* II
Á → *idu(m)*
Á.ÚR.MEŠ → *mešrêtu*
AB.SAR siehe SAR
^{gu_4}ÁB×ŠÀ → *arḫu(m)* II
ABGAL → *apkallu(m)*
ABZU → *apsû(m)*
AD → *abu(m)* I in Personennamen, siehe *Abu–erība*
^{na_4}AD.BAR → *atbaru(m)*
^{ú}AD.SAG (Lesung unklar; siehe Logogramme ohne sichere Lesung, Unsicheres)
^{d}(+)AG → *Nabû*; siehe auch: *Nabû–bēssun* (Index der Personennamen)
AGARIN$_4$ → *agarinnu(m)*
AGARIN$_5$ → *agarinnu(m)*
AL.ŠEG$_6$.GÁ → *ṣarpu(m)*
ALAM → *ṣalmu(m)* II
^{d}AMAR.UTU → *Marduk*
AN → *šamû*
AN.BAR$_7$ → *muṣlālu(m)*
^{ú}AN.ḪÚL.LÚ → *anḫullû, anḫullu*
AN.NA → *anāku(m)*
AN.ŠÁR → *Aššur*; siehe auch: *Aššur–šākin–šumi* (Index der Personennamen)
AN.TA → *eliš*
AN.TA.MEŠ → *elītu(m)* I
AN.ÚSAN → *šimītān* I, *šimētān* I
^{na_4}AN.ZAḪ → *anzaḫḫu*
ARAD → *(w)ardu(m)*
^{ú}AŠ.TÁL.TÁL → *ardadillu, artatillu, aštatillu*
^{munus}ÁŠ.GÀR → *unīqu(m)*
^{lú}AZLAG → *ašlāku(m)*
^{lú}AZU → *bārû(m)*

BA.AN.È siehe È
^{d}BA.Ú → *Bābu*
BABBAR → *peṣû(m)* I, *paṣû(m)*
^{na_4}BABBAR.DILI → *pappardaliu(m), pappardilû(m)*
^{ú}BABBAR.ḪI^{sar} → *papparḫû(m)*
^{d}BAD → *Ellil, Enlil*
BAD → *petû(m)* II
BÀD → *dūru(m)* I
BÁḪAR → *paḫāru(m)* I
BAL → *enû(m)* III
BAL → *nabalkutu(m)* II
BAL → *naqû(m)*
BAL.TIL^{ki} → *Aššur*
^{giš}BANŠUR → *paššūru(m)*
BÁPPIR → *bappiru(m), pappiru(m)*
BAR → *qalpu*
BI → *šī*
BI → *šū*
BÍL → *qalû(m)* II
BIR → *sapāḫu(m)*
^{šim}BULUḪ → *baluḫḫu(m)*
BUR → *pūru* I
^{dug}BUR.ZI.GAL → *burzigallu*
BÚR → *pašāru(m)*
BÚR → *pišertu(m)*
BÚR → *pišru(m)*
BURU$_8$ → *arû* IV

^{d}(Determinativ) siehe unten: Index der Götter- und Dämonennamen; Index der Personennamen sowie: ^{d}(+)AG; ^{d}AMAR.UTU; ^{d}BA.Ú; ^{d}BAD; ^{d}DÌM.ME; ^{d}DÌM.ME.A; ^{d}DÌM.ME.LAGAB; ^{d}DIŠ; ^{d}GIŠ.BAR; ^{d}INANNA; ^{d}KURNUN; ^{d}MAŠ; PIŠ$_{10}$.^{d}ÍD; ÚḪ.^{d}ÍD; ^{d}UTU; ^{d}UTU.ŠÚ.A; ^{d}UTU.È; ^{d}15; *ereb šamši*; *inanna*; *ištaru(m)*; *šamšu(m)*
DAB → *ṣabātu(m)*
^{giš}DÁLA → *ṣillû(m)* II
DÀRA.MAŠ.DÀ → *nālu(m), najjalu*
DI.BALA → *dipalû, dibalû*
DIB → *kimiltu*
^{giš}DÌḪ → *baltu(m)* I
^{d}DÌM.ME → *Lamaštu(m)*
^{d}DÌM.ME.A → *labāṣu*
^{d}DÌM.ME.LAGAB → *aḫḫāzu(m)*
DIM$_4$ → *sanāqu(m)*
DI.KU$_5$ → *dajjānu(m)*
^{ú}DILI → *(w)ēdum, ēdu(m)* I
DINGIR → *ilu(m)*
DINGIR → *ilūtu(m), iluttu*
DIŠ → *šumma*
^{d}DIŠ → *Ea*
DU → *alāku(m)*
DU.DU → *muttalliku*
DÙ → *banû(m)* IV in Personennamen, siehe *Bābu–šumu–ibni*
DÙ → *epēšu(m)* II
DÙ → *ēpišu(m)*
^{munus}DÙ → *ēpištu(m)*
DÙ → *kalû* II
DÙ.DÙ → *šapû* IV
^{munus}DÙ.DÙ → *muštēpištu*
DÙ.DÙ.BI siehe unten: Index der Rubra u. ä.
DU$_8$ → *paṭāru(m)*
DU$_8$ → *piṭru(m)*
DU$_{10}$(.GA) → *ṭiābu(m), ṭâbu*
DU$_{10}$(.GA) → *ṭābu(m)*
DU$_{10}$.GA → *ṭūbu(m)*
DU$_{11}$.DU$_{11}$ → *dabābu(m)* I in: *bēl dabābi*
DU$_{11}$.DU$_{11}$ → *dabābu(m)* II
DU$_{11}$.GA → *qabû(m)* II
DU$_{11}$.GA → *qibītu(m)*
DUB → *šapāku(m)*
DUB → *sarāqu(m)* I
DUB → *ṭuppu(m)* I, *tuppu(m)* I
^{dug}(Determinativ) siehe ^{dug}A.GÚB.BA; ^{dug}BUR.ZI.GAL; ^{dug}LA.ḪA.AN; ^{dug}SÌLA.GAZ; *laḫannu(m)*

DUḪ.LÀL → *iškūru(m), eškūru(m)*
DUḪ.ŠE.GIŠ.Ì → *kupsu, kuspu* I
DUR → *ṭurru(m), turru(m)* II

É.GAR$_{8}$ → *igāru(m)*
^{lú}É.MAŠ → *šangû(m)*
È → *barû(m)* I
È → *šakāku(m)*
È → *(w)aṣû(m)*
EGIR → *(w)arkatu(m)*
EGIR → *(w)arki*
EME → *lišānu(m)*
^{ú}EME–UR.GI$_{7}$ → *lišān kalbi*
EN → *bēlu(m)*
EN → *bēltu(m)*
^{giš}EN.DI → *suādu*
ÉN → *šiptu(m)*; siehe außerdem unten: Index der Rubra u. ä.
ÉR → *bakû(m)*
^{giš}EREN → *erēnu(m)* I, *erinnu* II
^{giš}ESI → *ušû(m)*
ESIR → *iṭṭû(m)*
EŠ → *pašāšu(m)*
EŠ.BAR → *purussû(m)*
^{zì}EŠA → *saskû(m), sasqû(m)*

GA → *šizbu(m)*
(^{uzu})GABA → *irtu(m)*
GABA.RI → *gabarû, gabrû*
^{túg}GADA → *kitû(m)*
GAL → *rabû(m)* I
GAL → *rabûtu(m)* I
GAR → *šakānu(m)*; siehe auch: *Aššur–šākin–šumi* (Index der Personennamen)
GÁL → *bašû(m)*
GAL$_{5}$.LA → *gallû(m)*
^{giš}GAN.U$_{5}$ (Lesung unklar; siehe Logogramme ohne sichere Lesung, Unsicheres)
GAZ → *ḫašālu(m)*
GAZ → *ḫepû(m)*
GAZ → *ḫīpu(m)*
GAZI^{sar} → *kasû* II
GE$_{6}$ → *mūšu(m)*
GE$_{6}$ → *ṣalmu(m)* I
GEŠTIN → *karānu(m)*
^{ú}GEŠTIN–KA$_{5}$.A → *karān šēlebi*
GEŠTUG → *uznu(m)*
GI → *qanû(m)* I
GI.DU$_{8}$ → *paṭīru*
GI.ŠUL.ḪI → *qan šalāli*
GI.IZI.LÁ → *gizillû*
GÍBIL → *qalû(m)* II
GIDIM → *eṭemmu(m)*
^{lú}GIG → *marṣu(m)*
GIG → *murṣu(m)*
(^{še})GIG → *kibtu(m)*
GIM → *kīma*
GIN → *alāku(m)*
GIN → *kânu(m)*
(^{mul})GÍR.TAB → *zuqiqīpu(m), zuqaqīpu*
GÌR → *šēpu(m)*

GISKIM → *ittu(m)* I
GISSU → *ṣillu(m)* I
GIŠ → *iṣu(m)*
^{giš}(Determinativ) siehe ^{giš}BANŠUR; ^{giš}DÁLA; ^{giš}DÌḪ; ^{giš}EN.DI; ^{giš}EREN; ^{giš}ESI; ^{giš}GAN.U$_{5}$; ^{giš}GIŠIMMAR; ^{giš}GIŠIMMAR.TUR; ^{giš}GÚR.GÚR; ^{giš}ḪA.LU.ÚB; ^{giš}ḪAB; ^{giš}ḪAŠḪUR; ^{giš}IG; ^{giš}KIŠI$_{16}$; ^{giš}LE.U$_{5}$; ^{giš}LI; ^{giš}MA.NU; ^{giš}MÁ.GUR$_{8}$; ^{giš}NÁ; ^{giš}NAM.TAL; ^{giš}ŠE.Ù.SUḪ$_{5}$; ^{giš}ŠINIG; ^{giš}ŠUR.MÌN; *bīnu*; *elkula, elgula* etc.; *erēnu(m)* I, *erinnu* II; *kakku(m)*
^{d}GIŠ.BAR → *Girra*
GIŠ BÚR → *gišburru* bzw. *iṣ pišri*
GIŠ.ÉRIN → *gišrinnu(m)*
GIŠ.GI → *apu(m)* in: *ḫašḫūr api*
GIŠ.ḪUR → *uṣurtu(m)*
GIŠ.NÁ → *eršu(m)* IV
GÌŠ.NU.ZU → *petû(m)* I in: *lā petītu*
^{giš}GIŠIMMAR → *gišimmaru(m)*
^{giš}GIŠIMMAR.TUR → *suḫuššu(m)*
GÚ → *kišādu(m)*
GÚ.GAL → *ḫallūru(m)*
GÚ.NÍG.ḪAR.RA → *kiššānu(m), kiššēnu(m)*
^{uzu}GÚ.SIG$_{4}$ → *eṣēmṣēru(m), eṣēnṣēru(m)*
GÚ.TUR → *kakkû(m), kakkuʾu*
$^{\text{gu4}}$(Determinativ) siehe $^{\text{gu4}}$ÁB×ŠÀ
GU$_{7}$ → *akālu(m)*
GUB → *izuzzum*
GÙB → *šumēlu(m), šumīlu(m)*
^{še}GUD → *arsuppu*
$^{\text{na4}}$GUG → *sāmtu(m)*
GÙN → *barāmu(m)* II
GÙN.A → *burrumu*
GUR → *târu(m)*
^{giš}GÚR.GÚR → *kukuru(m), kukru(m)*
^{šim}GÚR.GÚR → *kukuru(m), kukru(m)*
GURUŠ → *eṭlu(m)*

^{giš}ḪA.LU.ÚB → *ḫaluppu(m), ḫuluppu(m)*
^{giš}ḪAB → *ḫūratu*
ḪÁD.DU.A → *ablu*
^{ú}ḪAR.ḪAR → *ḫašû(m)* III
^{ú}ḪAR.SAG → *azupīru(m), azupirānu, azupirānītu, azukirānu*
^{giš}ḪAŠḪUR → *ḫašḫūru(m)*
^{ú}ḪAŠḪUR → *ḫašḫūru(m)*
ḪE.ḪE → *balālu(m)*
^{sík}ḪÉ.ME.DA → *nabāsu(m)*
ḪI.A → *mādu(m)*
ḪUL → *lemnu(m)*
ḪUL → *lemuttu(m)*
ḪUL → *lumnu(m)*
ḪUL.GIG → *zīru* IV, *zēru* III
ḪUŠ.A → *ḫuššu(m)*

I.DIB siehe KUN$_{4}$
Ì → *šamnu(m)*
^{ninda}Ì.DÉ.A siehe NINDA.Ì.DÉ.A
Ì.GIŠ → *šamnu(m)*
Ì.ḪAB → *ikkukku, ikukku*
Ì.KUR.RA → *napṭu(m)*
Ì.NUN.NA → *ḫimētu(m)*

Ì.UDU → *lipû(m)*
ÍD → *nāru(m)* I
IDIM → *kabtu(m)*
^{giš}IG → *daltu(m)*
IGI → *ina maḫar*
IGI → *īnu(m)* I
^{ú}IGI–*lim* → *imḫur–līmi*, *imḫur–līm*
^{ú}IGI–NIŠ → *imḫur–a/ešre/a*, *imḫur–ašn/la(n)*
ÍL → *našû(m)* II
ÍL → *nīšu(m)* I
IM → *šāru(m)* I
IM → *ṭīdu(m)*, *ṭīṭu*, *ṭiddu(m)*, *ṭiṭṭu(m)*
IM → *ṭuppu(m)* I, *tuppu(m)* I
^{im}(Determinativ) siehe ^{im}ŠU.RIN.NA
IM.BABBAR → *gaṣṣu(m)* III
^{šim}IM.MAN.DU → *suādu*
IN.BUBBU → *pû(m)* II
^{še}IN.NU.ḪA → *ennēnu(m)*, *inninnu*
^{ú}IN.NU.UŠ → *maštakal*
^{ú}IN$_6$.ÚŠ → *maštakal*
^{d}INANNA → *ištaru(m)*
INIM → *awātum*, *amātu* I
INIM.GAR → *egerrû*
ITI → *(w)arḫu(m)*
IZI → *išātu(m)*

KA → *pû(m)* I
KA A.AB.BA → *imbu' tâmti*
KA.DAB.BÉ.DA → *kadabbidû*
KA.INIM.MA siehe unten: Index der Rubra u. ä.
KA.KÉŠ → *kiṣru(m)*
^{lú}KA.KÉŠ → *kāṣiru(m)*
^{munus}KA.KÉŠ → *kāṣirtu*
KÁ → *bābu(m)*
KALA → *dannu(m)* I
KAM → *erēšu(m)* II in Personennamen, siehe *Šamaš–šumu–ēreš*; $^{I.d}$x–KAM
KAR → *eṭēru(m)* I
KAŠ → *šikāru(m)*
KAŠ.SAG → *šikāru rēštû*
KÉŠ → *rakāsu(m)*
KÉŠ → *riksu(m)*
^{lú}KÉŠ → *kāṣiru(m)*
KI → *ašru(m)* III
KI → *erṣetu(m)*
KI → *itti*
KI → *qaqqaru(m)*
^{ki}(Determinativ) siehe BAL.TIL^{ki}; *Nippur*; *Subartu*
KI.GAR → *kullatu(m)* II
KI.NÁ → *majjālu(m)*, *ma''ālu*
KI.NE → *kinūnu(m)*
KIMIN siehe unten: Index der Rubra u. ä.
^{ú}KI.KAL → *sassatu*
KI.SIKIL → *(w)ardatu(m)*
KI.TA → *ina šapal*
KI.TA → *šaplu(m)* I
(^{giš})KIŠI$_{16}$ → *ašāgu(m)*
^{na_4}KIŠIB → *kunukku(m)*
^{ú}KU.NU.LUḪ.ḪA → *tījatu*
KÙ → *ellu(m)* I
KÙ.PAD (Lesung unklar; siehe Logogramme ohne sichere Lesung, Unsicheres)
KÙ.BABBAR → *kaspu(m)*
KÙ.SI$_{22}$ → *ḫurāṣu(m)*
KU$_5$ → *nakāsu(m)*
KU$_5$ → *parāsu(m)* I
KU$_6$ → *nūnu(m)* I
KÚM → *emmu(m)*
KUN$_4$ → *askuppu(m)*
KUR → *mātu(m)*
KUR → *šadû(m)* I
^{lú}KUR.GAR.RA → *kurgarrû*
^{ú}KUR.KUR → *atā'išu*, *at'išu*
KÚR → *nakāru(m)* I
KÚR → *nakru(m)*
^{d}KURNUN → *Tašmētu(m)*
KURUM$_6$ → *kurummatu(m)*
KURUN.NA → *kurunnu(m)*, *kurunu(m)*
KUŠ → *mašku(m)* II
^{kuš}(Determinativ) siehe ^{kuš}NÍG.DAG; ^{kuš}ÙMMU
KUŠ EDIN (Lesung unklar; siehe Logogramme ohne sichere Lesung, Unsicheres)

^{dug}LA.ḪA.AN → *laḫannu(m)*
LÁ → *ṣamādu(m)*
^{ú}LAL → *ašqulālu(m)*
LAL → *maṭû(m)* II
LAL → *tarāṣu(m)* I
LÀL → *dišpu(m)*
^{giš}LE.U$_5$ → *lē'u(m)*
^{giš}LI → *burāšu(m)*
^{šim}LI → *burāšu(m)*
^{giš}LI.U$_5$ siehe ^{giš}LE.U$_5$
LIBIR.RA → *labiru(m)*, *labīru(m)*, *laberu(m)*, *labēru(m)*
LIBIR.RA.BI.GIM → *kīma labirišu*
^{lú}LÍL.LÁ → *lilû*
^{munus}LÍL.LÁ → *lilītu*
LÍMMU → *erbe*
^{lú}(Determinativ) siehe ^{lú}A.ZU; ^{lú}AZLAG; ^{lú}AZU; ^{lú}É.MAŠ; ^{lú}GIG; ^{lú}KA.KÉŠ; ^{lú}KUR.GAR.RA; ^{lú}LÍL.LÁ; ^{lú}MAŠ.MAŠ; ^{lú}ME.ME; ^{lú}ŠAMAN.LÁ; ^{lú}TI; ^{lú}ÚŠ; ^{lú}UŠ$_{11}$; ^{lú}UŠ$_{11}$.ZU; ^{lú}ZABAR.DAB.BA; *marṣu(m)*
LÚ.U$_{18}$.LU → *awīlum*, *amīlu*, *amēlu*
LÙ → *dalāḫu(m)*
LUGAL → *šarru(m)* I
LUḪ → *mesû(m)* II

^{giš}MA.NU → *ēru(m)* II
^{giš}MÁ.GUR$_8$ → *makūru(m)*
MAN → *šarru(m)* I
^{šim}MAN.DU → *suādu*
^{d}MAŠ → *Ninurta*
MAŠ.DÀ → *ṣabītu(m)*
(^{lú})MAŠ.MAŠ → *mašmaššu*, *mašmašu*; *(w)āšipu(m)*
MAŠ.MAŠ → *mašmaššūtu*, *mašmašūtu*; ^{w}*āšipūtu*
MAŠ.SÌL → *naglabu(m)*
MAŠ.TAB.BA → *tū'amu(m)*, *tūamu(m)*
MÁŠ.GE$_6$ → *šuttu(m)* I
MAŠKIM → *rābiṣu(m)*
^{uzu}ME.ḪÉ → *ḫimṣu(m)* II, *ḫinṣu*

^{lú}ME.ME → *mašmaššu*, *mašmašu*
MU → *šumu(m)*; siehe auch: *Aššur–šākin–šumi*; *Bābu–šumu–ibni*; *Šamaš–šumu–ēreš* (Index der Personennamen)
MU.AN.NA → *šattu(m)* I
MÚ → *napāḫu(m)*
MU$_4$.MU$_4$ → *labāšu(m)*
^{d}MUATI → *Nabû* in Personennamen: siehe *Nabû–bēssun(u)*
MUL → *kakkabu(m)*
^{mul}(Determinativ) siehe ^{mul}GÍR.TAB
MUN → *ṭabtu(m)*
MUNUS → *sinništu(m)*
^{munus}(Determinativ) siehe ^{munus}ÁŠ.GÀR; ^{munus}DÙ; ^{munus}DÙ.DÙ; ^{munus}KA.KÉŠ; ^{munus}LÍL.LÁ; ^{munus}PEŠ$_4$; ^{munus}UŠ$_{11}$; ^{munus}UŠ$_{11}$.ZU; siehe ferner: MUNUS.ḪUL
MUNUS.ḪUL → *lemuttu(m)*
MÚRU → *qablu(m)* I
MÚRU → *qablû(m)*
$^{\text{na4}}$MUŠ.GÍR → *muššaru*
MUŠ.LAḪ$_4$.LAḪ$_4$ → *mušlalaḫḫatu*, *mušlaḫḫatu*
MUŠ.LAḪ$_5$ → *mušlalaḫḫu*, *mušlaḫḫu*

NA → *awīlum*, *amīlu*, *amēlu*
NÁ → *itūlu(m)*, *utūlu(m)*
NÁ → *ṣalālu(m)*
^{giš}NÁ → *eršu(m)* IV
$^{\text{na4}}$(Determinativ) siehe $^{\text{na4}}$AD.BAR; $^{\text{na4}}$AN.ZAḪ; $^{\text{na4}}$BABBAR.DILI; $^{\text{na4}}$GUG; $^{\text{na4}}$KIŠIB; $^{\text{na4}}$MUŠ.GÍR; $^{\text{na4}}$NÍR; $^{\text{na4}}$NUNUZ; $^{\text{na4}}$PA; $^{\text{na4}}$ŠU.SAL.LA; $^{\text{na4}}$ŠU.U; $^{\text{na4}}$ZA.GÌN; *ašgigû*, *ašgikû*, *ašqiqû*; *kapāṣu(m)* I, *kabāṣu(m)* I; *zibītu* II
NAG → *šaqû(m)* III
NAG → *šatû(m)* II
NAGA → *uḫūlu(m)*
NAM.BÚR.BI → *namburbû*
NAM.ÉRIM → *māmītu(m)*
NAM.LÚ.U$_{18}$.LU → *awīlūtum*, *amīlūtu*, *amēlūtu*
NAM.RIM.BÚR → *namerimburrudû*
^{giš}NAM.TAL → *pillû*
^{ú}NAM.TAR → *pillû*
NE → *pēmtu(m)*, *pēntu*, *pēndu*
NENNI → *annanna*
NÍG.AK.A → *upšašû(m)*
^{kuš}NÍG.DAG → *kīsu(m)* II
NÍG.GIG → *ikkibu(m)*
NÍG.NA → *nignakku(m)*, *nignaqqu(m)*
(^{zì})NÍG.SILA$_{11}$.GÁ → *līšu*
NIGIN → *lawûm*, *lamû* II
NIGIN → *napḫaru(m)*
NIGIN → *saḫāru(m)*
NIGIN → *ṣâdu(m)* I
NIN → *bēltu(m)*
NINDA → *akalu(m)*, *aklu(m)*
NINDA.Ì.DÉ.A → *mersu(m)*, *mirsu(m)*
NINDA.GUR$_4$.RA (Lesung unklar; siehe Logogramme ohne sichere Lesung, Unsicheres)
NINDA.KUR$_4$.RA → *kerṣu*
$^{\text{na4}}$NÍR → *ḫulālu(m)*
NITA → *zikaru(m)*
NÍTA → *zikaru(m)*
NU → *lā*
NU → *ṣalmu(m)* II
NU → *ul*
^{ú}NU.LUḪ → *tījatu*
(^{ú})NU.LUḪ.ḪA → *nuḫurtu(m)*
NUMUN → *zēru(m)* II
NUN → *rubû(m)* I
NUNDUN → *šaptu(m)*
NUNUZ → *pelû(m)* II
$^{\text{na4}}$NUNUZ → *erimmatu(m)*

PA → *aru(m)* I, *eru(m)*
^{d}PA → ^{d}MUATI
$^{\text{na4}}$PA → *ajjartu(m)*
PAP → *napḫaru(m)*
PÉŠ.SÌLA.GAZ → *ḫulû*
^{munus}PEŠ$_4$ → *arītu(m)* I, *erītu*
PIŠ$_{10}$.^{d}ÍD → *kibrītu*

RA → *maḫāṣu(m)*

(^{uzu})SA → *šerʾānu(m)*
SA.GÚ → *dâdānu(m)*, *diadānum*
SA$_5$ → *malû(m)* IV
SA$_5$ → *sāmu(m)*
SAG.DU → *qaqqadu(m)*
SAG.KI → *nakkaptu(m)*
SAG.KI → *pūtu(m)*
^{ú}SAG.ŠUR → *karašu(m)* I, *karšu(m)* II
SAR → *šaṭāru(m)* II
SAR → *šiṭru(m)*
SAḪAR → *eperu(m)*, *epru*
SAR → *šabāṭu(m)* II
^{sar}(Determinativ) siehe ^{ú}BABBAR.ḪI^{sar}; GAZI^{sar}
^{šim}SES → *murru* I
SI → *qarnānû*
SI → *qarnu(m)*
SI.SÁ → *išarūtu(m)*
SIG → *damāqu(m)*
SÌG → *maḫāṣu(m)*
SIG$_4$ → *libittu(m)*
SIG$_5$ → *damqu(m)*
SÍK → *šārtu(m)*
SÍK → *šīpātu(m)*
^{sík}(Determinativ) siehe ^{sík}ḪÉ.ME.DA; ^{sík}ZA.GÌN.NA
SIKIL → *ellu(m)* I
^{ú}SIKIL → *sikillu*
SILA → *sūqu(m)*
SILA.LÍMMU → *sūq erbetti*
^{dug}SÌLA.GAZ → *silagazû*, *silgazû*
SILIM → *šalāmu(m)* II
SIM → *napû(m)* II
^{udu}SISKUR → *nīqu(m)*, *niqû(m)*
SU → *riābu(m)*, *râbu* II in Personennamen, siehe *Abu–erība*
SU → *zumru(m)*
SÙ → *salāḫu(m)* I
SÚD → *sâku(m)*, *zâku(m)*
SUM → *nadānu(m)*
SUMUN → *labiru(m)*, *labīru(m)*, *laberu(m)*, *labēru(m)*
SUR → *ṭerû(m)*

ŠÀ → *libbu*; *ina libbi*
ŠÀ → *qerbu*(*m*) II
ŠAḪ → *šaḫû*(*m*) I
^{ú}ŠAKIRA → *šakirû*(*m*)
^{lú}ŠAMAN.LÁ → *šamallû*(*m*), *šamlû*
^{še}(Determinative) siehe ^{še}GIG; ^{še}GUD; ^{še}IN.NU.ḪA
ŠE.BAR → *uṭṭatu*(*m*), *uṭṭetu*
ŠE.GUD → *arsuppu*
^{šim}ŠE.LI → *kikkiriānu*, *kikkirānu*, *kis/l/rkir/lânu*
ŠE.MUŠ$_5$ → *šeguššu*(*m*), *šegušu*(*m*), *šiguššu*(*m*), *šigušu*(*m*)
^{giš}ŠE.Ù.SUḪ$_5$ → *terinnatu*, *tirinnatu*
ŠEŠ → *aḫu*(*m*) I
ŠEŠ → *annû*(*m*) I
ŠÉŠ → *pašāšu*(*m*)
ŠID → *manû*(*m*) V
ŠID → *minûtu*(*m*) I
ŠIKA → *ḫaṣabtu*
ŠIM → *rīqu*(*m*) II, *riqqu* I
^{šim}(Determinativ) siehe ^{šim}BULUḪ; ^{šim}GÚR.GÚR; ^{šim}IM.MAN.DU; ^{šim}LI; ^{šim}MAN.DU; ^{šim}SES; ^{šim}ŠE.LI
ŠIM.KÙ.SI$_{22}$ → *šīpu* I
^{giš}ŠINIG → *bīnu*
ŠU → *qātu*(*m*)
^{im}ŠU.RIN.NA → *tinūru*(*m*)
ŠU.SAR → *pitiltu*(*m*)
$^{\text{na4}}$ŠU.SAL.LA → *sû*(*m*) I
$^{\text{na4}}$ŠU.U → *šû* II
ŠU.SI → *ubānu*(*m*)
ŠUB → *nadû*(*m*) III
ŠUB.ŠUB → *maqātu*(*m*)
ŠUBA → *šubû*(*m*) I
ŠUR → *ṣaḫtu*
^{giš}ŠUR.MÌN → *šurmēnu*(*m*), *šurmīnu*(*m*)
ŠÚR → *ezēzu*(*m*)

(^{ú})TÁL.TÁL → *urijānu*(*m*), *uriānu*(*m*), *urânu*(*m*)
TE → *lētu*(*m*) I, *lītu* III
TE → *ṭeḫû*(*m*) I
TI → *leqû*(*m*) II
(^{lú})TI → *balṭu*(*m*)
TI.LA → *balṭu*(*m*)
TU$_5$ → *ramāku*(*m*)
TU$_6$.ÉN siehe unten: Index der Rubra u. ä.
TU$_{15}$.MAR.TU → *amurru*(*m*)
TÚG → *ṣubātu*(*m*)
^{túg}(Determinativ) siehe ^{túg}GADA
TÚG.SÍK → *sissiktu*(*m*)
TUK → *rašû*(*m*) I
TÙM → (*w*)*abālu*(*m*), *babālu*(*m*)

Ú → *šammu*(*m*)
^{ú}(Determinativ) siehe ^{ú}A.ZAL.LÁ; ^{ú}AD.SAG; ^{ú}AN.ḪÚL.LÚ; ^{ú}AŠ.TÁL.TÁL; ^{ú}BABBAR.ḪI^{sar}; ^{ú}DILI; ^{ú}EME–UR.GI$_7$; ^{ú}GEŠTIN–KA$_5$.A; ^{ú}ḪAR.ḪAR; ^{ú}ḪAR.SAG; ^{ú}ḪAŠḪUR; ^{ú}IGI–*lim*; ^{ú}IGI–NIŠ; ^{ú}IN.NU.UŠ; ^{ú}IN$_6$.ÚŠ; ^{ú}KI.KAL; ^{ú}KU.NU.LUḪ.ḪA; ^{ú}KUR.KUR; ^{ú}LAL; ^{ú}NAM.TAR; ^{ú}NU.LUḪ; ^{ú}NU.LUḪ.ḪA; ^{ú}SAG.ŠUR; ^{ú}SIKIL; ^{ú}ŠAKIRA; ^{ú}TÁL.TÁL; ^{ú}ÚKUŠ.LAGAB; *aktam*; *anunūtu*; *ariḫu*; *bīnu*; *elkula*, *elgula* etc.; *erkulla*; *imḫur–a/ešre/a*, *imḫur–ašn/la*(*n*); *imḫur–līmi*, *imḫur–līm*; *kurkanû*; *namruqqu*, *nabruqqu*; *šibburratu*, *sibburratu*; *šimāḫu*(*m*), *šimāḫu*(*m*), *šumuttu*(*m*); *tarmuš*; *tījatu*; *tullal*; *urnû*
Ú.KUR.RA → *nīnû*(*m*)
Ù.TU → (*w*)*alādu*(*m*)
U$_4$ → *ūmu*(*m*)
U$_4$.NÁ.ÀM → *bubbulu*
U$_8$ → *laḫru*(*m*)
UD.DA → *ṣētu*(*m*) I
^{udu}(Determinativ) siehe ^{udu}SISKUR
UDUG → *utukku*(*m*) I
UDUN → *utūnu*(*m*)
UGU → *muḫḫu*(*m*)
ÚḪ → *ru'tu*(*m*) I, *rūtu*(*m*) II
ÚḪ.^{d}ÍD → *ru'tītu*, *ruttītu*
UKKIN → *puḫru*(*m*)
^{ú}ÚKUŠ.LAGAB → *irrû*
UL → *kakkabu*(*m*)
^{kuš}ÙMMU → *nādu*(*m*) II
UN.MEŠ → *nišū*
UR.GI$_7$ → *kalbu*(*m*)
UR.SAG → *qarrādu*(*m*)
ÚR → *pēmu*(*m*), *pēnu*
UR$_5$.GIM → *kīam*
URU → *ālu*(*m*) I
URUDU → *werûm*, *erû* II
ÚŠ → *dāmu*(*m*) II
(^{lú})ÚŠ → *mītu*(*m*)
ÚŠ → *peḫû*(*m*) II
UŠ$_{11}$ → *kišpū*
UŠ$_{11}$ → *ruḫû*(*m*)
UŠ$_{11}$ → *rusû*(*m*)
^{lú}UŠ$_{11}$ → *kaššāpu*(*m*)
^{munus}UŠ$_{11}$ → *kaššāptu*(*m*)
UŠ$_{11}$.BÚR, UŠ$_{11}$.BÚR.DA, UŠ$_{11}$.BÚR.RU.DA.KAM siehe unten: Index der Rubra u. ä.
UŠ$_{11}$.BÚR.DA → *ušburrudû*
UŠ$_{11}$.BÚR.RU.DA → *ušburrudû*
UŠ$_{11}$.ZU → *kišpū*
^{lú}UŠ$_{11}$.ZU → *kaššāpu*(*m*)
^{munus}UŠ$_{11}$.ZU → *kaššāptu*(*m*)
^{d}UTU → *Šamaš*; siehe auch: *Šamaš–šumu–ēreš* (Index der Personennamen)
^{d}UTU.ŠÚ.A → *ereb šamši*
^{d}UTU.È → *ṣīt šamši*
ÚTUL → *diqāru*(*m*)
UZU → *šīru*(*m*)
^{uzu}(Determinativ) siehe ^{uzu}GABA; ^{uzu}GÚ.SIG$_4$; ^{uzu}ME.ḪÉ; ^{uzu}SA; ^{uzu}ZAG.UDU; *šumû* I

$^{\text{na4}}$ZA.GÌN → *uqnû*(*m*)
^{sík}ZA.GÌN.NA → *uqniātum*, *uqnâtu*
ZABAR → *siparru*(*m*)
^{lú}ZABAR.DAB.BA → *zabardabbu*(*m*)
ZAG → *imittu*(*m*) I
ZAG → *imnu*(*m*)
^{uzu}ZAG.UDU → *imittu*(*m*) II
ZAL.ZAL → *berû*(*m*) II, *barû*(*m*) II
ZÁLAG → *nūru*(*m*)
ZI → *tebû*(*m*)

ZI.KU$_5$.RU.DA → *zikurrudû*, *zikurudû*

ZI.KUR$_5$.DA → *zikurrudû*, *zikurudû*

ZÌ → *qēmu*(*m*)

^{zì}(Determinativ) siehe ^{zì}EŠA; ^{zì}NÍG.SILA$_{11}$.GÁ

ZÌ.DA → *qēmu*(*m*)

ZÌ.SUR.RA → *zisurrû*

ZÌ.MA.AD.GÁ → *maṣḫatu*(*m*)

ZÍZ.A.AN.NA → *kunāšu*(*m*)

ZÍZ.AN.NA → *kunāšu*(*m*)

ZU → *edû*(*m*) III, *idû*(*m*)

ZÚ → *šinnu*(*m*) I

ZÚ.LUM.MA → *suluppu*(*m*)

ZUBI → *gamlu*(*m*)

15 → *imittu*(*m*) I

^{d}15 → *ištaru*(*m*)

150 → *šumēlu*(*m*), *šumīlu*(*m*)

Logogramme ohne sichere Lesung, Unsicheres

^{ú}AD.SAG, eine Pflanze: **10**, lk. Kol. 4' (^{ú}]⸢AD⸣.[SAG])

^{giš}GAN.U$_5$, eine Pflanze: **10**, r. Kol. 13' ([^{gi}]^{š}GAN.ḪU.⸢SI⸣)

KUŠ EDIN: **48**, Vs. I 5'

KÙ.PAD, *ṭabti* ~, ein Salz: **49**, Vs. 17 (K[Ù.PAD)

NINDA.GUR$_4$.RA, eine Gebäck: **36**, Vs. I [5']

^{ú}NU.LUḪ, eine Pflanze (siehe unter *tījatu*): **51**, 2'

13, Vs. I 3' (^{na_4}⸢ZA⸣.[)

14, Rs. 6' (⸢DUB$^{?}$-*ma*$^{?}$⸣)

43, m. Kol. 11' (*tu-šá-*⸢*aḫ*⸣*-ba*$^{?}$*-x x* [(*x*)])

44, Vs. I$^{??}$ 8' (⸢ub⸣-[ga-*tum*])

46, Rs. 1 (ub-ga-*tim*)

Akkadische Wörter

abāku(*m*), fortführen: G: **24**, Rs. 13 (*á*[*b-ka-ku*)

abālu(*m*) I, (aus)trocknen: D: **8**, Rs. 28 (*ub-bi-lu*); **15**, Vs. I 30' (*ub-bi-lu*); **47**, r. Kol. 10 (*tu-*⸢*bal*⸣)

abāru(*m*) I, Blei: **24**, Vs. 16 (A.BÁ[R]).Rs. 18 (A.BÁR)

abāru(*m*) III, umspannen: D: **15**, Rs. III 26 (*ú-u*[*b*]-⸢*bi-ru*⸣); **28**, Vs. 6 (*ub-bu-ri*]*m-ma*); **29**, Rs. [9']

abātu(*m*), vernichten: Dt: **44**, Vs. I$^{??}$ 1' (⸢*ú*⸣*-t*[*ab-ba-tú*); **46**, Vs. 8' (*ú-tab-ba-tú*)

ablu, trocken: **36**, Rs. V 6' (ḪÁD.DU.A)

abnu(*m*), Stein: **41**, Rs. IV/VI 1' (N[A$_4$].⸢MEŠ⸣).4' (NA$_4$.MEŠ).8' (⸢NA$_4$⸣.[M]EŠ).14' (⸢NA$_4$⸣.ME[Š])

aban gabî, Alaun: **36**, Rs. V 5' (N[A$_4$] *ga-bi-i*); **49**, Vs. [11].Rs. 11 (NA$_4$ *gab-bi-i*).19 (NA$_4$ *ga*[*b-b*]*i-i*)

abunnatu(*m*), Nabelschnur, Nabel: **41**, Rs. IV/VI 3' (LI.DUR-*šá*)

adagurru, *adaguru*, *adakurru*, ein Opfergefäß für Getränke: **36**, Vs. I [8']

adāru(*m*) B, sich fürchten: G: **33**, Vs. 2 (*a-di-ru*)

Gtn: **24**, Vs. 47 (⸢*a*⸣*-ta-nam-da-*[*ru*])

adi, bis: **41**, Rs. IV/VI 5' (EN); **45** r. Kol. [6']

adirtu(*m*), Verfinsterung: **8**, Rs. 8 ([*a*$^{?}$*-dir*$^{?}$*-t*]*a*)

adūgu, *atūgu*, Ofen: **26**, Vs. II [20'].Rs. III [5]; **27**, B1 4' (*a-du*⸣*-gi*)

agāgu(*m*), ergrimmen, zürnen: G: **36**, Rs. IV 4' (*t*[*a*$^{?}$*-gu*$^{?}$*-gu*$^{?}$)

aganutillû, Wassersucht: **28**, Vs. 6 (A.[G]A.NU.⸢TIL⸣.LA)

agarinnu(*m*), Maische: **26**, Rs. III 5 (AGA[RIN$_4$]$^{!?}$); **27**, A1 4' (AGARIN$_5$)

agašgû, jung: **9**, Rs. 16' (*a-g*[*a-aš-gu-u*])

agû(*m*) II, Strömung, Wasserflut: **4**, Vs. 14' (*a-g*[*u-u*)

agubbû, *egubbû*, Weihwassergefäß: **10**, lk. Kol. 8' (A.G]ÚB.BA).r. Kol. 17' (^{dug}A.GÚB.BA); **22**, Rs. V 2' ([^{dug}A.GÚ]B.BA-*a*); **23**, Rs. 13' (^{dug}A.GÚB$^{!}$(ba).BA-*a*); **24**, Vs. 12 (⸢^{dug}A.GÚB.BA-*a*⸣/^{dug}A.GÚB.B[A-*e*]). Rs. 49 (^{d}[^{u}]^{g}A.GÚB.BA); **25**, Vs. I 21 (^{dug}A.GÚB.BA).[22]; **33**, Rs. 7' (A.GÚB.BA); **34**, Rs. IV 6' (A.GÚB.BA); **37**, lk. Kol. 3' (A.GÚB.B[A]); **44**, Vs. I$^{??}$ [10']; **46**, Rs. 3 (A.GÚB.BA)

agugillu, eine Art Zauberer: **6**, Vs. [7']

agugiltu, eine Art Zauberin: **4**, Rs. 11' (⸢*a-gu*⸣*-gi-*⸢*la-at*⸣)

aḫāzu(*m*), nehmen; heiraten; lernen: Š: **8**, Vs. 34 *ú-šá-ḫi-zu-ni*

aḫḫāzu(*m*), Packer-Dämon: **2**, r. Kol. 7' (^{d}DÌM.ME.[LAGAB); **7**, Vs. II 2' (⸢*aḫ-ḫa-zu*⸣); **50**, lk. Kol. [3'].10' (*aḫ-ḫa-zu*)

aḫu(*m*) I, Bruder: **6**, Vs. 2' (ŠEŠ)

aḫu(*m*) II, Arm, Seite (vgl. *idu*(*m*)): **5**, Rs. 15 ([*a*]-⸢*ḫi*⸣).[15]; **8**, Vs. 4 (Á.MEŠ-*šú*).Rs. 28 (*a-ḫi-iá*); **15**, Vs. I 30' (⸢Á^{II}⸣-MU); **23**, Rs. 5' (⸢Á⸣^{II}.MEŠ-*šú-nu*); **24**, Vs. 44 ([*aḫā-a*]-⸢*a*⸣); **25**, Vs. II 6' (Á[^{II}]-⸢*a-a*⸣); **36**, Vs. I 17' (⸢Á-*šu*⸣); **44**, Vs. I$^{??}$ 6' (⸢*a*⸣*-ḫi-šú-nu*); **46**, Vs. 11' (⸢*a-ḫi-šú-nu*⸣); **53**, 4' (*a-ḫi*)

aḫulap, *aḫulab*, es ist genug!: **36**, Vs. I [45']

ai I, nicht: **4**, Vs. 15' (*a-*⸢*a*⸣).[15']; **5**, Rs. [12]; **15**, Vs. II 28' (*a-a*); **33**, Rs. 6' (*a-a*); **34**, Rs. IV 3' (*a-a*); **36**, Vs. II [13']; **41**, Vs. I 3 (*e*)

ai II, *â* II, *ajji*, wehe!: **29**, Rs. 12' (⸢*a-a*⸣)

ajjartu(*m*), weiße Koralle (?): **41**, Rs. IV/VI 7' (^{na_4}PA).12' (^{na_4}]⸢PA⸣).17' (^{n}]^{a_4}PA)

akalu(*m*), *aklu*(*m*), Brot: **8**, Vs. [35].Rs. [3].29 (NINDA.MEŠ); **15**, Vs. I 32' ([NINDA].M[E]Š); **24**, Vs. 7 (NINDA.M]EŠ); **25**, Vs. I [13]; **28**, Vs. 3 (NINDA.ḪI.A); **36**, Vs. I [3'].[4'].[5']; **48**, Vs. II [3']; **49**, Vs. 23 (NINDA); **63**, Vs. II 9' (NINDA.MEŠ)

akālu(*m*), essen, fressen: G: **5**, Rs. 3 (*li-ku*[*l*]); **48**, Vs. I 10' ([G]U$_7$-*šú*/GU$_7$)

Gtn: **8**, Vs. 2 (GU$_7$.MEŠ-*šú*); **24**, Vs. 3 (⸢GU$_7$⸣.[MEŠ-*šú*).54 (⸢GU$_7$.MEŠ-*nin-ni*⸣).Rs. 5 (GU$_7$.MEŠ); **25**, Vs. I 4 (G[U$_7$.MEŠ-*šú*]); **29**, Rs. [16']; **48**, Vs. I 9' ([G]U$_7$.MEŠ-*šú*)

Š: **8**, Vs. 35 (GU$_7$-*n*]*i*).Rs. 3 (GU$_7$-*ni*).29 (⸢GU$_7$⸣-*nin-ni*); **15**, Vs. I 11' (*ú-šá-kil*).32' (GU$_7$-*nin-ni*); **24**, Vs. 7 (*šu-kul*); **25**, Vs. I 13 (*š*]*u-k*[*u*]*l*); **28**, Vs. 3 (*šu-kul*); **42**, r. Kol. 2' (⸢*šu*⸣*-k*[*ul*]); **48**, Vs. II [4']; **49**, Vs. 24 ([G]U$_7$).Rs. 7 (GU$_7$)

aktam, eine Pflanze: **43**, m. Kol.18' (^{ú}⸢*ak-tam*⸣); **49**, Vs. [10]

alaktu(*m*), Gang, Weg: **1**, Vs. I 6' (*a-lak-ti*); **63**, Rs. III/V 4' (*a-lak-t*[*a*$^{?}$)

alāku(*m*), gehen: G: **4**, Vs. 3' (DU-*ku*); **15**, Vs. I 16' (⸢*lil-li-ku*⸣).II 8' (*lil-l*[*i-ku*).11' (*lul-l*[*ik*]); **24**, Vs. 2 (*i*]*l-la-k*[*a*).Rs. 26 (*lul-lik*); **25**, Vs. I 3 (*il-la-k*[*a*); **26**, Vs. I 5' (*a-l*[*a*$^{?}$*-k*]*a*$^{?}$); **37**, lk. Kol. 7' (DU-*ni*; Zuordnung unsicher); **44**, Vs. I$^{??}$ 2' ([*a-la*]-⸢*kam*⸣).3' (DU); **46**, Vs. 8' (*a-la-kám*).9' (DU-*ma*)

Gtn: **24**, Rs. 46 ([*li*]*t-tal-lak*); **49**, Rs. 18 (DU.MEŠ-*ma*)

alālu(*m*) II, aufhängen: Gtn: **8**, Rs. 14 (*li-tal-*[*lil*]).36 (*li-tal-lil*); **15**, Vs. I 42' (*li-tal-lal*)

alālu(m) III, ein Freudenlied singen: Gt: **15**, Rs. III [1]
āliktu(m), die Gehende: **4**, Rs. [20']
alītu, ?: **30**, Rs. 2' (⸢*a*⸣*-li-ti*).4' (*a-li-ti*).5' ([*a*]*-li-ti-ma*); **31**, Vs. 16 (*a-li-ta*)
allānu(m), Eiche (?), Eichenzäpfchen: **25**, Rs. III 11' (*alla-*[*ni*$^?$])
alluḫappu, eine Art Fangnetz; ein Dämon: **50**, lk. Kol. 7' (*al-l*]*u-ḫap-pu*)
ālu(m) I, Ortschaft, Stadt: **4**, Rs.[1'].17' (URU-⸢MU⸣); **6**, Vs. 3' (URU); **24**, Rs. 38 (URU)
alû II, ein Dämon: **2**, r. Kol. [3']
amānu in: *ṭabti amāni*, *ṭabat amāni*, ein rötliches Salz: **49**, Vs. 17 (MUN *a-ma-n*]*i*)
amāru(m), sehen: G: **24**, Rs. 9 (*am-ma-r*[*u*]); **36**, Vs. I [25'].27' (*im-mar*).28' (*a-mi-ru*).[31'].Rs. IV 7' (*a-m*[*u*]*r-*[*ma*); **40**, Vs. [5']; **59**, 7' ([*l*]*u-mur*)
Gtn: **24**, Rs. [9]
amurru(m), Westwind, Westen: **33**, Rs. 4' ([T]U$_{15}$.MAR.TU)
ana, zu, nach, gegen (sofern nicht anders angegeben, Schreibung *ana*): **4**, Vs.[3'].6' ({*a-na*}).13' (*a-na*). Rs. 18' (*a-n*]*a*).19' (*a-n*[*a*]).[20']; **6**, Rs. [2'.3'.5'.6']; **7**, Vs. II 9'; **8**, Vs. 7.33.Rs. [2]; **10**, r. Kol. 14'; **12**, Vs. 4'.5'; **13**, Rs. IV [17']; **14**, Rs. 11'.12'; **15**, Vs. I 12'.16'.II 29'; **16**, 2'; **22**, Rs. V 19'; **23**, Rs. 10' (*a-na*/⸢*ana*⸣); **24**, Vs. 6 (⸢*a*⸣*-na*).[9].10.20.36.37 ([*a*]-⸢*na*⸣).Rs. [3].17 (*a-n*]*a*).21 (*a-na*).27 (⸢*a-na*⸣).30. [34].42 (⸢*a-na*⸣).42 (*a-*⸢*na*⸣).49.[50]; **25**, Vs. I [11].16 ([*a-n*]*a*).[18.19].Rs. III 4' (*a-na*).15' (*a-na*).IV 12' (*a-na*); **26**, Vs. I 17'.[21'].Rs. III [3-7]. IV 5 (*a-na*).6 (*a-na*).15; **28**, Vs. [2.4.5]; **29**, Rs. 6'.[8'](?); **30**, Rs. 3'.o. Rd. 2 (*a-n*]*a*); **31**, Vs. 10; **33**, Rs. 5' (*a-n*[*a*).6' (*a-na*).7'; **34**, Vs. I [2.3].7.Rs. IV 10'; **35**, [5']; **36**, Vs. I 11'.[30'.39'].II 12' (*a-*[*na*).Rs. IV [21'].Rs. V [4'].[15'.16']; **41**, Vs. I [4].5 (*a*$^?$]-⸢*na*⸣).[11.12]. Rs. IV/VI 2'; **42**, r. Kol. 2'.[7']; **43**, m. Kol. [1']. [6'].7'.8' (*a-*⸢*na*⸣); **44**, Vs. I$^{??}$ [1'].3'.4'.6'.Rs. VI$^{??}$ [10']; **45** r. Kol. 4' (*a-n*]*a*).[6']; **46**, Vs. [2'].8' (*a-na*). [10'].11'.Rs.7.11; **48**, Vs. II 5'; **49**, Vs. 21.24.Rs. 8 (⸢*a*⸣*-na*).18.23 (*a-n*]*a*); **52**, 7' (*a-na*); **56**, 3'; **63**, Rs. III/V 5'; **66**, Vs. 1 (*a-na*)
ana IGI, vor (sofern nicht anders angegeben, Schreibung *ana* IGI): **8**, Vs. 8; **12**, Vs. 7'; **13**, Vs. I 4'.18'; **14**, Rs. 16'; **15**, Vs. I [23']; **22**, Rs. V 13'; **23**, Rs.[20']; **24**, Vs. 15.29; **26**, Vs. II 22' (*a-na* IGI); **31**, Rs. 6; **34**, Vs. I 8; **35**, [5'].8'; **36**, Vs. I [2'].[18'](?); **47**, r. Kol. 7; **51**, 8'; **57**, 9'; **63**, Rs. III/V 7' (*ana* IGI-*šu*)
ana libbi, in (hinein) (Schreibung stets *ana* ŠÀ): **13**, Vs. I 18'. Rs. IV 8'; **24**, Vs.12.14.16.25; **25**, Vs. I [22]; **31**, Vs. 7; **33**, Rs. 13'; **34**, Rs. IV 6'.8'; **46**, Vs. 4'; **47**, r. Kol. 7
ana muḫḫi, hin – zu, über: **10**, lk. Kol. [5']; **15**, Vs. II 8' (*ana muḫ-ḫi-šú‹-nu›*); **22**, Rs. V 2' (⸢*ana*⸣ [UGU-*šú-nu*]).8' (*ana* UGU-*šú-nu*); **23**, Rs. [2'].6' (*ana* UGU-*šú-nu*).13' (*ana* UGU-*šú-nu*).17' (*ana* UGU-*šú-nu*); **29**, Rs. 13' (*ana* UG[U-*ku-nu*); **30**, Rs. 8' (*ana* UGU); **31**, Vs. 12 (*ana* U[G]U); **32**, Rs. 4 (*ana* UGU); **34**, Vs. I 9 (*ana muḫ-ḫi-šú-nu*); **36**, Rs. IV [23']; **43**, m. Kol. 6' (*ana* UGU-*šú-nu*); **44**, Vs. I$^{??}$ 8' (⸢*ana*⸣ UGU-*šú-nu*).11' (*ana* UGU-[*šú-nu*).13' (*ana* UGU-*šú-nu*); **46**, Rs. 1 ([*ana* UG]U-*šú-nu*).3 (*ana* UGU-*šú-nu*).Rs. 5 (*ana* UGU-*šú-nu*) (siehe auch: *muḫḫu(m)*)
anāḫu II, seufzen: **60**, 5' (*i-na-a*[*ḫ*])
anāku, ich: **1**, Vs. I 11' (*ana-ku*); **3**, r. Kol. [2'].9' (*anā*]-⸢*ku*⸣); **4**, Rs. 6' (*ana-ku*).9' (*ana-ku*); **5**, Vs. 4' (*ana-ku-m*]*a*). 5' (⸢*ana-ku-ma*⸣).6' (*ana-ku-ma*).7' (*ana-*⸢*ku*⸣*-ma*).8' (⸢*ana-ku-ma*⸣); Rs. 17 (⸢*a*⸣*-*[*na-ku*]); **8**, Vs. 27 (*a-na-*⸢*ku*⸣).Rs. 26 (*ana-ku*); **10**, lk. Kol. [1']; **11**, r. Kol. 27' (*ana-k*]*u*); **15**, Vs. I [28'].Rs. III [1]; **20** Vs. 9' (⸢*a*⸣*-n*[*a-ku-ma*); **22**, Rs. IV 10' (*ana-ku*); **23**, Rs. 8' (*ana-ku*); **24**, Vs. [39].41 (*ana*]-⸢*ku*⸣).{41}.Rs. 16 (*ana-ku*).25 (*ana-ku*).[26.38].40 (*ana-ku*).41 (*ana-ku*).44 (*ana-ku*); **25**, Vs. II 3' (*ana-ku*); **26**, Vs. II 12' (*ana-k*[*u*).Rs. IV [6]; **27**, B1 2' (*ana-ku*); **29**, Rs.[1'].2' (*ana-ku*).[5']; **32**, Rs. 6 (*ana-ku*); **36**, Vs. I [29'].36' (*a-na-ku*).[40']. Rs. IV 6' (*ana-k*[*u*).V [15'].[16']; **58**, 6' (⸢*ana*⸣*-k*[*u*])
anāku(m), Zinn: **24**, Vs. 16 (AN.NA).Rs. 18 (AN.NA); **26**, Rs. III [1]
anḫullû, *anḫullu*, eine Pflanze: **10**, lk. Kol. 3' (^{ú}A]N.Ḫ[ÚL.L]Ú)
anna, ja, gewiß: **15**, Vs. I 3' (*an-na-šú*).17' (*an-ni-ka*); **22**, Rs. IV 12' (⸢*an*⸣*-*[*ni-ka*); **26**, Vs. II 11' (*an-ni-ka*); **29**, Rs. [4']; **36**, Vs. I [42']
annanna, NN, so und so (Schreibung NENNI): **7**, Vs. II 9'; **12**, Vs. 4'; **23**, Rs. 8'; **33**, Vs. 7; **36**, Vs. I [19'].19' (NEN]NI/NENNI-*tum*)
annu II, Sünde, Unrecht: **24**, Rs. 22 (*an-ni-ia*).23 (*an-ni*)
annû(m) I, dieser: **4**, Vs. [1'].2' (*an-n*]*i-tum*); **8**, Vs. 11 (*an-ni-tu*).26 (⸢*an*⸣*-nu-ti*).Rs. 11 (⸢*an-nu*⸣*-*[*tú*).11 (*an-nu-tú*).15 (*an-nam*).19 (*an-*⸢*na-a*⸣).25 (*an-nu-ti*); **13**, Vs. I 18' (*an-ni-t*]*u*$^?$).Rs. IV 8' (ŠEŠ.MEŠ); **14**, Rs. 4' (*an-*⸢*ni*⸣*-t*[*ú*]); **15**, Vs. I 26' (*an-nu-*⸢*ti*⸣); **16**, 4' (*an-nu-u*); **20**, u. Rd. 1 (*an-nu*]*-te*/*an-nu-te*); **22**, Rs. IV 5' (*an-ni-tú*).8' (*an-nu-*⸢*ú*⸣).V 10' (*an-ni-*⸢*tú*⸣).14' (*an-na-am*).19' ([*a*]*n-ni-tú*).24' ([*a*]*n-na-a-ti*).26' (*an-nu*]*-*⸢*u*⸣); **23**, Rs. 11' (⸢*an-ni-ta*⸣).18' (*an-*⸢*ni-tú*⸣).21' (*an-n*]*a-*⸢*am*⸣).23' (*an-ni-ta*); **24**, Rs. 19 (*an-nu-ú*).20 (*an-n*]*u-u*).28 (*an-ni-t*]*ú*).[33.37]. 37 (*an-nu-ti*).47 (*an-ni-tú*).48 (*an-na-a*); **25**, Rs. III 12' (*an-n*[*u-ti*).13' (*an-nu-ti*); **28**, Vs. [4]; **30**, Vs. 8 (*an-*⸢*nu*⸣*-t*[*i*).Rs. 8' (*a*]*n-ni-ta*); **32**, u. Rd. 3 (*an-n*[*i-tú*).Rs. 5 (*an-nu-ti*); **34**, Vs. I 9 (*an-ni-tu*); **36**, Vs. I 16' (*an-nu-ti*).II 15' ([*a*]*n-*⸢*nam*⸣); **37**, lk. Kol. 5' (*an-ni*]*-tú*); **39**, Rs. 6' (*a*]*n-nu-ti*); **41**, Vs. I 9 (*a*]*n-ni-tú*).16 (*an-ni-tú*); **49**, Rs. 11 (ŠEŠ); **51**, 9' (*a*[*n-nīta*(?)])
anuntu, Kampf: **36**, Vs. I [22']
anunūtu, eine Pflanze: **47**, r. Kol. 10 (^{ú}*‹a-›nu-nu-tú*)
anzaḫḫu, eine Art Glas: **39**, Rs. 8' (^{n}[^{a_4}AN].ZAḪ); **48**, Rs. III 3 (^{na_4}AN.ZAḪ)
apkallu(m), Weiser (Schreibung ABGAL): **7**, Vs. II 10'; **12**, Vs. 20'; **15**, Rs. III 24; **26**, Vs. II 9'; **29**, Rs. 7'; **33**, Vs. 13
appu(m), Nase: **8**, Vs. 42 (*ap-pi-i*[*a*); **31**, Vs. 19 (*ap-pi*)
apsû(m), unterirdisches Süßwassermeer, Grundwasser (Schreibung ABZU): **7**, Vs. II 5'; **15**, Vs. II 4'.Rs. III 23; **22**, Rs. V 18'; **23**, Rs. 23'; **32**, Rs. [9](?)
apu(m) siehe *ḫašḫūr api*
arāḫu(m) II, aufzehren, vernichten: G: **4**, Rs. 24' (⸢*a*⸣*-ru-uḫ-*⸢*ši*⸣*-na-ti*); **15**, Rs. III 39 (*a-ri-*⸢*ḫi*⸣)
arallû(m), Unterwelt: **24**, Rs. 42 (*a-ra-*⸢*le*⸣*-e*)
arāmu, *erēmu*, bedecken: G: **5**, Rs. 8 (*li-ri-ma*); **27**, A1 7' (*e-rim*)
ardadillu, *artatillu*, *aštatillu*, eine Pflanze: **49**, Rs. 2 (⸢^{ú}⸣AŠ.TÁL.TÁL/^{ú}AŠ.TÁL.TÁL)
arḫiš, eilig(st): **28**, Vs. [6]; **29**, Rs. [9']; **36**, Vs. I 26' (*á*[*r-ḫiš*])
arḫu(m) II, Kuh: **60**, 8' (^{g}]^{u_4}ÁB×ŠÀ)
ariḫu, eine Pflanze: **48**, Rs. III 4 (⸢^{ú}*a*⸣*-ri-ḫa*)

arītu(m) I, *erītu*, Schwangere (Schreibung ^{munus}PEŠ$_4$): **41**, Vs. I 4.10.Rs. IV/VI 5'
armannu(m), Aprikosenbaum (?) siehe *laptu(m)* II
arnu(m), Schuld, Unrecht, Sünde: **24**, Rs. 22 (*ár-ni-ia*)
arrabu(m), (wohl) Siebenschläfer: **51**, 8' (*ar-ra-b]i*)
arratu(m), Fluch: **8**, Rs. 9 (⸢*ar*⸣-*r*[*a-tú*]); **56**, 7' (*ar-*[*ratu*(?))
arsuppu, Einkorn: **24**, Vs. 22 (ŠE.GUD^{ud}); **30**, Rs. 10' (Š]E.GUD)
aru(m) I, *eru(m)*, Zweig, Stengel, Stiel: **48**, Rs. III 2 (PA); **49**, Rs. 3 (PA)
arû IV, (sich) erbrechen: G: **24**, Vs. 4 (*i-a*[*r-ru*]); **25**, Vs. I [7]; **48**, Vs. II 7' (BURU$_8$-*ma*). Rs. III 2 (BU[RU$_8$$^?$-*ma*); **49**, Vs. 26 (BURU$_8$-*ma*)
asakku(m) I, ein Krankheitsdämon: **7**, Vs. II [2']; **50**, lk. Kol. 2' (*a-sa-ak*]-*ka*)
askuppu(m), *askuppatu*, Steinplatte, Türschwelle: **15**, Vs. I 13' (I.DIB); **26**, Vs. I [21']; **32**, Rs. 3 (I.DI]B(?))
assinnu, *isinnû*, Buhlknabe (im Kult): **60**, [5'].7' (*i-*⸢*sin*⸣-[*na*)
asû(m) I, Arzt: **9**, Rs. 16' (⸢^{lú}A.ZU⸣)
asûtu(m), ärztliche Tätigkeit, Heilkunst: **49**, Rs. 8 (⸢A⸣.[ZU-*tim*])
ašāgu(m), ein Dornstrauch, Kameldorn (?): **34**, Rs. IV 10' (KIŠI$_{16}$); **49**, Vs. 15 (^{giš}KIŠI$_{16}$)
ašarēdu(m), allerster, vornehmster: **5**, Rs. 1 (*a-šá-*⸢*re*⸣-*du*)
ašāšu(m) III, sich betrüben: Gtn: **24**, Vs. 51 (*e-ta-na-*⸢*áš-šá-šú*⸣). Rs. 5 (*e-ta-*⸢*na-áš*⸣-[*šá-šú*)
ašgigû, *ašgikû*, *ašqiqû*, ein Mineral: **41**, Rs. IV/VI 6' ($^{\text{na}_4}$*áš-gi-gi*)
ašqulālu(m), eine Pflanze: **49**, Rs. 6 (^{ú}LAL)
ašlāku(m), Wäscher: **8**, Vs. 43 ($^{\text{lú}?}$[AZLAG$^?$); **10**, r. Kol. 9' (^{lú}AZLAG)
ašlu(m), Seil: **4**, Vs. [11']; **44**, Vs. I$^{??}$ 7' (*aš-lim*); **46**, Vs. [12']
ašru(m) III, Ort, Stelle, Stätte: **33**, Rs. 6' (KI-*šú*); **36**, Vs. II 12' (*a-ša*]*r*)
aššu, wegen; weil: **1**, Vs. I [10']; **4**, Rs. 1' (*á*[*š-š*]*u*); **24**, Rs. 25 (*á*]*š-šú*); **26**, Vs. I 6' (*áš-šú*)
ašû(m) II, eine Kopfkrankheit: **8**, Rs. 3 (*a-šá-a*)
ašuštu(m), Trübsal, Betrübnis: **26**, Vs. I 5' (⸢*a*⸣-*šu-uš-tu*); **50**, lk. Kol. 3' (*a-šu*]-*uš-tu*)
atā'išu, *at'išu*, (etwa) weiße Nieswurz (Schreibung ^{ú}KUR.KUR): **34**, Rs. IV 8'; **36**, Rs. IV [16']; **39**, Rs. 13'; **42**, r. Kol. 3'; **46**, Vs. 5'; **49**, Vs. [1](?).[10].Rs. 6.13.19
atappu(m), Kanal: **5**, Rs. 15 (⸢*a*⸣-[*tap*]-⸢*pi*⸣)
atbaru(m), etwa Basaltlava (Schreibung $^{\text{na}_4}$AD.BAR): **11**, r. Kol. 19'.23'; **34**, Rs. IV 9'
attā, du: **8**, Vs. 19 (*at-ta-ma*).27 (⸢*at*⸣-*ta*).Rs. 26 (*at-ta*); **11**, lk. Kol. 7' (*at-ta*).r. Kol. 28' (⸢*at*⸣-*ta*); **13**, Vs. I 15' (*at-ta-ma*); **15**, Vs. I 27' (*at-ta*); **20** Vs. 9' (*at-ta*); **24**, Vs. 41 (*at-ta-ma*).Rs. 16 ([*at*]-⸢*ta*⸣-*ma*); **25**, Vs. II [3']; **26**, Vs. II 14' (*at-ta*); **30**, Rs. 4' ([*a*]*t-ta-ma*); **31**, Vs. 13 (*at-ta*); **32**, Rs. 5 (*at-ta-ma*).[6]; **36**, Vs. II 9' (*a*[*t-ta*]); **44**, Vs. I$^{??}$ 14' (*a*[*t-ta-ma*]); **46**, Rs. 6 (*at-ta-ma*).7 (*at-ta-ma*); **56**, 10' (*at-t*[*a*); **58**, 2' (*at-*⸢*ta*⸣)
attamannu, F. *attimannu*, ein jeglicher; wer du auch bist: **6**, Vs. [1']; **31**, Rs. 9 (*at-*⸢*ti-man-nu*⸣); **56**, 5' (*at-ta-man-n*[*u*).10' (*a*]*t-ta-man-nu*)
attī, du: **36**, Vs. I [36'].45' (*at-t*]*i*$^?$-*m*[*a*]$^?$); **60**, 6' (*at-t*]*i*)
attunu, ihr: **33**, Rs. 2' (*at-tu-nu*).3' (*at-tu-nu*); **40**, Vs. [3']
atwûm, *atmû*, Rede: **15**, Rs. III 17 (⸢*at*⸣-*ma-a-a*); **24**, Rs. [12]
awātum, *amātu* I, Wort, Angelegenheit (siehe auch: *bēl amāti*): **4**, Rs. [1'].2' (*a-ma-*⸢*tu*⸣); **6**, Rs. [3'].6' (*a-*⸢*mat*⸣).7' (*a-mat*); **7**, Vs. II 9' (INIM); **8**, Vs. 3 (INIM.⸢INIM⸣$^!$.MEŠ-*šú*).29 (INIM).Rs. 22 (⸢*a*$^?$⸣-*m*[*at*$^?$]); **10**, r. Kol. 14' (INIM-*sa*); **12**, Vs. 19' (⸢*a*$^!$-*mat*⸣); **14**, Rs. 13' (⸢*a-mat*⸣); **24**, Rs. 21 (INIM); **26**, Rs. IV 10 (INIM.MEŠ-*k*[*i*]); **30**, Vs. 4 (IN]IM); **33**, Vs. 7 (INIM); **34**, Vs. I 4 (*a-m*[*at*)
awīlum, *amīlu*, *amēlu*, Mensch (sofern nicht anders angegeben, Schreibung LÚ): **7**, Vs. II 13'; **8**, Vs. 1 (N]A).6; **13**, Vs. I 15'; **15**, Rs. III 14 (LÚ.MEŠ).18 (L[Ú.MEŠ]); **24**, Vs. [1.7]. 10 (NA); **25**, Vs. I 1.[12].Rs. IV 6'; **28**, Vs. [1]; **29**, Rs. 16' (NA); **30**, Vs. [1]; **32**, Rs. 5; **33**, Rs. 13' (NA); **34**, Vs. I 5.[17]; **35**, [3'.5']; **36**, Rs. IV 21'.V [3'.8']; **43**, m. Kol. 12'; **46**, Vs. 1'.7'.Rs. 7.11; **48**, Vs. I 8' (NA).10' (NA).II [2'.4']; **49**, Vs. 22 (NA).23 (NA). Rs. 7 (N]A).8.17 (NA); **63**, Vs. II 12' (⸢NA⸣); **65**, Vs.$^?$ 7'
awīlūtum, *amīlūtu*, *amēlūtu*, Menschheit: **5**, Vs. 11' (LÚ.⸢U$_{18}$⸣.LU.MEŠ).12' (⸢*a-me*⸣-*lu-ú-*⸢*ti*⸣); **8**, Rs. 21 (*a-me-lu-ti*); **28**, Vs. [2]; **39**, Rs. 3' (NA]M.LÚ.U$_{18}$.LU); **40**, Vs. [9']; **50**, lk. Kol. 14' (*a*]-⸢*mi*⸣-*lu-te*)
awûm, *amû*, sprechen: Gt: **66**, Vs. 5 (*a-ta-mu-ka*)
azallû, Haschisch (?): **49**, Vs. [5].6 (^{ú}A.ZAL.LÁ).Rs. 6 (^{ú}A.ZAL.LÁ)
azupīru(m), *azupirānu*, *azupirānītu*, *azukirānu*, Safran: **49**, Vs. 14 (^{ú}Ḫ[AR].SAG)

bābu(m) I, Tor, Tür: **4**, Rs. 16' (⸢KÁ-MU⸣); **15**, Vs. II 32' (KÁ-*šú-*⸢*nu*⸣); **26**, Rs. IV 16 (KÁ-*šú-*⸢*nu*⸣); **30**, Rs. 9' (KÁ); **32**, Rs. 2 (K]Á$^?$-*šú-nu*).3 (KÁ-*šú*); **34**, Vs. I 10 (KÁ⸣-*šú-*[*nu*).11 (⸢KÁ⸣-*šú-nu*); **36**, Vs. II [9']
bakû(m), weinen: G: **4**, Rs. 16' (ÉR) (Lesung und Deutung unsicher)
balālu(m), besprengen; vermischen, legieren (Schreibung ḪE.ḪE): G: **26**, Rs. III 3.6; **27**, A1 [2'](?); **43**, m. Kol. 14'
D(?): **12**, Vs. 10' (ḪE.ḪE.MEŠ-*šú-nu-ti*)
balāṭu(m) I, Leben: **7**, Vs. II 9' (T[I.LA]); **12**, Vs. 5' (TI.LA); **23**, Rs. 10' (TI.LA); **36**, Vs. I 44' (⸢*ba-la-ṭi*⸣); **40**, Vs. 4' (T]I.L[A).5' (⸢TI⸣$^!$‹.LA›-*m*[*a*)
balāṭu(m) II, leben: G: **1**, Vs. I [11']; **5**, Rs. [17]; **11**, r. Kol. 27' (*lu-úb-luṭ*); **24**, Rs. 40 (*lu-ub-luṭ*).44 (⸢*lu*⸣-*ub-luṭ*); **26**, Vs. II [12'].18' (⸢*lu*⸣-*ub-*[*luṭ-ma*]); **29**, Rs. [5']; **33**, Rs.13' (TI-*uṭ*); **34**, Rs. IV 10' (*i-bal-lu*[*ṭ*]); **36**, Vs. I [25']; **40**, Vs. [5']; **47**, r. Kol. [(5).(9)]; **48**, Vs. I 7' (TI). II 1' (TI).7' (TI).Rs. III [1](?).[2](?); **49**, Vs. 26 (T[I]). Rs. 7 (TI).12 (T[I])
D: **12**, Vs. 4' (TI-*ni-ma*$^!$); **15**, Vs. I 21' ([*bu-ul-li*]-*ṭ*[*a*]*n-ni-ma*). Rs. III 8 (*bul-liṭ-ṭa-an-*⸢*ni-ma*⸣).29 (*m*]*u-*⸢*bal-liṭ*⸣); **28**, Vs. [4]; **36**, Rs. V [4']
baltu(m) I, eine Art Dornpflanze (Schreibung ^{giš}DÌḪ): **5**, Vs. 7'; **49**, Vs. 15; **51**, 6'
balṭu(m), lebend(ig): **6**, Vs. 5' (TI.LA); **11**, r. Kol. 26' (TI); **15**, Vs. I 15' ([^{l}]^{ú}TI); **24**, Rs. 8 (TI.MEŠ⸣)
balu(m), ohne: **8**, Vs. 18 (*ba-li-ka*); **22**, Rs. V 22' (*ba-lu-ka*).25' (*ba-*⸢*lu-ka*⸣); **24**, Vs. 33 (*ba-l*]*i-ka*); **42**, r. Kol. 5' (*ba-*⸢*lu*⸣); **47**, r. Kol. 5 (*ba-lu*).12 (*ba-lu*); **48**, Vs. II 7' (*ba-lu*)
baluḫḫu(m), Galbanum-Kraut: **49**, Vs. 10 (⸢^{šim}⸣B[ULUḪ)
banû(m) I, gut, schön: **1**, Vs. I [10']
banû(m) IV, schaffen, bauen: G: **8**, Vs. 17 (*ba-nu-u*); **15**, Vs. II 42' (*a*[*b-ni*]).Rs. III [2]
N: **7**, Rs. III 4 (*ib-ba-a*[*n*$^?$-*nû* [?])
bappiru(m), *pappiru(m)*, Bierbrot: **26**, Rs. III 5 ([BÁP]PIR-⸢*rim*⸣$^?$)
barāmu(m) II, siegeln, versiegeln: G: **31**, Vs. 11 (⸢GÙN⸣)
bārtu(m), Aufstand, Empörung: **6**, Rs. 2' (*bar*⸣-*tum*).3' (*bar-tú*).5' (*bar-tum*).6' (*ba*[*r*]-*tú*).7' (*bar-tú*); **8**, Vs. 29 (*bar-*⸢*tu*⸣); **24**, Rs. 21 (*b*]*ar-tum*)

bâru(m) I, fangen: G: **5**, Rs. 1 (*i-bar-r*[*u*$^{!}$]); **15**, Vs. II 10' (*li-bar-šú-nu-ti*)

barû(m) I, sehen, schauen: G: **8**, Rs. 38 (*ba-rì*); **9**, Rs. 15' (*ba-rì*); **25**, Rs. IV 7' (⸢BA.AN.È⸣); **27**, B2 2' (⸢È); **30**, o. Rd. 1 (*ba-r*]*ì*); **34**, Rs. IV 13' (*ba-r*[*ì*]); **49**, Rs. 22 (*bà-r*[*i*)

bārû(m), Opferschau(priest)er: **9**, Rs. 17' (^{lú}AZU).18' (^{lú}AZU)

barumtu, bunte Wolle: **41**, Rs. IV/VI 15' (*ba-ru-un-d*]*i*)

bašālu(m), kochen (intr.), reifen: Š: **46**, Vs. [3'](?)

bašû(m), (vorhanden) sein, existieren: G: **6**, Vs. 7' (GÁL-*te*); **12**, Vs. 19' (*ib-šu-u*); **22**, Rs. V 7' (GÁL-*ú*); **23**, Rs. 16' (GÁL-*u*); **24**, Vs. 8 (GÁL-⸢*ši*⸣); **25**, Vs. I [15]; **29**, Rs. 13' (GÁL-*ú*); **33**, Vs. 7 (*i-ba-šu-u*); **36**, Vs. I 43' (⸢*lib-ši*⸣); **59**, 3' (G]ÁL-*ú*)

Š: **24**, Vs. 9 (G]ÁL); **25**, Vs. I [16]

N: **59**, 5' (*i*[*b*$^{?}$*-ba-šu-u*(?)])

batāqu(m), ab-, durchschneiden: N: **4**, Vs. 11' (*lib*⸣*-ba-ti-*⸢*iq*⸣).12' (*li*[*b-ba*]*-ti-iq-ma*; sic, lies: *lippaṭir-ma*); **8**, Vs. 33 (*ib-t*[*u*]*-qu*); **10**, r. Kol. 10' (*ib-tu-qu*); **34**, Rs. IV 6' (*ta-bat-taq*); **64**, [4']

bâʾu(m) I, entlanggehen: Š: **33**, Rs. 7' (*tuš-ba-aʾ-šu-ma*)

baʾūlātu(m), die Beherrschten, Untertanen: **8**, Vs. 16 (*ba-ʾu-la-a-ti*)

bēltu(m), Herrin, Besitzerin: **7**, Vs. II 8' (⸢EN⸣); **8**, Vs. 28 (N[I]N/NIN).29 (N[I]N); **10**, lk. Kol. [8']

bēlu(m) I, Herr, Besitzer (sofern nicht anders angegeben, Schreibung EN): **7**, Vs. II [1']; **8**, Vs. 16.28.29; **9**, Rs. 20'; **11**, r. Kol. [28']; **15**, Rs. III [1.4].28; **26**, Vs. II [14'].Rs. IV 12; **30**, o. Rd. 2; **31**, u. Rd. 2; **41**, Rs. III/V 4'; **49**, Rs. 23; **53**, 1' (⸢*be*$^{?}$*-lum*$^{?}$⸣)

bēl amāti, **31**, Vs. 13 (EN INIM-MU)

bēl dabābi, Prozeßgegner: **8**, Vs. 6 (EN D[U$_{11}$].DU$_{11}$-*šú*); **31**, Vs. 9 (⸢EN DU$_{11}$⸣.DU$_{11}$); **34**, Vs. I 5 (⸢EN⸣ D[U$_{11}$.DU$_{11}$-*šu*); **51**, 1' (EN$^{?}$] DU$_{11}$.D[U$_{11}$]) (vgl. *bēl amāti* s.v. *bēlu(m)*)

belû(m) II, *balû*, verlöschen, vergehen: G: **24**, Rs. 35 ([*li*]*b-lì*); **25**, Rs. III [6']

D: **8**, Rs. 24 (⸢*li*⸣*-ba-li*)

bennu(m), Epilepsie: **2**, r. Kol. [9']; **50**, lk. Kol. 4' (⸢*be-en-na*⸣)

berû(m) II, *barû(m)* II, hungrig sein, hungern: G: **15**, Vs. II 37' (*i-ber-ri*)

Št, ausharren, andauern: **24**, Rs. 11 (*uš-tab-ru-u*); Š: **49**, Rs. 9 (ZAL.ZAL$^{!}$(DÙ.DÙ)-*ma*)

biātum, *bâtu*, die Nacht verbringen, übernachten: Š: **34**, Rs. IV 8' (*tuš-bat*); **46**, Vs. 6' (*tuš-bat*); **47**, r. Kol. [4]; **48**, Vs. II 6' (*tuš-bat*); **49**, Vs. 25 (*tuš-*⸢*bat*⸣)

bibbu, eine Art Mufflon; eine Krankheit: **50**, lk. Kol. [11']

bīnu, Tamariske: **1**, Vs. I [13']; **8**, Vs. 10 (^{giš}ŠINIG); **11**, r. Kol. 11' (^{giš}ŠINIG); **12**, Vs. 7' (^{gi}[^{š}ŠINIG]); **13**, Rs. IV 5' (^{giš}ŠINI[G]); **24**, Vs. 13 ([^{giš}Š]INIG).18 (^{giš}*bi-ni*).Rs. 37 (^{giš}ŠINI]G); **25**, Vs. I [22]; **26**, Rs. III 1 (^{gi}]^{š}*bi-n*[*i*]); **33**, Rs. [6']; **34**, Rs. IV 7' (^{ú}*bi-nu*); **39**, Rs. 4' (^{giš}]*bi-i-nu*); **46**, Vs. [2'].5' (^{giš}ŠINIG); **49**, Vs. [4].5 (^{giš}*bi-nu*).16 (⸢^{giš}⸣[*b*]*i-nu*/^{giš}*bi-nu*).Rs. 15 (^{giš}*bi-i-*[*nu*]).19 (^{giš}*bi-*⸢*i*⸣*-*[*nu*)

birītu(m) I, Zwischenraum: siehe *ina birīt*

birku(m), Knie: **24**, Vs. 44 ([*bir-k*]*a-a-a*); **24**, Rs. 2 (*bir-*⸢*ka*⸣*-*[*a*]*-a*)

bītu(m), Haus: **3**, r. Kol. [(4')]; **4**, Rs. 2' (⸢É⸣); **8**, Vs. 43 (⸢É$^{?}$); **9**, Rs. 10' (É); **10**, r. Kol. 8' (⸢É⸣-[*sa*]).9' (É); **11**, lk. Kol. 6' (⸢É⸣$^{?}$*-šú-n*[*u*]); **13**, Rs. IV 13' (É); **24**, Rs. 38 (É).50 (É); **33**, Rs. 7' (É⸣-[*šú*]); **34**, Vs. I [15]; **59**, 3' (É-MU)

biʾu, Durchlaß: **26**, Vs. I 20' (*bi-ʾi-i*)

bubbulu, Hochflut; Neumondstag: **10**, r. Kol. 17' (U$_{4}$.NÁ.ÀM); **36**, Rs. V [11']; **47**, r. Kol. 7 (U$_{4}$.NÁ.A)

bunnanû, *bunānû*, Gestalt, Gesichtszüge: **15**, Vs. I 38' (*bu-un-na-ni-iá*); **24**, Vs. 45 (*bu-u*[*n*$^{?}$]*-*⸢*na*$^{?}$*-ni*⸣$^{!?}$*-ia*)

burāšu(m), Wacholder (sofern nicht anders angegeben, Schreibung ^{šim}LI): **8**, Vs. 8; **9**, Rs. 12'; **10**, r. Kol. 18'; **13**, Vs. I 2'.6'.Rs. IV 4'; **14**, Rs. 5'; **15**, Vs. II 35'; **24**, Vs. 14.15; **30**, Vs. 12; **32**, u. Rd. 2; **36**, Vs. I [3'].Rs. V [6'](?); **42**, r. Kol. 4'; **49**, Vs. 5.[5].17 (^{giš}⸢LI⸣/^{giš}LI).Rs. 15 (^{giš}LI).20 ([^{g}]^{iš}LI)

burrumu, sehr bunt, gesprenkelt, gescheckt: **41**, Rs. IV/VI 8' (GÙN$^{!}$.A)

būrtu(m), Zisterne, Brunnen: **24**, Rs. 50 (PÚ)

burû(m), (Rohr-)Matte: **13**, Rs. IV 13' (*bu-re-e*); **34**, Vs. I 15 (*bu-*⸢*re-e*⸣)

burzigallu, großes *pursītu*-Gefäß zum Räuchern: **16**, 7' (^{du}]^{g}BU[R.ZI.GAL(?)); **31**, u. Rd. 1 (BUR.ZI.GAL); **63**, Vs. II 4' (^{dug}BU[R.ZI(.GAL))

buʾʾû(m), suchen: D: **4**, Rs. 2' (*ú*⸣*-b*[*a-ʾa*]*-k*[*i*)

daʾāmu(m) I, dunkelfarbig sein: D: **8**, Rs. 32 (*ú-*⸢*da*⸣*-i-mu*); **15**, Vs. I 38' (*ú-d*[*a-ʾi-mu*])

daʾāpu, (weg)stoßen: G: **8**, Rs. 32 (*id-i-pu*); **15**, Vs. I 37' (*id-i-pu*)

dababtu, Rede: **10**, r. Kol. 11' (*d*[*a-bab-ti*)

dabābu(m) I, Rede (siehe auch: *bēl dabābi*): **1**, Vs. I [5']

dabābu(m) II, sprechen, reden: G: **1**, Vs. I 9' (*a-da-bu-ba*); **10**, r. Kol. 11' (*da-ba-bi*); **24**, Vs. 6 (DU$_{11}$.DU$_{11}$).Rs. 4 (D[U$_{11}$].DU$_{11}$)

Gtn: **24**, Vs. 48 (DU$_{11}$.D[U$_{11}$*-bu*])

Š: **34**, Rs. IV 5' (*tu-šad-bab-šu-ma*); **36**, Vs. I 20' (*ú-šad-ba-ab*); **44**, Vs. I$^{??}$ 14' (⸢*tu-šad*⸣*-bab-šú*); **46**, Rs. 5 (*tu-šad-bab-*⸢*šú*⸣)

dâdānu(m), *diadānum*, Halssehne: **24**, Vs. 3 (SA.G]Ú-⸢*šú*⸣).54 (⸢*da-da-nu-ú-a*⸣); **25**, Vs. I 5 (SA.GÚ-*šú*)

dajjānu(m), Richter (sofern nicht anders angegeben, Schreibung DI.KU$_{5}$): **4**, Vs. [16']; **8**, Vs. 12.20; **10**, r. Kol. 2' (*da-a-a-an*); **13**, Vs. I 15'; **15**, Vs. I 27'.Rs. III [4]; **22**, Rs. V 20'; **23**, Rs. [24']; **46**, Rs. 7 (*da-a-a-an*)

dâku(m), töten, schlagen: G: **8**, Rs. 5 (*i*$^{?}$*-d*]*u*$^{?}$*-ku-nin-ni*); **12**, Vs. 14' (*da-i-ku*); **33**, Vs. 3 (*da*]*-*⸢*i*⸣*-ku*); **61**, 3' (*li-du-ku*)

dalāḫu(m), trüben, aufstören: G: **5**, Vs. [2']; **36**, Vs. I 32' (*dal-ḫ*[*a*]*-k*[*u*])

Gtn: **24**, Vs. 51 (LÙ.LÙ-*ḫ*[*u*])

dalālu(m) II, huldigen, preisen: G: **15**, Vs. I 21' (*lud-lu*[*l*]).Rs. III [8]; **24**, Rs. 45 (*lud-lu*[*l*]); **26**, Vs. II [19']; **29**, Rs. [6']; **38**, Seite A 2' (*lud-*[*lul*]); **46**, Rs. 9 (*lud-*[*lul*])

dalīlu(m) I, Huldigung(en), Lobpreis: **15**, Vs. I 21' (*dà-lí-lí-ka*).Rs. III 8 (⸢*dà-lí-lí*⸣*-*[*ka*); **24**, Rs. 45 ([*d*]*à-lí-lí-ka*); **26**, Vs. II 19' (*dà-*⸢*lí*⸣*-lí*); **29**, Rs. [6']; **38**, Seite A 2' (*dalīlī-k*]*u-nu*); **46**, Rs. 9 (*da-li-li-ka*)

daltu(m), Tür(flügel): **10**, r. Kol. 4' ([^{gi}]^{š}IG); **30**, Rs. 11' (^{giš}IG); **66**, Rs. 5' (^{gi}]^{š}IG-*ma*)

damāqu(m), gut sein bzw. werden: G: **40**, Vs. [6']; **49**, Rs. 7 (SIG)

damqu(m), gut: **12**, Vs. 4' (SIG$_{5}$.MEŠ); **23**, Rs. 10' (SIG$_{5}$.ME[Š]); **38**, Seite A 3' (SIG$_{5}$-*tú*)

dāmu(m) II, Blut: **36**, Rs. V 3' (ÚŠ); **48**, Vs. I 7' (ÚŠ; hierher?); **54**, 5' (⸢ÚŠ⸣)

danānu(m) II, stark, mächtig sein bzw. werden: D: **36**, Rs. V 9' (*ú-da*[*n-na-an*(?)])

dandannu, großmächtig: **49**, Rs. 24 (*dan-*⌜*dan*⌝)

dannu(m) I, stark, mächtig: **4**, Rs. 1' (⌜*dan-na*⌝-[*tu*); **5**, Vs. 11' (*dan-na-*⌜*te*⌝?).Rs. 2 (*dan-n*[*u*/*n a*?]).5 (*dan*⌝*-na-ti*); **33**, Vs. 3 (*dan-nu*); **41**, Rs. III/V 4' (KALA)

dekû(m), zum Aufstehen bringen: G: **13**, Rs. IV 9' (*ta-da-ki-šú-nu-ti*).15' (⌜*a-da*⌝-[*ki*]); **14**, Rs. 10' (*a-da-ku*); **34**, Vs. I [1]

dešû(m), sprossen: Dtn: **8**, Vs. 17 (*mu-ud-de-šu-u*)

diānu(m), richten: G: **1**, Vs. I 6' (⌜*di*⌝*-na*); **8**, Vs. 25 (*d*]*i-in*); **14**, Rs. 16' (⌜*ta*⌝*-dan-šú-nu-ti*); **15**, Vs. II 24' (⌜*di*⌝*-ni*); **24**, Rs. 39 (*di-na-ni-ma*); **25**, Rs. III [17']; **34**, Vs. I [8]; **36**, Vs. I [30']; **43**, m. Kol. 3' (*t*[*a-dânšunūti*]); **44**, Vs. I?? 10' (*ta-dan-šú-nu-t*[*i*); **46**, Rs. 2 (*ta-dan*an*-šú-nu-te*); **64**, 6' (*di-ni*)

dipalû, *dibalû*, Rechtsverdrehung: **32**, Rs. 8 (DI.BA]LA-*a*); **33**, Vs. 9 (⌜DI⌝.[BALA-*a*)

diglu(m), Sehkraft, Sicht: **8**, Rs. 33 (*di-ig-li-iá*); **15**, Vs. I 39' (*di-ig-li-ia*)

dikšu(m), Ausbauchung, Schwellung: **24**, Rs. 1 (*di-kiš*)

diliptu(m), Schlaflosigkeit: **8**, Rs. 9 (*di-l i*]*p-tú*)

dimītu, eine Art Heuschrecke; eine Krankheit: **8**, Rs. 8 (*di*sic*-mi-*[*ta*]); **24**, Vs. 43 (*di*sic*-mì-tu*)

dinānu(m), Stellvertretung: **24**, Rs. 20 (*di-na-nu-u-a*)

dīnu(m), Rechtsspruch; Prozeß: **1**, Vs. I 6' ([*di-n*]*i*).[9']; **4**, Vs. 4' (⌜*di*⌝*-in-*⌜*šá*⌝/⌜*di*⌝*-ni*); **8**, Vs. 25 (*d*[*i-ni*); **15**, Vs. II 11' (*di-ni-ka*).24' (*di-ni*).Rs. III 22 (*de-en*); **23**, Rs. 8' (*di*]-⌜*ni*⌝-[*ka*); **24**, Vs. 38 (*di-in-ši-na*).Rs. 39 (*di-ni-ka*); **25**, Rs. III 17' (*d*[*i-ni-ka*); **36**, Vs. I [30']; **40**, Vs. [1']; **64**, 6' (⌜*di-ni*⌝)

dipāru(m), Fackel: **8**, Rs. 17 (*di-pa-ra*).20 (⌜*di*⌝*-p*[*a-r*]*a*); **36**, Vs. I 30' (*di*]*-pa-rat*)

diqāru(m), Topf: **5**, Rs. 10 (*di-qa-ri*); **13**, Rs. IV 3' (ÚTUL).8' (ÚTUL)

dišpu(m), Honig, Sirup: **13**, Vs. I [2']; **36**, Vs. I 7' (LÀL); **42**, r. Kol. 5' (LÀL!); **46**, Rs. [13]; **57**, 8' (L[ÀL)

di'u(m) I, *dīu(m)*, eine Kopfkrankheit: **8**, Rs. 3 (*di-ḫ*]*a*); **50**, lk. Kol. [2']

dunnānu, Mächtiger, Starker: **6**, Rs. [10']

dumqu(m), *dunqu*, Gutes, das Gute: **8**, Vs. 23 (*dum-qa*); **40**, Vs. [7']

duppuru(m), sich entfernen: D: **24**, Rs. 39 ([*li*sic*-dap*]*-pi-ru-in-ni*).40 (⌜*li*⌝*-dap-pi-ru-ma*); **25**, Rs. III [16']

dūru(m) I, (Ring-, Stadt-)Mauer: **26**, Vs. I 20' (BÀD)

ebēbu(m), licht, rein sein: G: **3**, r. Kol. [4']; **15**, Vs. I 19' (*lu-bi-i*[*b*]); **23**, Rs. 9' ([*eb-be-e-k*]*u*); **34**, Rs. IV 4' (*e-te-bi-ib*)

D: **22**, Rs. V 18' (*lu-bi-ib-šu*); **23**, Rs. 23' (*lu-bi-ib-šú*)

ebēṭu(m) I, unter Krämpfen anschwellen: Ntn: **35**, 3' (*it-te-nen-bi-*[*ṭu*)

edēlu(m), verriegeln, abriegeln: G: **36**, Vs. II [9']

N: **15**, Vs. I 4' (*i*]*n-né-dil*)

edû(m) II, Wasserflut: **4**, Vs. 13' (<*e-du-ú*>)

edû(m) III, *idû(m)*, wissen, kennen: G: **6**, Vs. 3' (ZU-*u*/ZU-*u*); **8**, Vs. 27 (ZU-*u*/ZU-⌜*ú*⌝).Rs. 26 (ZU-*šú-nu-*⌜*ti*⌝*-ma*/ZU-*šú-nu-ti*); **15**, Vs. I 27' (ZU-*šú-nu-ti-ma*).28' (Z]U-*š*[*ú-nu*]-⌜*ti*⌝).Rs. III 38 (Z[U).39 (ZU).40 (ZU).[41](?); **20** Vs. [1'].2' (⌜ZU⌝).[2'](?).[3'](?).9' (*ti-d*[*u-u*]).[9']; **24**, Vs. 41 (⌜ZU⌝*-u*/*ti-*[*de*]).{41}.Rs. 15 (ZU-*u*).[15](?).16 (*ti-de*).26 (⌜*i*⌝*-de-šú-nu-ti-ma*).38 (Z]U/ZU/⌜ZU⌝); **25**, Vs. II [3']; **32**, Rs. [3].3 (ZU).6 (ZU-*šú-nu-ti-*⌜*ma*⌝/⌜ZU⌝*-šú-nu-*⌜*ti*⌝); **36**, Vs. I 36' (*ti-d*]*e-e-ma*/*i-du-ú*); **43**, m. Kol. [1']; **57**, 12' (*ti-de*).13' (*t*]*i-d*[*e*]); **58**, [6']

egerrû, Äußerung: **8**, Rs. 31 (INIM.GAR-MU); **15**, Vs. I 36' (INIM.GAR.MEŠ-MU)

e'iltu(m), *i'iltu(m)*, Verbindlichkeit, Verschuldung: **15**, Rs. III 7 (*i'*]-⌜*il*⌝-[*ti*]); **36**, Vs. I [26']

ekkēmu(m), Räuber (Dämonenname): **50**, lk. Kol. 11' (*ek-ke-m*]*u*) **50**, lk. Kol. 11' (*ek-kem-tu*)

elēlu I, Jubel: **1**, Vs. I 4' (*e-li-l*]*i*)

elēlu II, rein sein bzw. werden: G: **3**, r. Kol. [3'].9' (*e*[*l-lēku*); **23**, Rs. 9' (⌜KÙ-*ku*)

D: **1**, Vs. I 13' (*lil*]*-lil-an-n*[*i*); **36**, Rs. V [12']

eli, auf, über (Schreibung UGU): **3**, r. Kol. 2'; **4**, Vs. [14']; **5**, Rs. 5; **7**, Rs. III 3; **8**, Rs. 29; **15**, Vs. I [31']; **22**, Rs. V 1'; **24**, Vs. 8.Rs. 36.39; **25**, Vs. 15; **26**, Rs. IV 9; **34**, Vs. I 5.7; **36**, Vs. II 7'.[8'].Rs. IV [4'](?).[5']; **64**, 7'; **66**, Rs. 5'

eliš, oben; noch dazu: **24**, Vs. 38 (*e-liš*); **36**, Rs. V 7' (AN.TA)

elītu(m) I, Oberes: **36**, Rs. V 16' A]N.T[A.MEŠ]

elkula, *elgula*, *e*/*ilik*/*gulla*, eine Pflanze: **10**, r. Kol. 14' (giš*eli-kul-la*); **49**, Vs. 10 ([ú]⌜*el-kul*⌝*-la*); **51**, 4' (ú*el-kúl-la*)

ellu(m) I, rein, frei: **5**, Rs. [16]; **10**, lk. Kol. 8' (⌜*el*⌝*-li*); **11**, r. Kol. 20' (*el-*⌜*li*⌝).[23']; **15**, Vs. II 33' (K[Ù.MEŠ]).42' (KÙ-*ti*).Rs. III 11 (K[Ù.MEŠ]); **24**, Vs. 12 (⌜KÙ⌝); **25**, Vs. I 21 (⌜KÙ⌝); **31**, Rs. 7 (⌜KÙ⌝.MEŠ); **33**, Rs. 12' (SIKIL); **36**, Vs. I [21'].[44']; **60**, 8' (⌜KÙ⌝)

elû(m) IV, auf-, emporsteigen: G: **36**, Vs. II [13'].[14']; **53**, 3' (*e-*⌜*la*⌝?*-a*)

Gt: **5**, Rs. 13 ([*e-tel-l*]*a-a*) (oder Gtn?; so AHw 208a)

Gtn: **4**, Vs. [14']; **8**, Rs. 23 (*li-tel-*⌜*li*⌝); **24**, Vs. 4 (*e-te*]*-né-l*[*a*]*-a*); **25**, Vs. I 7 (⌜*e*⌝*-te-né-*⌜*la-a*⌝); **33**, Rs. 5' (*li-tel-li*)

ēm, *ēma*, wo immer, wenn: **12**, Vs. 11' (⌜*e-ma*⌝); **13**, Rs. IV 9' (*e-ma*); **24**, Rs. 28 (*e-*⌜*ma*⌝); **26**, Vs. II 20' (⌜*e-ma*⌝); **48**, Vs. I 7' (*e-em*)

emēdu(m), anlehnen, auferlegen: G: **6**, Vs. 9' (*l*]*i-mid-su-nu-*⌜*te*⌝)

emēmu(m), heiß sein bzw. werden: Gtn: **46**, Vs. 7' (*i-te-ne-mi-im-*[*ma*])

emesallu, *ṭabti emesalli*, *ṭabat emesalli*, eine Salzart: **49**, Vs. 4 (*eme*]*-s*[*al-lim*)

emmu(m), heiß: **24**, Rs. 47 (KÚM); **26**, Rs. III 8 (KÚ]M)

enenna, jetzt: **15**, Vs. II 23' (*e-nen-na*)

ennēnu(m), *inninnu*, eine Art Grütze (?): **24**, Vs. 22 (šeIN.⌜NU⌝.ḪA)

enû(m) III, umwenden, ändern: G: **15**, Vs. I [3']

N: **15**, Vs. I [18']; **26**, Vs. II 11' (BA[L-*u*]); **29**, Rs. [4']; **36**, Vs. I 42' (BAL-*ú*)

enzu(m), Ziege: **36**, Vs. II [15'].Rs. V [13']

eperu(m), *epru*, Erde, Staub: **8**, Vs. 30 ({SAḪAR.ḪI.A}).31 (SAḪAR.MEŠ); **10**, r. Kol. 6' (SAḪAR); **26**, Vs. I 10' ([SAḪA]R.ḪI.A)

epēšu(m) II, machen, tun; bauen; zaubern: G: **1**, Vs. I [7'].10' (*i-pu-š*]*á*); **3**, r. Kol. 2' (*ēpuš*]-⌜*ma*⌝).11' (DÙ-*uš*); **5**, Rs. 6 (*e-pu-*⌜*šá*⌝); **6**, Vs. 1' (⌜DÙ⌝-[*šá*]).Rs. 2' (*e-p*[*u-uš*]); 3' (DÙ-*šú*).6' (DÙ-*šú*).7' (DÙ]*-šú*); **8**, Vs. 10 (DÙ-*uš*).29 (*e-pu-*[*šú-ni*]).Rs. 4 (DÙ(-)*ša*).5 (*e-pu-šú-*[(*nin-*)*ni*]).19 (DÙ-*uš-ma*).21 (*e-piš*); **11**, r. Kol. [26']; **12**, Vs. 9' ([DÙ-*uš*]); **14**, Rs. 15' (DÙ-*uš*); **15**, Vs. I 9' (D]Ù-*šá*).11' (*e-pu-uš*).Vs. II 12' (D[Ù-*uš*).31' (⌜DÙ-*uš*⌝).41' (*e-piš*).43' (⌜*e-pu-šú*⌝).Rs. III 18 (DÙ-*šá*).27 (DÙ-*uš-ma*); **22**, Rs. IV [9'].V 16' (DÙ-*š*[*ú*]).22' (⌜*e*⌝*-piš*).23' (DÙ-*uš*); **23**, Rs. [22']; **24**, Vs. 7 (*e*]*p-šu-š*[*u-ma*).[10].19 (DÙ-*ma*).40 (⌜*i*⌝?-[*pu-šu-ni*(?)]).Rs. 25 (⌜DÙ⌝-[*šú*]*-nu-ti*/DÙ-*u-ni*).27 (⌜DÙ-*šú*⌝*-nu*).30 (DÙ-*u-ni*).33 (DÙ-*u-ni*).

38 (DÙ-šú-ni); **25**, Vs. I 12 (ep-⸢šu-šú⸣-m[a]).18 (⸢ep⸣-šú-šú/DÙ]-⸢šú⸣-nu).II [2'].Rs. III [3'].[14'].IV 6' (ep-šu-šu).12' (e-⸢pe-ši⸣); **26**, Vs. I 6' (e-pi-ši).8' (DÙ-šá).9' (DÙ-ma).II [9']; **27**, A1 5' (DÙ-ma).B1 8' (⸢e-pu-uš-ma⸣); **28**, Vs. [1].[5](?); **29**, Rs. 7' (DÙ-š[ú).[8'].9' (DÙ-šá); **30**, Vs. 1 (⸢ep-šú⸣-š[um-ma).Rs. 9' (⸢DÙ⸣$^{?}$-ma); **31**, Vs. 10 (DÙ); **32**, Rs. [3].3 (DÙ-šú); **33**, Vs. 3 (e-piš).10 (e-pu-ša); **34**, Vs. I [6].[17]; **35**, 5' (ep-šú-šu[m); **36**, Vs. I 10' (⸢DÙ⸣-[uš]).13' (DÙ-uš).17' (DÙ-uš).[22'].34' (e-pu-uš).39' (e-⸢pu-šú-ni⸣).40' (⸢e-pu⸣-us-su-nu-ti).Rs. IV 2' (e-pu-uš); **41**, Vs. I 10 (ep-šu-ši-ma); **43**, m. Kol. [2']; **44**, Vs. I$^{??}$ 5' (DÙ-ma); **46**, Vs. 6' (DÙ-uš-ma).10' (DÙ-uš-ma).Rs. 8 (DÙ-šá); **49**, Rs. 8 (DÙ); **57**, 6' (DÙ-⸢uš⸣); **64**, 5' (DÙ-ni)

Gtn: **8**, Rs. 25 (i-te-né-⸢pu⸣-šú-nin-ni); **15**, Vs. I 27' (i-te-né-pu-šú-nin-ni); **64**, 8' (DÙ.DÙ-nin-[ni)

Š: **4**, Vs. 6' (⸢ú⸣-še-piš); **8**, Vs. 34 (⸢ú-še$_{20}$-pi-šá⸣); **15**, Vs. I 11' (ú-še-piš).II 22' (⸢ú⸣-še-p[i]-šá); **24**, Vs. [41](?); **25**, Vs. II [2']; **26**, Vs. I 8' (ú-še-pi-šá); **29**, Rs. 9' (ú-še-pi-š[á); **33**, Vs. 10 (ú-še-pi-ša); **52**, 8' (tu-ul-te-pi-š[u$^{?}$)

N: **6**, Rs. 5' (in-n[é-ppušu])

epištu(m), Werk, Tat: **15**, Vs. I 15' (ep-še-te-šú).II 9' (ep-še-te-[šú-nu).Rs. III 35 (ep-še-⸢ti⸣-šú-nu)

ēpištu(m), Zauberin: **3**, r. Kol. [5']; **4**, Vs. 9' (e-piš-ti).Rs. 3' (e-piš-ti).27' (e-piš]-tú); **5**, Vs. [3']; **10**, r. Kol. 1' (⸢e-piš-ti⸣); **12**, Vs. 18' (e-piš-ti); **13**, Rs. IV 11' (^{munus}DÙ-ti); **26**, Rs. IV 3 (e-piš]-tú); **36**, Rs. V [16']; **40**, Vs. 10' ([e-pi]š-tú)

ēpišu(m), Zauberer: **1**, Vs. I 8' (e-pi]š-ia$_{5}$); **3**, r. Kol. 5' (DÙ-ia); **4**, Vs. 9' (e-pi-⸢ši⸣).Rs. [27']; **12**, Vs. 18' (⸢e⸣-pi-ši$^{!}$); **32**, Rs. 4 (⸢e⸣-pi-ši-šú-nu); **36**, Vs. II 10' (⸢e⸣-[piš-ia); **56**, 4' (e-pi-[ši$^{?}$-ia$^{?}$)

equ(m) II, (Salbe) einreiben: G: **36**, Vs. I 14' (⸢te⸣-eq-qí)

erbe siehe *sūq erbetti*

erbu(m) II, (Sonnen)untergang; Eintritt

ereb šamši: **4**, Rs. 18' (e-reb ^{d}UTU-ši$^{!}$); **8**, Rs. 19 (⸢^{d}⸣UTU.ŠÚ.A); **24**, Rs. 50 (ereb(?) $^{\text{d?}}$]UTU)

erēnu(m) I, *erinnu* II, Zeder: **8**, Vs. 10 (^{giš}EREN); **12**, Vs. 8' (^{giš}EREN); **13**, Rs. IV 5' (^{giš}EREN); **15**, Vs. II 34' (^{giš}EREN); **24**, Vs. 13 (^{giš}E[R]EN).18 (^{giš}ere-ni).Rs. 37 (⸢^{giš}⸣ere-ni); **26**, Rs. III 1 (⸢^{giš}⸣[erēni); **27**, A1 5' (^{giš}⸢EREN$^{??}$⸣); **35**, 10' (^{gi}]^{š}EREN.NA); **43**, m. Kol. 14' (^{giš}ER[E]N)

erēru(m), dürr sein(?): D: **47**, r. Kol. [13]

erimmatu(m), ein eiförmiger Gegenstand: **39**, Rs. 8' (⸢$^{\text{na}_4}$NUNUZ⸣)

erkulla, *ergulla*, eine Pflanze: **43**, m. Kol. 10' (^{ú}er-gu-la); **51**, 5' (⸢^{ú}⸣er-kúl-la)

erṣetu(m), Erde, Unterwelt, Land: **5**, Vs. 5' (⸢KI-tum⸣); **6**, Rs. 2' (ana K]I-⸢tim⸣).5' (K]I-tim); **7**, Vs. II 12' (KI-tim); **8**, Vs. 14 (KI-tim).18 (KI-tim); **15**, Vs. I 12' (KI-tim); **22**, Rs. V 11' (KI-⸢ti⸣); **23**, Rs. 18' (KI-ti); **24**, Vs. 31 (KI-tim).32 (KI-tim).34 (KI-tim); **26**, Vs. I 19' (KI-tim); **28**, Vs. 2 (KI-⸢tim⸣); **40**, Vs. 3' (K]I-tim); **44**, Vs. I$^{??}$ 15' (K[I-ti]); **46**, Rs. 6 (KI-t[e])

eršu(m) IV, Bett: **36**, Rs. IV [24']; **63**, Vs. II 3' (^{gi}[$^{\text{š?}}$NÁ$^{?}$). Rs. III/V 6' (^{giš}N[Á)

ēru(m) II, Kornelkirschbaum (?): **13**, Rs. IV 9' (^{giš}MA.NU); **36**, Rs. IV 15' (^{giš}M]A.NU)

erû siehe *werûm*, *erû* II

esēpu(m), einsammeln: G: **36**, Vs. II 16' (t[e-es]-sip-šú-nu-t[i)

esēqu(m), einritzen: D: **8**, Vs. 14 (mu-us-si-qú); **40**, Vs. [2']

eṣēlu(m), lähmen: Gtn: **8**, Vs. 4 (e-⸢te-né-ṣi-la⸣-[šú])

D: **8**, Rs. 28 (ú-ṣi-lu); **15**, Vs. I 30' (uṣ-ṣ[i-lu)

eṣēmṣēru(m), *eṣēnṣēru(m)*, Rückgrat: **8**, Rs. 31 (^{uzu}GÚ.SIG$_{4}$-MU); **15**, Vs. I 37' ([GÚ.SI]G$_{4}$-MU); **55**, r. Kol. 3' (e-ṣe-en-ṣ[e-ri)

eṣemtu(m), Knochen: **39**, Rs. [3']

eṣēnu(m), riechen: G: **24**, Vs. 34 (iṣ-ṣi-nu)

eṣēru(m), zeichnen: G: **15**, Vs. II 41' (e-te-[ṣ]er); **36**, Vs. I 12' (te-eṣ-ṣer)

D: **5**, Rs. 17 (uṣṣu-r]a-ku); **40**, Vs. [2']

ešertu(m) I, Kapelle, Heiligtum: **36**, Rs. IV 7' (eš-ret)

ešēru(m), in Ordnung sein, kommen: G: **4**, Vs. 4' (li-šir); **15**, Rs. III 25 (lu-šir); **24**, Rs. 40 (lu-ši[r]); **29**, Rs. [1']; **36**, Vs. I [28']

Št: **8**, Vs. 13 (muš-te-šir); **15**, Vs. I 1' (⸢muš-te⸣-š[ir^{sic}).II 39' (muš-⸢te⸣-šir).Rs. III [3].4 (⸢šu-te-še-ra⸣-[am-ma); **24**, Vs. 38 ([tuš]-⸢te⸣-šir); **32**, Rs. 5 (muš-te]-⸢šir⸣); **34**, Rs. IV 2' (tuš-te⸣-š[ír]$^{?}$); **36**, Vs. I [24']

ešītu(m), *išītu(m)*, Verwirrung: **8**, Rs. 8 (i-ši-[ta])

eššebu(m), *eššebû(m)*, *iššebu(m)*, *iššebû(m)*, eine Art Ekstatiker: **4**, Rs. 13' (eš-še-ba-at); **6**, Vs. [6'](?)

ešû(m) I, *ašû* I, verwirrt: **24**, Rs. 13 ([e]-šá-ku); **36**, Vs. I 32' (e-šá-ku)

etēqu(m), durch-, vorbeigehen; passieren: Gtn: **36**, Rs. IV [7']; **38**, Seite A 5' (⸢i⸣$^{?}$-te-eq)

Š: **58**, 4' (šu-t[e-qa-an-ni)

ētiqu, Vorübergehender, Passant: **24**, Rs. [51]; **25**, Rs. IV 2' (⸢e⸣$^{?}$-ti-qu)

eṭemmu(m), Totengeist: **2**, r. Kol. 4' (GIDIM); **8**, Rs. 20 (GIDIM); **24**, Vs. 36 (GIDIM). Rs. 8 (GIDIM].⸢MEŠ⸣).42 (GIDIM); **26**, Vs. I 21' (G]IDIM); **50**, lk. Kol. 9' (GIDIM)

eṭēru(m) I, wegnehmen; retten: G: **24**, Vs. 10 (e-ṭe-[ri-šú]); **25**, Vs. I 19 (⸢e⸣-ṭe-ri-šú); **35**, 6' (KAR-šú)

eṭlu(m), männlich; (junger bzw. jüngerer) Mann: **5**, Vs. 13' (eṭ-lu); **12**, Vs. 15' (e[ṭ]-lu).16' (eṭ-[lu-ti]); **33**, Vs. 6 (GURUŠ)

ewûm I, *emû* II, werden (zu): G: **36**, Vs. I 33' (e-⸢mat⸣)

ezēbu(m), verlassen, hinterlassen: Š: **28**, Vs. 4 (šu-zu-b]i-šu)

ezēzu(m), zürnen, in Wut geraten: G: **33**, Vs. 1 (Š[Ú]R$^{!}$); **36**, Rs. IV 9' (te-zi-zi)

ezzu(m), zornig, wütend: **4**, Rs. [25']; **5**, Rs. 11 (ez-zu); **25**, Rs. III [5']; **33**, Vs. 5 (ez-z[u])

gabarû, *gabrû*, Kopie; Gegner: **34**, Rs. IV 12' (GABA.RI); **49**, Vs. 8 (GABA.RI). Rs. 21 ([GAB]A.RI)

gabû siehe *aban gabî*

galātu(m), zittern, erschrecken: Gtn: **35**, [4']

gallû(m), ein Dämon: **2**, r. Kol. [4']

gamālu(m), Vergeltbares tun, vergelten, schonen: G: **24**, Vs. [11]; **25**, Vs. I 19 (ga-ma-li-šú)

gamāru(m) II, zu Ende bringen: D: **7**, Rs. III 9 (ú$^{?}$-g]a-mir-ki)

gamlu(m), Krummholz, Bumerang: **10**, lk. Kol. [6'.7'].r. Kol. [15']; **26**, Rs. IV 11 (ZUBI).14 (ZUBI).17 (ZUBI$^{!?}$)

gapšu(m), massig; stolz: **33**, Vs. 1 (gap-šu)

gaṣṣu(m) III, Gips (Schreibung IM.BABBAR): **24**, Vs. [24].25.27.Rs. 36.49; **25**, Rs. III 9'; **26**, Rs. III 3

gašru(m), überlegen stark: **15**, Rs. III 25 (gaš-ru-t[i]); **33**, Vs. 1 (gaš-[ru)

gazāzu(m), *gaṣāṣu* II, *kaṣāṣu* II, scheren: D: **30**, Rs. 6' (g]u-uṣ-ṣú-ṣa)

gerû(m), *garû* II, befehden; prozessieren: D: **15**, Rs. III 15 (⸢*ú-gar*⸣*-ra-*⸢*an*⸣*-ni*)
gilittu(m), Schrecken: **24**, Vs. 46 (*gi-lit-*[*tú*])
gillatu(m), Unrecht, Sünde: **24**, Rs. 23 (*gíl-la-ti*)
gimru(m), Gesamtheit: **8**, Vs. 13 (*gi-mir*); **11**, lk. Kol. 10' (*gi-mir*); **52**, 5' (*gi-mir*)
gišburru bzw. *iṣ pišri*, Löseholz (Schreibung GIŠ BÚR): **26**, Rs. IV 8.10.13; **49**, Rs. 4
gišimmaru(m), Dattelpalme: **1**, Vs. I [14']; **11**, r. Kol. 14' ([^{giš}G]IŠIMM[AR); **16**, 5' (GIŠIMMAR).6' (GI]ŠIMMAR); **23**, Rs. [1']; **30**, Rs. 12' (^{giš}GIŠIMMAR).14' (^{giš}GIŠIMMAR); **34**, Vs. I 7 (^{giš}GIŠ[IMM]AR); **46**, Vs. 3' ($^{g]iš!?}$G[IŠIMMA]R$^{?}$)
gišparru, Falle: **5**, Rs. 2 (*ki-ma giš-par-ri*); **15**, Vs. II 9' (*giš*]-⸢*par*$_{5}$⸣*-ri*).27' (*giš-par*$_{5}$*-ru*)
gišrinnu(m), Waage (Schreibung GIŠ.ÉRIN): **60**, 3'.4'.7'
gitmālu, vollkommen: **31**, u. Rd. 2 (*gít-*⸢*ma-lu*⸣); **36**, Vs. I 23' (*gít-mal-t*]*u*$_{4}$)
gizillû, Fackel (Schreibung GI.IZI.LÁ): **24**, Rs. 47; **31**, Vs. 19; **33**, Rs. 7'; **60**, 2'; **63**, Vs. II 6'.7'
guḫlu, Antimonpaste: **36**, Vs. I [14'](?)
gulgullu(m), Schädel: **26**, Rs. IV 15 (*gul-*⸢*gul*⸣*-lim*); **28**, Vs. [2]

ḫabābu(m), murmeln, zirpen, zwitschern: G: **15**, Vs. II 36' (⸢*ḫa-bi-bu*⸣)
ḫabālu(m) II, Gewalt, Unrecht (an)tun: D: **12**, Vs. 16' (*ú-ḫab-*⸢*ba*⸣$^{?}$*-lu*)
ḫabāṣu(m) I, etwa schwellen: Gt: **15**, Vs. II 36' (⸢*ḫi-it-bu-ṣu*⸣)
ḫabātu(m) I, rauben, plündern: G: **31**, Vs. 16 (*ḫab-ta-at*$^{!}$)
ḫabbūru(m), *ḫabburru*, Sproß (Schreibung ŠE.GAG): **49**, Vs. 15; **65**, Vs.$^{?}$ 8'
ḫabû(m) III, (Wasser) schöpfen: G: **26**, Vs. I 16' (*iḫ-bu-u*); **28**, Vs. [3]
ḫajjattu I, *ḫajattu*, krankhafte Schreckhaftigkeit: **8**, Rs. 24 (*ḫa-a-a-at-ta-ku-nu*)
ḫajjātu, *ḫajjattu* II, Späher, Inspizient: **50**, lk. Kol. 5' (*ḫa-a*]*-a-*[*ṭ*]*a*)
ḫalāqu(m), verschwinden, zugrundegehen, fliehen: D: **15**, Vs. II 38' (*mu-ḫal-liq*)
ḫalāšu(m), aus-, abkratzen: G: **10**, r. Kol. 8' (*iḫ-*⸢*lu*⸣*-šu*)
ḫallūru(m), Erbse(n): **24**, Vs. 23 (GÚ.GAL); **30**, Rs. 10' (G]Ú.GAL)
ḫâlu(m) I, zergehen: G: **3**, r. Kol. 8' (*li-ḫu-lu*); **8**, Rs. 23 (*ḫu-*⸢*ú*⸣*-la*); **24**, Rs. [35](?)
ḫaluppu(m), *ḫuluppu(m)*, Eiche (?): **49**, Vs. 18 (^{giš}ḪA.LU.ÚB)
ḫamāṭu(m) III, brennen, verbrennen: G: **5**, Rs. 6 (⸢*li*⸣*-iḫ-mu*[*ṭ*]); **12**, Vs. 12' (*ḫa-*[*me-ṭu*(?)]).13' (*ḫa-me-ṭu*(-)*ti*).16' (*i-ḫa-ma-ṭu*)
ḫammu(m) I, Familienoberhaupt: **36**, Rs. IV 19' (*ḫa-am-*[*mat*])
ḫamṭiš, *ḫanṭiš*, eilig, alsbald: **25**, Rs. IV 12' (*ḫa-an-*⸢*ṭiš*⸣)
ḫarbu(m) I, öde; Ödland: **8**, Rs. 18 (*ḫar-ba-te*)
ḫasīsu(m), Ohr; Weisheit: **8**, Rs. 33 (*ḫa-si-si-ia*$_{5}$); **15**, Vs. I 39' ([*ḫa-si-si-i*]*a*); **40**, Vs. 6' ([*ḫasīs-k*]*u-*⸢*nu*⸣)
ḫaṣabtu, einzelne Scherbe: **5**, Vs. 10' (ŠIKA); **47**, r. Kol. 6 (*ḫa-ṣa-ab-tú*)
ḫašālu(m), zerstoßen, zerschlagen: G: **47**, r. Kol. 10 (⸢GAZ⸣); **48**, Rs. III 9 (GAZ); **49**, Rs. 11 (GAZ)
ḫašḫūru(m), Apfel in *ḫašḫūr api*, Röhricht-Apfel: **49**, Vs. 11 (⸢^{ú}⸣ḪA[ŠḪUR *api*).Rs. 5 (^{giš}ḪAŠḪUR GIŠ.GI)
ḫašû(m) III, Thymian (?): **35**, 6' (^{ú}ḪA[R.ḪAR); **46**, Vs. 5' (^{ú}ḪAR.ḪAR).Rs. 12 (*ḫa-še-*[*e*]); **47**, r. Kol. 3 (^{ú}[ḪAR.ḪAR]); **48**, Vs. II [5'].Rs. III 6 (^{ú}]*ḫa-šu-u*); **49**, Vs. [1].13 (^{ú}Ḫ[AR].Ḫ[AR).24 (^{ú}*ḫa-šu-u*).Rs. 4 (^{ú}ḪAR.ḪAR).10 (^{ú}ḪAR.ḪAR).13 (^{ú}ḪAR.ḪAR)
ḫātu(m), *ḫattu(m)* I, Schrecken, Panik: **8**, Rs. [9]; **15**, Rs. III 20 (*ḫat-tum*$^{!}$); **26**, Vs. I 5' (*ḫa-at-ta*)
ḫaṭû(m) I, fehlerhaft, schuldig: **5**, Rs. 9 (*ḫa-ṭa-di-ku-nu* Variante zu *ḫiṭâtikunu*)
ḫegallu(m), *ḫengallu(m)*, Überfluß: **7**, Rs. III 9 (*ḫé-gál-*[*lu*)
ḫepû(m) II, zerschlagen: G: **13**, Rs. IV 10' (*ta-ḫap-pi*); **31**, Vs. 16 (GAZ*-ma*)
ḫiālu(m), *ḫâlu* II, kreißen: G: **36**, Rs. V 3' (*i-ḫi-*⸢*il-la*⸣)
ḫiāṭu(m), überwachen, prüfen: G: **4**, Vs. [15']
ḫidûtu(m), Freude: **1**, Vs. I [4']
ḫimētu(m), Butter: **13**, Vs. I 2' (Ì.N]UN.NA); **36**, Vs. I 7' (Ì.NUN.NA); **57**, [8']
ḫimṣu(m) II, *ḫinṣu*, Fettgewebe: **36**, Vs. I 6' (^{u}[^{z}]^{u}ME.Ḫ[É])
ḫimṭu(m), *ḫinṭu(m)*, Versengen: **50**, lk. Kol. 13' (*ḫa-am-ṭu*)
ḫīpu(m), Bruch: **8**, Rs. 8 (*ḫi-pi*); **24**, Vs. 46 (GAZ)
ḫīqu, vermischt, verdünnt (Bier): **49**, Vs. 21 (*ḫi-qa-a-ti*)
ḫiṭītu(m), Mangel; Sünde (siehe auch: *ḫaṭû(m)* I): **24**, Rs. 23 (*ḫi-ṭi*$^{!?}$(⸢da⸣$^{?}$)*-ti*)
ḫuḫāru(m), Vogelfalle: **5**, Vs. 13' (*ki-ma* ⸢*ḫu-ḫa*⸣*-ru*)
ḫulālu(m), ein wertvoller Stein, Chalzedon: **13**, Vs. I 3' (^{na4}NÍR); **24**, Vs. 17 (^{na4}NÍR).{*17*}.Rs. 18 (⸢^{na4}NÍR⸣); **41**, Rs. IV/VI 13' (^{na4}NÍ[R])
ḫulû, Spitzmaus: **54**, 5' (PÉŠ$^{!}$.SÌLA.GAZ)
ḫuluppaqqu, *ḫulpaqqu*, *ḫulbaqqu*, ein Pfanne: **26**, Vs. II [21'].Rs. III [5]; **27**, B1 6' (⸢*ḫul-paq-qí*⸣); **31**, Vs. 5 (*ḫul-pa-qu*).7 (*ḫul-pa-qí*).14 (*ḫul-pa-qí*)
ḫurāṣu(m), Gold: **15**, Vs. I 19' (KÙ.SI$_{22}$); **24**, Vs. 16 (KÙ.SI$_{22}$).Rs. 18 (KÙ.SI$_{22}$); **35**, [2'](?); **44**, Vs. I$^{??}$ 4' (KÙ.SI$_{22}$); **46**, Vs. 9' (KÙ.SI$_{22}$)
ḫūratu, Gerber-Sumach: **41**, Rs. IV/VI 5' (^{giš}ḪAB); **54**, 6' (^{giš}ḪAB)
ḫurbāšu(m), Frost, Schauder: **24**, Vs. 47 (*ḫur-ba-šú*); **50**, lk. Kol. [4']
ḫurru(m), Loch: **8**, Rs. 4 (*ḫu-ri*); **10**, r. Kol. 5' (*ḫ*[*u*]*r-ri*)
ḫūṣu, *ḫuṣṣu* II, Leibschmerzen: **24**, Vs. 46 (⸢*ḫu-uṣ*⸣)
ḫuṣābu(m), Stück (grünes) Holz: **6**, Vs. 10' (*ḫu-ṣa*]*b*[?]); **13**, Rs. IV [9']
ḫuššu(m), rot: **35**, 2' (ḪU]Š$^{?}$.A$^{?}$)

ibru(m), Genosse, Gefährte, Freund: **6**, Vs. [2']
id siehe Index der Götter- und und Dämonennamen
idru II, *itru* II, Salpeter: **36**, Rs. V 5' (*i*]*d-ra*)
idu(m), Arm, Seite; Kraft; Lohn (vgl. *aḫu(m)* II): **8**, Rs. 14 (Á^{II}-MU).36 (*i-da-a-a*); **11**, r. Kol. 24' (*i-d*]*a-at*); **15**, Vs. I 42' (*i-da-a-a*).II 10' (⸢Á^{II}*-a*⸣*-a*).II 39' (Á.MEŠ).Rs. III [2]; **24**, Vs. 20 ([Á.M]EŠ*-šú-nu*).24 (Á.MEŠ*-šú-nu*).25 (Á.MEŠ*-šú-n*[*u*).27 (Á*-šú-n*[*u*).50 (*i-da-*⸢*a*⸣*-*[*t*]*ú-u-a*); **31**, Vs. 10 (Á*-šú*); **34**, Vs. I 7 (⸢Á⸣^{II}*-šú-nu*); **36**, Vs. I 11' ([Á.MEŠ*-šu-n*]*u*); **43**, m. Kol. [6']; **44**, Vs. I$^{??}$ 6' (Á^{II}*-šú-nu*); **45** r. Kol. 4' (Á); **46**, Vs. 11' (*i-di-šu-nu*)
igāru(m), Mauer, Wand: **10**, r. Kol. 8' (É.GAR$_{8}$); **15**, Vs. I 13' (É.G[A]R$_{8}$); **24**, Vs. 20 (É.GAR$_{8}$); **36**, Rs. IV [22']
ikkibu(m), Verbotenes, nicht allen Zugängliches: **39**, Rs. 12' (NÍG$^{?}$.G]IG)
ikku(m) I, Mut, Stimmung: **8**, Vs. 28 (*ik-ki-ia*$_{5}$/⸢*ik*⸣*-ki-ia*$_{5}$)
ikkukku, *ikukku*, traniges Öl: **44**, Vs. I$^{??}$ 8' (Ì.ḪAB); **46**, Vs. 12' (Ì.ḪAB)

illatu(m) I, Gruppe: **5**, Rs. 7 (*il-lat-*⌜*ku*⌝*-nu*)
illātu, Speichel: **42**, r. Kol. 6' (⌜*il*⌝*-la-t[u]-*⌜*šú*⌝); **49**, Rs. 17 (*il-la-tú-šú*)
iltu(m) I, Göttin: **36**, Vs. I 45' (⌜*i-la-at*⌝)
ilu(m), Gott: **1**, Vs. I 5' (DINGIR.MEŠ); **2**, r. Kol. 5' (DINGIR); **4**, Vs. [16']; **6**, Rs. 3' (DINGIR.MEŠ).6' (⌜DINGIR⌝.MEŠ); **7**, Vs. II 13' ([DINGI]R); **8**, Vs. 17 (DINGIR).21 (DINGIR.MEŠ).Rs. [6]; **10**, lk. Kol. [6'.7']; **11**, r. Kol. [28']; **12**, Vs. 4' (⌜DINGIR⌝-[MU]).20' (DINGIR.M[E]Š); **13**, Vs. I 15' (DINGIR); **15**, Vs. II 30' (DINGIR-MU).[45'].Rs. III [2].18 (DINGIR).24 (DI[NG]IR.⌜MEŠ⌝); **23**, Rs. [6'].10' (⌜DINGIR-MU⌝); **24**, Vs. 8 (DINGIR-*šú*).9 (DINGIR-*šú*).31 (DINGIR.MEŠ).[34].39 (DING]IR-⌜*šú*⌝).Rs. 8 (DINGIR).15 (DINGIR); **25**, Vs. I 15 (DINGIR-*š*]*ú*).16 (⌜DINGIR-*šú*⌝).17 ([DINGI]R); **26**, Vs. II 9' (⌜DINGIR⌝.MEŠ).Rs. IV 12 (DI[NG]IR.M[E]Š); **29**, Rs. 7' (DINGIR.MEŠ); **30**, Rs. 3' (DI[NGIR.MEŠ).4' (DINGIR.MEŠ).o. Rd. 2 (DINGIR.M[E]Š); **32**, Rs. 5 (DINGIR); **33**, Vs. 1 (DINGIR).13 (DINGIR.MEŠ); **36**, Vs. I [19'].21' (*ì-lí*).30' (DINGIR.MEŠ).45' (⌜DINGIR.MEŠ⌝).Rs. IV 4' (DINGIR-MU).7' (DINGIR-MU).8' (DINGIR-MU).V 10' (DINGIR.MEŠ); **46**, Rs. 7 (DINGIR); **58**, [6']; **59**, 1' (DINGIR.MEŠ).2' (DINGIR-MU); **64**, 2' (DINIGIR.M]EŠ)
ilūtu(m), *iluttu*, Göttlichkeit, Gottheit: **8**, Vs. 26 (DINGIR-*t*[*i*]-*ka*); **9**, Rs. 7' (⌜*i*⌝-[*l*]*u-ut-ka*); **15**, Vs. I 17' (DINGIR-*ti-k*]*a*); **24**, Rs. [15](?); **26**, Vs. II 19' (DINGIR-*ti-k*[*u-nu*)
*imbu*ʾ *tâmti*, eine Flechte; Algen: **34**, Rs. IV 8' (KA A.AB.BA); **43**, m. Kol. 10' (⌜KA A.AB⌝.B[A); **49**, Vs. 12 ([K]A A.[AB.BA)
imḫur–a/ešre/a, *imḫur–ašn/la(n)*, eine Kletterpflanze: **11**, r. Kol. 18' (ᵘ*im-ḫur–aš-ra*); 21' (ᵘ*im-ḫur–aš-ra*); **13**, Vs. I 8' (ᵘIGI–⌜NIŠ⌝); **34**, Rs. IV 7' (ᵘIGI–NIŠ); **49**, Vs. 1 (ᵘIGI–NI[Š).9 (ᵘIGI–N[IŠ).Rs. 1 (ᵘIGI–NIŠ).9 (⌜ᵘ⌝I[GI–NIŠ]); **51**, 3' (ᵘ*im-ḫur–áš-n*[*a-an*])
imḫur–līmi, *imḫur–līm*, eine Heilpflanze: **10**, r. Kol. 12' (ᵘIGI–*lim*); **26**, Rs. IV 7 (⌜ᵘ⌝[I]GI–*lim*).10 (ᵘIGI–*lim*).13 (ᵘIGI–*lim*); **34**, Rs. IV 7' (ᵘIGI–*lim*); **49**, Vs. 1 (ᵘI[GI]–*lim*).9 (ᵘIGI–*lim*).Rs. 1 (ᵘIGI–*lim*).9 (ᵘIGI–*lim*).13 (ᵘIGI–*lim*); **51**, 2' (ᵘ*im-ḫ*[*ur–lim*])
imittu(m) I, rechte Seite: **41**, Rs. IV/VI 6' (15).[11'.17']
imittu(m) II, Stütze; Schulter: **36**, Vs. I 6' (ᵘᶻᵘZAG].UDU)
immeru(m), Schaf, Widder: **36**, Vs. I [6']
imnu(m), Rechte: **11**, r. Kol. [19'].22' (ZA]G-*ia*!); **13**, Vs. I 10' (ZAG-⌜*šu*⌝); **36**, Vs. I 16' (ZAG-*š*]*ú*).18' (ZAG-*šu*)
imṭû, *inṭû*, Verluste, Mangel: **29**, Rs. 11' (*im-ṭí-*⌜*ia₅*⌝)
ina, in, an, durch (sofern nicht anders angegeben, Schreibung *ina*): **3**, r. Kol. [3'.4'].9'; **4**, Vs. 16'; **5**, Rs. 9-11.13.14.[15]; **6**, Vs. 7'; **7**, Vs. II 5'.6'.[7']; **8**, Vs. 11.18.21.22.24.30.35.[36].42.[43](?).Rs. 3.4.[12.14].15.16.18.19.22(?).23.35; **9**, Rs. 8'.10'.13'.14'; **10**, lk. Kol. [5'.9'].r. Kol. 3'-9'.11'; **11**, r. Kol. 2'.10'.11' (*i-na*).12'.[18'].19'.21'.[22'.23']; **12**, Vs. 3' (*i-n*]*a*!?).10'.19'; **13**, Vs. I 8'.10'.Rs. IV [9'].11'.[12'].13'; **14**, Rs. 13'.16'; **15**, Vs. I 4';12'.13'.[17'].19'.[42']. II 11'.32'-35'.42'.Rs. III 11.22.[23].27.36; **22**, Rs. IV 12'.V 7'.11'.12'.22'.25'; **23**, Rs. [8'].16'.18'.[19']; **24**, Vs. 7.11.12.14.24.25.27.28.[29.33]. Rs. 8.[10.13].36.38.39.47.50.o. Rd. 1; **25**, Vs. I 13.20.[21].Rs. III 9'.16'.17'.IV 3'.4'; **26**, Vs. I [2'](?).4'.[17'.18'(?)].19'.20'.[21'].II 10'.18'.Rs. III 2.IV 4.12-14.16; **27**, A1 8'.B1 4'-6'.9'; **28**, Vs. [1].2.3.[4].6; **29**, Rs. [3'].12'; **30**, Rs. 7'; **31**, Vs. 8.11.14.19.Rs. 2; **32**, Rs. 2.9; **34**, Vs. I 4.8.10.11.15.16(?).Rs. IV 8'; **35**, [4'.6'(?)].9'.10'; **36**, Vs. I [4'].5'.[7'].15' (*i-na*).[16'].17' (*i-*⌜*na*⌝).18'.[24'.27'.33'.37'].38'.[41'.44']. II 5' (*i-n*]*a*).[15'].Rs. IV 15'.16'.[19'.24']. Rs. V [7'.11']; **37**, lk. Kol. [4'(?).6']; **41**, Vs. I 6.13.Rs. IV/VI 3.8'.[11'.15'].16'; **42**, r. Kol. 2'.4'; **43**, m. Kol. 4'; **44**, Vs. I?? 6'.7'.[10'].12'; **45** r. Kol. [1']; **46**, Vs. 3'-6'.9'.[11'.12'].Rs. 3.[13]; **47**, r. Kol. 2.4 -7.11; **48**, Vs. I 5'.7'.II 6'.7'.Rs. III 2-5; **49**, Vs. [8.19].20.21.25.[26].Rs. 7.8.11.12.16-18.20; **51**, [7'.8'].10'; **52**, 2' (*i+na*).3' (*i+na*).4' (*i+na*).5' (⌜*i*?*+na*?⌝); **58**, [4']; **59**, [2'].3'.[5'].6'; **60**, 4'; **63**, Vs. II 1'.3'.7'.Rs. III/V 6'; **64**, 9'
ina birīt, zwischen: **4**, Vs. 7' (*ina bi-rit*)
ina libbi, in, darin: **4**, Vs. 5' (*ina* Š[À-*šá*]).8' (*ina l*]*ìb-bi-šá*).9' ([*ina lìb-b*]*i-šá*).10' (*ina lì*[*b-bi-š*]*á*).[17']; **13**, Rs. IV 4' (*ina* ŠÀ); **31**, u. Rd. 1 (*ina* ŠÀ); **33**, Vs. 7 (*ina* ŠÀ-⌜*ka*⌝)
ina IGI, vor: **6**, Rs. [11']; **8**, Vs. 26 (*ina* IGI).Rs. 13 (*ina* IGI-*ka*).34 (*ina* IGI-⌜*ka*⌝); **11**, r. Kol. [20']; **13**, Rs. IV 4' (*ina* IGI); **15**, Vs. I 40' (*ina* IGI-*ka*).II 23' (*ina* IGI-*k*[*a*]).Rs. III 33 (*ina* ⌜IGI⌝); **22**, Rs. IV [6'](?).V 16' (*ina* IGI-*ka*); **23**, Rs. 21' (*ina* IGI-*ka*); **24**, Vs. 20 (*ina* ⌜IGI⌝).21 (*ina* IGI).Rs. 22 (*ina* IGI-*ka*); **26**, Vs. II 5' (⌜*ina*? IGI?-*ka*⌝); **31**, Rs. 10 (*ina* IGI); **39**, Rs. 9' ([*ina* IG]I).[13']; **44**, Vs. I?? [13']; **46**, Rs. 9 (*in*[*a* IG]I-*ka*!(⌜ši⌝)).13 (*in*]*a* IGI); **65**, Vs.? 10' (*ina* IGI-*k*[*a*])
ina maḫar, vor: **10**, r. Kol. 2' (*ina* ⌜*ma*⌝*-ḫar*); **22**, Rs. IV 10' (*ina ma*[*ḫ-ri-ka*]); **28**, Vs. [3]; **36**, Vs. I [38']; **46**, Rs. 5 (*ina ma-ḫar*)
ina muḫḫi, auf, darüber: **11**, r. Kol. 19' (*ina* U[G]U); **15**, Vs. I 25' (*ina muḫ-ḫi*).Rs. III [1].9 (*ina* UGU).37 (⌜*ina*⌝ *muḫ-ḫi-š*[*ú-nu*); **23**, Rs. [1'].12' (*ina* UGU).13' (*ina* UGU-*šú-nu*); **24**, Vs. 20 (*ina* UGU). Rs .36 (*ina* UG[U); **25**, Rs. III [9'].10' (*ina* UGU); **29**, Rs. 14' (*ina* UGU-*ku-nu*); **34**, Vs. I 12 (*ina m*[*u*]*ḫ-ḫi-šú-nu*); **36**, Rs. IV [15']; **45** r. Kol. 3' ([*ina*] UGU-*šú-nu*); **57**, 7' (*ina* UGU); **63**, Vs. II 12' (*ina* UG[U)
ina pān, vor: **41**, Vs. I 2 (⌜*ina*⌝ *pa-*⌜*ni*⌝?-[*x*(-*x*)])
ina šapal, unter: **1**, Vs. I 9' (*ina* KI.T]A-*ku-nu-ma*)
inanna, jetzt: **59**, 3' (*i-*ᵈ*nanna*)
inḫu(m), Seufzer: **60**, 5' (*i*[*n*]*-ḫi-šú*)
īnu(m) I, Auge; Quelle: **8**, Vs. 40 (⌜IGIᴵᴵ⌝-[*a*]-⌜*a*⌝); **36**, Vs. I 14' (I[G]I[ᴵᴵ])
inūma, als, wenn: **26**, Vs. I 4' (⌜*e*⌝*-nu-*⌜*ma*⌝).Rs. IV [1]
ipšu(m) I, *epšu(m)* II, Zauberei, Machenschaft: **8**, Vs. 29 (*ip-šú*); **24**, Rs. [21]; **35**, 5' (*ip-šú*); **36**, Vs. I [34']; **40**, Vs. [5']; **41**, Vs. I 10 (*ip-ši*)
irrû, eine Pflanze; Koloquinte (?): **6**, Rs. [3'.6']; **48**, Rs. III 2 (ᵘÚKUŠ.LAGAB)
irtu(m), Brust: **8**, Rs. 32 (ᵘᶻᵘGABA); **15**, Vs. I 37' (GABA); **24**, Vs. 43 (GABA).[54]; **55**, r. Kol. 2' (*ir-ti*)
isqu(m), *išqu*, *esqu* II, Los, Anteil: **8**, Vs. 14 (*iš-qé-e-ti*).19 (*iš-qí-šú-*⌜*nu*⌝).30 (*iš-qí*!(GÌRᴵᴵ)-*ia*); **40**, Vs. [2']

iṣ pišri siehe *gišburru*

iṣu(m), *iṣṣu*, Baum; Holz: **26**, Rs. III [1]; **36**, Vs. I 10' (⸢GIŠ⸣)

išaru, normal: **36**, Vs. I [28']

išarūtu(m), normaler Zustand: **24**, Rs. 26 (⸢SI⸣.SÁ-*ta*)

išātu(m), Feuer (Schreibung IZI): **8**, Rs. 16; **12**, Vs. 10'; **26**, Vs. I 17'; **28**, Vs. [2]

iškūru(m), *eškūru(m)*, Wachs (Schreibung DUḪ.LÀL): **4**, Rs. 5'(?); **8**, Vs. 10); **12**, Vs. 8'; **13**, Vs. I 9'.Rs. IV 6'; **14**, Rs. 15'; **15**, Vs. I 10'. [24'].II 12'.31'; **24**, Vs. 18.Rs. 36; **26**, Rs. III 7; **27**, A1 2'; **31**, Vs. 2.17; **34**, Vs. I 6; **36**, Vs. I 9'

ištaru(m), Göttin: **8**, Vs. 17 (^{d}*iš*$_8$-*tár*); **12**, Vs. 5' (^{d}15-M]U); **15**, Vs. II 30' (⸢^{d}15-MU⸣).Rs. III 18 (^{d}15); **23**, Rs. 6' (^{d}INANNA).10' (⸢^{d}15⸣-M[U]); **24**, Vs. 8 (^{d}15-*šú*).9 (⸢^{d}⸣[15-*šú*/^{d}1[5-*š*]*ú*).39 (^{d}⸢15⸣-*šú*); **25**, Vs. I 15 (^{d}*iš*$_8$-*t*[*ár*-*š*]*ú*).16 (^{d}*iš*$_8$-*tár*-[*šú*).17 (^{d}*iš*-*tar*); **27**, B1 9' (⸢^{d}*iš*-*tar*⸣); **36**, Vs. I 19' (^{d}15-*šú*).[23'].Rs. IV 5' (⸢^{d}⸣1⸢5]-[M]U).9' (^{d}15-MU). [19'.20']. 20' (^{d}*iš*$_8$-*tár*). [21']; **59**, 2' (^{d}15-MU)

ištēniš, *ištīniš*, zusammen: **36**, Vs. II 5' (*iš*-*t*[*e*-*niš*).Rs. V [7']; **48**, Vs. II 6' (1-*niš*); **49**, Vs. 25 (1-*niš*).Rs. 20 (1-*niš*)

ištu(m) I, aus, von, seit; als, nachdem: **36**, Vs. II 13' (*i*[*š*-*t*]*u*); **46**, Rs. 8 (*iš*-*tú*)

itbāru(m), Freund, Gesellschafter: **6**, Vs. 2' (*it*-*ba*-⸢*ru*⸣)

itguru, gekreuzt, durcheinandergehend: **15**, Vs. II [44']

itqu(m), *etqu*, Klumpen: **8**, Vs. 31 (*e*-*ti*-*iq*)

ittu(m) I, das Besondere; Vorzeichen: **15**, Vs. II 39' (GISK[IM. MEŠ])

itti, mit, bei: **8**, Rs. 6 (KI-*ia*).7 (KI-*i*]*a*); **15**, Rs. III 18 (KI); **24**, Vs. 9 (KI-*šú*).48 (KI).49 (KI); **25**, Vs. I 17 (KI-*šú*); **26**, Vs. I [19']; **34**, Rs. IV 5' (KI); **36**, Vs. II [4']; **41**, Rs. IV/VI 1' (⸢KI⸣); **65**, Vs.$^{?}$ 12' (*it*-⸢*ti*⸣)

itūlu(m), *utūlu(m)*, liegen, schlafen: Gtn: **35**, 4' (NÁ.NÁ-*a*[*l*)

Š: **36**, Vs. I 38' (*uš*-*n*[*i*]-*l*[*u*]); **44**, Vs. I$^{??}$ 3' (*šu*-*nu*-*lu*); **46**, Vs. 9' (*šu*-*nu*-*lu*)

iṭṭû(m), *ittû* II, Bitumen (Schreibung ESIR): **3**, r. Kol. 7'.11'; **8**, Vs. 9; **12**, Vs. 9'; **13**, Rs. IV 4'.6'; **15**, Vs. I 24'; **24**, Vs. 19.Rs. 47; **26**, Rs. III 3.[7].[8]; **31**, Vs. 4. 18; **36**, Vs. I [10']

izuzzum, *uzuzzu(m)*, *ušuzzu*, stehen: G: **1**, Vs. I 5' (*i*-*zi*-*z*]*a*-*nim*-*ma*); **3**, r. Kol. [2'] (oder: *aṣbat*); **8**, Vs. 24 (⸢*i*⸣-*ziz*-*za*-*ma*).33 (*iz*-*zi*-*za*-*am*-*ma*).Rs. 11 (G[U]B-[*z*]*u*); **11**, r. Kol. [(20')].23' (*a*[*z*-*z*]*a*-*az*-*ka*).24' (GUB-⸢*za*⸣); **15**, Vs. I 8' (*a*[*z*^{sic}-*za*-*a*]*z*-*ma*).II [45'].Rs. III [2]; **20**, u. Rd. 2 (*iz*-*za*-⸢*zu*⸣); **23**, Rs. 9' (*lu*-*zi*-*iz*); **24**, Vs. [1].28 (GUB-*az*-⸢*ma*⸣).Rs. [3].39 (*lu*-*zi*[*z*]); **25**, Vs. I 1 (⸢*iz*⸣-[*za*-*az*).11 (G]UB-*zi*).Rs. III [15']; **36**, Vs. I 29' (⸢*az*⸣-*z*[*iz*]).39' (*i*]*z*-[*za*]-*zu*); **43**, m. Kol. 7' (*iz*-*zi*-*zu*-*nim*); **45** r. Kol. [4']; **64**, 7' (*lu*-*u*[*z*$^{?}$-*ziz*$^{?}$)

Š: **13**, Vs. I 7' (G[U]B$^{!}$-*su*-*ma*); **15**, Vs. II 23' (⸢*ul*⸣$^{?}$-[*ziz*$^{?}$). III 27 (*uš*-*ziz*); **36**, Vs. I 18' (⸢GUB-*su*⸣).II 8' (*u*]*š*-*za*-*az*-*ma*)

N: **24**, Vs. 6 (⸢*na*-*za*-*az*⸣-*zi*)

jānibu, *nibu*, ein Stein: **10**, lk. Kol. [4']

jâši(m), *ajjâši(m)*, mir: **5**, Vs. 9' (*a*-*a*-⸢*ši*⸣); **6**, Rs. 8' (⸢*a*⸣-*a*-*ši*); **8**, Rs. 25 (*a*-*a*-*ši*); **11**, r. Kol. [24']; **12**, Vs. 4' (*i*]*á*-*a*-*ši*); **15**, Vs. I [9'].18' (⸢*a*⸣-*a*-*ši*/*a*-*a*-*ši*).[27'].II 29' (*iá*-*a*-*ši*); **16**, 2' (*a*-*a*-*ši*); **36**, Rs. IV [12']; **43**, m. Kol. [6']; **45** r. Kol. 4' (*iá*-*ši*); **46**, Rs. [14]

jâti, *ijâti*, mich, meiner; mir: **46**, Rs. 7 (*iá*-*ti*)

kabāsu(m) I, treten: G: **5**, Vs. 7' (*ta*-*kab*-*bi*-*si*-⸢*in*⸣-*n*[*i*])

kabattu(m), Leber; Gemüt: **36**, Rs. IV [9']

kabātu(m), schwer sein bzw. werden: G: **24**, Vs. 53 (*i*-*kab*-*bi*-*ta*]-⸢*nin*-*ni*⸣)

kabtu(m), schwer, gewichtig; Würdenträger: **8**, Rs. 6 (ID]IM)

kadabbedû, Mundlähmung (Schreibung KA.DAB.BÉ.DA): **15**, Vs. II 7'.Rs. III 18; **32**, Rs. 8; **33**, Vs. 9; **49**, Rs. 16

kajjānu(m), dauernd, ständig: **15**, Vs. I 1' (*ka*-*a*]-⸢*a*-*an*⸣^{sic})

kakkabu(m), Stern: **28**, Vs. [3](?); **34**, Rs. IV 8' (UL); **46**, Vs. 6' (MUL); **47**, r. Kol. [4]; **48**, Vs. II 6' (UL); **49**, Vs. 25 (⸢UL⸣)

kakku(m), Stock; Waffe: **6**, Vs. 8' (^{giš}*kak*-*ku*-*šú*-⸢*nu*⸣)

kakkû(m), *kakkuʾu*, eine kleine Erbsenart: **24**, Vs. 23 (GÚ.TUR); **30**, Rs. 10' (G[Ú.TUR)

kakkūsu(m), *kakkussu*, etwa (Erbsen-)Gestrüpp: **43**, m. Kol. 11' ([*k*]*ak*-*ku*-*sà*)

kalâmu, *kalâma*, alles: **22**, Rs. V 21' (⸢*ka*⸣-*la*-*ma*); **23**, Rs. 24' (*k*[*a*-*la*-*ma*])

kalbu(m), Hund (siehe auch: *lišān kalbi*): **15**, Vs. I 11' (UR.GI$_7$)

kalbatu(m), Hündin: **36**, Rs. V 13' (*kal*-*ba*]-⸢*ti*⸣)

kallātu(m), Schwiegertochter, Braut: **6**, Vs. [8']

kalû II, alles; Ganzes: **1**, Vs. I [14']; **8**, Vs. 13 (*ka*-*la*$^{!}$); **15**, Vs. II 37' (DÙ); **24**, Vs. 10 (DÙ-*šú*-*nu*); **48**, Vs. I 8' (DÙ); **49**, Rs. 17 (DÙ).18 (DÙ)

kamānu, ein Kuchen: **60**, 7' (*k*]*a*-⸢*man*⸣)

kamāsu(m) II, *kamāṣu(m)* I, sich beugen, knien: G: **15**, Rs. III 22 (⸢*ak*⸣$^{?}$-*mis*-⸢*ka*⸣); **36**, Vs. I 29' (*a*]*k*-⸢*mì*⸣-*is*)

kamû(m) III, binden: G: **8**, Vs. 39 (*ik*$^{?}$-*mu*$^{?}$]-⸢*u*⸣$^{?}$); **12**, Vs. 17' (*i*-*kám*-[*m*]*u*-*u*); **33**, Vs. 6 (*ka*-*mu*-*u*)

kanāku(m), versiegeln: G: **32**, Rs. 2 (*ta*-*ka*-*nak*); **34**, Vs. I 11 (*ta*-⸢*ka*-*nak*⸣)

kânu(m), dauerhaft, wahr sein bzw. werden: D: **8**, Vs. 19 (*mu*-*kin*); **9**, Rs. 11' ([GIN-*an*(?)]); **10**, r. Kol. [17']; **13**, Vs. I 18' (GIN-*an*).Rs. IV 4' (GIN-*an*); **14**, Rs. [5'](?); **24**, Vs. 12 ([G]IN-*an*).15 (GIN-*an*); **25**, Vs. I 21 (GIN-⸢*an*⸣); **34**, Rs. IV 6' (GIN-*an*); **36**, Vs. I 8' (GIN-*a*]*n*); **57**, 11' (GIN-*an*); **63**, Rs. III/V 10' (GIN-*an*)

kapādu, erstreben, planen: G: **8**, Vs. 7 (*ik*-*p*]*u*-*du*-*šú*); **15**, Vs. II 43' (*ik*-*pu*-*du*)

D: **26**, Vs. I 14' (*ú*-*kap*-*pi*-*d*[*u*]).Rs. IV 11 (*ku*-*pu*-*ud*)

kapāpu(m), beugen: G: **8**, Rs. 31 (*ik*-*pu*-*pu*); **15**, Vs. I 37' (*ik*-*pu*-*pu*$^{!}$(mu))

kapāru(m) I, abschälen, abwischen: G: **10**, r. Kol. 7' (*ik*-*pu*-*ru*)

D: **44**, Vs. I$^{??}$ 13' ([*t*]*u*-*kap*-*pár*-*ma*); **46**, Rs. 4 (*tu*-*kap*-*pár*-*ma*)

kapāṣu(m) I, *kabāṣu(m)* I, ein roter Stein: **35**, 9' (^{na_4}*ka*‹-*pa*-*ṣu*›$^{?}$); **41**, Rs. IV/VI 7' (^{na_4}*ka*-*pa*-*ṣu*)

kappu(m) I, Flügel: **41**, Rs. IV/VI 9' (*k*[*ap*-*pa*)

karābu(m) II, beten, weihen, segnen, grüßen: G: **15**, Vs. I 5' (*lik*-*r*[*u*-*bu*-*k*]*a*)

karāku, aufwickeln, zusammenfassen: G: **5**, Vs. 10' (*ta*-*kar*-*rik*)

karānu(m), Wein(rebe) (Schreibung GEŠTIN): **46**, Rs. 13; **47**, r. Kol. 2; **48**, Rs. III 2.4.5; **49**, Vs. [20].Rs. 12

karān šēlebi, Fuchswein: **49**, Vs. 3 (^{ú}GEŠTIN–KA$_5$.⸢A⸣).Rs. 13 (^{ú}GEŠ[TIN–KA$_5$.A])

karašu(m) I, *karšu(m)* II, Porree: **49**, Vs. 3 (⸢^{ú}⸣SAG.ŠUR)

kartu, zerstückelt (?): **26**, Vs. II [22']

karû(m) II, kurz sein bzw. werden: Gtn: **24**, Rs. [4]

kasāpu(m) II, Totenopfer darbringen: G: **26**, Vs. II 3' (*ak*-⸢*sip*-*ši*⸣)

kasītu, Gebundenheit: **36**, Vs. I 31' (*k*[*a-s*]*i-t*[*i*])

kaspu(m), Silber (Schreibung KÙ.BABBAR): **15**, Vs. I 19'; **24**, Vs. 16.Rs. 18; **26**, Vs. II 4'; **44**, Vs. I$^{??}$ [3']; **46**, Vs. 9'

kasû II, Senf(-kohl): **36**, Rs. V 5' (GAZI^{sar}); **49**, Vs. 18 (GAZI^{sa}[⸢r⸣])

kasû(m) III, binden: G: **8**, Vs. 41 (*ik-*[*su-u*(?)]).Rs. 27 (*ik-su-u*); **13**, Vs. I 11' (*ta*?-*k*]*a*?-*as-su*?); **15**, Vs. I 29' (*ik-s*]*u-u*); **23**, Rs. 5' (*ka-*⸢*sa*⸣-*a*); **24**, Vs. 20 (*ta-kas-*⸢*si*⸣).45 (*ka-su-*[*u*]); **30**, Rs. 5' (*lik-sa-a*); **34**, Vs. I [7]; **36**, Vs. I 11' (*ta-kàs-*⸢*su*⸣); **44**, Vs. I$^{??}$ 7' (*ta-kàs-su*); **46**, Vs. 12' (*ta-kà*]*s-*⸢*su*⸣); **64**, 2' (*ik-s*[*u-u*)

D: **23**, Rs. 7' (*ku-*⸢*su-ú*⸣); **26**, Vs. I 18' (⸢*ú*⸣-*kàs-su-u*)

Dt: **29**, Rs. 1' (*liktassû*]-*ma*)

N: **12**, Vs. 23' (*a*]*k-kàs-su*)

kaṣāru(m), knoten, fügen, sammeln: G: **10**, lk. Kol. 4' (KÉŠ-*ár*)

D: **6**, Rs. [1']; **26**, Vs. I 15' (⸢*ú*⸣-*kàṣ-*⸢*ṣi*⸣-*r*[*u*]).II 6' (*ú-k*[*aṣ-ṣi-ru*]).15' (*ú-kàṣ-ṣi-ru-ni*/*ú-*[*k*]*à*[*ṣ-ṣir*]).16' (*ú-kàṣ-ṣi-ru-šú-nu-ti*); **64**, 4' (*ú-k*]*aṣ-ṣi-ru*)

Dt: **6**, Rs. [4']

kaṣâtu(m), früher Morgen: **35**, 4' (*ka-ṣa*]-⸢*a*⸣-*ti*)

kāṣirtu, Knüpferin, Gewandschneiderin (?): **20**, Vs. 2' ([$^{munus?}$]⸢KA.KÉŠ⸣)

kāṣiru(m), Knüpfer, Gewandschneider (?): **15**, Rs. III 40 (^{lú}⸢KÉŠ⸣?); **20**, Vs. 2' (⸢$^{lú?}$KA!?.KÉŠ⸣)

kašādu(m), erreichen, ankommen; erobern: G: **4**, Rs. [24']; **25**, Rs. III [5'](?); **26**, Vs. I 4' (*ka-šá-*[(*a*?-)*d*]*i*?)

kašāpu(m), ver-, behexen: D: **8**, Vs. 37 ([*ú-kaš-ši-pu-n*]*in-ni*)

kaššāptu(m), Hexe (sofern nicht anders angegeben, Schreibung ^{munus}UŠ$_{11}$.ZU): **1**, Vs. I [7']; **3**, r. Kol. 5'; **4**, Vs. 8'.Rs. [2'].6' (*ka*[*š-š*]*á-pat*).7' (^{munus}UŠ$_{11}$.ZU/*kaš-*⸢*šá*⸣-*pat*).7'-17'.19'.21'.22'.[27']; **5**, Rs. 3 (*kaš-šap-tú*); **6**, Vs. 1'.4'; [11']; **8**, Vs. 9.Rs. 25 (*kaš-šap-ti-iá*); **9**, Rs. 14' (*kaš-šap-tim*); **11**, r. Kol. 3' (*kaš-*⸢*šá*⸣-*ap-t*[*i*).4' (*kaš-šá-ap-t*[*i*).16' (*kaš-šap-tú*); **12**, Vs. 9'.12'.17'; **13**, Vs. I 16'.Rs. IV 1'.7'; **14**, Rs. 8' (⸢*kaš-šap*⸣-*t*[*i*).9' (*kaš-šap-*[*ti*?).15'; **15**, Vs. I [15'].26'.Rs. III 25.38 (⸢*kaš*⸣-[*š*]*ap-tú*).41; **20** Vs. 3'; **22**, Rs. IV [9'].V 15' (^{munus}UŠ$_{11}$-*tum*); **23**, Rs. 3' ([^{munus}]⸢UŠ$_{11}$⸣).7' (^{munus}UŠ$_{11}$).21' (^{munus}UŠ$_{11}$); **24**, Rs. 20; **26**, Vs. II 6' (*kaš-*⸢*šap*⸣-*ti*).7' (*kaš-š*[*ap-ti-ia*]).12'.Rs. IV 3; **28**, Vs.[5.6]; **29**, Rs. 8' (*kaš-šap-tu*); **30**, Rs. 15' (*kaš-šap-*[*ti*); **31**, Rs. 9; **32**, Rs. [6]; **34**, Vs. I 6; **36**, Vs. I 35' (*kaš-*⸢*šap-tum*⸣).V [14']; **40**, Vs. 9' (^{mu}[^{nus}UŠ$_{11}$]); **43**, m. Kol. [2']; **44**, Vs. I$^{??}$ 5'; **46**, Vs. 10'; **47**, r. Kol. 8 (*kaš-šap-ti*); **57**, 4' (*kaš-šap-t*[*i*).14' (*ka*]*š-*⸢*šap-ti*⸣); **58**, [5']; **61**, 2' (*kaš-šap-tu*)

kaššāpu(m), Hexer (sofern nicht anders angegeben, Schreibung ^{lú}UŠ$_{11}$.ZU): **1**, Vs. I 7'; **3**, r. Kol. [5']; **4**, Vs. 8'.Rs. [2'].21'.22'.[27']; **5**, Rs. 3 (*kaš-šá-pi*); **6**, Vs. [4']; **8**, Vs. 9.Rs. 25 (*kaš-‹šá-›pi-ia$_5$*); **9**, Rs. 14' (*kaš-ša-pi*); **12**, Vs. 9'.12'.17'; **14**, Rs. 8' (*kaš-š*[*á-p*]*i*).15' (*kaš-šá-pi*); **15**, Vs. I 14'.26'.Rs. III 38 (*kaš-šá-p*[*u*]); **20** Vs. 3'; **22**, Rs. IV 9' (^{lú}UŠ$_{11}$).V 15' (^{lú}UŠ$_{11}$).26' (^{l}[^{ú}UŠ$_{11}$-MU]); **23**, Rs. 3' (⸢^{lú}UŠ$_{11}$⸣).7' (^{lú}UŠ$_{11}$).21' (^{lú}UŠ$_{11}$); **24**, Rs. 20.24; **26**, Vs. II 6' (*kaš-šá-*⸢*pi*⸣).7' (*kaš-šá* {u} *-pi-ia*).II 12'; **28**, Vs. [5.6]; **30**, Rs. 13' (*kaš-*⸢*šá*⸣-*pi*); **31**, Rs. 12 (*kaš-šá-pi*); **32**, Rs. [6]; **34**, Vs. I 6; **36**, Vs. I 35' (*kaš-š*]*á-*[*p*]*u*).Rs. V [14']; **40**, Vs. 9' (^{lú}UŠ$_{11}$); **43**, m. Kol. 2' (*kaš-*⸢*ša*⸣-[*pi*); **44**, Vs. I$^{??}$ 5'; **46**, Vs. 10'; **58**, 5'; **63**, Rs. III/V 2' (*kaš-ša-*⸢*pi*?⸣)

kaššāpūtu, Hexerei: **8**, Rs. 29 (*kaš-šá-pu-ti*).30 (*kaš-šá-pu-ti*); **15**, Vs. I 32' (*ka*[*š-šá-pu-t*]*i*).33' (*ka*[*š-šá-pu*]-⸢*ti*⸣)

kâšu(m), helfen, retten: G: **36**, Rs. IV 5' (*ki-ši*)

katāmu(m), bedecken: G: **5**, Rs. 2 (*ik-tú-mu*)

D: **5**, Vs. 14' (⸢*ú-kat-ti*⸣-*mu*)

kī, wie; als, daß: **15**, Rs. III 25 (⸢*ki*⸣?-*i*); **24**, Rs. 24 (*ki-*⸢*i*⸣?); **41**, Rs. III/V 6' (*ki-*⸢*i*⸣)

kīam, so: **11**, r. Kol. 20' (*ki-a-am*); **13**, Vs. I 14' (⸢UR$_5$⸣.GIM); **15**, Rs. III 10 (U]R$_5$.⸢GIM⸣).[37]; **22**, Rs. IV 7' ([*k*]*i-a-am*).V 3' (*ki-*⸢*am*⸣).13' (*ki-am*); **23**, Rs. 14' (*ki-a-am*).20' (*ki-am*); **24**, Rs. 37 (*ki-a-*⸢*am*⸣); **25**, Rs. III [11']; **36**, Vs. I 20' (UR$_5$.GIM).II 8' (⸢UR$_5$⸣.GIM); **44**, Vs. I$^{??}$ 14' ([*ki*]-⸢*a-am*⸣); **46**, Rs. 5 (*ki-a-am*); **47**, r. Kol. [7]

kibaltu, eine Art *šubû*-Stein: **43**, m. Kol. 9' (*ki-bal-tu*)

kibrītu, schwarzer Schwefel: **9**, Rs. 13' (PIŠ$_{10}$.^{d}Í[D]); **31**, Vs. 7 (*kib-ri-*[*tú*); **34**, Rs. IV 9' (PIŠ$_{10}$.^{d}ÍD); **36**, Vs. II 6' (PIŠ$_{10}$.^{d}ÍD); **43**, m. Kol. 13' (PIŠ$_{10}$.^{d}ÍD)

kibtu(m), Weizen: **24**, Vs. 23 (^{še}G]IG); **44**, Vs. I$^{??}$ 12' (^{še}GIG); **46**, Rs. 4 (GIG)

kikkiriānu, *kikkirānu*, *kis/l/rkir/lânu*, Pinien-, Wacholdersamen (?): **49**, Rs. 15 (^{šim}ŠE.LI)

kilili, ein Dämon: **60**, 6' (⸢*ki-li*⸣-*li*)

kīma, wie; als, wenn, daß (siehe auch: *kīma labirišu*; sofern nicht anders angegeben, Schreibung *ki-ma*): **3**, r. Kol. 3'.4'.[7'].9' (GIM); **4**, Vs. [2']; **5**, Vs. 12'-14'.Rs. 1.2.9.10.13.14 (GIM).15 (G[IM); **6**, Rs. 4'; **8**, Rs. 11.15 (GIM).31 (GIM).38 ([GI]M); **9**, Rs. 15' (GIM); **11**, r. Kol. 5'; **13**, Rs. IV [8']; **15**, Vs. II [9']; **20**, u. Rd. [2]; **22**, Rs. V 4'; **23**, Rs. 15'; **24**, Vs. 15 (GIM).Rs. 31 (GIM).34 (⸢GIM⸣); **25**, Rs. III 6' (GIM); **30**, Rs. 2' (GIM); **33**, Rs.[5'.6']; **34**, Rs. IV 13' (GIM); **36**, Vs. I [33']; **39**, Rs. [10']; **52**, 7'

kimiltu, Groll, Zorn: **24**, Vs. 8 (DIB-⸢*ti*⸣).[9]; **25**, Vs. I [15].16 (DIB-*ti*)

kimṣu(m), *kinṣu(m)*, *kiṣṣum* II, Unterschenkel: **24**, Vs. 44 (*kim-ṣa-a-*⸢*a*⸣)

kimtu(m), Familie: **24**, Vs. 36 (*kim-ti-šú*); **26**, Vs. I 21' (*kim-ti-ia*)

kīnu(m), *kēnu(m)*, dauerhaft, wahr, treu: **15**, Vs. I 2' (*ke*]- ⸢*e*⸣^{sic}-*nu*).17' (*k*[*i-ni*]); **26**, Vs. II 11' (⸢*ki*⸣-*nim*); **29**, Rs. 4' (*k*]*i-nim*); **36**, Vs. I 42' (*ki-n*]*i*)

kinūnu(m), Kohlenbecken (Schreibung KI.NE): **9**, Rs. 11'; **26**, Vs. II 21'.Rs. III 2; **27**, B1 6'

kipdu, Trachten, Pl. Pläne: **8**, Vs. 7 (*kip-di*).Rs. 13 (*kip-di-šú-nu*); **10**, r. Kol. 15' (*ki-pid*^{sic}); **15**, Rs. III [5]; **26**, Vs. I [14']; **57**, 2' (*kip-*⸢*di*⸣)

kirbānu(m), Klumpen: **36**, Rs. IV [23']

kīru(m) I, *kēru* (Asphalt-)Ofen: **26**, Vs. II [21'].Rs. III [7]; **27**, B1 5' (⸢*ki-ri*⸣)

kispu(m), Totenopfer: **24**, Vs. 35 (*ki-is-pu*); **26**, Vs. II 3' (*ki-is-p*[*a*)

kīsu(m) II, Geldbeutel, Geld **24**, Vs. 16 (^{kuš}NÍG.DAG!/^{kuš}NÍG.DAG).28 (⸢^{kuš}NÍG.DAG⸣).Rs. 51 (^{kuš}NÍG.⸢DAG⸣); **25**, Rs. IV [2'](?)

kīsu III, Bindung: **23**, Rs. 3' (*ki-su-ia*)

kiṣallu(m), Knöchel: **8**, Vs. 5 (*ki-ṣal-la-šú*); **24**, Rs. 3 (*ki-ṣa-l*[*a-a*]-⸢*a*⸣)

kiṣru(m), Knoten; Zusammenballung; Miete: **8**, Rs. 35 (⸢*ki-ṣir*⸣); **10**, r. Kol. 15' (*ki-ṣir*); **15**, Vs. I 41' (*ki-ṣir*); **26**, Vs. I [15']. II 6' (*ki-ṣ*[*i*]*r*).15' (*ki-ṣ*[*i*]*r*).16' (*ki-ṣ*[*i*]*r*).Rs. IV 11 (*ki-ṣir*); **38**, Seite A 7' (*k*]*i-*⸢*ṣir*⸣); **41**, Rs. IV/VI 5' (KA.KÉŠ) *kišādu*(*m*), Hals, Nacken; Ufer: **10**, lk. Kol. 5' (G]Ú-⸢*šú*⸣); **13**, Rs. IV 10' ([*ki*$^{?}$-*š*]*a*$^{?}$-⸢*a*⸣-*da*); **24**, Vs.[2].53 (GÚ-*i*[*a*]); **25**, Vs. I 4 (GÚ-*šú*); **26**, Rs. IV 14 (⸢GÚ-*šú*⸣); **35**, [9']; **37**, lk. Kol. [6']; **51**, 10' (GÚ-*šú*)

kišpū, Hexerei: **1**, Vs. I [12']; **4**, Vs. [3']; **5**, Vs. 8' (⸢*kiš*⸣-*pi*-⸢*ki*⸣).Rs. 12 (*kiš-pi-ku-nu*); **6**, Rs. [2'.5']; **8**, Vs. 6 (*kiš-pi*), 7 (*kiš-pi*).Rs. 19 (UŠ$_{11}$).21 (*kiš-pi*); **9**, Rs. 8' (*k*[*iš-p*]*u-šú-nu*); **10**, r. Kol. 13' (*kiš*-[*pi-šá*]); **11**, r. Kol. 3' (*kiš-pu*).15' (*kiš-pi*).[25']; **12**, Vs. 2' (⸢*kiš*⸣-*pi*(-)*ša*); **15**, Vs. I 9' (U]Š$_{11}$).25' (*kiš*-⸢*pi*⸣).II 41' (UŠ$_{11}$).43' (*ki*]*š-pu*).Rs. III [6].7 (⸢*kiš*⸣-[*p*]*i-ia*).13 (UŠ$_{11}$); **20** Vs. 10' (UŠ$_{11}$); **22**, Rs. V 5' ([*k*]*iš-pu*); **23**, Rs. 2' (⸢*kiš*⸣$^{?}$-[*pu-šú-nu*).15' (*kiš-pu*); **24**, Vs. [7.10].11 (*kiš-p*]*i*).[40].Rs. 13 (U]Š$_{11}$).17 (*kiš-pi-ia*).24 (*kiš-pi*).25 (*kiš-pi*).27 (*ki*]*š-pi*) [30].33 (*k*[*iš-p*]*i*).38 (UŠ$_{11}$$^{!}$(ka)).45 (*kiš-pi-šú-nu*); **25**, Vs. I 12 (*ki*]*š*-⸢*pi*⸣).[18.20].Rs. III 3' (*kiš-pi*).14' (*kiš-pi*).IV 6' (*kiš-pi*); **26**, Vs. I 7' (UŠ$_{11}$).II 8' ([*ki*]*š-pi-šú-nu*).13' (*k*[*iš-pi-šu-nu*]).Rs. IV 6 (*kiš-pi-ki*).7 ([*k*]*iš-pi-ki*).9 (*k*[*i*]*š-pi-ki*); **28**, Vs. [1].4 (*kiš*-[*p*]*i*).5 (*k*]*iš-pi-šá*); **29**, Rs. 8' (*kiš-pi*); **30**, Vs. [1](?); **32**, Rs. 6 (*kiš-pi*).[10]; **33**, Vs. 8 (*kiš-pi*); **34**, Vs. I 17 (*ki*]*š-pi*); **36**, Vs. I [37'].Rs. V [11']; **39**, Rs. 11' (*kiš-pu*); **40**, Vs. 8' (U]Š$_{11}$); **41**, Vs. I 4 (*kiš-pi*).9 (*kiš-pi*).16 (*kiš-pi*); **42**, r. Kol. 2' (⸢*kiš-pi*⸣).7' (⸢*kiš*⸣-*pi*); **43**, m. Kol. [1'].8' (*kiš-pi*); **44**, Rs. VI$^{??}$ 10' (*kiš*-⸢*pi*⸣); **46**, Vs. [2'] Rs. 7 (*kiš-pi*).[11]; **47**, r. Kol. 8 (*kiš-pu-ki*); **48**, Vs. I 10' (UŠ$_{11}$.ZU$^{!}$).II [4']; **49**, Vs. [23].Rs. 8 (UŠ$_{11}$.ZU); **51**, 1' (*k*[*i*]*š-pi*); **53**, 8' (*kiš-p*[*i*); **54**, 1' (⸢*kiš*⸣-*pi*).2' (*kiš-pi*); **59**, [4']; **62**, 2' (*kiš*-⸢*pu*⸣); **66**, Vs. 4 (UŠ$_{11}$$^{?}$)

kiššānu(*m*), *kiššēnu*(*m*), eine Hülsen]frucht: **14**, Rs. 6' (GÚ.NÍG.Ḫ[A]R.RA); **24**, Vs. 23 (GÚ.NÍG.ḪAR.RA)

kiššatu(*m*) I, Gesamtheit, Welt: **15**, Rs. III [4]; **22**, Rs. V 20' (*kiš-šá-a-ti*); **23**, Rs. [24']; **24**, Vs. 31 (*kiš-šat*).32 (*ki*[*š*]-*šat*).34 (*kiš-šat*)

kittu(*m*) I, Stetigkeit, Wahrheit, Treue: **8**, Vs. 24 (*kit-tu*); **15**, Rs. III 22 (*kit*-⸢*ti*⸣); **36**, Vs. I 43' (*kit-ti*)

kitû(*m*), Flachs, Leinen: **26**, Rs. IV 13 (⸢^{túg}⸣GADA)

kukuru(*m*), *kukru*(*m*), Terebinthe: **26**, Rs. IV [2]; **48**, Vs. I 4' (^{šim}GÚR.[GÚR); **49**, Rs. 20 (^{giš}GÚR.GÚR)

kullatu(*m*) II, Lehmgrube: **26**, Rs. III [2]; **27**, A1 3' (KI.GAR); **31**, Vs. 10 (KI.GAR); **44**, Vs. I$^{??}$ 3' (⸢*kul*⸣-*la-te*).4' (KI.GAR); **46**, Vs. 9' (*kul-la-tim*).[10']; **64**, 5' (⸢KI.GAR⸣)

kullu(*m*) II, festhalten: D: **24**, Vs. 5 (⸢*ú*⸣-[*kal*).Rs. 10 (*ú-kal*).12 (*kul-la-ku*).45 (*li-kil-lu*); **25**, Vs. I [8]; **46**, Vs. 7' (*ú-kal-lu*)

kullumu(*m*), sehen lassen, zeigen: D: **35**, 2' (*tu-kal-la*[*m-šú-ma*)

kunāšu(*m*), Emmer: **24**, Vs. 22 (ZÍ[Z.AN.NA]); **36**, Vs. I 3' (ZÍ]Z.⸢A⸣.AN.NA).5' (ZÍZ].⸢A.AN⸣.NA)

kunukku(*m*), Siegel (Schreibung $^{\text{na}_4}$KIŠIB): **24**, Vs. [2].53; **25**, Vs. I 4; **27**, A1 7'; **31**, Vs. 11; **32**, Rs. 2; **34**, Vs. I 11

kupsu, *kuspu* I, Trester (Schreibung DUḪ.ŠE.GIŠ.Ì): **12**, Vs. 9'; **13**, Rs. IV 7'; **15**, Vs. I 24'; **24**, Vs. 19; **26**, Rs. III [5]; **27**, A1 4'; **31**, Vs. 3.18

kurgarrû, ein Kultdiener: **6**, Vs. 5' (^{lú}KUR.GAR.RA-*u*)

kurkanû, Curcuma, Gelbwurz: **49**, Vs. [18].Rs. 5 (^{ú}*kur-ka-nam*); **54**, 4' (^{ú}*kur-k*[*a-nu-u*)

Kurnugi, *Kurnugiʾa*, die Unterwelt: **13**, Rs. IV 1' (*k*[*u*]*r-nu-g*[*i*$_{4}$-*a*); **24**, Rs. 42 (*kur-nu-gi*$_{4}$-*a*); **36**, Vs. I 12' (*kur-nu-g*]*i*).II 9' (*kur-n*]*u-gi*)

kūru I, Benommenheit: **7**, Vs. II 3' (*k*]*u-ru*); **8**, Rs. 10 (*ku-r*]*a*)

kurummatu(*m*), Kost, Verpflegung: **7**, Rs. III 8 (KURUM$_{6}$); **65**, Vs.$^{?}$ 10' (KURUM$_{6}$-MU)

kurunnu(*m*), *kurunu*(*m*), ein Feinbier: **28**, Vs. 3 (KURU[N.NA])

kušāpu, Behexungsmittel: **6**, Vs. 11' (*ku*]-⸢*šá-pa-ti-ia*⸣)

kuttumu, verdeckt, verhüllt: **6**, Vs. 8' (*kut-t*]*ùm-tú*)

lā, nicht; Negation (sofern nicht anders angegeben, Schreibung NU): **1**, Vs. I [10']; **6**, Vs. 3' (*la*).[9'].Rs. 4' (*la*).[4'].5' (*la*).[7'.8']; **7**, Vs. II 4'; **8**, Rs. 10.11 (*la*).12; **9**, Rs. 19'; **12**, Vs. 13' (*la-a*).15' (*la*); **13**, Rs. IV 3'; **15**, Vs. I 3'.9'.17'.[18'.28'].Rs. III 22; **20** Vs. [9'].u. Rd. ‹2›; **24**, Vs. 4 (*la*).[9].40.Rs. 9 (*la*).10 (*la*).12 (*la*).[14].25 (*la*/NU); **25**, Vs. I 7 (*l*[*a*).[16].II 2'; **26**, Vs. I 5' (*la*).7'. II [10'].11'.Rs. III 2(?).IV 7 (*la*); **28**, Vs. [5]; **29**, Rs. 3' (*la*).[4'] ; **31**, Vs. 15; **32**, Rs. 3.[7]; **33**, Vs. 2 (*la*).4 (*la*).5 (*l*]*a*).7 (*l*]*a*$^{?}$); **34**, Rs. IV 3' (*la*); **36**, Vs. I [27'].[28'.32'].36' (*la*).41' (NU).42' ([*l*]*a*).II 12' (⸢*la*⸣).Rs. IV 21'; **41**, Vs. I 4.12.Rs. III/V 5' (*la*).IV/VI 2' (*la*); **43**, m. Kol. [1']; **44**, Vs. I$^{??}$ 2' (⸢*la*⸣).9' (*la*); **46**, Vs. 8' (*la*).Rs. 1 (*la-a*).8.11; **48**, Rs. III 1.3.4; **49**, Vs. 26.Rs. 12; **57**, 13' (*l*[*a*); **58**, 6'; **66**, Vs. 4 (*la*).Rs. 4' (*la*).6' (*la*$^{?}$)

laʾābu(*m*), strapazieren: D: **24**, Rs. 14 (*lu-ʾu*]-⸢*ba*⸣-*ku*)

labāṣu, ein Dämon: **2**, r. Kol. [6']; **50**, lk. Kol. 10' (*la-ba-ṣ*]*u*)

labāšu(*m*), sich bekleiden: D: **24**, Vs. 21 (MU$_{4}$.MU$_{4}$-*su-nu-ti*); **27**, A1 6' (*ú-lab-bi*-[*iš*]); **43**, m. Kol. 4' (MU$_{4}$.MU$_{4}$-⸢*su-nu*⸣-*ti*); **45** r. Kol. 1' (MU$_{4}$.MU$_{4}$-*s*[*u-nu-ti*)

labiru(*m*), *labīru*(*m*), *laberu*(*m*), *labēru*(*m*), alt; (alte) Textvorlage: **8**, Rs. 38 (SUMUN-*šú*); **9**, Rs. 15' (SUMUN-*šú*); **34**, Rs. IV 13' (LIBIR.RA.BI); **39**, Rs. 12' (LIBIR.⸢RA⸣); **49**, Rs. 21 (LIBIR.[R]A)

kīma labirišu, gemäß der Vorlage (siehe auch oben): **25**, Rs. IV 7' ([LI]BIR.RA.BI.GIM); **27**, B2 2' (LIBIR.RA.BI.GI]M); **49**, Rs. 21 (LI[BIR.RA.BI.GIM])

lābtu(*m*), Röstkorn, Röstofen: **26**, Vs. II 21' (*la-a*[*b-t*]*a*).Rs. III [6]; **27**, B1 5' (*la-ab-ti*)

laḫannu(*m*), eine Trinkschale: **15**, Vs. II 12' (^{dug}LA.ḪA.A[N]); **63**, Rs. III/V 9' (⸢^{dug}*la*⸣-*ḫa-na*)

laḫru(*m*), Mutterschaf: **36**, Rs. V 12' (U$_{8}$); **47**, r. Kol. 1 (⸢U$_{8}$⸣)

lamādu(*m*), (kennen)lernen, erfahren: G: **1**, Vs. I [6']

lāmu, *laʾmu*, glühende Asche: **8**, Rs. 24 (*la-aʾ-mi-ku-nu*)

lānu(*m*) I, Gestalt: **4**, Vs. 3' (*la-ni-šá*); **15**, Vs. I 16' (⸢*la-ni*⸣-*šú*); **26**, Vs. I 12' (*la-ni-ia*)

lapāpu, umwickeln: G: **41**, Rs. IV/VI [9'].[10'].16' (*tála*]-*pap*)

lapātu(*m*), eingreifen in, anfassen: G: **5**, Vs. 6' (*ta*-⸢*la-pit*⸣-[*i*]*n*-⸢*ni*⸣); **26**, Vs. I 9' (*il-pu-tú*); **33**, Vs. 4 (*la-pí*-⸢*it*⸣); **57**, 8' (*ta*$^{?}$]-*lap-pat*)

D: **8**, Vs. 37 ([*ú-lap-pi-t*]*u-n*[*i*]*n*-⸢*ni*⸣); **15**, Rs. III 16 (⸢*ú*⸣-*lap-pi-tan-ni*); **24**, Rs. 14 (*lu-u*[*p-pu-ta-ku*])

laptu(*m*) II, *labtu*, in *lapat armanni* „Aprikosen-Rübe": **49**, Vs. [11]

laqātu(*m*), einsammeln: G: **4**, Rs. 18' (*il-qu-tú*-⸢*u*⸣-*ni*); **36**, Rs. V [14']

lawûm, *lamû* II, umgeben, belagern: G: **8**, Vs. 6 (NIGIN-*š*[*u*]); **29**, Rs. 9' (NIGIN-*ma*); **31**, Rs. 11 (NI[GI]N-⸢*šu*$^{?}$-*nu*⸣$^{?}$-[*ti*$^{?}$]); **44**, Vs. I$^{??}$ 7' (NIG[IN-*šú-nu-ti*]); **46**, Vs. 12' (NIGIN-*šú-nu-ti*)

Gtn: **24**, Vs. 23 (NIGIN.MEŠ-*šú-n*[*u-ti*])

lemēnu(*m*), schlecht, böse werden: D: **8**, Rs. 31 (*ú-lam-mì-nu*); **13**, Rs. IV 7' (*lem-na*-⸢*at*⸣); **15**, Vs. I 36' (*ú-lam-mì-nu*)

lemniš, in schlimmer Weise: **23**, Rs. 21' (*lem*-⸢*ni*⸣-[*iš*])

lemnu(*m*), böse, schlecht: **1**, Vs. I 10’ (ḪUL.MEŠ); **2**, r. Kol. 3’ (*lem-n*[*u*).[3’].4’ (*lem-n*[*u*).[4’].5’ (*lem-n*[*u*); **5**, Vs. 9’ (ḪU[L.ME]Š).Rs. 12 (*lem-nu-t*[*ú*]); **8**, Vs. 7 (Ḫ[UL.MEŠ).36 (ḪU]L).38 (*lem*]-*nu*).Rs. 21 (⸢*lem*⸣-[*n*]*u*).21 (ḪU[L].MEŠ).30 (*lem-nu-ti*).34 (*lem-né-te-šú-nu*); **11**, r. Kol. 4’ (*lem-né-et*); **10**, r. Kol. 1’ (ḪU[L.MEŠ]); **11**, r. Kol. 25’ (*le-mu-ut-te*); **12**, Vs. 1’ (*l*[*em-nu*).14’ (*lem-n*[*u-ti*]); **15**, Vs. I 9’ (ḪUL.M[EŠ).35’ (ḪUL.⸢MEŠ⸣).41’ (*lem-né-t*]*i-šú-nu*); **20** Vs. [10’]; **22**, Rs. V 6’ (ḪUL.MEŠ).16’ (*lem-níš*); **23**, Rs. 16’ (ḪUL.MEŠ); **24**, Vs. 40 (ḪUL.MEŠ).Rs. 14 ([ḪU]L.M[EŠ).30 (ḪUL.ME]Š).33 (ḪUL.MEŠ); **25**, Vs. II [1’].Rs. III 3’ (Ḫ[UL.MEŠ).14’ (Ḫ[UL$^{!}$.MEŠ); **26**, Vs. I 7’ (ḪUL.MEŠ).9’ (*lem-*⸢*nu*⸣).14’ (*l*]*e*[*m*]-*nu-ti*); **29**, Rs. 12’ (*lem-nu*); **32**, Rs. [(7)]; **33**, Vs. 8 (ḪUL.MEŠ); **34**, Rs. IV 3’ (*lem-na*/*lem-nu*); **40**, Vs. [8’]; **50**, lk. Kol. [14’]; **59**, 4’ (*lem-nu-ti*)

lemuttu(*m*), Böses: **6**, Rs. [3’].6’ (⸢MUNUS.ḪUL-*tim*⸣).7’ (MUNUS.⸢ḪUL⸣-*ti*[*m*); **8**, Vs. 29 (⸢ḪUL-*tim*⸣).33 (Ḫ[UL-*t*]*i*); **11**, r. Kol. 24’ (ḪUL-*tim*); **12**, Vs. 19’ (MUNUS.ḪUL-*ia*); **24**, Rs. 21 (ḪUL-*tim*).[30.34](?); **25**, Rs. III 4’ (⸢ḪUL⸣-*t*[*im*).15’ (⸢ḪUL⸣-[*tim*); **26**, Vs. I 6’ (ḪUL-[*t*]*ì-ia*).15’ (*le-mut-ti*).II 7’ (M[UNUS.Ḫ]UL); **30**, Vs. 7 (⸢ḪUL⸣$^{?}$-[*ti*$^{?}$]); **33**, Vs. 4 (Ḫ]UL$^{?}$-*ta*).7 (ḪUL-*ti-ia*); **43**, m. Kol. [6’]; **45** r. Kol. 4’ (Ḫ[UL-*tim*); **50**, lk. Kol. 6’ (Ḫ]UL-*tim*); **66**, Vs. 1 (ḪU[L-*ti*(?)])

leqû(*m*) II, *laqû*(*m*), nehmen, annehmen: G: **8**, Vs. 30 (*il-qu-*[*u*]).32 (*il-*⸢*qu*⸣*-u*); **10**, r. Kol. 11’ (TI-⸢*ú*⸣); **13**, Rs. IV 3’ (⸢TI$^{?}$-*qé*⸣$^{?}$); **24**, Vs. 16 (TI-*qé*).Rs. 44 (*lil-qe*); **26**, Vs. I 10’ (*il-*⸢*qu*⸣*-ú*).Rs. IV 15 (*te-*[*leq*$^{?}$]-*q*[*é*]$^{?}$); **30**, Rs. 3’ ([*a*]*l-te-qé-ši-ma*); **33**, Rs. 12’ (TI-*qé*); **36**, Rs. IV [22’]

lētu(*m*) I, *lītu* III: Backe, Wange; Seite: **10**, r. Kol. [12’]; **26**, Rs. IV 10 (TE-*ki*)

lēʾu(*m*), Tafel: **34**, Rs. IV 12’ (^{giš}LE.⸢U$_{5}$⸣)

leʾû(*m*), vermögen, können; überwinden: G: **5**, Vs. 4’ (*ta-la-ʾi-*⸢*in*⸣-[*ni*]); **44**, Vs. I$^{??}$ 2’ (*i-*⸢*le-ʾi*⸣); **46**, Vs. 8’ (*i-le-ʾi*)

liʾbu(*m*), *lībum*, *lēbum*, eine schwere Hautkrankheit: **2**, r. Kol. [(8’)].9’ (*li-ʾi-ib*); **50**, lk. Kol. [2’.8’]

libbu(*m*), Herz, Inneres (siehe auch: *ina libbi*): **5**, Vs. [2’]; **8**, Rs. 6 (*lìb-bi-ia*).[7].8 (*lìb-*⸢*bi*⸣).10 (*lìb-*⸢*bi*⸣).28 (ŠÀ-MU).35 (ŠÀ-*šú-nu*); **10**, r. Kol. 15’ (Š[À-*ša*]); **11**, r. Kol. 6’ (ŠÀ); **12**, Vs. 19’ (*lìb-bi-šú-nu*); **13**, Rs. IV 11’ (ŠÀ-*ku-nu*); **15**, Vs. I 30’ (ŠÀ-M]U).[42’].II [44’]; **24**, Vs. [4].45 (*lìb-bi-ia*).46 (*lìb-bi*).48 (⸢ŠÀ⸣-*ia*).50 (*lìb-bi*).51 (*lìb-bi*).Rs. 11 (*lìb-bi*); **25**, Vs. I 7 (⸢ŠÀ⸣-[*šú*]); **26**, Vs. I 3’ (*lìb-bi*).Rs. IV 11 (ŠÀ-*ki*); **38**, Seite A 7’ (*lìb-bi-ka*); **41**, Vs. I 11 (Š]À-*šá*).12 (ŠÀ-*šá*); **49**, Vs. 7 (*lìb-bi*)

libittu(*m*), luftgetrockneter Ziegel: **34**, Vs. I 9 (⸢SIG$_{4}$⸣)

lilītu, eine Dämonin: **2**, r. Kol. [(7’)]

lilû, ein Dämon: **2**, r. Kol. [7’.8’]; **50**, lk. Kol. 4’ (*li-lu*]-⸢*u*⸣)

lippu, Umwicklung, Umschlag: **41**, Rs. IV/VI 9’ (⸢*líp*⸣-*pi*).[16’]

liptu(*m*), Eingreifen, Eingriff: **8**, Rs. 32 (*lip-ti-iá*); **15**, Vs. I 38’ (*lip-ti-ia*)

lipû(*m*), Talg (Schreibung Ì.UDU): **5**, Vs. 10’; **6**, Vs. 10’; **8**, Vs. 9; **12**, Vs. 8’; **13**, Vs. I 9’.Rs. IV 6’; **14**, Rs. 15’; **15**, Vs. I 10’.[24’]; **24**, Vs. 18.Rs. 36; **26**, Rs. III 6.7; **27**, A1 2’; **31**, Vs. 1.17; **34**, Vs. I 6; **36**, Vs. I [10’]; **43**, m. Kol. 4’

lišānu(*m*), Zunge, Sprache: **6**, Vs. 7’ (EME); **8**, Vs. 41 (EM[E]-M[U]); **15**, Rs. III 16 (EME-MU); **35**, [3’]

lišān kalbi, Hundszunge (Schreibung ^{ú}EME–UR.GI$_{7}$): **49**, Vs. 4.Rs. 2

līšu, Teig (sofern nicht anders angegeben, Schreibung NÍG.SILA$_{11}$.GÁ): **4**, Vs. [17’]; **8**, Vs. 9.Rs. 17; **12**, Vs. 8’; **13**, Vs. I 9’.Rs. IV 6’; **15**, Vs. I 10’.23’; **24**, Vs. 19; **25**, Rs. III 10’; **26**, Rs. III 4.IV 16; **27**, A1 2’; **36**, Vs. I 9’; **44**, Vs. I$^{??}$ 12’ (^{zì}NÍG.SILA$_{11}$.GÁ); **46**, Rs. 4

lū, sei es, oder; Part. des Wunsches und der Beteuerung (sofern nicht anders angegeben, Schreibung *lu*): **1**, Vs. I [12’]; **2**, *passim*; **3**, r. Kol. 9’; **4**, Vs. [1’]; **6**, Vs. *passim* (*lu-u*); **10**, r. Kol. *passim* (*lu-ú*); **11**, r. Kol. 26’; **15**, Vs. *passim*.Rs. III 42 (*lu-u*); **20**, Vs. *passim*; **23**, Rs. [2’(?)].3’.6’.7’.8’ (*lu-*⸢*ú*⸣).9’; **24**, Rs. [26 (?).33]; **25**, Rs. III 2’; **28**, Vs. *passim*; **30**, Rs. [6’(?)]; **36**, Vs. I 35’.Rs. IV 2’.V [15’.16’]; **46**, Rs. 9; **49**, Vs. 20 (*lu-u*).21([*lu*]/*lu-u*)

lulīmu(*m*), *lulimmu*, Hirsch; Held: **4**, Rs. [26’]

lumnu(*m*), Böses: **12**, Vs. 19’ ([Ḫ]UL-*šú-nu*); **15**, Vs. II 9’ (ḪUL-*šú-nu*).[40’]; **23**, Rs. 2’ (⸢*lu*⸣-*m*[*u-un-šú-nu*); **24**, Rs. 46 (ḪU[L]-*šú-nu*); **33**, Vs. 3 (*lum-ni*); **40**, Vs. 7’ (*lu*[*m-ni*)

lūtu(*m*), *luʾtu* I, Schmutz; eine Hautkrankheit; Fäulnis: **8**, Rs. 29 (*lu-uʾ-tú*); **15**, Vs. I 31’ (*lu-uʾ-tú*).Rs. III [13]

luʾʾû I, beschmutzt: **15**, Vs. I 34’ (*l*[*u*]-ʾ[*u-t*]*e*)

luʾʾû(*m*) II, beschmutzen: D: **15**, Rs. III 15 (*ú-le-ʾa-an-*[*ni*])

madādu(*m*) I, (ver)messen: D: **26**, Vs. I 12’ (*ú-mad-di-*[*d*]*u*)

mādu(*m*), viel, zahlreich: **22**, Rs. V 22’ (ḪI.A).23’ ([ḪI].⸢A⸣); **29**, Rs. 8’ (*ma-aʾ-du-*[*ti*); **30**, Vs. 1 (*ma-*⸢*aʾ*⸣*-du-ti*); **34**, Vs. I 17 (*ma-*⸢*aʾ-du*⸣-[*ti*)

mâdu(*m*) I, *maʾādu*, viel, zahlreich sein bzw. werden: G: **24**, Rs. 41 (*lu-um-id*)

magāru(*m*), einwilligen, zustimmen: N: **7**, Vs. II 12’ (*lim-ma-ag-ru-i*[*n-ni*]).13’ (*lim-ma-ag-ru-*[*in-ni*])

maḫāḫu(*m*), aufquellen lassen, in Flüssigkeit auflösen: G: **22**, Rs. V 12’ (*i-maḫ-ḫa-aḫ-ma*); **23**, Rs. 19’ (*i-maḫ‹-ḫa›-aḫ-ma*)

maḫar, vor: siehe auch: *ana* IGI; *ina* IGI; *ana maḫar*; *ina maḫar*: **13**, Vs. I [7’]; **15**, Vs. II 41’ (I[GI-*ka*]); **23**, Rs. [6’]; **24**, Vs. [28]; **26**, Vs. II 15’ (IGI); **34**, Rs. IV 4’ (*ma-ḫar-ka*).5’ (IGI); **36**, Vs. I [29’].II 11’ (⸢*ma*⸣-[*ḫar*); **43**, m. Kol. 3’ (*ma-ḫar*); **44**, Vs. I$^{??}$ 10’ (⸢*ma*⸣-*ḫar*); **46**, Rs. 2 (*ma-ḫar*); **60**, 7’ (IGI)

maḫāru(*m*), gegenübertreten; angehen; empfangen: G: **1**, Vs. I 14’ (*m*[*a-ḫirat*); **24**, Vs. 35 (*i-ma-ḫa-ru*); **26**, Vs. I 6’ (*am-ḫur-ka*).Rs. IV 7 (*ma-ḫir*)

maḫāṣu(*m*), schlagen: G: **5**, Vs. [1’]; **10**, r. Kol. 12’ (*lim-ḫa-*⸢*aṣ*⸣); **26**, Rs. IV 10 (*lim-ḫaṣ*); **36**, Vs. I 33’ (*maḫ-ṣu*); **48**, Vs. I 8’ (RA-⸢*su-ma*⸣)

D: **24**, Vs. [3].53 (*ú-ma-ḫa-a*[*ṣ*]-*ṣa-an-ni*); **25**, Vs. I 4 (SÌG.SÌG-*su*)

māḫāzu(*m*), Ort des (Ent-)Nehmens; Markt- und Kultstadt: **8**, Vs. 17 (*ma-ḫa-zi*)

māḫirtu(*m*), das sich Entgegenstellende: **36**, Rs. V [15’]

maḫrû(*m*) I, vorderer, erster, früherer: **14**, o. Rd. 1 (*maḫ-ru-u*)

majjālu(*m*), *maʾʾālu*, (Schlaf-)Lager: **49**, Rs. 17 (KI.NÁ-*šú*)

makūru(*m*), Flußschiff, Prozessionsschiff: **4**, Vs. 1’ (^{giš}MÁ.GUR$_{8}$-*š*]*á*$^{?}$).[2’].5’ (^{giš}⸢MÁ⸣.GUR$_{8}$).6’ (^{giš}MÁ.GUR$_{8}$-*ia*).11’ (^{giš}⸢MÁ.GUR$_{8}$-*ši-na*⸣).[17’]

mala I, *mali* I, *mal*, entsprechend (wie), gemäß: **36**, Vs. I [43’]

malāsu, *malāšu*, ausrupfen: G: **8**, Vs. 32 (*im-lu-šu*); **26**, Vs. I 11’ (*im-lu-šu*)

malāḫu IV, (her)ausreißen: G: **13**, Rs. IV 11’ ([*t*]*a-ma-làḫ*)

malāʾu II (= *malāḫu* IV?), herausnehmen: G: **10**, r. Kol. 3’ (*im-lu-ú*); **26**, Rs. IV 4 (*im-l*]*u-u*)

malku(*m*) I, *maliku*(*m*), Fürst, König: **26**, Rs. IV 5 (*mal-ki*)

malû(m) IV, voll sein bzw. werden; sich füllen: G: **15**, Vs. II [44']
Gtn: **1**, Vs. I 1' (*imtanallu*]-*u*)
D: **15**, Rs. III 13 (⌈*ú-mal*⌉-[*la-an-ni*]); **24**, Vs. 24 (⌈SA$_5$-*ma*⌉); **26**, Vs. II [22']; **32**, Rs. 1 (*tu-mal-lu-*⌈*u*⌉)

māmītu(m), Eid; Bann (Schreibung NAM.ÉRIM): **36**, Rs. V [11'.12'.15']; **39**, Rs. 11'.12'

mamman, *mamma*, (irgend)jemand; wer auch immer; (mit Neg.) niemand: **15**, Vs. I 3' (*mam-ma*); **24**, Rs. 15 (*mám-ma*); **58**, [6']

mangu II, eine Hautkrankheit; Steifheit: **8**, Rs. 29 (*man-ga*); **15**, Vs. I 31' ([*man-g*]*u*).Rs. III 13 (*man-gu*)

mannu, wer?: **6**, Rs. [1'.4']; **46**, Rs. [14]

manû(m) V, zählen, rechnen; rezitieren: G: **3**, r. Kol. [11']; **8**, Vs. 11 (ŠID-*nu*).Rs. 15 (ŠI[D-*n*]*u*-⌈*u*⌉).17 (ŠID-*nu-ma*); **10**, lk. Kol. [5']; **12**, Vs. 11' (ŠI[D-*nu*]); **13**, Rs. IV 7' (ŠID-*nu*).8' (Š]ID-⌈*ú*⌉).9' (ŠID-⌈*ú*⌉).12' (ŠID-*nu*); **14**, Rs. 4' (⌈ŠID⌉-[*nu*); **15**, Rs. III 10 (ŠID-*nu-ma*); **24**, Rs. 28 (ŠID-⌈*ma*⌉/ŠID).47 (ŠID-*ma*); **26**, Vs. II 20' (ŠID-*nu-ma*/⌈ŠID⌉-*ú*).Rs. IV 1 (ŠID-*nu-ma*).14 (ŠID-*nu-ma*); **30**, Rs. 8' (ŠID-*n*[*u*); **31**, Vs. 13 (⌈ŠID⌉).u. Rd. 2 (Š[I]D); **32**, u. Rd. [3]; **33**, Rs. 13' (ŠID-*ma*); **34**, Vs. I 9 (Š[I]D-*nu*); **36**, Rs. IV 15' (ŠID-*n*[*u-m*]*a*).23' (ŠI[D-*nu*]); **37**, lk. Kol. 5' (ŠID-*nu-ma*); **39**, Rs. 2' (ŠID-*nu*).10' (ŠID-⌈*ú*⌉).15' (ŠID-*nu-ma*); **41**, Vs. I 9 (ŠID-*ma*); **51**, [10']; **60**, [6']

maqātu(m), fallen: G: **26**, Rs. IV 9 (*lim-qut*)
Š: **13**, Rs. IV 17' (⌈*ú-šam*⌉-[*qat*); **14**, Rs. 11' (⌈*ú-šam-qat*⌉); **34**, Vs. I 2 (*ú-šam-*⌈*qat*⌉)

markasu, Band, Seil: **4**, Vs. 12' (*mar-*⌈*kás*⌉?*-sa*{*-ši-na*})

marṣu(m), krank; beschwerlich: **34**, Vs. I 14 (⌈lú⌉?*m*[*ar*?*-ṣu*?); **36**, Vs. I [17'.20'.25']; **60**, 6' (lúGI[G)

mārtu(m), Tochter; Mädchen (Schreibung DUMU.MUNUS): **4**, Rs. 17'; **6**, Rs. 3'.[6']; **20** Vs. 7'; **27**, B1 8'; **36**, Rs. V 10'

māru(m), Sohn; Junge (sofern nicht anders angegeben, Schreibung DUMU): **5**, Rs. 7; **6**, Vs. [3']; **7**, Vs. II 9' (A); **8**, Rs. 24.39; **9**, Rs. [17'.18']; **23**, Rs. 8' (⌈A⌉); **24**, Vs. 39 (A); **25**, Rs. IV [9'].10'; **33**, Vs. 7 (A?); **34**, Rs. IV 15'; **36**, Vs. I [19']; **49**, Rs. 22 (A)

marû(m) II, mästen; langsam machen: D: **36**, Vs. I [32']

masḫatu(m), Röstmehl: **9**, Rs. 13' (ZÌ.MA.AD.GÁ)

mašālu(m), gleichen: D: **8**, Vs. 39 (⌈*ú*⌉*-maš-ši-*⌈*lu*⌉)

mašku(m) II, Haut, Fell: **13**, Rs. IV 10' (KUŠ-*ša*); **36**, Vs. II [15']; **51**, 7' (KUŠ); **60**, 8' (KUŠ)

mašmaššu, *mašmašu*, Beschwörungspriester (z. T. Lesung *āšipu* möglich): **5**, Rs. 7 (MAŠ.M[AŠ]); **8**, Rs. 24 (*maš-maš-šu*).38 (MAŠ.M[A]Š).39 (lúME.ME); **10**, lk. Kol. [7']; **23**, o. Rd. 25' (MAŠ.MA[Š); **25**, Rs. IV 8' (MAŠ].⌈MAŠ⌉).9' (M]AŠ.MAŠ); **34**, Rs. IV 14' (lúMAŠ.MAŠ)

mašmaššūtu, *mašmašūtu*, Beschwörerkunst, -tätigkeit: **49**, Rs. 9 (MAŠ.MAŠ-*tim*)

maštakal, ein Seifenkraut: **5**, Rs. 14 (úIN$_6$.ÚŠ); **24**, Vs. 13 (⌈ú⌉IN$_6$.ÚŠ); **25**, Vs. I 22 (⌈ú⌉IN$_6$.ÚŠ); **26**, Rs. IV 6 (úIN$_6$.ÚŠ).9 (úIN$_6$.ÚŠ).13 (úIN$_6$.ÚŠ); **34**, Rs. IV 7' (úIN.NU.UŠ); **49**, Vs. 6 (úI[N].⌈NU.UŠ⌉).16 (úI[N. NU.UŠ)

maštītu(m), Getränk(ration): **1**, Vs. I 3' (*mašti-t*]*i-ia*)

mašû(m) II, ass. *mašaʾu(m)* II, vergessen: G: **5**, Vs. 2' (*ta-maš-ši-i*); **30**, Vs. 4 (*i-m*[*aš-ši*(?))
Gtn: **8**, Vs. 3 (*im-ta-*⌈*na-áš*⌉!*-ši*)

mātu(m) I, Land: **6**, Vs. 7' (KUR); **7**, Rs. III 8 (KUR); **15**, Vs. I 5' (KURsic).II 35' (KUR.ME[Š]).‹37'›; **20** Vs. 7' (KUR!?(*šá*))

mâtu(m), sterben: G: **1**, Vs. I 11' (*li-m*]*u-ut-ma*); **11**, r. Kol. [27']; **24**, Rs. 40 (*li-mu-tu-ma*); **26**, Vs. II 12' (*li-mu-tú-ma*); **34**, Rs. IV 3' (‹*a*-›*mu-ut*)

maṭû(m) II, gering werden, sein: D: **1**, Vs. I [3']; **15**, Rs. III 17 (⌈*ú*⌉*-maṭ-*⌈*ṭu-ú*⌉); **48**, Vs. II [3']; **49**, Vs. 23 (LAL)
Š: **8**, Rs. 33 (*ú-šam-ṭu-u*); **15**, Vs. I 39' (*ú-šam-*[*ṭu-u*])

meḫru(m) I, *miḫru(m)* I, Entsprechung: **58**, 4' (*m*]*i-iḫ-ru*)

melemmu(m), *melammu*, Schreckensglanz(maske): **8**, Rs. 33 (*me-lam-me-ia$_5$*); **15**, Vs. I [40']

mersu(m), *mirsu(m)*, ein Rührkuchen: **13**, Vs. I [2']; **36**, Vs. I 7' (⌈ninda⌉Ì.DÉ⌉.A); **57**, 8' (nindaÌ.⌈DÉ⌉.A).10' (nindaÌ.⌈DÉ.A⌉)

mesû(m) II, waschen, reinigen: G: **24**, Rs. 36 (LUḪ-*si*); **25**, Rs. III [9']; **31**, Vs. 12 (LUḪ-*si*).Rs. 8 (LUḪ-*si*)
D: **15**, Rs. III 3 ([*mu-us-s*]*u*)
Dt: **42**, r. Kol. 6' ([*um*sic*-t*]*a-*⌈*as*⌉*-sa-*⌈*ma*!⌉)

mešrêtu, Gliedmaßen: **15**, Rs. III 26 ([*m*]*eš-*⌈*re*⌉-[*t*]*i-ia*); **23**, Rs. 4' (⌈Á.ÚR⌉.MEŠ/⌈Á.ÚR.MEŠ⌉); **29**, Rs. 15' (*meš-re-*[*ti-ia$_5$*); **55**, r. Kol. 5' (⌈*meš-re-ti-ia$_5$*⌉)

middatu(m), *mindatu(m)*, Maß: **8**, Vs. 30 (*mìn-da-*⌈*ti-ia*⌉); **26**, Vs. I 12' ([*mìn-d*]*a-at*)

miḫḫu(m), *meḫḫu(m)*, eine Art Bier: **8**, Vs. 8 (*mi-iḫ-ḫa*); **39**, Rs. 14' ([*m*]*i-iḫ-ḫa*)

milku(m), Rat(schluß): **24**, Rs. 11 (*m*[*il-ki*); **33**, Vs. 12 (*mi-lik-ka*)

mimma, irgend etwas; alles: **8**, Vs. 20 (*mim-ma*).[36].38 (*mi*[*m-ma*).Rs. 21 (⌈*mim-ma*⌉); **12**, Vs. 1' (*mim-ma*); **26**, Vs. I 9' (*mim-ma*); **29**, Rs. 12' (*mim-ma*); **36**, Vs. I [43']; **50**, lk. Kol. [14']

minītu(m), Pl. aB *miniātu(m)*, *maniātu(m)*, jünger *minâtu*, Maß, Pl. Gliedmaßen: **7**, Vs. II 4' (*mì-na-ti-ka*); **24**, Vs. 5 (*mi-na-tú-š*]*ú*).46 ([*mi-na*]*-ti-ia*); **25**, Vs. I [9]

mīnu(m) I, was?: **26**, Rs. IV 5 ([*mi-n*]*a*); **56**, 3' (*ana mi-ni*)

minûtu(m) I, Zählung, Rechnung: **24**, Rs. [28].47 (Š[I]D-*tú*); **32**, u. Rd. 3 (ŠID-*tú*)

mīrānu(m) I, *mērānu(m)* I, junger Hund, Welpe: **36**, Rs. V 13' (*mi-r*[*a-ni-šá*])

miṣru(m), Grenze, Gebiet: **36**, Rs. V 7' (*mi-ṣir*)

mīšarūtu, Gerechtigkeit: **15**, Vs. II 11' ([(*m*)*i-ša-r*]*u-tú*) (vgl. *išarūtu*)

mišittu, Schlag als Krankheit: **50**, lk. Kol. [9']

mītu(m), tot: **6**, Vs. [5']; **8**, Rs. [2]; **11**, r. Kol. 26' (ÚŠ); **15**, Vs. I 15' (lúÚŠ); **24**, Vs. 36 ([lú]ÚŠ).49 (⌈lú⌉ÚŠ.⌈MEŠ⌉).Rs. 8 (⌈ÚŠ.MEŠ⌉).10 (ÚŠ.MEŠ); **26**, Vs. I [19']

mû I, Wasser (sofern nicht anders angegeben, Schreibung A.MEŠ): **1**, Vs. I [3']; **5**, Rs. 13 (A.MEŠ-⌈*e*⌉-[*a*]); **7**, Rs. III 4; **8**, Vs. 35.Rs. 3.18.30; **13**, Vs. I 19'.Rs. IV 11'; **15**, Vs. I 25'.33'.Rs. III 37; **22**, Rs. V 4'; **23**, Rs. 15'; **24**, Vs. 12 (⌈A⌉).Rs. 31.34; **25**, Vs. I 21 (⌈A⌉).Rs. III 6'; **26**, Vs. I [16'].17'.[18'](?); **28**, Vs. 1 (*me*]-⌈*e*⌉).[3]; **31**, Vs. 8.Rs. 7; **37**, lk. Kol. 3'; **44**, Vs. I?? [10']; **46**, Vs. 3' (A).Rs. 3 (A); **47**, r. Kol. 4 (A); **48**, Vs. II [3'].Rs. III 1; **49**, Vs. 20

mūdû(m), wissend, klug: **8**, Vs. 20 (*mu-du-ú*); **15**, Vs. II 38' (⌈*mu*⌉*-de-e*); **22**, Rs. V 21' ([*m*]*u-du-ú*); **23**, Rs. 24' (⌈*mu-du*⌉*-u*); **24**, Rs. 9 (*mu-da-a-a*)

muḫḫu(m), Schädel, Oberseite (siehe auch: *ina muḫḫi*): **4**, Vs. 3' (⌈*muḫ*⌉*-ḫi-šá*); **5**, Vs. 1' (*muḫ-ḫa-k*]*i*); **15**, Vs. I 16' (⌈*muḫ*⌉*-ḫi-šú*); **23**, Rs. [1'].9' (UGU-*šú-nu*).12' (UGU); **24**, Vs. [1].Rs. 6 (UGU-*ia*); **25**, Vs. I 1 (UGU-*šú*)

mullilu(m), Reiniger: **10**, lk. Kol. [6'.7']

mundu(m), *muddu(m)*, ein Feinmehl: **48**, Rs. III 1 (*mu-un-di*)

mungu I, Krankheit mit Krämpfen: **24**, Vs. [42].Rs. 43 (*mu-un-gu*); **25**, Vs. II 4' (*mun-g[a]*)

munnabtu(m), *munnabittu(m)*, Flüchtling: **30**, Rs. 2' (*mun-nab-ti*)

muqqu(m) I, geschwächt, erlahmt: **24**, Vs. 6 (*mu-u[q]*).Rs. 4 (*mu-qa-ka*); **25**, Vs. I [11]

murru I, Bitterkeit; Myrrhe: **36**, Rs. V 4' (^{šim}SES)

murṣu(m), Krankheit: **58**, 3' (GIG)

musâtu, gebrauchtes Waschwasser: **13**, Rs. IV 13' (*m[u]-ʳsa-aʾ-ti*); **34**, Vs. I [15]

muṣlālu(m), Siesta-Zeit, Mittag: **34**, Vs. I 11 (AN.BAR$_7$)

mušāṭu(m), ausgekämmtes Haar: **10**, r. Kol. 5' (*mu-šá-ṭ[i-šá]*); **27**, A1 6' (*mu-šá-ṭi*); **44**, Vs. I$^{??}$ 7' (*mu-šá-ṭi*); **46**, Vs. 12' (*mu-ša-ṭi*)

mušītu(m), Nacht: **6**, Vs. [8']

mušlalaḫḫatu, *mušlaḫḫatu*, Schlangenbeschwörerin: **4**, Rs. 14' (MUŠ.LAḪ$_4$.LAḪ$_4$-*at*)

mušlalaḫḫu, *mušlaḫḫu*, Schlangenbeschwörer: **6**, Vs. 6' (MUŠ. LAḪ$_5$-*e*)

muššaru, ein wertvoller Stein: **24**, Vs. 17 ($^{\text{na4}}$MUŠ.GÍR).Rs. 19 ([$^{\text{na4}}$MUŠ.G]ÍR)

muštēpištu, Bezauberin: **1**, Vs. I [8']; **4**, Rs. 3' (*muš-t[e-piš-ti]*); **5**, Vs. 3' (*muš-te-ʳpišʾ-t[ú$^?$]*); **13**, Rs. IV 11' (^{munus}DÙ. DÙ-*ti*); **36**, Vs. II 10' (*muš-t]e-ʳpišʾ-[ti-ia]*); **40**, Vs. 10' (*m[u]š-te-[piš-tú]*)

mūšu(m), Nacht: **24**, Vs. 12 ([G]E$_6$); **25**, Vs. I [21]; **26**, Vs. I 4' (ʳ*mu$^?$-šu*ʾ$^?$); **49**, Rs. 18 (GE$_6$)

mutqû(m), Süßbrot: **63**, Rs. III/V 8' (*mu-ut-qé-e*)

muttalliku, hin- und hergehend, beweglich: **9**, Rs. 11' (DU.DU)

mūtu(m), Tod: **34**, Rs. IV 3' (*mu-tu*$^!$)

nabalkutu(m) II, überschreiten: N: **4**, Vs. 2' (ʳ*ib-bala-ki-ta*ʾ).[3']; **13**, Vs. I 17' (*[l]i-[b]al-ʳkiʾ-[tu]-ʳmaʾ*); **15**, Vs. II 9' (*lib-bal-ʳkiʾ-[it]*).25' (*lib-bal-kit-ma*); **53**, 8' (BAL); **66**, Vs. 4 (*ib-bal-kat-ʳmaʾ*)

nabalkattu(m), Überschreitung: **3**, r. Kol. 6' (‹*na*-›$^{?}$ʳ*bal*ʾ-*kat*$_7^!$-*ta-šu-nu*)

nadānu(m), geben: G: **36**, Vs. II [11']; **65**, Vs.$^?$ 10' (SUM$^?$)

nadītu(m), Brachliegende, Kinderlose; eine Frauenklasse: **26**, Rs. IV 8 (*na-ʳdaʾ-a-ti*)

nādu(m) II, (Wasser-)Schlauch (Schreibung ^{kuš}ÙMMU): **24**, Vs. 24; **25**, Rs. III 6'.8'

nadû(m) III, werfen; hin-, niederlegen: G: **7**, Vs. II [1'].9' (*[i(d)-d]i-šu-ma*); **9**, Rs. 13' (ŠUB); **11**, r. Kol. 15' (*ta-ad-d[i-x(-x)]*); **13**, Vs. I 18' (ŠUB[(-*di*)]).Rs. IV 4' (ŠUB-*di*).8' (ʳŠUB-*di*ʾ).12' (ŠUB-*di*); **15**, Vs. I 12' (ŠUB-*di*).II 32' (ŠUB-*di*); **22**, Rs. V 19' (ʳŠUB-*di*ʾ-*šu*); **24**, Vs. 14 (Š[U]B-*di*).17 (ŠUB-*di*).25 (ŠUB-*di*).27 ([ŠUB$^?$-*d*]*i*$^?$).Rs. 49 (ŠUB-*di*ʾ); **26**, Vs. I 17' (ʳŠUB-*u*ʾ[(-*ma*)]); **28**, Vs. 2 (Š]UB$^{!?}$); **31**, Vs. 7 (ŠUB(-*di*)).14 (ŠUB); **34**, Rs. IV 8' (ŠUB-*ma*).10' (ŠUB-*ma*); **41**, Vs. I 12 (ŠUB-*e*).16 (ŠUB-*ma*); **43**, m. Kol. [7']; **44**, Vs. I$^{??}$ 4' (ŠUB-*ma*).13' (ŠUB-[*di*); **45** r. Kol. [6']; **46**, Vs. 10' (ŠU]B-ʳ*ma*ʾ).Rs. 5 (ŠUB-*di*); **47**, lk. Kol. 3 (ŠUB-*di*).r. Kol. 6 (ŠUB-*at*).7 (ŠUB-*di*); **48**, Vs. II 6' (ŠUB); **49**, Vs. 21 (ŠUB-*di*).25 (ŠUB)

Gtn (?): **41**, Vs. I 11 (ŠUB.ŠUB-*e*); **46**, Vs. 4' (ŠUB.ŠUB-*šu*)

nāʾeru(m), *nāʾiru(m)*, brüllend, kreischend: **12**, Vs. 12' (*na-i-ri*)

naglabu(m), Schermesser; Hüfte, Schulter: **14**, Rs. 16' (MAŠ.SÌ]L); **24**, Rs. 5 (MAŠ.SÌL-ʳ*a*ʾ-*a*); **34**, Vs. I 8 (M[A]Š.S[Ì]L)

naḫarmuṭu(m), sich auflösen, zerschmelzen: N: **24**, Rs. 34 (ʳ*liḫ-ḫar*ʾ-*me*-ʳ*ṭu*ʾ)

naḫīru(m), Nasenloch: **8**, Vs. 2 ([*na*$^?$-*ḫ*]*i*$^?$-*ra-šú*); **29**, Rs. 16' (*na*$^{?}$ʾ-[*ḫi*$^?$-*ra*$^?$-*šú*)

nâḫu(m), ruhen: G: **36**, Rs. IV 4' ([*n*]*u-uḫ*).9' (*li-nu-u[ḫ]*)

D: **4**, Rs. 25' (ʳ*li*ʾ-<*ne*->*eḫ-ki-na-ši*); **13**, Rs. IV 11' (*ú-na-aḫ*); **31**, Vs. 8 (*tu-na-aḫ-šú-nu-te*)

nakāsu(m), abschneiden, fällen: G: **36**, Vs. I [6'.39']

nakāru(m) I, anders, fremd, feindlich sein bzw. werden: Gtn: **24**, Vs. 50 (KÚR.KÚR-*r*[*u*])

D: **9**, Rs. 19' (KÚR); **15**, Vs. I 3' (KÚ]R-*rù*).17' (KÚR-*rù*). 38' (KÚR-*rù*); **29**, Rs. 3' (K[ÚR-*ru*])

Dt: **8**, Rs. 12 (KÚR-*ru*); **15**, Rs. III [22]; **26**, Vs. II [10']; **36**, Vs. I 41' (KÚR-*ru*); **40**, Vs. 7' ([*munakki*]-*ru*)

nakkaptu(m), Augenbrauenbogen, Schläfe: **8**, Rs. 27 (SAG.KI Rasur -*iá*); **15**, Vs. I 28' (SAG.KI.MEŠ-MU); **48**, Vs. I 8' (SAG.KI-*šú*)

nakru(m), feindlich, Feind; fremd: **6**, Vs. 7' (KÚR-*tum*); **13**, Rs. IV 15' ([*nak-r*]*a*/*nak-ra*).[17']; **14**, Rs. 10' (*nak-ra*/ʳ*nak*ʾ-*ra*).11' (ʳ*nak-ra*ʾ); **34**, Vs. I 1 (ʳ*nak-ra*ʾ).[1].2 (*n[a]k-ra*)

nālu(m), *najjalu*, Reh: **35**, 7' (DÀRA.MAŠ.D[À$^?$)

namburbû, Löseritual: **15**, Vs. II 39' (NAM.BÚR.BI.MEŠ); **36**, Rs. IV 24' (N]AM.BÚ[R].B[I])

namruqqu, *nabruqqu*, eine Pflanze: **36**, Rs. V 8' (^{ú}*nam-ruq-q*[*u*]); **49**, Rs. 10 (^{ú}*nab-ru-qu*)

namerimburrudû, Bannlösungsritus: **49**, Vs. [7]

napāḫu(m), anblasen, entzünden; aufgehen: Ntn: **8**, Vs. 3 (MÚ. MÚ-[*ḫu*])

napḫaru(m), Gesamtheit, Summe: **8**, Rs. 34 (*nap-ḫar*); **15**, Vs. I [41']; **24**, Vs. 34 (*nap*$^!$-*ḫar*); **41**, Rs. IV/VI 4' (PAP).8' (PAP).[14']; **49**, Rs. 8 (NIGIN)

napištum, Kehle, Leben (siehe auch: *šiknāt napišti(m)*, *šikin napišti(m)*): **24**, Rs. 4 (Z[I-MU).35 (ʳZI-*šú-nu*ʾ); **25**, Rs. III [6']; **26**, Rs. IV 5 (*na-p*[*i*]*š-ti*); **27**, B1 3' (ʳ*nap*ʾ$^?$-*šá-ti*); **36**, Vs. I 33' (ZI-*t*[*im*]).[39']

napšaštu, *napšaltu*, Salbschale; Salbe: **8**, Rs. 30 (*nap-šal-ti*); **15**, Vs. I [35'].II 5' (*nap-šá-šá-a-te-šú-nu*); **32**, Rs. 7 (*nap-šá-*[*š*]*á-a-te*)

nappaḫtu, *nappaḫu*, Blasebalg: **26**, Rs. III 2 (*na*[*p-pa-ḫi*)

nappaṭu, ein Kochöfchen: **24**, Vs. 21 (ʳ*nap-pa*ʾ-*ṭi*)

napṭu(m), Naphta: **12**, Vs. 10' (ʳ*na*ʾ$^?$-[*a*]*p*$^?$-*ṭi*$^?$); **31**, Vs. 6 (Ì.ʳKURʾ.RA); **32**, Rs. 1 (ʳ*nap*ʾ$^?$-[*ṭ*]*a*$^?$)

napû(m) II, sieben: G: **36**, Rs. V 7' (SI]M); **47**, r. Kol. [10]; **49**, Rs. 11 (SIM)

naqû(m), ausgießen, opfern: G: **8**, Vs. 8 (BAL-ʳ*qí*ʾ); **10**, r. Kol. [18']; **12**, Vs. 7' (BAL-*qí*); **13**, Vs. I 19' (ʳBALʾ$^?$-[*qí*$^?$]). Rs. IV 5' (BAL-*qí*); **15**, Vs. I 23' (BAL-*qí*); **24**, Vs. 16 ([B]AL-*qí*); **26**, Vs. II 20' (BAL-[*qí*$^?$); **28**, Vs. [3](?); **39**, Rs. 14' (BAL-*q*[*í*]); **63**, Rs. III/V 3' (BAL-*qí-ma*)

D: **36**, Vs. I 8' (*tu-naq-qa*)

narbû(m), Größe: **15**, Rs. III 23 (ʳ*nàr*ʾ-[*b*]*i*$^!$); **24**, Rs. 44 (*nàr*-ʳ*bi*ʾ-*ka*); **26**, Vs. II 19' (*nàr-bi-ku*-ʳ*nu*ʾ); **29**, Rs. 5' (*nàr*-ʳ*bi-ka*ʾ); **32**, Rs. 9 (*nàr-b*[*i*)

naršindû, ein Hexer: **6**, Vs. 6' (*nar-šin-du-u*)

naršindatu, *naršimdatu*, eine Art Zauberin: **4**, Rs. 12' (*nar-šin*-ʳ*da*ʾ-*at*); **20** Vs. 6' ([*nar*$^?$]-ʳ*šin*ʾ$^?$-*na-at*$^?$); **26**, Rs. IV 3 (*nar-šin-da-tú*) *nāru(m)* I, Fluß, Wasserlauf, Kanal (Schreibung ÍD): **10**, r. Kol. 3'; **13**, Rs. IV 12'; **15**, Vs. I 12'; **22**, Rs. V 19'; **24**, Rs. 34.49; **26**, Rs. IV 4; **31**, Vs. 8; **37**, lk. Kol. 7'; **43**, m. Kol. 7'; **45** r. Kol. [6']; **46**, Vs. 3'; **53**, 8'

nasāḫu(m) I, ausreißen: G: **25**, Rs. IV 12' (ZI⸢-[*ḫa*])

N: **4**, Vs. 12' ([*linnasiḫ*]); **24**, Vs. 11 (ZI-*ḫ*[*i*]); **25**, Vs. I 20 (ZI-*ḫi*)

nasḫu(m), ausgerissen: **33**, Rs. 6' (Z]I-*ḫi*)

našpartu(m), Nachricht: **15**, Vs. II [5']; **26**, Vs. I 13' ([*na-aš-p*]*a-rat*); **32**, Rs. 7 (*na-áš-pa-ra-a-te*)

nâšu(m), in (unruhige) Bewegung geraten: D: **36**, Rs. V 3' (*nu-uš-š*]*á-ma*).8' (*nu*]*-uš-šá*)

našû(m) II, heben, tragen: G: **4**, Vs. 7' (⸢*na*⸣*-šá-at*).Rs. [1']; **8**, Vs. 11 (ÍL-*ma*).27 (*na-šá-a-*⸢*ku*⸣).43 (⸢*iš-šú*⸣*-*[*u*]). Rs. 12 (*na-šá-k*[*u*).17 (ÍL).20 (ÍL); **10**, r. Kol. 9' (*iš-šu-ú*); **11**, r. Kol. 22' (⸢*na*⸣*-šá-a-ku*); **13**, Vs. I 10' (Í[L$^?$]-⸢*šu*⸣$^?$(-)[(*nu-ti*)); **15**, Vs. I 7' (*na-š*]*á-ku*); **20**, u. Rd. 2 (*n*[*a*$^?$*-šâku*$^?$); **22**, Rs. IV 6' (ÍL-*ma*).V 13' (ÍL-⸢*ma*⸣); **23**, Rs. 19' (⸢ÍL-*ma*⸣); **24**, Vs. 28 (Í[L$^?$).29 (ÍL-*ma*).Rs. [18].50 (Í[L$^?$-*ši*$^?$).[51]; **25**, Rs. IV 2' (ÍL-*ši*); **26**, Rs. IV 6 (*na-šá-ku*); **31**, u. Rd. 1 (*i-*⸢*na*⸣*-aš-ši*); **32**, u. Rd. 3 (Í]L$^?$-*ši-ma*); **44**, Vs. I$^{??}$ 9' (*ta-an-na-*⸢*ši*⸣*-š*[*ú-nu-ti*]).Rs. VI$^{??}$ 5' (⸢ÍL⸣*-šú-n*[*u-ti*); **46**, Rs. 2 (*ta-*⸢*an*⸣*-na-ši-šú-nu-ti*); **60**, 3' (⸢ÍL⸣).9' (⸢ÍL⸣*-ma*)

Š: **36**, Vs. I 15' (*tu-šá-áš-šá-šú*); **60**, [7']

natāku(m), tropfen: Gtn: **3**, r. Kol. 8' (*l*[*i-i*[*t-tattukū*]); **8**, Rs. 23 (*i-ta-at-tú-ka*)

naṭālu(m), schauen: G: **24**, Vs. 49 (*a-na-*⸢*aṭ*⸣*-ṭa-lu*); **36**, Vs. I 27' (*na-ṭi-l*]*u*)

nawāru(m), *namāru*, hell sein bzw. werden; leuchten: G: **23**, Rs. 9' (*nam-ra-ku*)

D: **5**, Rs. [16]

nawru(m), *namru*, hell, leuchtend, glänzend: **15**, Vs. II 36' (*nam-ru*)

nekelmû(m), böse anblicken: N: **26**, Vs. II 14' (*né-kel-me-šu-n*[*u-ti*])

nēpešu(m), Tätigkeit, Verfahren, Ritual: **8**, Rs. 19 (*ne-pé-šu*)

nērtu(m), Mord, Tötung: **6**, Vs. [11']

nesû(m) II, fern sein, sich entfernen: G: **9**, Rs. 8' (*li-is-su-ú*); **13**, Vs. I 17' (*li-is-*⸢*su*⸣‹*-u*›); **59**, 2' (*lis-s*[*u-u*).6' (*lit-su-u*)

nēšu(m) I, Löwe: **5**, Vs. 12' (⸢UR.MAḪ⸣)

nêʾu(m), umwenden: G: **26**, Rs. IV 9 (*li-né-ʾu*)

niālu(m), *nâlu* II, sich hinlegen: Š: **8**, Vs. 30 (⸢*uš*⸣*-n*[*i-l*]*u*).Rs. 1 *uš-ni-*[*lu*]; **26**, Vs. I 19' (*uš-n*]*i-lu*)

nignakku(m), *nignaqqu(m)*, Räuchergefäß, -ständer (Schreibung NÍG.NA): **8**, Vs. 8; **10**, r. Kol. 18'; **13**, Vs. I 6'.Rs. IV 4'; **14**, Rs. 5'; **24**, Vs. 15; **26**, Vs. I 3'; **30**, Vs. 12; **32**, u. Rd. 2; **36**, Vs. I [3']; **39**, Rs. 13'

niksu, Ab-, Durchschneiden: **54**, 7' (*ni-k*]*i-is*)

nīnû(m), Ammi, Zahnstocherdolde (Schreibung Ú.KUR.RA): **36**, Rs. V 4'; **49**, Vs. 2.14.Rs. 5.14

nipḫu(m), Aufleuchten, Entbrennen: **52**, 2' (*ni-pi-*[*iḫ*$^?$).3' (*ni-pi-*[*iḫ*$^?$).4' (*ni-pi-i*[*ḫ*$^?$)

nīqu(m), *niqû(m)*, Opfer (Schreibung ^{udu}SISKUR): **12**, Vs. 7'; **15**, Vs. I 23'

nisḫu(m) I, Ausreißen: **14**, o. Rd. 1 ([*ni*]*s*$^?$*-ḫu*$^?$); **34**, Rs. IV 12' (*nis-ḫu*)

nissatu(m), Wehklage, Jammern: **7**, Vs. II 3' (*ni-is-sa-tú*); **8**, Rs. 7 (*ni-is-sa-*[*ta*])

nišḫu(m) I, Durchfall, Diarrhoe: **30**, Rs. 7' ([*ni-i*]*š-ḫi*/*niš-ḫi*)

nišū, Menschen, Leute (Schreibung UN.MEŠ): **10**, r. Kol. 2'; **15**, Vs. II 37'; **29**, Rs. 6'; **66**, Rs. 7'

nīšu(m) I, Erhebung: **8**, Rs. 6 (⸢ÍL⸣).28 (*ni-iš*); **15**, Vs. I [30']; **24**, Vs. [45]

nīšu(m) II, *nēšu* II, (Eid beim) Leben: **9**, Rs. [19'](?)

nubattu(m), Abend(ruhe): **36**, Rs. V 11' (*nu-bat-t*]*i*)

nubû, Klage: **1**, Vs. I 4' (⸢*nu*⸣*-bu-u*)

nuḫšu(m), Fülle, Fruchtbarkeit: **7**, Rs. III 7 (ḪÉ.NUN)

nuḫurtu(m), Asa foetida, Stinkasant (sofern nicht anders angegeben, Schreibung ^{ú}NU.LUḪ.ḪA): **42**, r. Kol. 3'; **46**, Rs. 12 (NU.LUḪ.ḪA); **47**, r. Kol. 4; **49**, Vs. [12]. Rs. 3.14

nulliātum, *nullâtu*, Niedertracht, Gemeinheit: **15**, Vs. II [43']

nūnu(m) I, Fisch: **5**, Rs. 13 (KU$_6$.ḪI.A); **8**, Rs. 16 (KU$_6$); **22**, Rs. V [1']; **23**, Rs. 6' (KU$_6$).13' (KU$_6$)

nūru(m), Licht, Helligkeit: **15**, Vs. II 36' (ZÁLAG-*ka*).[45']. Rs. III [4]; **24**, Vs. 37 (*nu-u-ru*); **36**, Vs. I 27' (*n*[*u-ra*]). Rs. V [16']; **57**, 8' (ZÁLAG).9' (ZÁLAG); **65**, Vs.$^?$ 13' (⸢*nu*⸣*-ú*$^{!?}$*-ru*)

padû(m), *pedû* I, verschonen, loslassen: G: **12**, Vs. 15' (*pa-du-u*); **33**, Vs. 4 (*pa-du-u*).5 (*pa-du-ú*)

pagru(m), Körper, Leib: **7**, Vs. II 3' (*pag-r*[*i-ka*]); **24**, Rs. 44 (⸢*pa*⸣*-gar-šú-*⸢*nu*⸣)

paḫāru(m) I, Töpfer: **13**, Rs. IV 3' (BÁḪAR)

palāsu(m), (hin)sehen: N: **40**, Vs. [6']

palāḫu(m), (sich) fürchten; verehren: Gtn: **24**, Vs. 48 ([*ap*]-⸢*ta*⸣*-na-la-ḫu*)

palāšu(m), durchbohren, einbrechen: G: **8**, Vs. 42 (⸢*ip*⸣*-*[*lu-šu*])

pān, vor: siehe *ana* IGI; *ina* IGI; *ana pān*; *ina pān*

pānu(m) I, Vorderseite; Pl. Gesicht: **3**, r. Kol. 7' (*pa-*[*nūšunu*]); **5**, Rs. 8 (*pa-ni-ku-nu*); **8**, Vs. 1 (*pa-nu-*⸢*u*⸣*-šú*).Rs. 32 (*pa-ni-iá*); **15**, Vs. I 37' (⸢IGI-MU⸣); **24**, Vs. [52]; **27**, A1 7' (*pa-ni-šú-n*]*u*); **29**, Rs. [16']; **30**, Vs. [2]; **36**, Vs. I [25'].28' (⸢IGI⸣*-*[*ki*]).[31'].Rs. IV [8']

pappardaliu(m), *pappardilû(m)*, ein harter, schwarz-weißer Stein (Schreibung ^{na_4}BABBAR.DILI): **24**, Vs. 17.Rs. 19; **41**, Rs. IV/VI 12'.[17']

papparḫû(m), Portulak: **47**, r. Kol. 11 (^{ú}BABBAR.ḪI^{sar})

paqādu(m), übergeben, anvertrauen: G: **4**, Rs. 19' (*ap-qid*); **8**, Rs. 2 (⸢*ip*⸣*-qí-du-ni*[*n-ni*]); **12**, Vs. 5' (*pi-iq-da*[*n-ni*]); **13**, Rs. IV [17']; **14**, Rs. 11' (*a-paq-qid*); **23**, Rs. 11' (*pi-iq-da-an-*⸢*ni*⸣); **26**, Vs. I 21' (*ip-qid-du*); **28**, Vs. [2]; **30**, Rs. 5' (*ap-qid-d*[*a*]*k-ka*); **34**, Vs. I [2]

D: **64**, 3' (*ú-p*]*aq-qí-du*)

N: **24**, Vs. 36 (*ip-pa-qí-di*)

parāsu(m) I, (ab)trennen; entscheiden: G: **1**, Vs. I [2']; **6**, Rs. [10']; **8**, Vs. 18 (KU$_5$-⸢*as*⸣).25 (KU$_5$-*us*).Rs. 24 (*lip-ru-us*); **15**, Vs. II [24']; **24**, Rs. 12 (*p*[*ár-sa-ku*); **40**, Vs. 1' (*pār*]-⸢*is*⸣); **42**, r. Kol. 6' (K[U$_5$-*sa*]); **49**, Rs. 18 (KU$_5$-*sa*$^!$/KU$_5$⸣-*s*[*i*]); **58**, [2']; **64**, [6']

Gtn: **41**, Rs. IV/VI 2' (⸢KU$_5$.KU$_5$⸣*-ma*)

pardu(m), schreckhaft: **15**, Vs. II 40' (*pár-da-te*); **24**, Vs. 49 (*p*[*a*]*r-da-a-te*)

parsu(m), abgetrennt, abgesondert: **9**, Rs. 10' (*pár-si*)

pasāsu(m), tilgen: N: **24**, Rs. 23 (*lip-pa-si-is*)

pašāḫu(m), sich abkühlen, beruhigen: Š: **7**, Vs. II [4'].10' (*li-šap-ši-ḫu*)

pašāru(m), lockern, lösen: G: **1**, Vs. I [12'].14' (*lipšuran-n*]*i*); **8**, Vs. 7 (BÚR-*r*[*i*]).14 (*pa-šír*).Rs. 19 (BÚ[R]); **10**, lk. Kol. 1' (*pa-ši*]-⸢*ra-ku*⸣); **11**, r. Kol. [22']; **15**, Vs. I [18'](?).25' (⸢*pa-áš-ru*⸣); **22**, Rs. V 17' (*lip-šur-šu*).23' (*pa-šìr*).25' (⸢*i-pa-šar*⸣); **23**, Rs. 2' (*p*]*a-áš-ru*).22' (*lip-šur-š*[*u*]); **26**, Rs. IV 6 (BÚR); **30**, Vs. 7 ([B]ÚR-*ma*); **35**, [2'](?); **39**, Rs. 11' (*pa-aš-r*[*u*]).15' (BÚR-[*ru*]); **43**, m. Kol. 21' (B[Ú]R); **46**, Vs. 6' (BÚR-[*ir*]).Rs. 10 (BÚR-*i*[*r*]); **51**, 1' (B[ÚR$^{?}$]); **54**, 2' (BÚR)

D: **10**, r. Kol. 1' (⸢*ú*⸣-[*pa-áš-šá-ru*]).13' (*lu-pa-áš-ši-*⸢*ra*⸣); **15**, Vs. II 40' (*mu-pa-aš-*[*š*]*er*).Rs. III 6 (⸢*li*⸣-[*pašširū*).7 (⸢*pu-uš-šer*⸣); **24**, Rs. 17 (*pu-uš-šur*); **26**, Rs. IV 10 (*li*[*p*]-*pa-še-ra*); **36**, Rs. V 11' (*ú-pa-šá-r*[*u*); **40**, Vs. [8']

Š: **48**, Vs. II 5' (*šup-šú-*⸢*ri*⸣[(-*šu*)); **49**, Vs. 24 (*šup-šu-ri*)

N: **22**, Rs. V 8' (⸢*li-pa-áš*⸣-*ra-an-*⸢*ni-ma*⸣); **23**, Rs. 17' (*li-pa-áš-ra-ni-ma*)

pašāšu(m), salben, einreiben: G: **5**, Vs. 10' (ŠÉŠ); **6**, Vs. 10' (⸢ŠÉŠ⸣); **8**, Vs. 36 (ŠÉ]Š-*ni*).Rs. 30 (*ip-šú-šú-n*[*i*]*n-ni*); **15**, Vs. I 35' (ŠÉŠ-*nin-ni*); **28**, Vs. [4]; **30**, Rs. 3' (*ap-ta-*⸢*ša*⸣*-su*); **32**, Rs. 9 (EŠ-⸢*ú*⸣*-ni*); **33**, Rs. 13' (ŠÉŠ-*ma*); **35**, 11' (ŠÉ]Š-*su*); **36**, Rs. V 9' (ŠÉŠ-*ma*)

Gtn: **39**, Rs. 10' ([Š]ÉŠ.MEŠ-*su-m*[*a*])

pašḫu I, ruhig, beruhigt: **7**, Vs. II 7' (*p*]*a-áš-ḫa-a-te*)

pāširu(m), Löser: **4**, Rs. 6' (*pa-ši-r*[*a-ak*]).9' (*pa-ši-*⸢*ra*⸣-[*a*]*k*); **46**, Vs. 3' (*pa-ši-ri*)

paššūru(m), Tisch (Schreibung ^{giš}BANŠUR): **9**, Rs. 10'; **36**, Vs. I [2'.4'.5'.7']; **57**, 7.11'; **63**, Vs. II 8'.Rs. III/V 7'

patālu(m), drehen, wickeln: G: **6**, Rs. [1']

N: **6**, Rs. 4' (*ip-pát-til*)

patānu(m) I, essen: G: **42**, r. Kol. 5' (*pa-tan*); **47**, r. Kol. 5 (*pa-*[*tan*).[12]; **48**, Vs. II 7' (*pa-tan*).Rs. III 1 (*pa-tan*).3 (*pa-tan*).4 (*pa-tan*); **49**, Vs. 26 (*pa-tan*).Rs. 12 (*pa-tan*)

paṭāru(m), lösen (siehe auch: unter *batāqu(m)*: N): G: **15**, Vs. I 18' (DU$_8$.MEŠ-*ni*).Rs. III 7 (⸢*pu*⸣-*ṭ*[*ur*); **23**, Rs. 4' (*a-pa-ṭar*).[5'].6' (DU$_8$-*ir*); **24**, Rs. 22 (DU$_8$); **26**, Rs. IV 11 (DU$_8$-*er*); **30**, Rs. 16' (*paṭ-ra-a*); **46**, Rs. 9 (DU$_8$-*ni*); **49**, Rs. 9 (DU$_8$)

D: **8**, Rs. 34 (*ú-paṭ-ṭar*).35 (⸢*ú-paṭ-ṭar*⸣); **10**, r. Kol. 15' (*li-p*]*aṭ-ṭi-ra*); **15**, Vs. I [41'].41' (*ú-paṭ-ṭar*).Rs. III [5]

Dtn: **8**, Vs. 5 (*up-*⸢*ta*⸣*-na-ṭa-r*[*a*]); **24**, Rs. 3 (*up-ta-na-ṭa-ra*)

N: **23**, Rs. 3' (*li-pa-*⸢*aṭ-ru-ma*$^{?}$⸣); **36**, Vs. I [26'].31' (*li*]*p-pa-ṭir*)

paṭīru, Tragaltärchen (Schreibung GI.DU$_8$): **13**, Vs. I 4'; **24**, Vs. 15

peḫû(m) II, verschließen: G: **8**, Rs. 4 (*ip-ḫu-u*); **15**, Vs. I 13' (*ip-ḫe*).II 32' (⸢ÚŠ-*ḫi*⸣); **26**, Vs. I 20' (*ip-ḫu-ú*).Rs. IV 16 (*t*[*e-pe-ḫe*]); **34**, Vs. I [10]

pelû(m) II, Ei (Schreibung NUNUZ): **44**, Vs. I$^{??}$ 12'; **46**, Rs. 4

pēmtu(m), *pēntu*, *pēndu*, Asche, Kohle (Schreibung NE): **25**, Rs. IV 4'; **26**, Vs. I 3'; **34**, Rs. IV 10'

pēmu(m), *pēnu*, Oberschenkel (Schreibung ÚR): **41**, Rs. IV/VI 6'.[11'.12'].16'

peṣû(m) I, *paṣû(m)*, weiß (Schreibung BABBAR): **36**, Vs. II [15']; **41**, Rs. IV/VI 15'; **49**, Rs. 15; **51**, 6'

petû(m) I, offen: **57**, 6' (BAD-*ú* (sic?))

lā petītu, nicht besprungen: **51**, 7' (GÌŠ.NU.Z[U])

petû(m) II, öffnen: G: **8**, Vs. 40 (*pe-ta-a-t*[*im*]); **24**, Rs. 50 (BAD-⸢*te-ma*⸣); **34**, Vs. I 15 (⸢BAD$^{?}$-*ma*⸣)

pillû, Mandragora, Alraun (?): **42**, r. Kol. 8' (^{ú}N]AM.TAR); **43**, m. Kol. 9' (^{giš}⸢NAM⸣.TAL)

pirittu(m), Schrecken: **8**, Rs. 9 (*p*]*i-rit-tú*); **24**, Vs. 47 ([*pi*]-*r*[*i*]*t-*⸢*tú*⸣); **26**, Vs. I 5' (*pi-rit-tú*)

pišertu(m), Lösung: **4**, Vs. 7' (*pi-šèr-*⸢*tú*⸣); **41**, Rs. IV/VI 2' (*pi-š*[*i-i*]*r-t*[*i*$^{?}$*-šá*$^{??}$]); **42**, r. Kol. 2' (BÚR-*ti*).[7']; **43**, m. Kol. 1' (⸢*pí*⸣-[*še-er-ti*).8' ([*p*]*í-še-er-ti*); **44**, Rs. VI$^{??}$ 10' (*p*]*i-še-er-ti*); **46**, Vs. [2']

pišru(m) siehe *gišburru*

pitiltu(m), Palmbast-Strick: **17**, 2' (ŠU.SAR)

piṭru(m), Ablösung; ein Körperteil (?): **8**, Rs. 27 (*piṭ-ri-ia*$_5$); **15**, Vs. I 29' (*pit-ri-ia*); **24**, Vs. 3 (DU$_8$^{sic}].⸢MEŠ⸣-[*šú*]); **25**, Vs. I 4 (DU$_8$^{sic}.MEŠ-⸢*šú*⸣)

pû(m) I, Mund, Maul: **1**, Vs. I [1'].2' (⸢KA⸣-*ia*); **8**, Vs. 24 (*pi-ka*).[41](?).Rs. 31 (KA-*ia*$_5$).35 (*pi-ka*); **10**, r. Kol. [11'.14']; **11**, r. Kol. 18' (*p*]*i-šú*).21' (*pi-i*]*a*); **13**, Vs. I 8' (KA-*šú*); **15**, Vs. I 36' (*pi*]-⸢*ia*⸣).[42'].Rs. III 3 (*p*[*i-ia*).16 (KA-MU); **26**, Vs. I 2' (⸢*pí-i*⸣); **31**, Vs. 11 (KA-*šú*); **36**, Vs. I [44']; **37**, lk. Kol. 8' (KA-⸢*šu*⸣); **40**, Vs. [5']; **42**, r. Kol. 5' (⸢KA-*šu*⸣); **49**, Vs. 21 (KA-*šú*)

pû(m) II, Spreu: **6**, Rs. [1'].4' (IN.BUBBU).[9']; **34**, Vs. I 10 (*pe-*⸢*e*⸣)

puḫpuḫḫû, *puḫpuḫḫu*, Kampfschnauben, Streit: **8**, Rs. 7 ([*p*]*u-*⸢*uḫ*⸣*-pu-ḫa-a*); **11**, r. Kol. 9' (*pu-uḫ-*[*pu-uḫ-ḫa*(?))

puḫru(m), Versammlung: **8**, Vs. 21 (UKKIN$^{!}$); **15**, Vs. II ‹37'›; **66**, Rs. 7' (*pu-ḫur-šú-nu*)

pūḫtu(m), Tauschobjekt: **36**, Vs. II [15']

pūḫu(m), Tausch, Ersatz: **24**, Rs. 19 (*pu-*⸢*ḫu*⸣*-ú-a*)

purussû(m), Entscheidung: **3**, r. Kol. [4']; **6**, Rs. 10' (*pu-ru-us-se*]-⸢*e*⸣-[*ni*]); **8**, Vs. 18 (EŠ.BAR).25 (EŠ.BAR-*a-a*); **15**, Vs. II 24' (EŠ.BAR-⸢*a-a*⸣); **40**, Vs. [1']; **58**, 2' (EŠ.BAR-[*a-a*); **64**, 6' (EŠ.BAR-[*a-a*)

pūru I, (Stein-)Schale: **33**, Rs. 12' (BUR)

pūtu(m), Stirn, Stirnseite: **24**, Vs. 43 (SA]G.KI); **60**, 3' (SA[G.KI-*šú*])

qablu(m) I, Hüfte; Mitte: **4**, Vs. 13' (MÚRU); **24**, Rs. 2 (⸢MÚRU⸣-*a-a*); **41**, Rs. IV/VI 4' (MÚRU.MEŠ)

qablu(m) II, Kampf, Schlacht: **12**, Vs. 15' (*qab-li*)

qabru(m), Grab: **8**, Vs. 30 (*qab-rim*); **36**, Vs. I 38' (*q*[*a*]*b-*⸢*rim*⸣). II 13' (*qab-rim*).Rs. V [16']

qabû(m) II, sagen, befehlen: G: **8**, Vs. 25 (*qa-ba-a-*⸢*a*⸣); **13**, Vs. I 14' (DU$_{11}$.GA).Rs. IV [12']; **15**, Rs. III 10 ([DU$_{11}$].⸢GA⸣-[*ma*]).[37]; **22**, Rs. IV 5' (D[U$_{11}$.GA). [7'].V 3' (⸢DU$_{11}$.GA⸣).10' (DU$_{11}$.GA-*ma*).13' (DU$_{11}$.GA).19' (D[U$_{11}$].⸢GA-*ma*⸣); **23**, Rs. 11' (DU$_{11}$.GA-*ma*).14' (DU$_{11}$.GA).18' (DU$_{11}$.GA-*ma*).20' (DU$_{11}$.G[A]).23' (DU$_{11}$.G[A-*ma*]); **24**, Vs. 29 (⸢*i*⸣-[*qa*]*b-*⸢*bi*⸣).Rs. 35 (DU$_{11}$.G[A-*ma*]).37 (⸢DU$_{11}$⸣.GA).48 (D[U$_{11}$].⸢GA⸣*-ma*); **25**, Vs. I 11 (⸢DU$_{11}$⸣.D[U$_{11}$]).Rs. III 7' (DU$_{11}$.G[A-*ma*]).[11']; **30**, Vs. 4 (⸢*i*⸣*-qá-bu-u*); **36**, Vs. I 34' (*t*]*aq-bi-i*).[43'].II 8' (DU$_{11}$.GA).15' (DU$_{11}$.GA-*ma*); **45** r. Kol. 5' (D]U$_{11}$.GA-*ma*); **46**, Rs. 9 (DU$_{11}$.GA).10 (D[U$_{11}$.G]A-*ma*); **47**, r. Kol. 2 (DU$_{11}$.GA-*ma*). [7](?).9 (*t*[*a-qabbī-ma*)

Š: **11**, r. Kol. 20' (DU$_{11}$.GA)

qadištu(m), Reine, Geweihte, eine Frauenklasse: **26**, Rs. IV 8 (*qa-aš-da-te*)

qalpu, geschält (?): **31**, Vs. 5 (BAR.M[EŠ])

qalû(m) II, rösten, verbrennen: G: **4**, Rs. [22'].23' (*qu-lu-*⸢*ši*⸣*-na-ti*); **8**, Rs. 13 (*a-qal-l*[*u-šú-n*]*u-ti*).16 (*t*[*a*]*-*⸢*qal*⸣*-lu-*⸢*šú*⸣*-nu-ti*).17 (⸢*a*⸣*-q*[*al-lu*).20 (GÍBIL).34 (*a-qal-lu-šú-nu-ti*).37 (*qa-li-i*); **13**, Rs. IV 15' (*a-qal-*⸢*lu*⸣); **14**, Rs. 10' (*a-*⸢*qal-lu*⸣); **15**, Vs. I 40' (*a-qal-lu-šú-nu-*⸢*ti*⸣).43' (*qa-le-*⸢*e*⸣$^{?}$); **24**, Rs. 29 (*a*$^{?}$*-qa*]*l-*⸢*li*⸣*-šú-nu-t*[*i*).47 (*ta-*[*q*]*àl-lu-šú-nu-te*).48 (*qu-lu-*⸢*šú*⸣*-n*[*u-t*]*i*); **26**, Rs. IV 1 (*t*]*a-*⸢*qal-lu-u*⸣); **34**, Vs. I 1 (⸢*a*⸣*-qa*[*l-lu*); **43**, m. Kol. 5' (*ta-qal-*⸢*lu-šu-nu-ti*⸣); **45** r. Kol. 2' (*ta-qàl-lu-*⸢*šú-nu*⸣*-*[*ti*); **55**, lk. Kol. 3' (*a*$^{?}$*-q*]*al-lu-u*)

Gtn (?): **12**, Vs. 10' (BÍL.MEŠ-*šú-nu-*[*ti*]).11' (BÍL.MEŠ)

qamû(m) II, verbrennen: G: **4**, Rs. [21'.23']; **5**, Rs. 3 (*liq-me*); **8**, Rs. 22 (*qa-mu*$^{!}$(bu)*-u*/*liq-mu-ku-nu-ši*); **9**, Rs. 7' (*liq-me-š*[*ú*$^{?}$*-nu-ti*]); **13**, Vs. I 16' (*liq-mu-šú-nu-ti*); **24**, Rs. 41 (*qa-mu-u*/*liq-me-šú-nu-t*[*i*]).Rs. 48 (*qu-mu-šú-nu-ti*)

qanû(m) I, Rohr (Schreibung GI): **24**, Vs. 14; **26**, Vs. II [22']. Rs. III [1]; **27**, A1 5'; **31**, Vs. 5; **36**, Vs. I 10'; **46**, Vs. 2'

qan šalāli (Schreibung GI.ŠUL.ḪI): **24**, Vs. 13; **25**, Vs. I 22; **34**, Rs. IV 7'; **49**, Vs. 15

qaqqadu(m), Kopf (Schreibung SAG.DU): **8**, Vs. 1; **10**, r. Kol. 12'; **24**, Vs. 43; **26**, Vs. I 11'; **29**, Rs. 6'.16'

qaqqaru(m), Erdboden: **10**, r. Kol. 7' (*qaq-qa-ri*); **24**, Vs. 12 (KI); **25**, Vs. I [21]

qarnānu, großhörnig, gehörnt: siehe *uḫūlu(m)*

qarnu(m), Horn: **4**, Vs. 7' (*qar-ni-šá*); **35**, 7' (SI); **47**, r. Kol. 13 (SI)

qarrādu(m), sehr kriegerisch; Krieger, Held: **5**, Vs. 14' (*qar-ra-*⸢*du*⸣); **33**, Vs. 2 (UR.SAG).14 (*qar-ra-du*)

qatāpu(m), heraus-, abpflücken: D: **26**, Vs. I 11' (⸢*ú*⸣$^{!}$*-*[*qa-t*]*i-pu*)

qatāru(m) II, rauchen: D: **25**, Rs. IV 4' (SAR-*šú*); **26**, Rs. IV 2 (SAR-*šú*); **48**, Vs. I 9' (⸢*qá*⸣*-te-er*)

qātu(m), Hand: **7**, Vs. II [7']; **8**, Vs. 4 (Š]U[^{I}]^{I}-*šú*).11 (ŠU^{II}-*ka*).39 (ŠU^{II}-[MU); **12**, Vs. 4' (ŠU$^{!}$.M[E]Š); **15**, Rs. III [3].10 (ŠU⸢^{II}⸣-[*šú*$^{?}$).37 (⸢ŠU^{II}-*ka*⸣); **23**, Rs. 10' (ŠU⸢^{II}⸣.MEŠ); **24**, Vs. 3 (Š]U^{II}-⸢*šú*⸣).28 (ŠU^{II}.⸢MEŠ-*šú*⸣).29 (ŠU^{I}]^{I}-*šu*). Rs. 36 (ŠU^{II}.MEŠ-*šú*); **25**, Vs. I 5 (ŠU^{II}-*šú*).Rs. III [8']; **27**, B1 9' (⸢*qa*$^{?}$*-ta*$^{?}$*-ti*⸣); **31**, Vs. 12 (ŠU^{II}-*šú*); **36**, Vs. I 15' (ŠU-*šú*). [20']; **41**, Vs. I 6 (ŠU).13 (ŠU); **44**, Vs. I$^{??}$ 11' (⸢ŠU⸣^{II}-⸢*ka*⸣); **46**, Rs. 3 (ŠU^{II}-*ka*); **49**, Vs. [19]

qatû(m) II, zu Ende gehen: G: **24**, Rs. 41 ([*l*]*i-iq-tu-ma*)

qebēru(m), begraben, beerdigen, bestatten: G: **13**, Rs. IV 13' (⸢*te-qé-ber*⸣); **15**, Vs. I 12' (*iq-bir*); **22**, Rs. V 11' (*te-qé-be*[*r-š*]*ú-nu-ti*); **23**, Rs. 18' (⸢*te-qé*⸣*-b*[*e*]*r-šú-nu-t*[*i*]); **24**, Rs. 50 (*te-qé-ber*).51 (*te-qé-ber*); **26**, Vs. I 19' (*iq-bi-ru*); **28**, Vs. 2 (*q*[*e*]*b-*[*ru*]); **32**, Rs. 3 (*te-q*[*é-b*]*er*)

qēmu(m), Mehl (sofern nicht anders angegeben, Schreibung ZÌ): **14**, Rs. 6'; **15**, Rs. III 9 (⸢ZÌ.DA⸣); **24**, Vs. 22.[23].23; **26**, Rs. IV 16; **30**, Rs. 10'; **36**, Rs. V 6'; **44**, Vs. I$^{??}$ 12'; **46**, Rs. 4 (ZÌ$^{!}$(ki))

qerbu(m) II, Inneres, Mitte: **8**, Vs. 3 (ŠÀ.MEŠ-*šú*); **15**, Vs. II 33' (*qé-reb*).Rs. III 11 (*qé-reb*).27 (*qé-r*[*eb*); **35**, 3' (ŠÀ. MEŠ-*š*]*u*)

qerēbu(m), ass. *qarābu(m)* II, sich nähern: G: **5**, Vs. 9' (⸢*i-qar*⸣*-rib-u-ni*); **6**, Rs. [7'.8']; **26**, Vs. II 17' (⸢*liq*⸣*-ri-bu-šú-nu-ti*)

D: **6**, Rs. [4']

qibītu(m), Ausspruch, Befehl: **4**, Vs. 16' (⸢*qí*⸣*-bi*[*t*); **7**, Vs. II [5']; **8**, Vs. 21 (*qí-bi-su*).22 (*qí-bīti-ka-ma*).Rs. 12 (*q*]*í-bit-i-ka*).14 (D]U$_{11}$.GA-*ka*).31 (*qí-bit*).35 (*qí-*⸢*bit*⸣); **10**, lk. Kol. [9']; **11**, r. Kol. 2' (*qí-bi-*⸢*ti*⸣*-ku-*⸢*nu*⸣); **15**, Vs. I [3'.17'.36'].Rs. III 28 (⸢*qí*⸣*-bit*); **24**, Rs. 38 (*qí-bīti-k*[*a*]); **25**, Rs. III 16' (*qí-*⸢*bīti*⸣*-*[*ka*); **26**, Vs. II 10' (*qí-*[*bi-t*]*i-*⸢*ka*⸣).18' (*qí-b*[*i*]*t*).Rs. IV 11 (*qí-bit*).12 (*qí-bit*); **29**, Rs. 3'; **36**, Vs. I [24'.27'.41']; **59**, 2' (*qí-bi-i*[*t*])

qiddatu(m), Beugung: **36**, Rs. V [15']

qilûtu, Brand: **45** r. Kol. 6' (*q*]*i*$^{?}$*-l*[*u*$^{?}$*-ti*)

qimmatu(m), Wipfel: **1**, Vs. I [13']

qû(m) I, Hanf; Faden, Schnur: **1**, Vs. I [1']; **8**, Vs. [41]; **15**, Vs. II 40' (⸢*qé-e*⸣)

qūlu(m) I, Stille, Schweigen: **7**, Vs. II [3']; **8**, Rs. 10 (⸢*qú*⸣*-l*[*a*)

qumqummatu, Bezeichnung einer Hexe: **26**, Rs. IV 3 (*qu-um-qu-ma-ti*)

qurqurratu(m), eine Art Metallarbeiterin, Schmiedin **4**, Rs. 15' (*qur-qur-rat*)

qutrēnum, *qutrinnu*, Weihrauch(opfer): **24**, Vs. 34 (*qut-rin-nu*)

qutru(m), Rauch: **5**, Rs. 8 (*qu-tur*); **8**, Rs. 23 (*qú-tur-ku-nu*); **33**, Rs. 5' (*qut-r*]*i*)

rābiṣu(m), Lauerer-Dämon: **2**, r. Kol. [5']; **8**, Rs. 20 (*ra-bi-ṣu*); **50**, lk. Kol. 12' (*ra-bi-ṣ*]*u*)

rabû(m) I, groß: **1**, Vs. I 5' (GAL.MEŠ); **6**, Rs. 3' (GAL. MEŠ).6' (GAL.MEŠ); **7**, Vs. II 6' (GAL-*e*); **8**, Vs. 21 (GAL.MEŠ).26 (GAL-*t*[*i*]); **9**, Rs. 7' (*ra-bi-*⸢*tum*⸣); **10**, lk. Kol. 6' (G]AL.MEŠ).7' (GAL.MEŠ); **15**, Vs. I 17' (GAL-*ti*).II [45']; **22**, Rs. IV [12']; **23**, Rs. 8' (GA]L-⸢*i*⸣); **24**, Rs. 39 (GAL-⸢*e*⸣); **25**, Rs. III [17']; **36**, Rs. V 10' (GAL.[MEŠ]); **64**, 2' (GAL.MEŠ); **66**, Rs. 4' (*ra-ba-a*)

rabû(m) III, *rabā'u(m)* I, groß sein bzw. werden: Š: **26**, Vs. II 9' (*šur-bi*); **29**, Rs. [7']

rabûtu(m) I, Größe: **59**, 7' (GAL-*ut-ka*)

rādu(m), Regenguß, Wolkenbruch: **7**, Rs. III 4 (*ra-a-di*)

raggu(m), böse, schlecht: **15**, Vs. II 38' (*rag-gi-šú-nu*/*rag-gi*)

raḫāṣu(m) I B, spülen: G: **57**, 9' (*ta*$^{?}$*-r*]*a*$^{?}$*-ḫaṣ*)

rakāsu(m), binden: G: **8**, Vs. 41 (*i*]*r-k*[*u-s*]*u*$^{!}$(us)); **9**, Rs. 11' (*tara-kás*); **12**, Vs. 7' (KÉŠ); **13**, Vs. I 11' (KÉ[Š]); **14**, Rs. 5' (*tara-kás*); **15**, Vs. I 23' (*tara-kás*); **23**, Rs. 4' (⸢*a-ra*⸣*-kas*).5' (*a-ra-kas*); **26**, Vs. I 2' (KÉŠ)(?). Rs. IV 13 (*tara-*[*kás*]); **36**, Vs. I 38' (*irku-s*]*u*).Rs. IV 16' (K[ÉŠ]); **41**, Rs. IV/VI [11'.16']; **46**, Rs. 9 (KÉŠ-*ma*)

râku, ausschütten: D: **44**, Vs. I$^{??}$ 8' (*tu-ra-*⸢*ak*⸣); **46**, Rs. 1 (*tu-ra-ak*)

ramāku(m), baden: G: **15**, Vs. I 25' (*i-ra-muk-ma*); **22**, Rs. V 3' ([T]U$_{5}$); **23**, Rs. 13' (TU$_{5}$); **26**, Vs. I 18' (T]U$_{5}$$^{?}$); **34**, Rs. IV 10' (*i-ra-muk-ma*); **36**, Vs. II 7' (TU$_{5}$)

D: **8**, Vs. 35 (⸢TU$_{5}$⸣.MEŠ-*ni*); **15**, Vs. I 34' (TU$_{5}$-*nin-ni*); **24**, Rs. 49 (TU$_{5}$-⸢*ma*⸣); **34**, Rs. IV 9' (TU$_{5}$-*šu*)

ramānu(m), selbst: **22**, Rs. V 9' (*ra-ma-ni-*⸢*šú*⸣*-nu*); **23**, Rs. 17' (*ra-*⸢*ma*⸣*-ni-šú-nu*)

rapādu(m) I, eine (Gelenk?-)Krankheit: **50**, lk. Kol. 9' (*ra-pa-d*]*u*)

rasānu(m), durchfeuchten, tränken: G: **47**, r. Kol. 4 (*tara-sà-an*)

rašbu(m), ehrfurchtgebietend: **12**, Vs. 14' (⸢*ra*⸣*-áš-bu*); **33**, Vs. 3 (⸢*raš*⸣*-*[*bu*)

rašû(m) I, bekommen: G: **49**, Vs. 22 (TUK-*ši*)

Gtn: **24**, Vs. 43 (T[UK.TUK-*u*]).47 (*ar-ta-na-šu-u*).Rs. 1 (*ar-ta-n*]*a-*⸢*šu*⸣*-*[*u*]); **26**, Vs. I 5' (⸢TUK⸣.TUK-*ši*); **30**, Vs. 3 (T[UK.TUK-*ši*); **48**, Vs. II 2' (TUK(.MEŠ)]-*ši*)

redû(m) I, begleiten, (mit sich) führen: G: **57**, 3' (*i-red*$^{?}$*-d*[*i*)

Š: **27**, B1 7' (⸢*ú*⸣*-šèr-da-*⸢*šu-nu*⸣*-t*[*i*])

rēmēnû(m), barmherzig: **8**, Vs. 20 (*re-mé-nu-ú*); **23**, Rs. 6' (*⌜re⌝-men*$_5$*-nu-*[*ti*$^?$])

rêqu(m), fern sein, sich entfernen: G: **59**, 6' (*li-ri-q*[*u*])

rēšu(m), Kopf, Haupt: **36**, Rs. IV 15' (SA[G]-*k*[*a*]; **50**, lk. Kol. [6']; **63**, Vs. II 3' (SAG)

rēš libbi, Epigastrium: **44**, Vs. I$^{??}$ [12']; **46**, Rs. 4 (SAG ŠÀ-*šú*); **48**, Vs. I 9' (SAG ŠÀ-*šú*).II [2'], 3' (SA[G *libbīšu*); **49**, Vs. 22 (SAG ŠÀ-*šú*/SAG *lìb-⌜bi-šú⌝*)

retû(m) II, befestigen, festmachen: D: **34**, Vs. I 7 (*tu-r*[*a*]*t-ta*)

riāqu(m), *râqu*, leer, unbeschäftigt sein: D: **25**, Rs. III 8' (*tu-r*[*a*$^?$*-aq*$^?$])

riāšu(m), *râšu* I, jauchzen: G: **15**, Vs. II 35' (*ri-šu-ka*)

rīdu(m) I, (gute) Führung, Verfolgung: **8**, Vs. 29 (*ri-di-ia*$_5$/[*r*]*i-di-ia*$_5$)

riḫûtu(m), Erzeugung; Sperma; Brut: **2**, r. Kol. [9']

riksu(m), Band, Bindung: **7**, Vs. II 6' (*rik-si*); **9**, Rs. 11' ([KÉ]Š$^?$); **12**, Vs. 7' (KÉŠ); **15**, Vs. I [23'](?); **36**, Vs. I [37']

rimku(m), Bad(ekult), Ganzwaschung: **15**, Vs. I 34' ([*rim*]-⌜*ki*⌝). II 6' (*rim-ki-šú-⌜nu⌝*)

rimûtu, eine Art von Lähmung: **24**, Rs. 1 (⌜*ri-mu*⌝*-t*[*ú*]); **30**, Vs. 3 (*ri-mu-⌜tu⌝*)

rīqu(m) II, *riqqu* I, Duftstoff, Würzholz: **9**, Rs. 12' ([ŠIM$^?$].ḪI.A)

rišûtu(m), *rišītum*, Rötung; eine Hautkrankheit: **50**, lk. Kol. [5'](?)

rittu(m), Hand: **4**, Rs. [1'].4' (⌜*rit-ta-ki*⌝*-ma*).5' (*rit-tu*); **5**, Vs. 11' (⌜*rit-tú*⌝*-ma*/*rit-tu*/⌜*rit*⌝*-tú*).Rs. 3 (*rit-tu-ku-nu*).5 (*rit-tú-ku-n*[*u*]).6 (*rit-tú-ku-nu*)

rubû(m) I, Fürst: **8**, Vs. 12 (*ru-bu-u*).15 (NUN-*ú*).Rs. 6 (NUN)

ruḫû(m), Zauberei: **1**, Vs. I 12' (*ru-*[*ḫ*]*u-šá*); **5**, Vs. 8' (*ru-ḫu-⌜ki⌝*). Rs. 12 (⌜*ru*⌝*-ḫu-ku-nu*); **8**, Rs. 21 (⌜*ru*⌝*-ḫe-e*); **10**, r. Kol. 1' (*ru-ḫe-e*); **11**, r. Kol. 10' (*ru-ḫi*(-)*šá*).[25']; **15**, Vs. I 9' (UŠ$_{11}$).II 41' (UŠ$_{11}$).Rs. III [1].13 (UŠ$_{11}$); **20** Vs. 10' (⌜UŠ$_{11}$⌝); **22**, Rs. V 5' (*ru-ḫu-ú*); **23**, Rs. 15' (*ru-ḫu-u*); **24**, Vs. 40 (*r*]*u-⌜ḫe⌝-e*).Rs. 13 (UŠ$_{11}$).17 (⌜UŠ$_{11}$⌝); **26**, Vs. I 7' (UŠ$_{11}$); **28**, Vs. 4 (*ru-ḫe-e*).5 (*ru-ḫe-*[*e-šá*]); **29**, Rs. 9' (*ru-ḫ*]*e-e*); **32**, Rs. [7].10 (U]Š$_{11}$*-šú-nu*); **33**, Vs. 8 (*r*[*u*]*-ḫe-e*); **40**, Vs. 8' (UŠ$_{11}$); **46**, Rs. 7 (*ru-ḫe-⌜e⌝*).11 (*ru-ḫu*]*-⌜ú⌝*); **59**, 4' (UŠ$_{11}$); **62**, 2' (*ru*⌝*-*[*ḫu-u*)

rupuštu(m), *rupultu*, Auswurf: **48**, Vs. II [2']; **49**, Vs. 22 (*ru-púl-⌜ta⌝*)

rūqu(m), fern: **56**, 6' (*ru-qa-at-ma*)

rusû(m), magische Manipulation: **1**, Vs. I 12' (*ru-su-š*[*á*]; **5**, Vs. 8' (*ru-se*$^?$*-⌜ki*$^?$⌝); **8**, Rs. 21 (⌜*ru-se*⌝*-e*); **15**, Vs. I 9' (UŠ$_{11}$). II 41' (UŠ$_{11}$).Rs. III 13 (UŠ$_{11}$); **20** Vs. 10' (UŠ$_{11}$); **22**, Rs. V 5' (*ru-su-ú*); **23**, Rs. 16' (*ru-su-ú*); **24**, Vs. 40 (*ru-se-⌜e⌝*).Rs. 13 (UŠ$_{11}$).[17]; **26**, Vs. I 7' (UŠ$_{11}$); **29**, Rs. 9' (*ru-se-e*); **32**, Rs. [7].10 (UŠ$_{11}$*-šú-nu*); **33**, Vs. 8 (*ru-se-e*); **40**, Vs. 8' (U[Š$_{11}$); **46**, Rs. 8 (*ru-si-i*).11 (*ru-su-ú*); **59**, 4' (UŠ$_{11}$)

rušumtu, *rušuntu*, Schlamm: **5**, Rs. 10 (*ru-šum-ti-ku-nu*).14 (*r*]*u-šum-ti-⌜ia*$_5$⌝)

ruʾtītu, *ruttītu*, gelber Schwefel: **34**, Rs. IV 9' (ÚḪ.^{d}ÍD); **36**, Vs. II [7'].Rs. V 10' (ÚḪ].⌜^{d}ÍD⌝); **49**, Rs. 4 (ÚḪ.^{d}ÍD)

ruʾtu(m) I, *rūtu(m)* II, Speichel, Geifer: **8**, Vs. 2 (ÚḪ-⌜*su*⌝).32 (*ru-uʾ-ti*).Rs. 28 (*ru-uʾ-ti*); **10**, r. Kol. 7' (*r*[*u-us-sa*]); **11**, r. Kol. 25' (Ú]Ḫ-*ú-te*); **15**, Vs. I 30' (ÚḪ-MU); **24**, Vs. [2]; **25**, Vs. I 3 (ÚḪ-*su*); **26**, Vs. I 10' (ÚḪ); **49**, Rs. 4 (⌜ÚḪ⌝)

rūʾum, Gefährte, Freund: **4**, Rs. 6' (*ru-ùʾ-u-a*)

sadāru(m), aneinanderreihen; ständig tun: G: **26**, Vs. II 22' (*ta-s*[*a-dir*).Rs. III [3.4]

saḫāḫu(m), (gesträubten Haares) sich entsetzen: D: **12**, Vs. 20' ([*mu-s*]*a-ḫi-iḫ-šú-nu*)

saḫālu(m), durchbohren: G: **23**, Rs. 3' (*sa-ḫi-lu*)

saḫāpu(m), umwerfen, niederwerfen: G: **5**, Vs. 13' (*is-ḫu-pu*); **15**, Vs. II 37' (*sa-ḫi-ip*); **34**, Vs. I 10 (*ta-sa-ḫ*[*a*]*p-šú-nu-ti*)

N: **4**, Vs. 4' (*li-is-sa-ḫi-ip-ma*)

saḫāru(m), sich wenden, herumgehen; sich (zur Behexung) umdrehen zu, behexen: G: **5**, Vs. 5' (*ta-*{*ta-*}*sa-ḫ*[*i*]*-ri-⌜in⌝-*[*ni*]); **15**, Vs. I 14' (*i*]*s-ḫu-ra*).II 3' (*is-ḫ*]*u-ra*); **24**, Vs. 10 (*sa-ḫa-rim-m*]*a*).Rs. 27 (*sa-ḫa-rim-⌜ma⌝*); **25**, Vs. I 18 (*sa-ḫa-rim-ma*); **26**, Vs. I 8' (*is-ḫu-ra*).17' (*is-ḫu-ru*); **28**, Vs. [6]; **33**, Vs. 11 ([*is-ḫu-r*]*a*(?)); **36**, Vs. I 30' (*a*[*s-ḫur*]*-⌜ki⌝*).Rs. IV 8' (⌜*as-ḫur*⌝*-ka*); **41**, Vs. I 3 (NIGIN-*ra*); **46**, Rs. 8 (NIGIN-*ra*).[14]; **47**, r. Kol. 8 (*li-ís-ḫ*[*u-rūnikkim-ma*])

D: **12**, Vs. 18' (*ú-sa-ḫi-ru-u-n*[*i*]); **36**, Rs. IV 8' (*su*[*ḫ*$_4$*-ḫi-ra*)

Š: **15**, Vs. I 14' (*ú-šá-as-ḫi-ra*)

sāḫertu(m) II, *sāḫirtu*, Behexerin: **4**, Vs. 10' (*sa-⌜ḫir-ti⌝*); **20** Vs. 8' (⌜*sa-ḫi*⌝*-ir-tú*)

sāḫiru(m), Behexer: **4**, Vs. 10' (*sa-ḫi-ri*); **20** Vs. 8' (⌜*saḫ-ḫi*⌝*-ru*)

saḫḫiru(m), sich herumtreibend; Hausierer: **6**, Vs. 5' (*saḫ-ḫi-ru*); vgl. ferner **20** Vs. 8' (⌜*saḫ-ḫi*⌝*-ru*)

saḫlû(m), Kresse (?): **26**, Rs. III 6 (⌜*saḫ-lé-e*⌝); **42**, r. Kol. 2' (⌜*saḫ-lé-e*⌝); **49**, Vs. [2](?)

sâku(m), *zâku(m)*, zerstoßen, pulverisieren (sofern nicht anders angegeben, Schreibung SÚD): G: **36**, Vs. II [5'].Rs. V [7']; **46**, Vs. 5' (*ta-sàk*); **47**, r. Kol. [13]; **48**, Vs. II 6'.Rs. III 2.3.4.5; **49**, Vs. 25.Rs. 20

D: **47**, r. Kol. 5 (*tu-sak*$_6$).12 (*tu-sak*$_6$)

salāḫu(m) I, (Wasser) sprengen, benetzen: G: **8**, Rs. 16 (*ta-sal-láḫ-šú-n*[*u-t*]*i*); **24**, Vs. 12 (⌜SÙ⌝).Rs. 47 (SÙ-*šú-nu-⌜ti⌝*); **25**, Vs. I 21 (⌜SÙ⌝); **26**, Rs. III 8 (SÙ-*šú-nu-ti*); **31**, Vs. 6 (SÙ-*šú-nu-te*)

salāmu(m) II, freundlich, friedlich sein bzw. werden: D: **24**, Vs. 9 (*su-⌜lu⌝-*[*mi*]); **25**, Vs. I 17 (*s*[*u-lu-mi*])

salāqu I, kochen: G: **47**, r. Kol. [6](?)

salātu(m) II, zerschneiden: D: **15**, Vs. II 40' (*mu-sal-lit*)

salāʾu(m) I, (be)springen, infizieren, überschütten: G: **48**, Vs. I 9' (*sà-li-iʾ*)

samīnu(m), eine Gartenpflanze: **49**, Vs. [13]

sāmtu(m), Röte; Karneol u.ä. (Schreibung ^{na_4}GUG): **24**, Vs. 17.Rs. 18; **41**, Rs. IV/VI 6'; **54**, 8'

sāmu(m), rot, braun: **35**, 9' (SA$_5$)

sanāqu(m), prüfen, (her)ankommen: G: **15**, Vs. II 28' (*is*$^{!?}$(us)-⌜*níq*⌝); **26**, Vs. II 17' (*li-is-⌜ni⌝-qu-šú-n*[*u-ti*]); **30**, Rs. 17' (DIM$_4$.DI[M$_4$)

sapāḫu(m), auflösen, zerstreuen: G: **5**, Rs. 7 (*li-is-pu-uḫ*).11 ([*lis-p*]*uḫ*^{ḫi}*-ku-nu-ši*); **12**, Vs. 19' (BIR-*iḫ*)

sarāqu(m) I, hinschütten: G: **9**, Rs. 14' ([*t*]*a-sár-raq*); **30**, Vs. 11 (DUB-*aq*); **36**, Vs. I [3'].Rs. IV [23']; **39**, Rs. 13' (DUB-*aq*); **57**, 10' (DUB-*aq*)

sarru(m) I, falsch, verbrecherisch: **12**, Vs. 13' (*sa-ar-ru*)

saskû(m), *sasqû(m)*, ein Feinmehl (Schreibung ^{zì}EŠA): **13**, Vs. I 5'; **30**, Vs. 11; **32**, u. Rd. 1; **57**, 10'

sassatu, Bodenbedeckung, Gras: **5**, Rs. [15]

seḫlu, siḫlu, Dorn, Stich: **5**, Vs. 7' (⌜*si-ḫi-il*⌝); **22**, Rs. V 6' ([*s*]*i-iḫ-lu*); **23**, Rs. 16' (*si-iḫ-lu*)

sekēru II, erhitzen: G: **46**, Vs. 4' (*te-sek-ker*)

sêru(m), bestreichen: G: **8**, Rs. 18 (*i-sa-er-š*[*ú-nu-ti*])

sikillu, eine Pflanze (Schreibung ^{ú}SIKIL): **46**, Vs. 5'; **47**, r. Kol. 2; **48**, Vs. II 6'; **49**, Vs. [9].25.Rs. 1

sikkūru(m), Riegel: **66**, Rs. 5' (*sik-kur-ri*)

silagazû, silgazû, ein Opfergefäß, Bauchscherbe (Schreibung ^{dug}SÌLA.GAZ): **8**, Rs. 15; **43**, m. Kol. 4'; **45** r. Kol. [1'].5'

siliʾtu(m), silītu(m) II, Infektion, Krankheit: **24**, Vs. 42 (*si-li-ʾ*[*i-tu*]).Rs. 43 (⌜*si*⌝*-li-iʾ-tú*); **25**, Vs. II [4']; **50**, lk. Kol. [7']

sinništu(m), Frau (Schreibung MUNUS): **3**, r. Kol. 11'; **6**, Vs. 4'; **11**, r. Kol. 26'; **15**, Vs. I 15'; **24**, Vs. 19; **34**, Rs. IV 5'; **36**, Vs. I [9']; **44**, Vs. I$^{??}$ [1']; **46**, Vs. 8'

sinnišu, weiblich (Schreibung MUNUS): **39**, Rs. 8'; **41**, Rs. IV/VI 8'.13'

siparru(m), Bronze (Schreibung ZABAR): **26**, Rs. IV 11.14; **30**, Rs. 9'

sipdu, Trauer: **1**, Vs. I [4']

sīru(m) I, Lehmschlag, Verputz: **36**, Rs. IV [22']

sissiktu(m), Saum: **8**, Vs. 33 (*s*]*i-sik-ti*); **10**, r. Kol. 10' (TÚG.SÍ[K-*šá*]); **34**, Rs. IV 6' (TÚG.SÍK-*šú*); **36**, Rs. IV 16' (TÚG.SÍK-*ka*); **60**, 4' ([TÚG.SÍ]K-⌜*šú*⌝); **64**, 4' (TÚG.SÍ[K-MU)

sû(m) I, ein harter Stein: **35**, 9' (^{na_4}]x.SAL.LA) (siehe Kommentar)

suādu, Holunder (?): **47**, r. Kol. 3 (^{šim}IM.‹MAN.›⌜DU⌝$^{!}$); **49**, Vs. 18 (^{š}[^{im}MAN.DU); **53**, 7' (^{giš}EN.DI)

suḫuššu(m), kleine Dattelpalme, Palmschoß: **24**, Vs. 13 (^{giš}GIŠIMMAR.T[U]R)

suluppu(m), Dattel (Schreibung ZÚ.LUM.MA): **16**, 3'.4'; **49**, Vs. 17

sūqu(m), Straße (Schreibung SILA): **10**, r. Kol. 6'; **47**, r. Kol. 6
sūq erbetti, Kreuzung: **5**, Vs. 10' (SILA LÍMMU)

ṣabāru I, sich schnell bewegen: G: **8**, Vs. 40 (*iṣ-b*]*u-ru*)

ṣabātu(m), packen, greifen, nehmen: G: **3**, r. Kol. [2'] (oder: *azziz*); **5**, Vs. 12' (*iṣ-ba-tu₄*); **8**, Rs. 6 (*iṣ-ba-t*[*u*]).28 (*iṣ-ba-tú*).31 (*iṣ-ba-tú*).33 (*iṣ-ba-tú*); **15**, Vs. I 30' (*iṣ-ba-tú*).36' (⌜*iṣ-ba-tú*⌝).39' (*iṣ-b*[*a-t*]*ú*).Rs. III 10 (DA]B$^{?}$*-m*[*a*]).16 (*iṣ-*⌜*ba*⌝*-t*[*u*]); **24**, Vs. 8 (D]AB$^{?}$-*su*).10 (⌜*ṣa-ba-te*⌝).Rs. 10 (*ṣab-ta-k*[*u*].24 (DAB-*ni-ma*).27 (*ṣa-ba-ta*); **25**, Vs. I 18 (*ṣa-*[*b*]*a-*⌜*ti*⌝).Rs. IV 12' (*ṣa-bat*); **28**, Vs. [6]; **29**, Rs. 9' (DA[B); **30**, Rs. 7' (*li-iṣ-bat-si-ma*); **32**, Rs. 12 (*li-i*]*ṣ-ba-tú-*⌜*šú-nu*⌝*-*[*t*]*i*); **36**, Vs. I 20' (DAB-*m*]*a*).V 12' (*ṣ*[*ab-ti*]); **39**, Rs. 12' (DAB-*š*[*u*]); **47**, r. Kol. 9 (*li-iṣ-ba-tu-ki*); **48**, Vs. I 10' (DAB-*šú*); **58**, 3' (DAB-*ni*)
Gtn: **8**, Vs. 1 (DAB.DAB-*su*); **29**, Rs. [16']
D: **8**, Rs. 21 (*mu-ṣa-bit*).27 (*ú-ṣab-bi-tú*); **15**, Vs. I 29' ([*ú-ṣ*]*ab-bi-tú*); **24**, Vs. [2].44 (*ṣu-bu-*[*ta*]); **25**, Vs. I 2 (*ú-ṣab-*⌜*ba*⌝*-ta*); **50**, lk. Kol. [14']
N: **29**, Rs. 2' (*liṣṣabtū*]*-ma*)
Ntn: **35**, [3']

ṣabītu(m), Gazelle (Schreibung MAŠ.DÀ): **36**, Rs. V 6'; **47**, r. Kol. 13

ṣâdu(m) I, umherjagen; sich drehen: Gtn: **8**, Vs. 1 (NIGIN.MEŠ-*d*[*u*]); **24**, Vs. 52 (*iṣ-ṣa*]*-*⌜*nun*⌝*-du*); **29**, Rs. 16' (⌜NIGIN⌝.MEŠ-⌜*du*⌝); **30**, Vs. 2 (*i*]*ṣ-ṣa-nun-du*)

ṣaḫtu, ausgepresst: **46**, Rs. 13 (Š[UR)

ṣalālu(m), sich hinlegen; liegen, schlafen: G: **6**, Vs. [9']; **24**, Rs. 8 (NÁ-*iá*)

ṣalāmu(m), schwarz, dunkel sein bzw. werden: G: **3**, r. Kol. 7' (*li-iṣ-li-mu*)
D: **23**, Rs. 8' (*ṣu-lu-mu*)
Š: **24**, Rs. 7 ([*š*]*u$^{?}$-uṣ-lu-ma-a-ni*)

ṣalmu(m) I, schwarz, dunkel: **29**, Rs. 6' (*ṣal-mat*); **36**, Vs. II 5' (⌜GE₆⌝)

ṣalmu(m) II, Statue, Figur, Bild (sofern nicht anders angegeben, Schreibung NU): **1**, Vs. I [7']; **3**, r. Kol. 11'; **4**, Vs. 5'.[17'].Rs. 18'.19'; **8**, Vs. 9.10.26.28.29.[39].Rs. 11.12.15.17.20.25.37; **9**, Rs. 14'; **12**, Vs. 7'-9'; **13**, Vs. I [9'](?).13'.Rs. IV 5'.6'.[7'].8'; **14**, Rs. 8'.15'; **15**, Vs. I [10'].23'.24'.26'.43'.II 12'.31'.42'.Rs. III 9.33; **17**, 1'; **20**, u. Rd. 1.2; **22**, Rs. IV [5'](?).[8'].V 12'.14'.26'; **23**, Rs. [1'].4'.5'.12'.[19'.21']; **24**, Vs. 18.19.24.26. Rs. 36.37.49(?).50; **25**, Rs. III [9'].10'.[13'].IV 1'; **26**, Vs. I [17'](?).18'.Rs. III [1].1.[2].3-6.[7].IV 15; **28**, Vs. [1]; **31**, Vs. 1.2.3.4.9.13.14.17.18.Rs. 5.12; **32**, Vs. 5'(?).Rs. 5; **34**, Vs. I 6.Rs. IV 5'; **36**, Vs. I [9'].13'.16'. [17'].38' (ALAM.MEŠ-*ia*).II 4'.[8'].10'; **43**, m. Kol. 2' (ALAM).7'; **44**, Vs. I$^{??}$ 2' (A[LAM.MEŠ-*šú*]).4' (A[LAM]).Rs. VI$^{??}$ 2' (A]LAM-*šú*); **46**, Vs. [9'].10' (ALAM); **64**, 3'.[5']

ṣāltu(m), Zwietracht, Streit: **8**, Rs. 7 (*ṣa-al-ta*)

ṣamādu(m), an-, zusammenbinden; anschirren, anspannen; verbinden: G: **48**, Vs. I 7' (LÁ-⌜*id*⌝$^{?}$)

ṣarāpu(m) I, brennen; läutern; (feuer)rot färben: D: **48**, Vs. II [3']; **49**, Vs. 23 (⌜*ú*⌝*-ṣa-rap-šú*)

ṣarpu(m), geläutert; gebrannt; gerötet: **13**, Rs. IV 3' (AL.ŠEG₆.GÁ); **31**, Vs. 15 (AL.ŠEG₆$^{!}$.GÁ); **44**, Vs. I$^{??}$ 9' (*ṣa-ri-ip-tum*); **46**, Rs. 1 (*ṣa-ri-ip-tim*)

ṣeḫēru(m), klein, jung, wenig sein bzw. werden: G: **36**, Rs. IV 6' (*ṣe-eḫ-re-ku-*⌜*ma*⌝)

ṣeḫru(m) I, *ṣaḫru(m)*, klein, jung: **36**, Rs. V 12' (TUR-*šá*)

ṣênu(m) I, aufladen: G: **9**, Rs. 12' (*te-ṣe-en*)

ṣerretu(m) I, Nasenseil, Leitseil: **8**, Vs. 42 (*ṣ*]*er-re-*⌜*ta*⌝); **24**, Vs. 32 ([*ṣer-re*(?)]*-*⌜*et*⌝$^{?}$)

ṣerru III, Feindschaft: **8**, Vs. 28 (⌜*ṣer-ri*⌝*-ia₅*/*ṣer-r*[*i-ia₅*])

ṣēru(m), Rücken, Oberseite; Steppe, offenes Land: **24**, Rs. [50]

ṣētu(m) I, Glut, heller Schein, Hitze: **15**, Vs. I 20' (UD.DA-*k*[*a*])

ṣibtu(m) I, Greifen, Packen: **11**, r. Kol. 5' (*ṣi-bit-su*)

ṣīdānu, Schwindel(anfälle): **50**, lk. Kol. [5']

ṣillu(m) I, Schatten, Schirm, Schutz; **11**, r. Kol. 10' (*ṣíl-lí*); **15**, Vs. II 34' (GISSU)

ṣillû(m) II, Dorn: **23**, Rs. [1']; **34**, Vs. I 7 (^{giš}D[ÁL]A)

ṣīru(m) I, erstrangig, erhaben: **8**, Rs. 12 (*ṣir-t*[*i*]; **26**, Vs. II 10' (*ṣir-ti*); **29**, Rs. 3' (*ṣi*]*r-ti*); **36**, Vs. I 41' (*ṣir*]*-*⌜*ti*⌝)

ṣītu(m) I, Ausgang; Aufgang in: *ṣīt šamši*, Sonnenaufgang: **8**, Rs. 19 (^{d}UTU.È); **36**, Rs. IV 22' (^{d}UT]U.È)

ṣubātu(m), Stoff; Kleid, Gewand: **8**, Vs. 43 (TÚG$^{?}$]-⌜MU$^{?}$⌝); **10**, r. Kol. 9' (T[ÚG-*sa*]); **14**, Rs. 7' ([*ṣ*]*u-ba-ti*); **36**, Vs. II 5' (⌜TÚG)

ša, Determinativ-Pronomen: **1**, Vs. I [8'.13']; **3**, r. Kol. 5'.11'; **4**, Vs. 7'.11'.Rs. [19']; **5**, Vs. 11'-14'.Rs. 1.2.6; **6**, Vs. 1'.7'; **7**, Vs. II [2'].3'.5'-7'.9'.Rs. III 3; **8**, Vs. 26.29.30.32.[33].34.39.[41].Rs. [2].4.5(?).12].25.26.37; **9**, Rs. 4'.6'; **10**, lk. Kol. [6'.7'].r. Kol. 3'-11'.17'; **11**, r. Kol. [24']; **12**, Vs. 4'.9'.12'.19'; **13**, Rs. IV 1';

14, Rs. 15'; **15**, Vs. I 2'.[3'].5'.10'.17'.[18'].26'.[27'].28'.43'.II 30'.[43'].Rs. III 13.14.22.23.28; **16**, 4'; **17**, 1'; **20** Vs. 7'.9'.10'; **22**, Rs. IV 9'.V 4'.7'.15'; **23**, Rs. [1'].4'.5'.10'.12'.15'.16'.21'; **24**, Vs. 19.22.31.34.[39.40].Rs. [21].24.[30.33].38; **25**, Rs. III 2'.3'.14'; **26**, Vs. I 7'.15'.20'.II 7'.9'-11'.Rs. III 3.6.Rs. IV [4].8; **27**, A1 1'-4'; **28**, Vs. [5(?)]; **29**, Rs. 3'.4'.7'-9'.12'.14'.15'; **30**, Vs. 9.Rs. 4'.5'.o. Rd. [2]; **31**, Vs. 10; **32**, Rs. 1-3.6.[10]; **33**, Vs. 1.[7]; **34**, Vs. I 6.Rs. IV 3'; **36**, Vs. I 9'.10'.13'.17'.[19'.33'.36'.38'].41'.42'.Rs. IV 4'.5'.9'.[22'].V [11'].12'.[13']; **40**, Vs. [3'].9'; **41**, Vs. I [11].12.Rs. IV/VI 4'.5'.[10'.16']; **42**, r. Kol. 2'.7'; **43**, m. Kol. [1'].6'; **44**, Vs. I$^{??}$ 3'; **45** r. Kol. [4']; **46**, Vs. 3'.9'.Rs. [14]; **47**, r. Kol. 6; **49**, Vs. [19].Rs. [23]; **50**, r. Kol. 6'; **51**, 6'; **53**, 7'; **58**, 3'.5'; **59**, [5']; **60**, 7'; **61**, 2'; **63**, Vs. II 5'.10'; **64**, 5'

šabāsu(m), *sabāsu(m)*, sich zornig abwenden, zürnen: G: **36**, Rs. IV 5' (*ta*[*š-bu-si*).8' (*šab-su*)

šabāšu(m) I, einsammeln: G: **8**, Vs. 31 (⌈*iš*⌉*-bu-šá*); **10**, r. Kol. 6' (*iš-bu-šu*); **26**, Vs. I 10' (*iš-bu-šú*); **49**, Rs. 8 (*šab-su-šú-ma*)

šabāṭu(m) II, schlagen; (ab)fegen: G: **24**, Vs. 12 (⌈SAR⌉); **25**, Vs. I [21]

šadādu(m), ziehen: G: **8**, Rs. 33 (⌈*iš*⌉*-*[*d*]*u-du*); **10**, r. Kol. 5' (*iš-du-du*); **15**, Vs. I 40' (*i*]*š-*[*du*]*-*⌈*du*⌉)

šadânu(m), Eisenglanz, Hämatit: **31**, Vs. 11 (*šadâ-nu*)

šadû(m) I, Berg, Gebirge: **2**, r. Kol. [9']; **3**, r. Kol. [3'].9' (KUR-⌈*ia*⌉); **5**, Vs. 8' (KUR-*ú*); **11**, r. Kol. 20' (KUR$^{!}$).[23']; **13**, Rs. IV 12' (KUR-*ú*); **26**, Rs. IV 9 (*šá-da*$^{!}$); **42**, r. Kol. 5' (KUR.RA); **46**, Rs. [13]

šagāmu(m) II, brüllen, schreien: G: **24**, Vs. [2](?).52 (*i-*[*š*]*ag-gu-m*[*a*]); **25**, Vs. I [2](?)

šaggišu, mörderisch, Mörder: **50**, lk. Kol. 12' (*šag-gi-šú*)

šaggu, kraftlos: **24**, Vs. 3 (*š*[*ag-gu*).54 ([*ša*]*g-gu*); **25**, Vs. I 5 (*šag-gu*)

šaḫānu(m), warm werden, sich erwärmen: Gtn: **15**, Vs. I 20' (*lu-uš-taḫ-ḫa-an*)

šaḫātu(m) IV, *šaḫāṭu* IV, (ab-, durch)spülen: D: **23**, Rs. [1'].12' (*ú-šá-ḫa-aṭ*)

N: **22**, Rs. V 4' (*i-šá-*⌈*ḫa*⌉*-ṭu-ma*); **23**, Rs. 15' (*i-šá-ḫa-ṭu-ma*); **44**, Vs. I$^{??}$ [11']; **46**, Rs. 3 (*ta-šá-ḫat*)

šaḫāṭu(m) II, weg-, ab-, herunterreißen: G: **16**, 3' (*i-šá-ḫ*[*aṭ*$^{?}$); **29**, Rs. 10' (*áš-*[*ḫu-uṭ*/*áš*]*-ḫu-uṭ*/*áš-ta-ḫaṭ*).[10'.13'].14' (*áš-ḫu-uṭ*)

N: **12**, Vs. 3' (*liš-šá-ḫi-*⌈*iṭ*⌉$^{?}$); **53**, 6' (*i*]*š*$^{?}$*-šaḫ-ḫa-ṭu*)

šaḫû(m) I, Schwein: **5**, Rs. [14]; **54**, 7' (Š[AḪ)

šakāku(m), aufreihen; eggen: G: **37**, lk. Kol. [5'](?); **41**, Rs. IV/VI 9' (⌈È⌉-[*a*]*k*).[15']

šakānu(m), stellen, setzen, legen: G: **1**, Vs. I [9']; **3**, r. Kol. [6']; **6**, Rs. 11' (*šak-n*]*a-*[*at*]); **8**, Vs. 8 (GAR-*an*).Rs. 10 ([GA]R-*nu-ni*).15 (GAR-*an*); **9**, Rs. [10'](?); **10**, lk. Kol. 5' (GAR-*an*).r. Kol. 18' (GAR-*an*); **13**, Vs. I 4' (G[AR$^{?}$-*an*$^{?}$).6' (⌈GAR$^{?}$-*an*⌉).Rs. IV 4' (⌈GAR⌉-[*an*]); **15**, Vs. II 34' (*šak-*⌈*na*⌉).Rs. III 33 (⌈GAR-*an*⌉*-ma*); **22**, Rs. IV 11' (*aš-k*[*u-un-šu*]); **24**, Vs. 15 (GAR-*an*).21 (GAR-*an*).24 (GAR-*an*).[25.27(?)].Rs. 21 (⌈*iš*⌉*-ku-nu-*⌈*ni*⌉); **26**, Vs. I 2' (*ta-š*[*a*]*k-ka-a*[*n*$^{?}$*-ma*$^{?}$]).3' (*šak-nam-m*[*a*).20' (*iš*]*-ku-nu*).Rs. IV 14 (⌈GAR⌉-[*an*]); **30**, Vs. 12 (GAR-*a*[*n*); **31**, Vs. 19 (GAR); **32**, u. Rd. 2 (GAR-*a*[*n*); **35**, [9']; **36**, Vs. I 2' (⌈GAR⌉*-an*).4' (GAR-*an*).5' (GAR-*an*).[7'].22' (*šá-ki-na-a*]*t*).Rs. IV [15'.24'].Rs. V [10']; **37**, lk. Kol. 6' (GA]R-*an*); **39**, Rs. 9' (GAR-*a*[*n*]); **40**, Vs. [7']; **41**, Vs. I 6 (GAR-*an-*[*ši*]).13 (GAR-*an*).Rs. IV/VI 3' (GAR-*an*); **43**, m. Kol. [4']; **45** r. Kol. [1']; **51**, [10']; **57**, 8' (GAR-*an*); **63**, Rs. III/V 7' (GAR-[*an*).III/V 8' (GAR-*an*)

Gtn: **36**, Vs. I 7' (GAR.GAR-*an*)

šakirû(m), Bilsenkraut (Schreibung ^{ú}ŠAKIRA): **34**, Rs. IV 8'; **49**, Rs. 2

šalālu siehe *qan šalāli*

šalāmu(m) I, Wohlsein, Friede: **40**, Vs. [4']

šalāmu(m) II, unversehrt, heil, gesund sein bzw. werden: G: **24**, Rs. 44 (⌈*lu*⌉*-uš-lim-ma*); **29**, Rs. 5' (*lušlim*]*-ma*); **40**, Vs. 6' (SILIM-[*im*); **56**, 11' (*l*]*u-uš-*[*lim*$^{?}$)

D: **41**, Vs. I 5 (SILIM-*mi*)

šalāpu(m), herausziehen, zücken: G: **10**, r. Kol. 4' (*is-lu-pu*)

šalšu(m), dritter; Drittel: **11**, r. Kol. 12' (*šal-ši*)

šâlu(m) I, *šaʾālu(m)*, fragen: G: **38**, Seite A 3' (*liš-ʾ* [*a*$^{?}$*-al*$^{?}$])

šalû(m) II, (weg)schleudern: G: **8**, Vs. 2 (*i-*⌈*šal*⌉-[*lu*])

šamallû(m), *šamlû*, Beutelträger, Gehilfe; (Schreiber-)Lehrling: **9**, Rs. 16' (⌈^{lú}⌉ŠAMAN.LÁ)

šamāmu, lähmen: D: **8**, Vs. 4 (*ú-šam-ma-m*[*a-šú*); **24**, Vs. 4 ([*ú-ša*]*m-*⌈*ma*⌉*-*[*m*]*a-šú*); **25**, Vs. I 6 (*ú-šam-ma‹-ma›-šú*)

šammu(m), Pflanze, Kraut: **8**, Rs. 30 (Ú.MEŠ); **15**, Vs. I 35' (⌈Ú⌉.M[E]Š); **39**, Rs. [6'](?); **49**, Vs. 7 (⌈Ú⌉).[19].Rs. 6 (Ú).7 (*šam-ma*).11 (Ú.ḪI.A).16 (Ú)

šamnu(m), Öl, Fett: **8**, Vs. [36].Rs. 16 (Ì); **13**, Rs. IV 4' (Ì+⌈GIŠ⌉$^{?}$); **22**, Rs. V [1']; **23**, Rs. 6' (⌈Ì⌉).13' (⌈Ì⌉); **28**, Vs. [4]; **33**, Rs. 12' (Ì); **35**, 10' (Ì.GI[Š); **43**, m. Kol. 14' (⌈Ì⌉.GIŠ); **48**, Rs. III 3 (Ì+GIŠ); **49**, Vs. [20]; **60**, [8']

šamru(m), heftig, wütend: **4**, Vs. 14' (⌈*šam*⌉*-ru-ti*); **33**, Vs. 5 (*šam-r*[*u*)

šamšu(m), Sonne (siehe auch: *ereb šamši*): **3**, r. Kol. 4' (⌈^{d}⌉$^{?}$*ša*[*m*$^{?}$*-ši*$^{?}$); **24**, Vs. 15 (^{d}UTU); siehe auch: *Šamaš*

šâmu(m) I, *šaʾāmum*, *saʾāmum*: kaufen: G: **44**, Vs. I$^{??}$ 4' (*ta-šam-ma*); **46**, Vs. 10' (*ta-šam*)

šamû I, Himmel: **5**, Vs. [4']; **6**, Rs. [2'.5']; **7**, Vs. II 12' ([AN]-⌈*ú*⌉); **8**, Vs. 14 (AN-*e*).18 (AN-*e*).Rs. 23 (AN-*e*); **15**, Vs. II 33' (AN-*e*).Rs. III 11 (AN-[*e*]); **24**, Vs. 31 (AN-*e*).32 (AN-*e*).34 (AN-*e*); **33**, Rs. [5']; **40**, Vs. [3']; **44**, Vs. I$^{??}$ [15']; **46**, Rs. 6 (AN-*e*)

šangû(m), Priester, Tempelverwalter: **9**, Rs. 17' (⌈^{lú}⌉É.MAŠ).18' (⌈^{lú}⌉É.MAŠ)

šanû(m) I, zweiter, nächster: **8**, Vs. 34 (*ša-na*]*m‹-ma›*/*š*]*á-*[*nam-m*]*a*)

šanû(m) IV, *šanāʾu(m)* III, sich ändern, sich wandeln: Gtn: **24**, Rs. 11 (*iš-ta-na-*[*nu-u*])

D: **5**, Vs. 1' (⌈*ú-šá-an-ni*⌉); **32**, Rs. 8 ([*šá-n*]*e-e*)

šapāku(m), aufschütten: G: **36**, Vs. II 6' (‹*i*-›*ša*[*p-pak-šu-nu-ti*])

Ntn: **24**, Vs. 5 (*it-ta-na-áš-pa-k*[*a*]).46 (DUB.DUB-*ak*); **25**, Vs. I [9]

šapāru(m), schicken, schreiben: G: **4**, Rs. [18']; **26**, Vs. I 13' (⌈*iš-pu*⌉*-r*[*a-an-ni*])

šapliš, (nach) unten: **24**, Vs. 38 (*šap-liš*); **36**, Rs. V 7' (⌈KI.TA⌉)

šaplu(m) II, Unterseite (siehe auch: *ina šapal*): **14**, Rs. 7' (*š*]*ap*$^{?}$*-li*)

šaptu(m), Lippe, Rand: **24**, Vs. [1]; **25**, Vs. I 2 (⌈NUNDUN⌉*-šú*)

šapû IV, einbinden, einnesteln in: G: **51**, 8' (*ta-šap-pi*)

šaqālu(m), aufhängen; (ab)wiegen; darwägen, (be)zahlen: D: **60**, 4' (*ú*⌉*-šá-*[*aq-qal*])

šaqû(m) I, hoch: **36**, Vs. I 21' (*šá*]*-qu*^{sic}*-tú*)

šaqû(m) III, tränken (teilweise Lesung *šatû(m)* „trinken“ möglich): G: **8**, Vs. 35 (N[AG-*ni*).Rs. 3 (NAG-[*ni*]).30 (NAG-*nin-ni*); **15**, Vs. I 33’ (NAG-*nin-ni*); **24**, Vs. 7 (⸢NAG⸣).o. Rd. 1 (⸢NAG⸣); **25**, Vs. I 13 (N[A]G).Rs. IV 3’ (NAG); **28**, Vs. [4]; **42**, r. Kol. 5’ (NAG).9’ (N[A]G?); **43**, m. Kol. 19’ (⸢NAG⸣?-*šú-ma*); **46**, Vs. 6’ (NAG-*šu-ma*).Rs. 13 (NA[G-*šu*]); **47**, r. Kol. [5.7]; **48**, Vs. II 4’ (NAG).7’ (NAG-*šú*).Rs. III 1 (NAG-[*šú-ma*?).2 (NAG-*šú*).3 (N[AG-*šú*]).4 (NAG-*šú*).5 (NAG-*šú*); **49**, Vs. 8 (NAG).24 (NAG).26 (NAG). Rs. 7 ([N]AG/NAG-*šú-ma*).12 (NAG-*ma*).[16.20]
Gtn: **49**, Vs. 21 (NA[G.M]EŠ)

šarāku(m) I, schenken: G: **8**, Vs. 23 (*ta-šar-rak-ši-*[*n*]*a-ti*)

šarāpu(m), (ver)brennen: G: **4**, Rs. 20’ (⸢*a*⸣*-šar-rap-*⸢*ši-na-ti*⸣); **6**, Rs. 9’ (*t*]*a-*⸢*šar-rap*⸣); **26**, Vs. I 17’ (*iš-ru-pu-*⸢*ma*⸣); **34**, Vs. I 12 (*ta-šár-rap*)
D: **13**, Vs. I 19’ (*tu*]*-šár-rap*).20’ (*t*]*u-šár-rap-šu-ma*)

šarāṭu(m), zerreißen, zerfetzen: G: **13**, Rs. IV 10’ (*ta-šá-raṭ*)

šarqiš, verstohlen, heimlich: **22**, Rs. V 16’ (*šur-qiš*); **23**, Rs. [22’]; **36**, Vs. I 39’ (*šar-qiš*)

šarru(m) I, König, Fürst: **7**, Vs. II 5’ (MAN!); **8**, Rs. [6]; **15**, Vs. II 4’ (MAN).Rs. III 23 (MAN); **22**, Rs. V 18’ (MAN); **23**, Rs. [23’]; **30**, Rs. 3’ (LUGAL).4’ (LUGAL); **32**, Rs. [9]; **33**, Vs. 2 (*šar-ru*); **44**, Vs. I?? [15’]; **46**, Rs. 6 (MAN)

šārtu(m), Haar(e): **8**, Vs. 32 (*š*]*ar-ta*); **10**, r. Kol. 12’ (SÍK); **24**, Vs. [1].Rs. 6 (⸢SÍK⸣?); **25**, Vs. I 1 (S]ÍK); **26**, Vs. I [11’].11’ (SÍK); **60**, 3’ (SÍK)

šāru(m) I, Wind: **1**, Vs. I [14’].**4**, Vs. 15’ ([I]M-*šú-nu*)

šarû(m) I, üppig: **1**, Vs. I [13’]

šarḫu(m), stolz, prächtig: **36**, Vs. I [23’]

šasû(m), schreien, heulen: G: **5**, Rs. 5 (*lil-sa-a*); **15**, Vs. II 33’ (*al-si-ka*).Rs. III 11 (⸢*al-si-ka*⸣); Gtn: **24**, Vs. 52 (*iš-ta-*[*n*]*a-sa-a*)

šaššaṭu(m), eine Gelenkkrankheit: **50**, lk. Kol. 8’ (*š*]*a-ša-ṭu*)

šattu(m) I, Jahr: **15**, Rs. III 5 (MU.AN.NA)

šatû(m) II, trinken: G: **5**, Rs. 4 (*liš-ti*); **48**, Vs. I 10’ (NAG-*ma*)

šaṭāru(m) II, schreiben; auf-, hin-, niederschreiben: G: **8**, Rs. 38 (*šà-ṭir-ma*); **9**, Rs. 15’ (SAR-*ma*); **14**, Rs. 16’ (S[AR]-⸢*ár*⸣); **25**, Rs. IV 7’ (AB.SAR); **27**, B2 2’ (SAR); **30**, o. Rd. [1]; **34**, Vs. I 8 (SAR-*ár*).Rs. IV 13’ (⸢AB⸣!(sar). SAR); **36**, Vs. I 16’ (SAR-*ár*) 19’ (SAR-*ár*); **44**, Vs. I?? 6’ (S[A]R-*ár*); **46**, Vs. 11’ (SAR-*ár*); **49**, Rs. 22 ([AB.S]AR); **63**, Vs. II 2’ (SAR?-*á*[*r*?)

šaṭru(m), geschrieben: **9**, Rs. 19’ (⸢SAR⸣)

šebēru(m), (zer)brechen: G: **6**, Vs. 8’ (⸢*liš-še*⸣*-bir-ma*: Fehler für *lišbir*)

šēdu(m) I, eine Lebenskraft; ein Dämon: **8**, Rs. 20 (*še-e-du*); **50**, lk. Kol. [9’]

šeguššu(m), *šegušu(m)*, *šiguššu(m)*, *sigušu(m)*, eine Arte Gerste: **24**, Vs. 22 (ŠE.MUŠ$_5$); **26**, Rs. IV 16 (⸢ŠE.MUŠ$_5$⸣); **30**, Rs. 10’ (ŠE.MUŠ$_5$)

šēlebu(m) siehe *karān šēlebi*

šemû(m) I, hören: G: **1**, Vs. I [5’]; **4**, Rs. 16’ (*ši-i-mat*); **8**, Vs. 21 (*ši-ma-*⸢*at*⸣).25 (*ši-m*[*e*])

šēpītu(m), Fußteil, -ende: **36**, Rs. IV [24’]; **63**, Rs. III/V 6’ (*še-*⸢*pi-it*⸣)

šēpu(m), Fuß: **8**, Vs. 5 (GÌR^II^.BI).31 (GÌR^II^-[*i*]*a*).39 (GÌ]R^II^-M[U).Rs. 18 (GÌR^II^-*šú*); **10**, r. Kol. 6’ (GÌR⸢II⸣-[*šá*]); **15**, Vs. II 34’ (G[ÌR-*ka*]); **23**, Rs. 5’ (GÌR^II^.⸢MEŠ⸣/ GÌR^II^.ME]Š-⸢*šú*⸣*-nu*).6’ (GÌR^II^.MEŠ-MU); **24**, Vs. [3].44 (GÌR^II^-*a-a*); **25**, Vs. I 5 (G[ÌR^II^-*šú*]); **26**, Vs. I 10’ (GÌR^III^!(dím).MEŠ-*ia*!); **41**, Rs. IV/VI [17’]; **44**, Vs. I?? 11’ (GÌR^II^-*ka*); **46**, Rs. 3 (GÌR^II^-*ka*)

šerʾānu(m), Band, Ader, Arterie; Sehne; Nerv: **7**, Vs. II 4’ (S]A.MEŠ); **8**, Vs. 38 (S[A].ḪI.A).Rs. 27 (^uzu^SA-*iá*); **11**, lk. Kol. 10’ (*še-er-a-ni*); **15**, Vs. I 29’ (⸢SA⸣.M[EŠ-MU); **29**, Rs. 13’ ([SA.M]EŠ-MU).15’ (SA.MEŠ-MU); **51**, [8’]; **59**, 5’ (SA.MEŠ-MU)

šērtu(m) II, Morgen: **46**, Vs. 6’ (*šèr-ti*); **47**, r. Kol. 5 (*šèr-ti*)

šēru(m) II, Morgen: **24**, Vs. 14 (*še-rim*); **34**, Vs. I 11 (*še-ra*); **48**, Vs. II 7’ (*še-rim*); **49**, Vs. 26 (*še*]-⸢*rim*⸣)

šêru(m), Morgen werden: G: **34**, Rs. IV 10’ (*i-šèr-ma*)

šētu(m), (Fang-)Netz: **5**, Vs. 14’ (⸢*še-e-ti*⸣)

šeʾû(m), suchen: G: **15**, Vs. II 3’ (*i-še-ʾ*[*a*); **26**, Vs. I 8’ (*i-*[*še-ʾ*]*a-*⸢*a*⸣); **33**, Vs. 11 (*i*!(*ú*)*-še-ʾa-am*); **46**, Rs. 8 (*i-ši-am*).14 (*i-še-ʾa*]*-a-am*)
Gtn: **1**, Vs. I 10’ (⸢*iš-te-né-ʾa*⸣-[*a*)

šī, sie; die genannte, diese: **1**, Vs. I [11’]; **6**, Vs. 4’ (BI); **10**, lk. Kol. [1’]

šiāmu(m), *šâmu* II, festsetzen, bestimmen: G: **7**, Rs. III 8 (*i-š*]*im-ki*); **8**, Vs. 15 (*mu-šim*).23 (*ta-šam*); **24**, Vs. 31 (*i-ši-mu*); **40**, Vs. [1’]

šibbu(m) II, eine Krankheit: **50**, lk. Kol. [13’]

šibburratu, *sibburratu*, Raute: **49**, Vs. [3](?).13 (^ú^*šib-bu*]*r-ra-t*[*ú*])

šibistu, *sibistu*, Zorn(abwendung): **36**, Rs. IV [21’]

šibru, eine Mehlart: **36**, Rs. V 6’ (*šib-ri*)

šibṭu, Schlag, Stoß; Seuche; Klöppelarbeit (?): **50**, lk. Kol. [13’]

šidaḫu(m), gesundes Aussehen: **8**, Rs. 32 (*ši-da-aḫ*); **15**, Vs. I 37’ (*ši-da-*⸢*aḫ*⸣)

šiḫḫatu, Lockerung, Schwund: **24**, Vs. [43].Rs. 43 (*ši-ḫat*); **25**, Vs. II 5’ (*ši-ḫat*)

šikāru(m), Bier, Rauschtrank: **8**, Vs. 35 (KAŠ); **24**, Vs. 7 (KAŠ. MEŠ); **25**, Vs. I 13 (KAŠ); **42**, r. Kol. 4’ (KA[Š]); **46**, Vs. 3’ (KAŠ); **48**, Vs. II 6’ (⸢KAŠ⸣); **49**, Vs. 8 (KAŠ).23 (KAŠ).25 (KAŠ).Rs. [11](?).16 (KAŠ)
šikāru (*rēštû*) (Schreibung KAŠ.SAG): **10**, r. Kol. 18’; **13**, Rs. IV 5’; **22**, Rs. V 12’; **23**, Rs. 19’; **24**, Vs. 15.o. Rd. 1; **25**, Rs. III 1’.IV 3’; **36**, Vs. I 8’; **46**, Vs. 5’; **47**, r. Kol. 7; **48**, Rs. III 7; **49**, Vs. 20. Rs. 7.20; **57**, 11’

šiknāt napišti(m), *šikin napišti(m)*, Lebewesen, Geschöpfe: **24**, Vs. 37 (*šik-nat* ZI-*tim*)

šimāḫu(m), *šemāḫu(m)*, ein Dorngewächs: **36**, Rs. V 4’ (^ú^*ši-*⸢*ma*⸣*-ḫa*)

šimītān I, *šimētān* I, Abend: **34**, Vs. I 11 (A[N].Ú[SAN)

šimmatu, Lähmung, Paralyse: **24**, Vs. 5 (*ši*]*m-ma-tum*).Rs. 1 (⸢*šim*⸣*-mat*); **25**, Vs. I [8]; **30**, Vs. 3 ([*šim-ma*]*-tu*); **46**, Vs. 7’ (*šim-ma-tum*)

šīmtu(m), Schicksal, Geschick: **5**, Rs. 16 (*š*]*im-*[*ti*]); **8**, Vs. 15 (*ši-ma-a-ti*).23 (*ši-ma-te-ši-na*); **24**, Vs. 31 (*ši-mat*); **34**, Rs. IV 3’ (*šim-ti-i*[*a*]); **40**, Vs. [1’]

šina I, sie; die genannten, diese: **66**, Rs. 8’ (*ši-na*)

šinītu(m) I, Änderung: **32**, Rs. 11 (⸢*ši*⸣*-nit*)

šinnu(m) I, Zahn: **11**, r. Kol. 7’ (*ši-in-*⸢*na*⸣?); **36**, Rs. V [3’].7’ (ZÚ.MEŠ-*šú*).[8’].9’ (Z]Ú.MEŠ-*šú*)

šīpātu(m), Wolle: **10**, lk. Kol. [3’]; **41**, Rs. IV/VI 8’ (SÍ[K]).15’ (SÍK)

šiptu(m), Beschwörung (Schreibung ÉN): **3**, r. Kol. 11’; **7**, Vs. II [1’.6’].8’.9’; **8**, Vs. 11.Rs. 17; **10**, lk. Kol. [5’]; **12**, Vs. 11’; **13**, Vs. I 18’(?).Rs. IV 7’; **14**, Rs. 4’; **23**, Rs. 23’; **26**, Rs. IV 14; **33**, Rs. 13’; **34**, Vs. I 9; **36**, Rs. IV [23’]; **37**, lk. Kol. [5’]; **39**, Rs. 10’.15’; **40**, Vs. [4’]; **41**, Vs. I [9].16; **51**, 9’; **60**, 9’

šipṭu(m) I, (Straf-)Gericht: **34**, Rs. IV 2’ (*šip-ṭi-ka*)

šīpu I, eine gelbe Paste: **36**, Rs. V [5']
šiqlu(m), Sekel (Schreibung GÍN): **46**, Rs. 12-13
šīqu I, Tränkung, Bewässerung: **50**, lk. Kol. [8']
šīru(m), Fleisch; Leib: **5**, Vs. 2' (UZU.M[EŠ-*ki*]); **8**, Rs. 10 (⸢UZU⸣).26 (UZU.MEŠ-*iá*).29 (UZU.MEŠ-MU); **15**, Vs. I 28' (⸢UZU.MEŠ-MU⸣).31' (UZU.MEŠ]-MU); **24**, Vs. 43 (U]ZU.MEŠ).Rs. 1 (U[ZU].⸢MEŠ⸣).2 (UZU. MEŠ-[MU]).43 (UZU.MEŠ); **25**, Vs. II 5' (UZU. MEŠ); **29**, Rs. 14' (UZU.M[EŠ-MU); **36**, Rs. V [6']; **44**, Vs. I$^{??}$ [1']; **46**, Vs. 8' ([U]ZU.MEŠ-*šú*); **48**, Vs. I 8' (⸢UZU⸣.MEŠ-*šú*).II 3' (UZU].MEŠ-*šú*); **49**, Vs. 23 (UZU.MEŠ-*šú*); **59**, 5' (UZU.M[E]Š-MU)
šiṭru(m), Schrift(stück): **9**, Rs. 16' ([*ši*?]-*ṭír*(??))
šizbu(m), Milch: **47**, r. Kol. 1 (GA)
šū, er; der genannte, dieser: **8**, Vs. 6 (BI); **11**, r. Kol. [27']; **24**, Vs. [7].10 (BI); **25**, Vs. I [12]; **31**, Vs. 14 (BI); **33**, Rs. 13' (BI); **35**, [5'](?); **48**, Vs. I 10' (BI), II [4']; **49**, Vs. 23 (⸢BI⸣); **53**, 6' (*šu-ú*); **63**, Vs. II 12' (BI)
šû II, ein Stein: **41**, Vs. I 13 (^{na_4}ŠU.U).Rs. IV/VI 8' ([^{n}]^{a_4}ŠU.U).3' (^{na_4}ŠU.U)
šuāti, *šuātu* I, ihn, sie; seiner, ihrer; des, den genannten: **34**, Vs. I 15 (*šu-a-tu*).Rs. IV 6' (UR$_5$-*t*[*ú*]); **35**, [5'](?); **66**, o. Rd. 2 (*šu-a-tu*)
šubû(m) I, ein Halbedelstein: **31**, Vs. 11 (ŠUBA)
šūbultu(m), Sendung, Geschenk: **28**, Vs. [4]
šukênu(m), sich prosternieren, niederwerfen: G: **14**, Rs. 17' (*tuš-ken*)
šulmu(m), Unversehrtheit, Vollständigkeit: **12**, Vs. 5' (*šùl-me*); **23**, Rs. 10' (*šul-mi*)
šumēlu(m), *šumīlu(m)*, Linke: **11**, r. Kol. 19' (GÙB-*šú*).21' (GÙB-*ia*); **13**, Vs. I 8' (GÙB⸣-[*šú*); **14**, Rs. 16' (150-*šú-n*[*u*]); **34**, Vs. I 8 (150-*šú-nu*); **41**, Vs. I 6 (GÙB-*šá*).13 (GÙB{.GÙB}-*šá*).Rs. IV/VI [12'].16' (⸢150⸣-[*šá*)
šumma, *šummu* I, wenn (sofern nicht anders angegeben, Schreibung *šum-ma*): **8**, Vs. [1].Rs. 19; **13**, Rs. IV 13' (*šúm-mu*); **24**, Vs. [1]; **25**, Vs. I 1 (⸢DIŠ⸣).Rs. IV 6'; **28**, Vs. [1]; **29**, Rs. 16' (DIŠ); **30**, Vs. [1]; **32**, Rs. 2.3; **34**, Vs. I 5 (*šum-mu*).13 (*šum-mu*).15 (*šum-mu*).[15.17]; **35**, [3']; **36**, Vs. II [14'].Rs. V [3'.8']; **39**, Rs. [12'(?)]; **41**, Vs. I [10]; **43**, m. Kol. [12']; **46**, Vs. 7' (DIŠ); **47**, r. Kol. [1].3 (DIŠ).6 (DIŠ).10 (DIŠ).13 (DIŠ); **48**, Vs. I 8' (DIŠ).II [2'].Rs. III 1 (DIŠ).2 (DIŠ).3 (DIŠ).4 (⸢DIŠ). [5]; **49**, Vs. 22 (DIŠ).Rs. [7].17 (DIŠ); **57**, [12'.13']
šumruṣu(m), sehr schmerzlich, schmerzgequält: **36**, Vs. I [29']
šumu(m), Name: **8**, Vs. 20 (MU-*šú*); **9**, Rs. 19' (MU); **14**, Rs. 16' ([M]U.⸢NE.NE⸣); **34**, Vs. I 8 (⸢MU⸣-*šú-nu*); **36**, Vs. I [16'].18' (MU.NI); **44**, Vs. I$^{??}$ 5' (*šu*[*m-šú-nu*]); **46**, Vs. [11']; **52**, 6' (⸢*šu*⸣-*um-ka*); **57**, 12' (MU-*š*]*u*/MU-*šu*).13' (MU-*šu*).[13']; **63**, Vs. II 2' (MU)
šumû I, Bratfleisch: **36**, Vs. I 6' (^{uzu}*šu-me-e*)
šumuttu(m), eine Gemüsepflanze: **49**, Vs. 14 (^{ú}*šu-mut-t*[*a*])
šunu, sie; diese, die genannten: **8**, Rs. 11 (*š*]*ú-nu*).[11]; **16**, 5' (*šú-nu*(-)); **20**, u. Rd. 1 (*šú-nu*).2 (*šú-nu*); **23**, Rs. 7' (*šu*‹-*nu*›); **24**, Rs. 25 (*šu-nu*).37 (*šú-n*]*u*).40 ([*šu-n*]*u*/*šu-nu*).41 (⸢*šu-nu*⸣); **25**, Rs. III [12']; **29**, Rs. [1'.2']; **36**, Vs. I 39' (*šu-nu*); **64**, 8' (*šu-nu*)
šunūti, sie, ihrer; die, der genannten: **8**, Vs. 7 (*šú-nu-ti*).Rs. 15 (*šú-nu-ti*); **13**, Vs. I 12' ((-)*šú-nu-*⸢*ti*⸣).13' ([*šunū*?]-*ti*); **24**, Vs. 11 (*šu-nu-*⸢*ti*⸣); **25**, Vs. I 20 (*š*]*u-nu-ti*); **26**, Rs. IV 15 (*šú-nu-*⸢*ti*⸣); **36**, Vs. II [4']
šupêltu(m), Tausch; Ersatz: **6**, Rs. [11']
šūpîš, offen, öffentlich: **36**, Vs. I [40']
šurbû(m), sehr, gewaltig groß: **8**, Vs. 12 (*šur-bu-u*).Rs. 14 (*šur-bu-*⸢*u*⸣); **63**, Vs. II 13' (*šur-*[*bû*)
šurmēnu(m), *šurmīnu(m)*, Zypresse: **24**, Vs. 13 (^{giš}ŠUR.MÌN); **35**, 10' (^{giš}ŠUR.MÌN)
šurqiš siehe *šarqiš*
šuršu(m), Wurzel: **51**, 6' (*šur-ša*)
šuruppû(m), Frost, Kälteschauer: **7**, Vs. II 2' (⸢*šu-ru-pu-u*⸣); **50**, lk. Kol. [3']
šuškallu(m), ein großes Fangnetz: **5**, Rs. 1 (*šu-uš-kal-li*); **15**, Vs. II 37' (*šu-*⸢*uš*⸣*-kal-la-ka*)
šūt I, die, welche: **7**, Vs. II 10' (*šu-ut*)
šutukku, eine Rohrhütte für Riten: **24**, Vs. 33 (*šu-tuk-ki*)
šuttu(m) I, Traum: **15**, Vs. II 40' (MÁŠ.GE$_6$.MEŠ); **24**, Vs. 49 ([MÁŠ].⸢GE$_6$⸣.MEŠ).Rs. 8 (MÁŠ.GE$_6$.MEŠ-*a*).9 (MÁŠ.GE$_6$).10 (*šu-u*]*t-ti*); **59**, 4' (MÁŠ.G[E$_6$.MEŠ)

tabāku(m), hinschütten, (ver)gießen: G: **8**, Rs. 29 (*it-bu-ku*); **11**, r. Kol. 9' (*i-tab-bak*); **15**, Vs. I 31' (*it-bu-ku*).Rs. III 19 (*it-b*[*u*?-*ku*?]).[37]; **22**, Rs. V [1']; **23**, Rs. 13' (*i-tab-bak*); **48**, Vs. II 4' (*tab-*⸢*ku*⸣); **49**, Vs. 23 (*tab-ku*)
D: **8**, Rs. 27 (*ú-tab-bi-ku*); **15**, Vs. I 29' (*ú-tab-bi-ku*); **23**, Rs. 6' (⸢*ú*⸣-[*tab-bak*)
tabālu(m), wegnehmen, wegtragen, an sich nehmen: G: **8**, Rs. 32 (*it-ba-lu*); **15**, Vs. I 38' ([*it-b*]*a-lu*)
D: **33**, Vs. 6 ([*m*]*u*?-[*ta*]*b*?-[*b*]*íl*)
tabarru, rote Wolle (Schreibung ^{sík}ḪÉ.ME.DA): **5**, Vs. 10'; **6**, Vs. 10'; **37**, lk. Kol. 4'; **41**, Rs. IV/VI [10'.16']
tābīlu(m), Trocknung; (Gewürz-)Pulver: **49**, Vs. 21 ([*ta-bi-l*]*am*)
tādirtu, Gemütsverfinsterung, Depression: **29**, Rs. 11' (*ta-di-ra-*[*ti-ia*$_5$])
takālu(m), vertrauen: G: **49**, Rs. 23 (*tak-lu*)
takāpu(m), durch Stiche punktieren, sticheln, tüpfeln: D: **23**, Rs. 1' (⸢*ú*⸣-*ta-kap*).12' (*ú-ta-kap*); **27**, A1 6' (⸢*ú*⸣-*tak-*[*ki*]*p*)
takṣīru, Angebundenes, Auflage: **41**, Rs. IV/VI 5' (*tak-ṣi-ri*)
tamāḫu(m), ergreifen, fassen: G: **24**, Vs. 32 (*tam-ḫu*)
tamû(m) II, schwören: D: **36**, Vs. II 14' (*tum-*⸢*ma-ta*⸣)
tānēḫu(m), Seufzen, Mühsal, Leid: **29**, Rs. 11' ([*ta-ni*]-*ḫi-ia*$_5$)
tangussu(m), *tamgussu(m)*, eine Bronzeschale: **47**, r. Kol. [6]
tappinnu(m), eine Mehlart: **36**, Vs. I [4'.5']
tappû(m) I, Genosse, Gefährt, Kompagnon: **6**, Vs. 2' (*tap*]-*pu-u*); **8**, Rs. 35 (*tap-p*[*u*]-*ka*); **15**, Vs. I 42' (*tap-pu-ka*)
tarāṣu(m) I, ausstrecken: G: **24**, Vs. 21 (LAL-[*aṣ*])
tarkullu(m), *darkullu(m)*, Haltepflock: **4**, Vs. 12' (⸢*tar-kul*⸣-[*la-šá*); **36**, Vs. I [33']
tarmuš, Lupine: **11**, r. Kol. 18' (^{ú}[*tar-muš*).[21']; **13**, Vs. I 8' (^{ú}*ta*]*r-muš*); **39**, Rs. 5' (⸢^{ú}⸣*tar-muš*$_8$); **43**, m. Kol. 18' (^{ú}*tar-muš*$_8$); **49**, Vs. 1 (⸢^{ú}*tar-muš*$_8$⸣).9 (⸢^{ú}⸣*tar-muš*$_8$).Rs. 1 (⸢^{ú}⸣*tar-muš*$_8$).10 (^{ú}*tar-muš*$_8$)
târu(m), sich umwenden, umkehren: G: **22**, Rs. V 9' (*l*[*i-t*]*u-*⸢*ur*⸣); **23**, Rs. [2'].17' (⸢*li*⸣‹-*tu*›-*ur*); **32**, Rs. 4 (*i-tur-ru*); **33**, Rs. 6' (G[UR-*ur*]); **36**, Vs. II 12' (⸢*ta*⸣-[*ri*); **43**, m. Kol. 6' (*li-tu-rù*); **45** r. Kol. 3' (*li-*[*tūrū*])
D: **8**, Rs. 13 (*ú-t*[*ar*?]-*šu-nu-ti*); **10**, r. Kol. 14' (⸢*li-tir*⸣); **14**, Rs. 12' (*ú-tar-ri*); **31**, Vs. [10]; **34**, Vs. I [3]
Dtn: **34**, Vs. I 13 (⸢GUR⸣.GUR-⸢*ma*⸣)(?); **48**, Vs. I 10' (*ut-ta-nar-ra*)
tarû(m) I, (weg-, fort)holen: G: **36**, Vs. II [12']
tašābu(m)*, sich hinsetzen: G: **15, Vs. II 34' (*ti-šab-ma*)
tebû(m), aufstehen, sich erheben: G: **24**, Vs. 6 (ZI-*e*).Rs. [3]; **25**, Vs. I [11]; **36**, Vs. I 26' (*i-te-eb*]-⸢*bi*⸣)
Š: **7**, Vs. II [3']

temēru(m), eingraben, vergraben: G: **8**, Rs. 18 (*te-te-m[er]*); **15**, Vs. I 13' (*it-mir*); **26**, Vs. I [21']; **28**, Vs. 1 (*tem-ru*); **34**, Vs. I 16 ([*te-t*]*e-me*[*r*]-⸢*ma*⸣)

tenēštu(m), Pl. Menschen: **8**, Vs. 13 (*te-né-še-e-ti*).22 (*te-né-še-ti*); **11**, r. Kol. 28' (*te-n*]*e*-⸢*še-tim*⸣); **15**, Vs. I 2' (*te*-⸢*né*⸣-*še-ti*); **36**, Vs. I [24']

terinnu, *tirinnu*, (Föhren-)Zapfen: **26**, Rs. IV 8 (^{giš}ŠE.Ù.SUḪ$_5$).13 (^{giš}⸢ŠE⸣.Ù.SUḪ$_5$)

tê'u, bedecken, verdecken: G: **13**, Rs. IV 12' (*li-te*-⸢*e*'⸣-*ku-nu-ši*)

tiamtu(m), *tâmtu(m)*, Meer: **4**, Vs. 13' (*tam-tim*); **5**, Rs. [15]; **49**, Rs. 4 (A.AB.BA)

tījatu, eine Drogenpflanze: **46**, Vs. 4' (*ti-ia*-[*ti*]); **49**, Vs. 2 (⸢^{ú}*ti*⸣-[*jatu*).[12].Rs. 3 (^{ú}KU.NU.LUḪ.ḪA)

tinūru(m), (Brat-, Back-)Ofen: **5**, Rs. 9 (*ti-nu-ri*); **14**, Rs. 5' (*ti-nu*-⸢*ra*⸣$^?$); **26**, Vs. II 21' (*ti-nu-ra*).Rs. III 4 (⸢*ti-nu-ri*⸣); **30**, Rs. 4' (*ti-nu-ri*).8' ([*t*]*i-nu-ri*).9' (*ti-nu*-[*ri*); **46**, Vs. 4' (^{i}[^{m}ŠU.RIN.N]A); **64**, 9' (*ti*-⸢*nu*⸣-*r*[*i*)

tiskar, *tiškar*, *tiskur*, *tiškur*, eine Pflanze: **10**, lk. Kol. [4']

tizqāru(m), *tišqāru(m)*, hochragend, hervorragend: **8**, Vs. 15 (*tíz-qa-ru*)

tû(m) I, Beschwörungsformel: **7**, Vs. II 5' (*te-e*)

tū'amu(m), *tūamu(m)*, Zwilling: **36**, Rs. V [13']; **47**, r. Kol. 1 (MAŠ.TAB.BA)

tukrišû(m), nach *Tukriš*(LN)-Art: **10**, lk. Kol. [3']

tullal, 'du reinigst', ein Seifenkraut: **10**, r. Kol. 19' (^{ú}⸢*túl*$^?$-*lal*⸣$^?$); **42**, r. Kol. 4' (^{ú}*tu*-⸢*lal*⸣); **48**, Vs. I 6' (^{ú}*tu-lal*).II 5' (^{ú}*tu-lal*); **49**, Vs. 24 (^{ú}⸢*tu*⸣-*lal*).Rs. 1 (^{ú}*tu-l*[*al*]).14 (^{ú}*tu-lal*)

tuptu(m), ein Fußschemel: **15**, Vs. II 35' (*tu*-⸢*pat*⸣)

tuqumtu(m), *tuquntu(m)*, Kampf; Wehr (?): **36**, Vs. I 22' (*tu-q*[*u-un-ti*])

tūrtu(m), Umwendung: **56**, 7' (*t*[*u*]*r*-⸢*tu*⸣)

tuššu(m) I, feindliche, bösartige Rede: **15**, Vs. II [44']

ṭabāḫu(m), schlachten, abschlachten: G: **15**, Rs. III 34 ([*a*]*ṭ-bu-uḫ-šú-nu-ti*)

ṭabtu(m), Salz (Schreibung MUN): **24**, Vs. 14; **36**, Rs. IV [23']; **47**, r. Kol. 3; **49**, Vs. 4.[17]

ṭarādu(m), schicken, senden; vertreiben: G: **7**, Vs. II [2']

ṭawûm, *ṭamû* II, spinnen, zwirnen: G: **10**, lk. Kol. [1'.3']

ṭeḫû(m) I, ganz nah herankommen: G: **5**, Vs. 9' (TE'-*u-ni*).Rs. 12 (T]E.MEŠ-*ni*); **6**, Rs. 7' (⸢TE-*u-ni*⸣); **26**, Vs. II 16' (*li*-⸢*iṭ-ḫu-u*⸣-[*šú-nu-ti*]); **28**, Vs. [5]; **32**, Vs. 5' (⸢TE⸣-*šú*); **36**, Rs. IV 21' (TE-*ḫ*[*e-e*]); **41**, Vs. I 4 (TE-*e*).9 (TE-*ši*).16 (TE-*ši*); **46**, Rs. 11 (T[E-*e*])

ṭēmu(m), Verstand: **5**, Vs. 1' (*ṭ*[*e-en-ki*]); **24**, Rs. 11 (*ṭ*]*è-e-mì*); **32**, Rs. [9].11 (*ṭè-me-šú-nu*)

ṭepû(m), hinbreiten, auftragen; addieren: D: **36**, Rs. V 7' (*ú-ṭap-pa*)

ṭerû(m), tief eindringen in (Akk.), einreiben, massieren; prügeln: G: **48**, Vs. I 5' (SUR-*r*[*i*]$^?$)

ṭābu(m), schön, gut; süß: **7**, Vs. II 4' (DU$_{10}$.G[A.MEŠ]); **8**, Rs. 10 (DU$_{10}$/DU$_{10}$.G]A); **12**, Vs. 13' (D[U$_{10}$$^?$.GA$^?$]); **15**, Vs. I 9' (D[U$_{10}$.GA); **24**, Vs. 14 ([D]U$_{10}$.GA).40 (DU$_{10}$.GA.MEŠ).Rs. [14].25 (DU$_{10}$.MEŠ); **25**, Vs. II 2' (DU$_{10}$.⸢GA⸣.M[EŠ); **26**, Vs. I 7' ([D]U$_{10}$.GA.MEŠ); **27**, B1 9' (⸢DU$_{10}$.MEŠ⸣); **32**, Rs. 7 (DU$_{10}$.GA.MEŠ); **46**, Rs. 8 (DU$_{10}$.MEŠ); **52**, 6' (⸢DU$_{10}$$^?$.GA$^?$⸣)

ṭīdu(m), *ṭīṭu*, *ṭiddu(m)*, *ṭiṭṭu(m)*, Lehm (sofern nicht anders angegeben, Schreibung IM): **4**, Vs. 5'; **8**, Vs. 9.Rs. 17; **10**, r. Kol. 3'; **11**, r. Kol. 7' (⸢*ṭi*⸣$^?$-*iṭ*$^{!?}$(*da*)-*ṭa*); **12**, Vs. 8'; **13**, Rs. IV 6'; **15**, Vs. I 10'.24'.II 32'.Rs. III 33; **24**, Vs. 19.24.Rs. 50; **26**, Rs. III [2].IV 4; **27**, A1 3'; **30**, Vs. 9; **31**, Vs. 10.17; **34**, Vs. I 10; **36**, Vs. I [9'].13'.17'; **44**, Vs. I$^{??}$ [3'].4'; **46**, Vs. 9'.10'; **64**, 5'

ṭūbu(m), Gutes, Güte; freies Ermessen; Wohlergehen: **49**, Vs. 7 (DU$_{10}$.GA)

ṭuḫdu(m), überreichliche Fülle: **7**, Rs. III 9 (*ṭuḫ-du*)

ṭuppu(m) I, *tuppu(m)* I, (Ton-)Tafel, Urkunde, Brief: **8**, Rs. 38 (*ṭup-pi*); **25**, Rs. IV [8']; **27**, B2 2' (DUB⸣); **30**, o. Rd. 1 (IM); **34**, Rs. IV 14' (⸢DUB⸣); **49**, Rs. 21 (⸢*ṭup*⸣-*pi*).[22]

ṭurru(m), *turru(m)* II, Band; Knoten: **35**, 9' (*tu*[*r-ri*); **37**, lk. Kol. 4' (D]UR)

u, und, auch, aber, außerdem (sofern nicht anders angegeben, Schreibung *u*): **1**, Vs. I 7'.8'; **3**, r. Kol. [5'.6'.9'].11'; **4**, Vs. 3'.8'.9'.10'.[16'].Rs. [2'.3'.19'].21'.22'.[27']; **5**, Vs. 3' (⸢*ù*⸣).Rs. 3; **6**, Rs. [11']; **7**, Vs. II [8'].12'.13'; **8**, Vs. 9.14.17.18.28.29.36 (⸢*ù*⸣$^?$).Rs. 21 (*ù*).22.23.25; **9**, Rs. 14'.19'; **10**, r. Kol. 1'.12'.[15']; **12**, Vs. [5'].5'.9'.12'.17'; **13**, Vs. I 15'.19'; **14**, Rs. 8' (⸢*ù*⸣).13'.15'; **15**, Vs. I 16'.17'.26'.II 30'.Rs. III 6.16.18.38; **22**, Rs. IV 9'.V 3'.9'.15' (*ù*).16'.23'; **23**, Rs. 7'.10'.14' (*ù*).{16'}.17'.21'.[22']; **24**, Vs. 3.8.[11].19.35 (⸢*ù*⸣).38.[53].Rs. 4 (*ù*).[8].10.20; **25**, Vs. I 5.15.16.17.19; **26**, Vs. I 5'.II 6'.7'.11' (*ù*).[21'].Rs. IV 10; **27**, A1 5'; **28**, Vs. [4].4 (*ù*).[5.6]; **29**, Rs. [4'].11'; **30**, Vs. 3; **32**, Rs.5.[6].9 (*ù*).11 (⸢*ù*⸣); **34**, Vs. I [(4)].6.11.Rs. IV {12'}; **35**, 10' (*ù*); **36**, Vs. I [2'].6' (*ù*).[9'].32'.[42'].II [10'.11'].Rs. V 7'.[11'.14']; **40**, Vs. [3']; **41**, Rs. III/V 4'.Rs. IV/VI 8'; **43**, m. Kol. [2'].10' (⸢*ù*⸣); **44**, Vs. I$^{??}$ [1'].5'.11'.[15']; **46**, Vs. 8'.10'.Rs. 3 (*ù*).6.7; **47**, r. Kol. 2; **48**, Vs. II [3'].4' (⸢*ù*⸣); **49**, Vs. 23.24.Rs. 7.9; **50**, lk. Kol. 9'.r. Kol. 2' (⸢*ù*⸣$^?$); **53**, 8'; **58**, [5']; **59**, 2'.5'; **60**, 7'; **63**, Rs. III/V 2' (⸢*ù*$^?$⸣).4'; **65**, Vs.$^?$ 7' (*ù*$^?$)

ū'a, *ūja*, *ū'i*, wehe!: **29**, Rs. 12' (*ú-ù*'-⸢*a*⸣)

ubānu(m), Finger, Zehe: **30**, Rs. 6' (ŠU.SI.MEŠ-*šú*)

ubāru(m), Ortsfremder, Beisasse: **6**, Vs. [3'] *ubāru*

uḫūlu(m), Bezeichnung von Salzkräutern und deren alkali(Natriumkarbonat)-haltiger Asche:

uḫūl qarnāti, *uḫūlu qarnānu*, Salicornia u.ä. Salzkräuter: **24**, Vs. 14 (NAGA SI).24 (NAGA S]I$^?$).25 (NAG[A] ⸢SI⸣).27 (NAGA SI). **24**, Rs. 49 (NAGA SI); **25**, Rs. III 9' (NAGA SI)

ul, nicht (sofern nicht anders angegeben, Schreibung *ul*): **5**, Vs. 4'.5'.6'.7'.9' (⸢NU⸣).9'; **8**, Vs. 18.27 (NU).Rs. 26 (NU); **15**, Rs. III 38 (NU).39 (NU).40 (NU).41 (N[U$^?$); **20** Vs. 1' (N[U$^?$).2' (⸢NU⸣).[2'](?).[3'](?); **22**, Rs. V 23'.[25']; **24**, Vs. 33.34.35.36.41 (⸢NU⸣).{41}.Rs. 15 (NU).[38]; **24**, Rs. 38; **25**, Vs. II 3' (NU); **30**, Rs. 2'; **32**, Rs. 6 (NU); **36**, Rs. IV 7'; **41**, Vs. I 9 (NU).16 (NU); **49**, Rs. 9 (NU).18 (NU)

umma, leitet die direkte Rede ein: **44**, Vs. I$^{??}$ 14' (*um-ma*); **46**, Rs. 6 (*um-ma*)

ummu(m) II, Hitze; Fieber: **24**, Vs. [42].Rs. 43 (*um-mu*); **25**, Vs. II 4' (*um-ma*); **50**, lk. Kol. [7']

ūmu(m), Tag; lit. auch Sturm: **12**, Vs. 15' (*u*$_4$-*me*); **14**, Rs. 12' (*u*$_4$-*mu*); **15**, Rs. III ‹5›.5 (⸢U$_4$⸣); **25**, Rs. III 5' (*u*$_4$$^!$(ši)-*um*-⸢*ka*⸣); **34**, Vs. I 3 (*u*$_4$-⸢*mu*⸣).13 (U$_4$); **36**, Rs. V 11' (U$_4$); **46**, Rs. 8 (*u*$_4$-*m*[*i*]); **49**, Rs. [17]

unīqu(m), weibliches Ziegenlamm: **51**, 7' ($^{munus!}$ÁŠ$^{!}$.GÀR); **60**, 8' (^{munus}ÁŠ.GÀR)

unqu(m) I, Ring; (Stempel-)Siegel: **8**, Rs. 31 ([*u*]*n*-⌈*qí*⌉); **26**, Vs. II 4' (*un*-⌈*qí*⌉)

upīšū, Machenschaften, Behexungen: **26**, Rs. IV 9 (⌈*ú-pi*⌉-*ši*); **43**, m. Kol. [5']; **45** r. Kol. [2']

upuntu, eine Art Mehl: **1**, Vs. I [2']

upšašû(m), Aktion(en), Behexung(en), böse Machenschaft(en): **5**, Vs. 9' (⌈*up-šá-še*⌉-*ki*); **8**, Rs. 21 (NÍG.AK.A); **15**, Vs. I [9'].Rs. III 23 (NÍG.AK.A.[MEŠ); **20** Vs. 10' (NÍG.A[K.A.MEŠ); **22**, Rs. V 6' (*up-šá-šu-u*); **23**, Rs. 16' (*up-šá-šu-ú*); **24**, Vs. 40 (NÍG.AK.A.MEŠ). Rs. 13 (⌈NÍG.AK.A⌉.[MEŠ]); **25**, Vs. II 1' (*u*[*p-šá-še-e*); **26**, Vs. I 7' (NÍG.AK.A.MEŠ); **32**, Rs. [7].10 (NÍG.AK.A.MEŠ-*šú*-[*nu*); **33**, Vs. 8 (*up-šá-še-e*); **40**, Vs. [8']; **46**, Rs. 8 (*up-ša-še-e*).11 (*up-šá-šú-u*); **47**, lk. Kol. 4 (NÍG.AK.A); **59**, 4' (NÍG.AK.A.MEŠ)

uqniātum, *uqnâtu*, (grün)blaue Wolle: **41**, Rs. IV/VI 15' (^{sík}ZA.G[ÌN.NA)

uqnû(m), Lapislazuli, Lasurstein, Türkis; grün-blau: **24**, Vs. 17 (^{na_4}ZA.GÌN).Rs. 18 (^{na_4}ZA.GÌN); **41**, Rs. IV/VI 6' (^{na_4}ZA.GÌN)

uqqu I, eine Lähmung (?): **50**, lk. Kol. [8']

urijānu(m), *uriānu(m)*, *urânu(m)*, Fenchel (?): **24**, Vs. 14 (⌈TÁL.TÁL⌉); **49**, Rs. 5 (^{ú}TÁL.TÁL)

urnû, Minze (?): **42**, r. Kol. 3' (⌈^{ú}*úr-né-e*⌉); **46**, Rs. 12 (*úr-ne*]-⌈*e*⌉); **49**, Vs. 2 (^{ú}*úr-nu-u*).[13].Rs. 3 (^{ú}*úr-ni-i*)

uṣurtu(m), Zeichnung, Vorzeichnung: **5**, Rs. [17]; **24**, Vs. 22 ([GIŠ.Ḫ]UR.MEŠ); **40**, Vs. 2' (GI]Š.ḪUR.ME[Š)

ušallu(m), Überflutungs-, Uferland, Wiese, Aue: **5**, Rs. 14 (*ú-š*[*al-li*])

ušburrudû, Zauberlösungsritus: **49**, Vs. 7 (UŠ$_{11}$.BÚ[R.RU.DA).19 (U[Š$_{11}$.BÚR.RU.DA).Rs. 6 (UŠ$_{11}$.BÚR.DA)

ušû(m), Ebenholzbaum: **5**, Rs. 15 (^{giš}ESI)

utnēnu(m) I, Flehen, Gebet: **7**, Rs. III 3 (*ut*-⌈*né-ni-ki*⌉)

utukku(m) I, ein Dämon: **2**, r. Kol. 3' (UDUG); **8**, Rs. 20 (*ú-tuk-ku*); **50**, lk. Kol. [12']

utūnu(m), Töpfer-, Ziegelofen: **4**, Rs. [20']; **26**, Vs. II [20'].Rs. III [3]; **27**, B1 4' (UDUN⌉)

uṭṭatu(m), *uṭṭetu*, Getreide, Gerste; Korn: **6**, Rs. 1' (⌈ŠE⌉.[BAR).4' (ŠE.B[AR); **44**, Vs. I$^{??}$ 3' (ŠE).4' (ŠE); **46**, Vs. 9' (ŠE); **48**, Rs. III 3 (Š[E])

uznu(m), Ohr; Weisheit, Verstand: **24**, Vs. [2].52 (GEŠTUG^{II}-*a-a*); **25**, Vs. I 2 (G[EŠTU^{II}-*šu*); **27**, B1 10' (GEŠT]U^{II})

uzzu(m), Zorn: **36**, Rs. IV 19' (*uz-z*]*i*)

(*w*)*abālu(m)*, *babālu(m)*, tragen, bringen: G: **4**, Rs. 4' (⌈*bi-li*⌉); **26**, Rs. IV 5 (*tu-ub-ba-li*)

Š: **8**, Vs. 36 (⌈*ú*⌉-*š*[*e-bi-l*]*u-ú-ni*).38 (T[Ù]M-*ni*); **28**, Vs. [4]

Št: **4**, Rs. [25']; **5**, Rs. 4 (*liš-ta-bí*[*l*]); **26**, Vs. II 13' (*liš-ta-bil*); **66**, Vs. 2 (*uš-te-bi-l*[*u*]$^{?}$)

(*w*)*alādu(m)*, gebären; zeugen, erzeugen: G: **47**, r. Kol. 1 (⌈Ù⌉.T[U)

Dt: **8**, Vs. 22 (*ú-tál-la-da*)

(*w*)*apû(m)*, sichtbar sein bzw. werden: Š: **24**, Rs. 45 (*lu-šá-pi*); **26**, Vs. II 19' (*lu-šá-pi*); **29**, Rs. [5']

(*w*)*arādu(m)*, hinab-, herabsteigen, hinuntergehen: Š: **24**, Rs. 42 (*li-še-ri-is-su-nu*-⌈*ti*⌉)

(*w*)*ardatu(m)*, Mädchen, junge Frau: **12**, Vs. 17' (⌈*ar*⌉-*da-a-te*); **33**, Vs. 6 (KI.SIK[IL])

ardat lilî, eine Dämonin: **2**, r. Kol. 8' (*ar-da-at* [*li-li-i*)

(*w*)*ardu(m)*, Sklave, Diener: **24**, Vs. 39 (ARAD$^{!}$-⌈*ka*⌉).Rs. [17].44 (ARAD-*ka*); **29**, Rs. [(5')]

(*w*)*arḫu(m)*, Mond, Monat: **15**, Rs. III 5 (⌈ITI⌉); **46**, Vs. 6' (ITI)

(*w*)*arkatu(m)*, Hinterteil, Rückseite; Nachlaß: **15**, Vs. II 26' (*ar-kàt*-⌈*su-nu*⌉); **24**, Rs. 12 (⌈EGIR⌉-MU); **32**, Rs. 12 (*ar-kàt*)

(*w*)*arki*, hinter, nach; nachdem: **24**, Vs. 20 (EGIR-*šú-nu*).Rs. 46 (EGIR-*šú-nu*); **31**, Vs. 9 (EGIR-*šú*).10 (EGIR-*š*[*ú*).15 (EGIR-*šú*); **34**, Vs. I 7 (E[GI]R-*šú-nu*); **36**, Vs. I 11' ([EG]IR-*šú-nu*); **44**, Vs. I$^{??}$ 6' (E[GIR-*šú-nu*]); **46**, Vs. 11' (EGIR-*šu-nu*); **60**, 3' (EGIR-*šú*).[7'](?)

warûm II, *arû* VI, führen: G: **24**, Rs. 43 (*li-ru-šú-nu-ti*)

Gtn: **8**, Vs. 16 (*mut-tar-ru-u*)

(*w*)*aṣû(m)*, hinausgehen: G: **24**, Vs. 15 (È); **36**, Vs. I [44']

Š: **4**, Vs. 13' (⌈*li*⌉-*š*[*e-ṣi-šunūti*]); **24**, Vs. 37 (*tu*-⌈*še*⌉-*ṣi*); **49**, Vs. 19 (*š*]*u-ṣu*-[*ú*])

(*w*)*ašābu(m)*, sich setzen, sitzen: G: **4**, Vs. 8' (*áš-b*[*u*).9' (*áš-bu*).10' (*áš-bu*); **24**, Rs. 38 (*a*[*š*]-*bu*/*aš*-⌈*bu*⌉)

Š: **60**, 5' (*tu-še-e*]*š-š*[*e*]*b*)

wašārum, *ašāru* II, sich senken: Dt: **24**, Vs. 33 (*ú-taš-šá-ru*); **29**, Rs. 2' (*l*[*u-taššer*(?)])

(*w*)*āšipu(m)* siehe *mašmaššu*, *mašmašu*

^{w}*āšipūtu*, Beschwörungskunst: **26**, Vs. II 9' (*a-ši-pu-ti*); **29**, Rs. 7' (*a-š*]*i-pu-tú*); siehe auch: *mašma(š)šūtu*

(*w*)*ēdum*, *ēdu(m)* I, einzeln, einzig, allein: **51**, 4' (^{ú}DILI); **54**, 4' (^{ú}DILI)

werûm, *erû* II, Kupfer, Bronze: **24**, Vs. 16 (URUDU).Rs. 18 (URUDU); **26**, Rs. III 2 (URU]DU); **35**, [9'](?)

zababu, ein Schmuckstück: **26**, Vs. II 4' (*za*-⌈*bab*⌉)

zabardabbu(m), Bronze(schalen)halter: **25**, Rs. IV 11' (^{lú}ZABAR.DAB.BA); **34**, Rs. IV 15' (^{lú}ZABAR.DAB.BA)

zâbu(m), zerfließen: G: **3**, r. Kol. 8' ([*l*]*i*-⌈*zu*⌉-*bu*); **8**, Rs. 23 (*zu-ba*); **24**, Rs. 35 (*l*]*i*-⌈*zu-bu*⌉)

zakāru(m), *sakāru(m)* I, aussprechen, nennen: N: **8**, Vs. 24 (*li-za*-[*k*]*ir*)

zakû(m) II, klar, rein, gereinigt, straffrei sein bzw. werden: G: **34**, Rs. IV 4' (*az-za-a-ku*)

zaqāpu(m), aufrichten, pflanzen; pfählen: G: **14**, Rs. 9' ([*t*]*a-za-qáp*)

Dtn: **24**, Rs. 6 (*ú-za-na-qa*-‹*pa*-›$^{?}$*a*[*n*$^{?}$-*ni*)

zaqātu(m) I, stechen: D: **8**, Vs. 5 (*ú-za*[*q-qa-ta*]-⌈*šú*⌉).Rs. 26 (*ú*-⌈*za*⌉-*qí-tú-nin-ni*); **15**, Vs. I 28' (*ú-za*-⌈*qí*⌉-*tú*); **24**, Vs. 4 (*ú-zaq-qa-t*[*a-šú*); **25**, Vs. I 6 (⌈*ú*⌉-[*zaq-qa-ta-šú*]); **43**, m. Kol. 12' (⌈*ú*⌉-*za-qat*)

zaqru, hoch-, herausragend: **5**, Vs. 8' (⌈*zaq-ru*⌉)

zenû(m) II, zürnen: D: **8**, Rs. 6 (*ú-za-an-nu-u*).7 (*ú-ze-nu-u*); **15**, Rs. III 19 (*ú-ze-nu*-⌈*in-ni*⌉)

zēru(m) II, Same, Saat; Nachkomme(n) (sofern nicht anders angegeben, Schreibung NUMUN): **5**, Rs. 15; **10**, lk. Kol. 10'; **30**, Rs. 13' (*z*]*e-er*).15' (*z*]*e-er*); **36**, Rs. V [14']; **42**, r. Kol. 4'; **43**, m. Kol. 10'; **46**, Vs. 4'.5'; **47**, r. Kol. 11; **49**, Vs. 4-6.16-18.Rs. 2.10

zêru(m), nicht mögen, ablehnen, hassen: G: **34**, Rs. IV 3' (*te-ze-er-rù*)

zēru(m) I, *zīru(m)* I, gehaßt, verhaßt: **26**, Vs. II 8' (*ze-r*[*u-ti*])

zēru III siehe *zīru* IV, *zēru* III

ziāqu(m), wehen, stürmen: G: **4**, Vs. [15']
zibītu II, ein Stein: **41**, Rs. IV/VI 7' (^{na_4}*zi-bītu*).12' (⸢^{na_4}*zi-bītu*⸣).17' (^{n}[^{a_4}*zi-bītu*])
zibnu(m), eine Matte, ein Monat: **24**, Vs. 21 (*zib-na*)
zikaru(m), Mann, männlich: **3**, r. Kol. 11' (NITA); **6**, Vs. 4' (NITA); **11**, r. Kol. [26']; **15**, Vs. I [15']; **24**, Vs. 19 (NÍTA); **34**, Rs. IV 5' (NITA); **36**, Vs. I [9']; **41**, Vs. I 13 (NÍTA). Rs. IV/VI 8' (NÍTA); **42**, r. Kol. 8' (NÍTA); **43**, m. Kol. 9' (⸢NÍTA⸣)
zikurrudû, *zikurudû*, Lebensabschneidung, eine magische Praktik: **6**, Vs. 1' (ZI.KU$_5$.⸢RU.DA-*a*⸣); **8**, Rs. 4 (*zi-ku$_5$-*[*r*]*u-ta*).5 (*zi-ku$_5$-ru-da*); **14**, Rs. 12' (MIN-⸢*e*⸣/MIN-*šú*); **15**, Vs. II 7' (⸢ZI⸣.[KU$_5$.RU.DA).Rs. III 17 (ZI.KUR$_5$. DA-⸢*a*⸣); **26**, Vs. I 8' (⸢ZI.KU$_5$⸣.RU.DA-*a*).13' (ZI. KU$_5$.⸢RU⸣.DA-*a*).16' (Z]I.⸢KU$_5$.RU.DA-*ia*⸣); **28**, Vs. [3]; **32**, Rs. 8 (ZI.KU$_5$.RU.DA).11 (*zi-ku$_5$-ru-d*]*e-šú-nu*); **33**, Vs. 9 (ZI.KU$_5$.RU.DA-*a*); **34**, Vs. I 3 (ZI.K[U$_5$. RU.DA-*e*).[3]; **35**, 6' (ZI.K]U$_5$.RU.DA).11' (ZI. KU$_5$.R[U.DA); **36**, Vs. I 37' (ZI.KU$_5$.⸢RU.DA⸣); **65**, Vs.$^{?}$ 9' (ZI.KU$_5$.RU.D[A)
ziqtu(m) I, Stich; Stachel, Spitze: **5**, Vs. 6' (⸢*zi-qit*⸣)
zīru IV, *zēru* III, Haß (Schreibung ḪUL.GIG): **26**, Vs. I 9'; **33**, Vs. 9; **36**, Vs. I 37'
zisurrû, magischer Mehlkreis: **31**, Rs. 11 (ZÌ.S[U]R.⸢RA⸣)
zumru(m), (lebender) Leib, Körper: **5**, Rs. 6 (⸢*zu-mur*⸣-*ku-nu*); **7**, Vs. II [2'].10' (SU-[*šu*); **9**, Rs. 8' (*zu-u*[*m-ri-ia*]); **12**, Vs. 3' (SU-MU); **22**, Rs. V 4' (SU).7' (SU-MU) **23**, Rs. 15' (ZU-*ia*).16' (ZU-MU); **24**, Vs. [5].11 (SU-*šú*). Rs. 45 (⸢SU⸣-*šú-nu*); **25**, Vs. I [8].20 (SU-*šú*); **26**, Vs. I 9' (⸢*zu*⸣-[*u*]*m-ri*).11' (SU-MU); **28**, Vs. [5]; **29**, Rs. 12' (SU-[MU]).14' (SU-MU); **46**, Vs. 7' (SU.MEŠ-*šú*); **59**, 5' (SU-MU).6' (S]U-MU)
zunnu(m) I, Regen: **7**, Rs. III 3 (*zu-un-*[*nu*)
zuqiqīpu(m), *zuqaqīpu*, Skorpion: **5**, Vs. 6' (⸢GÍR.TAB⸣)
zūtu(m), *zuʾtu*, Schweiß: **24**, Vs. 42 (*zu-u*]ʾ-*tu*).Rs. 43 (⸢*zu*⸣-*tú*); **25**, Vs. II [4']

Sumerische Wörter

ab-na, (Abrakadabra): **36**, Rs. IV [17']
abzu, unterirdisches Süßwassermeer, Grundwasser: **34**, Rs. IV 11'
ak, machen, hochheben: **13**, Rs. IV 14' (i[n-ak] ‖ ⸢*a-da*⸣-[*ki*]); **14**, Rs. [10'] (‖ *a-da-ku*); **34**, Vs. I 1 (in-⸢ak⸣)
al-è, ?: **34**, Rs. IV 11' (al-⸢è⸣)
an, Himmel: **24**, Vs. 30 (nam-an-ki-a ‖ *ši-mat kiš-šat* AN-*e* KI-*tim*)
an-ta-gál, hoch: **36**, Rs. IV 11'
a-ra-te è, (Abrakadabra): **36**, Rs. IV [18'].18'
a-rá-zu, Gebet: **7**, Vs. II 11'
a-ri-a, Ödnis: **33**, Rs. 10'
bíl, verbrennen: **13**, Rs. IV 14' (bíl ‖ *a-qal-*⸢*lu*⸣); **14**, Rs. 10' (b[í]l ‖ *a-*⸢*qal-lu*⸣); **34**, Vs. I 1 (bíl ‖ ⸢*a*⸣*-qa*[*l-lu*)
dab, packen: **33**, Rs. 9' (ḫé-da-bé) (oder zu du$_{11}$?)
dingir, Gott: **24**, Vs. 29 (dingir-re-e-⸢ne⸣).30 (dingir-re-e-ne ‖ DINGIR.MEŠ); **36**, Rs. IV 10' ([di]ngir-mu).11' (dingir-mu).12' (dingir-mu).13' (⸢dingir-ma⸣-[mú-da-ke$_4$]).14' ([dingir-m]u)
en-na-ab, ?: **24**, Vs. 29.30
e-ta-ba, „Abrakadabra"-Text (?): **34**, Rs. IV 2'

gur, zurückkehren: **14**, Rs. [12'] (‖ *ú-tar-ri*); **34**, Vs. I 3 (gur-ra)
ḫa-lam-ma, ?: **34**, Rs. IV 11'
ḫu-ub-ba, (Abrakadabra): **36**, Rs. IV [17'].17'
i-ba-a-bi, (Abrakadabra): **34**, Rs. IV 2'
igi, Auge, Gesicht: **41**, Vs. I 14
inim, Wort: **14**, Rs. 13' (inim ‖ *ina* ⸢*a-mat*⸣); **34**, Vs. I 4 (inim ‖ *ina a-m*[*at*)
ka-kéš: **41**, Vs. I 14 (ka-kéš/ka-kéš-da).15 (ka-kéš/ka-kéš-da)
ki, Erde: **24**, Vs. 30 (nam-an-ki-a ‖ *ši-mat kiš-šat* AN-*e* KI-*tim*)
kúr, Feind: **13**, Rs. IV 14' (k]úr-kúr ‖ *nak-r*]*a*/kúr-kúr ‖ *nak-ra*).13, Rs. IV [16'] (‖ *nak-ra*; **14**, Rs. 10' (kúr-kúr ‖ *nak-ra*/kúr-kú[r ‖ ⸢*nak*⸣*-ra*).11' (k[ú]r-kúr ‖ ⸢*nak-ra*⸣); **34**, Vs. I 1 (kúr-kúr ‖ ⸢*nak-ra*⸣/kúr-kúr).2 (kúr-kúr ‖ *n*[*a*]*k-ra*)
ma-mú, Traum: **36**, Rs. IV 13' (⸢dingir-ma⸣-[mú-da-ke$_4$])
munus, Frau: **41**, Vs. I 14 (munus)
nam, Schicksal (siehe auch: nam ... tar): **24**, Vs. 30 (nam-an-ki-a ‖ *ši-mat kiš-šat* AN-*e* KI-*tim*)
pa-è, erscheinen: **36**, Rs. IV 11' (pa-è)
sag-kal, Vornehmster: **36**, Rs. IV 11' (sag-kal)
sig$_5$, gut: **7**, Vs. II 11' (ḫé-en-sig$_5$-[*x-x*]); **36**, Rs. IV 10' (sig$_5$-ga)
še-ga, günstig: **36**, Rs. IV 12' (⸢še-ga⸣ še-[ga).14' (še-ga še-ga)
še-er, Fürst: **33**, Rs. 8'
šub, fallen, niederlegen: **13**, Rs. IV 16' (šu]b-ba ‖ ⸢*ú-šam*⸣-[*qat*).[16']; **14**, Rs. 11' (⸢šub⸣-ba ‖ ⸢*ú-šam-qat*⸣). [11'] (‖ *a-paq-qid*); **34**, Vs. I 2 (šub-ba ‖ *ú-šam-*⸢*qat*⸣/ [šub]$^{?}$-⸢ba$^{?}$-a$^{?}$⸣-meš)
tar, abschneiden in: nam ... tar: **24**, Vs. 30 (nam-an-ki-a bi$_5$-tar-⸢re⸣ ‖ *ši-mat kiš-šat* AN-*e* KI-*tim i-ši-mu*)
tu$_6$-du$_{11}$-ga, Beschwörung: **34**, Vs. I 4
tu, tud, erschaffen: **36**, Rs. IV 14' (⸢ù⸣-[tu-ud-da)
túm, bringen: **36**, Rs. IV 10' ([m]u-[un-túm-a])
u$_4$, Tag: **14**, Rs. 12' (u$_4$ ‖ *u$_4$-mu*); **34**, Vs. I 3 (u$_4$ ‖ *u$_4$-*⸢*mu*⸣)
urugal, Grab: **33**, Rs. 10' (urugal-e)
zi, zid, recht, gerecht: **33**, Rs. 8' (zi-da)
zi-ku$_5$-ru-da, Lebensabschneidung: **14**, Rs. 12' (zi-ku$_5$-ru-da-⸢mu⸣ ‖ MIN-⸢*e*⸣/zi-ku$_5$-ru-d[a-an ‖ MIN-*šú*); **34**, Vs. I 3 (zi-ku$_5$-ru-da ‖ ZI.K[U$_5$.RU.DA-*e*/zi-ku$_5$-ru-⸢da-a-ni⸣)

Rubra u. ä.

AL.TIL: **13**, Vs. I 17' (AL.TIL); **47**, lk. Kol. 2 (AL.TI; oder zu *balāṭu(m)* II?)
DÙ.DÙ.BI: **3**, r. Kol. 11'; **9**, Rs. 10'; **10**, lk. Kol. [3'].r. Kol. [17']; **11**, r. Kol. 18'; **13**, Vs. I [18']; **14**, Rs. 15'; **24**, Vs. 12; **25**, Vs. I [21]; **30**, Vs. [9]; **36**, Rs. IV [22']; **37**, lk. Kol. [3']
ÉN (siehe auch: é-nu-ru): **4**, Vs. 6'.Rs. 6'; **5**, Vs. 11'; **6**, Vs. [1'.11'].Rs. [1'.10']; **8**, Vs. 12.Rs. 17.20.25; **10**, lk. Kol. [6']; **12**, Vs. 12'; **13**, Vs. I [15'].Rs. IV 12'.[14']; **14**, Rs. 10'; **15**, Vs. I [26'].II 33'.Rs. III 11.38; **24**, Vs. 29.[30]; **26**, Rs. IV [3]; **29**, Rs. 10'; **30**, Rs. [8']; **32**, Rs. [5]; **33**, Vs. [1]; **34**, Vs. I 1; **36**, Vs. I [21'].Rs. IV [14'.17'].V [10']; **41**, Vs. I [7]. 14; **60**, [6']
é-nu-ru: **33**, Rs. 11' (tu$_6$ én é-nu-ru); **34**, Rs. IV 11' (én é-nu-ru)

KA.INIM.MA: **3**, r. Kol. 10'; **4**, Vs. 5'.17'.Rs. 5'; **5**, Vs. 10'; **6**, Vs. [10'].Rs. [9']; **8**, Rs. 37; **9**, Rs. 9'; **10**, lk. Kol. [2'].r. Kol. [16']; **11**, r. Kol. 17'; **12**, Vs. 6'; **13**, Rs. IV 2'; **14**, Rs. 3'.14'; **15**, Vs. I 22'.43'; **20**, Rs. [3']; **24**, Rs. [27]; **29**, Rs. 8'; **34**, Vs. I 5; **36**, Rs. IV [21']; **37**, lk. Kol. [2']
KÌD.KÌD.BI: **12**, Vs. 7'; **13**, Rs. IV 3'; **33**, Rs. [7'].12'; **34**, Vs. I 6
KIMIN: **4**, Rs. 7'.8'.10'-17'; **6**, Vs. 10'; **27**, Seite A1 1'(?).2'.4'. Seite B1 4'-6'; **29**, Rs. [14'].15'; **36**, Vs. I 9'.10'; **47**, r. Kol. 1.3.6.10.13; **55**, lk. Kol. 1'.2'
KÚR: **48**, Vs. I 7' (KÚR)
MIN: **36**, Rs. IV [20'].20'; **48**, Rs. III 1-5
ŠU.BI.AŠ.ÀM: **41**, Vs. I 5 (ŠU.BI.AŠ.ÀM). **41**, Vs. I 12 (ŠU. BI.AŠ.ÀM)
TU$_{6}$ ÉN (siehe auch: é-nu-ru): **3**, r. Kol. [9']; **5**, Vs. 9'; **6**, Vs. 9'.Rs. 8'; **7**, Vs. II [(10')]; **11**, r. Kol. 16'; **14**, Rs. 13'; **26**, Rs. IV 12; **33**, Rs. 11'; **34**, Vs. I [4]; **36**, Rs. V 16'; **41**, Vs. I 8.15
UŠ$_{11}$.BÚR: **4**, Rs. 5'; **5**, Vs. 10'; **6**, Vs. [10'].Rs. [9']
UŠ$_{11}$.BÚR.DA: **4**, Vs. 5'.[17']
UŠ$_{11}$.BÚR.RU.DA.KAM: **3**, r. Kol. 10'; **8**, Rs. 37; **9**, Rs. 9'; **10**, lk. Kol. 2'.r. Kol. 16'; **11**, r. Kol. 17'; **12**, Vs. 6'; **13**, Rs. IV 2'; **14**, Rs. 14'; **15**, Vs. I 22'.43'; **20**, Rs. 3'; **25**, Rs. IV 5'; **37**, lk. Kol. 2'(?)
Glossenkeil 𒑲: **5**, Rs. 14.15; **8**, Rs. 32; **34**, Vs. I 16(?); **61**, 3'
Glossenkeil 𒑳: **34**, Vs. I 1 (:.).2 (:.).3 (:.).4 (:.).Rs. IV 2' (:.)

Zahlen

$^{1}/_{3}$: **46**, Rs. 12; **48**, Vs. I 2'
$^{1}/_{2}$: **46**, Rs. [12]
1: **26**, Rs. IV 14 (1-*en*); **44**, Vs. I$^{??}$ 3'.[4']; **46**, Vs. 9'.Rs. 12
1.KAM: **46**, Vs. 6' (1.KÁM)
2: **4**. Vs. 5'.[17']; **8**, Vs. 9.10; **12**, Vs. 7'-9'; **13**, Vs. I [9'].Rs. IV 5'.6'.[7']; **14**, Rs. 15'; **15**, Vs. I 23'.24'.II 12'.31'. Rs. III 33; **24**, Vs. 18.19.24.26; **26**, Rs. III 1.[2]; **31**, Vs. 1-4.17.18.Rs. 5; **34**, Vs. I 6
3 (siehe auch: *šalšu(m)*): **6**, Vs. 10'; **27**, A1 5' (3.TA.À[M]); **34**, Vs. I 13 (3.KAM*); **41**, Rs. IV/VI [9'.16']
3-*šu* (immer 3-*šú* geschrieben): **8**, Vs. 11.Rs. 15.17; **10**, lk. Kol. [5']; **15**, Rs. III 10; **24**, Vs. 29.Rs. [28].35.47.48; **25**, Rs. III 7'; **26**, Vs. II 20'.Rs. IV 1.14; **31**, Vs. 13; **33**, Rs. 13'; **39**, Rs. 15'; **45** r. Kol. [5']; **51**, 9'; **60**, 6'
4 siehe *sūq erbetti*
5: **63**, Vs. II 9'
6: **26**, Rs. III [5].5
7: **4**, Rs. [19']; **7**, Vs. II [10']; **26**, Rs. III [2].3.[4.7].7; **34**, Rs. IV 12' (7-*ú*$^{!}$); **36**, Rs. V 11' (7.KAM); **48**, Rs. III 3; **49**, Rs. 11
7-*šu* (immer 7-*šú* geschrieben): **13**, Vs. I 19'; **34**, Vs. I 9 (7$^{!?}$(4)-*šú*).Rs. IV 5'; **36**, Rs. IV 23'; **46**, Vs. 6'.Rs. [10]; **47**, r. Kol. 2
8: **41**, Rs. IV/VI 8'. 14'
10: **36**, Vs. I [5']; **46**, Rs. [13]
11: **49**, Rs. 16
12: **36**, Vs. I [4']
14: **41**, Rs. IV/VI 5'
15 (siehe auch: *imnu(m)*, *ištaru(m)*): **15**, Rs. III 5 (1[5.K]AM)
23: **49**, Rs. 6
30: **15**, Rs. III 5 ([3]0.[KAM)
37: **49**, Vs. 19
59: **41**, Rs. IV/VI 4'
x-šu: **3**, r. Kol. [(11')]; **14**, Rs. 4'
150 siehe *šumēl/īlu(m)*

Götter- und Dämonennamen

aḫḫāzu(m), Packer-Dämon: **2**, r. Kol. 7' (^{d}DÌM.ME.[LAGAB); **7**, Vs. II 2' (⸢*aḫ-ḫa-zu*⸣); **50**, lk. Kol. [3'].10' (*aḫ-ḫa-zu*)
alû II, ein Dämon: **2**, r. Kol. [3']
Anu(m): **27**, B1 7' (⸢^{d}*a-nim*⸣).8' (⸢^{d}*a-nim*⸣-*m*[*a*$^{?}$)
Anunnakū, Unterweltsgötter: **24**, Vs. 35 (^{d}*a-nun-na-ki*); **65**, Vs.$^{?}$ 12' (^{d}*a-nu*[*n-n*]*a-ki*)
ardat lilî, eine Dämonin: **2**, r. Kol. 8' (*ar-da-at* [*li-li-i*)
asakku(m) I, ein Krankheitsdämon: **7**, Vs. II [2']
Asalluḫi: **7**, Vs. II 6' (^{d}*as*]*al-lú-ḫi*); **8**, Rs. 22 (⸢^{d}⸣[*asa*]*l*-[*l*]*ú*-[*ḫ*]*i*); **14**, Rs. 13' (^{d}asal-l[ú-ḫi]); **15**, Rs. III 6 (^{d}*as*[*a*]*l-lú-ḫi*); **22**, Rs. V 17' (⸢^{d}⸣*asal-lú-ḫi*); **23**, Rs. 22' (^{d}*as*]*al-lú-ḫi*); **34**, Vs. I [4]
Aššur siehe *bīt Aššur* (Index der Tempelnamen und Tempelbezeichnungen); siehe auch: *Aššur–šākin–šumi*; *Kiṣir–Aššur* (Index der Personennamen)

Baba, *Bābu*: **9**, Rs. 17' (^{d}BA.⸢Ú⸣).18' (^{d}BA.⸢Ú⸣); siehe auch: *Bābu–šumu–ibni* (Index der Personennamen)
Bēl siehe x–*Bēl* (Index der Personennamen)
Bidu: **36**, Vs. I 13' (^{d}*bí-du*$_{8}$).18' (^{d}*bí*]-*du*$_{8}$).II [8'].9' (⸢^{d}⸣[*bí-du*$_{8}$)

Dumuzi: **36**, Vs. I 2' (^{d}*dumu-z*]*i*).5' (^{d}*dumu*-⸢*zi*⸣).II [11']

Ea: **5**, Rs. 7 (^{d}*é-a*); **7**, Vs. II [1'].5' (^{d}]*é*$^{!}$-*a*$^{!}$).5' (^{d}⸢*é*⸣-[*a*]).Rs. III 2 (⸢^{d}⸣*é-a*).7 (^{d}*é-a*); **8**, Rs. 22 (⸢^{d}*é-a*⸣).24 (^{d}DIŠ); **9**, Rs. 20' (^{d}*é-a*); **14**, Rs. 13' (^{d}en-ki ‖ ⸢^{d}⸣*é-a*); **15**, Vs. II 4' (^{d}*é-a*).Rs. III 6 (^{d}*é-a*).23 (^{d}DIŠ); **22**, Rs. V 18' (⸢^{d}*é*⸣-*a*); **23**, Rs. [23']; **26**, Vs. II 18' (^{d}*é-a*).Rs. IV 12 (^{d}*é-a*); **32**, Rs. [9]; **34**, Vs. I 4 (⸢^{d}en-ki⸣-ga-ke$_{4}$).[4]
ekkēmu(m), Räuber: **50**, lk. Kol. 11' (*ek-ke-m*]*u*) **50**, lk. Kol. 11' (*ek-kem-tu*)
Enbilulu: **7**, Rs. III 6 (^{d}*en-bi-lu-lu*)
Enki siehe *Ea*
Enlil, *Ellil*: **7**, Rs. III 8 (^{d}*en-líl*); **11**, r. Kol. [28']; **33**, Rs. 8' (^{d}en-líl); **41**, Rs. III/V 3' (^{d}BAD)
Ereškigal: **33**, Vs. 17 (^{d}*e*[*re*]*š*-[*k*]*i*-[*gal*])

gallû(m), ein Dämon: **2**, r. Kol. [4']
Gibil: **13**, Vs. I 16' (^{d}*gibi*]*l*$_{6}^{?}$). Rs. IV 16' (⸢^{d}gibil$_{6}$⸣).[17']; **14**, Rs. 11' (^{d}gib[il$_{6}$ ‖ ⸢^{d}MIN⸣); **24**, Rs. 48 (^{d}[*g*]*ibil*$_{6}$/^{d}*gibil*$_{6}$); **33**, Vs. 5 (^{d}*gibil*$_{6}$); **34**, Vs. I 2 (^{d}gibil$_{6}$).[2]
Girra (Schreibung ^{d}GIŠ.BAR): **4**, Vs. [16'].Rs. 4'.19'. [21'.22'].23'.[24'].25'.[26']; **5**, Rs. 3-6.8.11; **6**, Rs. [11']; **8**, Rs. 22.35; **12**, Vs. 16'; **13**, Vs. I 4'; **15**, Vs. I 42'; **24**, Rs. 41; **26**, Vs. II 13'.18'; **31**, u. Rd. 2
Gula (Schreibung ^{d}*gu-la*): **7**, Vs. II 6'; **9**, Rs. 19'; **39**, Rs. 9'.13'; **60**, 7'; siehe auch: x-ru–*Gula* (Index der Personennamen)

Id, Flußgott: **3**, r. Kol. 3' (⸢^{d}⸣*íd*).[6'].9' (^{d}*íd*)
Igīgū: **8**, Vs. 12 (^{d}*í-gì-gì*); **36**, Vs. I 21' (⸢^{d}*í*⸣-[*gì-gì*])
Ištar: **5**, Rs. [16]; **36**, Vs. I 4' (⸢^{d}15⸣).[7'.21'.24'.27'.28'.35'.II 11']

kilili, ein Dämon: **60**, 6' (⸢*ki-li*⸣-*li*)

labāṣu, ein Dämon: **2**, r. Kol. [6']; **50**, lk. Kol. 10' (*la-ba-ṣ*]*u*)
Lamaštu(*m*), eine Dämonin: **2**, r. Kol. 6' (^{d}DÌM.ME); **50**, lk. Kol. [10']
lilītu, eine Dämonin: **2**, r. Kol. [(7')]
lilû, ein Dämon: **2**, r. Kol. [7'.8']; **50**, lk. Kol. 4' (*li-lu*]-⸢*u*⸣)
Lugal-[...]: **12**, Vs. 19' (^{d}*lugal*-[*x*])
Lugalirra: **33**, Vs. 12 (^{d}*lugal-ir*$_{9}$-*r*[*a*])
Lugaledina: **12**, Vs. 22' (^{d}*lugal-edin*-⸢*na*⸣); **33**, Vs. 16 (^{d}*lugal-edin-n*[*a*])

Mamu: **36**, Rs. IV 13' (⸢^{d}ma-[m]ú)
Marduk (Schreibung ^{d}AMAR.UTU): **10**, lk. Kol. [9']; **12**, Vs. 20'; **14**, Rs. 13'; **15**, Rs. III 24; **26**, Vs. II 9'; **29**, Rs. [7']; **32**, Rs. [10](?); **33**, Vs. 13
Mukīl–rēš–lemutti: **50**, lk. Kol. [6']

Nabû (Schreibung ^{d}AG): **24**, Vs. 39; **30**, o. Rd. 2; **49**, Rs. 23; siehe auch: *Nabû–bēssun* (Index der Personennamen)
Nergal: **36**, Vs. II 14' (⸢^{d}⸣[*n*]*è-eri*$_{11}$-*gal*)
Ningirima: **7**, Vs. II 8' (⸢^{d}⸣*nin-gìrima*); **10**, lk. Kol. [8']
Ninlil: **7**, Rs. III 10 (^{d}⸢*nin-líl*$^{?}$⸣)
Ninšiku: **7**, Vs. II 1' (⸢^{d}⸣$^{?}$[*Ninšiku*])
Ninšubur: **33**, Vs. 14 (^{d}*nin-šubu*[*r*])
Nintinugga: **7**, Vs. II 7' (^{d}*nin-tin-ug*$_{5}$-[*ga*])
Ninurta: **9**, Rs. 19' (⸢^{d}⸣MAŠ!)
Nisaba: **15**, Vs. II 42' (⸢^{d}*nisaba*⸣)
Nudimmud: **26**, Vs. II 10' (^{d}*nu-dím-mud*)
Nuska: **4**, Vs. [16']; **6**, Rs. [11']; **8**, Rs. 14 (^{d}*nuska*); **63**, Vs. II 13' (^{d}⸢*nuska*⸣).Rs. III/V 5' (^{d}*nuska*)

rābiṣu(*m*), Lauerer-Dämon: **2**, r. Kol. [5']; **8**, Rs. 20 (*ra-bi-ṣu*); **50**, lk. Kol. 12' (*ra-bi-ṣ*]*u*)

Sîn: **4**, Vs. 6' ({*a-na*} ^{d}30)
Siris, Biergott: **11**, r. Kol. 19' (^{d}[*siris*). 22' (⸢^{d}⸣[*siris*)

Šamaš, Sonnengott (sofern nicht anders angegeben, Schreibung ^{d}UTU; siehe auch: *ṣīt šamši*; *ereb šamši*): **3**, r. Kol. 6' (⸢$^{d?}$*šam*$^{?}$-*šu*⸣$^{?}$); **8**, Vs. 8.12 20.22.26.27.Rs. 11.24 (^{d}*šam-šú*).25.34.35; **10**, r. Kol. 2'; **11**, r. Kol. 20'.21'.[28']; **12**, Vs. 7'.12'; **13**, Vs. I 7'.18'.Rs. IV 4'; **14**, Rs. 16'; **15**, Vs. I 4' (^{d}*šá-maš*).23'.26'.40'.[42'].II 33'.38'.[45'].Rs. III [4].11.33.38.41; **20** Vs. 3'.9'.u. Rd. [1]; **22**, Rs. IV [6'](?).8'.V 13'.14'.20'.22'.[26']; **23**, Rs. 20'.[21'.24']; **24**, Vs. 15.20.21.28.29.33.Rs. 16.19.[20.26].32.37.39; **25**, Rs. III 5' (^{d}*šá-maš*).12' (^{d}*šá-maš*).[16']; **26**, Vs. I 6'.7'.II 5'.15'.18'.22'.Rs. IV 12; **29**, Rs. [7']; **32**, Rs. [5].5; **34**, Vs. I 8 (⸢^{d}⸣*š*[*á-ma*]*š*).Rs. IV 2'.4'.5' (^{d}*šá-maš*); **43**, m. Kol. 3'.5'; **44**. Vs. I$^{??}$ 10' (^{d}UTU-*ši*).[13'.15']; **45** r. Kol. [2']; **46**, Rs. 2.5.6.7.Rs. 13; **47**, r. Kol. [7]; **58**, 3'.5'; **59**, 7' (⸢^{d}⸣*šá-maš*).8' (^{d}*šá-maš*); siehe auch: *Šamaš–šumu–ēreš* (Index der Personennamen)

Šaššamu: **33**, Vs. 15 (^{d}*šà-aš-ša*$_{4}$-*m*[*u*])
Šazu: **12**, Vs. 21' (^{d}*šà-zu*)
šēdu(*m*) I, eine Lebenskraft; ein Dämon: **8**, Rs. 20 (*še-e-du*); **50**, lk. Kol. [9']
Šulpa'ea: **2**, r. Kol. 10' (⸢^{d}*šul-pa*⸣-[*è-a*)

Tašmētu(*m*): **24**, Vs. 39 (⸢^{d}⸣KURNUN)

utukku(*m*) I, ein Dämon: **2**, r. Kol. 3' (UDUG); **8**, Rs. 20 (*ú-tuk-ku*); **50**, lk. Kol. [12']

Zarpānītu(*m*): **10**, lk. Kol. 9' (^{d}*zar-pa-ni-tum*)
Zuqaqīpu (siehe auch: *zuqiqīpu*(*m*), *zuqaqīpu*): **35**, 5' (^{mu}]^{l}GÍR.TAB). **35**, 8' (^{mul}GÍR.TAB)

Tempelnamen und Tempelbezeichnungen

bīt Aššur: **8**, Rs. 38 (É *aš-šur*).39 (É A[N.ŠÁR]); **25**, Rs. IV 8' (É AN.ŠÁR).9' (É AN.ŠÁR)
Ešarra: **25**, Rs. IV 11' (⸢*é*⸣-*šár-ra*); **34**, Rs. IV 15' (*é-šár-r*[*a*])

Ortsnamen und Ethnika

Aššur: **34**, Rs. IV 14' (BAL.TIL^{k}[^{i}])
Elamû: **4**, Rs. 7' (*e-la-ma-a-ti*); **20** Vs. 6' (*e-la-ma-at*).7' (ELAM.M[A^{ki}]-⸢*i*⸣(?))
Eridu: **7**, Vs. II [1'].10' (*eri-du*$_{10}$)
ḫanigalbatû, Hanigalbatäer: **4**, Rs. 10' (⸢*ḫa*⸣-*bi-gal*-⸢*ba*⸣-*at*)
Lallubû(*m*), *Lullubû*(*m*), Lullubäer: **4**, Rs. 9' (*lul*-⸢*lu-ba*⸣-*at*); **20** Vs. 7' **20** Vs. 7' (*lu*-⸢*lu*⸣$^{?}$-[*ba-at*(?)])
Nippur: **33**, Rs. 9' (^{d}nibru^{ki})
Qutû: **4**, Rs. 8' (⸢*qu-ta-a-at*⸣); **15**, Rs. III 43 (*gu*-⸢*ta*⸣-[*at*); **20** Vs. 5' (*gu-ta-at*)
Subartu: **15**, Rs. III 42 (SU.BIR$_{4}$^{k}[^{i}-*at*); **20** Vs. 4' (SU.BIR$_{4}$^{k}[^{i}]-⸢*at*)
sutû(*m*), Sutäer: **4**, Rs. 8' (*su-ta-a-at*)

Personennamen

Abu–erība: **34**, Rs. IV 14' (^{I}⸢AD⸣–SU)
Aššur–šākin–šumi: **30**, o. Rd. 1 (^{I}*aš-šur*–GAR–⸢MU⸣); **49**, Rs. 22 (^{I}AN.[Š]ÁR–⸢GAR–MU⸣)
Bābu–šumu–ibni: **25**, Rs. IV 10' (^{I}]⸢^{d}⸣BA.Ú–MU–[*í*]*b-ni*); **34**, Rs. IV 15' ($^{I.d}$BA.Ú–MU–DÙ)
Ilī–rēmanni: **49**, Vs. 8 (⸢^{I}*ì*⸣-[*lí-rēmanni*])
Kiṣir–Aššur: **8**, Rs. 38 (^{I}*ki-ṣir–aš-š*[*u*]*r*); **25**, Rs. IV 8' (⸢^{I}⸣*ki-ṣi*[*r*]–[*aš-šur*)
Nabû–bēssun(*u*): **8**, Rs. 39 ($^{I.d}$AG–*be-sun*); **25**, Rs. IV 9' (^{I}]⸢^{d}MUATI–*bi*⸣-*s*[*ún*)
Šamaš–šumu–ēreš: **24**, Vs. 39 ($^{I.d}$UTU–MU–KAM-*eš*)
x–*Bēl*: **9**, Rs. 17' (^{I}x]–⸢^{d}+EN⸣)$^{?}$
x-ru–*Gula*: **9**, Rs. 16' ($^{I!?}$x-ru–^{d}*gu-la*)
$^{I.d}$x–KAM: **9**, Rs. 18' ($^{I.d}$]x–KAM)
^{I}x-x-x-x-x: **24**, Vs. 39.Rs. 16

Incipits von Gebeten und Beschwörungen

ÉN *al-si-ka* ^{d}UTU *ina qé-reb* AN-*e* KÙ.MEŠ: **15**, Vs. II 33'.Rs. III 11

ÉN *anašši dipāra*; siehe ÉN ÍL *di-pa-ra*

ÉN *áš-*[*ḫu-uṭ áš*]*-ḫu-uṭ áš-ta-ḫaṭ* [*áš-ta-ḫaṭ*]: **29**, Rs. 10'

[ÉN *at-t*]*i* ⸢*ki-li*⸣*-li*: **60**, 6'

[ÉN *attimannu* ^{munus}UŠ$_{11}$.Z]U *šá* ZI.KU$_{5}$.⸢RU.DA-*a* DÙ⸣-[*šá*]: **6**, Vs. 1'

[ÉN *dunnānu dunnānu pāris pu-ru-us-se*]-⸢*e*⸣-[*ni*]: **6**, Rs. 10'

[ÉN *elletu* ^{d}*Ištar šá*]*-qù-tú ì-lí* ⸢^{d}*í*⸣-[*gì-gì*]: **36**, Vs. I 21'

ÉN en-na-ab dingir-re-e-ne nam-an-ki-a bi$_{5}$-tar-re: **24**, Vs. 29.30

[ÉN *e-piš*]*-tú qu-um-qu-ma-ti* ^{munus}UŠ$_{11}$.ZU *nar-šin-da-tú*: **26**, Rs. IV 3

ÉN ÍL *di-pa-ra* N[U.ME]Š-⸢*ku-nu a*⸣*-q*[*al-lu*: **8**, Rs. 17

ÉN ÍL ⸢*di*⸣*-p*[*a-r*]*a* NU.MEŠ-*ku-nu* GÍBIL: **8**, Rs. 20

[én k]úr-kúr bíl kúr-kúr i[n-ak] ‖ [*nak-r*]*a a-qal-*⸢*lu*⸣ *nak-ra* ⸢*a-da*⸣-[*ki*]: **13**, Rs. IV 14'-15'; **14**, Rs. 10'; **34**, Vs. I 1

ÉN KUR-*ú li-te-*⸢*e*ʾ⸣*-ku-nu-ši*: **13**, Rs. IV 12'

ÉN *lem-na-*⸢*at*⸣ ^{munus}UŠ$_{11}$.[Z]U: **13**, Rs. IV 7'

ÉN ^{giš}MÁ.GUR$_{8}$-*ia* {*a-na*} ^{d}30 ⸢*ú*⸣*-še-piš*: **4**, Vs. 6'

[ÉN *mannu pâ iptil*] ⸢ŠE⸣.[BAR *ukaṣṣir*]: **6**, Rs. 1'

[ÉN] munus igi ka-kéš ka-kéš-da: **41**, Vs. I 14

[ÉN *nērtīja kaššaptīja ku*]-⸢*šá-pa-ti-ia*⸣: **6**, Vs. 11'

ÉN ⸢*rit-tú*⸣*-ma rit-tu* ⸢*rit*⸣*-tú dan-na-*⸢*te*⸣? *ša* LÚ.⸢U$_{18}$⸣.LU.MEŠ: **5**, Vs. 11'

ÉN *ru-ù*ʾ*-u-a ka*[*š-š*]*á-pat ana-ku pa-ši-r*[*a-ak*]: **4**, Rs. 6'

ÉN *šadû litē*ʾ *kunūši*; siehe ÉN KUR-*ú li-te-*⸢*e*ʾ⸣*-ku-nu-ši*

[ÉN *šaknākū-ma* ÚḪ].⸢^{d}ÍD⸣ DUMU.MUNUS DINGIR.MEŠ GAL.[MEŠ]: **36**, Rs. V 10'

[^{d}*Šamaš dajjān kiššāti*] ⸢*mu-du*⸣*-u k*[*a-la-ma*]: **23**, Rs. 24'

[É]N ^{d}UTU *kaš-šá-p*[*u*] *u* ⸢*kaš*⸣-[*š*]*ap-tú* NU Z[U: **15**, Rs. III 38

[ÉN ^{d}UTU … *muš-te*]-⸢*šer*⸣ DINGIR ⸢*u* LÚ⸣ *at-ta-ma*: **32**, Rs. 5

ÉN ^{d}UTU NU.MEŠ *an-nu-ti šá kaš-‹šá-›pi-ia*$_{5}$ *u kaš-šap-ti-iá šá a-a-ši i-te-né-*⸢*pu*⸣*-šú-nin-ni*: **8**, Rs. 25

[ÉN ^{d}UT]U NU.MEŠ *an-nu-*⸢*ti*⸣ *šá* ^{lú}UŠ$_{11}$.ZU-M[U] ⸢*u*⸣ ^{munus}UŠ$_{11}$.ZU-⸢MU⸣: **15**, Vs. I 26'

ÉN ^{d}UTU *ru-bu-u šur-bu-u* DI.KU$_{5}$ ^{d}*í-gì-gì*: **8**, Vs. 12

[É]N ⸢^{d}⸣UTU *ša* ⸢^{lú}⸣UŠ$_{11}$.ZU *u* ^{munus}UŠ$_{11}$.ZU *na-i-ri ḫa-*[*me-ṭu*(?)]: **12**, Vs. 12'

[ÉN *x x*] *x gap-šu* ⸢*šá*⸣ Š[Ú]R! DINGIR *gaš-*[*ru x x*]: **33**, Vs. 1

[ÉN *x-x-na-ku* ^{giš}*gamla mullila ša ilī* G]AL.MEŠ: **10**, lk. Kol. 6'

[ÉN …] DI.KU$_{5}$ DINGIR *u* LÚ *at-ta-ma*: **13**, Vs. I 15'

[ÉN …] x x x uš x […]: **41**, Vs. I 7

Glossar

zu dem Band

Keilschrifttexte aus Assur literarischen Inhalts 3

Eckart Frahm

Historische und historisch-literarische Texte

Logogramme

A → *aplu(m)*; siehe auch: *Aššur–bāni–apli*; *Aššur–nāṣir–apli*; *Tukultī–apil–ešarra* (Index der Personennamen)
A → *māru(m)*
A siehe A.MEŠ
A.AB.BA → *tiamtu(m)*, *tâmtu*, *tâmdu*
^{lú}A.BA → *ṭupšarru(m)*, *tupšarru(m)*
A.MEŠ → *mû* I
A.RÁ → *adi*
^{íd}A.RAD → *Purattu*
A.RI.A(.)TA(.)BAR → *zēru aḫû*
A.ŠÀ → *eqlu(m)*
Á → *emūqu(m)*
Á.ZÁG → *asakku(m)* I
^{iti}AB → *Ṭebētu(m)*
ÁB.GU.ḪI.A → *sugullu(m)*, *sukullu(m)*
AD → *abu(m)* I
^{lú}AD → *abu(m)* I
AD.ME.GÁN → *šattu(m)* I
ADDA → *pagru(m)*
^{d}AG → *Nabû*
ÁG → *râmu(m)*; siehe auch: *Aššur–rāʾim–nišēšu* (Index der Personennamen)
AM.SI → *pīru(m)* I
AMA → *ummu(m)* I
^{d}AMAR.UTU → *Marduk*
AN → *šamû* I
AN.BAR → *parzillu(m)*
AN.NA → *anāku(m)*, *annaku*
AN.ŠÁR → *Aššur*
AN.TA → *elû(m)* II
ANŠE → *imēru(m)*
^{anše}(Determinativ) siehe *parû(m)* I
ANŠE.EDIN.NA → *serrēmu*
ANŠE.GAM.MAL → *gammalu* II
ANŠE.KUNGA → *parû(m)* I
ANŠE.KUR(.RA) → *sīsû(m)*
^{iti}APIN → *Araḫsamna*, *Araḫsamnu*
ARAD → *(w)ardu(m)*
ARARMA^{ki} → *Larsa*
ARḪUŠ → *rēmu(m)*
AŠ → *nadānu(m)* in Personennamen, siehe *Aššur–aḫa–iddina* (Index der Personennamen)
AŠ → *Aššur* (Index der Götternamen; siehe auch: Index der topographischen Namen und Ethnika)
AŠ.ÀM → *ištēnu(m)*, *ištīnu(m)*
$^{\text{na}_4}$AŠ.GÌ.GÌ → *ašgigû*, *ašgikû*, *ašqiqû*
^{giš}AŠ.TI → *kussû(m)*
ÁŠ → *ṣibûtu(m)*

BA → *qiāšu(m)*
BABBAR → *peṣû(m)* I
$^{\text{na}_4}$BABBAR.DILI → *pappardilû(m)*
^{d}BAD → *Enlil*
BÀD → *dūru(m)* I
BAD$_5$.BAD$_5$ → *dabdû(m)*
(^{uru})BAL.TIL^{ki} → *Aššur*
(^{uru})BAL.TIL^{ki} → *Baltil*
BALA → *palû(m)*
^{giš}BAN → *qaštu(m)* I
BÁRA → *parakku(m)*
BIR → *sapāḫu(m)*
BUR → *pūru* I
BURU$_{14}$ → *ebūru(m)*

DAB → *ṣabātu(m)*
DAGAL → *rapšu(m)*
DAGAL → *rupšu(m)*
DANNA → *bīru(m)* IV, *bēru(m)* IV
DI.KUD → *dajjānu(m)*
DINGIR → *ilu(m)*
^{d}(Determinativ) siehe unten: Index der Götternamen; Index der Personennamen sowie: ^{d}AG; ^{d}AMAR.UTU; ^{d}BAD; ^{d}EN.LÍL.LÁ; ^{d}EN.ZU; ^{d}GIBIL$_6$; ^{d}GU$_4$.DUMU.^{d}UTU; ^{d}IŠKUR; ^{d}KURNUN; ^{d}LAMMA; ^{d}MAŠ; ^{d}U.GUR; ^{d}ÙRI.GAL; ^{d}UTU; ^{d}15; ^{d}30; *ištaru(m)*; *šamšu(m)*
DIŠ → *ištēnu(m)*, *ištīnu(m)*
DU → *alāku(m)*
DU → *āliku(m)* in *ālik pāni*
DÙ → *banû(m)*; siehe auch: *Aššur–bāni–apli* (Index der Personennamen)
DÙ → *epēšu(m)* II
DÙ → *kalû(m)* II
DU$_6$ → *tīlu(m)*, *tillu(m)*; siehe auch: *Tillê* (Index der topographischen Namen und Ethnika)
DÙG(.GA) → *ṭābu(m)*
DÙG.GA → *ṭiābu(m)*, *ṭâbu*
DUGUD → *kabtu(m)*
DUMU → *māru(m)*
DUMU.DUMU → *mār māri(m)*
DUMU.MUNUS → *mārtu(m)*
DUMU.UŠ siehe IBILA

É → *bītu(m)*; siehe auch: *bītānû*
^{é}(Determinativ) siehe *nāmaru(m)*
É.BÀD → *bīt dūrāni*
É.GAL → *ekallu(m)*
É.KUR → *ekurru*
EDIN → *ṣēru(m)* I
ÉGI → *rubātu(m)*
EGIR → *(w)arki*
EGIR → *(w)arkû(m)*
EME → *lišānu(m)*
EME.GI$_7$ → *Šumeru*
EN → *bēlu(m)*; siehe auch: *Bēl–ibni*; *Nabû–bēl–šumāti* (Index der Personennamen)
EN.LÍL^{ki} siehe NIBRU^{ki}
^{d}EN.LÍL.LÁ → *Enlil*
^{d}EN.ZU → *Sîn*; siehe auch: *Sîn–aḫḫē–erība* (Index der Personennamen)
^{giš}EREN → *erēnu(m)* I
(^{lú})ERIM → *ṣābu(m)*
ERIM.TÁḪ → *nārāru(m)* in Personennamen, siehe *Adad–nārārī*
ESIR.UD.A → *kupru(m)*
ÉŠ.GÀR → *iškaru(m)*

GÁ.NU$_{11}$^{mušen} → *lurmu*
GADA → *kitû(m)*
^{mul}GAG.SI.SÁ → *šukūdu(m)*

GAL → *rabîš*
GAL → *rabû(m)* I
^{iti}GAN → *Kislīmu*, *Kisilīmu*
GAR → *šakānu(m)*
GAR → *šaknu(m)*
GARZA → *parṣu(m)*
GAŠAN → *bēltu(m)*
GAZ → *dâku(m)*
GAZ → *dīktu(m)*
GAZ.MEŠ → *dīktu(m)*
GEŠTIN → *karānu(m)*
GEŠTUG → *uznu(m)*
GI → *qanû(m)* I
GI.NA → *kīnu(m)*; siehe auch: *Kār–Šarru–ukīn* (Index der topographischen Namen und Ethnika)
GIBIL → *eššu(m)*
GÍBIL → *šarāpu(m)*
^{d}GIBIL$_{6}$ → *Girra*
GÍD(.DA) → *arāku(m)*
^{giš}GIDRU → *ḫaṭṭu(m)* II
^{giš}GIGIR → *narkabtu(m)*
GIM → *kīma*
GÍN → *šiqlu(m)*
GÌR → *šēpu(m)*
GÌR.BÚL → *riḫṣu(m)*
GISKIM → *tukultu(m)*; siehe auch: *Tukultī–Ninurta* (Index der Personennamen)
^{giš}(Determinativ) siehe ^{giš}AŠ.TI; ^{giš}BAN; ^{giš}EREN; ^{giš}GIDRU; ^{giš}GIGIR; ^{giš}GIŠIMMAR; ^{giš}GU.ZA; ^{giš}IG; ^{giš}KIRI$_{6}$; $^{\text{giš.šim}}$LI; ^{giš}TÚG; ^{giš}ŠUR.MÌN; ^{giš}TIR; ^{giš}TÚG; ^{giš}TUKUL; ^{giš}ÙR; *allu(m)*; *ašūḫu(m)*; *erēnu(m)*; *kirimaḫḫu*; *narkabtu(m)*; *nīru(m)* I; *sassu(m)*; *serdu(m)*; *taskarinnu(m)*; *tukultu(m)*; ^{w}*attartu*; *zamru(m)*; *Tukultī–Ninurta* (Index der Personennamen)
GIŠ.ḪUR → *uṣurtu(m)*
GIŠ.MI → *ṣillu(m)* I
$^{\text{na}_4}$GIŠ.NU$_{11}$.GAL → *gišnugallu(m)*
GIŠ.TUK → *šemû(m)* I
GIŠ.ÙR → *gušūru(m)*
^{giš}GIŠIMMAR → *gišimmaru(m)*
^{giš}GU.ZA → *kussû(m)*
GÚ → *kišādu(m)*
GÚ.UN → *biltu(m)*
GÙ → *rigmu(m)*
GU$_{4}$ → *alpu(m)*
^{d}GU$_{4}$.DUMU.^{d}UTU → *kusarikku(m)*
GURUN → *inbu(m)*
GURUŠ → *eṭlu(m)*

^{íd}ḪAL.ḪAL → *Idiglat*
ḪÉ.GÁL → *ḫengallu(m)*, *ḫegallu(m)*
ḪI.A → *mādu(m)*
ḪUL → *lemuttu(m)*
^{lú}ḪUN.GÁ → *agru(m)*

Ì → *šamnu(m)*
Ì.GIŠ → *šamnu(m)*
Ì+GIŠ → *šamnu(m)*
Ì.NUN.NA → *ḫimētu(m)*

IBILA → *aplu(m)*; siehe auch: *Aššur–nāṣir–apli*; *Tukultī–apil–ešarra*
^{íd}IDIGNA → *Idiglat*
ÍD → *nāru(m)* I
^{íd}(Determinativ) siehe unten Index der Flußnamen sowie: ^{íd}A.RAD; ^{íd}ḪAL.ḪAL; ^{íd}IDIGNA; *agammu*; *īnu(m)* I, *ēnu(m)*
^{giš}IG → *daltu(m)*
IGI → *īnu(m)* I, *ēnu(m)*
IGI → *pānu(m)* I
IGI.SÁ → *igisû(m)*
ILLU → *mīlu(m)*
IM.SI.SÁ → *ištānu(m)* I
ÍMIN → *sebe*
INIM → *awātu(m)*
^{d}IŠKUR → *Adad*; in Personennamen siehe *Adad–idri*; *Adad–nārārī*; *Mušallim–Adad*; *Nūr–Adad*
ITI → *(w)arḫu(m)*
^{iti}(Determinativ) siehe ^{iti}AB; ^{iti}APIN; ^{iti}GAN; ^{iti}KIN; ^{iti}SIG$_{4}$
IZI → *išātu(m)*

KA → *pû(m)* I
KÁ → *bābu(m)* I
(^{uru})KÁ.DINGIR → *Bābilu*
^{uru}KÁ.DINGIR.RA → *Bābilu*
(^{uru})KÁ.DINGIR.RA^{ki} → *Bābilu*
KAL → *dannu(m)* I
KARAŠ → *karāšu(m)* I
KASKAL → *ḫūlu*
KASKAL.GÍD siehe DANNA
KAŠ → *šikāru(m)*
KAŠ.MAḪ → *kašmaḫḫu(m)*
KI → *erṣetu(m)*
KI → *itti*
^{ki}(Determinativ) siehe ARARMA^{ki}; (^{uru})KÁ.DINGIR.RA^{ki}; NIBRU^{ki}; NINA^{ki}; NUN^{ki}; ŠEŠ.UNUG^{ki}; UNUG^{ki}; ZIMBIR^{ki}; *Aššur* (Land); *Baltil*; *Kissik*; *Kulaba*; *Larsa*; *Šuanna* (Index der topographischen Namen und Ethnika)
KI.LÁ → *šuqultu(m)*
KI.TA → *šaplānu(m)*
KIMIN siehe Logogramme ohne sichere Lesung
^{iti}KIN → *Elūlu(m)*, *Ulūlu*
^{giš}KIRI$_{6}$ → *kirû(m)*
KISAL siehe Logogramme ohne sichere Lesung
$^{\text{na}_4}$KIŠIB → *kunukku(m)*
KÙ → *ellu(m)* I
KÙ.BABBAR → *kaspu(m)*
KÙ.GI siehe KÙ.SI$_{22}$
KÙ.SI$_{22}$ → *ḫurāṣu(m)*
KU$_{4}$ → *erēbu(m)*
KÚM → *emmu(m)*
KUR → *mātu(m)*; siehe auch: *Kippat–māti* (Index der Götternamen)
KUR → *šadû(m)* I
^{kur}(Determinativ) siehe *nērebu(m)* sowie: *Ḫamatāju* (Index der Personennamen) und *Ḫabḫu*; *Ḫamānu*; *Ḫatti*; *Išrun*; *(I)zallu*; *Jalman*; *Kašiari*; *Kissik*; *Lallar*; *Laqê*; *Nipur*; *Patina*; *Sirara*; *Ur(u)aṭri*, *Urarṭu* (Index der topographischen Namen und Ethnika)

(^{lú})KÚR → *nakru(m)*
^{d}KURNUN → *Tašmētu(m)*
KUŠ → *mašku(m)*
KÙŠ → *ammatu(m)* I

LÀL → *dišpu(m)*
^{d}LAMMA → *lamassu(m)*; *Lamassatu*
$^{\text{giš.šim}}$LI → *burāšu(m)*
LÍMMU → *erbe*
LÚ → *awīlu(m)*, *amēlu*
^{lú}(Determinativ) siehe ^{lú}A.BA; ^{lú}AD; ^{lú}ERIM; ^{lú}ḪUN.GÁ; ^{lú}KÚR; ^{lú}NÍMGIR; ^{lú}SAG; ^{lú}TUR; *mundaḫṣu*; *nasīku* II; *qīpu(m)*; *ša rēši*; *ša ziqni*; *šitimgallu*; *tīru(m)*; I *urbu* II; siehe außerdem: *Aramu*; *Aššur*; *Ḫagarānu*; *Ḫamrānu*; *Jadaqqu*; *Kaldu*; *Nabatu*; *Puqudu*; *Riḫiḫu*; *Ruʾuʾa*; *Tuʾmunua* (Index der topographischen Namen und Ethnika)
LUGAL → *šarru(m)*; siehe auch: *Kār–Šarru–ukīn* (Index der topographischen Namen und Ethnika)

MA.NA → *manû(m)* II
MAN → *šarru(m)* I
MAŠ → *ašarēdu(m)* in Personennamen, siehe *Salmānu–ašarēd*
MAŠ → *Ninurta* in Personennamen, siehe *Tukultī–Ninurta*
^{d}MAŠ → *Ninurta*; siehe auch: *Tukultī–Ninurta* (Index der Personennamen)
MAŠ.GÁN → *maškanu(m)*
ME → *meʾatu(m)*
MU → *šattu(m)* I
MU → *šumu(m)*; in Personennamen, siehe *Aššur–nādin–šūmi*; *Nabû–bēl–šumāti*
MU → *zakāru(m)*
MU.AN.NA → *šattu(m)* I
MU.SAR → *mušarû* I
^{mul}(Determinativ) siehe ^{mul}GAG.SI.SÁ
MUNUS → *sinništu(m)*
MUNUS.UN.MEŠ siehe Logogramme ohne sichere Lesung
MURUB$_4$ → *qablu(m)* I
MURUB$_4$ → *qablu(m)* II
$^{\text{na}_4}$MUŠ.GÍR → *muššaru*
MUŠEN → *iṣṣūru(m)*
^{mušen}(Determinativ) siehe GÁ.NU$_{11}$^{mušen}; TI$_8$^{mušen}

$^{\text{na}_4}$NA.RÚ.A → *narû(m)*
NA$_4$ → *abnu(m)*
$^{\text{na}_4}$(Determinativ) siehe $^{\text{na}_4}$AŠ.GÌ.GÌ;$^{\text{na}_4}$BABBAR.DILI; $^{\text{na}_4}$GIŠ.NU$_{11}$.GAL; $^{\text{na}_4}$KIŠIB; $^{\text{na}_4}$MUŠ.GÍR; $^{\text{na}_4}$NA.RÚ.A; $^{\text{na}_4}$UGU.AŠ.GÌ.GÌ; $^{\text{na}_4}$ZA.GÌN; *pīlu* I
^{d}NE.GI siehe ^{d}GIBIL$_6$
(^{l})NENNI → *annanna*
NIBRU^{ki} → *Nippur*
NIDBA → *nindabû(m)*
NÍG.BA → *qiāšu(m)*
NÍG.GA → *namkūru(m)*
NÍG.ŠU → *būšu(m)* I
^{lú}NÍMGIR → *nāgiru(m)*
NIN → *bēltu(m)*
NINA^{ki} → *Ninua*
NINDA → *akalu(m)*, *aklu(m)*
NINDA → *nindanu*

NU → *lā*
NUMUN → *zēru(m)* II
NUN → *rubû(m)* I
NUN^{ki} → *Eridu*
NUNUZ → *perʾu(m)*

PAB → *aḫu(m)* I in Personennamen, siehe *Aššur–aḫa–iddina*; *Sîn–aḫḫē–erība*
PAB → *naṣāru(m)*; siehe auch: *Aššur–nāṣir–apli* (Index der Personennamen)
PAD → *kurummatu(m)*
PAP.ḪAL → *purīdu(m)*
PAP.ḪAL → *pušqu(m)*
PÚ → *būrtu(m)*

SAG → *ašarēdu(m)* in Personennamen, siehe *Salmānu–ašarēd*
SAG → *rēšu(m)*; auch in Personennamen, siehe *Aššurš–rēša–išši*
^{lú}SAG → *ša rēši*
SAG.DU → *qaqqadu(m)*
SAG.GI$_6$ → *ṣalmāt qaqqadi(m)*
SAG.KI → *pūtu(m)*
SANGA → *šangû(m)*
SAR → *šiṭru(m)*
^{síg}(Determinativ) siehe ^{sík}(Determinativ)
SIG$_4$ → *libittu(m)*
^{iti}SIG$_4$ → *Simānu(m)* II
SIG$_5$ → *damqu(m)*
^{sík}(Determinativ) siehe *argamannu*
SILA → *sūqu(m)*
SILIM → *salmu* in Personennamen, siehe *Salmānu–ašarēd*; *Salmānu–qarrād*
SILIM → *šalāmu(m)* II
SIPA → *rēʾû(m)*
(^{udu})SISKUR → *nīqu(m)*
^{udu}SÍSKUR → *nīqu(m)*
SU → *riābu(m)*, *râbu* II in Personennamen, siehe *Erīb–Sîn*; *Sîn–aḫḫē–erība*
SUM → *nadānu(m)* in Personennamen, siehe *Aššur–aḫa–iddina*; *Babu–aḫa–iddina*; *Marduk–nādin–aḫi*

ŠÀ → *libbu(m)*
ŠE → *šeʾu(m)*
ŠE.AM → *šeʾu(m)*
ŠE.GA → *magāru(m)*
ŠE.GA → *šemû(m)* I
ŠE.IN → *tibnu(m)*
ŠE.IN.NU → *tibnu(m)*
ŠE.PAD.MEŠ → *uṭṭatu(m)*, *uṭṭetu*
ŠE.UM → *šeʾu(m)*
ŠEŠ → *aḫu(m)* I; auch in Personennamen, siehe *Aššur–aḫa–iddina*; *Babu–aḫa–iddina*; *Sîn–aḫḫē–erība*
ŠEŠ.UNUG^{ki} → *Uru(m)*
ŠID → *iššiʾakku(m)*
ŠID → *šangû(m)*
^{šim}(Determinativ) siehe $^{\text{giš.šim}}$LI
ŠU → *qātu(m)*
ŠU.NIGIN → *napḫaru(m)*
ŠÚ → *kiššatu(m)* I
ŠÙD → *ikribu(m)*
^{giš}ŠUR.MÌN → *šurmēnu(m)*, *šurmīnu(m)*

TA → *ištu(m)* I, *ultu*

TA → *itti*

TA.ÀM siehe Logogramme ohne sichere Lesung

TA* → *ištu(m)* I, *ultu*

TA* → *itti*

TI → *balāṭu(m)* I

TI.LA → *balāṭu(m)* I

TI.LA → *balāṭu(m)* II in Personennamen, siehe *Aššur–uballiṭ*

TI.LA → *balṭu(m)*

TI$_8$^{mušen} → *erû(m)* I

TILLA → *Ur(u)aṭri*, *Urarṭu*

^{giš}TIR → *qištu(m)*

^{giš}TÚG → *taskarinnu(m)*

^{giš}TUKUL → *kakku(m)*

^{lú}TUR → *ṣeḫru(m)*

TÙR → *tarbāṣu(m)*, *tarbaṣu(m)*

^{d}U.GUR → *Nergal*

UB.MEŠ → *kibrātu(m)*

UD → *ūmu(m)*

UD.DA → *ṣētu(m)* I

UDU → *immeru(m)*

^{udu}(Determinativ) siehe (^{udu})SISKUR, ^{udu}SÍSKUR; *ṣēnu(m)* III

UDU.NÍTA → *immeru(m)*

UGU → *eli*

UGU → *muḫḫu(m)*

$^{\text{na}_4}$UGU.AŠ.GÌ.GÌ → *agusīgu*

UM.ME.A → *ummiānu(m)*

UN.MEŠ → *nišū*; auch in Personennamen, siehe *Aššur–rāʾ im–nišēšu*

UNUG^{ki} → *Uruk*

UR.GI$_7$ → *kalbu(m)*

UR.MAḪ → *nēšu(m)*

UR.SAG → *qarrādu(m)*

^{giš}ÙR siehe GIŠ.ÙR

^{d}ÙRI.GAL → *Nergal*

URU → *ālu(m)*

^{uru}(Determinativ) siehe ^{uru}KÁ.DINGIR; ^{uru}KÁ.DINGIR.RA(^{ki}); *birtu(m)* I; *kapru(m)* I sowie *passim* im Index der topographischen Namen und Ethnika

ÚS.SA.DU → *šiddu(m)* I

USDUḪA → *ṣēnu(m)* III

ÚŠ → *dāmu(m)* II

UŠ$_8$ → *uššu* I

^{d}UTU → *Šamaš*; in Ortsnamen, siehe *Sippar–ša–Šamaš*

^{d}UTU → *šamšu(m)*; in Personennamen, siehe *Šamšī–Adad*

ÚTUL → *diqāru(m)*

$^{\text{na}_4}$ZA.GÌN → *uqnû(m)*

(^{sík})ZA.GÌN.MI → *takiltu* I

ZA.ḪUM → *šāḫu(m)*

ZABAR → *siparru(m)*

ZI → *napištu(m)*

ZÌ.DA → *qēmu(m)*

ZIMBIR^{ki} → *Sippar*

ZÚ → *šinnu(m)* I

ZÚ.LUM.MA → *suluppu(m)*

(^{d})10 → *Adad* in Personennamen, siehe *Adad–nārārī*; *Šamšī–Adad*

^{d}15 → *Ištar (aššurītu)*, *Ištar (ša Arbaʾ il)*

^{d}30 → *Sîn*

Logogramme ohne sichere Lesung

KIMIN, Wiederholungszeichen: **67-68**, A li. Kol. 2' (⸢KIMIN⸣)

KISAL, eine Maßeinheit: **22**, Vs. 7.9.15 (jeweils KISAL (Text: DAG))

MUNUS.UN.MEŠ: **38**, ii' 6' (MUNUS.UN.ME[Š)

TA.ÀM, je (nach Zahlen und Maßen)): **77**, Vs. 14 (⸢TA⸣.⸢A⸣$^{?}$-[AN$^{?}$)

Akkadische Wörter

abāku(m), fortführen: G: **33**, [13']*abāru(m)* III, umspannen: D: **72**, Rs. 19 (*ub-bu-r*[*a*]-⸢*ku*⸣)

abattu, gelber Flußkies: **61**, Vs. i 21' (*a-bat-*⸢*ta*⸣$^{?}$)

abātu(m), vernichten: G: **32**, [1']
D: **36**, 6' (*ú-ab-bi-t*[*u*)
N: **57**, Vs. 5' (*iʾ-a-bi-it*); **76-76a**, Vs. 14' (*i-ʾa-ab-tú*$^{?}$(oder: *te*$^{?}$))

abbu, Morast mit Wasserpflanzen (?): **33**, [26']; **36**, 7' (*ab-bu*).8' (*ab-bu*)

abbūtu(m), Vaterschaft; Fürsprache: **72**, Vs. [5]

abnu(m), Stein: **4**, ii' [2']; **33**, [28']; **36**, 9' (NA$_4$); **38**, ii' [4']; **41**, Vs. [18'.19']

abu(m) I, Vater: **12**, Vs. [1'].Rs. 8' (AD.MEŠ-*ia*); **14**, Rs. 8' (*ab-ba-*⸢*e*⸣$^{!?}$).9' ([A]D$^{!}$-*šu*; AD$^{!}$.MEŠ-*šu*); **22**, Vs. 1 (*a*]-*bu*).6 (*a-bi*).14 (AD.MEŠ); **25**, Vs. 14' (*a-bi*); **32**, [15']; **33**, [10'].18' (AD.MEŠ-*ia*).[25']; **34**, 1' (⸢AD⸣.⸢MEŠ⸣-⸢*ia*⸣).5' (AD.MEŠ-*ia*); **40**, 2 (⸢AD⸣$^{?}$.MEŠ-*ia*).16 (*a-bu*); **41**, Vs. [1']; **42**, ii' [3'].i'[2']; **49**, Rs. [2'].6' (AD$^{?}$.ME]Š$^{?}$-*ia*); **78**, ii' 5 (⸢*a*⸣$^{?}$-[*b*]*u*); **79**, Vs. 14 (AD); **80**, Vs. 27 (^{lú}AD)

abūbu(m), Sintflut, Wasserflut: **16-17**, [5']; **23**, Vs. [9]; **26**, Vs. i 2' (*a-bu-b*]*i*)

abutu siehe *awātu(m)*, *amātu*

adanniš, sehr: **80**, Vs. 1 (⸢*a*⸣-*dan-niš*)

adāru(m), finster sein; (sich) fürchten (siehe auch: *lâdiru*): G: **61**, Vs. i 16' (*e-du-r*[*u*)

adi, bis (sofern nicht anders angegeben, Schreibung *a-di*): **5**, i' [4']; **6**, Vs.10'.[13'].Rs.[3']; **8-11**, 2'.[19'].25'.33'; **14**, Rs. 11'; **16-17**, 14'.16'.27'.39'.[43']; **19-20**, [39f.].49f.; **24**, Rs. [18']; **25**, Vs. [9'].15'.Rs. 2'.6'.[8'].12'; **26**, Vs. i [2']; **27**, Vs. ii 5'.8'; **29**, Rs. 9'; **30**, 2'; **32**, [12'].15'.[17']; **33**, [1'.2'.4']; **40**, 9; **41**, Vs. 9'.Rs. 10; **43** (VAT 9524), i' [17']; **57**, Vs. [9']; **59**, 1'; **60**, 3'; **62**, Rs. i' 1' (⸢A⸣.[RÁ); **76-76a**, Rs. 5'; **80**, Vs. 10

adû I, Eid: **69**. Vs. [1]; **70-71**, B 4' (*a-de*^{sic})

agammu, Schilfsumpf, -lagune: **38**, i' 2' (^{í}]^{d}*a-gam-me*); **39**, ii' [1']

aggiš, grimmig, zornig: **23**, Vs. 7 (*ag*$^{?}$-*gi*$^{?}$-*i*]*š*$^{?}$)

agru(m), gemietet; Mietling, Mietarbeiter: **80**, Vs. 6 ($^{\text{lú*}}$ḪUN.[GÁ.MEŠ).9 (*ag-ra*).12 ($^{\text{lú*}}$ḪU]N.GÁ.MEŠ; *ag-ra*)

agû(m) I, Krone, Tiara: **1**, Vs. [10]; **12**, Vs. 3' (*a-ge-e*).[10']; **23**, Vs. 5 (*a-ga-a*)

agurru(m), Backstein, Baustein: **5**, i' [2']; **6**, Rs. [2']

agusīgu, ein Stein: **32**, [10']
aḫā'iš, einander: **24**, Rs. [12']
aḫāmiš, einander: **27**, Vs. ii [8']
aḫāzu(m), nehmen; heiraten; lernen: D: **61**, Rs. i' 14 (*uḫ-ḫi-iz*)
Š: **1**, Vs. [11]
aḫu(m) I, Bruder: **14**, Rs. 11' (ŠEŠ.MEŠ-*šu*); **42**, ii' 3' (Š[EŠ?.MEŠ-*ia*); **70-71**, A [3'].B [6']
aḫu(m) II, Arm, Seite: **6**, Vs. 1' (⸢*a*⸣-[*aḫ*); **8-11**, 11' (*a-aḫ*); **41**, Vs. [4']; **62**, Rs. ii' [7']; **79**, Vs. 2 (*a-ḫa-ti*)
aḫû I: auf der Seite befindlich, fremd, siehe *zēru aḫû*
ajjābu(m), feindlich, Feind: **12**, Vs. [4'].6' (*a-a-bi*); **16-17**, [2']
ajjalu(m) I, Hirsch: **19-20**, [81f.]
ajjumma, welcher auch immer, irgendeiner: **33**, [20']; **34**, [7']
akalu(m), *aklu(m)*, Brot: **19-20**, [72.85].87f. (NI]NDA.MEŠ).91f. (NINDA.MEŠ)
akālu(m), essen, fressen: G: **24**, Vs. [18]
Š: **33**, [3'.5']; **79**, Vs. 4 (*u-šá-ki-lu-ši-*⸢*ma*⸣)
akītu(m), (Neujahrs-)Fest, Festhaus, siehe *bīt akīti*
akkullu, Dechsel, Picke: **14**, Vs. [11']
akṣu, hartnäckig: **33**, 10' (*ak-ṣu*)
alāku(m), gehen: G: **6**, Vs. 6' (*al-lik*).[12']; **7**, Rs. 9' (*a-lik*); **8-11**, [1'].7' (*al-lik*).[15'.22'].32' (*al-lik*); **14**, Vs. [4'.5'.9']; **16-17**, 15' (*il-li-ku-ma*).18' (*a-lik*).[22'.42']; **24**, Vs. 12.15 (jeweils *a-lik*).Rs. [15']; **25**, Vs. [3'].Rs. 3' (*a-lik*).[6']; **33**, 18' (*a-*⸢*li*⸣*-*[*kut*]).[25']; **34**, [5']; **40**, 17 (*lu-ul-*⸢*lik*⸣??); **41**, Vs. [1'].3' (*il-li-k*[*u-ma*]); **45-46**, 2' (⸢*a*⸣-⸢*lik*⸣?).[12'].21' (*a-lik*); **48**, Vs. i 9' (DU-*ik*).[13']; **56**, Seite b [12'.18']; **57**, Vs. 3' (*a-lik*]); **59**, 7' (⸢*il*⸣*-li-ku-ni*).12' (⸢DU⸣-⸢*ku*⸣-⸢*ni*⸣).14' (DU-⸢*ni*⸣?); **61**, Vs. i 11' (DU-⸢*ik*⸣).12' (⸢*a*⸣-*lak*).13' (*il-l*[*i*??*-ku*??); **67-68**, A re. Kol. 7' (*tal-lak-a-ni-ni*); **69**, Vs. 3 (*ta*?*-lak*?]-⸢*a*⸣-⸢*ni*⸣); **74**, Seite a 4' (*al-lik*).5' (*tal-li-ki-ma*).14' (⸢*im*⸣?(-)*tal-lik-ma*); **76-76a**, Vs. 17' (*a-*⸢*lik*⸣? // *a-li-ik*)
Gtn: **24**, Vs. 7 (*it-tal-la-ku-ma*); **76-76a**, Vs. 8' (⸢*it*⸣*-ta-na-lak*)
Gt: **2**, Vs. [3']
ālik pāni, der vorangeht, Anführer, Vorkämpfer: **7**, Rs. 9' (*a-lik pa-ni-ia*); **14**, Vs. [4'.9']; **24**, Rs. 14' (DU *p*[*a*]-⸢*ni*⸣-⸢*ia*⸣); **33**, [25']; **57**, Vs. 3' (*a-lik*] *pa-ni-ia*)
alālu(m) II, aufhängen: G: **33**, [14']; **39**, i' [3']
alkakātu(m), Wege, Wandel: **1**, Vs. 4 (*al-ka*]*-ka-*⸢*tu*⸣*-šu*)
allu(m), Haue, Hacke: **41**, Vs. 8' (gišˀ⸢*al*⸣-[*lu*₄)
alpu(m) I, Rind, Ochse (sofern nicht anders angegeben, Schreibung GU₄): **4**, i' 8''; **19-20**, [72.85.86f.87f.91f.94f.].99f.; **24**, Vs. [22].Rs. 9'; **33**, [9'].11'.[12'].13'; **45-46**, 5'.12'.22'.29'; **56**, Seite a 4'.11'.Seite b [14']; **61**, Vs. i 20'.Rs. i' 5; **79**, Vs. 9 (*al-pi-iš*)
ālu(m) I, Ortschaft, Stadt (Schreibung URU): **4**, ii' [1']; **5**, i' [1']; **6**, Vs. [1'].11'.[14'.15']; **8-11**, [10'].21'.33'.36'; **16-17**, [3'].19'; **19-20**, [34f.].35f.; **21**, Rs.(?) 3'; **24**, Vs. 6.[19]. Rs. [5'.6'.18']; **25**, Vs. 2'.[5'.7'].8'.9'.12'.[16'].Rs. [2'.5'].6'.[8']; **26**, Vs. i [1']; **27**, Vs. ii [1'].3'.4'.[5']; **29**, Rs. 12'; **30**, 4'.6'; **31**, Seite a [9'.16']; **33**, [4'].15'.21'; **34**, [2'.8']; **36**, 6'; **37**, [3'].6'; **39**, i' 2'.[4'].ii' [3']; **45-46**, 10'.11'; **48**, Vs. i 10'.14'; **54**, ii' 4'; **56**, Seite b 10'.18'. [19']; **57**, Vs. 1'; **59**, 4'; **61**, Vs. i 11'.16'.19'.21'.23'.Rs. i' 3; **67-68**, B 6; **76-76a**, Vs. 10'.12'
āl dannūti, Befestigung, Festung: **21**, Vs.(?) [6']; **24**, Vs. [13].Rs. [17']; **25**, Rs. [6'.8']; **33**, 1' (URU].⸢MEŠ⸣ *dan-nu-t*[*i*).2' (URU.MEŠ *dan-nu-ti*); **38**, ii' [12']; **45-46**, 8' (URU *dan-nu-ti-šú*).12' (URU *dan-nu-ti-šú-nu*); **47**, 7' (URU *dan-nu-ti-šú-nu*)

amāru(m), sehen: G: **13**, Rs. 4' (*li-mur-*[*ma*]); **19-20**, 42f. (⸢*a*⸣*-ta-mar*).[46-48]; **28**, Rs. (VAT 9564) 8' (*l*[*i*?*-mur-ma*); **48**, Vs. i [4']; **49**, Rs. [3']; **61**, Vs. i 16' (⸢*e*⸣-⸢*mu*⸣*-ru*); **72**, Rs. 20 (*li-mu-ru-ma*); **76-76a**, Vs. 18' (*tam-ma-ru*)
ambassu, Park (?), **37**, 3' (*a*[*m-ba-si*)
ammaka(m), dort: **76-76a**, Vs. 11' (*am-m*]*a-ka*)
ammar, so viel wie: **66**, Vs. 9' (⸢*am*⸣*-mar*)
ammatu(m) I, Elle: **35**, 16' (DIŠ] ⸢KÙŠ⸣); **36**, 4' (DIŠ KÙŠ); **42**, i' [1']
ammīni(m), warum?: **76-76a**, Vs. 7' (*am-me-ni*)
ammiu(m), jener: **19-20**, [55f.56f.60f.61-63].79f. (⸢*am*⸣*-ma-te*). 94f. (*am-ma-te*); **25**, Vs. [6'.10'].13' (*am-ma-a-te*)
Amurru(m), Westwind, Westen: **36**, 11' (*A-mur-ri*)
amūtu(m) II, (Schafs-)Leber; Leberomen: **41**, Vs. [6']
ana, nach, zu: **1**, Vs. 3.5 (jeweils *ana*).[7].8 (*ana*).[9.11.12].Rs. [2']; **2**, Rs. [1']; **3**, i' [1'.4'].5' (*a-na*); **4**, i' [3'].4' (⸢*a*⸣*-na*).[7'].ii' [1']; **5**, i' [3'].5'.8' (jeweils *a-na*); **6**, Vs. 3' (*a-na*).[6'].8' (*a-*[*n*]*a*).11' (*a-na*).[12'.15'].Rs. 1' (*a-n*]*a*).2' (*a-na*).6' (⸢*a*⸣-[*na*); **7**, Vs. 12' ([*a-n*]*a*).Rs. 10' (*a-na*); **8-11**, 1' (*a-na*).[6'.7'].9'.12' (jeweils *a-na*). [15'.21'].22' (⸢*a*⸣*-na*).[26'].32' (*a-na*).[36']; **12**, Rs. 6' (*a-n*[*a*).[7'.8'].9' (*a-na*).[11']; **13**, Rs. [1'].5' (⸢*a*⸣-⸢*na*⸣); **14**, Vs. 7' (*a-n*]*a*).[12'.13'].Rs. 3' (*a-n*[*a*).6' (*a-na*).8' (⸢*a*!⸣*-na*!⸣); **16-17**, 10' (*a-na*).[11'].17'.21'.22' (jeweils *a-na*).24' ([*a-n*]*a*!).28' (*a-na*).[29'].42'.50' (jeweils *a-na*); **19-20**, [34f.37f.39f.40.51f.54f.67f.].84 (*a*]-⸢*na*⸣?).[90].96f. (*àna*); **21**, Vs.(?) [4']; **22**, Vs. [1].9 (⸢*a*⸣*-n*[*a*).10 (⸢*ana*⸣).12 (*ana*); **23**, Vs. 6 (*a-*⸢*na*⸣).[13]. Rs. 2' (*a-na*); **24**, Vs. [1.4].12 (*a-na*).[20].Rs. [7'].12' (*a-n*]*a*).[13'].14' (⸢*a*⸣-[*n*]*a*).19' (*a-na*); **25**, Vs. 1' (*a*]*-na*).[2'-5'.7'].8' (*a-n*]*a*).14' (⸢*a*⸣-[*na*).[16'.17'].Rs. [3'.4'.6'.8']; **27**, Vs. ii 4' (*a-na*).[8']; **28**, Vs. [1].9.10 (jeweils *a-na*).Rs. (VAT 9564) [2'.4'.5'].7' (*a-na*); **29**, Vs. [1']; **31**, Seite a 5' (*a-na*).[16']; **32**, 5'.6' (jeweils *a-na*).[8'.10'.12'.17'].18' (*a-*⸢*na*⸣); **33**, [3'.6'].10'.11' (jeweils *a-na*).[12'.13'].14'.20' (jeweils *a-na*). [21'.23'.24'.27']; **34**, [1'.7'.8'].10' (*a-na*).[11']; **36**, 2' (*a-na*); **37**, [1']; **38**, ii' 1' (⸢*a*⸣-[*na*).i' [3'.13']; **39**, i' [5'].ii' 18' (⸢*a*⸣-⸢*na*⸣); **40**, 5 (⸢*a*⸣*-na*).7 (*a-na*); **41**, Vs. [4'].Rs. 3 (*a-na*).[5.6.10]; **42**, i' [7']; **44**, 6' (*a-na*); **45-46**, [2'].10'-12'.16' (jeweils *a-na*).20' (*a-*⸢*na*⸣).[21'.23'].25'.27' (jeweils *a-na*); **47**, 12' (*a*?*-n*[*a*?); **48**, Vs. i 7' (*a-n*]*a*).8'.12' (jeweils *a-na*).Rs. i' 9'.10' (jeweils *a-na*); **49**, Rs. 5' (*a-na*); **52**, [4']; **53**, 3' (⸢*ana*⸣?); **54**, ii' 4' (*ana*); **56**, Seite a, 2' (⸢*ana*⸣).Seite b [6'].9' (*ana*?).11'.16' (jeweils *ana*).[17'].18' (*ana*); **59**, [5'.12'].15' (⸢*a*⸣??*-n*[*a*?); **61**, Vs. i 2' (*a-na*).4' (⸢*a*⸣*-na*).11'.13' (jeweils *a-na*).Rs. i' 2 (*a-na*).[10].12 (⸢*a*⸣-⸢*na*⸣).15.16 (jeweils *a-na*); **62**, Rs. i' 5' (*a-na*).ii' [1']; **63**, Vs. 6 (*ana*); **64**, Rs. 1' (⸢*a*⸣?-⸢*na*⸣?); **65**, 3' (⸢*a*⸣?-[*na*?).VAT 15420 Seite a 9' (*a-na*).11' (*a-na*); **66**, Rs. 7 (*a-na*); **67-68**, A re. Kol. 1' (*a-n*]*a*?).5' (*a-na*).B [3.4]; **69**, Vs. 3 (*a-na*).4 (*a-na*); **70-71**, A [12']; **72**, Vs. 1 (*a na*).7 (*a-n*[*a*).11.Rs. 15 (*a-na*); **73**, Vs. 1.Rs. 9 (jeweils *a-na*); **74**, Seite a 6' (*a*?*-n*]*a*).[7'].11' (*a-na*); **75**, Rs. i' 6' (*a-na*).7' (*a-*[*na*?); **76-76a**, Vs. [5'].6'.15' (jeweils *a-na*).Rs. 2' (*a*?]*-na*).3' (*a-na*).4' (*ana*?).5' (⸢*a*⸣*-na*).6' (⸢*a*⸣*-na*).13' (*a-na*).14' (⸢*ana*⸣?); **77**, Vs. 9 (*a-na*); **79**, Vs. 2 (*ana*); **80**, Vs. 1 (*a-*⸢*na*⸣).6 (*a-*⸢*na*⸣)
ana libbi, in (hinein): **61**, Vs. i 16' (⸢*a*⸣*-na* ŠÀ)

ana muḫḫi, hin – zu; vor: **19-20**, 48f. (*a-n*]*a* UGU); **22**, Vs. 7 (*a-na muḫ-*⸢*ḫi*⸣).9 (⸢*a*⸣*-n*[*a muḫḫi*); **25**, Rs. [9']; **56**, Seite b 14' (*ana muḫ-ḫi-ia*); **61**, Rs. i' 6 (⸢*a*⸣*-*[*n*]*a* UGU); **73**, Vs. 6 (*a-na* U[G]U$^?$)

ana pān, vor: **16-17**, 18' (*a-na pa-a*[*n*)

ana šatti, daraufhin: **72**, Rs. 13 (*šat-ti*!)

anāḫu(m), müde sein, ermüden: G: **12**, Rs. [9']; **13**, Rs. [2']; **22**, Vs. 6 (*e-na-aḫ-*[*ma*$^?$).8 (*e-na-aḫ-ma*); **23**, Rs. 2' (⸢*e*⸣*-*⸢*na*⸣*-ḫ*[*u-ma*); **40**, 3 (*e-*⸢*na*⸣*-aḫ*(-[*ma*])); **52**, 3' (⸢*e*⸣*-na-ḫu*); **57**, Vs. 4' (*e-n*]*a-*⸢*aḫ*⸣*-ma*)

Š: **74**, Seite a 9' (*tu-ša-*⸢*ni*⸣$^?$*-*⸢*iḫ*⸣$^?$)

anāku, ich (Schreibung *a-na-ku*): **1**, Vs. [6]; **16-17**, [2'.3']; **41**, Vs. 7'; **42**, i' 2'; **49**, Rs. [5']; **63**, Vs. [6]; **74**, Seite a 1'.2'.3'.13'; **75**, Vs. ii' 4.Rs. i' 6'; **80**, Vs. 15

anāku(m), *annaku*, Zinn, wohl auch Blei: **19-20**, [71].90 (AN.N[A.MEŠ]).93f.97f. (jeweils AN.NA.MEŠ); **24**, Rs. [9']; **25**, Rs. [10']; **42**, i' 2' (*a-na-ku*); **56**, Seite b 16' (AN.⸢NA⸣)

andillu siehe *andullu(m)*

andullu(m), *andillu*, Schirm, Schutz: **23**, Vs. [6]

andurāru(m), Zustand der Lastenbefreiung, Freistellung von Abgaben: **32**, [4']

anḫullu siehe *imḫullu(m)*

anḫūtu(m), Ermüdung, Verfall: **12**, Rs. 10' ([*an-ḫu*]-⸢*su*⸣); **13**, Rs. [4']; **22**, Vs. 13 (*an-*⸢*ḫu*⸣*-*⸢*su*⸣); **23**, Rs. [2']; **40**, 5 (*an-ḫu-sa*); **41**, Vs. 3' (*an-ḫ*]*u-ta*); **52**, 3' (*an-ḫu-s*[*u-nu*$^?$)

annaka(m), hier: **76-76a**, Vs. 12' (*a*]*n-na-ka*)

annaku siehe *anāku(m)*

annanna, NN, so und so: **72**, Vs. 9 (^{I}NENNI).10 (NENNI$^?$)

annu(m) I, Jawort, Zusage: **41**, Vs. 5' (⸢*an*⸣*-*⸢*nu*⸣)

annu II, Sünde, Unrecht: **32**, [1']; **39**, i' [4']

annû(m) I, *ḫanniu*, dieser: **14**, Rs. 5' ([*a*]*n*$^?$*-nu-te*); **41**, Vs. 2' (⸢*a*⸣*-nu-ú*); **47**, 6' (*a*[*n*$^?$*-ni*$^?$*-i*$^?$); **48**, Vs. i 3' (⸢*an*⸣$^?$*-*⸢*na*⸣$^?$*-*[*a*$^?$).4' ([*an*$^?$]*-na-a*); **66**, Vs. 9' (*an-ni-*[*e*$^?$); **70-71**, A 9' (*ḫ*]*a-*⸢*an*⸣*-*⸢*nu*⸣-<<*nu*>>*-ma*).B 4' (⸢*an*⸣*-*⸢*nu*⸣*-ti*); **76-76a**, Vs. 2' (*an*]*-nu-ú* // *an-nu-u*)

apālu(m) I, begleichen; antworten: G: **41**, Vs. 5' (*i-pu-lu-ni-ma*); **42**, ii' 1' (⸢*i*⸣$^?$*-*[*pu-lu-šu-ma*); **76-76a**, Vs. 15' (*ip-pa*[*l-šu* // *e-pal-šú*)

apāru(m), den Kopf bedecken, auf den Kopf setzen: G: **1**, Vs. 10 (⸢*e*⸣*-pír-a-ni*)

D: **12**, Vs. 11' (⸢*tu*⸣*-*⸢*up*⸣$^?$*-*[*pi-ra-šu*])

aplu(m), Erbe, Sohn: **73**, Vs. 3 (⸢DUMU⸣$^?$.UŠ)

appāru(m), Röhricht, Sumpf: **33**, 24' (*ap-pa-ri-šú-un*); **34**, [11']; **38**, i' [2']; **39**, ii' 2' (*ap-pa-ra-a-t*[*i*)

apsû(m), unterirdisches Süßwassermeer, Grundwasser: **66**, Vs. 8' (*ap-*⸢*si*⸣*-*⸢*i*⸣); **74**, Seite a 12' (*ap-si-*⸢*i*⸣)

apu(m), Röhricht: **33**, [24']; **34**, [11']

Araḫsamna, *Araḫsamnu*, der 8. Monat des babylonischen Kalenders: **29**, Vs. 4' (^{iti}APIN)

arāku(m), lang sein: G: **22**, Vs. 10 (GÍD); **28**, Rs. (VAT 9564) 3' (GÍD).[8']; **41**, Rs. 3 (GÍD.DA)

arāru(m) I, verfluchen: G: **64**, Rs. [5']; **66**, Rs. 2 (*li-ru-ru-ku-n*[*u*); **69**, Vs. [12].Rs. 6 (*li-*[*ru-ru-ku-nu*)

arbaʾu(m), *arbattu*, vier (nur nach *kibrātu(m)*; siehe auch: *erbe*, F. *erbettu(m)*): **16-17**, [2']; **33**, [19']; **34**, 6' (*ar-ba-ʾi*); **35**, 10' (*ar-ba-ʾ*]*i*)

argamannu, Purpur: **32**, 11' (^{sí}]^{g}*ar-ga-man-nu*)

arḫu siehe *urḫu(m)*

āribu, Rabe, Krähe: **76-76a**, Vs. 18' (*a-ri-bu*).Rs. 4' (*a-ri-bu*)

arku(m) I, lang: **42**, i' [1']

arnu(m), Schuld, Unrecht, Sünde: **39**, i' [8']

arratu(m), Fluch: **64**, Rs. 2' (*a*]*r-rat*).5' (*ar-rat*); **66**, Rs. [2]; **69**, Vs. 11 (*ar-r*]*at*).Rs. [6]

asakku(m) I, ein Krankheitsdämon: **72**, Rs. 19 (Á.ZÁG)

asītu(m), Turm, Pfeiler: **5**, i' 2' (*a*]*-sa-ia-t*[*e-šu*)

askuppu(m), *askupattu*, Steinplatte, Türschwelle: **33**, 29' (*as-kup-pat*); **36**, 13' (*as-kup-pat*); **42**, i' [3']

aslu II, eine der Elle ähnliche Maßeinheit: **36**, 10' (*as$_4$-lum*)

asumittu, *usmittu*, beschriebene Stein-(Metall-)Platte: **19-20**, [59f.]

asurakku, Grundwasser: **33**, 28' (*a-sur-rak-k*[*i-šá*)

asurrû(m), Grundmauer: **33**, [29']; **42**, i' 3' (*a*]*-sur-ru-šú*)

ašarēdu(m), allererster, vornehmster: **16-17**, [1']; **23**, Vs. [8]; **39**, ii' 15' (*a-šá-red*)

ašarēdūtu(m), Stellung des Allerersten, erster Platz: **12**, Vs. [11']

ašgigû, *ašgikû*, *ašqiqû*, ein Mineral, Türkis: **32**, 10' (^{na_4}AŠ.GÌ.GÌ.⸢MEŠ⸣)

ašru(m) III, Ort, Stelle, Stätte: **2**, Rs. [1']; **12**, Rs. [8'].11' (*áš-ri-š*]*u-nu*); **13**, Rs. 5' (*áš-ri-šu-n*[*u*]); **19-20**, 37f. (⸢*a*⸣*-šar*).[59f.63f.].95f. (*a-šar*); **23**, Rs. 2' (*á*[*š*]*-*⸢*ri*⸣$^?$*-*[*šu*$^?$]); **28**, Rs. (VAT 9564) [9']; **32**, [5']; **33**, 17' (*áš-ru*); **34**, [4']; **48**, Rs. i' 10' (⸢*a*⸣*-š*[*a*]*r*); **52**, 4' (*áš*$^?$*-r*]*i*$^?$*-šú-nu*); **62**, Rs. ii' [8']; **63**, Vs. 6 (*áš-ri-*⸢*šú*⸣); **76-76a**, Vs. 18' (*a-šar*).Rs. 4' (*a*]*-šar*).6' (*a-šar*)

aššu(m), wegen; weil: **76-76a**, Vs. 13' (*á*]*š-šu*)

aššurû, assyrisch: **22**, Vs. 1 (*áš-šu-ri-i*); **24**, Vs. 1 (*a*[*š-š*]*u-*⸢*ri*⸣*-*⸢*i*⸣$^?$); **69**, Vs. [10].Rs. 4 (*aš-šur-*⸢*i*⸣*-*[*tu*)

ašūḫu(m), etwa Föhre: **75**, Vs. ii' 8 ($^{giš?}$*a*$^?$*-š*[*u*$^?$*-ḫu*$^?$)

attartu siehe ^{w}*attartu*

attunu, ihr: **67-68**, A re. Kol. 6' (*at-tu-nu*); **70-71**, A [2'.12'].B [4']

awātu(m), *amātu*, Wort; Angelegenheit: **69**, Vs. 2 (*a-bu-tú*); **70-71**, A 5' (*a-*⸢*bu*⸣$^?$*-tu*); **74**, Seite a 8' (⸢*a*⸣$^?$*-*⸢*ma*⸣$^?$*-at*); **76-76a**, Vs. 6' (*a-ma-ta* // *a-ma-tu*).15' (⸢INIM⸣ // *a-ma-tú*).Rs. 13' (INIM)

awīlu(m), *amēlu*, Mensch; Bürger: **61**, Vs. i 14' (⸢LÚ⸣$^?$.MEŠ); **80**, Vs. 1 (⸢LÚ⸣/⸢LUGAL⸣; siehe auch: *šarru(m)*)

bābu(m) I, Tor, Tür: **40**, 12 (KÁ-*šú*); **41**, Rs. [13]; **55**, Rs. 2 (KÁ(-)*ša*); **74**, Seite a 6' (⸢KÁ⸣$^?$)

bāʾeru(m), *bāʾiru(m)*, Fänger: **77**, Vs. 8 (*ba-ia-ru*)

baḫūlātu, Mannen, Truppen: **33**, 10'.14' (jeweils *ba-ḫu-la-te*).[24']; **34**, [11']; **36**, 3' (*ba-ḫu-la-*⸢*te*⸣); **38**, i' [15']; **39**, ii' 12 (*ba-ḫu-*⸢*la*⸣*-*⸢*ti*⸣)

bakû(m), weinen: G: **74**, Seite b 5' (*ib-*⸢*ta*⸣*-ka-a*)

balālu(m), besprengen; vermischen, legieren: G: **41**, Vs. 10' (*ab-lu-l*[*a*).Rs. [2]

balāṭu(m) I, Leben: **22**, Vs. 10 (TI-*a*); **33**, [5']; **50**, 7' (TI.LA)

balāṭu(m) II, leben: G: **28**, Rs. (VAT 9564) [2' (oder *bulluṭ*)]; **41**, Rs. 3 (*ba-laṭ*)

D: **28**, Rs. (VAT 9564) [2' (oder *balāṭ*)]; **72**, Vs. 6 (*mu-bal-li-ṭa-at*); **73**, Vs. 3 (*mu-bal-liṭ*)

balṭu(m), lebend(ig): **45-46**, 14' (TI.LA.MEŠ)

banû(m) I, gut, schön: **75**, Vs. ii' 1 (*ba-ni-t*[*u*)

banû(m) IV, schaffen; bauen: G: **25**, Rs. 10' (*a*]*b-ni*); **43** (VAT 9534), i' 1' ([*ba*$^?$*-ne*$^?$]*-e*)

D: **41**, Rs. [8]

baqāru(m), *paqāru(m)*, Anspruch geltend machen, vindizieren: G: **63**, Vs. [2]

bārtu(m), Aufstand, Empörung: **67-68**, A re. Kol. 4' (*bar-tu$_4$*). B [7] *bārûtu*, Arbeit, Weisheit usw. des Opferschauers: **41**, Vs. 5' (*ba*]-*ru-te*)

bašû(m), (vorhanden) sein, existieren: G: **31**, Seite a [9']; **33**, [15'.21'.22']; **34**, [2'].8' (*ib-ši-ma*).9' (*ib-ši*-[*ma*); **35**, 12' (*ib-ši*]-*ma*).13' (*ib-ši*-[*ma*); **38**, ii' [8']; **39**, i' 8' (*ib-šu*]-*ú*)

Š: **33**, [26']; **36**, 7' (⌜*ú*⌝-[*šab-šu-ú*); **39**, i' 1' (⌜*ú*⌝-⌜*šab*⌝-⌜*šu*⌝-⌜*ú*⌝)

N: **43** (VAT 9524), i' 4' ([*ib-ba-š*]*i-ma*); **62**, Rs. i' 9' (⌜*i*⌝$^{?}$-[*tab-ši*)

batāqu(m), ab-, durchschneiden, abreißen: D: **45-46**, [6'].15' (*ú-bat-tiq* // *ú-bat*-[*tiq*(-*ma*)); **56**, Seite b 7' (*ú-bat-tiq*).15' (*ú-bat-tiq*)

battubatte siehe *battubattēn*

battubattēn, *battubatte*, *battibatte*, *bat(ta)batti*, ringsherum: **19-20**, [42f.].46-48 (*battu-bat-te*]-⌜*ši*⌝$^{?}$-⌜*na*⌝$^{?}$); **45-46**, [11']; **56**, Seite b 12' (*b*]*at-tu-bat-te-šú-nu*).[19']

batultu, Jungfrau: **74**, Seite b 6' (*ba-tu-la-t*[*u*)

batūlu, Jüngling, junger Mann: **74**, Seite b 7' (*ba-tu-lu*)

baṭālu(m), aufhören: N: **32**, [3']

baṭlu(m), außer Gebrauch gekommen: **32**, [5']; **76-76a**, Vs. 13' (*ba-aṭ-lu*)

bâʾu(m) I, entlanggehen: G: **33**, 26' (*i-ba-ʾu*-[*ma*); **36**, 7' (*i-ba-ʾu*]-*ú-ma*)

baʾūlātu(m), die Beherrschten, Untertanen: **33**, [18']; **34**, [5']

bēltu(m), Herrin: **12**, Vs. 7' (*be-let*); **61**, Rs. i' 17 (NIN.MEŠ-*šu*); **72**, Vs. 5 (*be-let*).7 (GAŠAN); **74**, Seite a 12' (N]IN$^{?}$-*at*); **79**, Rs. 7 (GAŠAN)

bēlu(m) I, Herr: **1**, Vs. [7]; **3**, i' 4' (EN-*i*]*a*).[6']; **4**, i' [2']; **5**, i' 8' (EN-*ia*); **7**, Rs. 11' (EN); **8-11**, [6'].8' (EN.MEŠ-*i*[*a*); **12**, Vs. [1'].3' (EN).Rs. [7']; **13**, Rs. [6']; **14**, Vs. [1'.4']; **16-17**, [13'.18'.51']; **22**, Vs. 1 (⌜EN⌝$^{??}$-[*šu*?]); **23**, Vs. [9]; **24**, Vs. 1 (EN).Rs. [14']; **28**, Vs. 1 (EN).7 (*be-lu*$_4$).Rs. (VAT 9564) 2' (EN-*i*[*a*$^{?}$).6' (EN); **31**, Seite a [4'.9']; **32**, [8'.21']; **33**, [11']; **38**, ii' [11']. i' [6']; **39**, ii' 5' (EN); **40**, 12 (EN).16 ([E]N); **41**, Vs. 2' (*be-lí-ia*). Rs. [5]; **43** (A 494), i' 7' (EN.MEŠ-[*ia*); **45-46**, [10']; **56**, Seite a 3' (⌜EN⌝).Seite b 13' (EN.MEŠ-*a*); **57**, Rs. 4 (E[N); **61**, Rs. i' 11 (E]N-*šu*); **62**, Rs. i' 5' (*be-l*[*í-šu-nu*); **63**, Vs. 7 (EN; EN-*ia*); **67-68**, A re. Kol. 10' (EN-*ku-nu*); **69**, Vs. [1.3].4 (EN-*ku-n*[*u*); **70-71**, A 8' (EN-*k*[*u-nu*).B [1'.4']; **72**, Vs. 2 (EN); **73**, Vs. 4 (EN; EN-*šu*); **74**, Seite a 11' (EN); **75**, Rs. i' 8' (EN); **76-76a**, Vs. 6' (*be-lí-šú*).7' (*be-la-ni*).Rs. 13' (⌜EN⌝$^{?}$-*šú*$^{?}$); **80**, Vs. 4 (EN)

bēl birkī, 'Herr der Knie', Läufer: **14**, Vs. [7']

bēl ḫīṭi, Verbrecher, **5**, i' 7' ([E]N.MEŠ *ḫi-i-ṭí*); **33**, [4']; **67-68**, A re. Kol. [8']

bêlu(m), ass. auch *peʾālu*, *pêlu*, (be-)herrschen; verfügen: G: **6**, Vs. [3']; **8-11**, 12' (*a*-[*pél*); **16-17**, 21' (*i-p*[*e-lu-ma*); **23**, Vs. 6 (*p*[*e*$^{?}$-*e-li*(?)]); **24**, Vs. 4 (*pe*$^{?}$-*e*$^{?}$-*l*]*i*$^{?}$); **48**, Vs. i 2' (*i-be*$^{?}$-[*lu*$^{?}$)

bēlūtu(m), Herrschaft: **1**, Vs. 3 (*be*-⌜*lu*⌝-⌜*si*⌝-*na*).[10]; **6**, Rs. [2']; **7**, Rs. 3' ([E]N-*ti-ia*); **12**, Vs. [12'].Rs. [5']; **33**, [18'.20']; **34**, [1'].5' (*be-lu-ut*).7' (*be-lu-ti*); **36**, 5' (*be-lu-te-šú-un*); **37**, 1' (*be*-⌜*lu*⌝-[*ti-ia*]); **38**, i' [4']; **39**, i' 11' (*be-lu-t*]*i*).13' (*be-lu-ti-i*]*a*).ii' 9' (*be-lu-ti-šú*); **40**, 7 (*be-lu-ti-ia*); **41**, Rs. 18 (*be*-⌜*lu*⌝-*t*[*i-šu*); **42**, i' 7' (*be-lu*-[*ti-ia*); **49**, Rs. 5' (*be-l*[*u-ut*); **70-71**, A 10' (EN-*u-t*]*u*)

berû(m) II, hungrig sein, hungern: Š: **12**, Vs. [4']

bētānu siehe *bītānu*

biādu(m) siehe *biātum*

biātum, *bâtu*, ass. *biādu(m)*, die Nacht verbringen, übernachten: G: **19-20**, 41 (*be*$^{?}$-*d*]*e*$^{?}$).[41f.44f.45f.48f.50f.-60f. 63f.-65f.].67f. (*b*[*e-de*). [68f.79f.84.85f.87f.].89f. (*be-de*).94f. (*be-d*]*e*).[96f.]; **56**, Seite b 20' (*be*$^{?}$]-*dàk*)

biblu(m), Bringen, Gebrachtes, siehe *bibil libbi*

bibil libbi, Herzenswunsch: **12**, Vs. [9']; **22**, Vs. 3 (*bi-bíl lìb-bi-k*[*a*)

billudû siehe *pelludû(m)*

biltu(m) I, Tragen, Last; Talent; Ertrag; Abgabe (Schreibung GÚ.UN): **5**, i' 10'; **6**, Vs. [4']; **7**, Vs. 10'; **8-11**, [12']; **16-17**, 26'; **19-20**, [69f.].90.[91f.].93f.97f.[98f.99f.]; **23**, Vs. 9; **24**, Rs. 10'; **25**, Rs. [5']; **32**, 9'; **33**, 19'; **34**, 6'; **38**, ii' [5']; **48**, Vs. i [16']; **56**, Seite a 10'

birku(m), Knie, siehe *bēl birkī*

birmu I, bunter Stoff: **19-20**, [72]; **32**, 11' (*bir-me*)

birti, *berti*, *birtu*- III, zwischen, unter: **19-20**, [35f.65f.]; **24**, Vs. 13 (*bir-t*[*e*$^{?}$]); **80**, Vs. 10 (*bir-te*)

birtu(m) I, Festung, Burg: **16-17**, 29' (*bi*-[*ra-a-te*.MEŠ); **25**, Vs. 8' (*bi-ir-ti*).Rs. 11' (^{uru}*bi-ir*-⌜*tu*⌝)

bīru(m) III, Opferschau: **63**, Vs. [5.9]

bīru(m) IV, *bēru(m)* IV, Zwischenraum; Doppelstunde, Meile (Schreibung DANNA): **32**, 13'; **77**, Vs. 14; **79**, Rs. 2

bītānu, *bētānu*, im Haus, innen: **16-17**, [14']; **24**, Rs. 4' (*be-t*]*a-ni*); **25**, Rs. [11'.12']

bītānû, innerer: **41**, Vs. 2' (É]-⌜*a*⌝-*nu-ú*)

bitrû, beträchtlich, prächtig: **40**, 14 (*bit-ru-te*)

bītu(m), Haus (Schreibung É): **8-11**, 7'; **12**, Rs. 7'.[9']; **36**, 4'.11'; **41**, Vs. 2'.[3'].4'.[6'.9'].Rs. 8.[10.17]; **42**, ii' [3'].i' [1']; **43** (VAT 9524), i' [2']; **58**, ii 7'; **61**, Rs. i' 11; **64**, Rs. 8'; **76-76a**, Vs. 10'.18'.Rs. 1'.3'.5'

bīt akīti, Neujahrsfesthaus: **32**, [8']; **69**, Vs. [11].Rs. [5].8 (É *á-ki*-⌜*it*⌝)

bīt dūrāni, Festung: **33**, [1'].2' (⌜É⌝ ⌜BÀD⌝.[MEŠ-*ni*)

bīt niṣirti, Schatzhaus: **38**, ii' [3']

bīt ridûti, *bīt redûti*, *bīt rēdûte*, 'Nachfolgehaus': **67-68**, A re. Kol. [2'.10'].B 4 (*re-du-t*[*e*); **69**, Vs. [5]; **70-71**, A 7' (⌜É⌝ ⌜*re*⌝-[*du-ti*).B 5' (⌜É⌝ [*rēdûti*]).[7']

buʾāru(m) I, etwa 'Heiterkeit': **40**, 17 (⌜*bu*⌝-⌜ʾ⌝*a*⌝-[(*a*)-*ri*$^{?}$)

bukru(m), Erstgeborener: **75**, Rs. i' 2' (*bu-uk-r*[*i*$^{?}$)

būlu(m), Getier, Vieh: **1**, Vs. [11]

būnu(m) II, das Gute; Pl. Gesicht: **75**, Rs. i' 5' (*bu-ni*-[*ki*$^{?}$)

burāšu(m), Wacholder: **25**, Vs. 4' ($^{giš.šim}$LI)

būrtu(m), Zisterne, Brunnen: **19-20**, [42f.].43f.(⌜PÚ⌝.⌜MEŠ⌝).46-48 (PÚ.ME[Š])

burūmû, (funkelnder) Sternenhimmel: **33**, [16']; **34**, 3' (*bu-ru-me*-⌜*e*⌝); **41**, Rs. [8]

būšu(m) I, *bušû*, bewegliche Habe, Besitz: **6**, Vs. [15']; **38**, ii' [5']; **45-46**, 22' (NÍG.Š]U.MEŠ-*šú-nu*).29' (NÍG.ŠU. MEŠ-*šú-nu*); **56**, Seite a 4' (⌜NÍG⌝$^{?}$.⌜ŠU⌝$^{?}$/⌜GA⌝$^{?}$.MEŠ-*šú-nu*; siehe auch: *namkūru(m)*); **59**, 3' (*bu-ša*-⌜*šu*⌝$^{?}$-*nu*); **61**, Vs. i 22' (NÍG.ŠU.MEŠ-*šu-nu*)

buʾʾû(m), suchen: D: **70-71**, B [3']

dabābu(m), sprechen, reden: G: **74**, Seite a 13' (*ad-bu-ub*); **76-76a**, Vs. 4' (*lu-ud-bu-ub*)

dabdû(m), Niederlage: **6**, Vs. [11']; **8-11**, 20' ([*dáb-da-šu-n*]*u*); **16-17**, 27' (*dáb-da*).40' (BAD$_5$.BAD$_5$(-)[); **24**, Rs. 15' (*dáb-da*-⌜*šú*⌝-[*nu*); **25**, Vs. [17']

dagālu(m), schauen, blicken, ansehen: G: **41**, Rs. [10]; **70-71**, A [9']

Š: **32**, [3']; **39**, ii' 11' (*ú-šad-gil*)

dāgil pāni, Untertan, Vasall: **67-68**, B 1 (*da-gíl pa-ni*)
dajjaltu, etwa 'Wildbahn': **19-20**, [80f.81f.]
dajjānu(m), Richter: **12**, Vs. [4']; **24**, Vs. 11 (D]I.KUD)
dâku(m), ass. *duāku(m)*, töten; schlagen: G: **8-11**, 26' (*a-duk*).[31']; **19-20**, 42f. (⸢GAZ⸣-⸢*ak*⸣).[45f.49f.80f.81f.]; **24**, Vs. [14].Rs. 6' (⸢*a*⸣-⸢*duk*⸣).[16']; **25**, Rs. [7'].8' (*a-duk*); **27**, Vs. ii [6']; **29**, Rs. [11']; **39**. i' [2']; **45-46**, [5'].13' (*a-duk*).[31']; **53**, 7' (*a-duk*); **61**, Vs. i 17' (⸢*i*⸣?-*d*[*u*]*k*). 20' (⸢*i*⸣?-*d*[*u*]*k*); **62**, Rs. i' 11' (*i*[*d*?-*du-uk*); **67-68**, A re. Kol. 4' (*du-a-ki-šú-nu*)
daltu(m), Tür(-flügel): **40**, 11 ([giš]IG.MEŠ); **41**, Rs. [13]; **42**, i' [9']
damāmu(m), jammern, klagen: G: **74**, Seite b 8' (*i*-⸢*da*⸣-*mu-mu*)
damqu(m), gut: **43** (A 494), i' [12']; **69**, Vs. 2 (*d*]*e-iq-tú*); **70-71**, A 1' (⸢SIG$_5$⸣); **72**, Rs. [17]; **74**, Seite a 7' (SIG$_5$-*t*[*i*)
dāmu(m) II, Blut: **24**, Vs. [18]; **48**, Vs. i [11']; **56**, Seite b 7' (ÚŠ.MEŠ-*šú-n*[*u*); **61**, Vs. i 21' (*dāmē-šu*]-*nu*)
dām erēni, Zedernharz: **41**, Vs. [9'].Rs. [2]
danānu(m) I, Macht, Stärke: **3**, i' [7']; **16-17**, [51']; **25**, Vs. 11' (*da*]-⸢*na*⸣-*a-ni*); **32**, [13']
danānu(m) II, stark, mächtig sein bzw. werden: D: **33**, [29']
danniš, sehr: **24**, Vs. [15]; **29**, Vs. 3' (*dan-niš dan-niš*)
dannu(m) I, stark, mächtig: **1**, Vs. 1 (⸢*dan*⸣?-*n*[*u*?).6 (*dan-nu*); **2**, Vs. [8']; **16-17**, 2' (*dan-nu*).[10']; **24**, Vs. 8 (KA[L?.MEŠ?-*te*?).[14]; **25**, Vs. [12']; **33**, [28']; **36**, 9' (*dan-ni*); **41**, Vs. 20' (⸢*dan*⸣-*n*[*i*); **45-46**, 17' (*dan-ni*); **48**, Vs. i 9' (*dan-ni*); **61**, Vs. i 19' (*da*[*n-n*]*u-te*).Rs. i' 3 (*d*]*an*?-*n*[*u*?-*te*?); **62**, Rs. ii' 16' (*dan*]-⸢*nim*⸣); **64**, Rs. [4']
dannūtu(m), Stärke, Macht, siehe *āl dannūti*
dapinu(m), gewaltig: **16-17**, [6']
dapnu(m), gewaltig: **61**, Vs. i 13' (*dáp-nī*)
dārišam, für immer: **33**, [11']
dārītu(m), Dauer, Ewigkeit: **6**, Rs. [7']; **7**, Rs. 8' (*da-ra-a-ti*); **31**, Seite a 5' (*da-ra-ti*); **41**, Rs. [18]; **61**, Rs. i' 12 (*da*-⸢*ra*⸣-⸢*te*⸣)
dārû(m), dauernd, ewig: **14**, Vs. 2' (*da*]⸢*ru*⸣-⸢*ú*⸣); **33**, 16' (*da-ru-ú*); **34**, [3']; **76-76a**, Rs. 9' (⸢*da*⸣/⸢*ša*⸣-*ru-u*; siehe auch: *šarû(m)* I)
dekû(m), zum Aufstehen bringen: G: **14**, Vs. [6']; **24**, Rs. 14' (*ad*-⸢*ke*⸣); **25**, Vs. [17']; **48**, Vs. i 8' (*ad-ke*); **59**, 11' (*id-ke*); **61**, Vs. i 10' (*i*[*d*?-*ke*?)
dēqtu siehe *damqu(m)*
digilū, ?: **32**, [10']
dīktu(m), Schlagen, Gemetzel: **8-11**, [25']; **19-20**, [49f.]; **24**, Vs. [14].Rs. 6' (GA]Z.[M]EŠ-⸢*šú*⸣-⸢*nu*⸣); **25**, Rs. [7'].8' (GAZ-*šú-nu*); **27**, Vs. ii 6' (GAZ.[MEŠ-*šú-nu*); **29**, Rs. 11' (*di*-⸢*ik*⸣-⸢*ta*⸣-⸢*šú*⸣-[*nu*?); **45-46**, 4'.13' (jeweils GAZ.MEŠ-*šú-nu*).30' (GAZ.M[EŠ); **53**, 7' (GAZ.MEŠ]-⸢*šú*⸣-*nu*); **61**, Vs. i 19' (*di-ik-ta-šu-n*[*u*)
dilḫu(m), Trübung, Aufstörung: **32**, [3']
dimtu(m) I, Turm: **39**, i' [2']
dīnu(m), Rechtsspruch; Prozeß: **1**, Vs. 11 (*de-en*)
diqāru(m), Topf: **19-20**, [91f.].93f. (ÚTUL.MEŠ); **24**, Vs. 22 (ÚTUL.ME]Š).Rs. [9']
dišpu(m), Honig: **41**, Vs. [9'].19' (⸢LÀL⸣).Rs. 2 (LÀL)
duāku(m) siehe *dâku(m)*
dūru(m) I, (Ring-, Stadt-)Mauer (siehe auch: *bīt dūrāni*): **5**, i' [1']; **24**, Rs. [13']; **56**, Seite b [6']; **74**, Seite b 11'.12' (jeweils B[ÀD?); **80**, Vs. 13 (BÀD)
duruššu, (planiertes) Fundament: **33**, 16' (*du-ru-uš*); **34**, [3']

ebbu(m), licht, rein: **32**, [9']; **72**, Vs. 10 (*eb-bi*); **73**, Rs. 8 (*eb-bi*)
ebertān, auf dem jenseitigen Ufer: **6**, Vs. [12']; **16-17**, [13']
ebēru(m) I, überschreiten: G: **6**, Vs. [14']; **8-11**, 18' (*e-te-bir*); **14**, Vs. [13'].Rs. 2' ([*e*?]-⸢*bir*⸣!?); **19-20**, [41f.52f.]; **25**, Vs. [3'.8'.13']; **27**, Vs. ii [1']; **56**, Seite b 11' (⸢*e*⸣-⸢*te*⸣-⸢*bir*⸣).20' (*e*-⸢*bir*⸣).21' (⸢*e*⸣-*te*-⸢*bir*⸣); **60**, 5' (⸢*e*⸣?-*be-ru*-⸢*ni*⸣?)
Gtn: **6**, Vs. 9' (*e-te-bir*)
ebūru(m), Ernte; Sommer: **22**, Vs. 11 (⸢BURU$_{14}$⸣); **28**, Rs. (VAT 9564) 4' (*e-bur*); **33**, 3' (⸢BURU$_{14}$⸣-⸢*šú*⸣-⸢*nu*⸣).[5']
edēšu(m), neu sein bzw. werden:
D: **12**, Rs. 10' (*lu-ud-diš*); **13**, Rs. [4']; **22**, Vs. 13 (*lu*-[*ud-diš*]); **23**, Rs. 2' (*lu-ud*]-*diš*); **40**, 5 (*ud-diš*); **41**, Vs. 4'.6' (jeweils *ud-du-uš*); **52**, [3']
edû(m) III, *idû(m)*, wissen, kennen: G: **1**, Vs. 12 (⸢*i*⸣-⸢*du*⸣-⸢*ú*⸣); **28**, Vs. 7 (*i-du*-⸢*ú*⸣?)
egalturrû, Kleinpalast: **33**, [27']
egû(m) V, ermüden, nachlässig sein: G: **62**, Rs. ii' 6' (*e-gi*)
ekallu(m), Palast (Schreibung É.GAL): **6**, Rs. [1'.5'-7']; **7**, Rs. 2'.6'; **8-11**, 27'.29'; **18**, Vs.(?) [1]; **33**, [6'].20'.[25']; **34**, [7']; **38**, ii' [1'.6'.9'].i' 3'.5'.14'; **40**, 1.16; **42**, i' 5'; **75**, Vs. ii' 3.9; **80**, Vs. 5
ekēmu(m), wegnehmen: G: **23**, Rs. 5' (*li-ki-mu-š*]*u*?); **25**, Vs. 17' (⸢*e*⸣-*kim-šu*); **32**, [2']
ekurru, Tempel: **31**, Seite a 5' (*é-kur-ri-šú-nu*).[18']; **43** (A 494), i' 9' (*é-kur*-[*ri*); **76-76a**, Vs. 10' (É.KUR-*ia*)
elāniš, oben: **36**, 9' (*e-la-niš*)
elēlu(m) II, rein sein bzw. werden; frei sein: D: **25**, Vs. 3' (*ú-li*[*l*]).Rs. [4']
elēnu(m), als Prp. auch *elēn*, oberhalb, oben; obendrein: **37**, 6' (*e-l*]*e-en*); **41**, Rs. 6 (*e-le-n*[*u*)
elēṣu(m), schwellen; jubeln, jauchzen: G: **32**, [8']
eli, über (sofern nicht anders angegeben, Schreibung UGU): **1**, Vs. 4; **4**, i' [9]; **5**, i' 11'; **12**, Rs. 3'; **16-17**, [26'.51']; **18**, Vs.(?) [3].4; **19-20**, 43f.[49f.]; **23**, Vs. [6]; **24**, Vs. 11.[23].Rs. 4'; **25**, Vs. [11']; **31**, Seite a [4'.5'].9' (*e-li-šú-u*[*n*]); **33**, [6']; **35**, 4'; **39**, i' [12'].ii' 5'; **41**, Rs. 12; **42**, i' 4'.[9']; **45-46**, 13'; **48**, Vs. i 16'; **56**, Seite a 10'; **58**, i 6'; **74**, Seite a 17'
elilu, ein Ausruf: **77**, Vs. 1 (*e-le-l*[*i*)
eliš, oben: **1**, Vs. [6]; **2**, Vs. 7' (*e-li*-[*iš*)
elītu(m) I, Oberes: **66**, Vs. 7' (⸢*e*⸣?-*lat*)
ellu(m) I, rein; frei: **29**, Vs. 1' (⸢KÙ⸣); **74**, Seite a 15' (*e*]*l-le-ti*); **76-76a**, Vs. 1' (KÙ?)
elû(m) II, oberer: **36**, 10' (A]N.TA)
elû(m) IV, auf-, emporsteigen; St. hoch sein: G: **19-20**, [38f.]; **24**, Vs. [16]; **25**, Vs. [4'].5' (*e*-[*li*)
D: **41**, Rs. 6 (*ul-li*)
Š: **33**, [28']; **45-46**, 27' (*ú*]-*se-li-ú*)
Elūnu(m), *Elūlu(m)*, *Ulūlu*, der 6. Monat des babylonischen Kalenders: **23**, Rs. 7' ([iti]KIN-2-KÁM.MA)
ēma, wo immer: **28**, Rs. (VAT 9564) [9']
emēdu(m), anlehnen, auferlegen: G: **41**, Rs. [15]
emmu(m), heiß: **74**, Seite a 12' (KÚM.MEŠ)
emqu(m), *enqu*, weise, klug: **40**, 8 (*en-qu-ti*)
emūqu(m), Armkraft; Macht, Gewalt: **14**, Vs. 4' (*e*]-*mu-qe*); **18**, Vs.(?) 4 (Á.MEŠ); **27**, Vs. ii [8']; **38**, ii' [11']
enēnu(m), ?: G: **79**, Vs. 5 (*e*-[ni]*nin-ma*)
enēšu(m), schwach sein bzw. werden: G: **33**, 29' (*e-né-ši*); **36**, 13' (⸢*e*⸣-[*n*]*é-še*)
ennintu, *innintu*, Sünde: **79**, Vs. 7 (*e-ni-in-tú*).14 (*i-ni-in-tú*)

enqu siehe *emqu(m)*
entu(m), hohe Priesterin: **74**, Seite b 5' (*e-na-a-tu*)
enūma, als, wenn: **1**, Vs. [7]; **12**, Rs. 9' (*e-n[u-ma)*; **13**, Rs. [1']; **28**, Rs. (VAT 9564) 6' (*e-nu-ma*); **49**, Rs. 5' (*e$^{?}$-n]u$^{?}$-ma$^{?}$*)
ēnu(m) siehe *īnu(m)* I
enû(m) III, umwenden, ändern: G: **70-71**, A 6' (*te-na-a-˹ni˺*)
eperu(m), *epru*, Erde, Staub: **55**, Rs. 3 (*e$^{?}$-pe$^{?}$]-ri*.MEŠ)
epēšu(m) II, machen, tun; bauen: G: **6**, Rs. [2'].5' (*˹e˺-[pu-uš]*); **7**, Rs. 3' (*e-pu-[uš]*); **16-17**, 19' (*e-pu-uš*); **22**, Vs. 6 (DÙ-*˹uš˺$^{?}$*); **24**, Rs. 13' (*e-p]eš*); **25**, Vs. [17']; **31**, Seite a [4'].18' (*˹e˺-pu-uš-m[a$^{?}$*); **33**, [18'].22' (*e-peš*).[24']; **34**, 5' (*e-pu-šu-ma*).[9'.11']; **35**, 3' (*e-peš*); **38**, i' 4' (*e-pu-uš*); **39**, i' [4']; **40**, 3 (*e-pu-šú*); **41**, Vs. 1' (*˹e˺-p[u-uš*).[5'].Rs. 1 (*e-pu-u[š-ma*).[17]; **42**, i' 2' (*e-pu-šú*; DÙ-*uš*).[8']; **55**, Vs. 3' (*e-pu-uš*); **57**, Vs. 3' (*e-pu-šu*); **63**, Vs. 8 (*i-pu-šu*); **67-68**, B [7]; **72**, Vs. 9 (DÙ-*ma*); **73**, Rs. 10 (DÙ-*ma*); **76-76a**, Rs. 15' (*ni-pu-[uš$^{?}$*); **79**, Vs. 11 (*i-pu-šú*)
Gtn: **31**, Seite a [5']; **32**, 16' (*˹e˺-tep-pu-š[u*)
D: **70-71**, A 11' (*ú-pa-š[u$^{?}$-ni*)
Š: **33**, [25']; **36**, 5' (*ú-še-˹pi˺-˹šu˺-ma*); **37**, [2']; **40**, 7 (*ú-˹še˺-˹piš˺(-[ma]*)); **42**, i' [8']
N: **76-76a**, Rs. 7' (*in-né-pa-áš*)
epinnu(m), Saatpflug: **18**, Vs.(?) [2]
epišānūtu, Durchführung: **67-68**, A re. Kol. 8' (*e-pi-šá-nu-ti*)
epištu(m), Werk, Tat: **31**, Seite a [4']; **32**, [16']; **40**, 6 (*e-piš-tuš*); **43** (A 494), i' 11' (*ep-še-t]i-[ia*); **48**, 5' (*˹ep˺$^{?}$-še$^{?}$*(Zeichen: KUR)*-te-ia*); **63**, Vs. 6 (*e-piš-ti*)
eqlu(m), Feld; Gelände (Schreibung A.ŠÀ): **19-20**, 46-48.[57f.].89f.; **32**, [2']; **33**, [28']; **61**, Vs. i 15'; **67-68**, B 6
erbe, F. *erbettu(m)*, vier (siehe auch: *arba᾿u(m)*, *arbattu*): **1**, Vs. [2.6]; **2**, Vs. [3']; **16-17**, [10'].22' (4-*te-šu*); **19-20**, [44f.99f.]; **23**, Vs. 2 (L[ÍMMU-*ta*); **58**, i 4' (LÍMMU-*tim*); **48**, Rs. i' 7' (4/*šá*; siehe auch: *ša*); **61**, Vs. 19' (˹4˺$^{?}$).Rs. i' 10 (4$^{?}$)
erbu(m) I, *irbu*, Einkommen: **33**, 19' (*i-[rib]*); **34**, [6']
erbu(m) II, (Sonnen-)Untergang: **32**, [14']
erbû siehe *erbe*
erēbu(m), eintreten: G: **14**, Vs. [13']; **25**, Vs. [14'].Rs. [2']; **32**, [8']; **38**, ii' [2']; **45-46**, 20' (K]U$_4$$^{!?}$-*ub*); **61**, Vs. i 17' (*˹e˺-ru-b*); **76-76a**, Vs. 18' (*˹e˺$^{?}$-˹ru˺$^{?}$-˹ub˺$^{?}$*); **80**, Vs. 14 (*˹ni˺$^{?}$-˹ru˺$^{?}$-u[b$^{?}$*)
Gtn: **56**, Seite b 12' (*e-tar-ra-bu-ni*)
erēnu(m) I, Zeder (siehe auch: *dām erēni*): **6**, Vs. 4' (^{giš}*e-r[e-ni]*).Rs. [1'.5']; **7**, Rs. 6' (^{giš}*e-re-ni*); **8-11**, 7' (^{giš}*e-r[e-ni*).13' (^{giš}*e[-re-ni*); **13**, Rs. [2']; **25**, Vs. 4' (^{giš}*e-re-n]i*); **32**, [11']; **40**, 9 (*˹ere˺-ni*); **41**, Rs. 11 (^{giš}ER]EN); **42**, i' [4'].6' (^{giš}EREN).8' (^{giš}ERE]N$^{?}$)
erīšu(m), *erēšu(m)*, Geruch, Duft: **32**, [11']: **41**, Rs. [11]; **42**, i' 9' (*e-ri]-s[i$^{?}$-na*); **75**, Vs. ii' 6 (*i-[r]i-šu*)
ernittu(m), *ernettu(m)*, *ernintu* siehe *irnintu*, *irnittu*
erṣetu(m), Erde, Unterwelt, Land: **1**, Vs. [4]; **12**, Vs. 4' (K]I-*ti*).8' (KI-*ti*); **28**, Vs. [2]; **41**, Rs. (VAT 9564) 7 (KI-*t[i(m)*); **74**, Seite a 7' (KI-*ti*).11' (KI); **76-76a**, Rs. 9' (KI-*tì*)
eršu(m) I, weise: **12**, Vs. [3']
eršu(m) IV, Bett: **19-20**, [69f.71]
erû(m) I, *arû* II, Adler: **39**, ii' 15' (TI$_8$^{mušen})
erû II siehe *werûm*
esēru(m) II, einschließen: G: **25**, Vs. [8']; **45-46**, 10' (*˹e˺-si-ir-šú*); **67-68**, B [6]
eṣēdu(m) II, ernten: G: **53**, 4' (*˹e˺-ṣi-di*).12' (*e$^{?}$-ṣ]i$^{?}$-di*)
eṣēru(m), zeichnen: G: **33**, [16']; **34**, [3']; **35**, 7' (*e]ṣ-˹ret˺-ma*)
ešēru(m), in Ordnung sein, kommen; zugehen auf: G: **22**, Vs. 11 (*˹e˺-šer*); **28**, Rs. (VAT 9564) 4' (*i-šir*)
Š: **33**, [27']
Št^{2}: **33**, [21']; **34**, [8']
ešītu(m), *išītu(m)*, Verwirrung: **32**, [2']
ešmāḫu, Großpalast: **76-76a**, Vs. 14' (*èš-maḫ*)
ešrīšu, *išrīšu*, zehnfach: **62**, Rs. i' [1']
ešrû, zehnter: **27**, Vs. ii 1' (10)
eššiš, neu: **31**, Seite a [18']; **40**, 7 (*eš-šiš*); **41**, Rs. 17 (*eš-[šiš*)
eššu(m), neu: **57**, Vs. 1' (˹GIBIL˺$^{?}$)
eššūtu(m), Neuheit: **32**, 6' (*eš-šu-˹ti˺*); **33**, 11' (*eš-šu-ti*)
etellu(m), Herrscher, Fürst: **58**, i 2' (*e]-tel*)
etēqu(m), durch-, vorbeigehen; passieren: G: **8-11**, 9' (*e-tiq*); **14**, Vs. [7'.8']; **19-20**, 33f. (*e-t[e-qu]*); **45-46**, 21' (*˹e˺$^{?}$-˹tiq˺$^{?}$*); **53**, 5' (*e-tiq*)
Gtn: **24**, Vs. 9 (*e-ta-ti-q[u]*)
eṭēru(m) I, wegnehmen; retten: G: **5**, i' [1']; **72**, Rs. 19 (*˹eṭ˺-[ri$^{?}$-nin$^{?}$-ni$^{?}$(-ma$^{?}$*))
eṭlu(m), männlich; (junger) Mann: **16-17**, 13' (*eṭ-lu*); **23**, Vs. [8]; **28**, Vs. 3 (*e[ṭ$^{?}$]-˹li˺*); **66**, Rs. 8 (*eṭ-li*)
ewû(m) I, *emû* II, werden (zu): Š: **39**, ii' 4' (*ú-še-me*)
ezēbu(m), verlassen, hinterlassen: G: **33**, [10']
Š: **19-20**, [40]
ezib, (sieh ab von), abgesehen von, außer (daß): **33**, 13' (*e-zib*)
ezziš, zornig, wütend: **64**, Rs. [5']
ezzu(m) I, zornig, wütend: **3**, i' 6' (*ez-zu-te*)

gabadibbu(m), Brustwehr, Zinnenkranz: **5**, i' [4']; **6**, Rs. [3']; **41**, Rs. 10 (*gaba-dib-bi-šú*); **43** (VAT 9524), i' 17' (*gaba-dib-bi]-šú*); **57**, Vs. 9' (*gaba-˹dib˺-bi-˹šu˺*)
gabarû, Gegner, Kopie: **2**, Vs. [4']
gabbu(m), Gesamtheit, alles, das Ganze: **8-11**, [33']; **56**, Seite b 19' (*gab-bu*); **80**, Vs. 13 (*gab-bu*)
gamāru(m) II, zu Ende bringen: D: **69**, Vs. 4 (*˹ga˺$^{?}$-mur-˹ú˺$^{!}$-[ni*); **79**, Vs. 3 (*u-ga-me-ru-ši*)
gammalu II, Kamel: **33**, [9'.12'].13' (ANŠE.GAM.MAL.MEŠ)
gapšu(m), massig; stolz: **24**, Vs. [16]; **36**, 7' (*gap-ši*)
garāru(m) II, sich fürchten: G: **19-20**, [36f.]; **24**, Vs. 14 (*ig-du-ru*)
gašīšiš, auf Pfählen: **33**, [14']
gegunnû(m), *gegunû(m)*, Hochtempel: **36**, 6' (*ge-gu-né-e*)
gerru(m) I, Weg, Karawane, Feldzug: **14**, Vs. [6'].10' ([*ger-r]a*); **16-17**, [11']; **19-20**, 44f. (*˹ger˺-ri-ia*).[50f.]; **25**, Vs. 9' (*ge(r)-r]i-ia*); **31**, Seite a 15' (*ger$^{?}$-ri$^{?}$]-ia*); **33**, 9' (*ger-ri-ia*); **39**, ii' 12' (*ger-ri-ia*); **47**, 6' (*ger-ri-ia*); **54**, ii' 1' (*˹ger˺-˹ri˺$^{?}$-˹ia˺$^{?}$*)
gērû(m), Feind, Gegner: **1**, Vs. 9 (*˹ge˺-ri-ia*).[12]
gillatu(m), Unrecht, Sünde: **39**, i' 4' (*gíl]-la-ti*)
gimirtu(m), Gesamtheit: **23**, Vs. 3 (*gi-mir-ta*)
gimru(m), Gesamtheit; Kosten: **6**, Vs. 3' (*gim-ri-ša*); **12**, Vs. 1' (*gi-mi]r*); **16-17**, 21' (*gim-ri-šá*).[28']; **24**, Vs, 5 (*gim-r[i$^{?}$(-)*); **33**, 13' (*gi-mir*).17' (*g[i-mir*), **34**, 4' (*gi-mir*); **37**, [7']
ginû(m) II, rechtmäßiges (Pflicht-)Opfer: **33**, [11']; **64**, Rs. 7' (*gi-nu-ú*)
gipšu(m), Masse: **25**, Vs. [16']
gišimmaru(m), Dattelpalme: **75**, Vs. ii' 4 (^{giš}G[I]ŠIMMAR)
gišnugallu(m), Alabaster (Schreibung ^{na4}GIŠ.NU$_{11}$.GAL): **6**, Rs. 2'; **19-20**, 98f.; **42**, i' [3']

gitmālu(m), vollkommen: **28**, Vs. 1 (*gít-[ma-li]*); **77**, Vs. 13 (*gít-ma-⸢lu⸣(-)te*)
gugallu(m), Kanalinspektor: **28**, Vs. 2 ([*gú-ga*]*l*$^{?}$)
guḫlu, Antimonpaste: **41**, Vs. [18']
gulultu(m), feindseliges Handeln: **39**, i' 7' (*gul-lul*]*-ti*)
gummurtu(m), Vervollständigung: **79**, Vs. 8 (*gu-mur-ti*)
gušūru(m), gefällter Baumstamm; Balken: **6**, Vs. 4' (GIŠ.ÙR.ME]Š); **7**, Vs. 5' ([GIŠ.Ù]R.MEŠ); **8-11**, 7' (GIŠ.ÙR.MEŠ).13' (GIŠ.⸢ÙR⸣.MEŠ); **25**, Vs. [4']; **40**, 9 (*gu-⸢šur⸣*.M[EŠ$^{?}$]); **41**, Rs. [11]; **42**, i' [4'.8']; **48**, Rs. i' 8' (GI]Š.ÙR.M[E]Š)

ḫabātu(m) I, rauben, plündern: G: **45-46**, [12']
ḫabû(m) III, (Wasser) schöpfen: G: **19-20**, 41f. (*i*]*ḫ*-[*tu-bu*]).45f. (*iḫ*]*-tu-bu*).[48f.61-63]
ḫadîš, freudig: **28**, Rs. (VAT 9564) 7' (*ḫa-diš*); **32**, [8']; **38**, ii' 2' (*ḫa*-[*diš*); **43** (A 494), i' [12']
ḫadû(m) III, sich freuen: G: **75**, Vs. ii' 2 (*ḫa-di-a*).3' (*ḫa-a-di*)
ḫalāpu(m) I, hineinschlüpfen: G: **19-20**, [34f.]
D: **56**, Seite b 6' (*ú-ḫal-⸢lip⸣*)
ḫalāqu(m), verschwinden, zugrundegehen, fliehen: D: **23**, Rs. 6' (*lu-ḫal-li-qu*); **28**, Rs. (VAT 9564) [4']; **57**, Rs. 7 (*lu-ḫal-liq*); **67-68**, A re. Kol. [4']; **69**, Vs. [12].Rs. [7]
ḫalṣu(m) II, Festung: **8-11**, 25' (*ḫal-ṣa-ni-šu-nu*)
ḫamāṭu(m) III, brennen, verbrennen: G: **16-17**, [5']
Gt: **16-17**, [4']
Š: **16-17**, [3']
ḫammu II, etwa Teich, Tümpel: **19-20**, [46-48]
ḫanābu(m), üpppig sprießen: G: **75**, Vs. ii' 8 (*i*$^{?}$*-ḫ*[*a*$^{?}$*-n*]*u*$^{?}$*-ba-ma*)
ḫanniu siehe *annû(m)* I
ḫarāṣu(m) I, ab-, einschneiden, abziehen; klären: G: **45-46**, 10' (⸢*iḫ*⸣*-ru-uṣ*); **56**, Seite b [19']
ḫarāšu(m) II, binden, anbinden: D: **37**, 5' (*ú-ḫa*[*r-ri-šá*])
ḫarīṣu, *ḫirīṣu*, Stadtgraben: **45-46**, 10' (*ḫi-ri-ṣa*); **56**, Seite b [19']
ḫasāsu(m), gedenken, sich erinnern: G: **33**, [20']; **34**, [7']
Gtn: **74**, Seite a 9' (*a*/*i*]*ḫ-ta-sa-su*)
ḫasīsu(m), Ohr; Weisheit: **6**, Rs. [5']
ḫassu(m), auch *ḫāsisu*, klug, verständig: **75**, Rs. i' 9' (*ḫa-si-is*)
ḫasû(m) siehe *ḫesû(m)*
ḫašlu(m), zerstoßen: **64**, Rs. 6' (*ḫa-aš-ḫa-te*; hierher??)
ḫātu(m), *ḫattu(m)* I, Schrecken, Panik: **32**, [16']
ḫaṭṭu(m) II, Stab, Szepter (Schreibung ^{giš}GIDRU): **1**, Vs. 8; **23**, Vs. 5; **24**, Vs. 3
ḫāwiru(m), *ḫā'iru(m)*, Gatte: **72**, Vs. 7 (*ḫa-'i-ri-šá*)
ḫengallu(m), *ḫegallu(m)*, Überfluß (Schreibung ḪÉ.GÁL): **28**, Vs. 8.Rs. (VAT 9564) 12'
ḫepû(m) II, *ḫapû*, zerschlagen: G: **24**, Vs. [17]
D: **19-20**, [42f.48f.]
ḫerû(m) II, graben, ausbaggern: G: **33**, 21' (*ḫa-re-e*); **34**, 8' (*ḫa*]*-⸢re⸣-e*)
ḫesû(m), *ḫasû(m)*, mit Schlägen mißhandeln: G: **14**, Vs. [11']
ḫiāṭu(m), *ḫâṭu* II, *ḫâdu* II, überwachen, -prüfen; wägen: G: **12**, Vs. 4' (*ḫa-a-iṭ*); **24**, Vs. [16]
ḫibištu(m), etwa 'Hartholzscheite': **38**, i' 11' (*ḫ*]*i-bi-iš-ti*)
ḫidiātu(m), *ḫidâtu*, Freude(n): **41**, Vs. [16']
ḫimētu(m), Butter (Schreibung Ì.NUN.NA): **41**, Vs. [9'].19'.Rs. 2
ḫirīṣu siehe *ḫarīṣu*
ḫīrtu(m), *ḫīratu(m)*, ebenbürtige Gattin: **72**, Vs. 2 (*ḫi-rat*); **74**, Seite b 5' (*ḫ*]*i-ra-a-tu*)
ḫiṣbu(m) I, reicher Ertrag: **76-76a**, Rs. 8'.9'.11' (jeweils *ḫi-ṣib*)
ḫišiḫtu(m), *ḫišeḫtu(m)*, Bedarf: **38**, i' 3' (*ḫi-šiḫ*]*-ti*); **41**, Rs. [17]
ḫitrubu, besonders öde: **19-20**, [63f.]
ḫiṭīṭu(m), Mangel; Sünde: **39**, i' 6' (*ḫi*]*-ṭi-ti*)
ḫīṭu(m), *ḫiṭṭu*, Fehler, Mangel; Schuld, Sünde (siehe auch: *bēl ḫīṭi*): **39**, i' 1' (*ḫi-iṭ-ṭ*]*u*); **65**, VAT 15420 Seite a 5'.11' (jeweils *ḫi-ṭí*)
ḫubtu(m), Raub: **45-46**, 11' (*ḫu-ub-⸢ta⸣-⸢ni⸣*)
ḫuḫāru(m), Vogelfalle: **16-17**, [9']
ḫūlu, Weg, Straße: **54**, ii' 5' (*ḫu-li-i*[*a*$^{?}$); **70-71**, A 1' (⸢KASKAL⸣)
ḫurādu I, Wachmann, -soldat: **59**, 11' (*ḫu-ra-⸢su⸣*.MEŠ)
ḫurāṣu(m), Gold: **19-20**, [69f.].90 (KÙ.GI).[93f.97f.]; **24**, Rs. [9']; **25**, Rs. [10']; **32**, 9' (KÙ.GI).[17']; **33**, [9']; **38**, ii' [3'.4']; **41**, Vs. [18'].Rs. 13 (⸢KÙ⸣.⸢GI⸣); **48**, Vs. ii 3' (KÙ.G[I$^{?}$); **56**, Seite b 5' (KÙ.GI-*su*); **61**, Rs. i' 10 (⸢KÙ⸣.G[I).14 (KÙ.GI)
ḫuribtu, Wüste: **19-20**, 43f. (*ḫu-r*[*i-ib-tu*]).63f. (*ḫu-ri-ib-tu*). [80f.]
ḫurru(m), Loch: **24**, Vs. 18 (*ḫu*]*r-⸢ru⸣*)
ḫursānu(m) II, *ḫuršānu* II, Flußordalstätte: **48**, Rs. i' 9' (⸢*ḫur*⸣$^{?}$*-šá-an*)
ḫuršāniš, wie ein(en) Berg: **43** (VAT 9524), i' 15' (*ḫur-š*]*á-niš*)
ḫuršānu siehe *ḫursānu(m)* II
ḫuršānu(m) I, Gebirge: **14**, Vs. [12']; **24**, Vs. 9 (*ḫur-šá-ni*); **28**, Vs. [5]
ḫuššû(m), rot: **32**, 9' (*ḫuš-šu-ú*)

idu(m), Arm, Seite; Kraft: **6**, Rs. [1']; **7**, Rs. 2' (⸢*i*⸣$^{?}$*-⸢da⸣*$^{!?}$*-at*)
igisû(m), Jahressteuer; Gabe: **23**, Vs. 9 (*i-g*[*i-se-e*]); **51**, 6' (IG]I.SÁ.MEŠ)
igru(m), Miete; Lohn; **80**, Vs. 6 (⸢*ig*⸣$^{?}$*-ri*)
ikkillu(m), Geschrei, Wehklage: **73**, Vs. 2 (*ik-kil-li*)
ikribu(m), Gebet, Weihung; Segen: **2**, Rs. [2']; **13**, Rs. 6' (*ik*$^{?}$*-ri*$^{?}$*-bi*$^{?}$]*-⸢šu⸣*$^{?}$); **22**, Vs. 15 (ŠÙD.MEŠ-*šú*); **23**, Rs. 3' (*i*[*k*$^{?}$*-ri-b*]*i-šu*); **49**, Rs. 8' (*ik-ri-bi-*[*šú*); **52**, 5' (*ik-ri-b*]*i-šú*); **64**, Rs. 3' (*ik-r*]*i-bi-ka*)
ilku(m) I, Pflichtleistung zur Landzuteilung: **58**, ii 3' (*il-k*[*u*$^{?}$)
illūru(m), (meist rote) Anemone: **75**, Rs. i' 4' (*il-lu-ur*)
iltu(m) I, Göttin: **72**, Rs. 13 (DINGIR-tu_4)
ilu(m) II, Gott, Gottheit (Schreibung DINGIR): **1**, Vs. 2.[3].4.5.12; **2**, Vs. [2']; **3**, i' 5'; **4**, i' [3']; **7**, Rs. 11'; **8-11**, 6'.8'.35'; **12**, Vs. [1'].7'.[8'].Rs. [7']; **19-20**, [59f.]; **22**, Vs. 1; **23**, Vs. 4.Rs. 4'; **25**, Vs. 1'.4'.Rs. [4']; **28**, Vs. 6; **31**, Seite a [18']; **32**, 5'.8'.12'.21'; **33**, [11'.15'.22']; **34**, 2'.9'; **38**, i' 6'; **40**, 12.16; **41**, Vs. [7'].Rs. [18]; **42**, ii' [4']; **49**, Rs. [8']; **56**, Seite b [13']; **58**, i 5'.6'.7'; **62**, Rs. i' [8']; **63**, Vs. [1.8]; **66**, Vs. [7'].8'.9'; **69**, Vs. [11].Rs. 5; **70-71**, B [2']; **72**, Vs. 2; **74**, Seite a 6'; **76-76a**, Rs. 7'
ilūtu(m), Göttlichkeit, Gottheit: **22**, Vs. 3 (*ilū*]*-ti-⸢ka⸣*); **29**, Vs. 2' (DINGIR-*ti-ka*); **58**, i 8' (DINGIR-*su-un*); **72**, Vs. 9 (DINGIR-*ti-šá*); **73**, Rs. 9 (DINGIR-*ti-šú*); **76-76a**, Rs. 7' (DINGIR-*ti-ia*).10' (DINGIR-*ti-⸢ia⸣*)
imēru(m), Esel; ass. Maßeinheit: **19-20**, [91f.94f.]; **33**, 11' (ANŠE).13' (ANŠE.MEŠ); **45-46**, 18' (AN[ŠE$^{?}$).24' (ANŠ[E.MEŠ])
imḫullu(m), böser Sturm: **16-17**, 8' (*an-ḫu-li*)
immeru(m), Schaf, Widder: **19-20**, [85].85f. (UDU.ME[Š]).[87f.91f.].93f. (⸢UDU⸣.MEŠ).[99f.]; **24**, Vs. [22].Rs. 9' (UDU.MEŠ); **33**, [9'].11' (UDU.NÍTA.MEŠ).[12']; **56**, Seite a, 16' (⸢UDU⸣$^{??}$.MEŠ).Seite b 15' (UDU.MEŠ)
imnu(m), Rechte: **14**, Vs. 5' (*i*]*m-ni-i*[*a*)

ina, in, an, durch, aus: **1**, Vs. 10 (*i+na*); **2**, Vs. [1'].3' (*i-na*); **3**, i' [2'.6']; **6**, Vs. [3'].Rs. [1'-5']; **7**, Vs. 4' ([*i+n*]*a*).9' (⌜*i*⌝+[*na*).Rs. [2'].9' (⌜*i*⌝+[*na*); **8-11**, 6' (*i+na*).[11'].28' (*i+na*); **12**, Vs. 10' (⌜*i+na*⌝).Rs. 4' (*i+na*).[6'].7' (*i+na*).[11']; **13**, Rs. [3']; **14**, Vs. [3'-5'.11'].Rs. 10' (⌜*i*⌝*+na*); **16-17**, 13'.20' (jeweils *i+na*). 30' (*i+n*[*a*$^{?}$).36' (*i+na*); **18**, Vs.(?) [1.2.4]; **19-20**, [35f.-37f.].41 (⌜*ina*⌝$^{?}$).44f. (*ina*).[46-48].50f.53f. (jeweils *ina*).[54f.].55f. (*ina*).[56f.-58f.].59f.60f. (jeweils *ina*).[61-63.63f.-65f.].66f. (*ina*).[67f.68f.79f.].80f. (*ina*).[81f.82f.84].85f. (*ina*).[87f.].89f. (*i*]*na*).92f. (*ina*).[94f.95f.]; **21**, Vs.(?) [2'].8' (*ina*).Rs.(?) 3' (*ina*); **22**, Vs. 14 (*ina*); **23**, Vs. 4 (*i+na*).[6']; **24**, Vs. 4.6.9.11.13.15 (jeweils *ina*).[16].17 (*ina*).[19.23].Rs. [2'.5'.6'.8'.11'].13' (*ina*).[16'].20' (*ina*); **25**, Vs. [2'].3' (*ina*).[5'].6' (*ina*).[7'].8' (*ina*).[9'].[14'].Rs. [2'-4'].5' (*ina*).[9'.11']; **26**, Vs. i [1']; **27**, Vs. ii 1' (*i+na*).[2'.5'.6']; **28**, Vs. 5.12 (jeweils *ina*).Rs. (VAT 9564) 2'.6' (jeweils *ina*); **29**, Vs. 4' (*ina*); **31**, Seite a 5' (*i*$^{?}$-*n*]*a*$^{?}$).[15']; **32**, [1'].2' (*i-n*[*a*).3' (⌜*i*⌝-⌜*na*⌝).7'.8' (jeweils *i-na*).13' (*ina*).[14'].15' (*i-n*[*a*).[16'].19' (*i-na*); **33**, [3'].7' (⌜*i*⌝-*na*).9' (*i-na*).[10'.14'].20' (*i*]-*na*).[22'.24'.26'.28'.29']; **34**, [1'.2'.7'].9' (*i-na*).[11']; **35**, 16' (⌜*i*⌝-⌜*na*⌝); **36**, 3' (*i-na*).4' (*ina*; *i*-⌜*na*⌝).7' (*i-na*).10'.14' (jeweils *ina*); **38**, ii' 11' (*i-na*).i' [8'.14']; **39**, i' [2'.11'].ii' 7'.9'.12' (jeweils *i-na*); **40**, 8.13.15 (jeweils *ina*); **41**, Vs. [5'.9'.16'].18' (*ina*).[19'].Rs. [2.3].5.7 (jeweils *ina*).[18]; **42**, i' [1'.2']; **43** (VAT 9524), i' [3'.6'.7'.9'.10'.12']; **45-46**, 3'.9' (jeweils *ina*).[14'].25' (*ina*); **47**, [2'].6' (*ina*).[8']; **48**, Vs. i 6' (*i+na*).9' (*ina*).[12'].ii 6' (*i+n*[*a*).Rs. i' 3' (*ina*); **49**, Rs. 4' (*i*$^{?}$-*n*]*a*$^{?}$); **52**, 2' (*ina*$^{?}$); **54**, ii' 6' (*ina*); **55**, Rs. 2 (*i+na*); **56**, Seite b [13'.19']; **57**, Rs. 7 (⌜*i*⌝*+na*); **59**, 4' (*ina*).7' (⌜*i+na*⌝); **60**, 7' (*i+n*[*a*); **61**, Vs. i 3' (⌜*i+na*⌝).5' (⌜*i+na*⌝$^{?}$).20' (*i+na*).Rs. i' 8 (⌜*i*⌝*+na*).11 (⌜*i+na*⌝$^{??}$).19 (*i+na*); **62**, Rs. i' [7'].ii' [16']; **63**, Vs. [5.9]; **64**, Rs. 8' (*i-na*); **65**, 4' (*i+n*[*a*).VAT 15420 Seite a 5' (⌜*i+na*⌝); **66**, Vs. [9'].10' (⌜*ina*⌝$^{?}$).Rs. 1.4 (jeweils *ina*); **67-68**, B 6 (*ina*).[7]; **69**, Vs. [12].Rs. 1.7 (jeweils *ina*).8 (*in*]*a*$^{?}$); **70-71**, A 1' (*i*[*na*).4' (*ina*) B [3'.4']; **72**, Rs. 19 (*ina*); **74**, Seite a [15']; **76-76a**, Vs. 17'.Rs. 8'.9'.12' (jeweils *ina*); **77**, Vs. [6]. Rs. 5 (*i+na*); **79**, Rs. 4 (*ina*); **80**, Vs. 3.15.16 (jeweils *ina*)

ina libbi, in, inmitten: **19-20**, [34f.]; **61**, Vs. i 23' (⌜*i+na*⌝ ŠÀ)

ina maḫar, vor: **43** (A 494) i' 5' (*ina ma-ḫ*[*ar*)

ina muḫḫi, auf, darüber: **4**, ii' 3' (⌜*i*⌝+[*na muḫḫīšu*); **6**, Vs. [5']; **7**, Vs. 11' ([*i+n*]*a* UGU); **8-11**, [13']; **19-20**, [42f.-45f.]; **25**, Rs. 10' (*ina* UGU); **59**, 6' (⌜*i+na*⌝ *muḫ-ḫi-šu-nu*); **61**, Rs. i' 14 (⌜*i+na*⌝$^{?}$ [*muḫḫī-šu*]-⌜*nu*⌝$^{?}$); **67-68**, A re. Kol. 9' (*ina* UGU).B 7 (*m*]*uḫ-ḫi-šú-*[*nu*$^{?}$); **70-71**, A [11'].B [2'.5']; **80**, Vs. 5 (*ina* ⌜UGU⌝$^{?}$).23 (*ina* UGU)

ina pān, vor: **23**, Rs. 5' (*i+na pa-an*); **57**, Vs. 7' (*i-n*]*a*$^{?}$ *pa-ni-šu*)

ina pūt, gegenüber: **19-20**, 55f. (*ina pu-ut*).[58f.66f.68f.].92f. (*ina pu-ut*); **25**, Rs. [9']

ina umēšuma, zu seiner Zeit, damals: **28**, Vs. 11 (*ina* u_4*-me-šú-*[*ma*$^{?}$); **33**, 15' (*i-na* u_4*-me-šu-ma*); **34**, [2']; **40**, 1 (*ina*] u_4*-me-*⌜*šu*⌝*-ma*); **48**, Vs. i [6']; **75**, Vs. ii' 1 (*i+na* u_4*-me-*[*š*]*u-ma*)

inbu(m), Frucht: **37**, 7' (GU]RUN)

īnu(m) I, *ēnu(m)*, Auge; Quelle: **19-20**, [59f.]; **23**, Vs. 3 (IG[I].MEŠ); **25**, Rs. 2' (^{id}*e-ni*).[3'.6']; **45-46**, [6'.15']; **56**, Seite b 8' (IGI$^{?}$ ^{I}]$^{I?}$.MEŠ-*šú-nu*).16' (IGI^{II}.MEŠ-*šú-nu*); **79**, Vs. 2 (IGI^{II}.MEŠ-*šá*); **80**, Vs. 10 (IGI^{II})

inūšu, damals: **63**, Vs. [7]

irnintu, *irnittu*, Kampfeswunsch: **12**, Rs. [5'.11']

irtu(m), Brust: **25**, Vs. [17']

iṣratu(m), Grundriß, -plan: **33**, [16']; **34**, [3']

iṣṣūru(m), Vogel: **14**, Vs. 8' (MU]ŠEN.MEŠ); **19-20**, [38f.].91f. (MUŠEN.MEŠ); **39**, ii' 15' (MUŠEN.ḪI.[A]); **77**, Rs. 4 (*iṣ-ṣur*; siehe auch: *naṣāru(m)*)

iṣu(m), *iṣṣu*, Baum; Holz: **37**, [5']

išātu(m), Feuer: **8-11**, 28' (IZI.MEŠ); **19-20**, [36f.]; **21**, Vs.(?) 8' (⌜IZI⌝.[MEŠ).Rs.(?) 3' (⌜IZI⌝$^{?}$.[MEŠ); **24**, Vs. [19].Rs. 6' (IZI); **25**, Vs. 6' (I[ZI).8' (IZI).10' (*i-šá-t*]*i*$^{?}$).Rs. [3']; **26**, Vs. i [1']; **27**, Vs. ii [2'.5']; **45-46**, 25' (⌜IZI⌝); **54**, ii' 6' (IZI); **59**, 4' (IZI.ME[Š)

išdu(m), Fundament: **41**, Rs. [7]

ištu(m) siehe *eštu(m)*

iškaru(m), Pensum, Ration; Serie: **80**, Vs. 26 (ÉŠ.GÀR-*šú-nu*)

iššiʾakku(m), *iššiakkum*, *iššakku*: Stadtfürst: **1**, [1]; **22**, Vs. 2.4.6 (jeweils ŠID).8 (⌜ŠID⌝).9 (ŠID); **23**, Vs. 2 (⌜ŠID⌝); **24**, Vs. 2.10 (jeweils ŠID); **41**, Vs. 1' (⌜ŠID⌝); **44**, 5' (ŠID)

iššiʾakkūtu(m), *iššiakkūtu(m)*, Amt des Stadtfürsten: **18**, Vs.(?) 6 (ŠID]-⌜*ti*⌝$^{?}$); **22**, Vs. 11 (ŠID-*ti-a*); **28**, Rs. (VAT 9564) [3'].9' (Š[ID$^{?}$-*ti*)

ištānu(m) I, *iltānu(m)*, Nordwind, Norden: **36**, 10' (⌜IM⌝.SI.SÁ)

ištaru(m), Göttin: **33**, [15']; **34**, 2' (^{din}[^{gir}*iš-tar*.MEŠ); **35**, 6' (^{d}*iš-tar*.MEŠ); **38**, i' 6' (^{d}*iš-tar*.MEŠ); **40**, 12 ([$^{d?}$]*i*[*š*$^{?}$-*tar*$^{?}$.MEŠ$^{?}$); **49**, Rs. [8']

išteniš, *ištīniš*, zusammen: **42**, ii' [3']

ištēnu(m), *ištīnu(m)*, eins, eine(r): **19-20**, [98f.99f.]; **22**, Vs. 15 (1); **33**, 11' (1); **35**, [16']; **37**, 3' (1); 41, Vs. 17' (A[Š.ÀM); **73**, Rs. 8 (1)

išti, *ište*, *ištu(m)* II, mit, bei: **8-11**, 30' (*iš-t*[*u*); **61**, Vs. i 17' (*il-te-šu-nu*); **69**, Vs. [2]

ištu(m) I, *ultu*, von, seit, als, nachdem: **5**, i' 4' ([*iš-t*]*u*); **6**, Vs. [10'.12'].Rs. [3']; **7**, Rs. 1'.4' (jeweils *iš-tu*); **8-11**, 2'.18' (jeweils *iš-t*[*u*); **16-17**, [13'].27' (*iš-tu*).38' (*iš-t*[*u*).43' (*iš-tu*); **19-20**, [38f.41.41f.43f.].45f. (T[A]) [50f.-55f.].57f. (T[A).[58f.60f.61-63].64f.65f. (jeweils *iš-tu*).[66f.67f.].81f. (TA).[84.85f.].89f. (TA).[95f.96f.]; **24**, Vs. [20].Rs. [19']; **25**, Vs. [7'].12' (TA*).13' (T]A*).[15'].Rs. [7'.9'.11'.12']; **26**, Vs. i [2']; **27**, Vs. ii 3' (TA); **29**, Vs. 5' (⌜*iš*⌝-*tu*); **32**, [2'.12'.15']; **33**, 10' (*ul-tu*).16' (⌜*ul*⌝-*tu*).18' (*ul-tu*).[26'.28']; **34**, 3' (*ul-tu*).[5']; **38**, i' [5']; **39**, i' [10'].ii' 1' (⌜*ul*⌝-⌜*tu*⌝); **40**, 2 (⌜*ul*⌝$^{?}$-⌜*tu*⌝$^{?}$).8 (*ul-tú*); **41**, Vs. 9 (*ul-tu*).Rs. [10]; **43** (VAT 9524), i' [16']; **45-46**, 19' (TA).28' (*iš-tu*); **56**, Seite b [11'.17']; **57**, Vs. 8' (*i*]*š-tu*);**58**, ii 8' (TA) ; **60**, 2' (*i*]*š-tu*).[3']; **61**, Rs. i' 5 (*iš*-⌜*tu*⌝$^{?}$); **63**, Vs. [7]; **70-71**, A 3' (⌜TA*⌝)

išû(m) IV, haben: G: **2**, Vs. 5' (*i-š*[*u-ú*); **16-17**, 6' (*i-šu*(-)[(*ú*)); **32**, [9']

itti, mit, bei: **3**, i', [5']; **24**, Rs. 15' (*it-te-šu*]-*nu*); **33**, 12' (*it-ti*). 16' (*i*[*t-ti*); **34**, 3' (*it-ti*); **36**, 9' (*it-ti*); **41**, Vs. [20']; **45-46**, 9' (KI-*ia*); **76-76a**, Vs. 4' (⌜*it*⌝$^{??}$-⌜*ti*⌝$^{?}$-*šú*$^{?}$ // K]I$^{?}$-*šu*).9' (*i*]*t*-⌜*ti*⌝-⌜*šu*⌝ // *it-ti-šú*).10' (⌜TA⌝ // TA*).11' (TA // TA*).12' (TA // TA*; *it-ti*); **80**, Vs. [14]

itû(m), Grenze; Nachbar: **33**, 26' (*i-ta-a-šá*); **37**, [3']

izuzzu(m), *uzuzzu(m)*, stehen: G: **31**, Seite a [6']; **76-76a**, Rs. 4' (*i-za-zu*)

Š: **19-20**, [59f.]; **25**, Rs. 5' (*ú-še*]-*ziz*).10' (*ú-še-ziz*)

jâti, ijâti, mich, meiner; mir: **33**, 22' ([*ia-a-t*]*i*); **34**, [9']; **72**, Rs. 17 (*ia-a-ti*); **75**, Vs. ii' 6 (⸢*ia*⸣-⸢*a*⸣-*t*[*i*?])

ja'u(m) I, meiner, meiniger: **14**, Vs. 9' (*ia-um-ma*)

kabāsu(m) I, treten: D: **23**, Vs. 8 (*mu-k*]*a-bi-su*)

kabattu(m), Leber: **33**, [22']; **34**, [9']; **43** (VAT 9524), i' [5']; **51**, 2' (*ka-bat-t*[*a*?]); **79**, Vs. 7 (*ka-bat-tuk*)

kablu(m), Möbelfuß: **19-20**, [71]

kabsitu, ?: **19-20**, [57f.]

kabtu(m), schwer, gewichtig, angesehen: **24**, Vs. 6 (DUGUD-*ta*); **33**, [9'].12' (*ka-bit-tu*$_4$); **34**, [1']; **38**, ii' [5']; **42**, ii' [2']

kadrû, katrû, Begrüßungsgeschenk: **32**, [13']; **38**, i' 10' (*k*]*àd-ra-a-a*)

kajjānu(m), dauernd, ständig: **1**, Vs. 5 (*k*[*a-*(*ja-*)*na*)

kakku(m), Stock; Waffe: **3**, i' 6' (^{giš}TUKUL.MEŠ-*i*]*a*); **6**, Rs. [1']; **16-17**, 12' (⸢^{giš}⸣TUKUL.⸢MEŠ⸣-*šú-nu*).20' (^{giš}TUKUL.MEŠ); **23**, Vs. [5]; **24**, Vs. 8 (^{giš}TUKUL.MEŠ-*šú*).17 (^{giš}TUKUL).Rs. 20' (^{giš}TUKUL.[MEŠ); **25**, Vs. 3' (^{giš}TUKUL.MEŠ-*i*]*a*).[12'].Rs. [4']; **32**, 3' (⸢^{giš}⸣TUKUL); **33**, [10'.14']; **45-46**, [14']; **56**, Seite a 3' (*kak*?-⸢*ki*⸣?); **62**, Rs. ii' [16']; **66**, Vs. 10' (^{giš}TUKUL.MEŠ); **75**, Rs. i' 8' (*ka-ak-ki*)

kakugallūtu, Beschwöreramt: **43** (VAT 9524), i' 10' (*ka-kù-gal-lu*]-*te*?)

kalappu(m), kalabbu(m), Hacke, Picke: **19-20**, [82f.]

kalbu(m), Hund: **79**, Vs. 9 (UR.GI$_7$)

kallātu(m), Schwiegertochter: **72**, Vs. 1 (*kal-lat*)

kallūtu(m), Stellung als Schwiegertochter, Braut: **74**, Seite a 10' (*ka*[*l*]-*lu-tu*)

kalû(m) II, alles; Ganzes: **19-20**, [48f.61-63]; **23**, Vs. [8.10]; **24**, Vs. 5 (DÙ-*ši-n*[*a*); **25**, Vs. [9'-11']; **32**, [11']; **41**, Vs. [18']; **56**, Seite b 13' (DÙ-⸢*ši*⸣-*na*); **58**, i 1' (⸢*kal*⸣?).2' (*kal*).6' (*ka-la*); **76-76**, Rs. 8' (DÙ).11' (DÙ-*ši-*[*na*)

kamîš, gebunden: **23**, Rs. 5' (*ka-mi-iš*)

kamû(m) III, binden: G: **32**, [1']

kanāšu(m) I, sich beugen, sich unterwerfen: G: 14' (*ik-*[*nu-šu*)
Gt: **33**, [23']; **34**, 10' (*kit-nu-šu*); **39**, ii' [18']
Š: **1**, Vs. 9 (*šuk-nu-u*[*š*).[12]; **3**, i' 1' (⸢*ú*⸣-[*še-ek-ni-iš*]); **12**, Rs. [5']; **16-17**, 17' (*ú-šék-niš*).24' (*ú-šé*[*k*!-*niš*); **22**, Vs. 12 (*šuk*?-⸢*nu*⸣?-⸢*še*⸣?); **28**, Rs. (VAT 9564) [5'.11']; **34**, [1']

kanāšunu, euch: **67-68**, A re. Kol. 5' (*ka-na-šú-nu*)

kanšu I, *kānišu*, unterwürfig: **5**, i' [8']; **7**, Vs. 1' (*ka-*⸢*ni*⸣-[*še*); **33**, [8'.10']

kânu(m), dauerhaft, wahr, treu sein bzw. werden: D: **1**, Vs. [10]; **4**, i' 9' (*ú-kí*]*n*?); **6**, Rs. [7']; **7**, Rs. 8' (*u-k*[*i*?-*in*?); **12**, Vs. [11']; **16-17**, [26']; **24**, Vs. [23]; **33**, [11']; **41**, Rs. 4 (⸢*ú*⸣-[*kin*).[7]; **48**, Vs. i 16' (*ú-kín*); **55**, Vs. 2' (*ú-*⸢*kín*⸣)

kapru(m) I, Dorf: **19-20**, [49f.]; **29**, Rs. 9' (^{uru}*kap*⸣-⸢*ra*⸣-*ni*-⸢*šú*⸣?-[*nu*?])

karābu(m) II, beten, weihen, segnen: G: **75**, Rs. i' 7' (*ta-kar-rab*)

karānu(m), Wein(rebe): **24**, Vs. [22]; **33**, 11' (GEŠTIN.M[EŠ); **37**, [7']; **41**, Vs. [9'.19']

karāšu(m) I, Feldlager (nebst Soldaten): **19-20**, [43f.]; **29**, Vs. 3' (KARAŠ.MEŠ-*šú*)

karmiš, zu Ödland: **39**, ii' [4']

karmu(m), Ödland(-Hügel): **4**, ii' [2']; **45-46**, 23' (*kar-me*).[25']

karru(m) II, Knauf: **48**, Vs. i 9' (*kar-ra*)

karšu(m) I, Bauch, Magen; Inneres: **33**, [21']; **34**, [8']; **74**, Seite a 8' (⸢*kar*⸣?-*ši-ia*)

kaspu(m), Silber (Schreibung KÙ.BABBAR): **19-20**, 93f.[97f.]; **22**, Vs. 7.9; **24**, Rs. [9']; **25**, Rs. [10']; **32**, [9'.17']; **33**, [9']; **38**, ii' [3'.4']; **41**, Vs. [18']; **56**, Seite b 5'; **72**, Vs. [9]; **73**, Rs. 8

kasû(m) III, binden: G: **33**, [28']; **36**, 9' (*a*[*k-si-ma*)

kaṣāru(m), knoten, fügen, sammeln: G: **28**, Vs. 4 (*ka-*⸢*ṣir*⸣)

kâṣu, Haut abziehen, schinden: G: **45-46**, 14' (*a-ku-uṣ*); **56**, Seite b [6']

kaṣû(m) II, Steppe Mesopotamiens: **19-20**, 89f. (*ka-ṣi*)

kašādu(m), ankommen, erreichen; erobern: G: **3**, i' [1']; **6** Vs. [8'].13' (*a*]*k-šud*).14' (*a*[*k-šud*]); **8-11**, [3'.9'].25' (*a*[*k-šud*).[28'.33']; **12**, Rs. [11']; **16-17**, [28']; **19-20**, [35f.49f.]; **21**, Vs.(?) [6']; **23**, Vs. 14 (*ka-šid*); **24**, Vs. [14].Rs. [6'].Rs. 18' (KUR-*ud*).[19']; **25**, Vs. 9' (KUR-*ud*).Rs. [7'].8' (*a*]*k-šud*).[12']; **27**, Vs. ii [4']; **29**, Rs. 10' (*ak-ta-*⸢*šad*⸣); **31**, Seite a 16' (*a*[*k*?-*šud*?); **33** [2'.8']; **41**, Rs. 5 (*ka-šá-di*); **48**, Vs. i 10' (*ak-šud*).15' (*i*]*k-šu-*⸢*du*⸣); **55**, Rs. 4 (*ak-šud*); **59**, 2' (*ik-šu-du-ni*); **60**, 6' (*i*]*k-šu-du-n*[*i*?); **61**, Vs. i 19' (*ik-šud*).22' (⸢*ik*⸣-[*šud*?)
Gtn: **66**, Rs. [5]
Š: **28**, Rs. (VAT 9564) 10' (*lu-š*[*ak*?-*ši-da-an-ni*); **78**, ii' 2 (*mu-ša-a*[*k-šid*?)

kašāṭu(m), abschneiden: G: **33**, 24' (*ak-šiṭ-ma*); **34**, [11']; **38**, i' 2' (*ak-šiṭ-ma*)

kašmaḫḫu, kašmāḫu, erstklassiges Bier: **22**, Vs. 5 (KAŠ.MAḪ)

kâšu(m) III, sich aufhalten, verspäten: D: **19-20**, [61-63].85f. (*uk-ta-iš*?)

katāmu(m), bedecken: G: **16-17**, 10' (*a-kàt-tam*)

kâti, kâta, dich, deiner: **79**, Rs. 7 (*ka-a-ti*)

katmu(m), zugedeckt; als Femininum Verborgenes: **33**, 28' (*ka-tim-ti*)

kēniš siehe *kīniš*

kī, wie, als, daß (Schreibung *ki-i*): **6**, Rs. [7']; **19-20**, 92f.; **24**, Vs. [23].Rs. [2']; **33**, [22']; **34**, 9'; **36**, 1'; **49**, Rs, [5']; **75**, Rs. i' 4'

kīam, kâm, so: **74**, Seite a 15' (*ka-a-am*)

kibru(m), Ufer, Rand: **1**, Vs. [2].6 (*ki*[*b-rat*); **2**, Vs. 3' (*k*[*i*]*b-*[*rat*); **12**, Vs. 5' (*kib-rat*); **16-17**, [2'.10']; **23**, Vs. 2 (*kib-rat*); **24**, Vs. 11 (UB.MEŠ); **33**, [19']; **34**, 6' (*kib-rat*); **58**, i 4' (*kib-rat*)

kidudû, Riten: **33**, [15']; **34**, 2' (*ki-du-de*]-⸢*e*⸣)

kilallān, killalū(m), beide: **76-76a**, Vs. 12'.14' (jeweils *ki-lal-le-e*).17' (*ki-l*]*al-le-e*)

kīma, wie, als, wenn: **1**, Vs. [11]; **12**, Rs. 2' (*ki-*⸢*ma*⸣?); **16-17**, 5' (*ki-ma*).[6'.7'].8' (*ki-ma*).9' (*k*[*i*!-*ma*).11'.12' (jeweils *ki-ma*); **19-20**, [41f.].86f. (⸢*ki*⸣-*ma*); **23**, Vs. [13]; **24**, Vs. [18]; **26**, Vs. i [2']; **28**, Rs. (VAT 9564) 1' (*k*]*i-ma*); **32**, [13']; **33**, 6' (*ki-ma*); **35**, 5' (*ki-m*]*a*); **39**, ii', 15' (GIM); **41**, Rs. 8 ([G]IM); **45-46**, [13']; **56**, Seite b 15' (GIM); **72**, Vs. 7 (GIM).Rs. 16 (⸢*ki*⸣-*ma*); **77**, Vs. 19 (⸢*ki*⸣?-⸢*ma*⸣?); **79**, Vs. 9 (GIM); **80**, Vs. 11 (*ki-ma*)

kimtu(m), Familie: **14**, Rs. 8' (*ki-im-te*)

kīniš, kēniš, zuverlässig: **1**, Vs. [2.8]

kīnu(m), kēnu(m), dauerhaft, wahr, treu: **2**, Vs. 1' (⸢*ki*⸣-[*nu*); **12**, Vs. 10' (⸢*ke*⸣-⸢*e*⸣-⸢*ni*⸣); **24**, Vs. 4 (*ke*?]-*e-nu*); **41**, Vs. 5' (⸢*ke*⸣-⸢*e*⸣-*nu*)

kippatu(m), Kreis, Ring: **23**, Vs. 11 (*kip-pat*)

kippu(m), Schlinge: **48**, Rs. i' 3' (*kip-p*[*i*)

kirimaḫḫu, Park: **37**, 3' (^{giš}*kir*]i_6*-maḫ-ḫi*)
kirû(m), (Baum-, Obst-)Garten: **8-11**, 34' (^{giš}KIRI$_6$.MEŠ-*šu-nu*); **33**, 3'.5' (jeweils *ki-ra-te-šú-nu*); **37**, 3' (^{giš}kiri$_6$); **38**, i' [12']
Kislīmu, *Kisilīmu*, der 9. Monat des babylonischen Kalenders: **28**, Rs. (VAT 9648) 2'' (^{iti}GA[N); **47**, 8' (^{it}]^{i}GAN)
kissatu(m) I, (Vieh-)Futter: **19-20**, [92f.]
kisurrû(m), Grenze, Gebiet: **32**, [3']
kiṣru(m), Knoten; Zusammenballung; Miete: **41**, Vs. [20]
kiṣṣu(m) I, Heiligtum: **40**, 6 (*ki-iṣ-ṣ*[*u*])
kišādu(m), Hals, Nacken; Ufer: **1**, Vs. 10 (GÚ); **23**, Vs. 8 (GÚ); **41**, Rs, [3]; **45-46**, 15' (GÚ.MEŠ-*šú-nu*); **56**, Seite b 15' (GÚ.⸢MEŠ⸣-*šú-nu*)
kišittu(m), Erreichen; Eroberung: **3**, i' [3']; **16-17**, 20' (*ki-ší-t*[*e* // *ki*-⸢*ší*⸣-⸢*tu*⸣); **33**, [24']; **34**, 11' (*ki*-⸢*šit*⸣-*ti*); **36**, 3' (*ki-š*[*it-ti*); **41**, Vs. 8' (*ki*-⸢*šit*⸣-*ti*)
kiškattû(m), *kiškittû(m)* siehe *kitkittû(m)*
kiššatu(m) I, Gesamtheit, Welt: **1**, Vs. [1]; **6**, Rs. [6']; **23**, Vs. [2]; **33**, [29']; **58**, i 5' (*kiš-šat*); **63**, Vs. 3 (ŠÚ)
kiššūtu, Macht(ausübung): **48**, Vs. i 12' (*kiš-š*]*u-ti-ia*)
kitkittû(m), Ofen; Handwerker, Waffenschmied: **16-17**, 12' (*ki-te*$^!$-[*ki-te-e*)
kitru I, Unterstützung, Hilfstruppe: **80**, Vs. 12 (*kit*$^?$-*ri*)
kittu(m) I, Stetigkeit, Wahrheit, Treue: **80**, Vs. 4 (*kit-t*[*i*$^?$)
kitû(m), Flachs, Leinen: **14**, Rs. 3' (GADA$^!$.MEŠ); **19-20**, [72]; **32**, [11']
kūdanu(m), Maultier, -esel: **24**, Vs. [22]
kudurru I, Traggestell: **24**, Vs. [23].Rs. 4' (⸢*ku*⸣-*du-ri*)
kullatu(m) I, All, Gesamtheit: **1**, Vs. [12]; **23**, Vs. 2 (*kúl-lat*); **24**, Vs. 6 (*kul-lat*); **37**, [4']; **58**, i 3' (*kul-la*]*t*; lies *be-lu*]*t*).4' (*kul-lat*)
kullu(m) II, (fest)halten: D: **19-20**, 34f. (*ú-ka*]*l-lu*-⸢*ni*)
kullumu(m), sehen lassen, zeigen: D: **32**, [1']; **69**, Vs. 6 (*ú*$^?$-*kal*$^?$-*l*] *i*$^?$-<*mu*$^?$>-*ka-nu-ni*); **70-71**, A 9' (*ú-kal-lim-ka*]-⸢*nu*⸣-⸢*ni*⸣); **76-76a**, Rs. 16' (*ú-kal-lam*)
kūm, *kummu*(-), *kumu*(-), anstatt: **70-71**, A 4' (*ku-mu-š*[*u*)
kūmu- siehe *kūm*
kummu(m), heiliger Raum, Heiligtum: **33**, 20' (*kúm-mu*); **34**, 7' (*kú*]*m-mu*): **40**, 1 (*kúm*-⸢*mu*⸣).5 (*kúm-m*).7 (⸢*kúm*⸣-*mu*)
kunukku(m), Siegel: **63**, ob. Rd. 1' ($^{na_4?}$]KIŠIB$^?$).Vs. [1.2]
kupru(m), (Trocken-)Asphalt: **19-20**, [59f.]; **36**, 9' (ESIR. UD.A); **48**, Rs. i' 11' (*ku-u*[*p-ru*$^?$)
kupû, etwa 'Schilfdickicht': **33**, 24' (*ku-pe*]-*e*); **34**, [11']
kurummatu(m), Kost, Verpflegung: **80**, Vs. 13 (PAD.⸢ḪI⸣$^?$.A)
kusarikku(m), Wisent; ein mythisches Mischwesen: **78**, ii' 4 (^{d}GU$_4$.⸢DUMU⸣.^{d}[UTU)
kussû(m), Stuhl, Thron: **14**, Vs. [3']; **22**, Vs. 11 (^{giš}AŠ.TI); **23**, Rs. 5' (^{giš}GU.[ZA-*šu*); **28**, Rs. (VAT 9564) [3']; **39**, i' [11'].ii' 9' (^{giš}GU.ZA); **70-71**, A [4']
kutallu(m), Hinterkopf; Rückseite: **36**, 11' (*ku-tal*)
kuttumu, verdeckt, verhüllt: **74**, Seite a 10' (*ka-tu-un-tu*)

lā, nicht (sofern nicht anders angegeben, Schreibung *la*; siehe auch: *lâdiru*): **2**, Vs. 5'; **5**, i' [8']; **7**, Vs. 1'.Rs. [13']; **8-11**, [26']; **14**, Vs. [7'-9'].Rs. 9'; **19-20**, 33f. (*l*]*a-a*).[37f.-39f.43f.50f.]; **23**, Vs. [6].10; **24**, Vs. 15; **28**, Rs. (VAT 9564) 12' (NU); **32**, [1'.9'.15']; **33**, [8'.10'].14'.19'.[23'.25'].29'; **34**, [1'.6'].10'; **36**, 5'; **38**, ii' [5']; **39**, i' [6'.8'].ii' [18']; **40**, 17; **42**, i' [2']; **50**, [5']; **51**, 6' .8' (*la-a*); **56**, Seite a 2'; **59**, [5']; **63**, Vs. [2].6; **64**, Rs. 4'.5'; **67-68**, A re. Kol. 7'.9'; **69**, Vs. 2.[3].4.6.11.Rs. [6]; **70-71**, A [2'].9'.11'.B [1']; **72**, Rs. 15.19 (NU)
labānu(m) II, (Ziegel) streichen, formen: G: **33**, [23']; **34**, [10']; **41**, Vs. 16' (⸢*la*⸣-*bi-i*[*n*).[17']
labāriš, im bzw. zum Altwerden: **33**, [29']
labāru(m), alt werden; lange dauern: Š: **12**, Rs. [9']; **13**, Rs. [2']
labiru(m), *laberu(m)*, *labīru(m)*, *labēru(m)*, alt: **41**, Vs. 3' (*l*[*a-b*]*i-ru-ta*); **43** (VAT 9524), i' [7']
lābu(m), *labbu* II, Löwe: **16-17**, 1' (*la*-[*ab-ba-ku*)
lâdiru = *lā ādiru*, nicht fürchtend: **1**, Vs. [9]
Lalgar, poetischer Name des kosmischen Grundwasserhorizonts: **35**, 8' (*Làl-gar*)
lalû(m) I, Fülle, Üppigkeit: **50**, 7' (*la-le-e*)
lāma, *lām*, vor, bevor: **47**, [2']
lamassu(m), Lebens- und Leistungkraft; Schutzgottheit: **63**, Vs. [6]; **74**, Seite b 13' (^{d}LAMMA)
laššu, nicht habend, Habenichts (Nomade): **19-20**, [63f.]
lâṭu(m), umspannen: D: **16-17**, [4']
lawûm, *lamû* II, *labaʾu*, *labû* II, umgeben, belagern: G: **6**, Rs. [3']; **7**, Rs. 4' (*al-mi*); **33**, [2']
Š: **45-46**, 11' (*ú*]-*šal-bi*)
lemnu(m), böse, schlecht; Böser, Feind: **12**, Vs. 6' (*lem-ni*)
lemuttu(m), Böses: **64**, Rs. 2' (ḪUL-*ti*[*m*); **65**, 5' (⸢ḪUL⸣-⸢*tì*⸣$^?$)
lētu(m) I, Backe, Wange; Seite: **33**, [20']; **34**, 7' (*le-e-su*); **35**, 11' (*le-e*-⸢*su*⸣)
lēʾû(m), tüchtig, fähig: **1**, Vs. 6 (*l*[*e*]-⸢*e*⸣$^?$); **2**, Vs. [8']; **16-17**, 3' (*le-ʾu-ú*)
lēʾûtu(m), Tüchtigkeit, Klugheit: **75**, Rs. i' 10' (⸢*le*⸣-*ʾu-ti-ka*)
libbu(m), Leib, Inneres; Herz (siehe auch: *ana libbi*, *bibil libbi*, *ina libbi*, *ṣīt libbi*, *ṭūb libbi*): **1**, Vs. [4]; **5**, i' [7']; **6**, Rs. 5' (*lìb-bi*); **12**, Vs. [6'].10' (*lìb-bi-ku-un*); **14**, Vs. [5']; **19-20**, [46-48].51f. (*lìb-bi*).[59f.]; **22**, Vs. 14 (⸢*lìb*⸣-*bi*); **24**, Vs. [16].Rs. 5' (ŠÀ).13' (Š]À); **25**, Vs. [5'].Rs. [4']; **28**, Rs. (VAT 9564) 10' (*lìb-bi-ia*); **31**, Seite a 10' (ŠÀ$^?$-*šú*$^?$-⸢*un*⸣$^?$); **32**, [8'.16']; **33**, 20' (*lib-bi-šú-nu*); **34**, [7']; **43** (VAT 9524), i' 3' (ŠÀ]-*ia*); **59**, 7' (Š[À$^?$); **67-68**, B 5 (*lìb-bi*).6 (⸢ŠÀ⸣); **69**, Vs. 4 (*lì*]*b*-⸢*ba*⸣-*ku-nu*).Rs. 1 (*lìb-bi*-⸢*šú*⸣$^?$); **70-71**, A 3' (Š[À).B 4' (*lì*]*b-bi*); **75**, oberer Rd. 1 (*lìb-bi-ia*); **76-76a**, Rs. 8' (*lìb-bi*(-)*ia*); **77**, Vs. 8 (ŠÀ$^?$-⸢*šu*⸣$^?$); **78**, i 3 (*l*]*ìb*$^?$-*bu*); **80**, Vs. 24 (*lìb-bu*)
libittu(m), luftgetrockneter Ziegel: **19-20**, [71]; **33**, [23']; **34**, [10']; **41**, Vs. [16'.17'].Rs. 3 (SIG$_4$).[4]; **80**, Vs. 10 (SIG$_4$.MEŠ)
lijāru, *liāru*, Weißzeder: **40**, 11 (*li-ia-a-ri*)
limītu siehe *liwītu(m)*
līmu(m), Jahreseponym: **1**, Rs. [3']; **8-11**, [37']; **12**, Rs. 12' (⸢*li*⸣-*mu*); **13**, Rs. [7']; **19-20**, [41]; **23**, Rs. [7']; **24**, Rs. [11']; **28**, Rs. (VAT 9648) [2'']
liptu(m), Eingreifen, Eingriff: **62**, Rs. i' 8' (*l*[*i-pí-it*)
lišānu(m), Zunge; Sprache: **45-46**, 15' (EME.MEŠ-*šú-nu*)
littūtu(m), langes, erfolgreiches Leben: **40**, 17 ([*lit*$^?$-*t*]*u*$^?$-*tu*)
lītu(m) I, Macht, Sieg; **12**, Rs. 5' (*li-ta-at*); **16-17**, 51' (*li-i-ta*); **25**, Vs. [11']; **31**, Seite a [4']; **48**, Vs. i [12']
līṭu(m), *liṭṭu* I, Geisel: **5**, i' [9']; **16-17**, 24' (*li-ṭí*$^!$.[MEŠ-*šú-nu*); **56**, Seite b 9' (*li-ṭí*)
līṭūtu(m), Geiselstellung: **4**, i' [7']

liwītu(m), *limītu*: Umgebung, Umfang, Umkreis: **24**, Rs. 18' (*li-m*]*e-tu-šú-nu*); **25**, Vs. 9' (*li-me-*[*tu-šú*).Rs. [7'.8']; **27**, Vs. ii [5']; **33**, [1'.2']

lū, sei es, oder; Partikel des Wunsches und der Beteuerung: **1**, Vs. [11]; **6**, Vs. [2'].3' (*l*[*u*).5'.6' (jeweils *lu-ú*).7' (*l*]*u-ú*).9' (*lu*).[11'-14'].15' (⸢*lu*⸣-⸢*ú*⸣).Rs. [3']; **7**, Vs. 8' ([*lu*]-*ú*).9' ([*lu*]-⸢*ú*⸣).Rs. 4' ([*l*]*u-ú*); **8-11**, [1'].3' (*l*[*u*).[5'].7'.9'.11'.12' (jeweils *lu*).[14'-16'].18' (⸢*lu*⸣).20' (*lu*).[22'].25'.26'.28'.29'.32' (jeweils *lu*). [33'].34'.35' (jeweils *lu*).36' (*lu-*⸢*ú*⸣ // *lu*); **13**, Rs. 2' (*lu-ú*).[3']; **14**, Vs. [11'.13']; **16-17**, 18'.19'.23' (jeweils *lu*).[25'.42']; **19-20**, [38f.]; **21**, Vs.(?) 6' (*lu*); **24**, Vs. [18]; **38**, i' 4' (*l*]*u*); **45-46**, 2' (⸢*lu*⸣$^{?}$).9' (*lu*).[11'.12']; **48**, Vs. ii 1'.2' (jeweils *lu*); **56**, Seite a, 16' (*lu*).Seite b [19']; **57**, Vs. 7' (⸢*lu*⸣); **61**, Vs. i 13' (*l*]*u*$^{??}$); **62**, Rs. i' [10']; **66**, Vs. 10' (⸢*lu*⸣$^{??}$); **67-68**, A re. Kol. 6'.B 1.2 (jeweils *lu-u*).[3.4].6 (*lu-u*); **80**, Vs. 1 (⸢*lu*⸣$^{?}$)

lubuštu(m), *lubultu*, Bekleidung, Kleidung: **19-20**, [72]; **32**, 11' (*lu-bul-ti*)

lulû(m) I, Fülle: **41**, Rs. [10]

lurmu, (Vogel) Strauß: **19-20**, 80f. (⸢*lu*⸣-⸢*ur*⸣-*me*); **48**, Rs. i' 2' (GÁ.N]U$_{11}$^{mušen}.MEŠ)

-ma, hervorhebende Partikel und Konjunktion: **1**, Vs. [7]; **2**, Vs. [3']; **3**, i' [2']; **5**, i' [3']; **6**, Rs. [7']; **7**, Rs. 10' ([*e*]*r-ṣi-pu-ma*); **13**, Rs. 4' (*li-mur-*[*ma*]); **14**, Vs. 9' (*ia-um-ma*); **22**, Vs. 9 (*Aš-šur-ma*); **24**, Vs. 8 (*ú*$^{?}$-*šat*$^{?}$-*l*]*i-me-šu-ma*).10 (*Aš-šur-ma*); **31**, Seite a 18' (⸢*e*⸣-*pu-uš-m*[*a*$^{?}$); **32**, [5'.13'.14']; **33**, [8'.10'.13'].15' (*u*$_{4}$-*me-šu-ma*).[18'.21'-23'].24' (*ak-šiṭ-ma*).26' (*i-ba-*ʾ*u-*[*ma*).27' (*aq-qur-ma*).[28']; **34**, 5' (*e-pu-šu-ma*).8' (*ib-ši-ma*).9' (*ib-ši-*[*ma*).10' (*as-su-ḫa-am-ma*); **35**, 7' (*e*]*ṣ-*⸢*ret*⸣*-ma*).12' (*ib-ši*]*-ma*).14' (*as-su-ḫa-am-m*]*a*); **36**, 5' (*ú-še-*⸢*pi*⸣-⸢*šu*⸣*-ma*).8' (*u*[*š-ṭib-ma*).9' (*a*[*k-si-ma*).12' (*ú-mal-li-ma*).14' (*al-ṭu-ur-ma*).15' (*ub-l*]*am-ma*); **38**, ii' 3' (*ap-t*[*e-ma*).10' (*ú-še-*[*ṣa-am-ma*).i' 2' (*ak-šiṭ-ma*).9' (*aq-qí-ma*); **39**, i' [2'].10' (*ú-še-ṣa-am-m*]*a*).12' (*ú-še-šib-m*]*a*).ii' [2'].3' (*ú-ter-*⸢*ma*⸣).17' (*šit-ku-na-*[*at-ma*); **40**, 3 (*e-*⸢*na*⸣*-aḫ*(-[*ma*])).6 (*aq-q*[*ur*(*-ma*)]).7 (*ú-*⸢*še*⸣-⸢*piš*⸣(-[*ma*])).11 (⸢*ú*⸣-⸢*ra*⸣-⸢*kis*⸣-[*ma*]); **41**, Vs. [1'].3' (*il-li-k*[*u-ma*]).5' (*i-pu-lu-ni-ma*).Rs. 1 (*e-pu-u*[*š-ma*).[3].4 (*ad-di-ma*).13 (⸢*ú*⸣*-rak-kis-*[*ma*).[17]; **42**, ii' 1' (⸢*i*⸣$^{?}$-[*pu-lu-šu-ma*). [3'].i' 3' (*ú-šá-as-ḫir-ma*).[8']; **43** (VAT 9524), i' 4' ([*ib-ba-š*]*i-ma*).14' (*uš-mal-l*]*i-ma*(?)).(A 494), i' 8' (*a*]*q-qí-ma*).13' (*ip-pal*]-⸢*su*⸣-[*ma*); **45-46**, 9' (*it-t*]*i-kil-ma*).15' (*ú-bat-*[*tiq*(*-ma*?)]; **48**, Vs. i [4']; **57**, Vs. 4' (*e-n*]*a-*⸢*aḫ*⸣*-ma*); **59**, 9' (⸢*iš*⸣$^{?}$*-ni-ma*); **61**, Rs. i' 19 (MU-*ma*); **64**, Rs. 5' (*li-k*]*el*$^{?}$*-mu-šu-ma*); **70-71**, A 9' (*ḫ*]*a-*⸢*an*⸣-⸢*nu*⸣-<<*nu*>>(Ras.?)-*ma*).B [1']; **72**, Vs. 9 (DÙ-*ma*).Rs. 15 (*re-ši-šú-ma*).17 (*re-ši*[*n-ni-m*]*a*).19 (⸢*eṭ*⸣-[*ri*$^{?}$*-nin*$^{?}$*-ni*$^{?}$(*-ma*$^{?}$)); **73**, Rs. 10 (DÙ-*ma*); **74**, Seite a 5' (*tal-li-ki-ma*).14' (⸢*im*⸣$^{?}$(-)*tal-lik-ma*); **75**, Vs. ii' 8 (*i*$^{?}$*-ḫ*[*a*$^{?}$*-n*]*u*$^{?}$*-ba-ma*); **76-76a**, Rs. 3' (2-*ma*); **79**, Vs. 4 (*u-šá-ki-lu-ši-*⸢*ma*⸣).Rs. 7 (*lu-ṣur-ma*)

mā, was?!; eine redeeinleitende Partikel: **24**, Rs. [11']; **61**, Vs. i 5'.6'.8' (jeweils *ma+a*); **79**, Vs. 14 (*ma-a*)

madbaru, *mudabaru*, *mudbaru*, Steppe, Wüste: **19-20**, 41 (⸢*mud*⸣$^{?}$-[*ba*$^{?}$*-ri*$^{?}$]).[41f.]

maddattu(m), *madattu(m)*, Abgabe: **3**, i' 3' (*ma-da-at-ti*); **4**, i' [9']; **5**, i' [10']; **6**, Vs. [1'.4'].6' (*ma-da-*⸢*at*⸣*-ta*); **7**, Vs. 7' ([*ma-d*]*a-at-ta*); **8-11**, 5' (*ma-da-at-ta-šu-nu*).10' (*ma-da-at-ta*).[12'].16' ([*m*]*a-da-at-ta*); **16-17**, 26' (*ma-da-*⸢*a*⸣$^{?}$-[*tu* // *ma-d*[*a-tu*]); **24**, Vs. 20 (*ma-da-tu*).22 (*ma-da-ta-šú*).Rs. [2'.3'].8' (*ma*]*-da-tu*).10' (*ma-*⸢*da*⸣*-*[*t*]*a-*⸢*šú*⸣*-*[*nu*); **25**, Vs. [2'].10' (*ma-da-t*[*u*$^{?}$).Rs. [5'.10']; **33**, [9']; **34**, [1']; **39**, i' [13']; **45-46**, 7' (*ma-d*]*a-tu*); **48**, Vs. i [16']; **56**, Seite a 10' (*ma-*⸢*da*⸣-[*t*]*u*).12' (*ma-da-tu*); **59**, 6' (*ma*$^{?}$*-da*$^{?}$*-at*$^{?}$*-t*]*a*$^{??}$)

mādu(m), F. *mattu(m)*, *ma*ʾ*attu*, viel, zahlreich: **8-11**, [25'].35' (*ma-du-ú-*[*te*]); **16-17**, 49' (*ma-a-di*); **19-20**, [48f.49f.]. 69f. (*ma-*ʾ[*a*(*-at*)*-tu*); **21**, Vs.(?) 7' (*ma-*⸢ʾ*a*⸣$^{?}$-[*ta*); **24**, Vs. [14]; **25**, Vs. 16' (ḪI.A.ME[Š]); **45-46**, 3' (ḪI.A.MEŠ).4' (ḪI.A.⸢MEŠ⸣).13' (ḪI.]⸢A⸣.MEŠ).[31']; **53**, 7' (ḪI.A.MEŠ); **61**, Vs. i, 10' (*m*[*a*]*+*⸢*a*⸣*-*ʾ*a-at-ta*). 15' (*ma+a-*ʾ*a-at-t*[*e*$^{?}$).20' (*ma*]*+*⸢*a*⸣*-*ʾ*a-at-*⸢*ta*⸣)

mâdu(m) I, *ma*ʾ*du*, viel zahlreich werden bzw. sein: Š: **22**, Vs. 10 (*šúm-ud*); **28**, Rs. (VAT 9564) 3'.9' (jeweils *šúm-ud*)

magāru(m), einwilligen, zustimmen: G: **73**, Vs. 7 (ŠE.GA; siehe auch: *šemû(m)*) **79**, Rs. 6 (ŠE.GA-*ku*$^{?}$ siehe auch: *šemû(m)*)

māgiru(m), willfährig, gefällig: **23**, Vs. 6 (*ma*$^{?}$*-g*]*i*$^{?}$*-ru*).10 (*m*[*a-gi-ru-ut*$^{?}$])

maḫāru(m), gegenübertreten, angehen; empfangen: G: **5**, i' 9' (*am-ḫur-š*[*u*); **6**, Vs. [2'.3'].7' (*am-ḫur*); **7**, Vs. 8'.9' (jeweils *am-ḫur*); **8-11**, [5'].11' (*am-ḫu*[*r*).[16']; **16-17**, 25' (*am*]*-ḫur*); **19-20**, 73? (*a*[*m*$^{?}$*-ḫur*$^{?}$*-šu*$^{?}$).[79f.85f.].86f. (⸢*at*⸣*-ta-ḫar*).[89f.].92f. (*at-t*]*a-ḫar*).[94f.]; **23**, Vs. 9 (*ma-ḫi*]*r*); **24**, Vs. 22 (*am-*⸢*ḫur*⸣).Rs. 4' ([*a*]*t*$^{?}$*-ta-*[*ḫar*$^{?}$).[10']; **25**, Vs. [2'].10' (*am-ḫur*).Rs. [5'.10']; **31**, Seite a 7' (*am-ḫu*[*r*]); **33**, [9']; **34**, [1']; **45-46**, 7' (*am-ḫur*); **56**, Seite a 12' ([*a*]*m-ḫur-šú*).16' (*am-ḫu*[*r*); **72**, Rs. 14 (*lim-ma-ḫir*); **74**, Seite a 5' (*am-ḫur*); **76-76a**, Rs. 11' (*i-ma-ḫar*)

Gtn: **33**, [19']; **34**, 6' (*im-da-na-a*[*ḫ-ḫa-ru*); **35**, 10' (*im-*⸢*da*⸣*-*[*na-aḫ-ḫa-ru*)

maḫāṣu(m), schlagen: G: **24**, Rs. 15' (*am-da-ḫi-ṣi*)

māḫāzu(m), Markt- und Kultstadt: **8-11**, 24' (*ma-ḫa-z*[*i*); **32**, 5' (*ma-ḫa-zi-*[*šú-nu*).8' (*ma-ḫa-zi*).[12']; **33**, 15' (*ma-ḫa-zu*); **34**, [2']; **51**, 4' (*ma-ḫa-z*[*i*); **76-76a**, Vs. 12'.14' (jeweils *ma-ḫa-zi-ia*).16' (*ma-ḫa-zi-ka*)

maḫru(m) II, Vorderseite (siehe auch: *ina maḫar*): **32**, [17']; **33**, 18' (⸢*maḫ*⸣-⸢*ri*⸣); **34**, [5']; **40**, 15 (*ma-ḫar-šú-nu*); **42**, ii' 4' (*m*[*a*$^{?}$*-ḫar*); **77**, Rs. 7 (*maḫ*$^{?}$]*-ri-šú-nu*)

maḫrû(m), F. *maḫrītu(m)*, vorderer, erster, früherer: **6**, Rs. 7' (*maḫ-ra*]*-a-t*[*e*); **12**, Rs. 3' (⸢*maḫ*⸣-[*re-e*); **14**, Vs. [3']; **24**, Vs. [11]; **25**, Vs. [3']; **33**, [25']; **36**, 15' (*maḫ-r*[*i-i*).16' (*maḫ-ri-t*]*i*); **41**, Rs. 3 (*maḫ-*[*ri-tu*); **43** (VAT 9524), i' 8' ([*maḫ-ri*]*-ti*); **48**, Vs. i 6' (*maḫ-re-e*)

mākaltu(m), hölzerne Eßschüssel: **41**, Vs. [5']

makkūru(m) I siehe *namkūru(m)*

makūru(m), *makurru* I, Fluß-, Prozessionsschiff: **12**, Vs. [3']

mala I, *mali* I, *mal*, entsprechend (wie), gemäß; Rel. Pron.: soviel als; alles was: **12**, Vs. [6']; **38**, ii' [8']; **70-71**, B [3']

mālaku(m), Gang, Lauf: **32**, 13' (*ma-lak*).[14']; **33**, [27']; **36**, 8' (*ma-lak-šá*)

malku(m) I, *maliku(m)*, Fürst, König: **16-17**, [10']; **23**, Vs. [8]; **28**, (VAT 9564) Rs. 5' (*mal-ki*.MEŠ).Rs. 11' (⸢*mal*⸣$^{?}$-[*ki*$^{?}$].⸢MEŠ⸣$^{?}$); **33**, [19']; **34**, 6' (*ma-al-*⸢*ki*⸣); **50**, 8' (*mal-ki*.MEŠ); **58**, i 1' (⸢*mal*⸣$^{?}$*-ki*).2' (*mal-ki*)

malmališ, entsprechend: **32**, 7' (⌜*mal*⌝?-⌜*ma*⌝?-⌜*liš*⌝?)
malû(m) IV, voll sein bzw. werden, sich füllen: G: **55**, Rs. 3 (*im-lu-ú*)
D: **1**, Vs. 3 (⌜*ú*⌝?-[*me-lu-ú*).Rs. [2']; **31**, Seite a 14' (*ú-mal*-[x); **36**, 12' (*ú-mal-li-ma*); **41**, Rs. [10]; **58**, i 3' (*tu-ma-al-lu-u*); **72**, Vs. 11 (*mul-le-e*); **73**, Rs. 9 (*mul-le-e*)
ŠD: **43** (VAT 9524), i' 14' (*uš-mal-l*]*i-ma*(?))
māmītu(m), Eid; Bann: **4**, i' 2' (*m*]*a-mi-i*[*t*])
mamman, mamma, (irgend)jemand; wer auch immer, mit Negation niemand: **34**, 1' (*ma-*[*am-man*); **42**, i' [2']; **55**, Rs. 9 (*ma-am-ma*); **75**, oberer Rd. 1 (*mam-ma*)
māmū, Wasser: **33**, [28']
mānaḫu(m) ~ *mānaḫtu(m)*, Ermüdung, Arbeit: **33**, 5' (*ma-n*[*a-ḫi-šú-nu*)
manāma, mannāma, manamma, irgendjemand; wer auch immer: **32**, [15']
manû(m) II, Mine: **19-20**, [69f.].90 (MA.NA).93f. (MA].NA).97f. (⌜MA⌝.⌜NA⌝).[99f.]; **22**, Vs. 15 (*ma-na*); **32**, 9' (*ma-na*); **61**, Rs. i' 9 (*m*]*a*?-⌜*na*⌝?).10.18 (jeweils *ma-na*); **73**, Rs. 8 (*ma-na*); **80**, Vs. 6 (MA.N[A)
manû(m) V, zählen, rechnen: G: **32**, [7']; **33**, [4']; **38**, ii' [10']; **39**, i' [5'].ii' [2']
manzazu, mazzizu in: *manzaz pāni*, Höfling: **38**, ii' [7']
maqātu(m), fallen: G: **32**, [16']; **57**, Vs. 5' (*i*]*m-qu-ut*)
Š: **1**, Rs. 2' (⌜*lu*⌝?-⌜*šà*[*m*?-*qít*?); **16-17**, 20' (*ú-šam*-BE); **24**, Vs. 17 (*ú-*[*šam-qit*]).Rs. [20']; **32**, 3' (⌜*ú*⌝-⌜*šam*⌝-[*qit*); **33**, [10'.14']; **45-46**, 14' (*ú*?-*šam*?-*q*]*it*); **66**, Rs. 4 (*l*]*u-šam-qit*)
maqqītu(m), ein Opfergefäß: **72**, Vs. 11 (*ma-aq-qí-ti*)
marāru(m) I, bitter werden, bzw. sein: G: **19-20**, [43f.]
margānu(m), ein Harz-Busch: **19-20**, [46-48]
marṣu(m), krank; beschwerlich; Kranker: **14**, Vs. [10']; **19-20**, [36f.]; **24**, Vs. [15]; **39**, ii' 16' (*mar-ṣ*[*i*]); **45-46**, 18' (*mar-ṣi-su-nu*)
maršītu(m), Habe, Viehbesitz: **6**, Vs. 11' (*mar-ši*]*-su-nu*); **8-11**, [20']; **16-17**, 41' (*mar-š*[*i-su*(*-nu*)(?))
mārtu(m), Tochter, Mädchen: **75**, Rs. i' 7' (DUMU.MUNUS)
māru(m), Sohn: **1**, Vs. 7 (A).Rs. 3' (⌜DUMU⌝); **4**, i' 5' (DUMU.MEŠ); **14**, Rs. 4' (DUMU); **19-20**, 80f. (DUMU.M]EŠ).[81f.97f.]; **21**, Rs.(?) 4' (⌜DUMU⌝?); **22**, Vs. 4 (DUMU).[6].9 (DUMU); **23**, Rs. 7' (DUMU); **24**, Rs. 2' (D[UMU).[3'].8' (DUMU); **25**, Vs. [6'].7'.12' (jeweils DUMU); **32**, [1']; **33**, [4'].6' (DUMU); **39**, i' [4'].ii' 8' (DUMU); **40**, 3 (⌜DUMU⌝).4 (DUMU); **41**, Vs. [1']; **65**, VAT 15420 Seite a 5' (DUMU-*šú*).16' (DUMU); **67-68**, A. re. Kol. 2' (D]UMU).3' (DUMU.MEŠ-*šú*).10' (DU[MU?).11' (⌜DUMU⌝.MEŠ-*šú*).B [4.5]; **69**, Vs. 5 (DUMU.MEŠ); **70-71**, A 7' (⌜DUMU⌝).12' (D[UMU).B [1'].5' (DUMU).6' (DUM[U).7' (DUMU.M[EŠ); **72**, Vs. 2 (DUMU); **79**, Vs. 6 (A)
mār māri(m), Enkel: **24**, Vs. [10]; **70-71**, B [2']
mār ummâni, Handwerker, Gelehrter: **72**, Rs. 20 (DUMU UM.ME.A)
marû(m) I, gemästet, fett: **40**, 14 (*ma-ru-ti*); **43** (A 494), i' 2' ([*m*]*a-ru-t*[*i*?)
maruštu(m) I, Übel, Schlimmes: **69**, Vs. 11 (*ma-r*[*u-uš-tu*).Rs. 6 (*ma-ru-u*]*š-tu*)
maṣṣartu(m), Bewachung, Wache: **79**, Vs. 13 (*ma*?]*-ṣar-ti*)
maṣû(m), entsprechen, genügen, ausreichen: Š: **12**, Vs. 6' (*mu-*[*šem-ṣu-ú*)
mašāḫu(m) I, (aus)messen: G: **31**, Seite a 3' (*a*]*m-šú-uḫ*)
maškanu(m), 'Stelle des Hinlegens': **43** (VAT 9524), i' 7' (MAŠ.G]ÁN-*šú*)
maškattu(m), Depot; Konto: **19-20**, [49f.]
mašku(m), Haut, Fell: **45-46**, 14' (KUŠ.MEŠ-*šú-nu*); **56**, Seite b [6']
mašlu(m), halb: **19-20**, [41f.].86f. (*ma-šil*)
mašû(m) I, vergessen: **32**, [3']; **33**, [3']; **63**, Vs. [4].8 (*ma-š*[*u-ti*)
matīma, matēma, irgendwann, immer: **74**, Seite a 9' (*ma-ti-ma*)
mātitān, alle Länder: **37**, [4']
mātu(m) I, Land: **1**, Vs. [1.5].7 (⌜KUR⌝).10 (KUR.KUR); **3**, i' [3']; **6**, Vs. [1'].2' (KUR).[3'.5'.6'].7' (KUR).8' (KUR-*ti-ia*).[10'-12'].Rs. [6']; **7**, Vs. [2'].3' (KUR); **8-11**, 1' (KUR.KU[R).2'.3'.9' (jeweils KUR).[10'.11'].14' (⌜KUR⌝).[15'.18'].19'.22' (jeweils KUR).[24'].28'.31'.32' (jeweils KUR).[33']; **12**, Vs. [1'].11' (KUR); **14**, Vs. [10'].Rs. 6' (KUR); **16-17**, 2' (K[UR).[3'].14'-16' (jeweils KUR).[19'].21' (KUR).22' (KUR.KU[R!).23' ([KUR.KU]R).[27'].28' (KUR).[29'.30'].39' ([K]UR).42' (KUR).[45'.51']; **18**, Vs.(?) 1 (KUR]-*ia*).2 (KUR-*i*]*a*).4 (KUR-*ia*); **19-20**, [34f.49f.].68f. (KUR).[69f.]; **22**, Vs. [11]; **23**, Vs. [6.10].11 (KUR.KUR.MEŠ).Rs. 6' (KUR); **24**, Vs. 5 (KUR.KUR.MEŠ).6 (KUR.KUR).7.12.20.21 (jeweils KUR).[23].Rs. [3'].4' (K[UR.KUR).[5'].9' (KUR).11' (KU[R).12' (KUR).[15'.19']; **25**, Vs. [9'.11'].14' (KUR).[15'].Rs. [4'.6'-9'.11'].12' (⌜KUR⌝); **26**, Vs. i [2']; **27**, Vs. ii [7']; **28** (VAT 9564), Rs. 4' (KUR); **30**, [2'].3' (KU[R).5' (KUR); **32**, [2'.3'.6'.7'.12'].14' (KUR).[15'].16' (KUR).17 (K[UR-*šú-un*); **33**, [1'.2'.6'.11'.12'.18'].22'-24' (jeweils KUR); **34**, [1'].5' (KUR).[9'].10' (KUR).[11']; **36**, 2' (KUR); **37**, [4'].5' (KUR); **38**, i' 7' (KUR).15' (⌜KUR⌝-*ia*); **39**, ii' 1'.5' (jeweils ⌜KUR⌝).10' (KUR); **40**, 3.4 (jeweils KUR); **41**, Vs. 7' (KUR).8' (KU]R.KUR).16' (KUR.KUR); **42**, ii' [2'.4']; **45-46**, 7' (KUR.KUR.MEŠ).[21'].24' (KUR.KUR); **47**, 3' (KUR); **48**, Vs. i 7' (KUR-*šú*).12' (KUR).ii 10' (KU[R?); **49**, Rs. [5']; **53**, 3' (K]UR.KUR); **54**, ii' 7' (KUR); **56**, Seite b 13' (KUR.KUR.M[E]Š).19' (KUR); **57**, Rs. 7 (KUR); **58**, i 3' (KUR.KUR); **59**, 10' (⌜KUR⌝?).12' ((KUR.)K]UR).14' (⌜KUR⌝); **60**, [3']; **61**, Vs. i 5'.11' (jeweils KUR).Rs. i' 6 ([K]UR?).[9]; **63**, Vs. [3]; **65**, 2'.3' (jeweils KUR).VAT 15420 Seite a 4'.10'.12' (jeweils KUR); **66**, Vs. 3' (⌜KUR⌝?); **67-68**, A re. Kol. [1'].10' (KUR).B [1].3 (⌜KUR⌝).[6]; **69**, Vs. 1.3 (jeweils KUR). [6.12].Rs. 7 (K[UR.KUR); **70-71**, A [4'.5'].8'.10' (jeweils KUR).B [4']; **76-76a**, Rs. 8' (KUR.KUR).9' (KU[R].KUR).11' (KUR; KUR.KUR); **77**, Rs. 5 (KUR; siehe auch: *šadû(m)*); **79**, Vs. 6 (KUR); **80**, Vs. 2.3.16 (jeweils KUR)
mâtu(m), muātu(m), sterben: G: **67-68**, A re. Kol. 4' (⌜*mu*⌝*-a-ti-šú-*[*nu*)
me'atu(m), mât, auch *mē*, hundert: **4**, i' [8']; **19-20**, [94f.98f.99f.]; **24**, Rs. [18']; **27**, Vs. ii 5' (⌜*me*⌝); **33**, [1']
meḫṣu(m), miḫṣu(m), Schlag; Gewebe: **19-20**, [98f.]
meḫû(m), Sturm, Ungewitter: **16-17**, 11' (*me-ḫe-e*)
memēni, jemand: **67-68**, A re. Kol. [1'].6' (*me-me-ni*)
mēnu siehe *mīnu(m)* II
mērešu(m) I, bestelltes Feld: **33**, 5' (*me-reš*); **54**, ii' 2' (*me-re-še*(?))

meskannu siehe *musukannu*
mētellūtu(m), Herrschertum, -kraft: **1**, Vs. [4.9]; **3**, i' 7' (*me-te*]*l-lu-ta*)
mētequ(m), Marschweg; Passieren: **14**, Vs. 7' (*me-teq*).12' (*m*]*e-teq*); **31**, Seite a [15']; **33**, 9' (*me-ti-iq*); **37**, [1']
migru(m), Einwilligung, Zustimmung: **1**, Vs. [2]; **41**, Vs. [7']
miḫṣu(m) siehe *meḫṣu(m)*
milku(m), Rat(schluß): **72**, Vs. 4 (*me-lik-šá*)
mīlu(m), Hochwasser; Fülle: **25**, Vs. [3'.8']; **33**, [29']; **36**, 7' (ILLU-*šá*)
mimma, irgendetwas; alles: **33**, 17' (*mim-ma*); **34**, [4']; **38**, ii' 5' (*mim-ma*); **41**, Rs. [17]; **72**, Rs. 19 (*mim-ma*)
mīnu(m) II, *mēnu*, Zahl: **8-11**, [26']; **19-20**, 39f. (*me*]-⸢*ni*⸣); **56**, Seite a 2' (*me-ni*)
mīrānu(m) I, *mērānu(m)* I, junger Hund, Welpe: **33**, 6' (⸢*mi*⸣-⸢*ra*⸣-⸢*a*⸣-[*ni*)
misarrum, *miserru(m)*, *meserru(m)*, Gürtel: **41**, Rs. 13 (*me*]-⸢*sér*⸣)
miṣru(m), Grenze, Gebiet: **2**, Vs. 6' (*mi-iṣ-ra*[*t*); **16-17**, [21'].28' (*m*[*i-ṣir*).[29']
mīšaru(m), *mēšaru(m)*, Gerechtigkeit: **1**, Vs. 11 (*me-šá-ri*)
mitgāru(m), sehr günstig: **33**, [28']
mitḫāriš, in gleicher Weise: **33**, [8']
mitru, aufsässig (?): **33**, 14' (*mit-ru*)
mû I, Wasser: **19-20**, 41f. (A.M[EŠ).[43f.45f.48f.61-63]; **74**, Seite a 12' (A.MEŠ)
mû II, Ordnungen: **79**, Rs. 7 (*mu-ú-ki*)
muātu(m) siehe *mâtu(m)*
mudbaru siehe *madbaru*
*mu*ʾ*dû* siehe *mu*ʾ*uddû*
mūdû(m), wissend, klug: **19-20**, [50f.]
muḫḫu(m), Schädel; Oberseite (siehe auch: *ana muḫḫi*, *ina muḫḫi*): **19-20**, [46-48.57f.61-63.64f.97f.]
muḫḫurtu(m), gegenüberliegende Seite: **36**, 11' (*mu-uḫ-ḫur-ti*)
*multa*ʾʾ*ûtu*, *multa*ʾʾ*ītu* siehe *mušta*ʾʾ*ûtu(m)*, *mušta*ʾʾ*ītu(m)*
mundaḫṣu, kämpfend, Kämpfer: **24**, Rs. 16' (^{lú}*mu-un-d*[*aḫ-ṣi-šú-nu*)
mundalku, überlegt, besonnen: **63**, Vs. [3]
muneḫḫu(m), der umwendet, Überwinders: **2**, Vs. 4' (*mu-né-eḫ-*[*ḫa*); **16-17**, 6' (*mu-né-ḫa*)
muqtablu, Kämpfer: **45-46**, 23' (*muq-tab-l*[*i-šú-nu*])
murru I, Bitterkeit, Myrrhe: **19-20**, [91f.]
murṣu(m), Krankheit; **72**, Rs. [18]
mussû siehe *wussû(m)*
musukannu, *mesukkannu*, *meskannu*, Makan-Baum, Dalbergia Sissoo: **19-20**, [71]; **33**, [9']; **42**, i' [6']
mūṣû(m), Ausgang: **33**, [27']
mūšabu(m), Wohnung, Wohnsitz: **41**, Vs. 2' (⸢*mu*⸣-⸢*šab*⸣).Rs. [5]; **42**, i' [7']
mušarû I, (Königs-)Inschrift: **41**, Rs. 1 (MU.SAR-*e*); **48**, Vs. i 3' (*mu*$^{?}$-*šá*$^{?}$-*r*]*a*$^{?}$-*a-ia*)
mušītu(m), Nacht: **74**, Seite a 10' (*mu-ši*-⸢*ia*⸣-*tu*)
muššaru, ein Halbedelstein (Sardonyx, Karneol-Onix): **32**, [10']; **61**, Rs. i' 13 (^{na_4}MUŠ.⸢GÍR⸣)
muštaprišu siehe *muttaprišu*
*mušta*ʾʾ*ûtu(m)*, *mušta*ʾʾ*ītu(m)*, *multa*ʾʾ*ûtu(m)*, *multa*ʾʾ*ītu(m)*, Muße, Erholung: **6**, Rs. 1' (*mul*-[*ta*-ʾ*i-it*]); **42**, i' 7' (*mul-t*]*a-ú-ti*)
mūšu(m), Nacht: **19-20**, [48f.61-63]
mutḫummu, Gartenfrucht: **37**, 4' (*mut-ḫum-mu*)
muttabbilu(m), Diener: **38**, ii' 9' (*mut-tab*-[*bi-lu-ut*)
muttakpu, stößig: **79**, Vs. 12 (*mut-tak*-⸢*pi*⸣$^{?}$-*i*⸣$^{?}$)
muttaprišu, *muštaprišu*, geflügelt, fliegend: **14**, Vs. [8']; **19-20**, [38f.]
muttinu, edler Wein: **72**, Vs. 11 (*mut-tin-ni*); **73**, Rs. 9 (*mu-tin*)
*mu*ʾ*uddû*, *mu*ʾ*dû*, Menge, große Zahl: **32**, [10']

*na*ʾ*ādu(m)* I, aufpassen, sich kümmern: Gt: **42**, ii' [2']
nābališ, *nāpališ*, auf das feste Land, zum trockenen Land: **33**, [28']
nabalkutu(m) II N, überschreiten; **14**, Vs. [12']; **21**, Vs.(?) 5' ([*a*]*t-ta-bal-kát*); **24**, Rs. [12']; **25**, Rs. [11']; **45-46**, 9' ([*i*]*b-bal-kit*).26' (*it-ta-bal-ku-t*[*u*)
nabāsu(m), *napāsu*, rote Wolle: **24**, Vs. [18]
nabnītu(m), Erschaffung, Geschöpf, Gestalt: **4**, i' [6']
nabû(m) II, nennen; berufen: **1**, Vs. [2]; **6**, Rs. 6' (*a*]*b-be*); **31**, Seite a [17'; siehe auch: *zakāru(m)*]; **48**, Vs. i 7' (*ib-ba-ni*)
naburru, *napurru*, Zinne: **40**, 9 (*na-bur-ri-šú*); **41**, Vs. 9' (*na-bur-ri-šú*)
nadānu(m), geben: G: **1**, Vs. [3.5].8 (*i*[*d-di-na*); **28**, Rs. (VAT 9564) 8' (*na-da-an*); **62**, Rs. ii' 5' (*i-din-nam*); **65**, VAT 15420 Seite a 7' (*id-di-nu-ni*).Seite b 6' (*id*$^{?}$-*di*$^{?}$]-*nu-šu-ni*)
nādu(m), *na*ʾ*du(m)* I, aufmerksam, ehrfürchtig: **1**, Vs. [1.3]; **12**, Vs. 10' (*na*$^{?}$-*a*$^{?}$]-⸢*di*⸣$^{?}$); **41**, Vs. 7' (⸢*na*⸣-[*a*ʾ-*du*)
nâdu(m), *na*ʾ*ādu* II, rühmen, preisen: Dtn: **72**, Rs. 20 (*lit-t*[*a*$^{?}$-ʾ*i*$^{?}$-*du*$^{?}$)
nadû(m) III, werfen; hin-, niederlegen: G: **33**, [20']; **34**, 7' (*i*[*d-da-a*); **35**, 11' (⸢*id*⸣-[*da-a*); **41**, Vs. [20'].Rs. 4 (*ad-di-ma*).[17]; **45-46**, [11']; **56**, Seite b 19' (*a*]*d*$^{?}$-*di*); **62**, Rs. ii' 7' (*ad-di*); **76-76a**, Rs. 4' (*i-na-du*$^{?}$-[*u*$^{?}$)
nāgiru(m), Ausrufer, Herold: **76-76a**, Vs. 4' (^{lú}]NÍMGIR).Rs. 11' (^{lú}N]ÍMGIR)
nagû(m) I, Bezirk: **32**, 14' (*na-ge-e*); **33**, 11' (*na-gu*-⸢*ú*⸣)
nakādu(m), Herzklopfen bekommen: G: **41**, Vs. 4' (⸢*ak*⸣-*ku-ud*)
nakālu(m), künstlich, kunstvoll sein bzw. werden: D: **33**, [25']; **36**, 5' (*ú-nak-ki-l*[*u*); **40**, 6 (*nu-uk-ku-lat*)
nakāru(m) I, anders, fremd, feindlich sein bzw. werden: D: **2**, Rs. [3']; **23**, Rs. 4' (*mu-né-kir*$_6$); **52**, 6' (*ú-nak-k*[*a-ru*); **55**, Rs. 1 (*ú-n*]*é*-⸢*kir*$_6$⸣); **57**, Rs. 2 (*mu-né-kir*$_6$); **70-71**, A [2']
nakāsu(m), abschneiden, fällen: G: **7**, Vs. 6' ([*ak-k*]*i-is*$_5$); **8-11**, [8'].34' (⸢*ak*⸣-[*ki-is*$_5$); **25**, Vs. 4' (*a*-[*kis*$^{?}$])
nakliš, kunstvoll: **42**, i' [8']
naklu, kunstreich, -voll: **33**, 17' (*nak-lu*); **34**, [4']
nakru(m), *nakiru(m)*, feindlich, Feind: **1**, Vs. [5].Rs. [2']; **2**, Vs. [6']; **12**, Vs. 5' (KÚR.MEŠ).Rs. [5']; **16-17**, [19']; **22**, Vs. 12 (KÚR.MEŠ-*a*); **23**, Rs. 5' (KÚR.MEŠ-*šu*); **28**, Rs. (VAT 9564) 5' (KÚR.MEŠ-*i*[*a*).11' (⸢KÚR⸣$^{?}$-⸢MEŠ⸣); **33**, 10' (^{lú}KÚR).14' (*na-ki-ri*).[24']; **34**, 11' (⸢*na*⸣-⸢*ki*⸣-⸢*ri*⸣); **36**, 3' (*na-ki-ri*)
nalbân, um... herum: **45-46**, 10' (*na-al-ban*); **56**, Seite b 18' (*na-al-ban*)
nāmaru(m), Aussichtsturm: **36**, 4' (^{é}*na-ma-ri*)
namāšu(m), sich in Bewegung setzen, aufbrechen: G: **19-20**, 41 (*at*$^{?}$-*tu*]*m*$_4$$^{?}$-⸢*šá*⸣$^{?}$).[41f.].43f. (⸢*at*⸣-*tu-muš*).[46-48.50f.].52f. (*at-tu*-[*muš*).54f. (*at-tum*$_4$-*š*[*á*).56f. (*at-tu-m*[*uš*).[57f.].58f. (*a*[*t-tu-muš*).[60f.61-63.64f.-67f.82f.84].85f. (*at*$^{?}$-*tum*$_4$$^{?}$-*š*]*á*$^{?}$) [87f.89f.90.95f.].96f. (*at*-⸢*tu*⸣-*muš*);

21, Vs.(?) 3' (*[at]-˹tum$_4$˺-muš*); **24**, Vs. [20].Rs. 19' (*a]t-tu-muš*); **25**, Vs. 7' (*at-˹tu˺-[muš*).13' (*a[t-tu-muš*). Rs. [7'.9'.11']; **27**, Vs. ii [3']; **29**, Vs. 6' (*a-˹tu˺-˹muš˺?*); **45-46**, 28' (*at-tu-muš*); **56**, Seite b 11' (*at-tu]-muš*).17' (*at-˹tu˺-˹muš˺*)

namḫāru(m), ein Krug: **3**, i' 2' (*nam-ḫa]r*)

namkūru(m), *makkūru*, I, Besitz, Eigentum: **8-11**, 29' (NÍG.GA.MEŠ).36' (NÍG.GA.MEŠ-*šu-nu* // ˹NÍG˺.GA.MEŠ-*šu*^{sic}); **38**, ii' [5']; **45-46**, 22' (NÍG.GA.MEŠ-*šú-nu*); **53**, 6' (NÍG].˹GA˺-*šú-nu*); **56**, Seite a 4' (˹NÍG˺?.˹ŠU˺?/˹GA˺?.MEŠ-*šú-nu*; siehe auch: *būšu(m* I); **59**, 3' (˹NÍG˺?.G[A?-*šu-nu*(?))

namrāṣu(m), Beschwerlichkeit, Schwierigkeit: **19-20**, [46-48]

namsuḫu, Krokodil: **6**, Vs. [2']; **7**, Vs. 8' (*na[m-su-ḫa*)

namurratu(m), furchterregender Glanz: **39**, ii' 6' (*na-mur-ra-tu$_4$*)

nāmurtu, (Ehren-)Geschenk: **19-20**, [68f.].85 (*na-mu]r-tu*). [86f.].87f. (˹*na*˺-˹*mur*˺-*tu*).[92f.93f.]; **80**, Vs. 14 (*na?]-mur-ti-ni*)

nannābu, Nachkommenschaft: **69**, Vs. 12 (*na!-an!-˹nab˺!-˹ku˺!-˹nu˺!*).Rs. 7 (*na-an-nab]-˹ku˺-nu*)

napāḫu(m), anblasen, entzünden; aufgehen: G: **47**, 3' (*n]a?-pa-ḫi*)

napālu(m) I, zu Fall bringen, zerstören, (Gebäude) abbrechen: G: **4**, ii' [1']; **5**, i' 3' (*na-pa-li*).5' (*[ip-p]úl*); **19-20**, 35f. (˹*ap*˺-*púl*); **21**, Vs.(?) [8']; **24**, Vs. [19]; **25**, Vs. 6' (*ap-pùl*).[8'.10'].Rs. [3']; **26**, Vs. i [1']; **27**, Vs. ii [2'.5']; **33**, [3']; **39**, ii' [3']; **45-46**, 18' (*a]p-púl*).25' (˹*ap*˺-*púl*); **47**, 5' (*a]p-púl*); **54**, ii' [5']; **56**, Seite a 4' (*ap?-p]u-la*). Seite b 10' (*ap-púl*); **59**, 5' (*ip?-pu?-lu?-n]i?*)

D: **45-46**, 6' (*ú]-˹né˺-píl*).15' (*ú-n]é-píl*); **56**, Seite b 8' (*ú-né-˹píl˺*)

napardû II, *neperdû* II N, hell aufleuchten: **28**, Rs. (VAT 9564) 7' (*lip-par-da-a*)

naparkû(m) II N, aufhören, Arbeit niederlegen: G: **33**, 19' (*na-par-ka-a*); **34**, [6']

Š: **59**, [5']

napāsu siehe *nabāsu(m)*

napḫaru(m), Gesamtheit, Summe: **1**, Vs. 5 (ŠU.NIGIN).[11]; **33**, [1'.2'.15']; **34**, 2' (*nap-ḫ[ar*); **69**, Vs. [12].Rs. 7 (*nap-ḫar*)

napištu(m), Kehle; Leben: **19-20**, [40]; **28**, Rs. (VAT 9564) [2']; **33**, [5'.10']; **41**, Rs. 3 (ZI.MEŠ-*ia*); **73**, Vs. 6 (ZI-˹*ti*˺-˹*šú*˺?)

naqāru(m), einreißen, herauskratzen: G: **4**, ii' [1']; **19-20**, 35f. (*aq-qur*); **21**, Vs.(?) 8' (*aq?]-˹qur˺?*); **24**, Vs. [19]; **25**, Vs. 6' (*aq-qur*).[8'.10'].Rs. [3']; **26**, Vs. i [1']; **27**, Vs. ii [2'.5']; **33**, [3'].27' (*aq-qur-ma*); **39**, ii' [3']; **40**, 6 (*aq-q[ur(-ma)*); **41**, Vs. [9']; **45-46**, 18'.25' (jeweils *a-qur*); **47**, 5' (*aq-q[ur*); **54**, ii [5']; **56**, Seite b 10' (*a-qur*); **59**, 5' (*iq-qu-ru-ú-ni*)

nāqidūtu(m), Hirtentum: **1**, Vs. [8]

naqû(m), ausgießen; opfern: G: **7**, Rs. 12' (*[i]-na-qu-˹ú˺*); **12**, Rs. [8'.10']; **13**, Rs. 5' (*liq-˹qí˺*); **25**, Vs. [2']; **38**, i' 9' (*aq-qí-ma*); **40**, 15 (*aq-qí*); **43** (A 494), i' 8' (*a]q-qí-ma*); **49**, Rs. [3'.6'.7']

D: **22**, Vs. 5 (*mu-na-qu-ú*)

narāmu(m), 'Ort des Liebens'; Geliebter, Liebling: **12**, Vs. [9']; **33**, 15' (*na-ram*); **34**, [2']

narbāṣu, Lager: **32**, [13']

narbâtu, Aufhören: **33**, 19' (*nar-ba-a-ti*); **34**, 6' (*nar-ba]-˹a˺-ti*)

narbû(m), Größe: **72**, Rs. 21 (*nàr-bi*)

narkabtu(m), (Streit-, Renn-, Prunk-)Wagen: **8-11**, 30' (^{giš}GIGIR.MEŠ); **14**, Vs. 6' ([^{giš}GIGIR].MEŠ).7' (^{giš}GIGIR.[MEŠ).12' (^{giš}GIGIR.MEŠ-*ia*); **16-17**, [46']; **19-20**, [37f.]; **24**, Rs. 14' (˹^{giš}˺˹GIGIR˺.MEŠ); **37**, 1' ($^{gi]š}$GIGIR); **48**, Vs. i [8']; **61**, Vs. i 15' (^{giš}GIGIR?.MEŠ); **77**, Vs. 10 (^{giš}GIGIR)

narmaktu(m), Waschbecken: **19-20**, 72 (*n[àr-ma-ak-tu*)

narmaku(m), Waschung; Wasch-, Badewanne: **3**, i' 2' (*nà[r-ma-ak]*)

nārtu(m) II, Musikerin: **38**, ii' [7']

nāru(m) I, Fluß, Wasserlauf, Kanal: **19-20**, [46-48]; **33**, 21' (ÍD); **34**, 8' (ÍD)

nāru(m) II, Musiker: **38**, ii' [7']

narû(m), Stele: **6**, Rs. [4']; **7**, Rs. 5' (^{na4}NA.R[Ú.A.MEŠ-*ia*); **12**, Rs. [6'.7'].10' (^{na4}˹NA˺.˹RÚ˺.˹A˺.MEŠ-*ia*); **13**, Rs. 4' (^{na4}N]A.RÚ.A.M[E]Š-*ia*); **41**, Rs. 1 (^{na4}NA.RÚ.A.MEŠ); **52**, 6' (^{na4}NA.R]Ú.A); **57**, Rs. 1 (*na-re-ia*)

nasāḫu(m) I, ausreißen: G: **5**, i' 9' (*[i]s-su-ḫa*); **6**, Vs. 8' (*as-su-ḫa*); **8-11**, 34' (˹*as*˺?-˹*su*˺?-[*ḫa*?]); **33**, [23']; **34**, 10' (*as-su-ḫa-am-ma*); **35**, 14' (*as-su-ḫa-am-m]a*)

D: **16-17**, 9' (*ú-na-saḫ*)

N: **72**, Rs. 18 (*li-in-na-síḫ*)

nasāku(m), flach hinwerfen: Š: **64**, Rs. 4' (*ú-šam-˹sak˺*)

nasīku II, Aramäerscheich, -fürst; Anführer: **24**, Rs. 11' (˹^{lú}˺*na-si-ku*)

naṣāru(m), bewachen, schützen, bewahren: G: **22**, Vs. 11 (PAB); **28**, Rs. (VAT 9564) [3']; **48**, Rs. i' 12' (*ta(-)na-ṣar*); **69**, Vs. 6 (*ta-na-ṣar-šá*(Text: *iá*)-*n[u-ni*); **77**, Rs. 4 (*iṣ-ṣur*; siehe auch: *iṣṣūru(m)*); **79**, Rs. 7 (*lu-ṣur-ma*)

nāṣiru(m), Bewacher: **73**, Vs. 6 (*na-ṣir*)

našāqu(m), küssen: D: **32**, [17']

nâšu(m), in (unruhige) Bewegung geraten: G: **28**, Vs. [5]

našû(m) II, heben, tragen: G: **7**, Vs. 6' (*áš-[ša-a*); **8-11**, [8'].29' (*áš-ša-a*).36' (*á[š-šá-a*); **36**, 6' (*n]a-ši-šá*); **41**, Rs. [3]

Š: **33**, [23']; **34**, [10']; **35**, 14' (*ú-šá-[áš-ši-šú-nu-ti-ma*); **41**, Vs. [8']

natbāku(m), Hin-, Ausschüttung: **24**, Vs. 18 (*na-at-˹ba˺-ku*)

nawāru(m), *namāru*, hell sein bzw. werden; leuchten: G: **75**, Vs. ii' 11 (*na]m?-ra-ku*)

D: **32**, [8']; **41**, Rs. [15]

nekelmû(m) N, böse anblicken: **64**, Rs. 5' (*li-k]el?-mu-šu-ma*)

nēmattu siehe *nēmettu*

nēmettu, *nēmattu*, Auflage; Liege: **19-20**, [69f.]

nēpeštu(m), Arbeit(sweise), Verrichtung, Machwerk: **32**, 17' (*né-˹peš˺-ti*)

nērārūtu, *nārārūtu*, Hilfe, Unterstützung: **16-17**, [17']

nērebtu(m), Eingang: **14**, Vs. [10']

nērebu(m), Eingang; Paß: **16-17**, 14' (*né-[re-be]*); **24**, Rs. 12' (˹*né*˺-*ru-bu*).14' (*né-[re-be]*).[16']; **25**, Vs. 14' (^{kur}*n]é-re-be*).Rs. [2']; **28**, Vs. 12 (*né-˹re˺?-[eb?/bi?*).Rs. (VAT 9564) 2' (*né-re-eb*)

nêru(m), *nâru(m)*, (er)schlagen: D: **16-17**, [2']

nesû(m) I, *nessû(m)*, fern: **32**, [14']

nēšu(m) I, Löwe: **62**, Rs. i' [10']

niālu(m), *nâlu* II, sich hinlegen: Š: **74**, Seite b 3' (*uš-na-la-an-[ni*)

nību(m) I, Nennung: **32**, [9']; **38**, ii' [5']

nīdu(m), Hinlegen, Hinwerfen: **41**, Vs. 4' (*ni-[id*)

nikiltu, kunstvolle, listige Gestaltung: **33**, 17' (*ni-kil-tì*); **34**, 4' (*ni-kil-ti*)

niklu(m), kunstvolles Tun: **6**, Rs. [5']

nindabû(m), *nidabû*, *nidbû*, Brotopfer: **76-76a**, Rs. 7’ (NIDBA)
nindanu, (ein Längenmaß), 12 Ellen: **33**. 25’ (NINDA)
niphu(m), Aufleuchten, Entbrennen: **32**, [13’]; **77**, Vs. 6 (*ni-pi-i*]*ḫ*$^{?}$)
nīqu(m), *niqû(m)*, Opfer: **7**, Rs. 14’ ([^{udu}SISK]UR.MEŠ); **12**, Rs. [8’.10’]; **13**, Rs. [5’]; **16-17**, 18’ (^{udu}SISKUR.MEŠ); **25**, Vs. [4’].Rs. 3’ (^{udu}SISKUR.MEŠ); **38**, i’ [9’]; **40**, 14 (^{udu}⸢SISKUR⸣.MEŠ); **49**, Rs. 3’.6’.7’ (jeweils ^{ud}[^{u}SÍSKUR.MEŠ); **76-76a**, Vs. 13’ (SISKUR)
nīru(m) I, Joch, Querholz: **8-11**, [4’]; **16-17**, 25’ ($^{⸢giš⸣!?}$[*ni-ri*).[47’]; **18**, Vs.(?) [4]; **33**, 14’ (*ni-ri-ia*).[23’]; **34**, [1’].10’ (*ni-ri-ia*); **36**, 2’ (⸢*ni*⸣-[*ri-ia*); **39**. ii’ 18’ (⸢*ni*⸣-[*ri* (...))
Nisannu(m), *Nisanu(m)*, Frühjahr; Frühlingsmonat, der 1. Monat des babylonischen Kalenders: **19-20**, [41]
niṣirtu(m), Bewahrtes, Schatz; Geheimnis (siehe auch: *bīt niṣirti*): **33**, [17’]; **34**, 4’ (*ni-ṣir-ti*); **35**, 8’ (*ni-ṣir-t*]*i*)
nišītu(m), Erhebung; Auserwählter: **1**, Vs. [1]; **23**, Vs. 1.3 (jeweils *ni-šit*)
nišku(m), Biß: **79**, Vs. 9 (*ni-šik*)
nišū, *nīšū* III, Menschen, Leute: **23**. Vs. [2]; **24**, Vs. 3 (⸢UN⸣.⸢MEŠ⸣); **31**, Seite a [8’]; **33**, 12’ (⸢UN⸣.MEŠ).13’ (UN.MEŠ); **41**, Vs. [8’].16’ (UN.MEŠ); **42**, ii’ [2’]; **49**, Rs. [5’]; **51**, 3’ (UN.MEŠ); **58**, i 5’ (UN.MEŠ); **61**, Rs. i’ 4 (U[N$^{?}$].MEŠ); **74**, Seite b [8’]; **75**, Vs. ii’ 2 (UN.MEŠ); **76-76a**, Rs. 12’ (UN.MEŠ)
nīšu(m) I, Erhebung: **28**, Vs. 6 (*ni-iš*)
nūnu(m) I, Fisch: **32**, [13’]
nūru(m), Licht, Helligkeit: **32**, [1’]; **62**, Rs. ii’ 14’ (*nu*]-*ra*)

padduganu(m), *padduganu(m)*, ein Kultmahl (?): **77**, Vs. 9 (*pa*$^{?}$]-⸢*du*⸣$^{?}$-*ga-ni*)
pādû in *lā pādû*, schonungslos: **24**, Vs. 8 (*la pa-du-*⸢*ú*⸣-[*ti*$^{?}$)
pagru(m), Körper, Leib; Leiche: **39**, i’ 3’ (*pag-ri*]-*šú-un*); **72**, Vs. 6 (*pa*[*g-ri*); **73**, Vs. 3 (ADDA)
pagû(m) I, F. *pagītu*, *pagūtu*, Affe: **6**, Vs. [2’]
paḫāru(m) II, sich versammeln: D: **41**, Vs. 8’ (*ú-pa*[*ḫ*]-⸢*ḫi*⸣-⸢*ir*⸣); **42**, ii’ [3’]
palāḫu(m), (sich) fürchten; verehren: G: **1**, Vs. [7]; **22**, Vs. 2 (*pa-líḫ-ka*); **25**, Vs. [12’]; **29**, Vs. 2’ (*pa-líḫ*); **41**, Vs. 4’ (*ap-luḫ*); **61**, Vs. i 16’ (*ip-*⸢*lu*⸣*-ḫu*); **72**, Vs. 9 (*pa-liḫ*).Rs. 17 (*pa-liḫ-ki*); **73**, Vs. 5 (*pa-liḫ-ka*)
palāsu(m), (hin)sehen: N: **43** (A 494), i’ 13’ (*ip-pal*]-⸢*su*⸣-[*ma*)
palgu(m), Graben, Kanal: **19-20**, 95f. (*pal-*[*g*]*u*)
palû(m), Regierungszeit, -jahr: **14**, Vs. [3’]; **24**, Vs. [11]; **25**, Vs. [3’.7’.12’].Rs. [11’]; **27**, Vs. ii [1’]; **48**, Vs. i 6’ (BALA-*ia*); **50**, 5’ (BALA.MEŠ-*šú*); **76-76a**, Rs. 12’ (BAL]A$^{?}$-*ú*)
pāna, früher: **5**, i’ 11’ (*pa-na*); **18**, Vs.(?) [4]; **55**, Rs. 5 (*pa-na*)
pānu(m) I, Vorderseite; Pl. Gesicht (siehe auch: *ālik pāni*, *ana pān*, *dāgil pāni*, *ina pān*, *manzaz pāni*): **14**, Vs. [4’.9’]; **18**, Vs. [3]; **19-20**, [50f.63f.]; **24**, Rs. 14’ (*p*[*a*]-⸢*ni*⸣-⸢*ia*⸣); **25**, Vs. 12’ (IG[I]; **32**, [3’]; **33**, [25’]; **39** ii’ 11’ (*p*[*a-nu-uš-šú*); **57**, Vs. 3’ (*pa-ni-ia*); **61**, 7’ (⸢*pa*⸣$^{?}$-*an*); Rs. i’ 22 (*pa-*⸢*ni*⸣); **72**, Rs. [14]; **75**, Vs. ii’ 10 (IGI.MEŠ-*ka*); **80**, Vs. 8 (*pa-*⸢*ni*⸣$^{?}$)
papāḫu(m), Cella, Kultraum; Heiligtum: **41**, Vs. [2’]
pappardaliu(m), *pappardilû(m)*, ein harter, schwarz-weißer Stein: **32**, 10’ (^{na_4}BABBAR.DILI.MEŠ); **61**, Rs. i’ 13 (^{na_4}BABBAR.DILI)

paqādu(m), übergeben, anvertrauen; betreuen; beauftragen: G: **76-76a**, Rs. 6’ (*ap-taq-du*)
N: **80**, Vs. 5 (⸢*li*⸣*-pa-qi-du*(-)⸢*u*⸣$^{?}$)
paqāru(m) siehe *baqāru(m)*
parakku(m), Kultsockel; Heiligtum: **41**, Rs. [18]; **66**, Vs. 8’ (BÁR[A.MEŠ); **76-76a**, Rs. 2’ (BÁ[RA$^{?}$).4’.6’.7’ (jeweils BÁRA)
parāru(m), sich ablösen: D: **24**, Vs. [17].Rs. [16’]
parṣu(m), Amt, Kult(ordnung): **63**, Vs. 4 (*pa-ra-a*]*ṣ*).8 (*pa-ra-aṣ*); **72**, Vs. 3 (*par-ṣu-šá*); **76-76a**, Vs. 16’ (PA$^{?}$-A]N$^{?}$ // GARZA.MEŠ).Rs. 14’ (GARZA.⸢MEŠ⸣)
parû(m) I, Onager; Maultier: **31**, Seite a 7’ (^{anše}*pa-re-e*); **33**, 12’ (ANŠE.KUNGA.MEŠ)
parzillu(m), Eisen: **19-20**, [99f.]; **32**, [9’]; **53**, 9’ (AN.BAR.ME[Š)
pašāru(m), lockern, (auf)lösen: G: **77**, Vs. 5 (*ap-šur*)
N: **64**, Rs. [5’]; **69**, Vs. 11 (*nap-šur*).Rs. [6]
pašāšu(m), salben, einreiben: G: **12**, Rs. [8’.10’]; **13**, Rs. [5’]; **49**, Rs. 3’ (*ap-š*]*u-uš*).6’ (*ap-šu-šu*).7’ (*lip-šu-uš*)
pašqu(m) I, eng; mühsam: **14**, Vs. [6’].11’ (*pa-áš*]-*qa-te*)
paššūru(m), Tisch: **19-20**, [71]
patru(m), Schwert: **16-17**, [6’]; **23**, Vs. [13]
paṭāru(m), (ab)lösen, auslösen: G: **4**, i’ [2’]
pāṭu(m), Grenze, Gebiet: **6**, Vs. 3’ (*paṭ*); **16-17**, 21’ (*paṭ*).[28’]; **24**, Vs. 5 (*paṭ*^{at})
peʾālu, *pêlu* siehe *bêlu(m)*
pelludû(m), *billudû*, Kult: **33**, [17’]; **34**, 4’ (*pel-lu-de-e*)
perku(m), *pirku(m)*, Quer-, Teilungslinie: **14**, Vs. [7’.8’.12’]
perʾu(m), Sproß, Nachkomme: **33**, 6’ (*pe-ri-iʾ*); **69**, Vs. 12 (NUNUZ$^{?}$-*ku-n*]*u*$^{!}$).Rs. [7]
peṣû(m) I, weiß, hell(grau): **42**, i’ 5’ (*pe-ṣ*]*e-e*), **76-76a**, Vs. 18’ (BABBAR-*ú*).Rs. 4’ (BABBAR-*ú*)
petḫallu, ‘Oberschenkelöffner’; Reitpferd(e); Kavallerist: **19-20**, [37f.]; **25**, Vs. 16’ (*p*]*et-ḫal-lu-šú*).[17’]
petû(m) II, öffnen: G: **38**, ii’ 3’ (*ap-t*[*e-ma*); **76-76a**, Vs. 3’ (*ip-ti*).9’ (*i*[*p-ti-ti*] // *ip-ti-ti*)
D: **23**, Vs. 12 (*mu-pat-t*]*e*$^{?}$); **62**, Rs. ii’ 13’ (*ú-pe/pé-e*]*t-ti*)
pīlu I, Kalkstein(block): **33**, 29’ (^{na_4}[*pi-i-li*); **36**, 13’ (^{na_4}*pi-i-li*); **41**, Vs. [19’]; **42**, i’ [5’]; **43** (VAT 9524), i’ 12’ (^{na_4}*pi-i*]-*li*(?))
piqdu, Überweisung, Zugabe: **80**, Vs. 10 (*pi-*⸢*qi*⸣$^{?}$-⸢*di*⸣$^{?}$).26 (*p*]*i*$^{?}$-*qi-di*)
piqittu(m), Übergabe, Musterung: **23**, Vs. 3 (*pi-qi*[*t*$^{?}$-*ta*$^{?}$-*šu*$^{?}$)
pirištu(m), Geheimnis: **33**, 17’ (*pi-riš-ti*); **34**, [4’]
pirsu, entwöhntes Kind: **74**, Seite b 7’ (*pír-su*)
pīru(m) I, Elefant: **42**, i’ 5’ (AM.SI); **48**, Rs. i’ 3’ (A]M.SI).10’ (AM.SI)
pītu(m) I, Öffnung: **6**, Rs. [5’]
pû(m) I, Mund, Maul: **6**, Rs. [7’]; **19-20**, [45f.46-48]; **58**, i 6’ (K]A$^{?}$-*šú*); **64**, Rs. [4’]; **66**, Rs. 1 (KA-*šu*); **67-68**, A re. Kol. 6’ (*pi-i*); **76-76a**, Vs. 3’ (⸢*pi*⸣-*i-š*[*ú*).9’ (*pi-i-šú* // *pi-i-šu*)
puḫru(m), Versammlung: **24**, Vs. [17].Rs. [15’]
puqqu(m), D, achtgeben auf: Dt: **58**, i 8’ (*pu-tuq-qu*)
purīdu(m), Bein: **79**, Rs. 4 (PAP.ḪAL-*ki*; siehe auch: *pušqu(m)*)
pūru I, (Stein-)Schale: **41**, Vs. 19’.Rs. 2 (jeweils BUR)
pušqu(m), Enge: **62**, Rs. ii’ 11’ (*pu-u*]*š-qí*); **79**, Rs. 4 (PAP.ḪAL-*ki*; siehe auch: *purīdu(m)*)
pūtu(m), Stirn, Stirnseite (siehe auch: *ina pūt*, *ša pūt*): **33**, 25’ (SAG.KI-*sa*).[28’]; **36**, 10’ (SAG.KI)

qabaltu(m), Mitte: **36**, 6' (*qa-bal-ti*)

qablu(m) I, Hüfte; Mitte: **8-11**, [32']; **19-20**, 66f. (MURUB$_4$). [67f.68f.]; **25**, Rs. [5']; **32**, 13' (MURUB$_4$).[14'.16']; **36**, 10' (MURU[B$_4$); **61**, Rs. i' 5 (⸢MURUB$_4$⸣$^?$)

qablu(m) II, Kampf, Schlacht: **1**, Vs. 6 (MURUB$_4$); **2**, Vs. [8']; **12**, Vs. [7']; **16-17**, 3' (MURUB$_4$); **24**, Rs. 13' (MURUB$_4$); **25**, Vs. [17']; **28**, Rs. (VAT 9564) [9']

qabû(m) II, sagen, befehlen: G: **5**, i' [3']; **28**, Rs. (VAT 9564) [8']; **39**, i' [9']; **67-68**, A re. Kol. 5' (*i-q[ab-ba-ka-nu-ni*).7' (*ta-qab-[ba-a-ni*); **69**, Vs. [4]; **72**, Rs. 17 (*qí-bi*); **74**, Seite a 7' (⸢*táq*⸣*-bi-i*).15' (*iq-ba-a*); **76-76a**, Vs. 5' (⸢*iq*⸣*-ta-bu-niš-šú*).16' (*q]í-ba-na-š[i*). Rs. 14' (*iq-bu-[u*$^?$)

qamû(m) II, verbrennen: G: **28**, Rs. (VAT 9564) [4']; **33** [3']

qanû(m) I, Rohr: **16-17**, 11' (⸢GI⸣); **38**, i' [2']

qaqqadu(m), Kopf: **14**, Rs. 5' (SAG.DU.MEŠ-*te-šu-n[u*); **45-46**, 23' (SAG.DU)

qaqqaru(m), Erdboden: **19-20**, [63f.].64f. (*qaq-q[ar*); **58**, ii 6' (*qaq-qa-ru*)

qardu(m) I, kriegerisch, heldenhaft: **12**, Vs. [6']; **14**, Vs. [5']; **16-17**, 4'.13' (jeweils *qar-du*); **23**, Vs. 5 (*qar-d[u*).[8]; **77**, Rs. 6 (*qar-du*)

qardūtu(m), Kriegertum, Kampftüchtigkeit: **12**, Vs. [12']

qarnu(m), Horn: **79**, Vs. 13 (*qar-na*)

qarrādu(m), sehr kriegerisch; Krieger, Held: **16-17**, 1' (*qar-ra-da-ku*); **24**, Vs. 15 (⸢UR⸣.SAG)

qašdu(m), rein, heilig: **43** (A 494), i' 4' (*qa-áš-d[u-ti*)

qaštu(m) I, Bogen: **66**, Rs. 3 (^{giš}BAN$^?$-*k]u-nu*)

qātu(m), Hand: **1**, Vs. 3 (⸢ŠU⸣$^?$-⸢*šú*⸣$^?$).Rs. [2']; **19-20**, 80f. (ŠU). [81f.]; **24**, Vs. 2 (⸢ŠU⸣).3 (⸢ŠU⸣-*i[a*$^?$); **28**, Vs. 6 (Š[U); **32**, 7' (⸢ŠU⸣[^{II}]).[8']; **33**, [24']; **34**, 11' (ŠU^{II}-*i[a*); **41**, Vs. 8' (ŠU^{II} -*ia*); **45-46**, 3' (⸢ŠU⸣$^?$⸢^{II}⸣$^?$); **58**, i [4']; **70-71**, B 3' (⸢ŠU⸣⸢^{II}⸣-⸢*ni*⸣); **72**, Rs. 16 (ŠU^{II})

qatû(m) II, zu Ende gehen: D: **38**, i' 5' (*ú-*⸢*qat*⸣*-tu-ú*)

qēmu(m), Mehl: **19-20**, 91f. (ZÌ.DA.MEŠ)

qerbu(m) II, Inneres, Mitte: **6**, Rs. 4' (*qe]r-be-ši-na*); **13**, Rs. [3']; **14**, Vs. [13']; **19-20**, [38f.]; **25**, Rs. 1' (⸢*qé*⸣-⸢*reb*⸣-⸢*šú*⸣); **32**, [1'.16'.17'].19' (*qer-bi-*[); **33**, 3'-5' (jeweils *qé-reb*). [6'.12'.15'.17'.19'].20' (*qer-bi-šu*).24' (*qé-reb*).28' (*q]é-reb*); **34**, [2'.4'.6'.7'.11']; **36**, 14' (*q]é-*⸢*reb*⸣-⸢*šú*⸣); **37**, [6']; **38**, ii' [1'].i' [2'.8']; **39**, i' [10'].ii' [1']; **40**, 13 (*qer-bi-šú*).16 (*qé-reb*); **41**, Rs. [1.17]; **43** (A 494), i' 9' (*qé-r]eb*); **45-46**, 17' (*qé*$^?$*-r]eb*$^?$); **48**, Vs. i 9' (*qé-reb*); **58**, ii 4' (*qé-reb*); **73**, Vs. 1 (⸢*qé*⸣-⸢*reb*); **76-76a**, Rs. 9' (*qer-bi-šú*); **80**, Vs. 3 (⸢*qé*⸣$^{??}$*-reb*)

qerēbu(m), sich nähern, herantreten: G: **19-20**, 34f. (⸢*aq*⸣-[*ṭí-r]ib*). [49f.51f.68f.85].90 (*aq-ṭí-r]ib*).[97f.]; **24**, Rs. [19']; **25**, Vs. [7'].Rs. [8'].9' (*aq-ṭi-rib*); **27**, Vs. ii [4']

D: **65**, VAT 15420 Seite a 3' (*qar-ru-bu*)

qerû(m), rufen, einladen: G: **38**, i' 8' (*aq-re-ma*); **40**, 13 (*aq-ri*)

qiāšu(m), qâšu(m), schenken: G: **3**, i' 4' (*a-qiš*); **12**, Vs. 12' (*ta-qi-ša]-*⸢*šu*⸣); **24**, Vs. 4 ([*t]a*$^?$*-qi*$^?$-⸢*ša*⸣$^?$); **61**, Rs. i' 11.17 (jeweils NÍG.BA); **73**, Rs. 10 (BA-*eš*)

D: **32**, [12']

qibītu(m), Ausspruch, Befehl: **7**, Vs. 4' (*qí-bit*); **8-11**, 6' (*qí-bit*); **40**, 15 (*qí-bi-ti*); **45-46**, 9' (*qí-bit*); **63**, Vs. [5.9]

qinnu(m), Nest; (als F.) Familie: **5**, i' 6' (*qi-[in-na-a-te*]); **24**, Vs. [17]; **39**, ii' 15' (*qin-ni*)

qīpu(m), glaubwürdig; Beauftragter; Resident: **33**, 9' (⸢^{lú}⸣⸢*qí*⸣*-pi*)

qištu(m), Wald: **19-20**, 51f. (^{g}[^{iš}TIR)

qīštu(m), Geschenk: **31**, Seite a 13' (*qi-šá-a-[ti*$^?$]); **32**, [12']

qurādu(m), Krieger, Held: **1**, Rs. 2' ([*qu*$^?$ *ra*$^?$*-di*$^?$]-⸢*šú*⸣$^?$); **48**, Vs. i 11' (*qu-r]a-di-šú-nu*)

qurdu(m), Kriegertum, Stärke: **12**, Rs. 5' (*qur-d[i-ia*)

raʾābu(m), zittern, zürnen: G: **76-76a**, Vs. 10'.11' (jeweils *ra-aʾ-ba-ku*)

rabîš, groß(artig), gar sehr, besonders: **12**, Vs. 11' (GAL-*e[š*); **14**, Vs. [3']; **48**, Vs. i 7' (*ra-bi-iš*); **58**, i 7' (*ra-biš*)

rabû(m) I, groß: **1**, Vs. 2 ([GA]L.MEŠ); **2**, Vs. [2']; **4**, i' [3']; **5**, i' [1']; **6**, Vs. [2'].6' (⸢GAL⸣-*te*); **8-11**, [6'].8' (GAL. MEŠ).[15'.24']; **12**, Vs. 8' (GAL.M]EŠ).Rs. [7']; **13**, Rs. [6']; **19-20**, [59f.].91f. (GAL.MEŠ); **22**, Vs. [1].3 (GAL-*te*); **23**, Vs. 4 (GAL.MEŠ); **24**, Vs. 1 (GAL). Rs. [14']; **29**, Vs. 2' (GAL-*t[i*]); **31**, Seite a [18']; **32**, 21' (⸢GAL⸣$^?$); **33**, [9'.29']; **36**, 10' (GAL-*ti*).13' (*rab-ba-[a-ti*); **38**, i' [6']; **40**, 7 (*ra-ba-a*).12 (GAL-*ú*).16 (GAL-*e*); **41**, Vs. [7'].Rs. 8 (GAL-⸢*i*⸣); **42**, ii' [2'].i' [1'].8' (GAL.M[EŠ$^?$); **56**, Seite b [13']; **58**, i 7' (GAL. MEŠ); **63**, Vs. 7 (GAL-*e*).8 (GA]L.MEŠ); **66**, Vs. [7'].Rs. 10 (⸢GAL⸣-*tu*); **70-71**, A [3'].7' (⸢GAL⸣-*ú*). B 5' (GAL-*u*).[6']; **72**, Vs. 9 (GA[L-*t]i*); **73**, Vs. 4 (GAL-*u*); **74**, Seite a 6' (GAL.MEŠ).Seite b 7' (*ra-bi*); **76-76a**, Vs. 13' (GAL-*ú*).Rs. 7' (GAL-M[EŠ); **77**, Vs. 18 (⸢GAL⸣$^{??}$.MEŠ); **79**, Vs. 5 (GAL)

rabû(m) III, groß sein bzw. werden: G: **33**, [6']

D: **31**, Seite a 9' (*ú-rab-bu-ú*)

Š: **12**, Vs. 9' ([*mu*]-⸢*šèr*⸣-⸢*bu*⸣-⸢*ú*⸣); **63**, Vs. 5 (*mu-ša[r-bu-u*)

radādu(m), verfolgen: G: **31**, Seite a [9']

raggu(m), böse, schlecht: **16-17**, [4']

raḫāṣu(m) I, überschwemmen; spülen: G: **12**, Vs. 5' (*r]a-ḫi-iṣ*)

rakāsu(m), binden: G: **18**, Vs.(?) 2 (*ar-ku-*⸢*su*⸣).5 (*a]r-ku-su*); **55**, Rs. 8 (*ar-ku-us*)

D: **40**, 11 (⸢*ú*⸣-⸢*ra*⸣-⸢*kis*⸣-[*ma*]); **41**, Rs. 13 (⸢*ú*⸣*-rak-kis-[ma*)

ramānu(m), selbst: **25**, Vs. [14']; **32**, [2']; **33**, [13']

râmu(m) II, lieben: G: **3**, i' 5' (Á[G-*ia*); **18**, Vs.(?) 6 (⸢*i*⸣$^?$-⸢*ra*⸣$^?$-[*mu*]); **28**, Rs. (VAT 9564) [9']

ramû(m) II, werfen: Š: **41**, Rs. [18]

ramû(m) III, erschlaffen: D: **33**, [26']

rapšu(m), weit, breit: **1**, Vs. [10]; **8-11**, [1']; **16-17**, 16' (DAGAL. MEŠ // DAGAL-⸢*ta*⸣).[42'].46' (DAGAL-*te*); **39**, ii' 10' (DAGAL-*tu*$_4$); **42**, i' 1' (DAGAL)

rasābu(m), raṣāpu(m) II, (er)schlagen: D: **16-17**, 7' (*ú-ra-ṣa-pa*)

raṣāpu(m) I, aufschichten, (Bauten) aufführen: G: **6**, Rs. [3']; **7**, Rs. 10' ([*e*]*r-ṣi-pu-ma*); **18**, Vs.(?) 1 (*a[r-ṣi]p*); **24**, Rs. [13']; **40**, 9 (*ar-ṣip*); **41**, Rs. 10 (*ar-*⸢*ṣip*⸣); **43** (VAT 9524), i' [18']; **57**, Vs. 7' (*ar-*⸢*ṣi*⸣$^{?!}$⸢*ip*⸣$^?$); **58**, ii 9' (*ar-ṣi[p*$^?$); **80**, Vs. 11 (*ra-ṣip*; *tar-*⸢*ti*⸣$^?$*-ṣip*)

raṣāpu(m) II siehe *rasābu(m)*

rašādu(m) Š, fest gründen: Š: **50**, 6' (*lu-šar-šid*)

rašû(m) I, bekommen, erhalten, erwerben: G: **13**, Rs. 3' (*ir-ta-šu-[ú*$^?$]); **31**, Seite a 11' (*ir*$^?$*-š]u*$^?$*-ú*); **41**, Vs. 4' (*ar-šá-a*); **72**, Rs. 15 (*re-ši-šú-ma*).17 (*re-ši[n-ni-m]a*)

Š: **73**, Vs. 7 (*šur-ši-i*)

rebītu(m), Viereck; Platz; Unterleib: **33**, 21' (*re-ba-a-ti*); **34**, [8']

redû(m) I, begleiten, (mit sich) führen; gehen: G: **19-20**, [39f.44f.46-48.51f.]; **45-46**, 30' (*ir-ta-ṭu*)

D: **22**, Vs. 7 (*ú-ra[d-di(-ma)*); [12]; **36**, 16' (*ú-rad-d[i*)

Š: **45-46**, 16' (*ú-šar-di*)

rēḫtu(m), Rest: **67-68**, A re. Kol. 3' (˹*re*˺-*eḫ-te*).11' (*re-eḫ-ti*).B [4]; **69**, Vs. 5 (˹*re*˺-[*e*]*ḫ-te*$^{!}$); **70-71**, B 7' (*r*]*e-eḫ-ti*)
rēḫu(m), *rīḫu(m)*, übrig, Übriges: **19-20**, [40]
reḫû(m), begatten, zeugen; sich ergießen: G: **79**, Vs. 10 (˹*i*˺-*ra*-˹*ḫi*˺-*šú*)
rēmēnû(m), barmherzig: **72**, Rs. 13 (*rém-ni-tú*)
rēmu(m), Mutterleib; Erbarmen, Mitleid: **72**, Rs. 15.17 (jeweils ARḪUŠ)
rēštû(m), erster, vornehmster, erstklassig: **12**, Vs. [7']; **33**, [11']; **39**, ii' 8' (*reš-tu-ú*)
rēšu(m), Kopf, Haupt; Anfang, Spitze; Sklave (siehe auch: *ša rēši*): **19-20**, [54f.59f.82f.]; **25**, Rs. 2' (SAG).[3'.6']; **32**, [12']; **41**, Rs. 6 (*re-še-e-šú*).15 (˹*re*˺-[*šá-a-šú*)
retû(m) II, befestigen, fest machen: G: **41**, Vs. [20']
D: **40**, 12 (*ú-rat-ta-a*); **41**, Rs. [13]
re'û(m), weiden, (Vieh) hüten: Gt: **1**, Vs. [6].11 (*ar-t*]*e*-˹'*i*˺); **24**, Vs. 3 (*mur-ti-'a-at*)
rē'û(m), Hirte: **1**, Vs. [1]; **12**, Vs. [10']
rē'ûtu(m), Hirtentum: **1**, Vs. 8 (˹SIPA˺-[*t*]*i*$^{?}$-*ia*); **48**, Vs. i 7' (*re-'u-ut*); **62**, Rs. ii' 4' (*re*]-˹*ú*˺-*sí-na*)
riābu(m), *râbu* II, ersetzen; vergelten: G: **62**, Rs. i' 6' (*i-r*[*i-a-ab*)
riāšu(m), *râšu* I, jauchzen: G: **75**, Vs. ii' 2 (*ri-šu*).3 (*ri*-˹*šat*˺).9 (*ri*-[*šat*$^{?}$)
ridûtu(m), ein (Folge?-)Anspruch; Verfolgung; Thronfolge, siehe *bīt ridûti*
rigmu(m), Ruf, Geschrei, Stimme: **28**, Vs. 5 (*ríg-me-šu*); **76-76a**, Rs. 4' (˹GÙ˺-*šú*)
riḫṣu(m), Überschwemmung: **45-46**, 13' (GÌR.BÚL^{sic})
rimītu, Wohnung: **33**, 20' (*ri-mi*[*t*); **34**, 7' (*ri-mit*)
rīmu(m) I, Wildstier: **19-20**, [45f.]; **40**, 13 (*ri*-˹*i*˺$^{?}$-[*me*$^{?}$); **79**, Vs. 12 (*ri-me*)
rīqu(m) II, *riqqu* I, Duftstoff, Würzholz: **32**, [11']; **37**, [4']; **41**, Vs. [18']
rīštu(m), Jauchzen, Jubel: **41**, Vs. [16']
rittu(m), Hand: **45-46**, 5' (*rit-ti-šú-nu*); **72**, Vs. 3 (*ri-tu-u*[*š*$^{?}$-*šá*$^{?}$)
rubātu(m), Fürstin: **72**, Vs. 3 (ÉGI)
rubû(m) I, Fürst: **2**, Vs. 1'(NUN); **6**, Rs. [7']; **12**, Vs. [9'].Rs. [9']; **13**, Rs. [4']; **14**, Vs. 9' (N[UN-*ú*); **22**, Vs. 2 (˹NUN˺-*ú*).13 ([NUN]-*ú*); **23**, Vs. 2 (N]UN-*ú*); **24**, Vs. [4]; **28**, Rs. (VAT 9564) 13' (˹NUN˺-˹*ú*˺); **41**, Vs. 7' (NUN); **49**, Rs. [5']; **63**, Vs. 2 (*ru-bé*]-˹*e*˺).[3]; **64**, Rs. [4']
rubûtu(m), Fürstentum, Herrschaft: **76-76a**, Rs. 4' (*r*[*u-bu*$^{?}$-*ti*$^{?}$-*ia*$^{?}$)
rupšu(m), Breite: **35**, 16' (˹DAGAL˺); **36**, 4' (DAGAL)
rūqiš, aus der Ferne, von weitem: **32**, [16']
ruqqu(m) I, (Metall-)Kessel, Schale: **3**, i', 4' (*ru*[*q-qi*])
ruqqû D, Feinöl keltern: **38**, i' [13']
rūqu(m), fern: **32**, 15' (*ru-q*]*u-ti*); **33** [26']; **34**, [1']
rūštu(m), 1. Qualität, bestes Feinöl: **38**, i' 13' (*r*]*u-uš-ti*)

sâbu(m), schöpfen: G: **28**, Vs. [5]
sadāru(m), aneinanderreihen; ständig tun: G: **61**, Vs. i 15' (˹*sa*˺$^{?}$-˹*dir*˺$^{?}$)
sâdu(m), erschlagen: G: **50**, 10' (*lu-sa*-˹*du*˺)
saḫāpu(m), umwerfen, niederwerfen: G: **16-17**, [9']
D: **24**, Vs. 16 (*ú-sa-ḫi-ip*)
saḫāru(m), sich wenden, herumgehen, suchen; sich aufhalten: Š: **33**, [29']; **42**, i' 3' (*ú-šá-as-ḫir-ma*)
Št^{2}: **1**, Vs. [5]
sakālu(m) I, sich (heimlich) aneignen: G: **33**, [13']
sakāpu(m) I, ab-, wegstoßen, abweisen: G: **23**, Rs. 5' (*lis-ki-pu*); **57**, Rs. 5 (*lis*-˹*kip*˺)
salātu(m) II, zerschneiden: D: **19-20**, 82f. (*ú-sal-l*[*i-it*$^{?}$])
salīmu(m), Frieden, Freundschaft: **39**, ii' 5' (*sa-li-me-šú*); **72**, Vs. 5 (*sa-li-me*)
sapāḫu(m), auflösen, zerstreuen: D: **75**, oberer Rd. 2 ((x)]-*sa-ap-pi-ḫu*)
N: **28**, Rs. (VAT 9564) 12' (BIR)
sapānu(m), einebnen, niederwalzen: G: **16-17**, 3' (*sa*-[*pi-in*).[5']; **26**, Vs. i 2' (*áš-pu-un*)
saqāru(m) siehe *zakāru(m)*
sassu(m), Basis, Boden: **59**, 8' (^{giš}*sa-sa*-[*a*).13' (^{giš}*sa-sa-a*)
sattukku siehe *šattukku(m)*
serdu(m), Ölbaum: **37**, 7' (˹^{giš}˺[*se-er-di*]); **38**, i' [11']
serrēmu, Onager: **77**, Vs. 9 (ANŠE.EDIN.N[A.MEŠ$^{?}$)
sidirtu(m), Reihe: **8-11**, [29']
siḫirtu(m), Umkreis, Umgebung, Gesamtheit: **4**, ii' [1']; **6**, Rs. 2' (*si-ḫ*[*ír-ti-ša*]); **8-11**, [9'].12' (*si-ḫír-ti-šá*); **24**, Rs. 12' (*si-ḫír*-[*ti-šú*); **33**, 27' (*si-ḫir-t*]*i-šá*); **38**, ii' 8' (*si-ḫir*-[*ti*); **39**, i' 2' (*si-ḫ*]*ir-ti*)
sīḫu(m) I, Aufstand: **67-68**, A re. Kol. [3'].B [7]
sikiltu(m), (heimlicher) Erwerb: **33**, [13']
simānu(m) I, (richtiger) Zeitpunkt, Zeit: **75**, Rs. i' 5' (*si-ma-a-ni*)
Simānu(m) II, *Simannu* III, der 3. Monat des babylonischen Kalenders: **21**, Vs.(?) 2' (^{iti}]SIG$_4$)
simmiltu(m), Treppe, Stiege: **14**, Vs. 11' (*si-mi-la-a*[*t*)
simtu(m), (Wesens-)Zugehörigkeit, Zugehöriges: **73**, Rs. 9 (*si-mat*)
sinništu(m), Frau: **75**, Vs. ii' 1 (MUNUS)
siparru(m), Bronze (Schreibung ZABAR): **3**, i' 2'.[3']; **14**, Vs. [11']; **19-20**, [72.91f.98f.]; **24**, Vs. 22.Rs. 9'; **25**, Rs. [10']; **53**, 9'
sīru(m) I, Lehmschlag, Verputz: **80**, Vs. 11 (*si-ru*)
sīsû(m), Pferd: **4**, i' [8']; **8-11**, 4' (ANŠE.KUR.RA.MEŠ); **16-17**, 24' (ANŠE.KUR.RA.[MEŠ]); **18**, Vs.(?) 3 (ANŠE.KUR.˹RA˺.˹MEŠ˺); **24**, Vs. [22].Rs. [10']; **25**, Rs. [5']; **31**, Seite a 7' (ANŠE.KUR.R]A$^{?}$.MEŠ); **33**, 12' (ANŠE.KUR.RA.MEŠ); **45-46**, 24' (ANŠE. KUR.RA.MEŠ); **47**, 4' (A]NŠE.KUR.RA.MEŠ); **56**, Seite a 5' (ANŠE.K[UR$^{?}$.R]A$^{?}$); **77**, Vs. 11 (ANŠE$^{?}$. KUR$^{?}$.R]A$^{?}$.MEŠ-*šu*); **80**, Vs. 23 (ANŠE.KUR.MEŠ)
sittu(m) I siehe *šittu(m)* II
sittūtu, die Übriggebliebenen: **39**, i' 5' (*si-it-tu-te-šú*]-*nu*)
sugullu(m), *sukullu(m)*, Herde: **62**, Rs. i' 3' (ÁB.[GU$_4$.ḪI.A)
suluppu(m), Dattel: **33**, 3' (˹ZÚ˺.LUM.MA).5' (ZÚ.LUM.MA).[11']
summiš, wie ein Täuberich: **74**, Seite b 8' (*su-mì-iš*)
supû, *suppû* I, Gebet: **73**, Vs. 7 (*su-up-pe-šú*)
sūqu(m), (Stadt-)Straße: **33**, 21' (˹SILA˺); **34**, [8']

ṣabātu(m), packen, greifen, nehmen: G: **2**, Vs. [5']; **4**, i' 7' (*a*]*ṣ-bat*); **5**, i' 10' (*aṣ-bat*); **14**, Vs. 10' (*aṣ-bat*); **16-17**, [11'].24' (*a*]*ṣ-bat*); **19-20**, [36f.44f.50f.54f.63f.]; **24**, Vs. [15].Rs. 12' (*i*]*ṣ-bu-tu*); **25**, Vs. 4' (*a*[*ṣ*$^{?}$-*bat*$^{?}$).14' (DAB-*šú-ni*).Rs. 4' (DAB-*bat*).[12']; **32**, [6'.8']; **33**, 11' (*aṣ-bat*); **48**, Rs. i' [3']; **65**, VAT 15420 Seite a 8' (*iṣ*$^{?}$]-*bu-tu-šu-ni*); **67-68**, A re. Kol. 9' (*ta-ṣa-bat-a-ni-ni*); **72**, Vs. 5 (*ṣa-bi-t*[*a-at*)
D: **19-20**, 81f. (*ú*]-˹*ṣab*˺-*bi*-˹*ta*˺); **31**, Seite a 16' (*ú*$^{?}$]-*ṣab-bi-su*)
Š: **53**, 8' (*ú-šá-aṣ*-[*bit*$^{?}$])

ṣābu(m), Leute, Person(en); Soldat(en): **14**, Vs. 6' (ERIM.Ḫ[I.A.MEŠ-*ia*).[7']; **24**, Vs. 14 (ERIM.MEŠ).[17].Rs. 14' (ERIM.ḪI.A.⸢MEŠ⸣-⸢*a*⸣).[20']; **25**, Vs. [16']; **32**, 3' (ERIM].⸢MEŠ⸣$^{?}$); **33**, [3'.5'].13' (ERIM.ḪI.A-[*ia*); **38**, ii' [8']; **45-46**, 3'.6' (jeweils ERIM.MEŠ).14' (^{lú}ERIM.MEŠ); **48**, Vs. i 8' (ERIM.Ḫ]I.A.MEŠ-*ia*); **53**, 4' (ERIM.ḪI.A.MEŠ); **61**, Vs. i 10' (ERIM.ḪI.A.MEŠ-*šu*); **67-68**, A re. Kol. 8' (ERIM.MEŠ)

ṣadīdu, Antimon: **19-20**, [99f.]

ṣâdu(m) II, *ṣuādu(m)*, (zer)schmelzen: G: **16-17**, [12']

ṣalālu(m), sich hinlegen; liegen, schlafen: D: **41**, Rs. [12]

ṣalāmu(m), schwarz, schwärzlich, dunkel sein bzw. werden: G: **48**, Rs. i' 11' (*ṣa-lim*)

ṣalā'u(m), werfen, legen, hinwerfen: G: **19-20**, [55f.].57f. (*ṣa-a-li*).[60f.61-63.66f.-68f.80f.95f.96f.]

ṣalūlu siehe *ṣulūlu(m)*

ṣaliptu(m), *ṣiliptu* II, 'Schiefes', Gemeines, Lügen: **12**, Vs. 4' (*ṣa-al-pat*)

ṣalmāt qaqqadi(m), Schwarzköpfige Menschen: **1**, Vs. [10]; **62**, Rs. ii' 1' (SAG].⸢GI$_6$⸣)

ṣalmu(m) II, Statue, Figur, Bild: **25**, Vs. [5'].Rs. [5'.10']; **31**, Seite a [4']; **45-46**, 20' (⸢*ṣa*⸣-⸢*lam*⸣); **63**, Vs. 7 (*ṣ*]*a-lam*).[8]; **74**, Seite b 14' (*ṣa-la*[*m*)

ṣamāru(m) I, wünschen, erstreben: D: **28**, Rs. (VAT 9564) [9']

ṣarāpu(m) I, brennen; läutern; (feuer)rot färben: G: **24**, Vs. [18]; **48**, Vs. i 11' (*aṣ-ru-up*); **61**, Vs. i 21' (*iṣ-ru-up*)

ṣarpu(m), geläutert; gebrannt; gerötet: **19-20**, [69f.].90 (*ṣar-pu*); **61**, Rs. i' 10 (⸢*ṣar*⸣-*pa*)

ṣâtu siehe *ṣiātu(m)*

ṣeḫēru(m), *ṣaḫāru(m)*, klein, jung, wenig sein bzw. werden: D: **33**, [20']; **34**, 7' (*ṣu-uḫ-ḫur*)

ṣeḫru(m) I, *ṣaḫru(m)*, klein, jung: **33**, [1'.2'.6']; **42**, ii' [2']; **67-68**, A re. Kol. 3' (⸢*ṣe*⸣-*eḫ-r*[*u-te*).11' (*ṣ*[*e-eḫ-ru-te*).B 5 (*ṣe-eḫ-ru-t*]*e*); **69**, Vs. [5]; **70-71**, A [3']; **74**, Seite b 7' (*ṣ*]*e*-⸢*ḫe*⸣-*er*); **80**, Vs. 27 (^{lú}TUR)

ṣennu siehe *ṣēnu(m)* I

ṣēnu(m) I, böse, gehässig: **12**, Vs. [4']; **16-17**, 5' (*ṣe-ni*).[7']; **74**, Seite a 4' (⸢*ṣe*⸣$^{?}$-*ni*; siehe auch: *ṣēnu(m)* III)

ṣēnu(m) III, Schafe (und Ziegen): **19-20**, [72]; **33**, [9'.12'].13' (USDUḪA); **35**, 5' (⸢*ṣe*⸣-⸢*e*⸣-[*ni*); **45-46**, 5' (^{udu}*ṣe-ni-šú-nu*).12' (^{udu}*ṣe-ni-šú-nu*).22' (^{udu}[*ṣe-ni-šú-nu*]).29' (^{udu}*ṣ*[*e-ni-šú*]-⸢*nu*⸣!); **56**, Seite a, 2' (⸢^{udu}⸣*ṣe*-⸢*ni*⸣-*šú-n*[*u*).[5'].11' (^{udu}*ṣe-ni-šú-nu*).Seite b 14' (*ṣe-ni-šú-nu*); **62**, Rs. i' 4' (U[SDUḪA); **74**, Seite a 4' (⸢*ṣe*⸣$^{?}$-*ni*; siehe auch: *ṣēnu(m)* I)

ṣēru(m) I, Rücken, Oberseite; Steppe, offenes Land: **19-20**, [38f.]; **32**, 3' (⸢EDIN⸣); **33** [3'.5']; **36**, 15' (*ṣe-er*); **37**, 6' (EDIN); **38**, i' [12']; **39**, ii' 16' (*ṣe-er*); **41**, Vs. [18']; **79**, Rs. 5 (*ṣe-ru-u-a*)

ṣētu(m) I, Glut, heller Schein, Hitze: **66**, Rs. 5 (UD.DA)

ṣiātu(m), *ṣâtu*, ferne Zeit: **4**, i' [4']; **12**, Rs. [7'].9' (⸢*ṣa*⸣-[*a-te*); **13**, Rs. [1']; **33**, 16' (*ṣa-a-ti*); **34**, [3']; **40**, 2 (⸢*ṣa*⸣$^{?}$-*a-te*)

ṣibittu(m), das Festhalten: **32**, [1']

ṣibûtu(m), Wunsch, Vorhaben, Bedarf: **72**, Vs. 7 (ÁŠ)

ṣillu(m) I, Schatten, Schirm, Schutz: **66**, Rs. 5 (GIŠ.MI)

ṣimdu(m) I, *ṣindu* I, Band: **33**, [16']; **34**, [3']

ṣimittu(m), Bindung, Gespann: **8-11**, 4' (*ṣ*[*i-im-da-at*); **16-17**, 25' ([*ṣi-i*]*m*!-*da-at*).47' (*ṣi-im-d*[*a-at*); **18**, Vs.(?) [4]

ṣindu I siehe *ṣimdu(m)* I

ṣippatu(m) I, Obstgarten: **33**, [21']; **34**, 8' (*ṣip-pa-a-ti*); **38**, i' 1' (⸢*ṣip*⸣-⸢*pa*⸣-⸢*a*⸣-*t*[*i*])

ṣīpu(m) II, ein Salz (?) : **4**, ii' [2']

ṣīru(m) I, erstrangig, erhaben, vorzüglich, ausgezeichnet: **12**, Vs. [10']; **14**, Vs. 4' (*ṣ*[*i-ra-a-te*); **16-17**, Vs. [1']; **19-20**, [42f.]; **33**, 15' (*ṣi-i-ru*); **34**, [2']; **40**, 10 (⸢*ṣi*⸣-*ru-ti*).15 (*ṣir-te*); **41**, Rs. [18]; **42**, i' [4']

ṣīrūtu(m), hoher Rang, Erhabenheit: **12**, Vs. 12' (*ṣ*[*i-ru-ta*)

ṣītu(m), I, Ausgang; Aufgang; Ausgabe: **28**, Rs. (VAT 9564) 1' (*ṣi-it*); **67-68**, B 5 (*ṣi*-⸢*it*⸣)

ṣīt libbi, leibliches Kind: **70-71**, B [7']

ṣulūlu(m), *ṣalūlu*, (Schutz-)Dach, Baldachin: **24**, Vs. 11 (*ṣa-lu-ul-šú*)

ṣumāmu, Durst: **19-20**, [63f.64f.]

ṣummirātu(m), *ṣummerātu(m)*, Wünsche, Ziele: **28**, Rs. (VAT 9564) 10' (*ṣu-mi-rat*)

ṣupru(m), Finger-, Zehennagel, Kralle, Huf: **79**, Vs. 13 (*ṣu-up-ra*)

ṣurru(m) I, Obsidian, Feuerstein: **32**, [10']

ṣurru(m) II, Inneres, Herz: **79**, Vs. 5 (*ṣur-ra-šú*)

ša, Determinativ-Pronomen: **1**, Vs. [2 .4].6 (šá); **2**, Vs. [1']; **3**, i' 3' (*š*[*a*).6' (⸢*ša*⸣); **5**, i' [2'.7'].8' ([*š*]*a*).11' (*ša*); **6**, Vs. 1' (⸢*ša*⸣).2'.4' (jeweils *ša*).[6'].7' (*ša*).[10'.11'.14']. Rs. [2'.7']; **7**, Vs. 5' (*ša*).7' (*š*[*a*).Rs. 1'.8' (jeweils *ša*); **8-11**, 7'.10'.11'.13' (jeweils *ša*).15' (*š*[*a*).16' (*ša*). [18'].19' (*ša*).[24'].27' (*ša*) 30' (⸢*ša*⸣).[32'.33']; **12**, Vs. 8' (*šá*).10' (⸢*ša*⸣).Rs. [5'].8' (⸢*ša*⸣); **14**, Vs. [2'-5'.7'.9']. Rs. 8' (*ša*); **16-17**, [3'].13' (*šá*).14' (*š*[*á*!).15' (*šá*). [17'-19'.51']; **18**, Vs.(?) [3.4.6]; **19-20**, [34f.].44f. (*šá*).[45f.46-48.49f.55f.56f.57f.59f.60f.61-63].63f. (*š*[*á*).[64f.].68f. (*šá*).[69f.71.80f.-82f.].84 (⸢*ša*⸣).85 (*ša*).[86f.].87f. (*šá*).[92f.93f.].94f. (*šá*).95f. (*ša*). [96f.-98f.]; **22**, Vs. 5 (*šá*); **23**, Vs. [2].4 (*ša*).[5.10.13]; **24**, Vs. 3 (*š*]*a*$^{?}$).4 (*šá*).[11].13 (⸢*šá*⸣).18.20 (jeweils *ša*). Rs. [2'-4'].5' (⸢*šá*⸣; *š*]*a*).8' (*ša*).9' (*šá*).11' (*ša*).12' (⸢*ša*⸣).[15'.18']; **25**, Vs. [2'.3'].5' (⸢*ša*⸣).[6'.7'].9' (*ša*). [10'].13' (*šá*).14' (*ša*).[16'].Rs. [2'.3'.6'-8'.10'-12']; **27**, Vs. ii [1'.3'-5'.7'.8']; **28**, Vs. 5 (*šá*).6 (*ša*).14 (⸢*ša*⸣); **30**, 5'.6' (jeweils *ša*); **31**, Seite a [4'].6' (*ša*); **32**, [1'-4'.9'.11'].13 (*š*[*a*).14' (*ša*).[15']; **33**, [1'.2'].3'-5' (jeweils *ša*).6' (*šá*).9'.10'.13'.14' (jeweils *ša*).[15'].16' (⸢*ša*⸣).17' (*šá*).18' (⸢*ša*⸣).[20'.23'].24' (*ša*).25' (⸢*ša*⸣). [26'].27' (*ša*); **34** [1'].2' (*ša*).3' (*š*]*a*).[4'.5'].7'.10' (jeweils *ša*).[11']; **36**, 2' (*ša*); **38**, ii' [1'].i' [2'.12'.15']; **39**, i' [1'.8'].ii' 15' (*šá*); **40**, 2 (⸢*ša*⸣$^{?}$; *šá*$^{?}$).15 (⸢*ša*⸣$^{?}$).17 (⸢*šá*⸣); **41**, Vs. 5' (*š*[*a*).Rs. 5 (*ša*).[11]; **42**, i' [1'.2'.9']; **45-46**, 7' (*šá*).8'.11'.13'.19'.20'.24' (jeweils *šá*); **48**, Vs. i [7'].9' (*š*]*á*).Rs. i' 7' (4/*šá*; siehe auch: *erbe*); **49**, Rs. [5']; **54**, ii' 2' (*šá*).[4'].7' (*šá*); **56**, Seite a 6'.Seite b 6'.19' (jeweils *šá*); **57**, Vs. [2']; **58**, ii 4' (*šá*); **59**, 10' (⸢*ša*⸣$^{?}$); **61**, Vs. i 5'.7' (jeweils *ša*).11' (*š*]*a*$^{?}$).21' (⸢*ša*⸣).23' (⸢*ša*⸣$^{?}$).Rs. i' 18.20.22 (jeweils *ša*); **62**, Rs. i' 2' (*š*[*a*).ii' [2']; **63**, Vs. 2 (*ša*); **64**, Rs. [4']; **65**, VAT 15420 Seite a 9' (⸢šá⸣$^{?}$).18' (*ša*); **67-68**, A re. Kol. 2'.4'.8' (jeweils *ša*). [10'].B 1 (*š*[*a*).4 (⸢*ša*⸣).[5]; **69**, Vs. [1.5.8].9 (*ša*).[11].Rs. [3.4].5 (⸢*ša*⸣$^{?}$); **70-71**, A 5' (⸢*šá*⸣).7' (*šá*).[8'].10' (*ša*).B 4'-6' (jeweils *šá*).[7']; **72**, Vs. 2.3.7 (jeweils *šá*).[9].10. Rs. 16.19 (jeweils *šá*); **73**, Vs. 1 (⸢*šá*⸣).Rs. 8 (*šá*); **74**, Seite a 17' (⸢*ša*⸣); **75**, Rs. i' 5' (*ša*); **76-76a**, Vs. 14'.16'. Rs. 2' (jeweils *šá*); **80**, Vs. 2.3 (jeweils *ša*).6 (⸢*ša*⸣).12.14 (jeweils *ša*)

ša pūt, gegenüber: **19-20**, [56f.]

ša rēši, Leibwächter (Pl. *šūt rēši*): **32**, 7' (⸢^{lú}⸣[*šu-ut* SAG-*ia*); **67-68**, B 2 (^{l}[^{ú}SAG)

ša ziqni, Bärtiger: **67-68**, B 2 (*lū* ^{lú}*ša zi*]*q-ni*)

šabburtu, umbrochenes Land: **37**, 6' (*šá-*[*ab-bur-ti*); **38**, i' 12' (*šá-a*]*b-bur-ti*)

šâbu(m) I, schwanken, taumelig werden: G: **16-17**, 11' (*i-šu-b*[*u*])

šadādu(m), ziehen: Š: **33**, [24']; **34**, [11']; **35**, 15' (*ú*]-⸢*šal*⸣-*di*-⸢*da*⸣)

šadāḫu(m), (weit ausgreifend) schreiten: Gtn: **19-20**, [34f.]

šadālu(m), weit, geräumig sein: D: **33**, 21' (*šum-dul*); **34**, [8']

šaddūāʾiš, *šaddūʾiš*, berggleich: **41**, Rs. [9]

šadû(m) I, Berg, Gebirge; Steppe: **8-11**, [6']; **12**, Vs. [5']; **14**, Vs. [11']; **16-17**, [3']; **19-20**, [35f.].36f. (KUR-*e*).[37f.].38f. (KUR]-⸢*e*⸣).[63f.].82f. ([K]UR$^{??}$.M[E]Š$^{?}$); **23**, Vs. [12]; **24**, Vs. 8 (KUR.MEŠ-*e*).[14.15].16 (KUR-*ú*).18 (KUR-*e*); **25**, Vs. [4'.5']; **33**, [28']; **36**, 9' (KUR-*i*); **37**, [5']; **39**, ii' 16' (*šad-di-i*); **41**, Vs. [19'.20'].Rs. 8 (KUR-*i*); **45-46**, 7' (KUR.ME[Š-*n*]*i*).17' (KUR-*e*); **48**, Vs. i 9' (KUR-*i*).11' (KUR-*ú*); **61**, Vs. i 21' (KUR-*e*); **76-76a**, Rs. 8' (KUR-*e*); **77**, Rs. 5 (KUR; siehe auch: *mātu(m)*); **79**, Vs. 5 (⸢KUR⸣-*i*)

šagāmu(m), brüllen, schreien: G: **45-46**, 13' (*áš-gu-um*)

šagāšu(m), erschlagen, morden; mißhandeln: G: **1**, Vs. 9 (⸢*šá*⸣-*ga*-⸢*šu*⸣)

šaggišu(m), *šāgišu*, mörderisch, Mörder: **12**, Vs. 6' (⸢*šá*⸣-*giš*)

šaḫātu(m) III, (sich) scheuen, fürchten: G: **1**, Vs. [12]

šaḫtu, demütig: **41**, Vs. 7' (*šaḫ-tu*$_4$)

šāḫu(m), eine (Wasch-)Schale: **73**, Rs. 8 (ZA.ḪUM)

šaḫūru(m), 'Gipfelbau', ein Kultbau: **41**, Vs. 2' (*šá-ḫu-ri*)

šakānu(m), (hin)stellen, (ein)setzen, anlegen; versehen mit: G: **6**, Vs. 5' (*áš-*[*ku*]*n*).[11'].Rs. 4' (*áš-*[*kun*]); **7**, Rs. 13' ([*la š*]*a-ak-n*[*a*); **8-11**, [14'].20' (*aš-ku*[*n*).[31']; **12**, Rs. [7']; **14**, Vs. [7']; **16-17**, [27'].28' (*áš-ku*]*n*$^{?}$). [40'.51']; **19-20**, 41 (⸢GAR⸣$^{?}$-*a*[*n*$^{?}$).[41f.44f.45f.].48f. (GAR-[*an*).[50f.-60f.63f.-65f.].67f. (GAR-*an*).[68f. 79f.84.85f.87f.].89f. (GAR-*an*).[94f.96f.]; **23**, Vs. 13 (⸢*ša*⸣-[*ak-nu*]); **24**, Vs. [12.14].Rs. [15']; **25**, Vs. 11' (*al-tàk-kan*).[17']; **32**, [4']; **33**, [6']; **41**, Rs. [1]; **45-46**, 17' (*šá*$^{!}$-*ak-*[*nu*); **48**, Vs. i 9' (GAR-*nu*); **49**, Rs. [4']; **53**, 5' (G]AR$^{?}$-*nu*); **56**, Seite a 10' (*áš*-⸢*kun*⸣); **57**, Rs. 1 (*áš-ku-u*[*n*); **59**, 6' (*iš-k*[*u-nu(-ni)*]; **61**, Vs. i 8' (⸢*ša*⸣$^{?}$-*kín*).Rs. i' 12 (GAR-*un*); **69**, Vs. 2 (*iš*$^{?}$]-⸢*ku*⸣$^{?}$-⸢*na*⸣$^{?}$-⸢*ka*⸣$^{?}$-[*nu*$^{?}$-*ni*$^{?}$); **70-71**, A [1'].B 2' (*ni-šá*-⸢*kan*⸣-[*u-ni*); **79**, Vs. 2 (GAR-*nu*)

Gt: **19-20**, [49f.]; **32**, [13'.14']; **39**, ii' 17' (*šit-ku-na-*[*at-ma*)

šakkanakku(m), Statthalter: **1**, Vs. [3]

šaknu(m), gestellt, gelegt; Statthalter: **19-20**, [69f.]; **22**, Vs. [2].4 (GAR).8 (⸢GAR⸣).9 (GAR); **24**, Vs. 2.10 (jeweils GAR); **32**, [7']

šalālu(m) I, fortführen; plündern: G: **8-11**, 35' (*áš-*[*lu-ul*); **19-20**, [35f.49f.]; **21**, Vs.(?) [7']; **24**, Vs. 14 (*á*]*š-lu-la*).Rs. [6'.18']; **25**, Rs. [7'.9']; **27**, Vs. ii [6']; **33**, [2'.8']; **47**, 4' (*á*[*š-lu*$^{?}$-*la*$^{?}$); **48**, Vs. ii 4' (*á*[*š-lu*$^{?}$-*la*$^{?}$); **53**, 6' (*áš-lu-la*); **54**, ii' [3']; **61**, Vs. i [23']

šalāmu(m) II, unversehrt, heil, gesund sein bzw. werden: D: **22**, Vs. 10 (⸢SILIM⸣); **32**, [8']

šalbābu(m), zorngewaltig: **16-17**, 7' (*šal-ba-be*)

šallaru, *šillaru*, *šellaru*, Verputz; eine Grütze: **41**, Rs. 2 (*še-la-ar-šú*)

šallatiš in *š. manû* zur Beute rechnen: **33**, [4']; **38**, ii' [10']; **39**, ii' [2']

šallatu(m) I, Weggeführte(s), Beute: **6**, Vs. 8' (*šal-l*]*a-su-nu*).[11'.15']; **8-11**, [20'].26' (*šal-la-su-nu*).35' (*šal-la-su-nu*); **19-20**, [39f.49f.]; **21**, Vs.(?) 7' ([*šal-la-s*]*u*$^{?}$-*nu*); **24**, Vs. 6 ([*šal*$^{?}$-*la*$^{?}$-*t*]*a*$^{?}$).[14].Rs. 6' (⸢*šal*⸣-⸢*la*⸣-*s*[*u-nu*).18' (*š*[*al*$^{?}$-*la*$^{?}$-*su*$^{?}$-*nu*$^{?}$); **25**, Rs. [7'.9']; **27**, Vs. ii [6']; **33**, [2'.8'].12' (*šal-lat*); **39**, i' [5']; **45-46**, 13' (*šal-la-su-nu*).29' (*šal*]-⸢*la*⸣-⸢*su*⸣-*nu*); **54**, ii' 3' (*šal-la-su-n*[*u*$^{?}$); **56**, Seite a 4' (⸢*šal*⸣-⸢*la*⸣-*su*-⸢*nu*⸣); **61**, Vs. i 22' (*šal-la-su-nu*).Rs. i' 4 (*ša*]*l*$^{?}$-*la-ta*)

šallu, fortgeführt; Kriegsgefangener: **32**, 5' (*šal-lu-ti*)

šalmiš, wohlbehalten: **33**, [12']

šalmu(m), unversehrt, heil, gesund: **41**, Vs. 18' (*šal-*[*me*])

šalšu(m), dritter: **25**, Vs. [12']

šamāmū, Himmel: **41**, Rs. [15]

šamāru(m) I, toben, wüten: Gt: **77**, Vs. 11 (*šit-mu*-⸢*ur*⸣$^{?}$)

D: **3**, i' [6']

šamḫu(m), üppig, aufgebläht, stolz: **33**, 24' (⸢*šam*⸣-*ḫu-ti*); **34**, [11']; **36**, 3' (*šam-ḫu-ti*)

šammu(m), Pflanze, Kraut; Droge: **19-20**, [63f.]

šamnu(m), Öl, Fett: **12**, Rs. 8' (⸢Ì⸣.[MEŠ).10' (Ì.[MEŠ); **13**, Rs. [5']; **19-20**, [99f.]; **38**, i' [11']; **41**, Vs. [9'].19' (Ì).Rs. 2 (Ì.GIŠ; Ì); **49**, Rs. [3'].6' (Ì+GIŠ).7' (Ì+GI]Š); **64**, Rs. 1' (Ì.GI[Š$^{?}$)

šamru(m), heftig, wütend, wild: **23**, Vs. [9]

šamšu(m), Sonne(ngott Šamaš); Scheibe; Gold: **25**, Vs. [3']; **28**, Rs. (VAT 9564) 1' (^{d}⸢UTU⸣-[*ši*$^{?}$); **32**, [13'.14']; **58**, i 5' (^{d}*Šam-šu*)

šamû I, Himmel: **1**, Vs. 4 (A[N$^{?}$); **12**, Vs. [4'].8' (AN-*e*); **14**, Vs. 8' (AN-*e*); **19-20**, [38f.]; **23**, Vs. [13]; **28**, Vs. 2 (AN-*e*); **41**, Rs. (VAT 9564) [5.6]; **50**, 3' (AN-*e*); **69**, Vs. [8]. Rs. [3]; **74**, Seite a 7' (AN-⸢*e*⸣).11' (AN); **76-76a**, Rs. 9' (AN-*e*)

šangû(m), Priester, Tempelverwalter (siehe auch: *iššiʾakku(m)*): **29**, Vs. 1' (SANGA)

šangûtu(m), Priestertum siehe *iššiʾakkūtu(m)*

šanû(m) I, zweiter, nächster: **19-20**, [35f.36f.].42f. (⸢2⸣-*e*); **25**, Vs. [7'].9' (2-*ma*); **36**, 11' (*šá-ni-tu*]*m*); **41**, Rs. 5 (*šá-ni-tu*$_4$); **57**, Vs. 6' (*ša-na-a*); **70-71**, B [1']; **76-76a**, Rs. 3' (2-*ma*)

šanû(m) IV, sich ändern, sich wandeln: G: **59**, 9' (⸢*iš*⸣$^{?}$-*ni-ma*); **70-71**, A 6' (*tu-šá-na*-⸢*a*⸣-[*ni*); **76-76a**, Rs. 12' (*i-šá-na*-⸢*a*⸣)

Š: **36**, 8' (*uš-te-eš-na-a*)

šanûtī-, *šanuttē-*, zum 2. Mal: **14**, Rs. 6' (*ša-nu-te-ia*); **47**, 9' (2$^{?}$-*nu-t*[*e*$^{?}$-*šú*$^{?}$)

šapāku(m), aufschütten: G: **41**, Rs. 9 (*áš-*[*p*]*u-u*[*k*)

šapānu(m) siehe *sapānu(m)*

šapāru(m), schicken, schreiben: **1**, Vs. [3]; **24**, Vs. 4 (*šá-pa-ri*)

šaplānu(m), unten, unter: **36**, 14' (*šap-la-nu*); **41**, Rs. 7 (*šap-la-nu*); **45-46**, 11' (⸢KI⸣.⸢TA⸣-*šú*); **48**, Vs. i 13' (KI.TA; Lesung unsicher)

šapliš, oben: **1**, Vs. [6]; **2**, Vs. [7']

šaplû(m), unterer; tief: **19-20**, [39f.40]

šappu(m), ein Gefäß, Schale (?): **72**, Vs. 9 (*š*[*ap*$^{?}$-*pu*$^{?}$).Rs. 13 (*šap-p*[*u*$^{?}$)

šapṣu, stark, ausdauernd, hartnäckig: **16-17**, 45' (*šap-ṣ*[*u-ti*); **23**, Vs. 10 (*š*]*ap*$_5$-*ṣu-te*); **28**, Rs. (VAT 9564) 11' (*šap-ṣu-te*); **33**, 14' (*šep-ṣu*)

šaqû(m) I, hoch: **12**, Vs. [3']; **24**, Vs. 9 (*šá-qu-ti*)

šaqû(m) II, hoch sein bzw. werden: G: **41**, Rs. 15 (*šá*]-⸢*qa*⸣-*a*)

D: **41**, Rs. [6]

šār, *šāru* II, 3600: **79**, Rs. 2 (*šár*)

šarāḫu(m) I, stolz, herrlich, prächtig sein: D: **12**, Vs. 7' (*mu-[šar-ri-ḫat*); **55**, Vs. 4' (˹*ú*˺-˹*šèr*˺-˹*riḫ*˺)

šarāku(m) I, schenken: G: **1**, Vs. [9]; **3**, i' [5'.7']; **12**, Rs. [6']; **32**, 20' (*iš-ru-[ka*$^{?}$); **62**, Rs. ii' 3' (*iš]-ru-kam*); **73**, Vs. 3 (*šá-rik*)

šarāpu(m), (ver)brennen: G: **8-11**, 28' (*á[š-ru-up]*); **19-20**, [36f.]; **21**, Vs.(?) [8']; **24**, Vs. 19 (GÍBI]L-*up*).Rs. 6' (GÍBIL-x); **25**, Vs. [6'].8' (*áš-ru-up*).10' (*áš-ru-up*).Rs. [3']; **26**, Vs. i 1' (*áš-ru*]-*up*); **27**, Vs. ii [2'.5']; **45-46**, 25' (˹GÍBIL˺); **48**, Vs. i 10' (˹*áš*˺-*ru-up*); **54**, ii' 6' (*áš-r[u-up*); **59**, [4']

šarāqu(m) I, stehlen: G: **62**, Rs. i' [2']

šarḫu(m), stolz, prächtig: **23**, Vs. [9]

šarratu(m), Königin, Fürstin: **74**, Seite a 12' (*šar*]-˹*rat*˺)

šarru(m) I, König: **1**, Vs. [1].6 (MAN).7 (MA[N]); **2**, Vs. 8' (˹LUGAL˺); **6**, Vs. 2' (MAN).[5'].Rs. [6']; **8-11**, 14' (LUGAL).28' (MAN).31' (˹LUGAL˺ // MAN); **12**, Vs. [1'].Rs. 8' (LUGAL.MEŠ); **14**, Vs. 1' (MAN].˹MEŠ˺).9' (LU]GAL).Rs. 4' (MAN); **16-17**, 2'.3' (jeweils MAN). [27']; **22**, Vs. 14 (MAN.MEŠ); **23**, Vs. 2 (LUGAL); **24**, Rs. 9' (MAN.MEŠ-*ni*); **25**, Vs. [10'].Rs. [4']; **27**, Vs. ii [8']; **32**, [13'-15'].21' (LUGAL); **33**, 10' (LU[GAL.MEŠ-*ni*).18' (LUGAL.MEŠ-*ni*).22' (LUGAL).25' (LUGAL. MEŠ-*ni*); **34**, [1'.5'.9']; **39**, i' 9' (LUGAL-*š*]*ú-nu*).ii' 5' (LU[GAL]); **40**, 1 (˹LUGAL˺$^{?}$.˹MEŠ˺$^{?}$).3.4 (jeweils MAN); **41**, Vs. 7' (LUGAL). Rs, [18]; **42**, i' [1'.2']; **45-46**, 7' (MAN.MEŠ-*ni*); **49**, Rs. 2' (LUG]AL$^{?}$.MEŠ-*ni*).[6']; **50**, 3' (MAN); **57**, Vs. 2' (LUGAL.MEŠ); **61**, Rs. i' [6.9]; **63**, Vs. 1 (L[UGAL).3 (LUGAL); **65**, 2' (LUGAL).3' (L]UGAL).VAT 15420 Seite a 4' (LUGA]L$^{?}$).10'.12' (jeweils LUGAL); **66**, Vs. 3' (˹MAN˺$^{?}$); **67-68**, A re. Kol. [1'].2'.10' (jeweils MAN).B 3 (˹LUGAL˺$^{?}$).4 (M]AN).[6]; **69**, Vs. 1.3 (jeweils MAN).4 (LUGAL).5 (LUGA[L).[6]; **70-71**, A [5'].7' (˹MAN˺).8' (MAN).[12'].B 1' (˹LUGAL˺$^{?}$).[4'].5' (MAN).[6']; **74**, Seite a 7' (LUGAL).11' (MAN).Seite b 4' (LUGAL).9' (˹LUGAL˺$^{?}$).10' (LUGA[L); **75**, Rs. i' 8' (MAN.MEŠ-*ni*); **76-76a**, Rs. 9' ([LUGA]L$^{?}$); **79**, Vs. 6.14 (jeweils MAN); **80**, Vs. 1 (˹LÚ˺/˹LUGAL˺; siehe auch: *awīlu(m)*)

šarrūtu(m), Königtum, Königsherrschaft: **4**, i' 6' (LUGAL-*t*]*i-šu-nu*); **6**, Rs. [6']; **12**, Vs. 9' (˹*šar*˺-˹*ru*˺-*ut*).11' (˹*šar*˺$^{?}$-˹*ru*˺$^{?}$-[*ut*]); **14**, Vs. [2'].3' (MAN-*te*$^{!}$-[*ia*); **23**, Rs. 5' (MAN-*su*); **24**, Vs. 11 (MAN-*ti*]-˹*ia*˺); **25**, Vs. [5'].12' (MAN-*ti-šú*).[16'].Rs. [5'.10']; **27**, Vs. ii [4']; **31**, Seite a [4']; **32**, [12']; **33** [6']; **42**, i' [7']; **48**, Vs. i 6' (MAN-*ti-ia*); **57**, Rs. 5 (˹LUGAL˺-*su*); **70-71**, A [10']

šāru(m) I, Wind; Atem, Hauch: **16-17**, [7']; **36**, 11' (*šá-a-ri*)

šarû(m) I, reich: **76-76a**, Rs. 9' (˹*da*˺/˹*ša*˺-*ru-u* (siehe auch: *dārû(m)*)

šasû(m) schreien, heulen; (aus-, an-)rufen; (vor)lesen: Gtn: **48**, Vs. i 4' (˹*lil*˺-˹*ta*˺-˹*si*˺$^{?}$)

šašmu(m), Zweikampf, Kampf: **12**, Vs. [8']

šaššāniš, *šaššiš*, wie die Sonne: **41**, Rs. [15]

šâti, ihn, seiner; selbige(n), diese(n), dieses (siehe auch: *šuāti*, *šuātu*): **6**, Rs. [1']

šattišam(ma), Jahr für Jahr, jährlich: **33**, 19' (*šat-t*]*i-šam*); **34**, [6']; **59**, 5' (MU$^{?}$-˹*šàm*˺$^{?}$-[*ma*$^{?}$)

šattu(m) I, Jahr (siehe auch: *ana šatti*): **6**, Vs. 9' (MU); **8-11**, [17']; **22**, Vs. 10 (˹MU˺.MEŠ-*a*); **32**, [12']; **41**, Vs. [1'].17' (AD. ME.GÁN).Rs. 5 (MU.AN.NA); **49**, Rs. 9' (MU); **61**, Rs. i' 19 (MU-*ma*); **80**, Vs. 25 (MU.AN.NA.ME$^{?}$)

šattukku(m), *sattukku*, regelmäßige Lieferung, regelmäßiges Opfer: **32**, [5']

šâtu I siehe *šuāti*, *šuātu*

šaṭāru(m) II, schreiben, auf-, hin-, niederschreiben: G: **2**, Rs. 1' (*ša[ṭ-ra*); **6**, Rs. [4']; **12**, Rs. 7' (*al-ṭu-ur*); **23**, Rs. 2' (*šaṭ-ra*); **25**, Rs. 1' (˹*al*˺-*ṭùr*); **31**, Seite a [5']; **36**, 14' (*al-ṭu-ur-ma*); **61**, Rs. i' 15 (*il-ṭu-ur*)

Š: **41**, Vs. 6' (*ú-šá-áš-ṭi-r[u*)

šebēru(m), (zer)brechen: D: **66**, Rs. 3 (*lu-ša-bir*)

šebû(m) I, *šabû(m)* V, sich sättigen an: G: **40**, 17 (˹*lu*˺-*uš-ba-a*); **50**, 7' (*l[iš-bi*)

D: **19-20**, [43f.]

šellaru(m) siehe *šallaru*

šēlūtu II, Schneide mit Spitze: **23**, Vs. [13]

šemû(m) I, hören: G: **2**, Rs. 3' (*i-[še-em-me*/*mu*); **13**, Rs. 6' (*i-še-me*); **22**, Vs. 15 (GIŠ.TUK); **23**, Rs. 3' (*i*-˹*še*˺-*me*); **32**, [13'.15'.16']; **33**, [28']; **34**, [1']; **41**, Vs. 18' (*še-me*-˹*e*˺); **43** (VAT 9524), i' 9' (*š*]*e-me-e*); **49**, Rs. [8']; **52**, 5' (*i-š[e-me*/*mu-ú*); **61**, Vs. i 13' (˹*iš*˺-*me-ú*); **64**, Rs. 3' (*i-še[m-me*/*-mu-u*); **67-68**, A re. Kol. 6' (*ta-ša[m-ma-a-ni*); **69**, Vs. [2]; **73**, Vs. 2 (*še-mu-u*).7 (ŠE.GA; siehe auch: *magāru(m)*); **79**, Rs. 6 (ŠE.GA-*ku*$^{?}$ siehe auch: *magāru(m)*)

Gtn: **48**, Vs. i 5' (˹*lil*˺-*ta-me*); **74**, Seite a 16' (*al-tam-me*)

šepṣu siehe *šapṣu*

šēpu(m), Fuß: **1**, Vs. 10 (GÌ[R).[12]; **3**, i' [1']; **6**, Vs. [14']; **16-17**, 17' (GÌR^{II}.MEŠ-*šú*).24' (GÌR$^{II!}$.MEŠ-*ia*); **19-20**, [37f.42f.55f.56f.].60f. (GÌ[R).[61-63.79f.].94f. (GÌR); **22**, Vs. 12 (GÌR^{II}.MEŠ-*a*); **24**, Vs. 16 (G]ÌR^{II}.MEŠ-*šú*); **25**, Vs. [6'.10'].13' (GÌR^{II}.M]EŠ).Rs. 4' (GÌR^{II}.M]EŠ-*ia*); **28**, Rs. (VAT 9564) [5'].11' (˹*še*˺$^{?}$-[*pu-ú-a*(?)); **32**, [17']; **70-71**, A [1']

šeriktu(m), *širiktu(m)*, Geschenk: **12**, Rs. [6']

šēru(m) II, Morgen: **76-76a**, Vs. 17' (*š*]*e-e-ri* // *še-ri*)

še'u(m), Gerste; Getreide: **18**, Vs.(?) 2 (ŠE.U[M.MEŠ]); **19-20**, [85.86f.].87f. (ŠE.AM.MEŠ); **33**, [3'].5' ([ŠE-*i*]*m*)

še'û(m), suchen: Gtn: **62**, Rs. ii' 9'-10' ([(*e*-)*eš*]-*te-*[*i-ši*(-*i*)-*n*]*a-ši*-<<*in*>>-*im*)

šī, sie, die genannte, diese: **6**, Rs. [5']; **7**, Rs. 6' (*ši-*[*i*)

šiāmu(m), *šâmu* II, festsetzen, bestimmen: G: **50**, 4' (*li-ši-im*)

D: **40**, 16 (*mu*-˹*šim*˺)

šiāti, sie, ihrer; selbige, dieses: **61**, Rs. i' 19 (*ši-a*-˹*ti*˺)

šību(m) I, *šēbu*, grau; alt, Alter, Greis; Ältester; Zeuge: **41**, 3' (*še-bu-ta*)

šibirru(m), *šipirru*, Hirtenstab: **1**, Vs. [8]; **23**, Vs. 5 (*ši-*[*bir-ru*)

šiddu(m) I, Seite, Rand, Längsseite; Vorhang: **14**, Rs. 10' (*ši-id-di*); **16-17**, 14' (*ši-di*); **18**, Vs.(?) [1.2]; **19-20**, 44f. (*š[i-di*]).[81f.]; **27**, Vs. ii [8']; **33**, 25' (˹*šid*˺-*du*).[28']; **36**, 12' (˹ÚS˺.˹SA˺.DU); **45-46**, 11' (*ši-di*); **54**, ii' [4']

šikāru(m), Bier, Rauschtrank: **19-20**, [72.85.86f.].87f. (KAŠ. MEŠ).91f. (KAŠ.MEŠ); **41**, Vs. [19']

šiknu(m), 'das Setzen'; Sediment; Gestalt(ung), Art: **75**, Vs. ii' 10 (*ši*$^{?}$]-*kin*$^{?}$)

šīmtu(m), das Festgesetzte; Testament; Schicksal, Geschick: **12**, Vs. 12' (*ši-ma-*[*at*); **40**, 16 (*ši-ma-te*); **50**, 4' (*ši-ma-s[u*)

šinnu(m) I, Zahn: **19-20**, [69f.]; **42**, i' 5' (ZÚ)

šipru(m), Sendung, Botschaft; Arbeit, Werk: **33**, 17' ([*ši*]-*pi*-<*ir*>).22' (*šip-ri*).[24'.25']; **34**, 4' (*š*]*i-pir*).9' (*š*]*ip-ri*). [11']; **38**, i' [3'.5']; **40**, 8 (*ši-pir*); **43** (VAT 9524), i' [10']

šiqlu(m), Sekel: **32**, 9' (GÍN)

širiktu(m) siehe *šeriktu(m)*, *širiktu(m)*

šitimgallu, Oberbaumeister: **40**, 8 (^{lú}*šitim-gal-le-e*)

šitmuru, tobend, sehr ungestüm: **16-17**, [1'].8 (*šit-m*[*u-ra-ku*)

šittu(m) I, Schlaf: **79**, Vs. 10 (*šit-ta*)

šittu(m) II, *sittu(m)* I, Übriggelassenes, Rest: **16-17**, 19' (*si-ta-at*); **19-20**, [36f.]; **24**, Vs. [18]; **25**, Vs. [9']

šiṭru(m), Schrift(stück): **2**, Rs. 4' (*š*[*i-iṭ-ri-ia*); **22**, Vs. 14 ([SA]R$^{?}$); **23**, Rs. 4' (*šiṭ-ri-i*[*a*); **33**, [16']; **34**, 3' (*ši-ṭir*); **41**, Rs. 1 (*ši-ṭir*).[8]; **57**, Rs. 2 (*šiṭ-ri-i*[*a*); **58**, ii 10' (*ši-ṭir*$^{?}$)

šū, er; der genannte, dieser: **42**, ii' [1']; **76-76a**, Rs. 3' (*šu-ú*).5' (*šu-*⸢*ú*⸣)

šûm III, *šuʾu* I, Schaf: **40**, 14 (*šu-ʾe-e*)

šuāti, *šuātu*, ihn, sie; seiner, ihrer; dieses, diese, dieser (siehe auch: *šâti*): **5**, i' 1' (*šu*]*-a-t*[*u*); **14**, Vs. 10' (*šu-a-tu*); **31**, Seite a [16']; **32**, 7' (*šu*]*-a-tú*); **33**, 11' (*šu-a-*⸢*tu*⸣).22' (*šu-*⸢*a*⸣*-*[*tu*).[27']; **34**, 9' (*šu-a-tu*); **36**, 1' (⸢*šu*⸣*-a-tu*); **40**, 5 (*šá-a-*⸢*tu*⸣).6 (⸢*šá*⸣$^{?}$-⸢*a*⸣$^{?}$*-tú*); **41**, Vs. 4' ([*šu*]-⸢*a*⸣-⸢*tú*⸣).6' (*šá*]-⸢*a*⸣-⸢*tu*⸣).[9'].Rs. [10]; **43** (VAT 9524), i' 2'(*š*]*u-a-tú*); **64**, Rs. 4' (*šu*]-⸢*a*⸣-⸢*tú*⸣); **72**, Rs. [13]; **76-76a**, Rs. 6' (*šu-a-tú*)

šuātunu, *šâtunu*, selbige, die gennanten, diese: **14**, Vs. [12']

šubtu(m), Sitz, Wohnsitz, Wohnung, Aufenthalt: **6**, Rs. [6']; **12**, Rs. 4' (*šub-t*[*i-šu-nu*(?)); **28**, Rs. (VAT 9564) 6' (*š*[*ub*$^{?}$*-ti-šú*(?)); **31**, Seite a [18']; **32**, [14']; **33**, 17' (*šu-bat*).[20']; **34**, [4'].7' (*šu-bat-su*); **39**, ii' 17' (*šu-bat-su-un*); **40**, 1 (⸢*šu*⸣*-bat*).7 (*šu-bat*); **51**. 5' (*šub-tu*); **58**, ii 5' (*šu-bat-su*); **76-76a**, Rs. 2' (*šub-ti-ia*).10' (*šu-bat*)

šūbultu(m), Sendung, Geschenk: **6**, Vs. 2' (*šu*$^{?}$*-b*]*u*$^{?}$-⸢*ul*⸣$^{?}$-⸢*ta*⸣$^{?}$)

šuklulu(m) II, vollenden, fertig stellen: Š: **6**, Rs. [4']; **7**, Rs. 5' (*ú-šék-lil*); **40**, 9 (*ú-šak-*⸢*lil*⸣); **41**, Rs. [10]; **43** (VAT 9524), i' 18' (*ú-šak-l*]*il*); **57**, Vs. 10' (*ú*]-⸢*še*⸣*-ek-lil*); **58**, ii [9']; **63**, Vs. [4].9 (*ú-šak-li-lu*(Zeichen: KU)); **76-76a**, Vs. 17' (*nu-šak-lil*).Rs. 14' (*šuk-lu-li*)

šukūdu(m), ein Rohrpfeil; 'Sirius': **77**, Vs. 6 (^{mul}GAG.SI.S[Á)

šukurru(m), Lanze, Speer: **16-17**, [6']

šulmu(m), Unversehrtheit, Vollständigkeit; Gesundheit, Wohlsein, Heil; Gruß; Untergang: **25**, Vs. [3']; **29**, Vs. 3' (*šù*[*l-mu*]); **62**, Rs. ii' 8' (*š*]*u-ul-mi-im*); **80**, Vs. 1 (⸢*šùl*⸣*-mu*)

šuluḫḫu(m), Handwasch-, Reinigungskult: **63**, Vs. [5]

šumēlu(m), *šumīlu(m)*, Linke: **14**, Vs. [5']

šumma, wenn, falls: **62**, Rs. i' 7' (*šum-m*[*a*); **67-68**, A re. Kol. [1'].B [1]; **70-71**, A 2' (⸢*šum*⸣-⸢*ma*⸣).5' (*šum-ma*).[6'.12'].B [1'.4']

šumu(m), Name; Sohn; Zeile: **1**, Vs. 2 (M[U-*šú*); **2**, Rs. 1' (MU).[4']; **6**, Rs. [6']; **16-17**, 10' (*šu-me-*[*ia*); **22**, Vs. 14 (MU.MEŠ); **23**, Rs. 2' (MU).[4'].6' (MU-⸢*šu*⸣); **28**, Rs. (VAT 9564) 2' (MU.MEŠ-*i*[*a*).9' (MU.MEŠ-*a*); **31**, Seite a 17' (*š*[*u*$^{?}$*-um*$^{?}$*-šú*$^{?}$); **33**, 17' (*šum-šú*); **34**, [4']; **38**, ii' 5' (*š*[*um*$^{?}$*-šu*); **41**, Rs. 1 (*šu-m*[*e*]*-ia*); **45-46**, 20' (MU); **57**, Rs. 3 (MU-*i*[*a*).6 (MU]-*šu*); **58**, ii [10']; **61**, Rs. i' 14 (MU-*šu*); **66**, Vs. [9']; **69**, Vs. [12].Rs. [7]; **70-71**, B [3']; **73**, Vs. 7 (⸢MU⸣$^{?}$-⸢*šú*⸣); **75**, oberer Rd. 4 (MU.[MEŠ/DIDLI)

šupālû(m), unterer: **6**, Vs. 12' (*šu-pa-le-*⸢*e*⸣); **16-17**, [13']; **44**, 6' (*šu-pa-l*[*i*)

šuparruru(m) II, ausgebreitet: **23**, Vs. 6 (⸢*šu*⸣*-pár-ru-r*[*u*)

šuparzuḫu Š, überreichlich machen: **43** (A 494), i' 8' (*uš-p*[*ar-zi-ḫa*)

šupêlu(m), (ver)tauschen, (ins Gegenteil) umwandeln: **50**, 5' (*muš-pe-le-e*)

šupku, 'Aufgeschüttetes', Gründung: **33**, [29']

šuplu(m), Tiefe: **44**, 7' (*šup-la*)

šuqultu(m), Gewicht: **22**, Vs. [15]; **61**, Rs. i' 18 (KI.LÁ-⸢*ša*⸣); **73**, Rs. 8 (KI.LÁ-*šú*)

šurbû(m), sehr, gewaltig groß: **72**, Vs. 3 (*šur-bu-u-te*)

šurmēnu(m), *šurmīnu(m)*, Zypresse: **32**, [11']; **38**, i' [1']; **41**, Rs. 11 (^{giš}ŠUR.MÌN).[13]; **42**, i' 6' (^{giš}ŠUR.⸢MÌN⸣).[9']

šurrâtu(m), Anfang, Beginn: **24**, Vs. [11]; **48**, Vs. i 6' (*šur-rat*)

šurrû(m) I, Anfang, Beginn: **14**, Vs. 3' (*šur-r*]*u*)

šūši, *šūš*, 60 (siehe auch: Index der Zahlen): **3**, i' 4' (*šu-ši*); **5**, i' 6' (5 *šu-ši*)

šuškallu(m), ein großes Fangnetz: **16-17**, [9']

šūt, die; welche, siehe *ša rēši*, Leibwächter

šutāḫu(m), *šutāḫû(m)*, paarig angeordnet: **40**, 11 (⸢*šu*⸣-⸢*ta*⸣*-ḫa-te*)

šutlumu(m) Š, zueigen geben: **24**, Vs. 8 (*ú*$^{?}$*-šat*$^{?}$*-l*]*i-me-šu-ma*); **38**, i' [10']

šūturu(m), besonders übergroß, überragend: **48**, Vs. i 12' (*šu-t*[*u-ur*$^{?}$]*-te*)

tabāku(m), (hin)schütten, vergießen: G: **18**, Vs.(?) 3 (*a*]*t*$^{?}$*-bu-ku*); **39**, ii' 6' (*a*[*t-bu-uk*]); **55**, Rs. 7 (*at-bu-uk*)

tabku(m), hingeschüttet, gespeichert; Speicher: **18**, Vs.(?) [3]

tāḫāzu(m), Kampf, Schlacht: **24**, Vs. 9 (*ta*$^{?}$]*-ḫa-zi-šu*).Rs. [13']; **25**, Vs. [17']; **28**, Rs. (VAT 9564) [9']; **61**, Vs. i 13' (⸢*ta*⸣*-ḫa-zi*)

tajjārtu(m), Rückwendung, Rückkehr, Rückmarsch; Verzeihung: **6**, Vs. [3']; **8-11**, [11']; **24**, Rs. [5']; **25**, Vs. [2'.14'].Rs. 5' (*ta-ia-ar-ti-*⸢*ia*⸣); **33**, 7' (*ta-a-a-ar-ti-ia*); **34**, [1']; **39**, ii' 7' (*ta-a-a-ar-ti-ia*)

takālu(m), vertrauen: G: **25**, Vs. [16']
N: **45-46**, 9' (*it-t*]*i-kil-ma*)

takiltu I, blaue Purpurwolle: **19-20**, [72].98f. (ZA.GÌN.MI); **32**, [11']

talīmu(m), etwa 'bevorzugter Bruder': **79**, Vs. 3 (*ta*$^{?}$*-li-mi*(-)*šá*)

taltallû, Pollen, Staubgefäß (?): **75**, Vs. ii' 6 (*tal-ta-lu*)

tamāḫu(m), ergreifen, fassen: G: **72**, Vs. [3]
Š: **23**, Vs. [5]; **24**, Vs. 3 (*tu-šat-me-ḫu*)

tamḫāru(m), Kampf, Schlacht: **12**, Rs. [5']

tamliu(m), *tamlû(m)*, Füllung; Terrasse; Besatz, Einlage: **36**, 12' (*tam-la-a*); **49**, Rs. 4' (*tam-le-e*)

tamû(m) II, schwören: G: **4**, i' 5' ([*ú-tam-mi-šu-nu-t*]*i*)

tapḫu, ein Metallkessel: **19-20**, [98f.]

taraḫḫu(m), Ausschachtungsböschung: **41**, Vs. [10']

tarāku(m), schlagen, klopfen: G: **32**, [16']

tarānu(m), Schutzdach: **40**, 10 (*ta-ra-an-šú*)

tarāṣu(m) I, ausstrecken: Š: **40**, 10 (*ú-šat-ri-ṣa*); **42**, i' 4' (*ú-šat-ri-ṣa*).[9']

tarbāṣu(m), *tarbaṣu(m)*, Viehhürde, -hof; Hof: **62**, Rs. i' [7']

tarbītu(m), Großmachung; Aufziehen; Ziehkind; Erzeugnis: **38**, i' 1' (*ta*]*r-*⸢*bit*⸣); **39**, ii' 8' (*tar-bit*); **40**, 10 (*ta*[*r-b*]*it*); **41**, Rs. 11 (*tar-bit*)

tarmītu, Loslösung, Entspannung: **13**, Rs. 3' (*ta*]*r-mi-ta*)

tarṣu III, Erstreckung; Zeit von: **35**, 16' (⸢*tar*⸣-⸢*ṣi*⸣); **36**, 4' ([*tar-ṣ*]*i*); **45-46**, 19' (⸢*tar*⸣-⸢*ṣi*⸣); **60**, [3']

târu(m), sich umwenden, umkehren, zurückkehren: G: **22**, Vs. 8 (*i-túr*); **31**, Seite a 15' (*a-tu-*[*ram*$^{?}$*-ma*$^{?}$); **33**, [12']
D: **2**, Rs. [1']; **4**, ii' [2']; **5**, i' [5']; **12**, Rs. [8'].11' (*lu-ú-ter*); **13**, Rs. [6']; **16-17**, [21'].29' (*ú-ter*); **19-20**, 39f. (⸢*ú*⸣*-te-ra*); **23**, Rs. 3' (*lu-ter*); **24**, Rs. 11' (⸢*ú*⸣-[*te-ru-ni*);

31, Seite b 8' (ʳ*ú*ˀ-[*t*]*er*); **32**, [2'.5'].6' (*ú-ter-ma*); **33**, [3'.28']; **39**, ii' 3' (*ú-ter-*ʳ*ma*ˀ); **45-46**, 12' (*ú-te$_9$-ra*).23' (*ú-ter*).[25'].31' (*ú-te$_9$-ru-ni*); **52**, 4' (*l*[*u-ter*$^?$); **55**, Rs. 6 (*ú-ter*); **56**, Seite a 2 (*ú-t*[*e$_9$*$^?$*-ra*$^?$); **61**, Vs. i [4']; **63**, Vs. [6]

taskarinnu(m), Buchsbaum(holz): **6**, Rs. 3' (^{giš}*tas-ka-ri-ni*); **7**, Rs. [1']; **13**, Rs. 2' (^{giš}*ta*]*s-ka-ri-nu*); **32**, [11'].17' (^{giš}TÚG); **42**, i' [6']

tašīmtu(m), Einsicht, Verständnis: **75**, Rs. i' 9' (*ta-ši-i*[*m*$^?$*-te*$^?$)

tašmû siehe *tešmû(m)*

tašriḫtu(m), Verherrlichung, Pracht; Ruhmredigkeit: **38**, i' 9' (*taš-ri-iḫ-t*]*i*); **40**, 14 (*taš-ri-i*[*ḫ-te*)

tašrītu(m), Anfang; Einweihung: **38**, i' [14']

tebû(m), aufstehen, sich erheben, aufbrechen, sich aufmachen: G: **24**, Rs. 13' (*it-bu-ni*)

tebûtu(m) siehe *tibûtu(m)*

temmēnu(m), *timmēnu(m)*, *temmennu*, *temennu*, *timmennu*, *timennu*, Grundstein; Gründungsurkunde: **12**, Rs. [6']; **33**, 16' (*tem-me-en-nu*).[26'].29' (*tem-me*]*-en-šu*); **34**, [3']; **43** (VAT 9524), i' 13' (*tem-me-e*]*n-ši*(?))

tenēštu(m), Pl. Menschen: **33**, 23' ([*te-ne-še*]*t*); **34**, [10']

tēnû(m), Zweitstück, Gegenstück, Pendant; Vertreter: **42**, ii' [1']

terṣu(m), Ausstrecken: **24**, Vs. 2 (*ti-*ʳ*ri*ˀ*-iṣ*)

tešmû(m), *tašmû*, Erhörung: **72**, Vs. 5 (*taš-me-e*)

tēšû(m) I, Verwirrung: **12**, Vs. 7' (*te-še-e*)

tiamtu(m), *tâmtu(m)*, *tâmdu*, Meer, See: **6**, Vs. [1']; **8-11**, 11' (A.AB.BA); **12**, Vs. [5']; **25**, Vs. [2'].3' (*tam-di*); **27**, Vs. ii [8']; **28**, Vs. [5]; **32**, 13' (*tam-*[*ti*).[14'.16']; **76-76a**, Rs. 8' (*ta-ma-a-ti*)

tibku(m), Hinschüttung: **36**, 15' (*ti-ib-ki*)

tibnu(m), Stroh, Häcksel: **19-20**, [85.86f.].87f. (ŠE.IN.MEŠ).91f. (ŠE.IN.ʳNUˀ.MEŠ)

tību(m), Aufstehen, Erhebung, Aufbruch; Angriff: **12**, Vs. 8' (*ti-*[*bu-šu-nu*); **16-17**, [7']

tibûtu(m), *tebûtu(m)*, Aufstehen, Erhebung, Aufmarsch; Angriff: **61**, Vs. i 14' (ʳ*te*ˀ$^?$*-bu-tu*)

tidūku(m), Streit, Kampf: **24**, Vs. 17 (*t*]*i-du-ki-šú-nu*).Rs. [20']; **45-46**, 6' (*ti-du-ki-šú-nu*); **61**, Vs. i 14' (*ti-du-*ʳ*ki*ˀ)

tillatu(m) I, Hilfe, Aushilfe; Hilfstruppe: **31**, Seite a 11' (*til-la-a-t*[*i*$^?$])

tīlu(m) I, *tillu* II, (Schutt-)Hügel: **4**, ii' [1']; **5**, i', 5' (D[U$_6$); **26**, Vs. i [2']; **33**, [3']; **45-46**, [23'].25' (DU$_6$)

tīru(m) I, ein Höfling: **38**, ii' 7' (^{lú}*t*[*i-re-e*)

titūrum, *titurru*, Brücke: **37**, 2' (*ti-tu*[*r-ru*])

tukultu(m), Vertrauen; Beistand, Hilfe: **2**, Vs. [1']; **16-17**, 13' (^{giš}*tukul-ti*); **24**, Rs. 13' (^{giš}*tukul-ti*); **37**, [5']

tupšikku(m), Ziegel-Tragrahmen; Erdkorb; Frondienst: **33**, [23']; **34**, [10']; **41**, Vs. [8']

tuqumtu(m), *tuquntu(m)*, Kampf: **12**, Vs. [8']; **24**, Vs. [16]; **79**, Vs. 11 (*tú-qu-un-ta*)

ṭābiš, schön, gut: **12**, Rs. [11']

ṭābu(m), schön, gut; süß: **19-20**, [99f.]; **24**, Vs. 11 (DÙG.GA); **41**, Vs. 19'.Rs. 2 (jeweils DÙG.GA); **72**, Rs. 19 (DÙG)

ṭarpaʾu, eine Tamariskenart; **13**, Rs. [3']

Ṭebētu(m), der 10. Monat des babylonischen Kalenders: **80**, Vs. 14 (^{iti}AB)

ṭēmu(m), Planungsfähigkeit; Entschluß(kraft); Verstand; Anweisung, Bescheid: **24**, Rs. 11' (ʳ*ṭé*ˀ*-*[*e-m*]*u*); **33**, [22']; **34**, 9' (*ṭè-em*); **61**, Vs. i [4']

ṭiābu(m), *ṭâbu*: gut, schön, brauchbar sein bzw. werden: G: **1**, Vs. [4]; **32**, [11']; **41**, Rs. [11]; **42**, i' [9']; **43** (VAT 9524), i' [9']; **58**, i 6' (*ṭa-a-bu*); **73**, Vs. 2 (DÙG.GA)

D: **1**, Vs. [4]; **14**, Vs. [12']

Š: **33**, [27']; **36**, 8' (*u*[*š-ṭib-ma*)

ṭūbu(m), Gutes, Güte; freies Ermessen; Wohlergehen in: *ṭūb libbi*, seelisches Wohlbefinden; Herzenswunsch: **12**, Rs. [11']

ṭūdu(m), Weg, Pfad: **23**, Vs. 12 (*ṭu-da-a-te*)

ṭupšarru(m), *tupšarru(m)*, Schreiber: **80**, Vs. 4 (ʳ^{lú}ˀ$^?$ʳAˀ$^{??}$.BA)

ṭuppu(m) I, *tuppu(m)* I, (Ton-)Tafel, Urkunde, Brief: **64**, Rs. [4']; **66**, Vs. 9' (*ṭup*$^?$]*-pi*)

u, und: **1**, Vs. [2.3].9 (ʳ*ù*ˀ$^?$); **2**, Vs. [2'.4'].Rs. [4']; **3**, i' 3' (ʳ*ù*ˀ). [7']; **4**, ii' 1'.2' (jeweils ʳ*ù*ˀ); **5**, i' [2'].6'.10' (jeweils ʳ*ù*ˀ); **6**, Vs. [3'.4'.8'].10' (*ù*).Rs. [5']; **7**, Vs. 3' (ʳ*ù*ˀ).9' (*ù*).Rs. [1'].11' (*ù*); **8-11**, 3'.6' (jeweils *ù*).[7'.11].13' (*ù*).[19'].36' (*ù*); **12**, Vs. 6'.Rs. 6' (jeweils *ù*).[7'.9'.11']; **14**, Vs. 6' (*ù*).[7'.8'].Rs. 9' (*ù*); **16-17**, [1'].5' (*u*). [16'].22' (ʳ*ù*ˀ).26' (*u*).44' (*ù*).[51']; **19-20**, [48f.]; **23**, Vs. [1].4 (*ù*).5 (ʳ*ù*ˀ).9 (*ù*).Rs. 4' (ʳ*ù*ˀ); **24**, Vs. 4 (*u*).9 (*u*$^?$).Rs. 9' (ʳ*u*ˀ).13' (*u*).[14']; **25**, Vs. [9'.11'.17']; **28**, Vs. 2 (ʳ*ù*ˀ).Rs. (VAT 9564) [9']; **29**, Vs. 3' (ʳ*ù*ˀ); **32**, [1'.5'].11'.12' (jeweils *ù*).[14'.15'].16' (ʳ*ù*ˀ); **33**, [6'.9'].13'.14' (jeweils *ù*).[19'].21'.25' (jeweils *ù*); **34**, 2' (*ù*).[6'.8'].10' (ʳ*ù*ˀ); **35**, 3' (ʳ*ù*ˀ); **36**, 2' (*ù*); **37**, 5'.7' (jeweils ʳ*ù*ˀ); **38**, i' 6' (*ù*).[11']; **39**, i' [4'.7'].ii' [1'].10' (ʳ*ù*ˀ); **40**, 12 (ʳ*ù*ˀ$^?$); **41**, Vs. 5' (*u*).[8'.16']; **42**, ii' [4'].i' [7']; **45-46**, [23'.25']; **49**, Rs. [5'.8']; **54**, ii' 2' (*u*); **57**, Rs. 1.3.6 (jeweils *ù*); **59**, 13' (*ù*); **62**, Rs. i' 4' (*ù*).[10']; **63**, Vs. 5 (*ù*).[8].9 (*ù*); **67-68**, A re. Kol. 3' (ʳ*ù*ˀ).8' (*ù*).11'.B 4 (jeweils ʳ*ù*ˀ); **69**, Vs. [5]; **70-71**, B [7']; **72**, Vs. 5.Rs. 17 (jeweils *u*); **74**, Seite b 7' (*ù*); **76-76a**, Vs. 14' (ʳ*ù*ˀ).Rs. 8' (*u*$^?$).9' (*u*); **79**, Vs. 13 (*u*); **80**, Vs. 9 (*u*/10)

udāʾu siehe *udû(m)*

udû(m), *udāʾu*, Geräte, Utensilien für Zugtiere, Reisen, Handwerker usw.: **19-20**, [98f.]

ugāru(m), Feldflur, Ackerland: **14**, Rs. 10' (*ú-g*[*a-ri*); **19-20**, [63f.]

uḫinnu(m), frische, grüne Datteln: **75**, Vs. ii' 4 (ʳ*ú*ˀ*-ḫi-ni*)

ul, nicht: **16-17**, 6' (*ul*); **31**, Seite a [9']; **33**, [10'.20'.21']; **34**, 7'.8' (jeweils *ul*); **35**, 11' (ʳ*ul*ˀ); **40**, 6 (*ul*); **62**, Rs. ii' 6' (*ú*]*-ul*).7' (ʳ*ú*ˀ*-ul*); **76-76a**, Vs. 3' (*ul*).Rs. 12' (ʳ*ul*ˀ$^?$); **79**, Vs. 14 (*ul*)

ulla, etwa 'in unbestimmter Zeit': **33**, 10'.16'.18' (jeweils *ul-la*); **34**, 3' (*ul-la*).[5']

ullânu(m), (von) dort; seit Beginn, sogleich; außer, vor: **33**, 18' (*ul-*[*la-nu-u-a*); **34**, 5' (*ul-*[*la-nu(-u)*]*-*ʳ*a*ˀ)

ullû(m) I, jener; entfernt: **32**, 2' (*ul-l*]*u-ti*)

ulṣu(m), Jubel, Jauchzen: **41**, Vs. [16']

ūmešam siehe *ūmišam*

ūmišam, täglich: **79**, Vs. 8 (*u$_4$-me-šam*)

umma, leitet die direkte Rede ein: **42**, ii [1']; **76-76a**, Vs. 17' (*um-ma*)

ummānu(m), Menschenmenge, Heer, Arbeitstruppe, siehe *ṣābu(m)*

ummiānu(m), *ummânu*, Feldmesser; Handwerker, Fachmann, Künstler, Gelehrter; Geldgeber, Gläubiger, siehe *mār ummâni*

ummu(m) I, Mutter; **70-71**, B 6' (AMA]-*šú*)
ūmu(m), Tag (siehe auch: *ina umēšuma*): **3**, i' [2']; **4**, i' 3' (UD.MEŠ).[4']; **8-11**, [37']; **12**, Rs. [7'].9' (UD.MEŠ; *u_4-um*).[12']; **13**, Rs. [1'.7']; **19-20**, [36f.41].41f. (*u_4-me*).42f. (*u_4-me*).[44f.48f.50f.61-63].86f. (*u_4-[me]*); **21**, Vs.(?) 2' (UD); **22**, Vs. 10 (UD.MEŠ-*a*); **23**, Rs. 7' (UD); **24**, Vs. 15 (*u_4-me*).Rs. [8']; **27**, Vs. ii [6']; **28**, Rs. (VAT 9564) 3' (UD.MEŠ-*ia*).[8']. (VAT 9648) [2'']; **29**, Vs. 4' (UD); **32**, [2'.14'.15']; **33**, [26'.28'.29']; **40**, 2 (⌜*u_4*⌝$^{?}$-⌜*me*⌝$^{?}$); **41**, Vs. 18' (*u_4-me*).Rs. 3 (UD.ME[Š]-*ia*); **43** (VAT 9524), i' [9']; **47**, 8' (UD); **55**, Rs. 5 (*u_4-um*); **76-76a**, Rs. 5' (*u_4-me*); **77**, Vs. [6]
unnīnu(m) I, *unnēnu(m)* I, Flehen, Gebet: **79**, Vs. 16 (*un-ni-nu*)
unūtu(m), Gerät(e), Utensilien; Mobiliar: **25**, Vs. [17']; **32**, [17']; **35**, 2' (*ú*]-*nu-ut*); **38**, ii' 4' (*ú-n*[*u-ut*); **41**, Rs. [17]
uqnû(m), Lapislazuli, Lasurstein, Türkis: **32**, 10' ([^{n}]^{a4}ZA.GÌN.MEŠ); **61**, Rs. i' 12 (⌜^{na4}⌝ZA.GÌN)
urbu II, eine Arbeitstruppe: **33**, 4' ([^{lú}*ú*]*r-bi*)
urḫu(m), *arḫu*, Weg, Pfad, Bahn: **14**, Vs. [10']; **32**, [8']
urīṣu(m), Ziegenbock: **19-20**, [42f.]
urpatu I, Wolke: **28**, Vs. 4 (*ur-pe-ti*)
uršānu(m) I, Krieger, Held: **12**, Vs. [5']; **28**, Vs. 3 (*ur-ša-*[*ni*)
uṣurtu(m), Zeichnung, Vorzeichnung, Planung: **43** (VAT 9524), i' 6' (GIŠ.ḪU]R-*šú*); **76-76a**, Vs. 16' (GIŠ.ḪUR.MEŠ)
ušallu(m), Überflutungs-, Uferland, Wiese, Aue: **19-20** [61-63.64f.].84 (⌜*ú*⌝-*šal-lì*).[95f.]
ušmittu siehe *asumittu*
uššu I, Fundament, meist Pl.: **5**, i' 4' (*uš-še-šu*); **6**, Rs. [2'.3']; **7**, Rs. 4' (*u*[*š-še-ša*); **33**, [26']; **36**, 7' (*uš-ši-šá*).14' (*u*[*š-ši-šu*); **40**, 8 (⌜*uš*⌝-⌜*ši*⌝-*šú*); **41**, Vs. 9' (*uš-*⌜*ši*⌝-⌜*šú*⌝).[19'].Rs. 4 (*uš-ši-šú*).10 (*u*]*š-ši-šú*); **43** (VAT 9524), i' 16' (*uš-še*]-*šú*); **57**, Vs. 8' (*uš-še-*⌜*šu*⌝); **58**, ii 8' ($UŠ_8$)
ušû(m), Dunkelstein; Dunkelholz: **32**, [17']; **42**, i' [6']
uṭṭatu(m), *uṭṭetu*, Getreide, Gerste; Korn: **80**, Vs. 24 (ŠE$^{?}$.PAD.[MEŠ$^{?}$)
uznu(m), Ohr; Weisheit; Verstand: **31**, Seite a 8' (*ú-zu-un-šú-un*); **33**, [21'.22']; **34**, 8' (*ú-zu-un-šú*).9' (*uz-ni-ia*); **35**, 13' (*u*]*z-ni-ia*); **56**, Seite b 16' (GEŠTUG^{II}.⌜MEŠ⌝-*šú-nu*)

(w)abālu(m), tragen, bringen: G: **6**, Vs. 8' (*ub-la*).11' (*u*[*b-la*]).[15']; **8-11**, [21'].36' (*u*[*b-la*]); **24**, Vs. [16]; **25**, Vs. 2' (*ub-l*[*a*]); **28**, Vs. 8 (*ba-a-bil*); **32**, [17']; **33**, [22']; **34**, [9']; **36**, 15' (*ub-l*]*am-ma*); **39**, i' [6']; **43** (VAT 9524), i' 5' (*u*]*b-la*); **54**, ii' 4' (*u*[*b-la*); **56**, Seite b [6']; **61**, Rs. i' 7 (⌜*ub*⌝$^{?}$-*lu-*⌜*ni*⌝$^{?}$)
Gtn: **12**, Vs. 8' (*m*[*u*]-*ut-*[*tab-bi-lu*]-⌜*ut*⌝)
Š: **32**, [13']; **65**, 4' (⌜*ú*⌝-*še-bi-lu-šu-ni*).VAT 15420 Seite a 13' (*ú-še-bi-lu-šu-ni*)
Št^{2}: **33**, [17'.21']; **34**, [4'.8']
(w)ālidu(m), der erzeugt(e); Erzeuger: **72**, Rs. 15 (*a-lid-di-ia*)
(w)apû(m), sichtbar sein bzw. werden: Š: **33**, [16']; **34**, [3']
Štn: **72**, Rs. 21 (*liš-*[*ta*$^{?}$]-⌜*pu*⌝$^{?}$-[*ú*)
(w)aqru(m), selten, wertvoll, kostbar: **38**, ii' [4']
warādu(m), hinab-, herabsteigen, hinuntergehen: G: **24**, Vs. 20 (*a*]*t-ta-rad*); **61**, Vs. i 6' (*it-tar-da*)
Š: **45-46**, 4' (*ú*]-*še-ri-da-šú-nu-*⌜*te*⌝)
(w)ardatu(m), Mädchen, junge Frau: **66**, Rs. 7 (*ar-*[*da*$^{?}$-*ti*$^{?}$)
(w)ardu(m), Sklave: **29**, Vs. 2' ([ARA]D); **73**, Vs. 5 (ARAD)
(w)ardūtu(m), Sklavenstand, -dienst, Knechtschaft; Dienst: **4**, i' 4' (ARAD-*ut-te*)
(w)arḫu(m), Mond; Monat: **33**, [28']; **41**, Vs. 18' (ITI); **43** (VAT 9524), i' [9']
(w)arki, hinter, nach, nachdem: **1**, Vs. [6]; **6**, Vs. [9']; **8-11**, 17' (EGIR); **19-20**, [38f.39f.]; **24**, Vs. 15 (EGIR-*šu*]-*nu*); **45-46**, 30' (⌜*ar*⌝-*ki-šú*); **75**, Rs. i' 2' (*a*]*r*$^{?}$-*ki*); **76-76a**, Vs. 8' (*ar-ki-šu*)
(w)arkītu(m), Späteres: **4**, i' 3' (*a*]*r-kàt*); **12**, Rs. 9' (*a*]*r-kàt*); **13**, Rs. [1']; **76-76a**, Rs. 5' (*ár-kàt*)
(w)arkû(m), hinterer, späterer, künftiger: **12**, Rs. [9']; **13**, Rs. [4']; **22**, 13 (EGIR-*ú*); **28**, Rs. (VAT 9564) 13' (E[GIR$^{?}$-*ú*); **49**, Rs. [5']; **64**, Rs. [4']
(w)âru(m), gehen, herangehen: G: **19-20**, [38f.]
D: **23**, Vs. 7 (*ú-ma-*⌜ʾ⌝*i*⌝-[*ru*$^{?}$-*ni*$^{?}$]); **33**, [18']; **34**, 5' (⌜*ú*⌝-[*ma-ʾi-ru*); **35**, 9' (⌜*ú*⌝-*ma-ʾi-*⌜*ru*⌝)
(w)arû(m) II, führen: Gtn: **12**, Rs. [11']
(w)asāmu(m), gehörig, angemessen sein bzw. werden: G: **75**, Rs. i' 4' (*as-mat*)
(w)aṣābu(m), hinzufügen: D: **1**, Vs. [9]
(w)aṣû(m), hinausgehen, fortgehen: G: **24**, Rs. 7' (*at-*⌜*ti*⌝-⌜*ṣi*⌝-[*a*)
Š: **6**, Vs. [15']; **33**, [4']; **38**, ii' 10' (*ú-še-*[*ṣa-am-ma*); **39**, i' 10' (*ú-še-ṣa-am-m*]*a*).ii' [2']; **59**, 4' (*ú*$^{?}$-*še*$^{?}$-*ṣu*$^{?}$-*n*]*i*$^{?}$); **62**, Rs. ii' 15' (*ú-še-ṣi*/*ṣí-ši-na*]-⌜*ši*⌝-*im*)
(w)ašābu(m), sich setzen, sitzen; sich aufhalten, wohnen: G: **14**, Vs. [3']; **19-20**, 92f. (*uz-ba-*⌜*ku*⌝-*ni*); **23**, Rs. 4' (*a-ši-bu-ut*); **24**, Vs. 23 (⌜*uz*⌝-*ba-ku-ni*).Rs. 2' (*u*]*z-b*[*a-ku-ni*); **31**, Seite a [8']; **32**, [12'].18' (*a*$^{?}$-*ši*$^{?}$-*bu*$^{?}$]-*tu*); **38**, i' [7']; **40**, 13 (*a-ši-bu-ut*); **49**, Rs. [8']; **66**, Vs. 7' (*a-ši-b*[*u-ut*).8' (*a-ši*]-*bu-ut*); **73**, Vs. 1 (*a-šib*); **74**, Seite b [8']
Š: **23**, Rs. 6' (*lu-še-ši-bu-šu*); **39**, i' 12' (*ú-še-šib-m*]*a*).ii' [9']; **70-71**, A [4']
wašāru(m), sich senken: D: **25**, Vs. 12' (*um-da-š*[*ir*]); **39**, i' [9']
(w)aštu(m), steif; hartnäckig, starrköpfig: **16-17**, [4']; **28**, Rs. (VAT 9564) [4']; **62**, Rs. ii' 12' (*wa-aš-ṭ*]*ú-tim*)
(w)atāru(m), übergroß, überschüssig sein bzw. werden: D: **5**, i' [11']; **12**, Rs. [3']
Š: **1**, Vs. 5 (*mu-šá-te-e*]*r*); **18**, Vs.(?) [3.5]; **56**, Seite b 9' (⌜*ú*⌝-⌜*šá*⌝-⌜*ter*⌝); **77**, Vs. 4 (⌜*lu*⌝$^{?}$-*ša-*⌜*te*⌝$^{?}$-*ru*(-)⌜*ni*⌝).16 (⌜*lu*⌝$^{?}$-*ša-*⌜*te*⌝$^{?}$-*r*[*u*$^{?}$)
(w)atmanu(m), Cella; Tempel: **41**, Vs. 6' (*at-ma-ni-šú*).Rs. 18 (*at*]-⌜*ma*⌝-⌜*ni*⌝)
^{w}*attartu*, ein Streitwagen: **59**, 8' (^{giš}*at-t*]*a-*⌜*ra*⌝-*a-te*).13' (^{giš}*at-ta-ra-a-t*]*e*$^{?}$)
(w)atû(m), finden, entdecken: D: **1**, Vs. 8 (*ú-t*]*a-ni-ma*); **12**, Vs. 10' (*t*[*u-ta-a-šu*)
werûm, *erû* II, Kupfer, Bronze: **3**, i' [5']; **32**, [9']
wussû(m), *mussû* D: identifizieren: **13**, Rs. [5']

zabālu(m), tragen, überbringen: G: **24**, Vs. [23].Rs. [4']
zāʾeru(m), *zāʾiru(m)*, hassend, Feind: **12**, Rs. [5']; **28**, Rs. (VAT 9564) 4' (*za-*⌜*i*⌝-[*ri-ia*)
zajjāru(m), Hasser, Feind: **16-17**, 9' (*za*!-*ia*!-*ri*)
zakāru(m), *saqāru(m)* I, *zaqāru(m)* II, aussprechen, nennen, reden; schwören: G: **16-17**, 10' (*za-qar*); **31**, Seite a [17'; siehe auch: *nabû(m)*]; **66**, Vs. [9']; **70-71**, B [3']; **76-76a**, Vs. 6' (*i-zak-kar* (oder Gt)).Rs. 13' (MU (oder Gt))
Nt: **28**, Rs. (VAT 9564) 9' (*lit-tas-qar*)

zakû(m) II, klar, rein, gereinigt, straffrei sein bzw. werden: D: **65**, VAT 15420 Seite a 5'.17' (jeweils *ú-zak-ki*)
zamru(m), Bezeichnung von Früchten: **64**, Rs. 6' (^{g}]^{iš}*za-ma-ru*)
zaqāpu(m), aufrichten, pflanzen; pfählen: G: **25**, Vs. [5']; **33**, 21' (*za-q*[*a-ap*); **34**, 8' (*za-qa-ap*); **61**, Vs. i 9' (*iz*$^{??}$-⸢*za*⸣$^{?}$-*qa-ap*) D: **45-46**, 16' (*ú-za-q*[*i-ip*)
zaqāru(m) I, herausragend sein, hoch bauen: D: **43** (VAT 9524), i' [15']
zaqāru(m) II siehe *zakāru(m)*
zaqīpu, *zaqību*, *ziqīpu*, *ziqību*, Pfahl: **45-46**, 16' (⸢*zi*⸣-*qi-pi*)
zarû(m) II, worfeln, streuen: G: **4**, ii' [3']
zâzu(m), teilen, auf-, ab-, zu-, verteilen; Anteil nehmen: G: **32**, 7' (⸢*a*⸣-⸢*zu*⸣-⸢*uz*⸣-⸢*ma*⸣)
zenû(m) II, zürnen: G: **76-76a**, Vs. 7' (*ze-na-ta*)
zēru(m) II, Same(n), Saat; Nachkomme(n): **14**, Vs. [1']; **22**, Vs. 10 (NUMUN-[*a*$^{?}$); **23**, Vs. 4 (NUMUN-*šu*).Rs. [6']; **42**, ii' [3']; **50**, 6' (NUMUN.MEŠ-*š*[*u*$^{?}$); **57**, Rs. 6 (NUMUN-*šu*); **69**, Vs. [12].Rs. [7]; **70-71**, B 3' (NUMUN-*ni*; NUMUN.⸢NUMUN⸣-*ni*)
zēru aḫû, fremder Same: **76-76a**, Vs. 13' (A.RI.A(.)TA(.) BAR)
zêru(m), nicht mögen, ablehnen, hassen: G: **65**, VAT 15420 a 16' (*i-ze-e-er*); **76-76a**, Vs. 12' (*ze*$^{?}$-*ru-ku*)
ziāqu(m), *zâqu*, wehen, stürmen: Gtn: **16-17**, [7']
zību(m) I, Opfer: **1**, Vs. 5 (*zi-bi*); **28**, Rs. (VAT 9564) 8' (*zi-bi-ia*); **43** (A 494), i' 3' (*zi-i-*[*bi*)
zikaru(m), männlich, Mann: **16-17**, Vs. [1'].4' (*zi-ka-ru*); **23**, Vs. 5 (*zi-ka-ru*)
zikru(m) I, Ausspruch, Nennung, Name; Aussage, Geheiß; Eid: **24**, Vs. 4 (*zík-kir*); **32**, [15']; **34**, [1']; **42**, ii' 2' [*zi-*[*kir-šú-nu*]
ziqipta, senkrecht: **23**, Vs. 13 (*zi-qí*]*-ip-ta*)
ziqīpu, *ziqību* siehe *zaqīpu*, *zaqību*
ziqnu(m), Bart, siehe *ša ziqni*
ziqqurratu(m), Tempel-Hochterrasse, Zikkurrat: **36**, 4' (*ziq-qur-rat*)
zuqtu II, Bergspitze: **39**, ii' 16' (*zuq-ti*)

Zahlen

1: **6**. Vs. 6' (1.KÁM); **8-11**, [17']; **21**, Vs (⸢1⸣$^{?}$.K[ÁM)
2: **19-20**, 42f.99f.; **25**, Vs. 9'.Rs. [8']; **47**, 9' (2$^{?}$-*nu-t*[*e*$^{?}$-*šú*$^{?}$); **61**, Rs. i' 2.18; **76-76a**, Rs. 3'; **80**, Vs. 10
3: **19-20**, [50f.69f.].90.[93f.]; **24**, Vs. 15; **32**, 12' (3$^{?}$-KÁM); **48**, Rs. I' 6'; **80**, Vs. 6
4: **1**, Vs. [2.6]; **2**, Vs. [3']; **16-17**, [10'].22' (4-*te-šu*); **19-20**, [44f.99f.]; **23**, Vs. 2 (L[ÍMMU-*ta*); **58**, i 4' (LÍMMU-*tim*); **48**, Rs. i' 7'; **61**, Vs. 19'.Rs. i' 10
5: **25**, Rs. [6']; **39**, ii' 12'
6: **19-20**, [71], 93f.; **45-46**, 10'
7: **16-17**, 44'; **19-20**, 90; **32**, [14']; **49**, Rs. 9'
8: **19-20**, [45f.].90 (8); **33**, [1']
10: **19-20**, [93f.]; **22**, Vs. 9; **27**, Vs. ii 1'; **32**, 9'; **33**, 11'.25'; **80**, Vs. 9
12: **27**, Vs. ii [8']; **45-46**, 14'
15: **22**, Vs. 7
16: **25**, Rs. [11']
18: **19-20**, 71
20: **19-20**, [69f.].91f.[94f.].97f.; **32**, [9']; **33**, [11']; **26**, 15'; **45-46**, 16' (20 + ⸢1⸣$^{?}$ x)
23: **23**, Rs. 7' (23-KÁM)
25: **29**, Vs. 4' (⸢25⸣$^{?}$-KÁM)
26: **32**, 9'; **19-20**, [41]
28: **6**, Vs. [6']; **8-11**, 17' (2]8-*šu*); **47**, 8' (28.KÁM)
30: **19-20**, [35f. 85. 87f.]; **32**, 13'; **33**, [25']
31: **42**, i' [1']
32: **19-20**, [97f.]
34: **33**, [28']
35: **61**, Rs. i' 15.16
40: **19-20**, [71.91f.]
50: **19-20**, [86f.].93f.
60: **33**, [28']; siehe auch: *šūši*, *šūš*
70: **61**, Rs. i' 12
75: **38**, ii' 12'
80: **36**, 4'
88: **33**, 2'
95: **42**, i' [1']
100 siehe *meʾatu(m)*, *mât*, *mē*
109: **75**, Rs. ii' 4 (1 MEŠ 9)
130: **19-20**, [98f.]
150: **19-20**, [98f.]; **61** Rs. i' [4]
153: **45-46**, 15' (1 *me* 5⸢3⸣)
154: **32**, [9']
174: **45-46**, 14' (1 *me* 74)
200: **19-20**, [85].85f. (2 *me*).[87f.]; **24**, Vs. [17]; **45-46**, 6' (2 *me*)
268: **36**, 10' (2 *me* 68)
300: **5**, i' 6' (5 *šu-ši*)
320: **24**, Rs. [20']
470: **19-20**, [42f.]
580: **41**, Vs. [1']
700: **19-20**, 93f. (7 *me*)
820: **33**, [2']
1200: **4**, i' [8']; **19-20**, [99f.]
1460: **24**, Rs. 17' (1 *lim* 4 *me* 1] ⸢*šu*⸣-*ši*)
1804: **32**, 9' (1 *lim* 8 ⸢*me*⸣ 4)
2000: **4**, i' [8']
3600: **79**, Rs. 2 (*šár*)
7200: **33**, 12' (7 *lim* 2 *me*)
5230: **33**, [12']
11073: **33**, 12' (11 *l*[*im* 73)
80050: **33**, [12']
208000: **33**, 12' (2 *me* 8 *lim*)
800100: **33**, [12']

Götternamen

Adad: **3**, i' 5' (^{d}IŠKUR); **8-11**, 6' (^{d}IŠKUR).[7']; **12**, Vs. [5']. Rs. 11' (^{d}IŠKUR); **14**, Vs. [5']; **16-17**, [18']; **23**, Vs. 4 ([^{d}IŠK]UR); **28**, Vs. 1 ([^{d}I]ŠKUR).9 (^{d}10$^{?}$).10 (^{d}IŠ[KUR$^{?}$]).Rs. 2' (^{d}IŠKUR).6' (^{d}IŠKUR); **41**, Vs. 5' (^{d}⸢IŠKUR⸣); **45-46**, 13' ([^{d}IŠ]KUR); **50**, 2' (⸢$^{d?}$⸣IŠKUR) (evtl. Teil eines PN); **63**, Vs. 5 (^{d}IŠKUR).9 (^{d}IŠKUR); **69**, [Vs. 8].Rs. 3 (^{d}IŠKUR)
Aja: **69**, Vs. 7 (^{d}⸢*A*⸣-[*a*]).Rs. [2]
Antu(m): **69**, Vs. [8].Rs. [3]
Anu(m): **1**, Vs. [2]; **7**, Vs. 4' (^{din}[^{gir}*A-num*]); **8-11**, 6' (^{d}*A-num*). [7']; **48**, Vs. i 2' (⸢^{d}⸣*A-nu*); **50**, 3' (^{d}*A-num*); **69**, Vs. [7]. Rs. [3]
Anunnakkū: **1**, Vs. [11]; **12**, Vs. 1' (^{d}*A*-⸢*nun*⸣-*n*[*a-ki*])

Aššur: **1**, Vs. [1.2.4.7]; **2**, Vs. 2' (^{d}*Aš-šu[r]*); **3**, i' [4'].i' 6' ($^{⌜d⌝}$⌜*A*⌝-[*šur*]); **5**, i' 8' (^{d}*A-šur*); **7**, Rs. 11' ([^{din}]^{gir}*A-šur*); **12**, Rs. [5'].11' (^{d}*A-šur*); **13**, Rs. [6']; **14**, Vs. [4']; **16-17**, 13' (^{d}*A-šu[r]*).[38']; **22**, Vs. [1].2.6 (jeweils *Aš-šur*). [8].9.12 (jeweils *Aš-šur*).15 (*Aš-*[*š*]*ur*); **23**, Vs. [2]. 6 (^{d}*A-šur*).[11].Rs. 3' (*Aš-*⌜*šur*⌝).[4']; **24**, Vs. [1].2.8.10 (jeweils *Aš-šur*).Rs. 13' (*Aš-*⌜*šur*⌝); **25**, Rs. [4']; **31**, Seite a [4']; **32**, [13']; **38**, ii' [11'].i' [6']; **40**, 12 (*Aš-šur*).15 ($^{⌜d?⌝}$[*Aš*$^{?}$]-⌜*šur*$^{?}$⌝); **41**, Vs. 1' (^{d}*Aš-*⌜*šur*⌝).2' ([^{d}*Aš-šu*]*r*).Rs. [5.18]; **42**, ii' [4']; **44**, [5']; **45-46**, 6' (*Aš-š*[*ur*]); **48**, Vs. i [7']; **49**, Rs. [8']; **50**, 4' ([*Aš*$^{?}$]-*šur*); **56**, Seite a 3' (*Aš-šur*); **57**, Rs. 4 (^{d}*Aš-šur*); **61**, Rs. i' 10 ($^{⌜d⌝}$*A-šur*); **63**, Vs. 1 ([AN].⌜ŠÁR⌝).7 (AN.ŠÁR); **64**, Rs. 8' (*Aš-šur*); **65**, VAT 15420, Seite a 10' (^{d}*A-šur*) **69**, Vs. [7].Rs. [2]

Baba: **69**, Vs. 10 ([^{d}*Ba*]-⌜*ba*$_{6}$⌝).Rs. [5]; **79**, Vs. 15 (^{d}*Ba-ba*$_{6}$)
Bēl: **32**, [12']

Dipar: **41**, Vs. [2']

Ea: **41**, [Vs. 3']
Ellil, *Enlil*: **1**, Vs. [2]; **12**, Vs. [1'].11' ($^{⌜d}$+*En*⌝-*líl*), **22**, Vs. 1 (^{d}BAD *áš-šur-ri-i*) a 3.2 (^{d}B[A]D).4 (^{d}BAD).8 ($^{⌜d⌝⌜}$BAD⌝).9 (^{d}BAD); **23**, Vs. 1 (^{din}[^{gir}BAD$^{?}$]).[3]; **24**, Vs. 1 ($^{d⌜}$BAD⌝ (*á*[*š-š*]*ur-*⌜*ri*⌝-⌜*i*⌝$^{?}$).2 ([^{d}]BAD).10 (^{d}BAD); **32**, 8' (^{d}EN. LÍL.LÁ); **33**, [18']; **34**, [5']; **48**, Vs. i 2' (^{d}BAD); **62**, Rs. ii' 2' ([^{d}]⌜*En*⌝-*líl*); **69**, Vs. [8].Rs. 3 ([^{d}*E*]*n-líl*); **76-76a**, Vs. 15' (^{d}BAD).Rs. 14' ([^{ding}]$^{ir?}$BAD$^{?}$); **79**, Vs. 5 (^{d}BAD)

Girra: **16-17**, 5' (^{d}*Gíra*); **33**, [3']; **76-76a**, Rs. 3' ($^{d⌜}$NE⌝.GI).6' (^{d}GIBIL$_{6}$)

Ḫaldî: **80**, Vs. 2 (^{d}*Ḫal-*⌜*di*⌝-*i*)

Ištar: **12**, [Vs. [7']; **33**, 15' (^{d}*Iš-t*[*ar*]); **34**, 2' ([^{d}*I*]*š-tar*); **36**, 4' (^{d}*I*[*š-tar*]); **61**, Vs. i 2' (^{d}*Iš*$_{8}$*-tá*[*r*]); **75**, Rs. i' 8' (^{d}*I*[*š*$^{?}$*-tar*$^{?}$])
Ištar (*aššurītu*): **69**, Vs. [10].Rs. 4 (^{d}15)
Ištar (*ša Arbaʾil*): **69**, Vs. 9 (^{d}15).Rs. [4]
Ištar (*ša Ninua*): **69**, Vs. [9].Rs. [4]
Ištar (*ša šamê*): **69**, Vs. [8].Rs. [3]

Kakka: **69**, Vs. 10 ($^{d⌜}$*Kà*⌝$^{!?}$-⌜*kà*⌝$^{!?}$).Rs. 5 ([^{d}*Kà-k*]*à*)
Kalkal: **74**, Seite b 13' (^{d}*Kal-ka*[*l*$^{?}$])
Kippat–māti: **69**, Vs. 8 (^{d}*Kip-pat*–KUR).Rs. [3]
Kūbu: **41**, Vs. 2' ($^{⌜d⌝}$[*Kūbu*])
Kusarikku: **78**, ii' 4 (^{d}GU$_{4}$.⌜DUMU⌝.^{d}[UTU])

Lamassatu: **75**, Rs. i' 3' (^{d}LAMMA-*ta*)

Makurru: **12**, Vs. [3']
Marduk: **31**, Seite a 5' (^{d}AMAR.UTU).[8']; **32**, [13']; **42**, ii' [4']; **62**, Rs. ii' 5' ([^{d}AM]AR.UTU); **74**, Seite a [7'].11' (^{d}AM[AR].UTU)
Mullissu: **61**, Rs. i' [15]; **69**, Vs. [7].Rs. [2]

Nabû: **32**, 12' (^{d}AG), [13']; **42**, ii' [4']; **43**, (A 494) i' 6' (^{d}AG).10' ([^{d}A]G) (siehe auch: *Ninurta* (*āšib Ezida*))
Nergal: **23**, Vs. 4 (^{d}U.GUR); **24**, Rs. 14' ([^{d}ÙRI.GA]L); **69**, Vs. [10].Rs. 5 (^{d}U.GUR)
Ningal: **69**, Vs. 7 (^{d}*Nin-gal*).Rs. 2 (^{d}*Nin-gal*)
Ninurta: **12**, Vs. [6'], Rs. 6' (^{d}*Nin-urta*); **14**, Vs. [4']; **18**, Vs.(?) [6]; **23**, [Vs. 1]; **69**, Vs. 10 (^{d}MAŠ).Rs. [4]; **73**, Vs. 1 (^{d}MAŠ); **77**, Vs. 13 ([$^{d?}$]⌜*Nin*⌝-[*ur*]*ta*$^{?}$)

Palil: **18**, Vs.(?) [6]

Sîn: **12**, Vs. [3']; **42**, ii' [4']; **69**, Vs. 7 ([^{din}]^{gir}30).Rs. 2 ([^{d}3]0)

Šala: **69**, Vs. 8 ([^{d}]⌜*Ša*⌝-*la*).Rs. 3 (^{d}*Ša-l*[*a*])
Šamaš: **1**, Vs. [6]; **4**, i' [2']; **12**, Vs. [4']; **23**, Vs. [2]; **24**, Vs. [11]; **25**, Vs. [3']; **28**, Rs. (VAT 9564) 1' (^{d}UTU-[*ši*$^{?}$]); **32**, [13'.14']; **41**, Vs. 5' (^{d}UTU); **42**, ii' [4']; **47**, [2']; **58**, i 5' (^{d}*Šam-šu*); **63**, Vs. 5 ([^{d}]UTU).9 ($^{⌜d⌝}$*Šá-maš*); **69**, Vs. 7 (^{d}UTU).Rs. 2 (^{d}UT[U])
Šerua: **61**, Rs. i' 16 (^{d}*Še-ru-a*); **69**, Vs. [7].Rs. [2]

Tašmētu(m): **32**, 12' (^{d}*Taš-me-tu*$_{4}$); **43**, (A 494) i' 6' (^{d}[*Taš-me-tu*$_{4}$]).10' (^{d}*Taš-*[*me-tu*$_{4}$]); **72**, Vs. 1 (^{d}*Taš-me-tu*$_{4}$).Rs. 13 (^{d}*Taš-me-tú*).21 (^{d}KURNUN)

Zababa: **69**, Vs. [10].Rs. [4]
Zarpanītu(m): **32**, 12' ([^{d}*Zar-pa-ni-t*]*u*$_{4}$)

Tempel- und Palastnamen

É-gal-lugal-šár-ra-kur-kur-ra: **6**, Rs. [6']; **7**, Rs. 7'
É-ḫur-sag-gu-la: **41**, Rs. 8
É-ḫur-sag-kur-kur-ra: **23**, Rs. 4'
É-sag-íl: **72**, 1; **74**, Seite a 6'.11'
É-šár-ra: **41**, Rs. 5.17; **63**, Vs. 4.6.8
É-zi-da: **73**, 1

Orts- und Flurnamen, Länderbezeichnungen und Ethnika

Abuqu: **24**, Vs. [13]
Adauš: **24**, Vs. 21 ([*māt A-da-u*]*š*)
Aḫlamû: **6**, Vs. [9']; **8-11**, 17' (*A*[*ḫ-la-me-e*])
Akkadû: **32**, [12']; **33**, [6']; **39**, ii' [10']
Allabria: **25**, Rs. 12' (⌜KUR⌝ ⌜*Al*⌝-⌜*lab*⌝-[*ri*]-⌜*a*⌝)
Alzi: **7**, Vs. 3' (KUR *Al*-[*zi*]); **25**, Vs. 14' (KUR *Al-z*[*i*]).[15']
Amattu: **27**, Vs. ii [7']
Amurru: **6**, Vs. [10']; **8-11**, 9' (KUR *A-mur-ri*).[18']
Anat: **6**, Vs. [10']; **8-11**, 19' ([^{uru}*A-na-a*]*t*); **19-20**, [67f.68f.]
Aqarbānu: **19-20**, 84' (^{u}[^{r}]^{u}⌜*A*⌝-*qa-ar-ba-ni*).[8']
Aramu: **6**, Vs. [9']; **8-11**, [17']; **19-20**, [34f.]; **33**, 4' (^{lú}*A-ra-mu*). [8'].23' (^{lú}*A-*⌜*ra*⌝*-mu*); **34**, [10']
Arbaʾil: **25**, Rs. [11']; **69**, Vs. 9 (^{uru}[*Arba-ìl*]).Rs. 4 ([^{uru}*Arba*]-⌜*ìl*⌝)
Arbatu: **19-20**, [87f.89f.]
Arduba: **24**, Rs. 7' ([^{uru}*Ar-du*]-*ba*)
Armada: **6**, Vs. [1']; **8-11**, 10' (^{uru}*Ar-ma-d*[*a*])

Arman: **6**, Vs. [13']
Arnê: **27**, Vs. ii [4']
Arrapḫa: **16-17**, 28' (^{ur}[^{u}*Ar-rap-ḫi*]); **53**, 8' ([^{uru}*A*]*r-rap-ḫi*)
Arṣaškun: **25**, Vs. 15' (^{uru}*Ar-ṣa-*[*áš-ku-un*])
Arubê: **24**, Vs. [13]
Arura: **24**, Vs. [13]
Aṣuṣu: **19-20**, 50f. (^{uru}[*A-ṣu-ṣi*])
Aššur (Land): **1**, Vs. [1[.7 (⸢KUR⸣ ⸢*A*⸣*-šur*); **16-17**, 2' (K[UR *Aššur*]).[28'.29']; **28**, Rs. (VAT 9564) 4' (KUR *Aš-šur*); **32**, [15']; **33**, [11'.12'.18'].22' (KUR *Aš-šur*^{ki}); **34**, 5' (KUR *Aš-šur*^{ki}).[9']; **38**, i' 7' (KUR *Aš-šur*^{ki}); **40**, 3 (KUR *Aš-šur*^{ki}).4 (KUR *Aš-šur*^{ki}); **41**, Vs. 7' (KUR *Aš-šur*^{ki}); **42**, ii' [2'.4']; **61**, Rs. i' 6 ([K]UR$^{?}$ *A*[*š*$^{?}$*-šur*]). Rs. i' [9]; **63**, Vs. [3]; **65**, 2' (^{dr}*A*⸣-[*šur*]); **66**, Vs. 3' (⸢KUR⸣$^{?}$ [*Aššur*(?)]); **67**, A re. Kol. [1'].10' (KUR *Aš-šur*); **68**, 1 ([^{lú}*Aš-šur*^{k}]^{i}*-a-a*).3 (⸢KUR⸣ *Aš-šur*^{ki}).[6]; **69**, Vs. 1 (KUR *Aš-*⸢*šur*⸣[^{i}]).3 (KUR *Aš-šur*^{k}[^{i}]).[6]; **70-71**, A [4'.5'].8' (KUR *Aš-šur*).10' (KUR *Aš-š*[*ur*]); **76-76a**, Rs. 11' (KUR *Aš-šur*^{ki})
Aššur (Stadt; siehe auch: *Baltil* und *Libbi–āli*): **6**, Vs. 11' (*Aš-šur*).[15']; **8-11**, 21' (^{d}*A-šur*).36'(^{d}*A-šur*); **24**, Vs. 6 (*Aš-šur*); **25**, Vs. 2' (^{d}*Aš-šur*); **54**, 4' (*Aš-šur*); **69**, Vs. [10].Rs. 4 (*aš-šur-*⸢*i*⸣-[*tu*]); **75**, Rs. i' 7' (*Aš-šur*)
Atkun: **48**, Vs. i 8' (^{uru}*At-ku-un*).10' ([^{uru}*At-ku-u*]*n*) (siehe auch: *Jatkun*)

Bābilu (siehe auch: *Šuanna*): **8-11**, [23'].27' (^{uru}KÁ.DI[NGIR. RA^{ki}]); **32**, [1'.7'].8' ([KÁ.DINGIR.R]A^{ki}).[17']; **38**, ii' [1']; **74**, Seite a 11' (KÁ.DINGIR).Seite b 8' ([(^{uru})]⸢KÁ⸣.⸢DINGIR⸣).10' ([^{u}]^{ru}KÁ.DINGIR.R[A])
Babitu: **24**, Rs. 12' (KUR *Ba-b*[*i-te*]).[15']
Baltil (siehe auch: *Aššur* (Stadt)): **32**, 18' (*Bal-til*^{ki}); **40**, 1 (⸢^{uru}⸣⸢*Bal*⸣*-til*⸢^{ki}⸣).13 (*Bal-til*^{ki}); **49**, Rs. 8' ([^{uru}*Bal*]-*til*^{ki}); **73**, 1 (*Bal-til*); **76-76a**, Vs. 12' (*Bal-til*^{ki}).Rs. 12' (*Bal-til*^{ki})
Bāra: **24**, Rs. 19' (⸢^{uru}⸣[*Bāra*])
Barsipa: **32**, [1']
Barzania: **46**, 14' (^{uru}*Bar-za-ni-a*)
Barzanišittun (?): **46**, 18' (^{uru}*Bar-za-ni-šit-tu-*[*un*$^{?}$])
Berutu: **24**, Rs. 17' ([^{uru}]⸢*Be*⸣*-ru-tu*)
(*Bīt–*)*Adini*: **25**, Vs. [6'].7' (DUMU *A-di-n*[*i*]).12' (DUMU *A-di-ni*)
(*Bīt–*)(*A*)*gūsi*: **25**, Vs. [6']
(*Bīt–*)*Baḫiāni*: **24**, Rs. 8' (DUMU *Ba-ḫ*[*i-a-ni*])
(*Bīt–*)*Ḫalupê*: **19-20**, [97f.]
(*Bīt–*)*Jaḫiri*: **24**, Rs. [8']
Bīt–Jakin: **32**, 6' ([KUR$^{?}$ É$^{?}$-^{I}*I*]*a-ki-*[*n*]*i*); **33**, [1']; **39**, ii' 1' (⸢KUR⸣ [*Bīt-Jakin*])
(*Bīt–*)*Ṭupusi*: (siehe Index der Personennamen: *Ṭupusu*)
(*Bīt–*)*Zamāni*: **24**, Rs. [2']
Burali: **29**, 5' (^{uru}*Bu-ra-l*[*i*])
B/Pu…ḫa: **61**, Vs. i 18' (^{uru}*B/Pu-*x-x*-ḫa*)

Dabigu: **25**, Vs. 8' (^{uru}*Da-bi-gi*)
Dadana (?): **61**, Vs. i 18' (⸢^{uru}⸣$^{?}$⸢*Da*⸣$^{?}$-⸢*da*⸣$^{?}$-⸢*na*⸣)
Dagara: **24**, Rs. 11' (KU[R *Dagara*]).[19']
Dajašetu: **19-20**, [58f.]
Dajēnu: **8-11**, [2']; **25**, Vs. 15' ([KUR *Da-ie*]-⸢*e*⸣*-ni*.Rs. [4']
Damunu: **33**, [7']
Dēru: **16-17**, 28' (KUR *De-e-ri*)
Dikun(…): **46**, 14' (^{uru}*Di-ku-u*[*n* …])
Dilmun: **32**, [13']
Dūr–balāṭi: **19-20**, [55f.]
Dūr–Kurigalzu: **8-11**, [22']; **19-20**, [51f.]

Elamtu: **39**, ii' 5' (⸢KUR⸣ [*Elamti*])
Enzata: **6**, Vs. 7' (^{uru}*En-*⸢*za*⸣*-ta*)
Enzi: **25**, Rs. [8'.9']
Eridu: **32**, 4' (NUN^{ki})
Ezama: **39**, ii' 13' (^{uru}*E-za-ma*)

Gambulu: **32**, [7']; **33**, [7']
Gargamiš: **25**, Vs. 6' ([^{u}]^{ru}*Gar-ga-miš-*[*a-a*]); **27**, Vs. ii 1' (^{uru}*G*[*ar-ga-miš-a-a*]).[2'.3']
Gibrê: **33**, [7']
Gilzanu: **24**, Vs. 23 (^{ur}[^{u}*Gilzanāja*(?)]); **25**, Vs. [2']; **26**, Vs. i [2']
Gubal: **6**, Vs. [1']; **8-11**, [10']
Gurumu: **33**, [7']

Ḫabatešu (?): **29**, 1' (⸢^{uru}⸣*Ḫa-*⸢*ba*⸣$^{??}$-⸢*te*⸣$^{?}$*-šú*$^{?}$)
Ḫabḫu: **8-11**, s3' (KUR *Ḫab-ḫi*); **16-17**, 14' (KUR *Ḫab-ḫi*).[19']; **24**, Vs. 7 (KUR *Ḫab-ḫi*); **56**, Seite b 19' (KUR ⸢*Ḫab*⸣-⸢*ḫi*⸣); **61**, Vs. i 5' (KUR *Ḫab-*⸢*ḫu*⸣.MEŠ).11' (KUR *Ḫab-ḫi*).12' (^{kur}[*Ḫ*]*ab*$^{?}$*-ḫa-a-ia*.⸢MEŠ⸣).14' ($^{kur?}$*Ḫab*$^{?}$-⸢*ḫa*⸣$^{?}$-[*a-ia*.MEŠ(?)])
Ḫagarānu: **33**, 8' (^{lú}*Ḫa-*⸢*ga*⸣-⸢*ra*⸣*-a-nu*)
Ḫalgidda: **39**, ii' 14' (^{uru}*Ḫal-gíd-da*)
Ḫamānu: **25**, Vs. [4']; **32**, [11']; **40**, 10 (^{kur}*Ḫa-ma-ni*$_{7}$)
Ḫamrānu: **33**, 8' (^{lú}*Ḫa-am-ra-a-nu*)
Ḫanigalbat: **16-17**, 42' (KUR *Ḫa-ni-ga*[*l-bat*]).[45'.51']; **24**, Rs. 9' (KUR ⸢*Ḫa*⸣-⸢*ni*⸣-[*gal-bat*])
Ḫararatu: **33**, 9' (^{uru}*Ḫa-r*[*a-ra-ti*])
Ḫarbê: **19-20**, [60f.].61-63 (^{uru}*Ḫar-bé-e*)
Ḫargaia: **24**, Vs. 21 (KUR *Ḫar-ga-a-ia*)
Ḫarḫar: **31**, Seite a 6' (^{uru}*Ḫar-ḫa*[*r*]).8' ([$^{uru?}$*Ḫar*$^{?}$*-ḫ*]*ar*).[16']
Ḫarmasaia: **24**, Vs. 21 (KUR *Ḫar-ma-sa-a-*[*ia*])
Ḫatti: **6**, Vs. 3' ([*māt Ḫa-a*]*t-te*).5' ([*māt Ḫ*]*a-at-ti*).[6']; **8-11**, [11'].14' (⸢KUR⸣ ⸢*Ḫa*⸣*-at-te*).[15']; **24**, Rs. 9' ([^{kur}*Ḫat-ta-a*]-⸢*a*⸣); **25**, Vs. [9']; **32**, 16' (KUR *Ḫat-ti*); **37**, 4' ([*māt*] *Ḫat-ti*)
Ḫa…ribia (?): **59**, 10' (⸢KUR⸣$^{?}$ *Ḫ*[*a*$^{?}$]-(x)*-ri*$^{?}$-⸢*bi*⸣$^{?}$*-a*).14' (KUR *Ḫa-*[…])
Ḫendānu, *Ḫindānu*: **8-11**, 33' (^{uru}*Ḫi-in-da-ni*); **19-20**, [79f.].81f (^{uru}*Ḫe-en-da-n*[*i*])
Ḫilakku: **33**, 23' (KUR [*Ḫilakku*]); **34**, 10' (KUR *Ḫi-lak-ku*); **36**, 2' ([KUR *Ḫ*]*i-*⸢*lak*⸣*-ku*)
Ḫimua: **8-11**, [2']
Ḫindaru: **33**, [7']
Ḫini…: **14**, Vs. [10']
Ḫirimmu: **33**, 10' (^{uru}*Ḫi-rim-me*)
Ḫubuškia: **26**, Vs. i [2']
Ḫudubilu: **19-20**, [64f.].65f. (^{ur}[^{u}*Ḫudubili*])
Ḫursagkalama: **33**, [4']

Išrun: **19-20**, 36f. (^{kur}*Iš-ru-un*).[37f.].38f. (^{kur}*Iš-ru-un*)
Išua: **6**, Vs. 7' (KUR *I-šu-a*)
Itu: **19-20**, 59f. (^{uru}*I-te*).60f. (^{uru}*Íd*)
Izallu, *Zallu*: **24**, Rs. 8' (^{kur}*Zal-l*[*a-a-ia*])

Jaʾ: **32**, 14ʾ ([*māt I*]*a-aʾ*)
Jadaqqu: **33**, 7ʾ (^{lú}*Ia-daq-q*[*u*])
Jadnana: **32**, 14ʾ (KUR *Ia-ad-*[*na-na*])
Jalman: **16-17**, 27ʾ (^{kur}*Ia-al-*[*man*])
Jatkun: **14**, Vs. [10ʾ] (siehe auch: *Atkun*)

Kaḫat: **46**, 24ʾ (^{uru}*Ka-ḫa-at*)
Kaldu: **32**, [16ʾ]; **33**, [2ʾ].4ʾ (^{lú}*Kal-du*).23ʾ (KUR *Kal-di*).24ʾ (KUR *Kal-di*); **34**, [s10ʾ.11ʾ]; **37**, 5ʾ (KUR *Kal-di*)
Kamulla: **6**, Vs. [14ʾ]
Karduniaš: **6**, Vs. [11ʾ.12ʾ]; **8-11** [19ʾ].22ʾ (KUR *Kar-du-ni-áš*). [24ʾ].28ʾ (KUR *Kar-du-ni-áš*).31ʾ (⸢KUR⸣ *Kar-du-ni-áš*); **16-17**, [27ʾ ([*māt Kar-du-ni*]*-áš*).29ʾ ([*māt Ka*]*r-*⸢*du*⸣*-*⸢*ni*⸣*-*⸢*áš*⸣); **32**, [15ʾ]; **65**, 3ʾ (KUR *Kar-du-ni-aš*).VAT 15420 4ʾ, (*Kar-du-ni-aš*).12ʾ (*Kar-du-ni-aš*)
Kār–Šarru–ukīn: **31**, Seite a 17ʾ ([^{uru}*Kar*(?)–LUGA]L$^{?}$–GI.NA)
Kašiari: **21**, Vs.(?) [4ʾ]; **24**, Rs. [5ʾ]; **56**, Seite b 19ʾ ([^{kur}*K*]*aš-ia-ri*)
Kaštilla: **6**, Vs. [14ʾ]
Katmuḫi: **3**, iʾ [3ʾ]; **16-17**, 21ʾ (KUR *Kat-mu-ḫi*)
Kibšu: **39**, iiʾ 13ʾ (^{uru}*Kib-*[*šú*])
Kilitta(...): **61**, Vs. i 18ʾ (^{uru}*Ki-lit-t*[*a*$^{?}$(-x)]
Kilešḫu: **65**, VAT 15420 6ʾ (^{uru}*Ki-le-eš-ḫi*)
Kipšūna: **48**, Vs. i 13ʾ ([^{uru}*Ki*]*-ip-šu-na*)
Kirruru: **24**, Vs. 20 (KUR *Kir-ru-*[*ri*]).23 ([KUR *Kir-ru*]-⸢*ri*⸣)
Kissik: **32**, 4ʾ (*K*[*i-sik*^{ki}])
Kiš: **33**, [4ʾ]
Kulaba: **32**, 4ʾ (*Kul-aba*$_{4}$^{ki})
Kullar: **25**, Rs. [11ʾ]
Kumme: **16-17**, [17ʾ-19ʾ]
Kurran (?): **61**, Vs. i 7ʾ ($^{uru?}$*Kur-*⸢*ra*⸣$^{?}$*-an*)

Ladānu: **19-20**, [34f.]
Lagalaga: **24**, Rs. 17ʾ (^{uru}*La-g*[*a-la-ga*])
Laḫīru: **16-17**, [27ʾ]
Lallar: **25**, Vs. 4ʾ ([^{kur}*Lal-la-a*]*r*)
Laqê: **19-20**, 85 (^{kur}*La-qa-a-ia*).86f. (^{kur}*La-qa-a-a*)[89f.93f.]
Larsa: **32**, 4ʾ (ARARMA^{ki})
Libbi–āli: **19-20**, [41] (siehe auch: *Aššur* (Stadt)); **65**, VAT 15420 Seite a (^{uru}*Lìb-bi*–URU)
Libê: **24**, Vs. 12 (^{uru}*L*[*i-bé-e*])
Liʾtaʾu: **33**, [8ʾ]
Lubdu: **6**, [13ʾ]; **16-17**, 28ʾ ([^{uru}*Lu-u*]*b-da*)
Lubnānu: **8-11**, [6ʾ]; **41**, Rs. [11]
Lullû: **19-20**, [34f.]
Lullumû: **7**, Vs. 2ʾ ([KUR *L*]*u-lu-mi*); **16-17**, 14ʾ (KUR *Lu-*⸢*lu*⸣*-me-e*)

Madāja: **34**, [1ʾ]
Malḫani (?): **45**, 12ʾ (^{uru}*Mal-*⸢*ḫa*$^{?}$⸣*-*[*a*$^{?}$*-ni*$^{?}$]); **46**, 9ʾ ([$^{uru?}$*Mal*$^{?}$]*-ḫa-a-*⸢*ni*⸣)
Maliḫu: **33**, [7ʾ]
Mannāja: **31**, Seite a [5ʾ]; **33**, 23ʾ (KUR *Man-na-a-a*); **34**, [10ʾ]
Mari: **14**, Rs. 6ʾ (KUR *Má-r*[*i*])
(*Māt*) *Imērīšu*: **27**, Vs. ii [7ʾ]
Meḫri: **16-17**, 16ʾ (KUR *Me-eḫ-ri*)
Melidia, *Melidi*, *Milidia*, *Milidi*: **6**, Vs. [6ʾ]; **7**, Vs. 12ʾ (⸢^{uru}⸣⸢*Mi*⸣*-*[*li-di-a*]); **8-11**, 15ʾ (^{uru}*Mi-li-di-a*); **25**, Rs. 9ʾ ([KUR *M*]*e-li-di*).[10ʾ]
Messi: **80**, Vs. 3 (KUR *Me*$^{?}$*-es-si*)

Munna: **25**, Rs. [12ʾ]
Muṣaṣir: **80**, Vs. 2 (KUR ⸢*Mu*⸣*-ṣa-ṣ*[*ir*])
Muṣrê: **6**, Vs. 2ʾ (KUR *Mu-u*[*ṣ-re-e*])

Nabatu: **33**, 8ʾ (^{lú}*Na-b*[*a-tu*])
Nagiātu: **19-20**, [84]
Nairi: **8-11**, 1ʾ (KUR.KU[R *Nairi*]); **16-17**, 22ʾ (KUR.KU[R *Nairi*]).23ʾ ([KUR.KU]R *Na-i-ri*); **24**, Rs. 4ʾ (K[UR.KUR *Nairi*]).5ʾ ([*mātāt*(?) *Na-i*]*-ri*); **46**, 18ʾ (*mātāt Na*]*-i-ri*).21ʾ (KUR.KUR *Na-i-ri*); **53**, 3ʾ ([K]UR.KUR *Na-i-ri*); **59**, 12ʾ ([(KUR.)K]UR *Na-i-ri*)
Namri: **16-17**, 15ʾ (KUR *Nam-ri*); **30**, 2ʾ ([KUR] *Nam-*[*ri*$^{?}$])
Naṣībina: **56**, Seite b 11ʾ (^{uru}⸢*Na*⸣*-ṣi-bi-na*).17ʾ ([^{uru}*N*]*a-ṣi-bi-na*)
Nēmed–Laguda: **32**, [4ʾ]
Ninua: **25**, Vs. 7ʾ (^{uru}*Ni-nu-a*).13ʾ (^{uru}*Ni-nu-a*); **33**, 15ʾ (NINA^{ki}); **34**, [2ʾ]; **46**, 25ʾ (^{uru}*Ni-nu-a*); **56**, Seite b 6ʾ (^{uru}*Ni-nu-a*). [11ʾ]; **69**, Vs. 9 ([NINA^{k}]^{i}).Rs. [4]
Nippur: **32**, 1ʾ (E[N$^{?}$.LÍL$^{?ki?}$]; **33**, 4ʾ (E[N.LÍL^{ki}]); **76**, Vs. 11ʾ (NIBRU[^{k}]^{i}), Rs. 10ʾ (NIBRU^{ki}); **76a**, Vs. 11ʾ (NIBRU^{ki})
Nipur: **39**, iiʾ 16ʾ (^{kur}*Ni-pur*)
Niqqu: **30**, [5ʾ]
Nirbu: **24**, Vs. 7 (KUR *Ni-ir-bi*).Rs. [5ʾ]
Nirdun: **24**, Rs. ([KUR] *Ni-ir-du-un*)

Paiteri: **8-11**, [2ʾ]
Pandu...: **29**, 7ʾ (⸢^{uru}⸣*Pa-an-du* x [(x)])
Patina: **25**, Vs. 4ʾ ([^{kur}*Pa*]*-ti-na-a-a*)
Patiškun: **21**, Vs.(?) 5ʾ (^{ur}[^{u}*Patiškun*])
Pilištu: **36**, 2ʾ (KUR *Pi-liš-te*)
Pitiru: **25**, Vs. [13ʾ]
Puqudu: **33**, 8ʾ (^{lú}*Pu-qu-du*)

Qana: **39**, iiʾ 14ʾ (^{uru}*Qa-*[*na*])
Qaṭna, *Qaṭnu*, *Qatna*, *Qatnu*: **14**, Rs. 7ʾ (^{uru}*Qat/ṭ-na-a-ia*.MEŠ)
Quʾa: **39**, iiʾ 14ʾ (^{uru}*Qu-ú-a*)
Que: **33**, 23ʾ (KUR *Qu-e*); **34**, [10ʾ]
Qumānû, *Qumēnû*: **16-17**, 15ʾ (KUR [*Qumānî*]); **48**, Vs. i 12ʾ (KUR *Qu-me-ni*)

Rābiqu, *Rāpiqu*: **6**, Vs. 10ʾ (^{uru}*Ra-bi-q*[*i*]); **8-11**, [19ʾ]; **19-20**, [56f.]
Raḫimmu: **19-20**, [56f.57f.]
Riḫiḫu: **33**, 7ʾ (^{lú}*Ri-ḫi-ḫu*)
Rummunina: **19-20**, 95f. (^{uru}*Ru-um-mu-ni-na*).96f. ([^{uru}*Ru-um-mu-n*]*i-na*)
Ruʾuʾa: **33**, 8ʾ (^{lú}*Ru-ʾu-u-a*)

Sabirutu: **19-20**, [65f.]
Salatu: **19-20**, [54f.]
Salua: **16-17**, 16ʾ (⸢KUR⸣ [*Salua*])
Sapiratu: **8-11**, 32ʾ (^{ur}[^{u}*Sa-pi-ra-ta*])
Simerra: **24**, Vs. [21]
Simesu: **24**, Vs. [21]
Sippar: **32**, 1ʾ ([ZIMBIR$^{?k}$]$^{i?}$)
Sippar–ša–Anunīte: **8-11**, 23ʾ (^{uru}*S*[*i-pír-ša–Anunīte*])
Sippar–ša–Šamaš: **8-11**, 23ʾ ([^{uru}]*Si-pír-ša*–^{d}UTU); **19-20**, 53f. (^{uru}*Si-*[*ip-pu-ru-šá*–^{d}*Šá-maš*])
Sirara: **41**, Rs. 11 (^{kur}*Si-r*[*a-ra*])

Sirqu: **19-20**, [90].92f. (^{uru}*Sir-qi*).94f. (^{uru}*Sir-qu*)[95f.]

Suḫme: **6**, Vs. [8']; **25**, Vs. 15' ([KUR] *Su-uḫ-[me]*)

Suḫni: **25**, Rs. [6'].7' ([KUR *Su-uḫ-n*]*i*)

Sūḫu: **6**, Vs. 10' ([*māt Su*]-*ḫi*); **8-11**, 19'.32'.33' (jeweils KUR *Su-ḫi*); **16-17**, 39' ([K]UR *Su-ḫi*); **19-20**, 68f. (KUR *S*[*u-ḫi*]).[69f.]; **60**, 3' ([KUR *S*]*u-ḫi*)

Surra: **24**, Vs. [13]

Sūru (am Euphrat): **19-20**, [66f.67f.]

Sūru (am Ḫabūr): **19-20**, 96f. (^{uru}*Su-ú-ri*)

Sutû: **32**, [2'.3']

Ṣibur: **30**, 4' ([^{uru}*Ṣ*]*i-bu-ur*)

Ṣīdūnu: **6**, Vs. [1']; **8-11**, [10']

Ṣupru: **19-20**, 85f. (^{uru}*Ṣu-*⌜*up*⌝*-ri*)

Ṣurru: **36**, 2' (KUR *Ṣur-ri*)

Šarim: **39**, ii' 13' (^{uru}*Šá-ri-im*)

Šuanna (siehe auch: *Bābilu*): **33**, 6' (*Šu-an-na*^{ki})

Šubria: **24**, Rs. [3']

Šumeru: **32**, [12']; **33**, [6']; **39**, ii' 10' (KUR EME.GI$_7$)

Tadmar: **6**, Vs. [10']; **8-11**, [18']

Talbiš, *Talmiš*: **19-20**, [66f.67f.]

Tarinda(...): **61**, Vs. i 17' (^{uru}*Ta-ri-in-da*(-)x(-)[x])

Teman: **16-17**, [48']

Til–Barsaip, *Til–Barsip*, *Til-Bursaip*, *Til-Bursip*: **25**, Vs. [7'.12'.13']

Tillê (?): **46**, 23' (^{uru}DU$_6$*-le*$^?$(oder: *ṣe*)*-e*)

Tubliaš: **30**, 5' (KUR *Tub-li*[(*ia-*)*áš*])

Tumme: **8-11**, (KUR *Tum*$_4$*-me*); **24**, Vs. 12 (KUR ⌜*Tum*$_4$⌝*-m*[*e*]). [20]

Tu'muna: **33**, 7' (^{lú}*Tu-u'-mu-na*)

Tumurru: **39**, ii' 12' (⌜^{uru}⌝[*Tu-mur-ri*])

Tušḫa: **24**, Rs. [2']

Ṭunibuni: **25**, Rs. [2']

Ubudu: **33**, [7']

Ubulu: **33**, [7']

Ugār–Sallu: **6**, Vs. [13']; **16-17**, [27']

Ulmania: **24**, Vs. [21]

Upî: **8-11**, 24' (^{uru}*Ú-pi-i*)

Ursalimma: **39**, i' [10']

Uru(m): **32**, 4' ([ŠE]Š.UNUG^{ki})

Ur(u)aṭri, *Urarṭu*: **14**, Vs. [13']; **16-17**, [16']; **25**, Vs. [16'].Rs. 2' ([^{kur}*Ú-ra-ar-ṭa*]*-a-a*); **27**, Vs. i 5' ([^{kur}*Ú-ra-ar-ṭ*]*a-a-a*); **80**, Vs. 16 (KUR TILLA)

Uruk: **32**, 4' (UNUG^{ki}); **33**, 4' (UNUG^{ki})

Urumu: **24**, Rs. [4']

Usia: **53**, 5' (^{uru}*Ú-si-a*)

Ušḫi: **48**, Vs. i [9'].10' (^{uru}*Uš-ḫi*)

Utu': **19-20**, [65f.]

Uzê: **24**, Rs. [17']

Zabidānu: **19-20**, [65f.66f.]

Zamua: **16-17**, [14']; **24**, Rs. [12']; **25**, Rs. [11'.12']

...aduni (?): **45**, 2' ([...]-⌜*a*$^?$⌝*-du-ni*)

Flußnamen

Ḫabūr: **19-20**, [96f.97f.]

Ḫarmiš: **45**, 11' (^{íd}*Ḫar-miš*); **46**, 8' ([^{íd}*Ḫar*]*-miš*)

Idiqlat: **19-20**, [48f.49f.]; **36**, 12' (⌜^{íd}⌝IDIGNA⌝); **56**, Seite b 11' (^{íd}ḪAL.ḪAL)

Patti–Enlil: **20**, Vs. [7']

Purattu: **6**, Vs. 9' ([^{íd}*Pu*]-⌜*rat*⌝*-ta*); **8**, [17'.32']; **19-20**, [35f.-37f.54f-57f.60f.61-63.64f.67f.86f.].94f. (^{íd}*Pu-rat-te*).95f. ([^{íd}*Pu-r*]*at-te*) **25**, Vs. [3'].6' ([^{íd}A.RA]D).[8'].10' ([^{íd}]A.RAD).13' (⌜[^{d}A.RA]D).Rs. 3' ([^{íd}A.RA]D).[6'.9'].10' (^{íd}A.RAD); **27**, Vs. ii [1']; **53**, 10' ([^{íd}*P*]*u*$^?$*-rat-te*)

Radānu: **6**, Vs. 13' (^{íd}*Ra-d*[*a-na*])

Samanuna: **14**, Vs. 13' (^{íd}*Sa-ma-nu-n*[*a*])

Subnat: **21**, Vs. 4' ([^{í}]^{d}*Su-*[*ub-na-at*])

Tartara: **19-20**, [Vs. 41f.44f.-48]

Tebilti: **33**, Z. 26' ([^{í}]^{d}*Te-bil-ti*).27' (^{íd}*Te-b*[*il-ti*]); **36**, 8' ([^{í}]^{d}*Te-bil-ti*)

Turan: **16-17**, [27']

Ubda: **14**, Vs. 13' ([^{íd}0?]*Ub-da*)

Zāba: **6**, Vs. 12' ([^{í}]^{d}*Za-ba*); **16**, [13']; **19-20**, [39f.40]

Personennamen

A(b)–rāmu: **25**, Vs. [16'].Rs. [2']; **27**, Vs. ii [4']

Adad–idri: **27**, Vs. ii 7' ($^{I.din}$[^{gir}IŠKUR*–id-ri*])

Adad–nārārī (I.): **1**, Vs. 7 (10–ERIM.TÁḪ); **41**, Vs. [1']; **65**, 1' ($^{I.d}$⌜IŠKUR⌝–[ERIM.TÁḪ]).2' ([$^{I.d}$]IŠKUR–ERIM. TÁḪ).VAT 15420 Seite a 10' ($^{I.d}$IŠKUR–ERI]M.TÁḪ)

Adad–nārārī (II.): **16-17**, 2' (⌜^{I}⌝⌜^{d}⌝IŠKUR–ERIM.TÁḪ); **22**, Vs. [4].9 (^{I}10–ERIM.TÁḪ); **24**, Vs. 10 ([($^{I.d}$)*Adad*–ERIM. TÁ]Ḫ$^?$)

Adad–nārārī (I. oder II.): **56**, Seite a 7' (^{I}[^{d}10–ERIM.TÁḪ)

Adad–nārārī (III.): **29**, 1' ([$^{I.d}$*Adad*(?)–ERIM.TÁ]Ḫ); **79**, Vs. 6 ([$^{I.d}$*Adad*]–ERIM.TÁḪ)

Aḫi–rāmu: **24**, Rs. 8' (^{I}*A-ḫi–ra-m*[*u*])

Aḫūnu: **25**, Vs. 5' (^{I}⌜*A*⌝-[*ḫu-ni*]).7' (^{I}*A-ḫ*]*u-ni*).[12']

Allumari: **6**, Vs. [7']; **8-11**, 16' (^{I}⌜*Al*⌝-[*lu-ma-ri*])

Alulu: **74**, Seite b 4' (^{I}*A-lu-l*[*u*]).9' ([^{I}]⌜*A*⌝*-lu-lu*).14' (^{I}*A-*⌜*lu*⌝*-lu*)

Amme–ba'lī: **24**, Rs. 2' ([^{I}*A*]*m-me–ba-a'-li*)

Asia: **25**, Rs. [4']

Asû: **25**, Vs. [2']

Aššur–aḫa–iddina: **41**, Vs. 7' (⌜^{I}⌝^{d}*Aš-šur*–ŠEŠ–⌜SUM⌝*-na*); **67**, A re. Kol. [2']; **68**, [4]; **69**, Vs. [4]; **70-71**, 5' (⌜^{I}⌝⌜*Aš*⌝-[*šur*–PAB–AŠ]).8' ([^{I}*Aš-šur*]–⌜PAB⌝–AŠ).B 4' (^{I}*A*[*š-šur–aḫa–iddina*])

Aššur–bāni–apli: **70-71**, A 12' ([^{I}*Aš*]-⌜*šur*⌝–⌜DÙ⌝–A).B [5'].6' (^{I}*Aš-šur*–[D]Ù–A)

Aššur–dān (II.): **22**, Vs. (^{I}*Aš-šur–dan*^{an})

Aššur–etellu (?): **14**, Rs. 4' ([$^{I?}$*Aš*$^?$]*-šur–e-tel-lu*)

Aššur–iddin: **24**, Rs. [11']

Aššur–nādin–šumi: **39**, ii' 7' ($^{I.ding}$[^{ir}*Aš-šur–na-din*–MU])

Aššur–nāṣir–apli (I.?): **61**, Vs. i 3' (^{I}*Aš-šur*–PAB–⌜DUMU⌝. UŠ).4' (^{I}*Aš-šur*-PAB-⌜DUMU⌝.U[Š]).9' (⌜^{I}⌝*Aš-šur*–PAB–DU[MU.UŠ]).12' ($^{I.d}$*A-šur*–[PAB–DUMU].⌜UŠ⌝).Rs. i' 6 (^{I}*Aš-šur*-PAB-IBILA).9 ($^{I.d}$*A-šur*–PAB–DUM[U].U[Š]); **77**, Vs. 12 (⌜^{I}⌝*Aš-šur*–PAB–A).Rs. 6 ([^{I}*Aš-šur*]–PAB–A); **78**, ii' 3 (^{I}*Aš-šur*–PAB–DU[MU.UŠ])

Aššur–nāṣir–apli (II.): **23**, Vs. 1 (^{I}*Aš-šur*–PAB–IBILA); **24**, Vs. 2 ([*Aššur*–P]AB–IBILA); **40**, 4 (^{I}*Aš-šur*–PAB–IBILA); **66**, Vs. 3' (⸢^{I}⸣AŠ–⸢PAB⸣–A$^{?}$).4' (^{I}AŠ–PAB–[A])

Aššur–rā'im–nišēšu: **13**, Rs. 7' ([$^{I.d}$*A-šur*–Á]G–UN.ME[Š-*šu*])

Aššur–rēša–išši: **40**, 3 (^{I}*Aš-šur*–SAG–*i-ši*)

Aššur–uballiṭ: **22**, Vs. 7 (^{I}*Aš-šur–ú*-⸢TI⸣$^{?}$.LA)

Babu–aḫa–iddina: **65**, VAT 15420 Seite a 19' ($^{I.d?}$*Ba*$^{?}$-*b*]*u*$^{?}$–ŠEŠ–SUM-*na*)

Bēl–ibni: **33**, 6' ([^{I}]EN–*ib-ni*)

Daltā: **31**, Seite a 9' ([^{I}*Da-a*]*l-ta-a*)

Erīb–Sîn: **61**, Rs. i' 8 (^{I}SU–^{d}30)

Ḫamatāju: **19-20**, 86f. ([^{kur}*Ḫa-ma-t*]*a-a-a*).87f. (^{kur}*Ḫa-ma*-⸢*ta*⸣-⸢*a*⸣-[*a*])

Ḫarānu: **19-20**, Rs. [93f.]

Ilī–ḫite: **24**, Rs. [3']

Ilī–ibni: **19-20**, [69f.]

Ini–Teššub: **6**, Vs. [5']; **7**, Vs. 11' (^{I}*I-ni*-^{d}[^{ingir}*Te-šub*]); **8-11** 13' ([^{I}]⸢*I*⸣-⸢*ni*⸣-⸢^{d}⸣⸢*Te*⸣-[*šub*])

Irbibu: **46**, 5' (^{I}*Ir-bi-bu*)

Irḫulēnu: **27**, Vs. ii [7']

Išme–Dagān (I.$^{?}$): **76-76a**, Vs. 5' ([^{I}*Iš-m*]*e*–⸢^{d}*Da*⸣-⸢*gan*$_{x}$(KAM)⸣ // [^{I}*Iš-me*–^{d}*Da-g*]*an*).6' ([^{I}*Iš-me*–^{d}*D*]*a-gan*$_{x}$(KAM) // [-*ga*]*n*).15' ([^{I}]*Iš-me*–^{din}[^{gir}*D*]*a*-⸢*gan*$_{x}$(KAM)⸣ // [^{I}*I*]*š-me*–^{d}*Da-gan*).Rs. 13' (^{I}*Iš-me*–^{d}*Da-gan*$_{x}$(KAM))

Kad/tašma(n)–D/Turgu: **65**, [3'].VAT 15420 Seite a 2' (^{I}*Ka-ta-áš*]-⸢*ma*⸣–*Du-ur-gu*).[12'].14'(^{I}*Ka-t*]*a-áš-ma–Du-ur-gu*).15' (⸢^{I}⸣*Ka-ta-áš-ma–Du-ur-gu*)

Kibaba: **31**, Seite a 6' (⸢^{I}⸣[*K*]*i-ba-ba*).[9']

Labṭuru: **24**, Rs. 3' (^{I}*La*-[*ab*$^{?}$-*ṭ*]*u*$^{?}$-*r*[*i*$^{?}$])

Lalla: **25**, [Rs. 10']

Marduk–nādin–aḫi: **8-11**, 27' ($^{I.d}$AMAR.UTU–SU[M–*a-ḫi*]).[30']

Mudada (von Laqê): **19-20**, 85 (⸢^{I}*Mu*⸣-⸢*da*⸣-*da*)

Mudada (von Sirqu): **19-20**, [92f.]

Mušallim–Adad: **1**, Rs. 3' ([*Mušallim*]–^{d}IŠKUR)

Nabû–bēl–šumāti: **33**, 9' ($^{I.d}$AG–EN–MU.MEŠ)

Na'di–ilī: **19-20**, [41]

Nūr–Adad (von Teman): **16-17**, 48' (^{I}*Nu-ur*–^{d}IŠ[KUR])

Nūr–Adad (von Dagara): **24**, Rs. 11' ([^{I}]⸢*Nu*⸣-⸢*ur*⸣–⸢^{d}⸣[IŠ]KUR)

Padî: **39**, i' [9']

Pazuzu: **74**, Seite b 1' ([(^{I})*P*]*a*$^{?}$-*zu-z*[*u*])

Salmānu–ašarēd (I.): **1**, Vs. 7 ([^{d}SILIM-*ma*]-*nu*–MAŠ); **22**, Vs. 6 ([^{I}SI]LIM-⸢*ma*⸣-⸢*nu*⸣–SAG); **41**, Vs. [1']

Salmānu–qarrād: **1**, Rs. 3' (^{d}SILIM-*ma-n*[*u–qarrād*])

Sa...: **14**, Rs. 4' (^{I}*Sa*-[...])

Sangar(a): **27**, Vs. ii [1']

Sebettīja: **23**, Rs. 7' (⸢^{d}IMIN⸣.BI-*ia*)

Sîn–aḫḫē–erība: **33**, 22' ($^{I.d}$EN.ZU–ŠEŠ.MEŠ–[*eri-b*]*a*); **34**, [9']; **63**, Vs. 3 ([$^{I.d}$EN.ZU–ŠEŠ.MEŠ–*eri-b*]*a*); **67**, A re. Kol. 1' ($^{I.di}$[^{ngir}*Sîn–aḫḫē–erība*]).9' ($^{I.d}$3[0–PAB.MEŠ–SU]); **68**, 3 ([$^{I.d}$*Sîn*-PA]B$^{?}$.MEŠ$^{?}$–⸢SU$^{?}$⸣).[5]; **69**, Vs. 1 ([$^{I.d}$*Sîn*–PAB.ME]Š–S[U]).s3 ($^{I.d}$30–PAB.MEŠ–⸢SU⸣).[6]

Šamaš–mudammiq: **16-17**, [27']

Šamšī–Adad (V.): **79**, Vs. 6 ($^{I.d}$UTU-*ši*–10)

Šumma–Aššur: **73**, 5 (^{I}*Šum*$_{4}$-*ma–Aš-šur*)

Tukultī–apil–ešarra (I.): **12**, Vs. 9' (⸢^{I}⸣.⸢^{giš}⸣⸢*Tukul*⸣-*ti*–⸢DUMU⸣.UŠ–*é-šár-r*[*a*]); **25**, Vs. 14' ([*Tukultī–apil–é-šár-r*]*a*); **40**, 2 (⸢^{I}*Tukul*⸣-*t*[*i*]–A–*é-šár-r*[*a*]); **46**, 17' ($^{I.giš}$*Tukul-ti*–⸢A$^{?}$⸣–[*é-šár-ra*]); **51**, 7' ([*Tukultī*(?)]–⸢A$^{?}$⸣–*é-šár-ra*)

Tukultī–Ninurta (I.): **1**, Vs. [1]; **22**, Vs. 5 ($^{I.giš}$*Tukul-t*[*i*$^{?}$–*Ninurta*])

Tukultī–Ninurta (II.): **22**, Vs. [2].8 (^{I}GISKIM–^{d}MAŠ); **24**, Vs. 10 ([*Tukul*]-*ti*–MAŠ); **40**, 4 (^{I}*Tukul-ti*–⸢^{d}⸣MAŠ)

Tukultī–Ninurta: **44**, 5' ([^{I}*Tuku*]*l-ti*–^{d}MAŠ)

Ṭupusu: **24**, Rs. [3'] (evtl. auch zu *Bīt-Ṭupusi*)

Ullusunu (?): **31**, Seite a 4' ([^{I}*Ul*$^{?}$-*lu*$^{?}$]-*su-nu*)

Upēri: **32**, [13']

...ia: **23**, Rs. 7' ([^{I}x x x(-x)-*i*]*a*)